Dizionari del turista
con pronuncia figurata

Dizionari del turista
con pronuncia figurata

Francese	G. Laurent
Svedese	G. Garff e F. Bassoli
Olandese	J. Van Kampen
Spagnolo	A. Garcia
Portoghese	A. Biava
Tedesco	G. Adolf e U. Ubaldi
Turco	M. Celalettin Bugdav
Serbocroato	P. Livadic
Russo	R. Fadanelli
Finlandese	G. Colussi

A. Vallardi

ITALIANO INGLESE
INGLESE ITALIANO

italian-english
english-italian

R. Musu-Boy
nuova edizione a cura
di Lucia Incerti Caselli

A. Vallardi

Ristampa: novembre 1987

Printed in Italy

ISBN 88-11-94231-4

ITALIANO INGLESE

ABBREVIAZIONI - ABBREVIATIONS

ag.	aggettivo	*adj.*	adjective
av.	avverbio	*adv.*	adverb
coll.	gergo	*coll.*	colloquial
cong.	congiunzione	*conj.*	conjunction
f.	femminile	*f.*	feminine
inter.	interiezione	*interj.*	interjection
m.	maschile	*m.*	masculine
nav.	navale	*nav.*	naval
pl.	plurale	*pl.*	plural
p.p.	participio passato	*p.p.*	past participle
pr.	pronome	*pr.*	pronoun
prep.	preposizione	*prep.*	preposition
s.	sostantivo	*n.*	noun
v.	verbo	*v.*	verb
v.r.	verbo di forma riflessiva		
V.	vedi	*V.*	see

ISTRUZIONI SULLA PRONUNCIA DELLE PAROLE INGLESI

Per facilitare la pronuncia delle parole inglesi, così diversa da quella italiana, è stata segnata nel testo la pronuncia figurata di ogni vocabolo. Essa si avvicina il più possibile all'esatta pronuncia inglese, che non è possibile riprodurre in modo convenzionale con assoluta precisione.

I vocaboli inglesi non seguiti da pronuncia figurata si pronunciano come in italiano.

Su ogni parola della pronuncia figurata è stato segnato l'accento fonico. Le lettere scritte in alto a guisa d'esponente sono quasi mute; se vocali, servono a suggerire l'inflessione della vocale precedente o a indicare il suono della consonante precedente.

Es.: match = [*matc^{i}*]; l'**i** in alto indica che il **c** precedente ha un suono dolce (cibo) e non duro (cono).

Le vocali **e** e **o**, se con accento grave (**è**, **ò**), si pronunciano aperte come in *sette* e *otto*; se con accento acuto (**é**, **ó**), si pronunciano chiuse come in *seta* e *solo*.

La vocale **o** con accento circonflesso (**ô**) si pronuncia chiusa e lunga.

La vocale **á** con accento acuto indica un suono di **e** molto aperta.

Il suono particolare delle lettere **th** è stato rappresentato dalle lettere **d^{s}**.

CONIUGAZIONE DEI VERBI

Verbi ausiliari

AVERE

INFINITO. **Presente:** *to have* = avere
Passato: *to have had* = aver avuto

PARTICIPIO. **Presente** e **gerundio:** *having* = avente, avendo
Passato: *had* = avuto
having had = avendo avuto

MODO INDICATIVO

Presente: io ho ecc.

I have	*we have*
you have	*you have*
he, she, it has	*they have*

Imperfetto e **passato remoto:** io avevo, ebbi

I had	*we had*
you had	*you had*
he, she, it had	*they had*

Passato prossimo: io ho avuto

I have had	*we have had*
you have had	*you have had*
he, she, it has had	*they have had*

Trapassato prossimo e **remoto:** io avevo o ebbi avuto

I had had	*we had had*
you had had	*you had had*
he, she, it had had	*they had had*

Futuro semplice: io avrò

I shall have	*we shall have*
you will have	*you will have*
he, she, it will have	*they will have*

Futuro volitivo: io avrò

I will have	*we will have*
you shall have	*you shall have*
he, she, it shall have	*they shall have*

Futuro anteriore: io avrò avuto

I shall (o *will*) *have had*, ecc.

MODO CONDIZIONALE

Presente: io avrei

I should (o *would*) *have*, ecc.

Passato: io avrei avuto

I should (o *would*) *have had*, ecc.

MODO IMPERATIVO

abbia	*let me have*	abbiamo	*let us have*
abbi	*have*	abbiate	*have*
abbia	*let him (her, it) have*	abbiano	*let them have*

MODO CONGIUNTIVO

Presente: *have* (per tutte le persone, col relativo pron.).
Passato: *had* (id. id.).

ESSERE

INFINITO. **Presente:** *to be* = essere
Passato: *to have been* = essere stato
PARTICIPIO. **Presente** e **gerundio:** *being* = essendo
Passato: *been* = stato
having been = essendo stato

MODO INDICATIVO

Presente: io sono

I am	*we are*
you are	*you are*
he, she, it is	*they are*

Imperfetto e **passato remoto:** io ero, fui

I was	*we were*
you were	*you were*
he, she, it was	*they were*

Passato prossimo: io sono stato

I have been	*we have been*
you have been	*you have been*
he, she, it has been	*they have been*

Trapassato prossimo e remoto: io ero o fui stato

I had been	*we had been*
you had been	*you had been*
he, she, it had been	*they had been*

Futuro semplice: io sarò

I shall be	*we shall be*
you will be	*you will be*
he, she, it will be	*they will be*

Futuro volitivo: io sarò

I will be	*we will be*
you shall be	*you shall be*
he, she, it shall be	*they shall be*

Futuro anteriore: io sarò stato

I shall (o *will*) *have been*, ecc.

CONDIZIONALE

Presente: io sarei

I should (o *would*) *be*, ecc.

Passato: io sarei stato

I should (o *would*) *have been*

MODO IMPERATIVO

sia	*let me be*	siamo	*let us be*
sii	*be*	siate	*be*
sia	*let him (her, it) be*	siano	*let them be*

MODO CONGIUNTIVO

Presente: *be* (per tutte le persone, col relativo pronome).
Passato: *were* (id. id.).

Il verbo TO DO (*did, done*), come ausiliare, deve essere usato nelle frasi interrogative e in quelle negative. In tali casi il verbo italiano si mette all'infinito senza TO, mentre il verbo *to do* si coniugherà allo stesso modo, tempo e persona del verbo italiano.

Una domanda che comincia col pronome interrogativo CHI...? (soggetto) WHO...?, non vuole l'ausiliare *to do*. Es.: Chi parla? *Who speaks?* Se però la frase è allo stesso tempo negativa, bisogna usare il *to do*, es.: Chi non parla? = *Who does not speak?*

Nelle frasi negative ove entri l'avverbio *never* (mai) non si usa l'ausiliare *to do.*

Note su alcune voci di verbi difettivi

POTERE

Presente indic.: *can* (per tutte le persone) serve a indicare il potere fisico o intellettuale di fare o non fare una data cosa. Con la negazione si fonde in una sola parola: *cannot*;

may (per tutte le persone) serve a indicare la probabilità, il dubbio; per chiedere un permesso, per concedere.

Passato di *can* è *could* e serve anche per il condizionale.

Passato di *may* è *might* e serve anche per il condizionale.

Negli altri tempi e modi si usa *to be able*.

DOVERE

Presente indic.: *must*, indica la necessità di fare o di non fare una data cosa; indica la supposizione avvalorata da fatti evidenti.

Condizionale: *should*; *ought* (altro condizionale di *dovere*), è l'unica voce di verbo difettivo che vuole il *to* davanti all'infinito che lo segue. Serve ad indicare l'opportunità di fare o non fare una data cosa.

Negli altri tempi e modi si usa *to be obliged*.

Note su alcune speciali forme verbali

Presente che indica azione in atto: Passeggio (ora, sto passeggiando) = *I am walking*. - Leggo (sto leggendo) = *I am reading*.

Presente che indica abitudine: Passeggio (tutti i giorni) = *I walk, I take a walk* (*every day*). - Leggo (il giornale alla sera) = *I read* (*the newspaper in the evening*).

Presente enfatico: Leggo! (altroché se leggo!) = *I do read!* Si noti che la frase *enfatica* negativa, per contro, *non* vuole il *to do*.

Presente composto si usa quando un'azione, cominciata in un tempo passato, continua ininterrottamente al momento attuale. Es.: Sono a Milano da dieci anni = *I have been in Milan ten years.* - Ella canta da mezz'ora = *She has been singing for half an hour.*

Passato di due azioni distinte ma contemporanee. Es.: Scriveva quando entrai = *He was writing when I entered.*

Due futuri uno dipendente dall'altro: il dipendente si mette al tempo presente. Es.: Quando partirai ti darò una lettera = *When you leave I will give you a letter.*

Verbi che indicano percezione dei sensi (vedere = *to see*, udire = *to hear*, provare sensazioni = *to feel*) **seguiti da un infinito.** Questo infinito è reso con un infinito inglese senza il *to* se l'azione è percepita dall'inizio alla fine. Es.: L'ho visto cadere = *I have seen him fall.* Altrimenti invece dell'infinito ci sarà un participio presente. Es.: L'ho udito cantare (o lo lasciai che continuava a cantare) = *I heard him singing.*

Traduzione del verbo FARE seguito da un infinito. Es.: Fate tradurre questa lettera = *Have this letter translated.* - Mi sono fatto fare un abito = *I had a suit made.*

Condizionale di AVERE seguito da *potuto*, **o** *dovuto*, **o** *voluto* **e poi da un infinito:**

Avrei potuto	mandargli	un telegramma
I could have	*sent him*	*a telegram*
Avresti	dovuto	scrivergli
You should	*have*	*written to him*
You ought	*to have*	*written to him*
Avrebbe	voluto	partire
He would	*have*	*left*

Espressioni che in italiano vogliono il verbo AVERE, mentre in inglese vanno col verbo ESSERE:

Aver ragione	*to be right*
Aver torto	*to be wrong*
Aver vergogna	*to be ashamed*
Aver paura	*to be afraid*
Aver sete	*to be thirsty*
Aver fame	*to be hungry*
Aver sonno	*to be sleepy*
Aver caldo	*to be warm*
Aver freddo	*to be cold*
Aver le vertigini	*to be giddy*
Aver il mal di mare	*to be sea-sick*
Aver ... anni	*to be ... years old*
(es.: aver 20 anni)	(*to be twenty years old*)

CONIUGAZIONE DI VERBO REGOLARE

Infinito presente: *to walk*, camminare.
Part. passato: *walked*, camminato.
Part. presente: *walking*, camminante.
Gerundio: *walking*, camminando.

MODO INDICATIVO

Presente: io cammino, io passeggio

I walk	*we walk*
you walk	*you walk*
he, she, it walks	*they walk*

Passato: io camminai, io camminavo
io passeggiai, io passeggiavo

I walked	*we walked*
you walked	*you walked*
he, she, it walked	*they walked*

Pass. pross.: io ho camminato, io ho passeggiato

I have walked	*we have walked*
you have walked	*you have walked*
he, she, it has walked	*they have walked*

Trapass. prossimo o **remoto:**
io avevo o ebbi camminato, passeggiato

I had walked	*we had walked*
you had walked	*you had walked*
he, she, it had walked	*they had walked*

Futuro: io camminerò, io passeggerò

SEMPLICE	VOLITIVO
I shall walk	*I will walk*
you will walk	*you shall walk*
he, she, it will walk	*he, she, it shall walk*
we shall walk	*we will walk*
you will walk	*you shall walk*
they will walk	*they shall walk*

MODO IMPERATIVO

let me walk	*let us walk*
walk	*walk*
let him, her, it walk	*let them walk*

MODO CONDIZIONALE

Presente: io camminerei, io passeggerei

I should (o *would*)	*walk*
you would (o *should*)	*walk*
he, she, it would (o *should*)	*walk*
we should (o *would*)	*walk*
you would (o *should*)	*walk*
they would (o *should*)	*walk*

Passato: io avrei camminato, avrei passeggiato

I should (o *would*)	*have walked*
you would (o *should*)	*have walked*
he, she, it would (o *should*)	*have walked*
we should (o *would*)	*have walked*
you would (o *should*)	*have walked*
they would (o *should*)	*have walked*

MODO CONGIUNTIVO

Presente: che io cammini, che io passeggi

that I	*walk*	*that we*	*walk*
that you	*walk*	*that you*	*walk*
that he, she, it	*walk*	*that they*	*walk*

Il passato è uguale a quello del modo indicativo.

NUMERI CARDINALI = CARDINAL NUMERALS

1	uno	one
2	due	two
3	tre	three
4	quattro	four
5	cinque	five
6	sei	six
7	sette	seven
8	otto	eight
9	nove	nine
10	dieci	ten
11	undici	eleven
12	dodici	twelve
13	tredici	thirteen
14	quattordici	fourteen
15	quindici	fifteen
16	sedici	sixteen
17	diciassette	seventeen
18	diciotto	eighteen
19	diciannove	nineteen
20	venti	twenty
21	ventuno	twenty-one
30	trenta	thirty
40	quaranta	forty
50	cinquanta	fifty
60	sessanta	sixty
70	settanta	seventy
80	ottanta	eighty
90	novanta	ninety
100	cento	one hundred
101	centouno	one hundred and one
200	duecento	two hundred
1 000	mille	one thousand
1 001	milleuno	one thousand and one
2 000	duemila	two thousand
1 000 000	un milione	one million

NUMERI ORDINALI = ORDINAL NUMERALS

1° il primo	1st. the first
2° il secondo	2nd. the second
3° il terzo	3rd. the third
4° il quarto	4th. the fourth
5° il quinto	5th. the fifth
6° il sesto	6th. the sixth
7° il settimo	7th. the seventh
8° l'ottavo	8th. the eighth
9° il nono	9th. the ninth
10° il decimo	10th. the tenth
11° l'undicesimo	11th. the eleventh
12° il dodicesimo	12th. the twelfth
13° il tredicesimo	13th. the thirteenth
ecc.	etc.
20° il ventesimo	20th. the twentieth
21° il ventunesimo	21st. the twenty-first
ecc.	etc.
50° il cinquantesimo	50th. the fiftieth
100° il centesimo	100th. the hundredth
1000° il millesimo	1000th. the thousandth

UNITÀ DI MISURA

Il Regno Unito ha adottato il sistema decimale anche per i pesi e le misure. Tuttavia, il vecchio sistema è ancora molto diffuso.

1 kilo (= 1000 grammi)	= libbre avoirdupois 2,20
1 stone (= 14 libbre)	= kg 6,350
1 libbra (= 16 once)	= kg 0,453
1 oncia (= 16 drams)	= g 28,34
1 dram (grani 27 1/3)	= g 1,77
1 metro (= 100 cm)	= yarde 1 e pollici 3 e 3/8
1 yarda (= 3 piedi)	= cm 91,4
1 piede (= 12 pollici)	= cm 30,5
1 pollice	= cm 2,5
1 miglio	= km 1,609
1 litro (= 10 dl.)	= 1 pinta e 3 gills
1 bushel (= 4 pecks)	= litri 36,368
1 peck (= 2 galloni)	= litri 9,092
1 gallone (= 4 quarti)	= litri 4,546
1 quarto (= 2 pinte)	= litri 1,136
1 pinta	= litri 0,56

(lira sterlina)
(100 new pence)
50 new pence (abbr. p.)
10 new pence
5 new pence
2 new pence
1 new penny
1/2 new penny

A

abbacchio, *s.m.* lamb [*lèm*^{b}].
abbaglianti, *s.m.pl.* high-beams [*hài bims*].
abbagliare, *v.* to dazzle [*dàzl*].
abbaiare, *v.* to bark [*bark*], to yelp [*ièlp*].
abbandonare, *v.* to abandon [*abàndon*], to forsake [*forsè*^{i}*k*], to give up [*ghiv ap*]; to relinquish [*relìnquish*].
abbassare, *v.* to lower [*loua*^{r}], to let down [*lèt dàun*]; (ridurre) to abate [*abé*^{i}*t*].
abbassarsi, *v.r.* to stoop down [*stuup dàun*].
abbasso, *inter.* down with [*dàun uìd*^{s}].
abbastanza, *av.* enough [*inàf*].
abbattere, *v.* to beat down [*bíit dàun*], to knock down [*nok dàun*] || **abbattuto**, *ag.* depressed [*deprèssd*], dejected [*degèct*^{e}*d*], cast down [*cast dàun*].
abbazia, *s.f.* abbey [*àbbe*].
abbellire, *v.* to embellish [*embèllisc*^{i}] || **abbellirsi**,*v.r.* to adorn oneself [*adòrn uonsèlf*] || **abbellito**, *ag.* adorned [*adòrnd*], beautified [*biutifàid*], improved [*imprùvd*].
abbigliamento, *s.m.* clothes [*cló*^{u}*d*^{s}*is*]; *industria dell'—*, clothing industry [*cló*^{u}*d*^{s}*ingh ìndastry*].
abbisognare, *v.* to need [*niid*], to want [*uònt*], to necessitate [*nessèssité*^{i}*t*], to require [*riquà*^{i}*a*^{r}].
abboccato, *ag.* rather sweet [*rad*^{s}*a*^{r} *suit*].
abbonamento, *s.m.* (a giornali) subscription [*subscrìpsc*^{io}*n*]; (a mezzi di trasporto, spettacoli) season ticket [*sìs*^{o}*n tìket*].

abbonarsi, *v.r.* (a giornali) to subscribe [*subscràib*]; (a mezzi di trasporto, spettacoli) to get a season ticket for [*gèt ^{e} sìs^{o}n tìket fô^{r}*].
abbonato, *s.m.* (a un giornale) subscriber [*subscràiba^{r}*]; (a mezzi di trasporto, spettacoli) season-ticket holder [*sìs^{o}n tìket hólda^{r}*]; (radio) radio-licence holder [*réidio làisens hólda^{r}*]; (tv) television-licence holder [*televìs^{io}n làisens hólda^{r}*].
abbondante, *ag.* abundant [*abàndant*], abounding [*abàundin*].
abbondanza, *s.f.* abundance [*abàndans*].
abbondare, *v.* to have plenty of [*hèv plènti òv*], to abound [*abàund*].
abbottonare, *v.* to button up [*bàttn ap*].
abbozzo, *s.m.* sketch [*sketc^{i}*], rough draught [*raf draft*].
abbracciare, *v.* to hug [*hagh*], to embrace [*embré^{i}ss*]; (comprendere) to comprehend [*comprihènd*].
abbraccio, *s.m.* hug [*hagh*], embrace [*embréss*].
abbreviare, *v.* to abridge [*abrìdg^{i}*], to shorten [*sciòrt^{e}n*], to abbreviate [*abrìviet*].
abbreviazione, *s.f.* abbreviation [*abriviésc^{io}n*].
abbronzante, *s.m.* sun-tan oil [*sàn tàn òil*], sun-tan lotion [*sàn tàn ló^{u}sc^{io}n*] || **abbronzarsi**, *v.r.* to get tanned [*ghèt tànnd*] || **abbronzato**, *ag.* (sun-) tanned [(*sàn*) *tànnd*] || **abbronzatura**, *s.f.* tan.
abbrustolire, *v.* to toast [*to^{u}st*], to grill.
abbuono, *s.m.* allowance [*allàuans*], deduction [*didàksc^{io}n*].
abdicare, *v.* to abdicate [*àbdiche^{i}t*].
abete, *s.m.* fir [*fô^{r}*].
abile, *ag.* clever [*clèva^{r}*], able [*éb-l*], skilful [*skìlful*].
abilità, *s.f.* cleverness [*clèverness*], skilfulness [*skìlfulness*].
abilitazione, *s.f.* qualification [*quolifiché^{i}sc^{io}n*].
abilmente, *av.* cleverly [*clèverli*].
abisso, *s.m.* abyss [*abìss*]; gulf [*galf*].
abitante, *s.m.* e *f.* inhabitant [*inhàbitant*] || *ag.* residing [*risàidin*].

abitare, *v.* to live (in, at) [*lìv*], to inhabit [*inhàbit*].
abitazione, *s.f.* house [*hàus*].
abito, *s.m.* (da uomo) suit [*siùt*], (da donna) dress [*drèss*]; (disposizione) habit [*hèbit*].
abituale, *ag.* habitual [*habìciual*], customary [*càstomari*] || **abitualmente**, *avv.* habitually [*habìciuali*], usually [*iùsuali*] || **abituare**, *v.* to accustom [*acàst*^{o}*m*] || **abituarsi**, *v.r.* to accustom oneself [*acàstom uonsèlf*], to become accustomed [*bicàm acàstom*^{e}*d*].
abitudine, *s.f.* habit [*hèbit*], custom [*càstom*].
abolire, *v.* to abolish [*abòlisc*].
aborrire, *v.* to abhor [*abhò*^{r}].
aborto, *s.m.* abortion [*abòrsc*^{io}*n*], (non procurato) [miscarriage [*miskèrig*^{i}].
abside, *s.f.* apse [*èps*].
abusare, *v.* (approfittare) to take advantage [*téik advènt*^{ei}*g*^{i}].
abusivamente, *av.* abusively [*abiùsiv*^{e}*li*].
abusivo, *ag.* abusive [*abiùsiv*].
abuso, *s.m.* abuse [*abiùs*].
acacia, *s.f.* acacia.
acanto, *s.m.* acanthus [*acàn*^{ds}*u*$_{s}$], bear's foot [*bèars fuut*].
accademia, *s.f.* academy [*acàdemi*].
accadere, *v.* to happen [*hèpen*].
accaduto, *s.m.* event [*ivènt*], happening [*hèpenin*].
accalcarsi, *v.* to crowd together [*cràud tughe*^{ds}*a*^{r}].
accaldarsi, *v.* to get hot [*ghèt h.*] [*càmp*].
accampamento, *s.m.* encampment [*encàmpment*], camp
accamparsi *v.r.* to pitch tents [*pìc*^{i} *tènts*], to camp [*càmp*].
accanirsi, *v.r.* (persistere cocciutamente) to insist.
accanito, *ag.* (fumatore ecc.) inveterate [*inveteréit*].
accanto, *prep.* beside [*bisàid*], near by [*nìar bài*].
accaparrare, *v.* to buy up [*bài ap*].
accappatoio, *s.m.* bathrobe [*bâd*^{s}*rób*].
accarezzare, *v.* to caress [*carèss*].
accatastare, *v.* to pile up [*pàil ap*].
accattone, *s.m.* beggar [*bègha*^{r}].

accecare, *v.* to blind [*blàind*].
accelerare, *v.* to accelerate [*assèleret*].
acceleratore, *s.m.* accelerator [*asseleréita*^{r}].
accendere, *v.* to light [*lait*]; (il gas) to turn on [*tu*^{r}*n on*]; (luce, radio) to switch on [*sùic*^{i}*on*] || **accèso**, *p.p.* e *ag.* lighted [*làit*^{e}*d*], lit up [*lit ap*].
accendigas, *s.m.* gaslighter [*gàs làita*^{r}].
accendino, *s.m.* lighter [*làita*^{r}].
accennare, *v.* to hint [*hint*], to nod [*nod*], to beckon [*bék*^{o}*n*] || **accenno**, *s.m.* hint, nod.
accensione, *s.f.* ignition [*ighnìsc*^{io}*n*], lighting [*làitin*].
accertare, *v.* to ascertain [*assèrte*^{i}*n*], to verify [*verifài*].
accessibile, *ag.* accessible [*akssésib-l*].
accesso, *s.m.* access [*akssèss*], admittance [*admìttans*].
accessorio, *s.m.* accessory [*akssèssori*]; *pl.* fittings.
accetta, *s.f.* hatchet [*hàt'cet*].
accettabile, *ag.* acceptable [*akssèptab-l*].
accettare, *v.* to accept [*akssèpt*].
accettazione, *s.f.* acceptance [*akssèptans*].
accetto, *ag.*: *ben* —, welcome [*uelcàm*].
acchiappare *v.* to catch [*càc*^{i}], to seize [*sìiz*].
acciacco, *s.m.* infirmity [*infé*^{r}*miti*].
acciaieria, *s.f.* steel-mill [*stìil-mil*], steelworks [*stìil-uorks*].
acciaio, *s.m.* steel [*stìil*].
accidentale, *ag.* accidental [*akssidèntal*].
accidentato, *ag.* uneven [*anìv*^{e}*n*].
accidente, *s.m.* accident [*àkssident*].
accingersi, *v.r.* to prepare oneself [*pripèa*^{r} *uonsèlf*], to set about doing a thing [*set abàut dùingh e d*^{s}*in*].
acciuffare, *v.* to catch [*càc*^{i}].
acciuga, *s.f.* anchovy [*ànciovi*].
acclamare, *v.* to acclaim [*aclé*^{i}*m*].
acclamazione, *s.f.* acclamation [*aclamésc*^{io}*n*].
acclimatazione, *s.f.* acclimatization [*aclimatisésc*^{io}*n*], acclimation [*acliméesc*^{io}*n*].

accludere, *v.* to enclose [*enclós*] || **acclùso**, *p.p.* e *ag.* enclosed [*enclósd*].
accogliente, *ag.* cosy.
accoglienza, *s.f.* reception [*ressèpsc^{io}n*]; (buona) welcome [*uelcàm*].
accogliere, *v.* to receive [*ressív*], (bene) to welcome [*uelcàm*].
accomandante, *s.m.* e *f.* sleeping partner [*slìipin pà^{r}tna^{r}*].
accomandatario, *s.m.* acting partner [*àctin pà^{r}tna^{r}*].
accomandita, *s.f.* joint stock company [*giòint stok càmpani*].
accomiatarsi, *v.r.* to take leave of [*te^{i}k lìiv ov*].
accomodamento, *s.m.* arrangement [*arréngment*], agreement [*agrìiment*].
accomodante, *ag.* yielding [*iìldin*].
accomodare, *v.* (riparare) to repair [*ripèa^{r}*], to mend; (appianare) to arrange [*arréng^{i}*] || **accomodarsi**, *v.r.* to sit down [*sit dàun*], to make oneself comfortable [*me^{i}k uonsèlf còmfort^{a}bl*].
accompagnare, *v.* to accompany [*acòmpani*].
accompagnatore, *s.m.* escort; (mus.) accompanist [*acòmpanist*].
acconsentire, *v.* to consent [*consènt*].
accontentare, *v.* to satisfy [*sètisfai*], to content.
acconto, *s.m.* account [*acàunt*], instalment [*instòlment*].
accoppiare, *v.* to couple [*cap-l*], to match [*mác^{i}*].
accoppiata, *s.f.* (ippica) double [*dàb-l*].
accordare, *v.* (mus.) to tune [*tiùn*]; (concedere) to grant || **accordarsi**, *v.r.* to agree [*agrìi*].
accordo, *s.m.* agreement [*agrìiment*]; (mus.) accord [*acòrd*].
accorgersi, *v.r.* to notice [*nòtis*]; to realize [*rialàis*].
accorrere, *v.* to run [*ran*].
accortezza, *s.f.* skill, shrewdness [*sc^{i}rùdness*].
accorto, *ag.* prudent [*prùdent*], shrewd [*sc^{i}rùd*].
accostare, *v.* to approach [*apròuc^{i}*].
accovacciarsi, *v.r.* to squat [*squòt*].
accreditabile, *ag.* creditable [*créditab-l*].

accreditare, *v.* to credit [*crédit*].
accredito, *s.m.* credit.
accrescere, *v.* to increase [*incrìis*].
accudire, *v.* to look after [*luk afta^{r}*], to take care of [*té^{i}k chèa^{r} ov*].
accumulatore, *s.m.* accumulator [*acchiumiuléita^{r}*]; (d'auto) storage battery [*stòrag^{i} bàt^{e}ri*].
accuratezza, *s.f.* care [*chèa^{r}*], accuracy [*acchiùrasi*].
accurato, *ag.* careful [*chèa^{r}ful*].
accusa, *s.f.* accusation [*acchiusésc^{io}n*], indictment [*indìctment*], charge [*c^{i}à^{r}g^{i}*].
accusàre, *v.* to accuse [*acchiùs*], to indict [*indìct*], to charge [*c^{i}à^{r}g^{i}*].
accusatore, *s.m.* accuser [*acchiùsa^{r}*].
acerbo, *ag.* unripe [*ánràip*], green [*griìn*].
acero, *s.m.* maple-tree [*map-l-trìi*].
acetilene, *s.m.* acetylene [*assétilen*].
aceto, *s.m.* vinegar [*viniga^{r}*].
acetone, *s.m.* nail polish remover [*ne^{i}l pòlisc^{i} rimùva^{r}*].
acidità, *s.f.* acidity [*assìditi*].
acido, *s.m.* acid [*àssid*].
acidulo, *ag.* acidulous [*assìdulo^{u}s*].
acino, *s.m.* grape [*greip*].
acqua, *s.f.* water [*uòta^{r}*]; — *di mare*, sea w. [*sii w.*]; — *piovana*, rain w. [*rèin w.*]; — *dolce*, fresh w. [*frèsc^{i} w.*]; — *calda*, warm w. [*uò^{r}m w.*]; — *potabile*, drinkable w. [*drìnk^{a}b-l w.*]; — *minerale*, mineral w. [*mìneral w.*]; — *ossigenata*, hydrogen peroxide [*hàidrogen peròkssaid*].
acquaforte, *s.f.* etching [*é^{t}cin*].
acquaio, *s.m.* sink.
acquamarina, *s.f.* aquamarine.
acquaragia, *s.f.* turpentine [*turpentàin*].
acquarello → **acquerello**.
acquario, *s.m.* aquarium [*aquèriam*].
acquasantiera, *s.f.* (holy water) font [(*hòli uòta^{r}*) *fònt*].
acquatico, *ag.* aquatic.

acquavite, *s.f.* brandy [*brándi*].
acquazzone, *s.m.* shower of rain [*scìàuar ov réin*].
acquedotto, *s.m.* aqueduct [*aquedàct*].
acquerello, *s.m.* watercolour [*uòtarcàlar*] || **acquerellista**, *s.m.* e *f.* watercolourist [*uòtarcàlarist*].
acquietare, *v.* to appease [*apìis*] || **acquietarsi**, *v.r.* to quieten down [*quàieten dàun*].
acquirente, *s.m.* e *f.* buyer [*bàiar*].
acquisito, *ag.* acquired [*aquàiad*].
acquistare, *v.* to buy [*bài*], to purchase [*pórcies*]; (ottenere) to acquire [*aquàiar*], to get [*ghet*] || **acquisto**, *s.m.* purchase [*pórcies*]: *fare acquisti*, to do some shopping [*du sam scìòpin*].
acquitrino, *s.m.* marsh [*màrsci*], pool [*poùul*].
acquolina: *far venire l'—*, to make someone's mouth water [*meik samuàns màuds uòtar*].
acquoso, *ag.* watery [*uòteri*].
acrilico, *ag.* acrylic.
acro, *s.m.* (misura) acre [*écr*].
acrobata, *s.m.* e *f.* acrobat [*àcrobat*] || **acrobatico**, *ag.* [acrobatic.
acropoli, *s.f.* acropolis [*acròpolis*].
acustico, *ag.* acustic: *apparecchio —*, hearing aid [*hìarin éid*].
acuto, *ag.* acute [*akiùt*], sharp [*scìàrp*], pointed [*pòinted*].
adagiare, *v.* to place [*pleis*], to lay down [*lèi dàun*] || **adagiarsi**, *v.r.* to lie down [*lài dàun*].
adagio, *avv.* slowly [*slòuli*]; softly [*sòftli*], gently [*gèntli*].
adattare, *v.* to adapt [*adàpt*], to fit || **adattarsi**, *v.r.* to adapt oneself [*adàpt uansèlf*].
adattatore, *s.f.* adaptor [*adàptar*].
adatto, *ag.* apt, fit, proper [*pròpar*], suitable [*siùtab-l*].
addebitare, *v.* to debit [*débit*] || **addebito**, *s.m.* debit.
addentare, *v.* to bite [*bàit*].
addestramento, *s.m.* training [*tréinin*].
addestrare, *v.* to train [*tréin*], (mil.) to drill.

addetto, *ag.* in charge of [*in ciàrgi ov*]; (in diplomazia) appointed [*apòintᵉd*].
addietro, *av.* (fa) ago [*egóu*].
addio, *av.* adieu [*adiù*], goodbye [*guudbài*], farewell [*fèruel*].
additare, *v.* to point out [*pòint àut*], to point at.
additivo, *s.m.* additive.
addizionare, *v.* to add [*ádd*].
addizione, *s.f.* addition [*addìscion*].
addobbare, *v.* to deck, to decorate [*décoreit*].
addobbo, *s.m.* decoration [*decoréiscion*].
addolcire, *v.* to sweeten [*suìten*]; (fig.) to soften.
addolorare, *v.* to afflict [*afflict*], to distress, to grieve [*grìiv*].
addome, *s.m.* abdomen.
addomesticare, *v.* to tame [*téim*].
addominale, *ag.* abdominal.
addormentare, *v.* to put to sleep [*sliip*], (per noia) to send to sleep || **addormentarsi**, *v.r.* to go to sleep [*gou tu sliip*], to fall asleep [*foll aslìip*] || **addormentato**, *ag.* asleep [*aslìip*]; (assonnato) sleepy [*slìipi*].
addosso, *av.* on.
adeguare, *v.* to equalize [*iquolàis*].
adeguato, *ag.* adequate [*adequéit*].
adempiere, *v.* to fulfil [*fulfìl*], to carry out [*chèrri aut*].
adenoidi, *s.f.pl.* adenoids.
aderente, *ag.* adherent [*adhérent*]; (di abito) tight [*tait*], close-fitting [*clóus fitin*].
aderenza, *s.f.* adherence [*adhérens*], (*pl.*) connexions.
aderire, *v.* to adhere [*adhéar*], to stick.
adescare, *v.* (mettere l'esca), to bait [*béit*]; (fig.) to allure [*allìùr*], to entice [*entàis*].
adesione, *s.f.* adhesion [*adhéscion*].
adesivo, *ag.* e *s.m.* adhesive [*adhésiv*]; *gli adesivi*, stickers.
adesso, *av.* now [*nàu*], at present [*prèsent*].
adiacente, *ag.* adjacent [*adgiàsent*]: — *a*, next to.
adiacenza, *s.f.* nearness [*nìarness*], vicinity [*visìniti*].

adiacenze, *s.f.pl.* neighbourhood [*néboürhuud*].
adibire, *v.* to destine [*destàin*]; to use [*iùs*], to employ [*emplòi*].
adipe, *s.f.* fat [*fát*], plumpness [*plámpness*].
adirare, *v.* to make angry [*méik ángri*] || **adirarsi**, *v.r.* to get angry [*ghet ángri*] || **adirato**, *ag.* angry [*ángri*].
adolescente, *ag.* adolescent [*adòlessent*].
adoperare, *v.* to employ [*emplòi*], to use [*iùs*].
adorare, *v.* to adore [*adòar*], to worship [*uòrscip*].
adorazione, *s.f.* adoration [*adorésción*], worship [*uòrscip*].
adornare, *v.* to adorn [*adòrn*], to deck out.
adottare, *v.* to adopt.
adottivo, *ag.* adoptive [*adòptiv*].
adozione, *s.f.* adoption [*adopsción*].
adulare, *v.* to flatter [*flàtar*].
adulatore, *s.m.* flatterer [*flàtarar*].
adulterare, *v.* to adulterate [*adùltéréit*] || **adulterato**, *ag.* adulterated [*adulteréited*].
adulto, *ag.* e *s.m.* adult [*adàlt*], grown up [*gròun ap*].
adunanza, *s.f.* meeting [*mìitin*], assembly [*assémbli*].
adunare, *v.* to gather [*gàdsar*], to assemble [*assèmb-l*].
adunata, *s.f.* (militare) muster [*màstar*].
adunco, *ag.* hooked [*hukd*].
aerare, *v.* to air [*èar*], to ventilate [*véntileit*].
aeratore, *s.m.* ventilator.
aereo, *s.m.* plane [*plein*].
aereo, *ag.* aerial [*érial*].
aerodinamico, *ag.* aerodynamic [*aeroudainèmich*].
aerodromo, *s.m.* aerodrome [*aeroudróum*].
aeronautica, *s.f.* aeronautics: — *militare*, Air Force [*èar fórs*].
aeroplano, *s.m.* aeroplane [*èroplein*], airplane [*èarplein*].
aeroporto, *s.m.* airport [*èarpórt*].
aerostato, *s.m.* air-ballon [*èar balùn*].
aerostazione, *s.f.* air terminal [*èar tèrminal*].
afa, *s.f.* sultriness [*sàltriness*].
affabile, *ag.* affable [*àfab-l*], amiable [*émiab-l*].

affaccendarsi, *v.r.* to bustle about [*bas^{t}-l ébaut*] || **affaccendato**, *ag.* busy [*bìsi*].
affacciarsi, *v.r.* to appear at the window [*apìa^{r} át ds^{e} uìndo^{u}*].
affamato, *ag.* hungry [*hàngri*], starving [*stà^{r}vin*].
affannarsi, *v.r.* to worry [*uàri*]; (affaccendarsi) to bustle about [*bas^{t}l ébaut*] || **affannato**, *ag.* panting [*pantin*], out of breath [*àut ov brèd^{s}*].
affanno, *s.m.* shortness of breath [*sc^{i}òrtness ov brèd^{s}*]; (preoccupazione) worry [*uàri*], sorrow [*sòro*].
affaraccio, *s.m.* bad business [*bád bìsnis*].
affare, *s.m.* business [*bìsnis*]; (faccenda) matter [*mèta^{r}*].
affascinante, *ag.* charming [*c^{i}à^{r}min*].
affaticare, *v.* to tire [*taia^{r}*] || **affaticarsi**, *v.r.* to get tired [*ghet tàia^{r}d*] || **affaticato**, *ag.* tired [*tàia^{r}d*], weary [*uìri*].
affatto, *av.* quite [*quà^{i}t*], entirely [*entàia^{r}li*]: *niente —*, not at all [*àt oll*].
affermare, *v.* to affirm [*affè^{r}m*], to assert [*assè^{r}t*].
affermazione, *s.f.* affirmation [*affirmesc^{io}n*].
afferrare, *v.* to seize [*sìiz*], to catch [*càc^{i}*], to catch hold of [*càc^{i} hò^{u}ld ov*] || **afferrarsi**, *v.r.* to clutch at [*clàc^{i} èt*].
affettare, *v.* to slice [*slàis*], to cut into slices [*cat intu slàisis*]; (ostentare) to affect [*affèct*], to pretend [*pritènd*] || **affettato**, *agg.* sliced [*slaisd*], cut into slices [*cat intu slàisis*]; affected [*affècted*].
affettatrice, *s.f.* slicer [*slàisa^{r}*].
affetto, *ag.* affected [*affècted*].
affetto, *s.m.* affection [*affèksc^{io}n*].
affettuoso, *ag.* loving [*lavin*]; affectionate [*affèkscionét*].
affezionarsi, *v.r.* to become fond of [*bicàm fond ov*].
affezionato, *ag.* fond, loving [*lavin*].
affidabile, *ag.* reliable [*rilàiabl*].
affidare, *v.* to entrust [*entràst*].
affiggere, *v.* to post up [*post ap*], to placard [*plàca^{r}d*].
affilare, *v.* to sharpen [*sc^{i}à^{r}p^{e}n*], to grind [*graind*], to hone [*hon*] || **affilato**, *ag.* sharp [*sc^{i}à^{r}p*].

affinché, *cong.* so that [*so d^{s}át*], in order to [*in òrda^{r} tu*].
affine, *ag.* akin [*ákin*], analogous.
affinità, *s.f.* affinity [*affiniti*].
affissione, *s.f.* billposting: *è vietata l'—*, billstickers will be prosecuted [*bilstìka^{r} uil bi prosechiùtid*].
affittacamere, *s.m.* landlord || *s.f.* landlady [*lanlédi*].
affittare, *v.* to let, to rent; (dare a nolo) to hire [*hàia^{r}*].
affitto, *s.m.* rent: *canone d'—*, rent; contratto d'—, lease [*lìis*].
affittuario, *s.m.* tenant [*ténant*].
affliggere, *v.* to afflict [*afflìct*], to trouble [*trabl*].
afflizione, *s.f.* affliction [*afflìksc^{io}n*].
affluènte, *s.m.* e *ag.* affluent [*àfluent*], tributary [*trìbiutari*].
affluenza, *s.f.* (di persone) concourse [*conco^{r}s*].
affluire, *v.* to flow into [*flò^{u} ìntu*].
afflusso, *s.m.* flow [*flò^{u}*], rush [*ràsc^{i}*].
affogare, *v.* to drown [*dràun*] || **affogato**, *ag.* e *p.p.* drowned [*dràund*].
affollamento, *s.m.* crowd [*cràud*]; crowding.
affollato, *ag.* e *p.p.* crowded [*cràuded*].
affondamento, *s.m.* sinking [*sìnkin*].
affondare, *v.* to sink.
affrancare, *v.* to stamp [*stèmp*]; (liberare) to set free [*set frii*].
affrancatura, *s.f.* postage [*pòstag^{i}*].
affranto, *ag.* worn out [*uò^{r}n àut*]; (dal dolore) prostrated.
affresco, *s.m.* (pittura) fresco.
affrettare, *v.* to hasten [*héssn*], to speed [*spìid*] || **affrettarsi**, *v.r.* to hurry [*hàri*].
affrettatamente, *av.* hastily [*héssli*], in a hurry [*in e hàri*].
affrettato, *ag.* hasty, hurried [*hàrid*].
affrontare, *v.* to face [*fè^{i}s*].
affronto, *s.m.* affront, insult [*insàlt*].
affumicare, *v.* to smoke [*smo^{u}k*] || **affumicàto**, *ag.* smoked [*smò^{u}kd*].
afono, *ag.* voiceless [*vòisles*].
afoso, *ag.* sultry [*sàltri*].

africano, *s.* e *ag.* African [*àfrican*].
afroasiatico, *ag.* Afro-Asian, Afro-Asiatic.
agenda, *s.m.* diary [*dàiari*], note-book [*nòut-bùuk*].
agente, *s.m.* e *f.* agent [*ègent*].
agente di cambio, *s.m.* e *f.* stockbroker [*stòkbroukar*].
agenzia, *s.f.* agency [*ègensi*].
agevolare, *v.* to facilitate [*fassìliteit*].
agevolazione, *s.m.* facilitation [*fassilitéscion*]: agevolazioni di pagamento, easy terms of payment.
agevole, *ag.* easy [*ìisi*].
agganciare, *v.* to hoock [*tu hùuk*], to clasp.
agghiacciare *v.*, **agghiacciarsi**, *v.r.* to freeze [*frìiz*].
aggio, *s.m.* agio.
aggiornamento, *s.m.* updating [*apdéitin*], update [*apdéit*]; (rinvio) adjournment [*adgioàrnment*], postponement [*postpóunment*].
aggiornare, *v.* to bring up to date [*dèit*]; (rinviare) to adjourn [*adgioàrn*]; to postpone [*postpóun*].
aggirarsi, *v.r.* to roam [*róum*], to ramble [*ràmb-l*]; (di discorso) to be about [*bi ebàut*]; (di cifra) to be around [*bi eràund*].
aggiungere, *v.* to add.
aggiunta, *s.f.* addition [*addiscion*].
aggiustare, *v.* (riparare) to repair [*ripèar*], to mend; (*fam.*) to fix [*fiks*]; (sistemare) to settle [*settl*].
aggraffatrice, *s.f.* stapler [*stéipler*].
aggrapparsi, *v.r.* to cling to [*klin tu*], to lay hold of [*lei hould ov*].
aggravante, *s.f.* aggravating circumstance [*àgraveitin sorcumstanss*].
aggravare, *v.* to aggravate [*àgraveit*]; to make worse [*méik uòrs*].
aggravarsi, *v.r.* to get worse [*ghet uòrs*].
aggredire, *v.* to attack [*attàc*], to assault [*assoult*].
aggregare, *v.* to aggregate [*àgregheit*].
aggressione, *s.f.* aggression [*agréscion*].
aggressivo, *ag.* aggressive [*agréssiv*].

aggressore, *s.m.* aggressor [*agrèsso*^{r}].
aggrovigliare, *v.* to entangle [*entàng-l*].
agguato, *s.m.* ambush [*àmbusc*^{i}].
agiatezza, *s.f.* ease [*iis*], comfort [*còmfo*^{r}*t*]; (ricchezza) wealth [*uèld*^{s}].
agiato, *ag.* wealthy [*uèld*^{s}*i*], well off [*uèl off*].
agile, *ag.* nimble [*nimb-l*], quick.
agio, *s.m.* ease [*iis*], comfort [*còmfo*^{r}*t*], leisure [*lèsciu*^{ar}].
agire, *v.* to act.
agitare, *v.* (scuotendo) to shake [*sce*^{i}*k*]; (mescolando) to stir [*ste*^{ur}] || **agitarsi**, *v.r.* to be restless [*bi rèstless*], to agitate oneself [*àgitè*^{i}*t uonsèlf*] || **agitato**, *ag.* restless; (inquieto) worried [*uàrid*].
agitatore, *s.m.* agitator [*agitè*^{i}*tor*].
agitazione, *s.f.* agitation [*agitésc*^{io}*n*].
aglio, *s.m.* garlic [*gà*^{r}*lic*].
agnello, *s.m.* lamb [*lèm*^{b}].
ago, *s.m.* needle [*nìid-l*].
agonia, *s.f.* agony [*àgoni*].
agopuntura, *s.f.* acupuncture [*ékjupankci*^{ur}].
agosto, *s.m.* August [*ògost*].
agraria, *s.f.* agricultural science [*agricàlc*^{iu}*ral sàiens*].
agricolo, *ag.* agricultural [*agricàlc*^{iu}*ral*].
agricoltore, *s.m.* agriculturist [*agricàlc*^{i}*u*^{r}*ist*], farmer [*fà*^{r}*ma*^{r}].
agricoltura, *s.f.* agriculture [*agricàlci*^{ur}].
agrifoglio, *s.m.* holly [*hóli*].
agro, *ag.* sour [*sàua*^{r}], tart [*ta*^{r}*t*].
agrodolce, *ag.* bittersweet [*bitt*^{ar}*sùit*].
agrumi, *s.m.pl.* citrus fuits [*'sitr*^{u}*s fruts*].
aiola, *s.f.* flowerbed [*flàua*^{r}*bed*].
airone, *s.m.* heron.
aiutante, *s.m.* e *f.* assistant.
aiutare, *v.* to help, to assist [*assìst*].
aiuto, *s.m.* help, aid [*èd*], assistance [*assìstans*].

ala, *s.f.* wing [*uìngh*].
alabastro, *s.m.* alabaster [*alabàstar*].
alacre, *ag.* nimble [*nìmb-l*], quick.
alano, *s.m.* Great Dane [*grèit dein*]: *a. arlecchino*, dalmatian [*dalméiscian*].
alba, *s.f.* dawn [*dòn*], daybreak [*dèibrèk*].
albanese, *s.m.* e *f.*, *ag.* Albanian [*albànian*].
albeggiare, *v.* to dawn [*dòn*].
alberato, *ag.* planted with trees [*plànted uìds triis*].
albergatore, *s.m.* hotelkeeper [*hotèlkìipar*], innkeeper.
albergo, *s.m.* hotel [*hotèl*], inn.
albero, *s.m.* tree [*trìi*].
albicocca, *s.f.* apricot [*épricot*].
albo, **album**, *s.m.* album [*èlbom*].
alce, *s.m.* elk.
alcolico, *ag.* alcoholic; *gli alcolici*, spirits.
alcolizzato, *ag.* e *s.m.* alcoholic.
alcool, *s.m.* alcohol.
alcuno, *pr.* somebody [*sambòdi*], someone [*samuòn*]; (in frasi neg. o interr.) anybody [*enibòdi*], anyone [*eniuòn*].
aldilà, *s.m.* hereafter [*hiaràftar*].
alfabetico, *ag.* alphabetic [*alfabètic*].
alfabeto, *s.m.* alphabet [*alfabet*].
alga, *s.f.* seaweed [*sìiuiid*].
algebra, *s.f.* algebra [*èlgibra*].
algerino, *ag.* e *s.m.* Algerian.
aliante, *s.m.* glider [*glàidar*].
alibi, *s.m.* alibi [*èlibai*].
alieno, *ag.* e *s.m.* alien.
alimentare, *ag.* alimentary [*alimèntari*].
alimentare, *v.* to feed [*fiid*].
alimentazione, *s.f.* alimentation [*aliméntéscion*], feeding [*fiidin*].
alimento, *s.m.* food [*fuud*], aliment [*àliment*].
aliscafo, *s.m.* hydrofoil [*'haidroufoil*].
alisei (venti), *s.m.pl.* trade winds [*tréid uìnds*].

alito, *s.m.* breath [*brè*^{dss}].
allacciare, *v.* to link, to tie together [*tài tughed*^{s}*a*^{r}], to connect [*connèct*].
allagamento, *s.m.* overflow [*overflò*^{u}].
allagare, *v.* to overflow [*overflò*^{u}], to flood [*flàd*].
allargare, *v.* to widen [*uà*^{i}*dn*].
allarmare, *v.* to alarm [*alà*^{r}*m*].
allarmante, *ag.* alarming [*alà*^{r}*min*].
allarme, *s.m.* alarm [*alà*^{r}*m*].
allattare, *v.* to suckle [*sakl*], to feed [*fiid*].
alleato, *ag.* allied [*alàid*] || *s.m.* ally [*àlai*].
allegare, *v.* to enclose [*enclós*]; to allege [*aleg*^{i}].
allegato, *s.m.* enclosure [*enclosùa*^{r}].
alleggerire, *v.* to lighten [*làitn*], to disburden [*disbardn*].
allegoria, *s.f.* allegory [*alégori*].
allegria, *s.f.* cheerfulness [*cìrfulniss*], joy [*giòi*].
allegro, *ag.* cheerful [*cìrful*], merry [*mèri*], gay [*ghe*^{i}].
allenamento, *s.m.* training [*tré*^{i}*nin*].
allenatore, *s.m.* trainer [*tré*^{i}*na*^{r}], coach [*co*^{u}*c*^{i}].
allergia, *s.f.* allergy.
allestire, *v.* to prepare [*pripè*^{r}], to get ready [*ghet rèdi*].
allettante, *ag.* enticing [*entàissin*].
allevare, *v.* to bring up; (animali) to rear [*riar*], to breed [*brìid*].
allevatore, *s.m.* breeder [*brìida*^{r}].
alleviare, *v.* to alleviate [*àleviét*], to relieve [*rilìiv*].
allibratore, *s.m.* bookmaker [*bu*^{u}*kmé*^{i}*ka*^{r}].
allievo, *s.m.* pupil [*piùpil*].
allodola, *s.f.* skylark [*skàila*^{r}*k*].
alloggiare, *v.* to lodge [*lòdg*^{i}], to live [*lìv*], to put up [*put ap*].
alloggio, *s.m.* lodgings [*lòdgins*].
allontanare, *v.* to remove [*remùv*], to send away [*aué*^{i}], to put off || **allontanarsi**, *v.r.* to go away [*go*^{u} *aué*^{i}], to get off [*ghet off*].
allora, *av.* then [*d*^{s}*en*]; at that time [*d*^{s}*át tàim*]; in such a case [*sàc*^{i} *e kés*].
allorché, *av.* when [*huèn*].
alloro, *s.m.* laurel [*lòrel*].

alluce, *s.m.* big toe [*bigh to*^{u}].
alluminio, *s.m.* aluminium.
allungare, *v.* to lengthen [*lènghd*^{s}*en*], to stretch out [*strètc*^{i} *àut*] || **allungabile**, *ag.* extendible [*ekstènd*^{i}*b-l*]: *tavolo* —, leaf-table [*lìif-te*^{i}*b-l*].
allusione, *s.f.* allusion [*allùsc*^{io}*n*], hint.
alluvione, *s.f.* flood [*flàd*].
almanacco, *s.m.* almanac [*àlmanac*], calendar [*càlenda*^{r}].
almeno, *av.* at least [*èt liist*].
alpestre, *ag.* alpine [*a*^{o}*lpàin*].
alpinismo, *s.m.* alpinism [*à*^{o}*lpinism*].
alpinista, *s.m.* mountaineer [*mauntanìa*^{r}].
alpino, *ag.* alpine [*a*^{o}*lpàin*]. [*ràd*^{s}*a*^{r}].
alquanto, *av.* some [*sam*], somewhat [*samuòt*], rather
altalena, *s.f.* seesaw [*siiso*], swing [*suìn*].
altare, *s.m.* altar [*ôlta*^{r}].
alterare, *v.* to alter [*ôlta*^{r}], to change [*chè*^{i}*ngi*].
alterco, *s.m.* dispute [*dispiùt*], quarrel [*quòrel*].
alternare, *v.* to alternate [*à*^{o}*lterne*^{i}*t*].
alternativa, *s.f.* alternative [*a*^{o}*ltèrnativ*], choice [*ciòis*].
alternativamente, *av.* alternately [*a*^{o}*ltè*^{r}*nat*^{e}*li*].
alternato, **alterno**, *ag.* alternate [*a*^{o}*lterne*^{i}*t*]: *a giorni alterni*, every other day [*éveri ód*^{s}*a*^{r} *de*^{i}].
altezza, *s.m.* hight [*hàit*]; highness [*hàiness*].
altipiano, *s.m.* highland [*hàiland*], tableland [*té*^{i}*blland*].
altitudine, *s.f.* altitude [*à*^{o}*lticiud*].
alto, *ag.* high [*hài*], tall [*tôll*].
altoparlante, *s.m.* (radio) loudspeaker [*laudspìika*^{r}].
altrettanto, *ag.* as much [*às màc*^{i}], so much so.
altrimenti, *av.* otherwise [*ód*^{s}*a*^{r}*uàis*].
altro, *ag.* e *pron.* other [*ód*^{s}*a*^{r}]; (un altro) another [*anód*^{s}*a*^{r}]; (con qualcuno, qualcosa, nessuno, niente)
altronde (d'), *av.* besides [*bisàids*]. [else [*èls*].
altrove, *av.* elsewhere [*èlsuèa*^{r}], somewhere else [*samuèa*^{r} *èls*].

altrui, *pr.* others' [*òd^{s}a^{r}s*], other people's [*od^{s}a^{r} pìip-ls*].
altura, *s.f.* height [*hàit*], rising ground [*ràisingh gràund*].
alunno, *s.m.* pupil [*piùpil*].
alveare, *s.m.* beehive [*biihàiv*].
alveo, *s.m.* riverbed [*rìvabed*].
alzare, *v.* to raise [*ré^{i}s*], to hoist [*hóist*]; to rise [*ràis*], to arise [*aràis*] || **alzarsi**, *v.r.* to get up [*ghet ap*], to rise [*ràis*] || **alzato**, *ag.* raised [*ré^{i}sd*], got up [*got ap*].
amabile, *ag.* amiable [*émiab-l*], lovely [*làvli*].
amaca, *s.f.* hammock [*hàmok*].
amante, *s.m.* e *f.* lover [*làv^{ar}*].
amare, *v.* to love [*làv*], to like [*làik*].
amarena, *s.f.* black cherry [*blàk cèrri*].
amaretto, *s.m.* macaroon [*macarùn*].
amarezza, *s.f.* bitterness [*bìtta^{r}ness*].
amaro, *ag.* e *s.* bitter [*bìtt^{ar}*].
amarognolo, *ag.* bitterish [*bitterisc^{i}*].
amarrare, *v.* (marina e aviazione) to moor [*mur*].
ambasciata, *s.f.* embassy [*èmbassi*], message [*mèsag^{i}*].
ambasciatore, *s.m.* embassador, ambassador [*embàssado^{r}*, *ambàssado^{r}*] || **ambasciatrice**, *s.f.* ambassadress [*ambàssadress*].
ambedue, *pr.* both [*bó^{u}ds*].
ambiente, *s.m.* environment [*envàironment*]; (stanza) room [*rum*].
ambiguo, *ag.* ambiguous [*ambígu^{a}s*].
ambizione, *s.f.* ambition [*ambísc^{io}n*].
ambizioso, *ag.* ambitious [*ambisc^{io}as*].
ambra, *s.f.* amber [*àmb^{ar}*].
ambulante, *ag.* ambulant [*àmbiulant*]; *s.m. venditore* —, hawker [*hòka^{r}*], pedlar [*pédla^{r}*].
ambulanza, *s.f.* ambulance [*àmbiulans*].
ameno, *ag.* pleasant [*plèsant*], agreable [*agrìab-l*].
americano, *ag.* e *s.* American [*amèrican*].
amianto, *s.m.* asbestos [*asbèstos*].
amica, *s.f.* friend [*frènd*]; (del cuore) girlfriend [*ghe^{r}l frènd*].
amicizia, *s.f.* friendship [*frèndscip*].

amico, *s.m.* friend [*frènd*]; (del cuore) boy friend [*bòi frènd*].
amido, *s.m.* starch [*starci*].
ammaestrare, *v.* to teach [*tìci*], to train [*trèin*].
ammainare, *v.* to lower [*lóuar*].
ammalarsi, *v.r.* to fall ill [*foll ill*], (contrarre una malattia) to get [*ghèt*].
ammalato, *ag.* ill, sick || *s.* patient [*péscient*].
ammaliare, *v.* to bewitch [*beuìci*]; to fascinate [*fàssinéit*].
ammanco, *s.m.* cash [*càsci*] deficit.
ammanettare, *v.* to handcuff [*handcàff*].
ammassare, *v.* to heap up [*hìip ap*], to accumulate [*achiùmuleit*].
ammasso, *s.m.* heap [*hiip*], stock.
ammazzare, *v.* to kill.
ammenda, *s.f.* fine [*fàin*].
ammettere, *v.* to admit [*admìt*].
amministrare, *v.* to manage [*mànagi*], to run [*ran*], to administer [*admìnistar*].
amministratore, *s.m.* manager [*mànagiar*], director, administrator [*administrétor*]; — *delegato*, managing director [*mànagin dirèctor*].
amministrazione, *s.f.* administration [*administréscion*], management [*mànagiment*].
ammirabile, *ag.* admirable [*admàirab-l*].
ammiraglio, *s.m.* admiral [*àdmiral*].
ammirare, *v.* to admire [*admàiar*].
ammiratore, *s.m.*, **-trice**, *f.*, admirer [*admàiar*]; (di cantanti ecc.) fan.
ammirazione, *s.f.* admiration [*adméscion*].
ammissione, *s.f.* admission [*admìscion*].
ammobiliare, *v.* to furnish [*fórnisci*].
ammogliarsi, *v.r.* to take a wife [*téik e uàif*], to get married [*ghet màried*] || **ammogliato**, *ag.* married [*màried*].
ammoniaca, *s.f.* ammonia [*ammònia*].
ammonimento, *s.m.*, **ammonizione**, *s.f.* admonition [*admonìscion*], warning [*uòrnin*].

ammorbidire *v.*, **ammorbidirsi**, *v.r.* to soften [*sof*^{t}*n*].
ammortizzare, *v.* to sink.
ammortizzatore, *s.m.* damper [*dàmpa*^{r}], shock absorber [*sc*^{io}*k absòrba*^{r}].
ammucchiare, *v.* to heap up [*hiip ap*], to pile up [*pàil ap*].
ammuffire, *v.* to get mouldy [*ghet màuldi*].
ammutinamento, *s.m.* mutiny [*miùtini*].
amnesia, *s.f.* amnesia [*amnísia*].
amnistia, *s.f.* amnesty [*àmnesti*].
amo, *s.m.* hook [*huk*].
amore, *s.m.* love [*lav*].
amoreggiare, *v.* to flirt.
amoroso, *ag.* loving [*lávin*].
ampio, *ag.* wide [*uàid*], large [*la*^{r}*g*^{i}].
amplificatore, *s.m.* amplifier [*amplifàia*^{r}].
amputare, *v.* to amputate [*amputé*^{i}*t*].
amuleto, *s.m.* amulet, charm [*cia*^{r}*m*].
anabbaglianti, *s.m.pl.* low-beams [*lo*^{u}*-bims*].
anagrafe, *s.f.* register [*régista*^{r}]; (l'ufficio) registry office [*régistri òfis*].
analcolico, *ag.* non-alcoholic || *s.m.* soft drink.
analfabeta, *s.m.* e *f.* e *ag.* illiterate [*ilít*^{e}*rit*].
analfabetismo, *s.m.* illiteracy [*ilít*^{e}*r*^{e}*si*].
analgesico, *ag.* e *s.m.* analgesic [*anelgèsik*].
analisi, *s.f.* analysis [*anàlisiss*]; test.
analizzare, *v.* to analyze [*analàis*].
analogo, *ag.* analogous [*anàlogous*].
ananasso, *s.m.* pineapple [*pàinap-l*].
anarchia, *s.f.* anarchy [*ànarchi*].
anatomia, *s.f.* anatomy [*anàtomi*].
anatra, *s.f.* duck [*dak*].
anca, *s.f.* hip, hip bone [*bo*^{u}*n*].
anche, *av.* also [*òlso*], too [*tuu*], even [*ìv*^{e}*n*].
ancora, *av.* still, yet [*ièt*]; (di nuovo) again [*aghé*^{i}*n*].
àncora, *s.f.* anchor [*ànco*^{r}].

ancoraggio, *s.m.* anchorage [*àncore*^{i}*g*^{i}].
ancorare, *v.*, **ancorarsi**, *v.r.* to anchor [*ànco*^{r}].
andare, *v.* to go [*go*^{u}].
andarsene, *v.r.* to go away [*go*^{u} *aué*^{i}], to leave [*liiv*].
andito, *s.m.* passage [*pàssag*^{i}].
aneddoto, *s.m.* anecdote [*ànecdot*].
anello, *s.m.* ring.
anemia, *s.f.* anaemia [*anémia*].
anestesia, *s.f.* anaesthesia [*anestésia*].
anestetico, *s.m.* anaesthetic [*anestètic*].
anfibio, *ag.* e *s.m.* amphibious [*anfibi*^{o}*as*].
anfora, *s.f.* amphora [*àmfora*].
angelo, *s.m.* angel [*éngel*].
angheria, *s.f.* vexation [*vexssásc*^{io}*n*].
angina, *s.f.* angina.
anglicano, *ag.* e *s.m.* Anglican.
anglosassone, *ag.* e *s.m.* e *f.* Anglo-Saxon.
angolo, *s.m.* angle [*áng-l*], corner [*co*^{r}*na*^{r}].
anguilla, *s.f.* eel [*iil*].
anguria, *s.f.* watermelon [*uóta*^{r}*mélon*].
anice, *s.m.* aniseed [*ànisiid*].
anima, *s.f.* soul [*sôl*].
animale, *s.m.* animal [*ànima*^{o}*l*].
animo, *s.m.* (mente) mind [*ma*^{i}*nd*]; (cuore, coraggio) heart [*ha*^{r}*t*]: *stato d'*— mood [*múud*].
anitra, *V.* **anatra**.
annacquare, *v.* to mix with water [*uìd*^{s} *uóta*^{r}].
annaffiare, *v.* to water [*uóta*^{r}].
annaffiatoio, *s.m.* watering can [*uòterin cán*].
annaffiatrice, *s.f.* (automatica) sprinkler [*sprínkla*^{r}].
annata, *s.f.* year [*ìea*^{r}], whole year [*hól iea*^{r}].
annebbiarsi, *v.r.* to get foggy [*ghet fòghi*].
annegare, *v.* to drown [*dràun*] || **annegarsi**, *v.r.* to get drowned [*ghet dràund*].
annerire, *v.* to black [*blák*], to blacken [*blákn*].

annessione, *s.f.* annexation [*annekssésc*^{ion}*n*], annexion [*anéksc*^{ion}*n*].
annesso, *s.m.* annex || *ag.* e *p.p.* annexed [*annèksd*].
annettere, *v.* to annex [*annèks*].
anniversario, *s.m.* anniversary.
anno, *s.m.* year [*ìea*^{r}].
annodare, *v.* to knot [*not*].
annoiare, *v.* to tire [*tàia*^{r}], to bore [*bor*] || **annoiarsi**, *v.r.* to be bored [*be bor*^{e}*d*].
annotare, *v.* to note [*nò*^{u}*t*], to note down [*dàun*].
annotazione, *s.f.* annotation [*annotésc*^{ion}].
annuale, *ag.* yearly [*ìea*^{r}*li*].
annullare, *v.* to annul.
annunciare, *v.* to announce [*anàuns*].
annunciatore, *s.m.* newscaster [*niùss caasta*^{r}], newsreader [*niùss riida*^{r}].
annuncio, **annunzio**, *s.m.* notice [*nótis*], advertisement [*advèrtisment*].
annuo, *ag.* annual, yearly [*ìearli*].
annusare, *v.* to smell.
annuvolarsi, *v.r.* to grow cloudy [*gro*^{u} *clàudi*].
anormale, *ag.* abnormal.
ansare, *v.* to pant.
ansia, *s.f.* anxiety [*anksà*^{ie}*ti*].
ansioso, *ag.* anxious [*ànksci*^{o}*as*].
antartico, *ag.* antarctic.
antecedente, *ag.* previous [*prìvioas*] || *s.m.* antecedent [*antesìdent*].
anteguerra, *ag.* pre-war [*pri-uó*^{ar}].
antenato, *s.m.* ancestor [*ànsesto*^{r}].
antenna, *s.f.* (tv) aerial.
anteprima, *s.f.* preview [*priviù*], prerelease [*prirelìiss*].
anteriore, *ag.* anterior [*antìrio*^{ar}].
antiappannante, *ag.* anti-mist.
antiatomico, *ag.* anti-nuclear [*niùcle*^{ar}].
antibiotico, *ag.* e *s.m.* antibiotic.
anticamera, *s.f.* hall [*hôl*], lobby [*lòbi*].

antichità, *s.f.* antiquity, ancient times [*énscient tàims*].
anticipare, *v.* to anticipate [*antìssipéit*]; to pay in advance [*péi in advàns*].
anticipatamente, *av.* in advance [*in advàns*].
anticipo, *s.m.* advance [*advàns*].
antico, *ag.* ancient [*énscient*].
anticoagulante, *ag.* anticlotting.
anticoncezionale, *ag.* e *s.m.* contraceptive [*contrasèptiv*].
anticrittogamico, *ag.* fungicide.
antidoto, *s.m.* antidote [*àntidot*].
antifurto, *ag.* e *s.m.* (per auto) anti-theft device [*-dsèft divàis*]; (case ecc.) burglar alarm [*bórglar àlarm*]
antigelo, *s.m.* antifreeze [*antifrìis*].
antilope, *s.f.* antilope.
antincendio, *ag.* fire-proof [*fàiar prùuf*].
antinebbia, *s.m.pl.* (fari) fog lights [*laits*].
antipasto, *s.m.* hors d'oeuvre.
antipatico, *ag.* unpleasant [*anplèsant*].
antipiega, *ag.* crease-resistant [*crìis - r.*].
antiquario, *s.m.* antiquarian [*antiquérian*].
antiquato, *ag.* old [*ould*], obsolete [*òbsolèt*].
antisettico, *ag.* e *s.m.* antiseptic.
antitarmico, *ag.* e *s.m.* moth-repellent [*mòds-r.*].
antologia, *s.f.* anthology.
anzi, *av.* rather [*ràdsar*], before [*bifòar*].
anzianità, *s.f.* seniority.
anziano, *ag.* aged [*égid*] || *s.m.* elder, senior.
anziché, *cong.* rather than [*ràdsar dsan*].
anzitutto, *av.* first of all [*fóst ov oll*].
ape, *s.f.* bee [*bìi*].
aperitivo, *s.m.* aperitif [*apéritif*].
apertamente, *av.* openly [*ópenli*].
aperto, *ag.* open [*ópen*] || *p.p.* opened [*ópend*].
apertura, *s.f.* opening [*ópenin*].
apolide, *s.m.* e *f.* apolid [*apolìd*].

apostolo, *s.m.* apostle [*apòs^{t}-l*].
appagato, *ag.* e *p.p.* satisfied [*satisfà^{ie}d*].
appaltatore, *s.m.* contractor [*contràcto^{r}*].
appalto, *s.m.* contract [*còntract*].
appannato, *ag.* misted.
apparecchiare, *v.* to prepare [*pripè^{ar}*]; (la tavola) to lay the table [*lei d^{si} téib-l*].
apparecchio, *s.m.* apparatus.
apparenza, *s.f.* appearance [*api^{a}erans*].
apparire, *v.* to appear [*apì^{ar}*].
appariscente, *ag.* striking [*stràikin*], conspicuous [*conspichi^{o}as*]; (vistoso) showy [*sc^{i}óui*].
apparizione, *s.f.* apparition [*aparisc^{io}n*].
appartamento, *s.m.* flat [*flát*], apartment [*apàrtment*].
appartenere, *v.* to belong [*bilòng*].
appartenente, *ag.* pertaining [*perté^{i}nin*].
appassionato, *ag.* passionate [*pàsc^{io}ne^{i}t*].
appassire, *v.* to fade [*fè^{i}d*].
appello, *s.m.* appeal [*apìl*]; (militare) roll call [*rôl côl*].
appena, *av.* hardly [*hà^{r}dli*], scarcerly [*scà^{r}serli*] || *cong.* as soon as... [*as sun as*].
appendere, *v.* to hang up [*hèngh ap*].
appetito, *s.m.* appetite [*àp^{e}tait*].
appetitoso, *ag.* appetizing [*ap^{e}tàisin*].
appianare, *v.* to level, to smooth [*smud^{s}*].
appiccicaticcio, **appiccicoso**, *ag.* sticky.
appigliarsi, *v.r.* to cling [*clin*].
appiglio, *s.m.* grip, pretext.
applaudire, *v.* to applaud [*aplòd*].
applauso, *s.m.* applause [*aplòs*].
applicare, *v.* to apply [*aplài*] || **applicarsi**, *v.r.* to apply oneself [*aplài uonsèlf*], to set about [*ebàut*].
appoggiare, *v.* to lean [*lìin*]; (posare) to lay [*lei*]; (favorire) to back [*bák*], to support.
appoggio, *s.m.* support.

apporre, *v.* to set.
apportare, *v.* to bring, to contribute [*contrìbiut*].
apporto, *s.m.* contribution [*contribiùscion*].
appositamente, **apposta**, *av.* on purpose [*pàrpos*].
appostarsi, *v.r.* to lurk [*làrk*].
apprendere, *v.* to learn [*loarn*].
apprendista, *s.m.* e *f.* apprentice [*aprèntiss*].
apprensione, *s.f.* apprenhension [*aprihènsción*].
apprensivo, *ag.* apprehensive [*aprihènsiv*].
appresso, *av.* e *prep.* (vicino) near [*nìar*]; (in seguito) afterwards [*àftaruòrds*], after [*àftar*].
apprezzamento, *s.m.* appreciation [*apressiéscion*].
apprezzare, *v.* to appreciate [*aprissiét*].
approccio, *s.m.* approach [*aprùci*].
approdare, *v.* to land at [*lànd àt*].
approdo, *s.m.* landing-place [*pléiss*].
approfittare, *v.* to profit [*pròfit*] || **approfittarsi**, *v.r.* to avail oneself [*avéil uonsèlf*], to profit [*pròfit*].
appropriarsi, *v.r.* to appropriate [*apropriéit*], to get hold of [*ghet hòuld ov*].
appropriazione, *s.f.* appropriation [*apropriéscin*].
approssimarsi, *v.r.* to approach [*aprùci*], to come near [*càm nìar*].
approssimativamente, *av.* by approximation [*bai aprokssiméscion*].
approvare, *v.* to approve [*aprùv*].
approvazione, *s.f.* approbation [*aprobéscion*].
approvvigionare, *v.* to supply victuals [*suplài vìctels*].
appuntamento, *s.m.* appointment [*apòintment*]; date [*déit*].
appuntare, *v.* to pin.
appuntito, *ag.* pointed.
appunto, *s.m.* (critica) remark [*rimàrk*]; (nota) note [*nòut*].
appurare, *v.* to verify [*verifài*].
aprile, *s.m.* April [*épril*].
apribottiglie, *s.m.* bottle opener [*bòtl ópenar*].
apriscatole, *s.m.* tin opener [*ópenar*].

aprire, *v.* to open [*op*^{e}*n*].
aquila, *s.f.* eagle [*ìighl*].
aquilone, *s.m.* kite [*càit*].
arabo, *ag.* e *s.* Arab, Arabian [*arébian*].
arachidi, *s.f.pl.* peanuts [*pìinats*].
aragosta, *s.f.* lobster [*lòbsta*^{r}].
arancia, *s.f.* orange [*òrang*^{i}].
aranciata, *s.f.* orangeade [*orangé*^{i}*d*].
arancione, *s.m.* orange colour [*òrang*^{i} *còlo*^{r}].
arare, *v.* to plough [*plàu*].
aratro, *s.m.* plough [*plàu*]; (amer.) plow [*plàu*].
arazzo, *s.m.* tapestry [*té*^{i}*pestri*].
arbitrare, *v.* (sport) to umpire [*ampài*^{ar}]; (calcio, pugilato) to referee [*referíi*].
arbitrato, *s.m.* arbitration [*arbitrésc*^{io}*n*].
arbitrio, *s.m.* absolute power [*àbsoliut pàua*^{r}]; arbitrary [act.
arbitro, *s.m.* umpire [*ampàiar*]; (calcio, pugilato) referee [*referíi*].
arbusto, *s.m.* shrub [*sc*^{i}*ràb*].
archeologia, *s.f.* archaeology [*archeòlogi*].
archeologo, *s.m.* archaeologist [*archeòlogist*].
architetto, *s.m.* architect [*àrchitect*].
architettura, *s.f.* architecture [*architéc*^{i}*a*^{r}].
archivio, *s.m.* file [*fail*], archives [*àrchivs*], recording-office [*recòrdin-òffis*].
arcipelago, *s.m.* archipelago [*arcipèlago*].
arcivescovo, *s.m.* archbishop [*arc*^{i}*bìsc*^{i}*op*].
arco, *s.m.* arch [*arc*^{i}], bow [*bo*^{u}].
arcobaleno, *s.m.* rainbow [*ré*^{i}*nbo*^{u}].
ardente, *ag.* ardent [*à*^{r}*dent*].
ardere, *v.* to burn [*ba*^{r}*n*], to blaze [*blé*^{i}*z*].
ardesia, *s.f.* slate [*sléit*].
ardimento, *s.m.*, **ardimentoso**, *ag.*, **arditezza**, *s.f.*, **ardito**, [*ag.* daring [*dé*^{i}*rin*].
ardire, *v.* to dare [*dèa*^{r}].
arduo, *ag.* arduous [*àrduo*^{a}*s*].
area, *s.f.* area [*éria*].

arena, *s.f.* sand, amphitheatre [*amfidsiatar*], stadium [*stéidiam*].
arenarsi, *v.r.* (marina) to get stranded [*stránded*].
argano, *s.m.* capstan [*càpstan*].
argenteria, *s.f.* silver [*sìlvar*], silverware [*sìlvaruear*].
argentino, *ag.* e *s.m.* (dell'Argentina) Argentine [*ar-gientàin*].
argento, *s.m.* silver [*sìlvar*].
argilla, *s.f.* clay [*cléi*].
arginare, *v.* to dam [*dàm*], to embank [*embánk*].
argine, *s.m.* dam [*dàm*], dike [*dàik*], embankment [*embánkment*].
argomentare, *v.* to argue [*àrghiu*].
argomento, *s.m.* subject [*sàbgect*].
arguire, *v.* to infer [*infèr*], to deduce [*dediùss*].
arguto, *ag.* witty [*uìtti*].
arguzia, *s.f.* witticism [*uìttissism*].
aria, *s.f.* air [*èar*].
aridezza, **aridità**, *s.f.* aridity [*arìditi*], dryness [*dràiness*].
arido, *ag.* arid, dry [*dràì*].
ariete, *s.m.* ram [*ràm*].
aringa, *s.f.* herring [*hèrin*].
arioso, *ag.* airy [*éiri*].
aristocratico, *ag.* aristocratic.
aristocrazia, *s.f.* aristocracy [*aristòcrassi*].
aritmetica, *s.f.* arithmetics [*aridsmetics*].
arlecchino, *s.m.* harlequin.
arma, *s.f.* weapon [*uèpon*]: — *bianca*, dagger [*dagar*], sword [*sord*]; — *da fuoco*, fire arm [*fàiar arm*].
armadio, *s.m.* wardrobe [*uòrdroub*]: — *a muro*, built-in wardrobe.
armare, *v.* to arm [*arm*], to equip [*equìp*].
armata, *s.f.* army.
armatore, *s.m.* ship-owner [*scip-òunar*]; (costruttore) shipbuilder [*scipsbíldar*].
armento, *s.m.* herd.
armistizio, *s.m.* armistice [*armistìss*].
armonia, *s.f.* harmony [*hàrmoni*].

armonica, *s.f.* mouthorgan [*mà^{u}d^{s}o^{r}gan*].
armonio, **armonium**, *s.m.* harmonium.
armonioso, *ag.* harmonious [*ha^{r}mònio^{a}s*].
armonizzare, *v.* to harmonize [*ha^{r}monàis*].
arnese, *s.m.* tool [*tuul*], utensil [*iutènsil*].
arnia, *s.f.* beehive [*biihàiv*].
aroma, *s.m.* aroma.
aromatico, *ag.* aromatic.
arpa, *s.f.* harp.
arpione, *s.m.* hinge [*hing^{i}*].
arrabbiarsi, *v.r.* to get angry [*ghet àngri*]; to get *o* to go into a temper [*ghet* o *gó^{u} intu a tempa^{r}*].
arrabbiato, *ag.* angry [*àngri*].
arrampicarsi, *v.r.* to climb [*clàim^{b}*].
arrangiarsi, *v.r.* to manage [*màneg^{i}*].
arrangiamento, *s.m.* (musicale) arrangement [*arré^{i}ng^{i}-m^{e}nt*].
arrecare, *v.* to bring, to cause [*còs*].
arredamento, *s.m.* furniture [*fàrnicia^{r}*].
arredare, *v.* to furnish [*fàrnisc^{i}*].
arredatore, *s.m.* interior decorator [*decoré^{i}ta^{r}*].
arrendersi, *v.r.* to surrender [*sarènda^{r}*].
arrendevole, *ag.* supple [*sap-l*], submissive [*sàbmissiv*].
arrestare, *v.* to arrest.
arresto, *s.m.* arrest; stop [*stòp*].
arretrato, *ag.* in arrear [*arìa^{r}*].
arricchire, *v.* to enrich [*enrìc^{i}*] || **arricchirsi**, *v.r.* to grow rich [*gró^{u} rìc^{i}*].
arricciarsi, *v.r.* to curl [*ca^{r}l*].
arrischiare, *v.* to risk || **arrischiarsi**, *v.r.* to run the risk [*ran d^{sa} risk*], to dare [*dèa^{r}*].
arrivare, *v.* to arrive [*aràiv*] || **arrivato**, *ag.* (di successo) successful [*sakssèssful*]: *ben —!*, welcome [*uèlcam*].
arrivederci, *inter.* goodbye [*gudbài*], see you soon [*sii yu sùun*], see you later [*le^{i}ta^{r}*].
arrivista, *s.m.* e *f.* (socialmente) social climber [*sóscial clàim^{b}a^{r}*]; (professionalmente) careerist [*caríirist*].

arrivo, *s.m.* arrival [*aràival*].
arrogante, *ag.* arrogant [*àrogant*]; insolent [*ìnsolent*].
arrossire, *v.* to turn [*tarn*] red, to blush [*blàsc*^{i}].
arrostire, *v.* to roast [*ró*^{a}*st*].
arrosto, *s.m.* roast meat [*ró*^{a}*st mìit*].
arrotare, *v.* to sharpen [*sc*^{i}*arp*^{e}*n*], to grind [*gràind*].
arrotolare, *v.* to roll up [*ròll ap*].
arrotondare, *v.* to make round [*mè*^{i}*k ràund*], to round.
arroventarsi, *v.r.* to become [*becàm*] red hot.
arrugginito, *ag.* rusty [*rásti*].
arsenale, *s.m.* arsenal [*àrsenal*].
arso, *p.p.* e *ag.* burnt [*ba*^{r}*nt*]; dry [*dràì*].
arsura, *s.f.* burning heat [*bàrnin hìit*], dryness [*dràiness*]; ardent thirst [*àrdent d*^{s}*a*^{r}*st*].
arte, *s.f.* art.
artefice, *s.m.* artisan [*àrtisan*].
arteria, *s.f.* artery [*àrteri*].
artico, *ag.* arctic.
articolazione, *s.f.* (med.) joint [*g*^{i}*oint*].
articolista, *s.m.* e *f.* columnist [*còl*^{a}*mnist*].
articolo, *s.m.* article [*â*^{r}*ticl*].
artificiale, *ag.* artificial [*artifìsc*^{i}*al*]; *fuochi artificiali*, fire-works [*fàia*^{r}*uò*^{er}*ks*].
artificio, *s.m.* artifice [*àrtifiss*]; (frode) fraud [*fròd*].
artigiano, *s.m.* artisan [*àrtisan*].
artigliere, *s.m.* artilleryman [*artìlerìmen*].
artiglieria, *s.f.* artillery [*artìleri*].
artiglio, *s.m.* claw [*clô*].
artista, *s.m.f.* artist [*àrtist*].
artistico, *ag.* artistic || **artisticamente**, *av.* artistically.
arto, *s.m.* limb [*lim*^{b}].
artrite, *s.f.* arthritis.
ascella, *s.f.* armpit.
ascendente, *ag.* ascending [*assèndin*] || *s.* ascendant [*assèndant*].
ascendere, *v.* to ascend [*assènd*], to rise [*ràis*], to amount [*amàunt*].

ascensione, *s.f.* ascension [*assènscion*], ascent [*assènt*]; climbing [*clàimbin*].
ascensore, *s.m.* lift, (amer.) elevator [*élévéitoar*].
ascesa, *s.f.* ascent [*assènt*].
ascesso, *s.m.* abscess [*àbsess*].
ascia, *s.f.* axe [*aks*], hatchet [*hàtcet*].
asciugacapelli, *s.m.* hairdryer [*hèardraiar*].
asciugamano, *s.m.* towel [*tàuel*].
asciugare, *v.*, **asciugarsi**, *v.r.* to dry [*dràì*].
asciutto, *ag.* dry [*dràì*].
ascoltare, *v.* to listen [*lissen*].
ascoltatore, *s.m.* listener [*lìssnar*].
asfalto, *s.m.* asphalt [*asfàlt*].
asfissia, *s.f.* asphyxy [*asfìkssi*].
asfissiare, *v.* to suffocate [*sàfokéit*].
asfodelo, *s.m.* asphodel [*àsfodel*], king's spear [*kings spìar*].
asiatico, *ag.* e *s.m.* Asiatic.
asilo, *s.m.* asylum [*asàilaum*], shelter [*scèltar*]; — *infantile*, infant school [*infant scul*].
asino, *s.m.* ass, donkey [*dònkei*].
asma, *s.f.* asthma [*àsma*].
asola, *s.f.* buttonhole [*bàttonhóul*].
asparago, *s.m.* asparagus [*aspàragas*].
aspettare, *v.* to wait [*uéit*] for, to await [*auéit*], to expect.
aspetto, *s.m.* aspect; look [*lùuk*]; *sala d'*—, waiting-room [*uéitin rùum*].
aspirante, *ag.* aspiring [*aspàiarin*] || *s.m.* e *f.* candidate [*càndideit*].
aspirapolvere, *s.m.* vacuum cleaner [*clìinar*].
aspiratore, *s.m.* ventilator.
aspirina®, *s.f.* aspirin.
aspirazione, *s.f.* aspiration [*aspiréiscion*]; (l'inalare) inhaling [*inhéilin*].
asportare, *v.* to remove [*rimùv*], to extirpate [*ekstirpéit*].
asprezza, *s.f.* asperity, roughness [*ràfness*].
aspro, *ag.* rough [*ràf*]; sharp [*sciàrp*].

assaggiare, *v.* to taste [*teist*]; (metalli) to assay [*asséi*].
assai, *V.* **molto**.
assale, *s.m.* axle [*akssl*].
assalire, *v.* to assail [*asséil*], to assault [*assòlt*].
assalitore, *s.m.* assailer [*asseilar*], assaulter [*assòltar*]; (militare) assailant [*asséilant*].
assalto, *s.m.* assault [*assòlt*].
assaporare, *v.* to savour [*séivour*], to relish [*réliscì*].
assassinare, *v.* to murder [*môrdar*].
assassinio, *s.m.* murder [*môrder*].
assassino, *s.m.* murderer [*môrderar*].
asse, *s.f.* board [*bòard*]; axle [*akssl*].
assecondare, *v.* to second, to favour [*féivoar*].
assediare, *v.* to besiege [*besiigi*].
assedio, *s.m.* siege [*siigi*].
assegnamento, *s.m.* assignment [*assàinment*]; *fare* —, to rely upon [*rilài apòn*].
assegnare, *v.* to assign [*assáin*].
assegno, *s.m.* cheque [*cek*]; (amer.) check [*cek*]: — *circolare*, banker's draft [*bánkers*]; *contro* —, cash on delivery [*casci on delìveri*].
assemblea, *s.f.* meeting [*míitin*].
assenso, *s.m.* assent, consent.
assentarsi, *v.r.* to go away [*gòu auéi*].
assente, *ag.* absent [*àbsent*].
assenteismo, *s.m.* absenteism || **assenteista**, *s.m.* e *f.* absentee [*absentíi*].
assentire, *v.* to consent.
assenza, *s.f.* absence [*àbssens*].
asserire, *v.* to assert, to affirm [*afárm*].
asserzione, *s.f.* assertion [*assèrscion*].
assessore, *s.m.* Borough Council Clerk [*bôro càunsil clârk*].
assestare, *v.* to settle [*sètl*], to put in order.
assetato, *ag.* thirsty [*dsàrsti*].
assicurare, *v.* to assure [*asciùar*]; (comm.) to insure [*insciùar*].
assicuratore, *s.m.* insurer [*ìnsciurar*].

assicurazione, *s.f.* assurance [*asc^{i}ùrans*]; (comm.) insurance [*insc^{i}ùrans*].
assiderato, *ag.* froz.
assiduità, *s.f.* assiduity [*assìduiti*].
assiduo, *ag.* assiduous [*assìduo^{us}*].
assieme, *av.* together [*tughèd^{s}a^{r}*].
assistente, *s.m.* e *f.* assistant [*assìstant*].
assistenza, *s.f.* assistance [*assìstans*].
assistere, *v.* to assist, to help, to attend.
asso, *s.m.* ace [*é^{i}ss*].
associare, *v.* to associate [*assòcie^{i}t*].
associazione, *s.f.* association [*associe^{i}sc^{io}n*].
assoggettare, *v.* to subject [*sàbgect*], to subdue [*sabdiù*].
assoluto, *ag.* absolute [*àbsoliut*] || **assolutamente**, *av.* absolutely [*absoliùt^{e}li*].
assoluzione, *s.f.* absolution [*absoliùsc^{io}n*]; (da accusa) acquittal [*aquìtal*].
assolvere, *v.* to absolve [*absòlv*]; to acquit [*aquìt*].
assomigliare, *v.* to resemble [*risèmbl*]; to compare [*compea^{r}*].
assonnato, *ag.* sleepy [*sliipi*].
assopirsi, *v.r.* to become drowsy [*bicàm dràusi*], to doze [*dò^{u}s*], to nap.
assorbente, *s.m.* absorbent [*absò^{r}bent*]; — *igienico*, sanitary towel [*sànitari tàuel*].
assorbire, *v.* to absorbe [*absòrb*].
assordare, *v.* to deafen [*dèfen*].
assortimento, *s.m.* assortment [*assò^{r}tment*], set.
assortire, *v.* to assort.
assottigliare, *v.* to make thin [*mé^{i}k d^{s}in*].
assuefarsi, *v.r.* to get used [*ghèt iùsst*].
assuefazione, *s.f.* habit.
assumere, *v.* to assume [*assiùm*]; (un dipendente) to take on [*té^{i}k on*].
assurdo, *ag.* absurd [*absa^{r}d*].
asta, *s.f.* staff; pole [*pò^{u}l*]; (vendita) auction [*òksc^{io}n*].
astemio, *ag.* teetotal [*tiitòtl*] || *s.m.* teetotaller [*tiitòtla^{r}*].
astenersi, *v.r.* to abstain [*abstè^{i}n*], to refrain [*rifré^{i}n*].
astinenza, *s.f.* abstinence [*abstinèns*].
astio, *s.m.* grudge [*grag^{i}*], resentment.

astrarre, *v.* to abstract.
astratto, *ag.* abstract.
astringente, *ag.* e *s.m.* astringent [*astrìngent*].
astro, *s.m.* star [*sta^{r}*].
astronauta, *s.m.* e *f.* spaceman [*spé^{i}ssmen*], astronaut [*astronôt*].
astronave, *s.f.* spaceship [*spéisscip*].
astronomia, *s.f.* astronomy [*astrònomi*].
astronomo, *s.m.* astronomer [*astrònoma^{r}*].
astruso, *ag.* abstruse [*abstrùs*].
astuccio, *s.m.* case [*ché^{i}s*], box, sheath [*sciìd^{s}*].
astuto, *ag.* cunning [*cànin*], sly [*slài*].
ateo, *s.m.* atheist [*àd^{s}eist*].
atlante, *s.m.* atlas [*àtlas*].
atlantico, *ag.* Atlantic.
atleta, *s.m.* e *f.* athlete [*ad^{s}lìt*].
atletica, *s.f.* athletics.
atmosfera, *s.f.* atmosphere [*àtmosfia^{r}*].
atollo, *s.m.* atoll.
atomico, *ag.* atomic; *bomba —a*, atom-bomb [*átom b.*].
atomo, *s.m.* atom.
atrio, *s.m.* hall [*hol*].
atroce, *ag.* atrocious [*atróci^{ou}s*].
atrocità, *s.f.* atrocity [*atròsiti*].
attaccapanni, *s.m.* (gruccia) coat hanger [*côt hánga^{r}*]; (a muro) coat rack [*côt rách*].
attaccare, *v.* to attach [*attàc^{i}*], to stick, to attack || **attacco**, *s.m.* attack.
atteggiamento, *s.m.* attitude [*àttitiud*].
attempato, *ag.* aged [*é^{i}g^{i}èd*], elderly [*èlderli*].
attendente, *s.m.* (militare) orderly [*ò^{r}da^{r}li*].
attendere, *v.* to wait [*ué^{i}t*].
attendibile, *ag.* reliable [*rilàiabl*].
attentare, *v.* to attempt || **attentato**, *s.m.* attempt [*attèmpt*].
attenti, *inter.* attention! [*atténsc^{io}n*].
attento, *ag.* attentive [*atténtiv*].
attenuante, *s.f.* extenuating circumstance [*ekstenué^{i}tin sírcumstanss*].

attenzione, *s.f.* attention [*atténscion*]; *fare* —, to pay attention [*péi atténscion*].
atterraggio, *s.m.* (*av.*) landing [*lándin*].
atterrare, *v.* (*av.*) to land [*lánd*].
atterrire, *v.* to terrify [*terifài*].
attesa, *s.f.* expectation [*ekspectéscion*].
attestare, *v.* to attest.
attico, *s.m.* penthouse [*pénthauss*].
attiguo, *ag.* contiguous [*contìguoas*].
attillato, *ag.* (di abito) close-fitting.
attimo, *s.m.* moment [*mòment*], instant [*ìnstant*].
attinente, *ag.* pertaining [*pertéinin*].
attingere, *v.* to draw [*drô*].
attirare, *v.* to attract, to draw [*drô*].
attitudine, *s.f.* aptitude [*aptitiùd*].
attività, *s.f.* activity [*actìviti*]; (commercio) assets [*àssets*].
attivo, *ag.* active [*àctiv*]; (commercio) assets [*àssets*].
atto, *s.m.* act; (legale) deed [*diid*].
attonito, *ag.* amazed [*améized*].
attore, *s.m.* actor [*àctor*], player [*pléiar*].
attraccare, *v.* to moor [*muuar*].
attraente, *ag.* attractive [*attràctiv*].
attrarre, *v.* to attract.
attraversamento, *s.m.* (pedonale) crossing.
attraversare, *v.* to cross.
attraverso, *av.* e *prep.* across [*écross*]; through [*dsru*].
attrazione, *s.f.* attraction [*attràkscion*].
attrezzatura, *s.f.* equipment.
attrezzo, *s.m.* tool [*tùul*].
attribuire, *v.* to attribute [*attrìbiut*].
attrice, *s.f.* actress [*àctress*].
attrito, *s.m.* friction [*fricscion*].
attuale, *ag.* present [*prèsent*].
attualità, *s.f.* novelty [*nòvelti*]; topicality.
attualmente, *av.* at present.

attuare, *v.* to put into effect.
audace, *ag.* daring [*dé^{i}rin*].
audiovisivo, *ag.* e *s.m.* audio-visual [*ôdio vísuual*].
audizione, *s.f.* (teatro) audition [*odísc^{io}n*]; (cinema) screen test [*scrìin test*].
augurare, *v.* to wish [*uìsc^{i}*].
augurio, *s.m.* wish [*uìsc^{i}*].
aula, *s.f.* classroom [*classrùum*].
aumentare, *v.* to increase [*incrìis*].
aumento, *s.m.* increase [*incrìis*].
auricolari, *s.m.pl.* earphones [*ìa^{r}fons*].
aurora, *s.f.* dawn [*don*].
australiano, *ag.* e *s.m.* Australian [*ostrálian*].
austriaco, *ag.* e *s.m.* Austrian [*ôstrian*].
autentica, **autenticazione**, *s.f.* authentication [*òd^{s}entichésc^{io}n*].
autista, *s.m.* driver.
autoadesivo, *ag.* sticky || *s.m.* sticker.
autoblindo, *s.m.* e *f.* armoured car.
autobotte, *s.f.* tank truck [*tánk trak*].
autocarro, *s.m.* truck [*trak*], lorry [*lòri*].
autocisterna, *s.f.* tank truck [*tánk trak*].
autodidatta, *s.m.* e *f.* self-taught person [*self-tôt p.*].
autodifesa, *s.f.* self-defence [*self-difèns*].
autogru, *s.f.* breakdown crane [*bré^{i}kdaun cre^{i}n*]; (amer.) wrecker [*rèka^{r}*].
autolettiga, *V.* **ambulanza**.
autolinea, *s.f.* bus line [*bas la^{i}n*].
automatico, *ag.* automatic [*otomàtic*].
automobile, *s.f.* car [*ca^{r}*], motor-car [*mòto^{r}ca^{r}*].
automobilista, *s.m.* e *f.* motorist.
autonoleggio, *s.m.* car rental.
autoradio, *s.f.* (auto) radio car; (radio) car radio.
autore, *s.m.* author [*ód^{s}o^{r}*].
autorete, *s.f.* own-goal [*o^{u}n-go^{u}l*].
autorimessa, *s.f.* garage.
autorità, *s.f.* authority [*od^{s}òriti*].
autoritratto, *s.m.* self-portrait [*self-pòrtret*].

autorizzare, *v.* to authorize [*odsoràis*].
autosalone, *s.m.* car-showroom [*-sciòuruum*].
autoscontro, *s.m.* bumper car [*bàmpar car*].
autoscuola, *s.f.* driving school [*dràivin scúul*].
autostop, *s.m.* hitchhiking [*hícihaikin*] || **autostoppista**, *s.m.* e *f.* hitch-hicker [*hicihaikar*].
autostrada, *s.f.* motorway [*mòtoruei*].
autotreno, *s.m.* lorry, truck [*trak*].
autovettura, *s.f.* car [*car*].
autrice, *s.f.* authoress [*òdsoress*].
autunno, *s.m.* autumn [*òtom*]; (amer.) fall [*fôll*].
avallo, *s.m.* guaranty [*gàranti*].
avambraccio, *s.m.* forearm [*fòrarm*].
avanguardia, *s.f.* avant-guard [*gaard*]; (mil.) vanguard.
avanti, *av.* e *prep.* (in avanti) forward [*fòruard*]; (prima) before [*bifòar*].
avantieri, *av.* the day before yesterday [*dse déi bifòar ièstardei*].
avanzare, *v.* to advance [*advàns*], to progress [*progrèss*]; (rimanere) to be left (*bi left*].
avanzo, *s.m.* rest, remainder [*riméindar*].
avariare, *v.* to damage [*dàmagi*].
avarizia, *s.f.* avarice [*àvariss*].
avaro, *ag.* avaricious [*avariscioa s*] || *s.* miser [*màisar*].
avena, *s.f.* oats [*óats*].
avere, *v.* to have [*hèv*].
aviatore, *s.m.* aviator [*aviéitar*], airman [*èarman*].
aviazione, *s.f.* aviation [*aviéiscion*].
avidità, *s.f.* greediness [*griìdiness*].
avido, *ag.* greedy [*grìidi*].
aviere, *s.m.* airman [*èarman*].
aviolinea, *s.f.* airline [*èarlain*].
avorio, *s.m.* ivory [*àivori*].
avveduto, *ag.* wary [*uéiri*].
avvelenare, *v.* to poison [*pòison*].
avvenimento, *s.m.* event [*ivènt*].

avvenire, *s.m.* future [*fiùcia*^{r}] || *v.* to happen [*hap*^{e}*n*].
avventato, *ag.* inconsiderate [*inconsìdere*^{i}*t*].
avventore, *s.m.* customer [*càsto*^{o}*ma*^{r}].
avventura, *s.f.* adventure [*advènc*^{ia}*r*].
avventurarsi, *v.r.* to venture [*vènc*^{iar}].
avverarsi, *v.r.* to happen [*happ*^{e}*n*]; to come true [*cam tru*].
avverbio, *s.m.* adverb.
avversario, *s.m.* opponent [*oppó*^{u}*nent*].
avversione, *s.f.* dislike [*dislàik*[.
avversità, *s.f.* adversity [*advèrsiti*].
avvertenza, *s.f.* **avvertimento**, *s.m.* note [*no*^{u}*t*], notice [*nó*^{u}*tiss*].
avvertire, *v.* to warn [*uò*^{r}*n*].
avviare, *v.* to start [*sta*^{r}*t*], to set going [*set gòin*] || **avviarsi**, *v.r.* to set out [*aut*].
avvicinare, *v.*, **avvicinarsi**, *v.r.* to approach [*apprùc*^{i}].
avvisare, *v.* to inform, to let know [*no*^{u}]; (mettere in guardia) to warn [*uò*^{r}*n*], to advise [*advàiss*].
avviso, *s.m.* notice [*nó*^{u}*tiss*]; advice [*advàiss*]; advertisement [*advèrtisment*].
avvistare, *v.* to sight [*sàit*].
avvitare, *v.* to screw [*scriù*].
avvocato, *s.m.* solicitor [*solìsito*^{ar}], lawyer [*lôia*^{r}].
avvolgere, *v.* to wrap [*rap*].
avvoltoio, *s.* vulture [*vàlci*^{uar}].
azienda, *s.f.* firm [*fó*^{r}*m*], business [*bìsnis*].
azione, *s.f.* action [*àksc*^{io}*n*]; share [*scèa*^{r}].
azionista, *s.m.* e *f.* shareholder [*scèa*^{r}*hòlda*^{r}].
azzardare, *v.* to hazard [*hasà*^{r}*d*].
azzurro, *ag.* blue [*blu*].

B

babbo, *s.m.* papa, dad, daddy [*dádi*].
bacca, *s.f.* berry.
baccano, *s.m.* uproar [*opròa*^{r}].
bacheca, *s.f.* (per avvisi) notice board [*nó*^{u}*tiss bò*^{ar}*d*].
baciare, *v.* to kiss.
bacio, *s.m.* kiss.
baco, *s.m.* worm [*uò*^{r}*m*].
badare, to mind [*màind*], to take care (of) [*té*^{i}*k chea*^{r}].
badile, *s.m.* shovel [*sc*^{i}*àv*^{a}*l*].
baffi, *s.m.pl.* moustaches [*mustàc*^{i}*s*]; (di animali) wiskers [*uìska*^{r}*s*].
bagagliaio, *s.m.* (di treno) luggage-van [*làgag*^{i}*-van*]; (di auto) boot [*buut*]; (amer) trunk [*trànk*].
bagaglio, *s.m.* luggage [*làgag*^{i}], baggage [*bàgag*^{i}]: *deposito —i*, left luggage.
bagarino, *s.m.* ticket tout [*tichet taut*].
bagnare, *v.* to wet [*uèt*] || **bagnarsi**, *v.r.* to get wet [*ghet uèt*]; (*fare un bagno*) to bathe [*bé*^{i}*d*^{s}] || **bagnato**, *ag.* wet [*uèt*].
bagnino, *s.m.* lifeguard [*làifga*^{r}*d*].
bagno, *s.m.* bath [*bàd*^{s}].
balconata, *s.f.* (teatro) gallery [*gàleri*].
balcone, *s.m.* balcony [*bàlconi*].
baldoria, *s.f.* revel [*rèvel*].
balena, *s.f.* whale [*ué*^{i}*l*].
baleno, *s.m.* flash of lightning [*flàsc*^{i} *ov làitnin*].
balia, *s.f.* nurse [*nà*^{r}*ss*]; — *da latte*, wet nurse [*uèt n.*].

ballare, *v.* to dance [*dàns*].
ballerino, *s.m.*, **-a**, *f.* dancer [*dànsa*^{r}].
balletto, *s.m.* ballet.
ballo, *s.m.* dance [*dàns*].
balordo, *ag.* silly [*sìli*].
balsamo, *s.m.* balm [*bam*].
baluardo, *s.m.* bulwark [*bùluò*^{ar}*k*].
bambagia, *s.f.* cotton-wool [*còt*^{o}*n ùul*].
bambinaia, *s.f.* nurse [*na*^{r}*s*].
bambino, *s.m.* baby [*bébi*], child [*ciàild*].
bambola, *s.f.* doll.
bambù, *s.m.* bamboo.
banale, *ag.* common [*còm*^{o}*n*].
banana, *s.f.* banana.
banca, *s.f.* bank [*bánk*].
bancarella, *s.f.* stall [*stôl*], booth [*bùud*^{s}].
bancarotta, *s.f.* bankruptcy [*bánkràptsi*].
banchetto, *s.m.* (pranzo) banquet [*bàncuet*].
banchiere, *s.m.* banker [*banka*^{r}].
banchina, *s.f.* quay [*kii*], dock.
banco, *s.m.* bench [*bènc*^{i}], seat [*siit*]; (di scuola) desk.
banconota, *s.f.* banknote [*bánknó*^{u}*t*].
banda, *s.f.* band [*bánd*]; (di malviventi) gang [*gangh*].
banderuola, *s.f.* weathercock [*uè*^{a}*d*^{s}*a*^{r}*cok*].
bandiera, *s.f.* flag [*flágh*]; (militare) colours [*còla*^{r}*s*].
bandito, *s.m.* bandit.
bara, *s.f.* coffin [*còfin*].
baracca, *s.f.* hut [*hàt*], shed [*sc*^{i}*èd*].
baraonda, *s.f.* confusion [*confiùsi*^{o}*n*], disorder [*disò*^{r}*da*^{r}].
barare, *v.* to cheat [*c*^{i}*it*] || **baro**, *s.m.* chater [*c*^{i}*ita*^{r}].
barattare, *v.* to barter [*bà*^{r}*ta*^{r}].
barba, *s.f.* beard [*bìa*^{r}*d*]; *farsi la* —, to shave [*sc*^{i}*év*].
barbabietola, *s.f.* beetroot [*bìitrut*].
barbarie, *s.f.* barbarity [*ba*^{r}*bàriti*].
barbiere, *s.m.* barber [*bà*^{r}*bä*^{r}].

barbone, *s.m.* (cane) poodle-dog [*pùudl-dog*].
barca, *s.f.* boat [*bóut*].
barcaccia, *s.f.* stage box [*stèigi boks*].
barcaiolo, *s.m.* boatman [*boutman*].
barcollare, *v.* to stagger [*stàghar*]; (mar.) to roll, to rock.
barcone, *s.m.* barge [*bârgi*].
bardatura, *s.f.* (di cavalli) harness [*hàrness*].
barella, *s.f.* litter [*lìtar*].
barile, *s.m.* barrel [*bàrel*].
barista, *s.m.* barman [*bàrman*] || *s.f.* barmaid [*barméid*].
baritono, *s.m.* baritone [*bàriton*].
barlume, *s.m.* glimpse [*glìmps*].
barometro, *s.m.* barometer [*baròmitar*].
barone, *s.m.* baron [*bàron*]; *f.* baroness [*bàroness*].
barricata, *s.f.* barricate [*barichéit*].
barriera, *s.f.* barrier [*barìar*].
baruffa, *s.f.* brawl [*bràul*]; noisy quarrel [*nòisi quòrel*].
barzelletta, *s.f.* joke [*giouk*].
base, *s.f.* base [*béis*], basis [*bésis*].
basilica, *s.f.* basilica.
basso, *ag.* low [*lóu*] || *av.* down [*dàun*] || *s.m.* (cantante) [bass.
bassofondo, *s.m.* (mar.) shoal [*sciòal*].
bassorilievo, *s.m.* bas-relief [*bas-relìif*].
bassotto, *s.m.* (cane) dachshund [*dákshund*].
basta, *av.* enough [*inàf*].
bastante, *ag.* sufficient [*safìscient*].
bastare, *v.* to be enough [*bi inàf*].
bastimento, *s.m.* ship [*scip*], vessel [*vèssel*].
bastone, *s.m.* stick.
batista, *s.m.* cambric [*cámbrik*].
battaglia, *s.f.* battle [*battl*], fight [*fàit*].
battello, *s.m.* boat [*bóut*].
battere, *v.* to beat [*bìit*].
batteria, *s.f.* battery [*bàteri*].
battesimo, *s.m.* christening [*cràistnin*].

battezzare, *v.* to baptize [*baptàis*], to christen [*cràistn*].
battipanni, *s.m.* carpet-beater [*cà^{r}pet-bìita^{r}*].
battistrada, *s.m.* (di pneumatico) tread [*trèd*].
battitappeto, *s.m.* carpet-beater [*cà^{r}pet-bìita^{r}*].
battito, *s.m.* beat [*biit*]; (polso) pulse [*pàls*].
baule, *s.m.* trunk [*trank*].
bavaglino, *s.m.* bib.
beato, *ag.* blessed [*blèss^{e}d*]; (felice) happy [*hèpi*].
beccaccia, *s.f.* woodcock [*ùudcok*].
beccaccino, *s.m.* sandpiper [*sán^{d}pàipa^{r}*].
beccare, *v.* to peck.
beccheggiare, *v.* to pitch [*pìtc^{i}*] || **beccheggio**, *s.m.* pitch [*pìtc^{i}*].
becchime, *s.m.* birdseed [*be^{r}dsìid*].
becco, *s.m.* (di uccelli) beak [*bìik*]; (caprone) he-goat [*hi-go^{u}t*]; — *di gas*, gas-burner [*gas bó^{r}na^{r}*].
beffarsi, *v.r.* to mock [*mòk*], to make a fool of [*mé^{i}k e fùul ov*].
belga, *ag.* e *s.m.* Belgian.
bellezza, *s.f.* beauty [*biùti*].
belligerante, *ag.* e *s.* belligerent [*bellìgerent*].
bello, *ag.* beautiful [*biùtiful*], handsome [*hàn^{d}sam*]; fine [*fàin*], nice [*nàiss*], fair [*fèa^{r}*].
belva, *s.f.* wild beast [*ùa^{i}ld bìist*].
belvedere, *s.m.* belvedere.
benché, *cong.* though [*d^{s}ó^{u}*], although [*old^{s}ó^{u}*].
benda, *s.f.*, **bendaggio**, *s.m.* bandage [*bándag^{i}*].
bene, *av.* well [*uèl*], right [*ràit*] || **benino**, *av.* pretty well [*prìtti uèl*] || **benissimo**, **benone**, *av.* very well [*véri uèl*], all right [*ôl ràit*], okey [*okè^{i}*].
bene, *s.m.* (the) good [*guud*], benefit [*bénefit*], *pl.* goods [*guuds*], property [*pròperti*], estate [*este^{i}t*].
benedire, *v.* to bless.
beneducato, *ag.* well-bred [*uèl brèd*].
beneficenza, *s.f.* charity [*ciàrìti*], beneficence [*benèfis-sens*].
beneficio, *s.m.* benefit [*bénefit*].
benessere, *s.m.* well-being [*uèl bìingh*].

benestante, *ag.* well off [*uèl off*].
benestare, *s.m.* consent, approval [*aprùval*].
beninteso, *av.* of course [*ov cors*].
benzina, *s.f.* petrol [*pitròl*]; (amer.) gasoline [*gásolin*].
benzinaio, *s.m.* service-station attendant [*se^{r}viss ste^{i}sc^{io}n*
bere, *v.* to drink. [*a.*].
bermuda, *s.m.pl.* (calzoncini) bermuda shorts [*sciò^{r}tss*].
berretto, *s.m.* cap.
bersaglio, *s.m.* target [*tàrghet*].
bestemmia, *s.f.* blasphemy [*blàsfemi*].
bestia, *s.f.* beast [*bí^{i}st*].
bestiame, *s.m.* cattle [*cat-l*].
bettola, *s.f.* tavern [*tàve^{r}n*], pub [*pab*].
betulla, *s.f.* birch-tree [*bè^{r}c^{i} trii*].
bevanda, *s.f.* drink.
biancheria, *s.f.* linen [*lìnen*].
bianco, *ag.* e *s.m.* white [*huàit*]; (spazio non scritto) blank.
biancospino, *s.m.* hawthorn [*hòd^{s}o^{r}n*].
biasimare, *v.* to blame [*blé^{i}m*] || **biasimo**, *s.m.* blame
bibbia, *s.f.* bible [*bàib-l*]. [*blé^{i}m*].
biberon, *s.m.* feeding bottle [*fìidin bòt-l*]
bibita, *s.f.* drink.
biblioteca, *s.f.* librery [*làibr^{e}ri*].
bibliotecario, *s.m.* librarian [*laibrérian*].
bicchiere, *s.m.* glass.
bicicletta, *s.f.* bicycle [*bàis^{i}c-l*].
bidello, *s.m.* attendant; porter, beadle [*bìid-l*].
bidone, *s.m.* tank [*tánk*]; (per le immondizie) dustbin [*dàstbin*]; (truffa) swindle [*suìnd-l*].
biforcarsi, *v.r.* to branch off [*branc^{i} of*].
bigliettaio, *s.m.* (di tram, omnibus) conductor [*condàcta^{r}*].
biglietteria, *s.f.* (di stazioni) booking office [*bùuchin òffiss*], ticket office.
biglietto, *s.m.* (da viaggio, teatro ecc.) ticket [*tìket*]; (scritto) note [*nó^{u}t*]; (denaro) banknote.

bignè, *s.m.* cream puff [*crìim paf*].
bigodino, *s.m.* curler [*kérlar*], roller.
bilancia, *s.f.* scales [*schéils*].
bilancio, *s.m.* balance-sheet [*bàlans-scìit*], budget [*bàgiet*].
bile, *s.f.* bile [*bàil*].
biliardo, *s.m.* billiards [*bìliards*].
binario, *s.m.* (ferrovie) rails [*réils*], track.
binocolo, *s.m.* (da teatro) opera-glass; (da campagna) field-glass [*fìild-g.*].
biondo, *ag.* fair [*féar*] || *s.m.* fair-haired man [*féar-hèard mán*] || **bionda**, *s.f.* blonde.
birilli, *s.m.pl.* skittles [*skit-l*].
birra, *s.f.* beer [*bìar*]; ale [*éil*]; — *nera*, stout [*stáut*].
birreria, *s.f.* brewery [*brùeri*], beer-house [*biar-hàus*].
bisbigliare, *v.* to whisper [*uìspar*].
bisbiglio, *s.m.* whisper [*uìspar*].
bisca, *s.f.* gambling-house [*gàmblin-hàus*].
biscia, *s.f.* snake [*sneik*].
biscotto, *s.m.* biscuit [*bìscuit*].
bisestile, *ag.* leap-year [*lìip-ìear*].
bisnonna, *s.f.* great-grandmother [*grét-grandmôdsar*].
bisnonno, *s.m.* great-grandfather [*grét-granddfadsar*].
bisognare, *v.* to be necessary [*bi néssesari*].
bisogno, *s.m.* want [*uònt*], need [*niid*].
bisognoso, *ag.* needy [*nìidi*].
bisonte, *s.m.* bison [*bàisn*].
bistecca, *s.f.* steak [*stèk*].
bisticciare, *v.*, **bisticciarsi**, *v.r.* to quarrell [*quôrel*] || **bisticcio**, *s.m.* quarrel [*quôrel*]; quible [*quìb-l*].
bisturi, *s.m.* lancet [*lànset*].
bivacco, *s.m.* bivouac [*bivàc*].
bivio, *s.m.* crossroad [*crossròud*].
bizzarro, *ag.* odd, queer [*quìar*], whimsical [*uìmsical*].
blando, *ag.* bland, mild [*màild*].
blindato, *ag.* armoured [*armoard*].

blocco, *s.m.* block; (milit.) blockade [*blochéid*].
blu, *ag.* e *s.m.* blue [*blu*].
blusa, *s.f.* **blusotto**, *s.m.* blouse [*blàus*].
boccaglio, *s.m.* mouthpiece [*màudspìiss*].
bobina, *s.f.* coil [*còil*].
bocca, *s.f.* mouth [*mauds*].
boccale, *s.m.* decanter [*dicàntar*], jug [*giàgh*].
boccaporto, *s.m.* (nav.) hatchway [*hatciuéi*].
bocchino, *s.m.* (per fumare) mouthpiece [*màudspìiss*]; cigarette-holder [*hòuldar*].
boccia, *s.f.* ball [*bôll*]; *giocare alle bocce*, to bowl [*bóul*].
bocciare, *v.* to fail [*feil*] || **bocciatura**, *s.f.* failure [*feilar*].
bocciolo, *s.m.* bud [*bad*].
boccone, *s.m.* mouthful [*màudsful*].
boicottare, *v.* to boycot.
bollare, *v.* to stamp [*stámp*].
bollente, *ag.* boiling [*bòilin*].
bolletta, *s.f.* bill; (ricevuta) receipt [*resìpt*].
bollettino, *s.m.* bullettin [*bùletin*].
bollire, *v.* to boil [*bòil*] || **bollito**, *s.m.* boiled meat [*bòild miit*].
bollo, *s.m.* stamp [*stámp*].
bolscevismo, *s.m.* bolshevism [*bòlscevism*].
bomba, *s.f.* bomb.
bombardare, *v.* to bomb.
bombola, *s.f.* cylinder [*silìndr*].
bomboniera, *s.f.* sweets-box [*suìtsbox*].
bonaccia, *s.m.* calm at sea [*calm ét sii*].
bontà, *s.f.* goodness [*gùudness*].
bordo, *s.m.* (nav.) board [*board*]; (orlo, margine) brink, [brim.
borgata, *s.f.*, **borgo**, *s.m.* borough [*bôro*].
borghese, *ag.* middle-class; (non militare) civilian [*sivìlian*]; citizen [*sìtisen*]; *in* — (milit.) in mufti [*màfti*].
borsa, *s.f.* purse [*pérs*]; (comm.) exchange [*excièngi*].
borsaiolo, *s.m.* pickpocket [*pikpòket*].
borsellino, *s.m.* purse [*pérs*].

borsetta, *s.f.* bag [*bágh*].

bosco, *s.m.* wood [*ùud*]; (boschetto) grove [*gró^{u}v*].

botanica, *s.f.* botany [*bòtani*].

botola, *s.f.* trap-door [*trap-do^{ar}*].

botta, *s.f.* blow [*blo^{u}*].

botte, *s.f.* cask, barrel [*bàrel*].

bottega, *s.f.* shop [*sc^{i}òp*].

bottegaio, *s.m.* shopkeeper [*sc^{i}opkiipa^{r}*].

botteghino, *s.m.* (teatro) box-office [*bòks-òfiss*].

bottiglia, *s.f.* bottle [*bòtl*].

bottino, *s.m.* booty [*bùti*], plunder [*plànda^{r}*].

bottone, *s.m.* button [*bàt^{o}n*].

box, *s.m.* garage.

boxe, *s.f.* boxing.

bozza, *s.f.* (tipografica) proof [*pruuf*].

braccialetto, *s.m.* bracelet [*brèislit*].

braccio, *s.m.* arm.

bracco, *s.m.* (cane) hound [*hàund*].

bracconiere, *s.m.* poacher [*pó^{u}c^{i}a^{r}*].

braci, *s.f.pl.* embers [*èmba^{r}s*].

braciola, *s.f.* chop [*c^{i}òp*], cutlet [*càtlet*].

bramare, *v.* to long for, to covet [*còvet*].

branco, *s.m.* flock.

branda, *s.f.* folding bed [*fòldin-bed*], camp bed.

brano, *s.m.* (di libro ecc.) passage [*pàssag^{i}*].

brasato, *s.m.* brased beef [*bré^{i}ssd bìif*].

brasiliano, *ag.* e *s.m.* Brasilian.

bravo, *ag.* good [*gud*].

bretelle, *s.f.pl.* braces [*bré^{i}*ssiss].

breve, *ag.* brief [*brif*], short [*sc^{i}o^{r}t*].

brevetto, *s.m.* patent [*pé^{i}tent*].

brezza, *s.f.* breeze [*brìis*].

bricco, *s.m.* kettle [*kètl*].

briccone, *s.m.* rascal [*ràscal*].

briciola, *s.f.* crumb [*cram^{b}*].

brigadiere, *s.m.* brigadier [*brigadìa*^{r}].
brigante, *s.m.* brigand [*brìgand*].
brigantino, *s.m.* (nave) brig [*brigh*].
brigata, *s.f.* brigade [*brighé*^{i}*d*].
briglia, *s.f.* bridle [*bràidl*].
brillante, *ag.* brilliant [*brìliant*] || *s.m.* diamond [*dàiamond*].
brillantina, *s.f.* brilliantine [*brìliantin*].
brillo, *ag.* tipsy [*tìpsi*].
brina, *s.f.* frost.
brindare, *v.* to drink to one's health [*uòns hèld*^{s}].
brindisi, *s.m.* toast [*tò*^{u}*st*].
brioso, *ag.* brisk.
britannico, *ag.* British.
brivido, *s.m.* shiver [*sciver*].
brizzolato, *ag.* grizzled [*grisld*].
brocca, *s.f.* pitcher [*pitc*^{i}*ar*^{r}].
broccolo, *s.m.* sprout [*spràut*].
brodo, *s.m.* broth [*bròd*^{s}].
bronchite, *s.f.* bronchitis.
brontolare, *v.* to grumble [*grambl*].
bronzo, *s.m.* bronze [*bronz*].
brossura, *s.f.* paperback [*pé*^{i}*pa*^{r}*bák*].
bruciare, *v.* to burn [*ba*^{r}*n*] || **bruciato**, *ag.* e *p.p.* burnt [*ba*^{r}*nt*] || **bruciore**, *s.m.* smart.
bruco, *s.m.* caterpillar [*cata*^{r}*pila*^{r}].
brughiera, *s.f.* heath [*hiid*^{s}].
brulicare, *v.* to swarm [*suò*^{r}*m*].
bruno, *ag.* brown [*bràun*].
brusco, *ag.* sharp [*sci*^{ar}*p*]; rough [*ràf*].
bruscolo, *s.m.* speck.
brusio, *s.m.* buzz [*bàs*].
brutale, *ag.* brutal [*brùtal*].
bruto, *s.m.* brute [*brut*].
bruttezza, *s.f.* ugliness [*àghliness*].
brutto, *ag.* ugly [*àghli*].

buca, *s.f.* hole [*hóul*].
bucaneve, *s.m.* snowdrop [*snóudrop*].
bucare, *v.* to pierce [*piers*], to make a hole [*méik e hóul*].
bucato, *s.m.* wash [*uòsci*], washing [*uòscin*].
buccia, *s.f.* peel [*piil*].
buco, *s.m.* hole [*hóul*].
budello, *s.m.* bowel [*bàuel*].
budino, *s.m.* pudding [*pùdin*].
bue, *s.m.* ox (*pl.* oxen).
bufera, *s.f.* storm [*storm*].
buffo, *ag.* droll, funny [*fàni*].
buffone, *s.m.* buffoon [*bufùn*], clown [*clàun*].
bugia, *s.f.* lie [*lài*].
bugiardo, *s.m.* liar [*làiar*].
buio, *ag.* dark [*dark*] || *s.m.* darkness.
bulbo, *s.m.* bulb [*balb*].
bullone, *s.m.* bolt.
buonanotte, *s.f.* goodnight [*gudnait*].
buonasera, *s.f.* good evening [*gud ívinin*].
buongiorno, *s.m.* good morning [*gud mórnin*].
buono, *ag.* good [*gud*].
burattini, *s.m.pl.* puppets [*pàpetss*].
burbero, *ag.* morose [*morùs*], surly [*sàrli*].
burla, *s.f.* jest [*giest*], joke [*giòuk*].
burocrazia, *s.f.* bureaucracy [*buròcrassi*].
burrasca, *s.f.* storm [*storm*], gale [*ghéil*].
burrascoso, *ag.* stormy [*stòrmi*].
burro, *s.m.* butter [*bàttar*].
bussare, *v.* to knock [*nok*].
bussola, *s.f.* compass [*còmpass*].
busta, *s.f.* envelope [*ènviloup*].
bustarella, *s.f.* bribe [*bràib*].
busto, *s.m.* corset [*còrset*]; (scult.) bust [*bast*].
buttare, *v.* to throw [*tsróu*].

C

cabina, *s.f.* cabin [*càbin*].
cabinato, *s.m.* cabin cruiser [*crusa*^{r}].
cablogramma, *s.m.* cablegram [*ché*^{i}*blgram*], cable [*ché*^{i}*b-l*].
cacao, *s.m.* cocoa [*còco*^{u}].
cachi, *s.m.* (frutto) Japanese persimmon; (colore) khaki.
caccia, *s.f.* hunting [*hàntin*].
cacciatore, *s.m.* hunter [*hanta*^{r}].
cacciatorpediniere, *s.m.* destroyer [*distròia*^{r}].
cacciavite, *s.m.* screwdriver [*scriùdraiva*^{r}].
cadauno, *ag.* e *pr.* each [*ìic*^{i}].
cadavere, *s.m.* corpse [*co*^{r}*ps*].
cadere, *v.* to fall [*fôll*] || **caduta**, *s.f.* fall [*fôll*].
caffè, *s.m.* coffee [*còfii*]; (locale) cafè, coffee-house [*c. hàus*].
caffelatte, *s.m.* coffee with milk [*còfii uid*^{s} *milk*].
caffettiera, *s.f.* coffee pot.
cagna, *s.f.* bitch [*bì*^{t}*c*^{i}].
calamaio, *s.m.* inkstand [*ìnkstand*], inkpot [*ìnkpot*].
calamaro, *s.m.* squid, calamary [*càlamari*].
calamita, *s.f.* magnet [*màghnet*].
calare, *v.* to lower [*lòua*^{r}].
calcagno, *s.m.* heel [*hìil*].
calce, *s.f.* lime [*làim*].
calciatore, *s.m.* footballer [*fùutbola*^{r}].
calcio, *s.m.* kick; (sport) football [*fùut bol*], soccer [*sossa*^{r}].

calcolare, *v.* to calculate [*càlchiuléit*], to reckon [*rècon*] || **calcolo**, *s.m.* calculation [*calchiuléscion*].
caldarroste, *s.f.pl.* roast chestnuts [*roust céstnats*].
caldo, *ag.* warm [*uòrm*]; (molto) hot || *s.m.* heat [*hiit*], warmth [*uòrmds*].
calendario, *s.m.* calendar [*càlendar*].
calice, *s.m.* chalice [*ciàliss*]; (di fiore) calyx.
callista, *s.m.* e *f.* chiropodist.
callo, *s.m.* corn [*corn*].
calma, *s.f.* calm [*calm*]: *perdere la* —, to lose one's tem-per [*lùus uànss tempar*].
calmante, *s.m.* sedative [*sèdätiv*].
calmare, *v.* to sooth [*sùuds*], to appease [*apìis*].
calmo, *ag.* calm [*calm*].
calo, *s.m.* drop, fall [*fôll*].
calore, *s.m.* heat [*hìit*].
caloria, *s.f.* calorie.
calorifero, *s.m.* radiator [*radieitar*].
caloroso, *ag.* warm [*uòrm*], hearty [*harti*].
calpestare, *v.* to tread [*trèd*], to trample [*tràmp-l*].
calunnia, *s.f.* calumny [*càlumni*], slander [*slàndar*].
calvo, *ag.* bald [*bôld*].
calza, *s.f.* (corta) sock; (lunga) stocking [*stôkin*].
calzamaglia, *s.f.* leotard [*lìotard*]; (collant) tights [*tàitss*].
calzettone, *s.m.* knee sock [*nìi sòk*].
calzino, *s.m.* (ankle) sock [*ánkl sòk*].
calzolaio, *s.m.* shoe-maker [*sciùméiker*].
calzoleria, *s.f.* shoe shop [*sciù sciop*].
calzoncini, *s.m.pl.* shorts [*sciorts*].
calzoni, *s.m.pl.* trousers [*tràusars*].
cambiale, *s.f.* bill of exchange [*bill ov exciéngi*].
cambiare, *v.* to change [*ciéngi*] || **cambiamento**, *s.m.* change [*ciéngi*].
cambiavalute, *s.m.* money changer [*màni ciéngiar*], stock-broker [*stok brókar*].
cambio, *s.m.* change [*ciéngi*], exchange [*exciéngi*].

camera, *s.f.* room [*rùum*]; — *da letto*, bedroom; — *a un letto*, single room; — *a due letti*, double room || — *dei deputati*, House of Commons.
cameriere, *s.m.* waiter [*ué*^{i}*ta*^{r}] || **cameriera**, *s.f.* (al ristorante) waitress [*uéitress*]; (domestica) maid [*mé*^{i}*d*], chamber maid [*cémba*^{r} *mé*^{i}*d*].
camicetta, *s.f.* blouse [*blàus*].
camicia, *s.f.* shirt [*sc*^{i}*è*^{r}*t*].
camino, **caminetto**, *s.m.* fire-place [*fàia*^{r} *plé*^{i}*ss*].
camion, *s.m.* lorry [*lòri*], truck [*trak*] || **camioncino**, *s.m.* van [*vǽn*].
camionista, *s.m.* lorry driver [*lòri dràiva*^{r}], truck driver [*trak dràiva*^{r}].
cammello, *s.m.* camel [*càmel*].
camminare, *v.* to walk [*uòk*].
cammino, *s.m.* way [*ué*^{i}]; (strada) road [*rò*^{u}*d*], route [*rut*].
camomilla, *s.f.* camomile [*camomàil*].
camoscio, *s.m.* chamois [*ciàmois*].
campagna, *s.f.* country [*càntri*].
campagnolo, *s.m.* countryman [*càntriman*].
campana, *s.f.* bell.
campanello, *s.m.* doorbell [*dòa*^{r}*bel*].
campanile, *s.m.* bell tower [*tàua*^{r}].
campeggio, *s.m.* camping [*cámpin*].
campestre, *ag.* rural [*rùral*].
campionario, *s.m.* set of samples [*sámpls*].
campione, *s.m.* sample [*sámpl*]; (di stoffa) pattern [*pàte*^{r}*n*]; (sport) champion [*c*^{i}*àmpi*^{o}*n*].
campo, *s.m.* field [*fiild*]; (milit.) encampment [*encàmpment*].
camposanto, *s.m.* churchyard [*c*^{i}*è*^{r}*cia*^{r}*d*].
canadese, *ag.* e *s.m.* Canadian || *s.f.* (tenda) canadienne.
canale, *s.m.* (naturale) channel [*ciànel*]; (artif.) canal.
canapa, *s.f.* hemp.
canapè, *s.m.* setee [*sitìi*].
canarino, *s.m.* canary [*canéri*].

cancellare, *v.* to erase [*iréis*], to rub (out) [*rab* (*aut*)].
cancellata, *s.f.* railing [*réilin*].
cancelleria, *s.f.* (materiale d'ufficio) stationery [*stéscionri*]; (ufficio del Cancelliere) chancery [*ciànseri*].
cancello, *s.m.* gate [*ghéit*].
cancrena, *s.f.* gangrene [*gangrìn*].
cancro, *s.m.* cancer [*cànssar*].
candeggiante, *s.m.* bleaching [*blìicin*].
candeggina®, *s.f.* bleach [*blìici*].
candela, *s.f.* candle [*cànd-l*].
candeliere, *s.m.* candlestick [*càndlstic*].
candelotto, *s.m.* (fumogeno) smokebomb [*smóukbomb*].
candidato, *s.m.* candidate [*candidéit*].
candido, *ag.* candid.
cane, *s.m.* dog.
canestro, *s.m.* basket [*bàsket*].
canfora, *s.f.* camphor [*càmfor*].
canguro, *s.m.* kangaroo [*cangarù*].
canile, *s.m.* kennel.
canna, *s.f.* cane [*chéin*]; (da arma da fuoco) barrel [*bàrel*]; (da pesca) fishing rod [*fìscin rod*].
cannella, *s.f.* (spezia) cinnamon [*saìnamon*].
cannocchiale, *s.m.* telescope [*tèlescop*].
cannonata, *s.f.* gunshot [*gànsciot*].
cannone, *s.m.* gun [*gan*].
cannuccia, *s.f.* (per bibita) straw [*strô*].
canoa, *s.f.* canoe [*canùu*].
canottaggio, *s.m.* rowing [*ròin*].
canotto, *s.m.* rowing boat [*ròin bóat*].
cantante, *s.m.* e *f.* singer [*sìnghar*].
cantare, *v.* to sing [*sin*].
cantiere, *s.m.* (edile) yard [*iàrd*]; (navale) shipyard [*scìpiàrd*].
cantina, *s.f.* cellar [*sèlar*].
canto, *s.m.* (music.) singing [*sìnghin*]; song.

cantonata, *s.f.* blunder [*blanda*^{r}].
cantone, *s.m.* corner [*co*^{r}*na*^{r}].
cantoniera, *s.f.* roadman's house [*ró*^{u}*dmens hàuss*].
canzone, *s.f.* song.
canzonetta, *s.f.* song.
capace, *ag.* able [*e*^{i}*b-l*], capable [*ché*^{i}*pab-l*].
capacità, *s.f.* ability, capabily; skill.
capanna, *s.f.* hut [*hat*].
caparbio, *ag.* stubborn [*stàbo*^{r}*n*].
caparra, *s.f.* deposit.
capello, **capelli**, *s.m.* hair [*hèa*^{r}].
capire, *v.* to understand [*ande*^{r}*stànd*].
capitale, *s.m.* e *ag.* capital [*càpita*^{o}*l*].
capitaneria, *s.f.* (di porto) harbour office [*hà*^{r}*bo*^{ur} *òffiss*].
capitano, *s.m.* captain [*càptein*].
capitare, *v.* to happen [*hàp*^{e}*n*].
capitolo, *s.m.* chapter [*c*^{i}*apta*^{r}].
capo, *s.m.* head [*hèd*], chief [*cìif*]; (geogr.) cape [*che*^{i}*p*].
capodanno, *s.m.* New Year's Eve [*niù iea*^{r}*s iv*].
capofamiglia, *s.m.* head of the family [*hèd ov d*^{s}*ó fámili*].
capogiro, *s.m.* giddiness [*ghìdiness*].
capolavoro, *s.m.* masterpiece [*màsta*^{r}*piss*].
capolinea, *s.m.* terminus.
capoluogo, *s.m.* main town [*me*^{i}*n tàun*].
caporale, *s.m.* corporal [*cò*^{r}*poral*]. [editor.
caporedattore, *s.m.* editor-in-chief [*edito*^{ar}*-in-ciif*]; chief-
capostazione, *s.m.* station master [*stésc*^{io}*n màsta*^{r}].
capoufficio, *s.m.* manager [*mànag*^{i}*a*^{r}]; boss.
capovolgere, *v.* to turn upside down [*ta*^{r}*n apsàid dàun*].
cappella, *s.f.* chapel [*ciàpel*].
cappello, *s.m.* hat [*hát*].
capperi, *s.m.pl.* capers [*chéipe*^{r}*s*].
cappotto, *s.m.* coat [*côt*].
cappuccio, *s.m.* hood [*hùud*], cowl [*càul*].
capra, *s.f.* goat [*gó*^{a}*t*], she-goat [*sci g.*].

capretto, *s.m.* kid.
capriccio, *s.m.* whim [*huìm*].
carabiniere, *s.m.* carbineer [*carbinìar*].
caraffa, *s.f.* decanter [*dicàntar*].
carambola, *s.f.* (bigliardo) cannon [*cànon*].
caramella, *s.f.* sweet [*suìt*].
carato, *s.m.* carat [*càrat*].
carattere, *s.m.* character [*càractar*].
caratteristica, *s.f.* feature [*fìciar*].
carbone, *s.m.* (fossile) coal [*còul*]; (dolce) charcoal [*ciar-coul*].
carburante, *s.m.* fuel [*fiùel*].
carburatore, *s.m.* carburettor, carburetter [*càrbureitor*].
carcere, *s.m.* prison [*prìsón*].
carciofo, *s.m.* artichoke [*articiók*].
cardellino, *s.m.* goldfinch [*gouldfinci*].
cardine, *s.m.* hinge [*hìngi*].
cardiologo, *s.m.* heart-specialist [*hârt-s.*], cardiologist.
carestia, *s.f.* famine [*famàin*].
carezza, *s.f.* caress.
cariato, *ag.* decayed [*dicheid*].
caricare, *v.* to charge [*ciàrgi*]; to load [*lóud*]; (orologi ecc.) to wind up [*uàind ap*].
caricatore, *s.m.* (di pallottole) magazine [*magasìn*].
carico, *s.m.* burden [*bàrden*], load [*loud*]; (marittimo) cargo.
carità, *s.f.* charity [*ciàriti*].
carnagione, *s.f.* complexion [*complèkscion*].
carne, *s.f.* (viva) flesh [*flèsci*]; (macellata) meat [*mìit*].
carnevale, *s.m.* carnival [*carnivaol*].
caro, *ag.* dear [*dìar*]; (costoso) expensive [*expènsiv*].
carota, *s.f.* carrot [*càrot*].
carovana, *s.f.* caravan [*càravan*].
carraio, *ag. passo* —, driveway [*dràivuei*].
carreggiata, *s.f.* carriageway [*cárigiuei*].
carrello, *s.m.* trolley.
carriera, *s.f.* career [*carìar*].

carriola, *s.f.* wheelbarrow [*uìilbáro*^{u}], barrow [*báro*^{u}].
carro, *s.m.* cart [*ca*^{r}*t*].
carrozza, *s.f.* carriage [*cárig*^{i}], coach [*co*^{u}*c*^{i}].
carrozzeria, *s.f.* (di automobile) body [*bòdi*].
carrozziere, *s.m.* (chi ripara) body-repairer [*bòdi-ripèa*^{r}*a*^{r}].
carrozzina, *s.f.* perambulator [*perembiule*^{i}*ta*^{r}]; pram [*p*^{r}*ám*]; (amer.) baby carriage [*bébi càriag*^{i}].
carta, *s.f.* paper [*pe*^{i}*pa*^{r}]; map; — *da lettere*, note p. [*n*^{ou}*t-p.*]; — *asciugante*, blottin p. [*blotin p.*]; — *igienica*, lavatory p. [*làvatori p.*]; — *carbone*, carbon p.
cartella, *s.f.* (di cartone) folder [*fólda*^{r}]; (di cuoio) briefcase [*brifche*^{i}*s*]; (di scuola) schoolbag [*scùulbág*].
cartello, *s.m.* bill; (pubblicitario) poster [*pósta*^{r}], placard.
cartellone, *s.m.* poster [*pósta*^{r}], placard.
cartina, *s.f.* (stradale) map [*máp*].
cartolaio, *s.m.* stationer [*sté*^{i}*sc*^{i}*ona*^{r}].
cartoleria, *s.f.* stationer's shop [*ste*^{i}*sc*^{i}*ona*^{r}*s sc*^{i}*òp*].
cartolina postale, *s.f.* postcard; — *illustrata*, picture postcard [*pìkc*^{i}*a*^{r} *póstca*^{r}*d*].
cartone, *s.m.* cardboard [*cà*^{r}*dbò*^{ar}*d*].
cartuccia, *s.f.* cartridge [*cà*^{r}*tridg*^{i}].
casa, *s.f.* house [*hàus*]; home [*ho*^{u}*m*].
casalinga, *s.f.* housewife [*hàusuaif*].
cascare, *v.* to fall down [*fôll dàun*], to fall.
cascata, *s.f.* waterfall [*uota*^{r}*fôll*], fall.
casco, *s.m.* casque [*càsk*]; (per motociclisti) crash helmet [*crásc*^{i} *h.*].
casellante, *s.m.* (ferrovie) signalman [*sìgnalman*].
casello, *s.m.* (ferrovie) signalman's house [*sìgnalmans hàus*]; (di autostrada) tollhouse.
caserma, *s.f.* barracks [*bàracs*].
caso, *s.m.* case [*chéis*]; (circostanza fortuita) chance [*c*^{i}*àn*^{s}].
cassa, *s.f.* case [*ché*^{i}*ss*]; (comm.) cash [*casc*^{i}].
casseruola, *s.f.* stewpan [*stiùpan*].

cassetta, *s.f.* case [*ché^{i}ss*], box [*bòks*].
cassetto, *s.m.* drawer [*drò^{u}a^{r}*].
cassettone, *s.m.* chest of drawers [*cèst ov drò^{u}a^{r}s*].
cassiere, *s.m.* cashier [*casciàa^{r}*].
castagna, *s.f.* chestnut [*cèstnat*].
castello, *s.m.* castle [*cass-l*].
castigo, *s.m.* punishment [*pànisc^{i}ment*].
castoro, *s.m.* beaver [*bìva^{r}*].
catacomba, *s.f.* catacumb [*càtacom^{b}*].
catalogo, *s.m.* catalogue [*càtalogh*].
catarifrangente, *s.m.* reflector.
catarro, *s.m.* catarrh [*catàr*].
catastrofe, *s.f.* catastrophe [*catàstrof*].
categoria, *s.f.* category [*catègori*].
catena, *s.f.* chain [*cé^{i}n*]; (di montagne) range [*ré^{i}ng^{i}*].
catenaccio, *s.m.* (di porta) bolt.
catino, *s.m.* basin [*bé^{i}sin*].
catrame, *s.m.* tar [*ta^{r}*].
cattedra, *s.f.* desk.
cattedrale, *s.f.* cathedral [*cad^{s}ìdral*].
cattivo, *ag.* bad; (di ragazzi) naughty [*nòti*].
cattolico, *ag.* e *s.m.* catholic [*càd^{s}olic*].
causa, *s.f.* cause [*còs*]; (legale) lawsuit [*lôsiut*].
caustico, *ag.* e *s.m.* caustic [*còstic*].
cautela, *s.f.* caution [*còsc^{io}n*].
cauzione, *s.f.* surety [*sc^{i}ùriti*].
cava, *s.f.* quarry [*cuòri*].
cavalcare, *v.* to ride [*ràid*].
cavalcata, *s.f.* ride [*ràid*].
cavalcavia, *s.f.* viaduct [*vàiadact*], flyover [*flaio^{u}va^{r}*].
cavaliere, *s.m.* rider [*ràida^{r}*]; (titolo) knight [*nàit*]; (ai balli) partner [*partna^{r}*], cavalier [*cavalìa^{r}*].
cavalla, *s.f.* mare [*mèa^{r}*].
cavalletta, *s.f.* grasshopper [*gràsshópa^{r}*], locust [*lòcast*].
cavalletto, *s.m.* easel [*is^{e}l*].

cavallino, *s.m.* pony [*pònei*].
cavallo, *s.m.* horse [*hòrs*]; (scacchi) knight [*nàit*].
cavatappi, *s.m.* cork-screw [*scriù*].
caverna, *s.f.* cavern [*càvern*].
caviale, *s.m.* caviar [*càviar*].
caviglia, *s.f.* (del piede) ankle [*ankl*].
cavo, *ag.* hollow [*hôlô*] || *s.m.* cable [*chéibl*], wire [*uàiar*].
cavolfiore, *s.m.* cauliflower [*coliflàuar*].
cavolo, *s.m.* cabbage [*cábagi*].
cecità, *s.f.* blindness [*blàindness*].
cedere, *v.* to give way [*ghiv uèi*].
cedola, *s.f.* coupon [*cupòn*].
cedro, *s.m.* citron [*sìtron*].
celebre, *ag.* famous [*féimoas*].
celeste, *ag.* light blu [*lait blu*].
celibe, *ag.* unmarried [*anmáried*] || *s.m.* bachelor [*béicelor*].
cella, *s.f.* cell [*sel*].
cellula, *s.f.* cell [*sel*].
cellulare, *s.m.* prison van [*príson ván*].
cemento, *s.m.* cement; (armato) concrete [*concrìit*].
cena, *s.f.* supper [*sàper*].
centesimo, *s.m.* centime [*sèntim*].
centimetro, *s.m.* centimetre [*sentimìtar*].
cento, *ag.* e *s.m.* hundred [*hàndred*].
centrale, *ag.* central [*sèntral*] || *s.f.* station [*stéiscion*].
centralinista, *s.m.* e *f.* operator [*operéitar*].
centralino, *s.m.* (telephone) exchange [*exciéngi*].
centrattacco, **centravanti**, *s.m.* (sport) centre forward [*sèntar fòruord*].
centro, *s.m.* centre [*sèntar*].
centrocampista, *s.m.* e *f.* (sport) mid-field player [*mid-fiild plèiar*].
cera, *s.f.* wax [*uèks*].
ceramica, *s.f.* pottery.
cercare, *v.* to look for [*luk for*]; to seek [*siik*]; to try [*trài*].
cerino, *s.m.* wax-match [*uèks-màci*].

cerniera, *V.* **cardine**.
cerotto, *s.m.* plaster [*plàsta*^{r}].
certificato, *s.m.* certificate [*se*^{r}*tìfiche*^{i}*t*].
certo, *ag.* certain [*sérte*^{i}*n*], sure [*sciùa*^{r}].
cervello, *s.m.* brain [*bréin*].
cervo, *s.m.* deer [*dìa*^{r}], stag [*stágh*].
cesello, *s.m.* chisel [*cìsel*].
cespuglio, *s.m.* bush [*bùsc*^{i}].
cessare, *v.* to cease [*sìis*].
cessione, *s.f.* transfer [*trànsfea*^{r}] (dir.) assignment.
cesta, *s.f.*, **cesto**, **cestino**, *s.m.* basket [*bàsket*]: cestino della cartastraccia wastepaper [*ué*^{i}*stpe*^{i}*pa*^{r} *b.*].
cestista, *s.m.* e *f.* basketball player [*b. plè*^{i}*a*^{r}].
cetriolo, *s.m.* cucumber [*chiùcambe*^{r}].
chiacchierare, *v.* to prattle [*prat-l*], to gossip [*gòssip*], to [chat [*c*^{i}*at*].
chiamare, *v.* to call [*côl*].
chiaramente, *av.* clearly [*clìa*^{r}*li*].
chiarire, *v.* to clear [*clìa*^{r}], to explain [*eksplé*^{i}*n*].
chiaro, *ag.* cleear [*clìa*^{r}].
chiasso, *s.m.* uproar [*aproa*^{r}], noise [*nòis*].
chiatta, *s.f.* barge [*ba*^{r}*g*^{i}], lighter [*làita*^{r}].
chiave, *s.f.* key [*chi*]; — *inglese*, spanner [*spane*^{ar}].
chiavistello, *s.m.* latch [*lác*^{i}], bolt.
chicco, *s.m.* grain [*gré*^{i}*n*]; (di grandine) hailstone [*heilsto*^{u}*n*]; (di caffè) coffee bean [*cofìi bìin*]; (di uva) grape [*gré*^{i}*p*].
chiedere, *v.* to ask.
chiesa, *s.f.* church [*c*^{i}*à*^{r}*c*^{i}].
chilo(grammo), *s.m.* kilo(gram) [*kìlo*(*gram*)].
chilometro, *s.m.* kilometre [*kìlometa*^{r}].
chimica, *s.f.* chemistry [*chèmistri*].
chimico, *s.m.* chemist [*chèmist*] || *ag.* chemical.
chiodo, *s.m.* nail [*né*^{i}*l*].
chiosco, *s.m.* kiosk; (per giornali) news stand [*niùs stánd*].
chiostro, *s.m.* cloister [*cloista*^{r}].

chirurgo, *s.m.* surgeon [*sàrg^{io}n*].
chitarra, *s.f.* guitar [*ghìta^{r}*].
chiudere, *v.* to close [*clóu^{s}*], to shut [*sc^{i}at*]; (a chiave) to
chiunque, *pr.* whoever [*huèver*]. [lock.
chiusura, *s.f.* lock; — *lampo*, zipper [*zipe^{ar}*], zip.
ciabatta, *s.f.* slipper [*slipa^{r}*].
ciabattino, *s.m.* cobbler [*còbla^{r}*].
ciao, *inter.* (incontrandosi) hullo! [*hálo*], hi! [*hai*]; (congedandosi) bye-bye [*bai-bai*].
ciascuno, *ag.* e *pr.* each [*ìic^{i}*].
cibo, *s.m.* food [*fud*].
cicala, *s.f.* cicada.
cicalino, *s.m.* bleeper [*blìipa^{r}*].
cicatrice, *s.f.* scar [*sca^{r}*].
ciclista, *s.m.* e *f.* cyclist [*sàiclist*].
ciclo, *s.m.* cycle [*sàicl*].
ciclomotore, *s.m.* moped [*mó^{u}pd*].
ciclone, *s.m.* cyclone [*sàiclon*], tornado.
ciclostilare, *v.* to stencil [*stènsil*].
cicogna, *s.f.* stork [*stò^{r}k*].
cicoria, *s.f.* chicory [*cìcori*].
cieco, *ag.* blind [*blàind*].
cielo, *s.m.* sky [*skai*].
cifra, *s.f.* figure [*figh^{i}a^{r}*].
ciglia, *s.f.*, **ciglio**, *s.m.* eyelash [*àilasc^{i}*].
cigno, *s.m.* swan [*suòn*].
cileno, *ag.* e *s.m.* Chilean [*c^{i}lìan*].
ciliegia, *s.f.* cherry [*céri*].
cilindro, *s.m.* cylinder [*sìlinda^{r}*]; (cappello) top-hat.
cima, *s.f.* top, summit [*sàmit*].
cimice, bug [*bág*].
cimitero, *s.m.* cemetery [*sèmet^{e}ri*].
cin cin, cheers [*c^{i}ia^{r}s*].
cineclub, *s.m.* film club [*f. clab*].
cinegiornale, *s.m.* newsreel [*niùssriil*].

cinematografo, *s.m.* cinema [*sìnema*]; pictures [*pìkciuars*]; movies [*mùviss*].
cinepresa, *s.f.* cinecamera [*sinecámera*].
cinese, *ag.* e *s.m.* e *f.* Chinese [*cìiainìis*].
cineteca, *s.f.* film library [*f. làibrari*].
cinghia, *s.f.* strap; (cintura) belt.
cinghiale, *s.m.* wild boar [*uàild bôr*].
cintura, *s.f.* belt.
ciò, *pr.* this [*dsis*], that [*dsät*]; — *che*, what [*uòt*].
cioccolata, *s.f.* chocolate [*ciòcoleit*].
cioccolatini, *s.m.pl.* chocolates [*ciòcoléits*].
cioè, *av.* that [*dsát*] is, namely [*néimeli*].
ciottolo, *s.m.* pebble [*pèbl*], stone [*stóun*].
cipolla, *s.f.* onion [*oanion*].
cipresso, *s.m.* cypress [*sàiprèss*].
circa, *av.* about [*ébàut*], nearly [*nìarli*].
circo *s.m.* circus [*sèrcas*].
circolare, *s.f.* e *ag.* circular [*sèrchiular*] || *v.* to circulate [*sòrchiuléit*] || **circolazione**, *s.f.* circulation [*sorchiuléiscion*]; (traffico) traffic [*tráfic*].
circolo, *s.m.* circle [*sèrk-l*]; club [*clab*].
circondare, *v.* to surround [*sèràund*].
circondario, *s.m.* district.
circonferenza, *s.f.* circumference.
circostanza, *s.f.* circumstance [*sòrcumstanss*].
cisterna, *s.f.* cistern [*sìstarn*], tank [*tánk*]; (nave) tank-vessel.
città, *s.f.* city [*sìti*], town [*táun*].
cittadino, *s.m.* citizen [*sìtisen*].
ciuffo, *s.m.* (di capelli) forelock [*fôlok*].
civetta, *s.f.* owl [*aul*]: *auto* —, unmarked police car [*anmàrked polìss car*].
civile, *ag.* civil [*sìvil*] || *s.m.* civilian [*sivìlian*].
civiltà, *s.f.* civilization [*sivilaiséiscion*].
classe, *s.f.* class.
classificare, *v.* to classify [*classifài*] || **classifica**, *s.f.* clas-

sification [*classificheiscion*], list: *primo in* —, top of the list.
clausola, *s.f.* clause [*clôs*].
clementina, *s.f.* temple orange [*temp-l orangi*].
clemenza, *s.f.* clemency [*clèmensi*].
clero, *s.m.* clergy [*clèrgi*].
cliente, *s.m.* e *f.* client [*clâient*], customer [*càstomar*].
clima, *s.m.* climate [*clàimeit*].
cocco, *s.m.* (frutto) coconut [*cóucounat*].
coccodrillo, *s.m.* crocodile [*crocodàil*].
cocomero, *s.m.* watermelon [*uótarmelon*].
coda, *s.f.* tail [*téil*]; queue [*chiùu*].
codardo, *ag.* coward [*cauard*].
codice, *s.m.* code.
cofano, *s.m.* coffer [*còffear*], chest [*cest*]; (autom.) bonnet [*bònet*].
cogliere, *v.* to gather [*gàdsar*], to pick.
cognato, *s.m.* brother-in-law [*bróudsarinlô*] || **cognata**, *s.f.* sister-in-law [*sistarinlô*].
cognome, *s.m.* family name [*fámili néim*].
coincidenza, *s.f.* coincidence [*coìnsidens*]; (di treni) connection [*conèkscion*].
colà, *av.* there [*dsèar*], yonder [*iòndar*].
colabrodo, *s.m.*; colapasta, *s.m.* colander [*còlandar*].
colare, *v.* to drip, to leak [*lìik*].
colazione, *s.f.* (prima c.) breakfast [*brèkfast*]; (seconda c.) lunch [*lànci*], luncheon [*làncion*].
colei, *pr.* she [*sci*], that woman [*dsat ùman*].
colera, *s.m.* cholera.
colica, *s.f.* colic.
colino, *s.m.* strainer [*stréinar*].
colla, *s.f.* glue [*glu*].
collant, *s.m.* tights [*tàits*].
collaboratore, *s.m.* collaborator [*colaboréitar*].
collana, *s.f.* necklace [*nèkléiss*].
collaudare, *v.* to test || **collaudo**, *s.m.* test.
collega, *s.m.* e *f.* colleague [*colìgh*].

collegare, *v.* to join [*giòin*], to connect [*conèct*] || **collegamento**, *s.m.* connection [*conèkscion*].
collegio, *s.m.* college [*còlegi*].
collera, *s.f.* anger [*ánghar*], rage [*reigi*].
colletto, *s.m.* collar [*còlar*].
collezione, *s.f.* collection [*colèkscion*] || **collezionista**, *s.m.* e *f.* collector.
collina, *s.f.* hill.
collinoso, *ag.* hilly [*hìlli*].
collirio, *s.m.* eyewash [*àiuosci*], collyrium.
collo, *s.m.* (parte del corpo) neck; (di abito) collar [*còlar*]; (di merci) bale [*béil*], pack.
collocare, *v.* to place [*pléiss*].
colloquio, *s.m.* interview [*interviù*].
colmare, *v.* to fill up [*ap*] || **colmo**, *ag.* full || *s.m.* top.
colomba, *s.f.* dove [*dav*].
colombo, *s.m.* pigeon [*pígion*].
colonia, *s.f.* colony [*còloni*].
coloniale, *ag.* colonial [*colònial*].
colonna, *s.f.* column [*còlam*].
colonnello, *s.m.* colonel [*còlnel*].
colono, *s.m.* farmer [*fàrmar*].
colorante, *s.m.* colouring [*còloarin*].
colore, *s.m.* colour [*còloar*]; (amer.) color.
colorito, *s.m.* (di persona) complexion [*complèkscion*].
coloro, *pr.* they [*dsèi*], those [*dsóus*].
colossale, *ag.* colossal [*còlossal*].
colpa, *s.f.* fault [*fôlt*].
colpevole, *ag.* guilty [*ghilti*] || *s.m.* culprit [*càlprit*].
colpire, *v.* to strike [*stràik*[, to hit.
colpo, *s.m.* blow [*blóu*], stroke [*stróuk*], hit, knock [*nok*]; shot.
coltello, *s.m.* knife [*nàif*].
coltivare, *v.* to cultivate [*cáltivéit*].
colto, *ag.* learned [*lèrned*].
colui, *pr.* he [*hi*]; that man [*dsát mán*].
comandante, *s.m.* commander [*comàndar*].

comandare, *v.* to command [*comànd*] || **comando**, *s.m.* command. [*fàit*].
combattere, *v.* to fight [*fàit*] || **combattimento**, *s.m.* fight
combinare, *v.* to combine [*combàin*], to arrange [*arréin-gi*] || **combinazione**, *s.f.* combination [*combinéiscion*]; (caso) chance [*ciànss*].
combustibile, *s.m.* fuel [*fiùel*].
come, *av.* as, like [*làik*], such [*saci*] as; how? [*hàu*].
cometa, *s.f.* comet. [*cal*], droll.
comico, *s.m.* comedian [*comìdian*]; *ag.* comical [*còmi-*
comignolo, *s.m.* chimney [*ciìmnei*].
cominciare, *v.* to begin [*beghìn*], to start [*start*], to commence [*comèns*].
comitato, *s.m.* committee [*comitìi*].
comitiva, *s.f.* party [*pàrti*].
comizio, *s.m.* meeting [*mìitin*].
commedia, *s.f.* comedy [*còmedi*].
commediografo, *s.m.* playwright [*pléirait*].
commemorare, *v.* to commemorate [*comémoreit*].
commentare, *v.* to comment [*comènt*].
commercialista, *s.m.* business consultant [*bìsnis consàltant*]. [*tréidsman*].
commerciante, *s.m.* e *f.* merchant [*mèrciant*], tradesman
commerciare, *v.* to trade [*tréid*], to deal [*dìl*].
commercio, *s.m.* commerce [*còmers*], trade [*tréid*].
commesso, *s.m.* shop assistant [*sciòp a.*], clerk [*clark*] || **commessa**, *s.f.* shop girl, shop assistant.
commestibile, *ag.* edible [*édibl*], eatable [*ìtabl*] || *s.m.* vic-
commiato, *s.m.* leave [*lìiv*]. [tual [*vìkciual*].
commissariato, *s.m.* (di polizia) police station [*polìss stéiscion*].
commissione, *s.f.* commission [*comìscion*]; errand [*èrand*]; percentage [*persèntagi*].
commuovere, *v.* to move [*muv*], to touch [*taci*].
commovente, *ag.* moving [*mùvin*], touching [*tàcin*].

comodità, *s.f.* comfort [*còmfo^{r}t*].
comodo, *ag.* comfortable [*comfo^{r}t^{a}bl*].
compagnia, *s.f.* company [*càmpani*], society [*sossàiti*].
compagno, *s.m.* companion [*compàni^{o}n*], fellow [*felô*], mate [*mé^{i}t*].
comparire, *v.* to appear [*apìa^{r}*].
compassato, *ag.* (self-) controlled.
compassi, *s.m.pl.* compasses [*còmpassiss*].
compassione, *s.f.* pity.
compatire, *v.* to pity [*pìti*].
compatriota, *s.m.* e *f.* compatriot [*compétriot*].
compensazione, *s.f.* compensation [*compensé^{i}sc^{io}n*].
compenso, *s.m.* reward [*riuò^{r}d*].
competere, *v.* to compete [*compìt*].
competente, *ag.* qualified [*quòlifaid*].
competitivo, *ag.* competitive.
compiacere, *v.* to please [*plìs*].
compiere, *v.* to perform [*pè^{r}fo^{r}m*], to fulfil [*fulfìl*].
compitare, *v.* to spell.
compito, *s.m.* exercise [*eksersàis*], task; (a casa) homework [*hó^{u}muo^{r}k*].
compleanno, *s.m.* birthday [*bè^{r}d^{s}dèi*].
complesso, *ag.* complex || *s.m.* mass.
completare, *v.* to complete [*complìt*].
completo, *ag.* complete [*complìt*].
complicare, *v.* to complicate [*complichè^{i}t*].
complice, *s.m.* e *f.* accomplice [*acòmpliss*].
complimento, *s.m.* compliment; *far complimenti*, to stand on cerimony [*stánd on sèr^{i}moni*].
complotto, *s.m.* plot.
comportarsi, *v.r.* to behave (oneself) [*bihé^{i}v uonsèlf*].
composizione, *s.f.* composition [*composìsc^{io}n*].
comprare, *v.* tu buy [*bài*], to purchase [*pà^{r}ce^{i}s*].
compratore, *s.m.* buyer [*bàia^{r}*], purchaser [*pà^{r}ce^{i}sa^{r}*].
comprendere, *v.* to comprehend [*comprihènd*], to include [*incliùd*]; (capire) to understand [*anda^{r}stànd*].

comprensivo, *ag.* understanding [*anda^{r}stándin*].
compressa, *s.f.* tablet.
comprimere, *v.* to compress [*comprèss*].
compromesso, *s.m.* compromise [*còmpromais*].
comproprietario, *s.m.* joint owner [*gioìnt ô^{u}na^r*].
comune, *s.m.* municipality [*miunisipàliti*], town council [*tàun cà^{u}nsil*] || *ag.* common [*còmon*].
comunicare, *v.* to communicate [*comiùniche^{i}t*] || **comunicarsi**, *v.r.* to receive the holy communion [*resìv d^{se} hôli comiùni^{o}n*].
comunicato, *s.m.* bulletin: — *stampa*, press release [*press rilìiss*].
comunicazione, *s.f.* communication [*comiunichéisc^{io}n*].
comunione, *s.f.* communion [*comiùni^{o}n*].
comunismo, *s.m.* communism [*còmiunism*] || **comunista**, *s.m.* e *f.* communist, red.
comunque, *av.* however [*hauèva^r*].
con, *prep.* with [*uìd^s*].
concavo, *ag.* concave [*còncav*], hollow [*hôlô*].
concedere, *v.* to grant, to concede [*consìd*].
concentrare, *v.* to concentrate [*cònsentre^{i}t*].
concepire, *v.* to conceive [*consì^{i}v*].
concernere, *v.* to concern [*consé^{r}n*], to regard [*rigà^{r}d*] || **concernente**, *ag.* concerning [*consè^{r}nin*], referring [*rifèrin*], relating to [*rilétin tu*].
concerto, *s.m.* concert [*cònse^{r}t*].
concessione, *s.f.* concession [*conssesc^{io}n*].
concetto, *s.m.* concept; (opinione) opinion.
conchiglia, *s.f.* shell [*scel*].
concime, *s.m.* manure [*maniùa^r*], fertilizer [*fertilàise^r*].
concittadino, *s.m.* fellow-citizen [*fèlô sìtisen*].
concludere, *v.* to conclude [*concl^{i}ùd*].
concordato, *s.m.* composition [*composìsc^{io}n*].
concorrente, *s.m.* e *f.* competitor [*compitito^r*].
concorrenza, *s.f.* competition [*competìsc^{io}n*].

concorrere, *v.* to concur [*concàr*]; to compete [*compìt*].
concorso, *s.m.* competition [*competìscion*]; (affluenza) concourse [*concors*].
concretare, *v.* to concrete [*concrìt*].
concreto, *ag.* concrete [*còncrit*].
condannare, *v.* to condemn.
condimento, *s.m.* condiment [*cóndiment*], seasoning [*sìsonin*].
condire, *v.* to season [*sìson*]; (insalata) to dress.
condividere, *v.* to partake [*partéik*], to share with [*scièar uids*].
condizione, *s.f.* condition [*condìscion*].
condominio, *s.m.* joint-property [*giòint pròperti*].
condotta, *s.f.* behaviour [*bihéviar*].
conducente, *s.m.* e *f.* driver [*dràivar*].
condurre, *v.* to drive [*dràiv*], to lead [*lìid*]; to accompany [*acòmpani*].
confederazione, *s.f.* confederation [*confederéiscion*].
conferenza, *s.f.* lecture [*lèkciar*]: — *stampa*, press conference [*prèss cònferens*].
conferire, *v.* to confer [*confèr*], to bestow [*bistóu*].
conferma, *s.f.* confirmation [*confirméiscion*].
confermare, *v.* to confirm [*confèrm*].
confessare, *v.* to confess [*confèss*].
confidare, *v.* to trust [*tràst*] in.
confine, *s.m.* border [*bórdar*], frontier [*frontìar*].
confiscare, *v.* to confiscate [*cònfischèit*].
conflitto, *s.m.* conflict [*cònflict*].
confondere, *v.* to confuse [*confiùs*]; (scambiare) to mistake [*mistéik*].
confortare, *v.* to comfort [*càmfort*], to console [*consòl*].
confortevole, *ag.* comfortable [*càmforteb-l*].
conforto, *s.m.* comfort [*càmfort*], consolation [*consoléiscion*].
confrontare, *v.* to compare [*compèar*] || **confronto**, *s.m.* comparison [*compàrison*].
confusione, *s.f.* confusion [*confiùscion*].

congegno, *s.m.* contrivance [*contràivans*], mechanism [*mècanism*].
congelare, *v.* to congeal [*congìl*], to freeze [*friiz*].
congelatore, *s.m.* freezer [*frìisa*^{r}].
congestione, *s.f.* congestion [*congèsti*^{o}*n*].
congiunto, *s.m.* relative [*rèlativ*], relation [*rilèsc*^{i}*ón*].
congiura, *s.f.* plot, conspiracy [*conspìrassi*].
congratularsi *v.r.* to congratulate [*congrátule*^{i}*t*] || **congratulazione**, *s.f.* congratulation [*congratiulé*^{i}*sc*^{io}*n*].
congresso, *s.m.* congress [*còngress*].
coniglio, *s.m.* rabbit [*rä'bit*].
coniugato, *ag.* married [*màrid*].
coniuge, *s.m.* e *f.* consort. [*fèlo*^{u} *càntrimen*].
connazionale, *s.m.* compatriot, fellow countryman
connettere, *v.* to connect [*conèct*]. [*fìcia*^{r}*s*].
connotati, *s.m.pl.* distinguishing features [*distìnguisc*^{i}*in*
conoscente, *s.m.* e *f.* acquaintance [*aquèintans*].
conoscere, *v.* to know [*nó*^{u}] || **conoscenza**, *s.f.* knowledge [*nó*^{u}*leg*^{i}].
conoscitore, *s.m.* connoisseur [*conessè*^{ur}].
conquista, *s.f.* conquest [*cònkest*].
conquistare, *v.* to conquer [*còncha*^{r}].
consacrare, *v.* to consecrate [*cònsecré*^{i}*t*].
consapevole, **cosciente**, *ag.* conscious [*cònscio*^{a}*s*].
consegna, *s.f.* delivery.
consegnare, *v.* to consign [*consàin*], to deliver [*delìva*^{r}], to hand over [*hánd ó*^{u}*va*^{r}].
consegnatario, *s.m.* consignee [*consinìi*].
conseguenza, *s.f.* consequence [*cònsequens*].
consenso, *s.m.* consent [*consènt*].
consentire, *v.* to consent [*consènt*].
conserva, *s.f.* (di frutta) jam [*giám*].
conservante, *s.m.* preservative.
conservare, *v.* to keep [*kììp*]; to preserve [*prisè*^{r}*v*].
considerare, *v.* to consider [*consìda*^{r}].

considerazione, *s.f.* consideration [*consideréiscion*].
considerevole, *ag.* considerable [*consìderab-l*].
consigliabile, *ag.* advisable [*advàisab-l*].
consigliare, *v.* to advise [*advàiss*].
consigliere, *s.m.* (di società commerciale) director [*dirèctor*]; — *delegato*, managing d. [*mànagin d.*].
consiglio, *s.m.* advice [*advàis*].
consistenza, *s.f.* consistency [*consìstensi*].
consistere, *v.* to consist [*consìst*].
consocio, *s.m.* co-partner [*co-pàr*tnar].
consolare, *v.* to comfort [*càmfort*].
consolato, *s.m.* consulate [*cònsuléit*].
console, *s.m.* consul.
consorte, *s.m.* e *f.* consort [*cònsort*].
constatare, *v.* to prove [*pruv*], to ascertain [*assertèin*].
consueto, *ag.* usual [*iùsciual*].
consuetudine, *s.f.* habit [*hàbit*].
consumare, *v.* to consume [*consiùm*].
contabile, *s.m.* e *f.* accountant [*acàuntant*].
contabilità, *s.f.* accountancy [*acàuntansi*].
contachilometri, *s.m.* speedometer [*spiidòmitar*].
contadino, *s.m.* countryman [*còntrimán*], peasant [*pésant*].
contagioso, *ag.* catching [*càtcin*].
contagocce, *s.m.* dropper [*dròpar*].
contante, *s.m.* ready money [*rèdi màni*]; *per contanti*, by cash [*bài casci*].
contare, *v.* to count [*càunt*]; — *su*, to rely upon [*rilài apòn*].
contatore, *s.m.* meter [*mìtar*].
contatto, *s.m.* contact.
conte, *s.m.* count [*càunt*], earl [*erl*] || **contessa**, *s.f.* countess [*càuntess*].
contemporaneo, *ag.* e *s.m.* contemporary [*contèmporari*] || **contemporaneamente**, *av.* at the same time [*át dsi séim tàim*].
contenere, *v.* to contain [*contéin*], to hold [*hóuld*].
contenitore, *s.m.* container [*conteinar*].

contento, *ag.* satisfied [*satisfàied*].
contestare, *v.* to contest.
contestatore, *s.m.* protester.
contestazione, *s.f.* contest.
contiguo, *ag.* contiguous [*contìguoas*].
continente, *s.m.* continent [*còntinent*].
continuamente, *av.* continually [*contìnuali*].
continuare, *v.* to continue [*contìniu*], to go on with [*góu on uìds*]; to keep on [*kìip on*].
continuazione, *s.f.* continuation [*continuéscion*].
continuo, *ag.* continual.
conto, *s.m.* (di ristorante ecc.) bill; (calcolo) calculation [*calchiùleiscion*], reckoning [*rèconin*]; (in banca) account [*acàunt*].
contrabbandiere, *s.m.* smuggler [*smàghlar*].
contrabbando, *s.m.* smuggling [*smàghlin*].
contrabbasso, *s.m.* double bass [*dàbl báss*].
contraddire, *v.* to contradict [*còntradit*].
contraffare, *v.* to forge [*fòrgi*], to counterfeit [*càunterféit*], to adulterate [*adultereit*].
contrariamente, *av.* on the contrary [*on dsi còntrari*].
contrario, *ag.* contrary [*còntrari*].
contrassegno, *s.m.* mark.
contrattempo, *s.m.* mishap [*mìsháp*].
contratto, *s.m.* contract; (accordo) agreement [*agréiment*].
contravvenire, *v.* to transgress [*transgrèss*].
contravvenzione, *s.f.* transgression [*transgrèscion*], infringement [*infrìingiment*].
contribuente, *s.m.* e *f.* contributor [*contribiùtor*], tax payer [*péiar*].
contribuire, *v.* to contribute [*contrìbiut*].
contributo, *s.m.*, **contribuzione**, *s.f.* contribution [*contribiùscion*].
contro, *av.* against [*aghèinst*].
controfigura, *s.f.* double [*dàbl*], stand-in [*stánd-in*].
controllare, *v.* to check [*cek*].

controllore, *s.m.* inspector.
contrordine, *s.m.* counter-order [*càunta^{r}ó^{r}da^r*], counter-mand [*càunta^{r}mând*].
controsenso, *s.m.* nonsense.
controvento, *av.* against the wind [*aghè^{i}nst d^{se} uìnd*].
controvoglia, *av.* unwillingly [*anuìlingli*].
contusione, *s.f.* bruise [*brus*].
contuso, *ag.* bruised [*brùs^{e}d*].
convalescente, *ag.* e *s.* convalescent [*convàlessent*].
convegno, *s.m.* appointment [*apòintment*], meeting [*mììtin*].
conveniente, *ag.* convenient [*convìnient*].
convenire, *v.* (essere d'accordo) to agree [*agrìi*]; (tornar utile) to suit [*siùt*].
convento, *s.m.* convent [*cònvent*].
convenzione, *s.f.* agreement [*agrìiment*].
convergere, *v.* to converge [*convè^{r}g^i*].
conversazione, *s.f.* conversation [*conversé^{i}sc^{io}n*], talk [*tôk*].
convertire, *v.* to convert [*convèrt*].
convesso, *ag.* convex [*convéks*].
convincere, *v.* to convince [*convìns*].
convitato, *s.m.* guest [*ghèst*].
convocare, *v.* to convoke [*convó^{u}k*], to summon [*sàm^{o}n*].
convoglio, *s.m.* convoy [*convòi*].
cooperare, *v.* to cooperate [*cooperé^{i}t*].
coperchio, *s.m.* cover [*còva^r*], lid.
coperta, *s.f.* (da letto) blanket [*blànk^{e}t*]; cover [*còva^r*].
copertina, *s.f.* (book) cover [*(buk) còva^r*].
copertone, *s.m.* (autom.) tyre [*tàia^r*].
copia, *s.f.* copy [*còpi*].
copiare, *v.* to copy [*còpi*].
copione, *s.m.* script.
coppa, *s.f.* cup [*càp*].
coppia, *s.f.* pair [*pèa^r*], couple [*cà^{u}p-l*].
coprifuoco, *s.m.* curfew [*ca^{r}fiù*].
copriletto, *s.m.* bedspread [*bedsprèd*].

coprimozzo, *s.m.* hubcap [*habcáp*].
coprire, *v.* to cover [*còva*^{r}].
coraggio, *s.m.* courage [*càrig*^{i}].
coraggioso, *ag.* brave [*bré*^{i}*v*], gallant [*gàlant*].
corallo, *s.m.* coral [*còral*].
corda, *s.f.* rope [*ró*^{u}*p*].
cordiale, *ag.* hearty [*harti*] || *s.m.* cordial [*còrdial*].
coriandoli, *s.m.pl.* confetti.
coricarsi, *v.r.* to go to bed [*gó*^{u} *tu bed*], to lie down [*lài dàun*].
cornamusa, *s.f.* bagpipe [*bàghpaip*].
cornice, *s.f.* frame [*fré*^{i}*m*].
corno, *s.m.* horn [*hò*^{r}*n*].
coro, *s.m.* chorus [*cò*^{a}*s*]; (di chiesa) choir [*quàia*^{r}].
corona, *s.f.* crown [*cràun*].
corpo, *s.m.* body [*bòdi*].
correggere, *v.* to correct [*corrèct*].
corrente, *ag.* running [*rànin*]; (solito) current [*càrent*], usual [*iùsciual*] || *s.f.* stream [*strìim*], tide [*tàid*]; (d'aria) draught [*dràft*].
correntemente, *av.* fluently [*flùentli*].
correntista, *s.m.* e *f.* account holder [*acàunt hólda*^{r}].
correre, *v.* to run [*ran*].
corretto, *ag.* correct.
corridoio, *s.m.* corridor [*còridor*], passage [*pàssag*^{i}].
corridore, *s.m.* (auto) racing driver [*ré*^{i}*sin draiva*^{r}]; (bicicletta) racing cyclist [*r. sàiclist*].
corriere, *s.m.* carrier [*cària*^{r}].
corrispondenza, *s.f.* correspondence [*correspòndens*]; (posta) mail [*me*^{i}*l*].
corrompere, *v.* to corrupt [*coràpt*]; to bribe [*bràib*] || **corrotto**, *ag.* corrupt [*coràpt*].
corsa, *s.f.* run [*ran*]; (sport) race [*ré*^{i}*s*]; (in auto) drive [*dràiv*]; (costo del percorso) fare [*féa*^{r}].
corsia, *s.f.* (di ospedale) ward [*uó*^{r}*d*]; (di autostrada) lane [*lé*^{i}*n*].

corte, *s.f.* court [*co^{r}t*]; (cortile) yard [*ià^{r}d*].
corteo, *s.m.* procession [*prosèsc^{io}n*].
cortese, *ag.* polite [*polàit*].
cortesia, *s.f.* politeness [*polàitness*].
cortile, *s.m.* courtyard [*có^{ur}tià^{r}d*].
cortina, *s.f.* curtain [*ca^{r}t^{ai}n*].
corto, *ag.* short [*sciò^{r}t*].
cortocircuito, *s.m.* short circuit [*sciò^{r}t sì^{r}kit*].
corvo, *s.m.* crow [*cró^{u}*], raven [*ravn*].
cosa, *s.f.* thing [*d^{s}ingh*]; matter [*màtta^{r}*].
coscia, *s.f.* thigh [*d^{s}ài*]; (di montone) leg.
coscienza, *s.f.* conscience [*cònsciens*].
coscienzioso, *ag.* conscientious [*consciènsci^{o}as*].
così, *av.* so [*só^{u}*], thus [*d^{s}as*].
cosmetico, *s.m.* e *ag.* cosmetic.
cospargere, *v.* to sprinkle [*sprink-l*].
costa, *s.f.* (geogr.) coast [*có^{u}st*].
costante, *ag.* constant.
costare, *v.* to cost.
costeggiare, *v.* to coast [*cò^{u}st*].
costellazione, *s.f.* constellation [*constellé^{i}sc^{io}n*].
costo, *s.m.* cost.
costola, *s.f.* rib.
costoletta, *s.f.* cutlet [*càtlet*], chop [*ciòp*].
costoso, *ag.* expensive [*ekspènsiv*].
costringere, *v.* to compel [*compèl*], to force [*fo^{r}s*].
costruire, *v.* to construct [*constràct*], to build [*bild*].
costruttore, *s.m.* constructor [*constracto^{r}*], builder [*bìlda^{r}*].
costruzione, *s.f.* construction [*constràksc^{io}n*], building [*bìldin*].
cotogna, *s.f.* quince [*quìns*].
cotone, *s.m.* cotton [*còt^{o}n*]: — *idrofilo*, cotton wool [*c. ùul*].
cotto, *ag.* cooked [*kuukd*], done [*dàn*]; (in forno) baked [*be^{i}kt*]: *bene*, *poco* —, (di bistecca) well-done [*uel-dan*], underdone [*ànda^{r}dan*], rare [*rèa^{r}*].

cozza, *s.f.* mussel [*massl*].
crampo, *s.m.* cramp [*crámp*].
cranio, *s.m.* skull [*scal*].
cratere, *s.m.* crater [*créitar*].
cravatta, *s.f.* tie [*tài*].
creare, *v.* to create [*criéit*].
credenza, *s.f.* belief [*bilìf*]; (mobile) cupboard [*càpboard*], sideboard [*sàidboard*].
credere, *v.* to think [*dsink*], to believe [*bilìv*].
credito, *s.m.* credit.
creditore, *s.m.* creditor [*créditor*].
crema, *s.f.* cream [*crìim*]: — *montata*, whipped c. [*uìped* c.].
cremagliera, *s.f.* rack-railway [*räk-réiluei*], cog-wheel-railway [*cogh-uil-r.*].
cremazione, *s.f.* cremation [*crémésción*].
crepaccio, *s.m.* crevice [*crévis*].
crepuscolo, *s.m.* twilight [*tuilàit*].
crescere, *v.* to grow [*gróu*].
crescione, *s.m.* watercress [*uòtarcress*].
cresima, *s.f.* confirmation [*confèrméiscion*].
cresta, *s.f.* crest; (di gallo) cockscomb [*cokscoum*]; (sulla spesa) rake-off [*reik-of*].
cretino, *ag.* e *s.m.* idiot, fool [*fùul*].
criceto, *s.m.* hamster [*hámstar*].
criminale, *ag.* e *s.m.* e *f.* criminal.
crimine, *s.m.* crime [*craim*].
crisi, *s.f.* crisis [*cràisis*].
cristallo, *s.m.* crystal [*crìstaol*].
cristiano, *s.* e *ag.* christian [*crìstian*].
critica, *s.f.* criticism [*crìtissism*].
criticare, *v.* to criticise [*critisàis*].
croato, *ag.* Croatian [*croàtian*] || *s.m.* Croat [*cròat*].
croccante, *ag.* crisp || *s.m.* cracknel [*cràknel*], crisp swet-meat [*suitmìit*].
croce, *s.f.* cross.

crocevia, *s.f.*, **crocicchio**, *s.m.* cross-roads [*c. róuds*].
crociera, *s.f.* (viaggio) cruise [*crùis*].
crollare, *v.* to fall down [*fôl dàun*], to crumble [*cramb-l*] || **crollo**, *s.m.* fall [*fôll*].
cronaca, *s.f.* (di giornale) news [*niùss*], reporting [*repórtin*].
cronista, *s.m.* e *f.* reporter [*repórtar*].
cronometrare, *v.* to time [*taim*].
cronometro, *s.m.* timer [*tàimar*].
crostacei, *s.m.pl.* shellfish [*scelfisci*].
crudele, *ag.* cruel.
crudeltà, *s.f.* cruelty [*crùelti*].
crudo, *ag.* raw [*rô*], uncooked [*ancùked*].
crusca, *s.f.* bran [*brán*].
cubo, *s.m.* cube [*chiùb*].
cuccetta, *s.f.* berth [*bèrds*]; (di treno) couchette.
cucchiaiata, *s.f.* spoonful [*spùunful*].
cucchiaino, *s.m.* teaspoon [*tìispun*].
cucchiaio, *s.m.* spoon [*spun*].
cuccia, *s.f.* kennel [*kènel*].
cucciolo, *s.m.* puppy [*pàpi*].
cucina, *s.f.* (stanza) kitchen [*kìtcen*]; (modo di cucinare) cooking [*cùukin*]: — *casalinga*, home cooking [*hôm cùukin*].
cucinare, *v.* to cook [*cùuk*].
cucire, *v.* to sew [*sóu*].
cucitura, *s.f.* seam [*síim*]; sewing [*souin*].
cugino, *s.m.*, **cugina**, *s.f.* cousin [*càsin*].
culla, *s.f.* cradle [*crád-l*].
culminare, *v.* to culminate [*cùlmineit*].
culmine, *s.m.* summit [*sàmit*]; top; highest pitch [*hàiest pìtci*].
cultura, *s.f.* culture [*càlciar*].
cunetta, *s.f.* gutter [*gàtar*]; (di strada) bump [*bamp*].
cuocere, *v.* to cook [*cùuk*]; (al forno) to bake [*béik*].
cuoco, *s.m.*, **cuoca**, *s.f.* cook [*cùk*].
cuoio, *s.m.* leather [*lèdsar*].
cuore, heart [*hart*]; (carte) hearts [*harts*].

cupo, *ag.* dark [*da*^{r}*k*]; (di suono) deep [*dìip*].
cupola, *s.f.* dome [*do*^{u}*m*].
cura, *s.f.* care [*chèa*^{r}] || **curabile**, *ag.* curable [*chiùrob-l*].
curare, *v.* to take care of [*té*^{i}*k chèa*^{r} *ov*], to look after [*lùuk afta*^{r}]; to nurse [*na*^{r}*s*].
curiosità, *s.f.* curiosity [*chiuriòsiti*].
curioso, *ag.* curious [*chiùri*^{o}*as*].
curva, *s.f.* curve [*càrv*], bend.
cuscino, *s.m.* cushion [*casc*^{io}*n*]; (guanciale) pillow [*pìlo*].
custode, *s.m.* e *f.* keeper [*kìipa*^{r}], caretaker [*chèa*^{r}*te*^{i}*ka*^{r}].
custodia, *s.f.* custody [*càstodi*], charge [*c*^{i}*a*^{r}*g*^{i}]; (astuccio) case [*che*^{i}*s*].
custodire, *v.* to keep [*chìip*], to guard [*gàrd*], to watch over [*uòc*^{i} *ó*^{u}*va*^{r}]. (*V.* anche **curare**.)
cute, *s.f.* skin.

D

da, *prep.* from, by [*bài*].
dado, *s.m.* die [*dài*], *pl.* dice [*dàiss*].
daino, *s.m.* buck [*bàc*], fallowdeer [*fàlodiar*].
d'altronde, *av.* besides [*bisàids*], moreover [*moarovar*].
dama, *s.f.* dame [*déim*], lady [*léidi*]; (giuoco) draughts [*dràfts*].
damasco, *s.m.* damask.
damigiana, *s.f.* demijohn [*demigiòn*].
danaro, V. *denaro.*
dancing, *s.m.* dance hall [*dans hôl*].
danese, *ag.* Danish [*dánisci*] || *s.m.* e *f.* Dane [*déin*].
dannare, *v.* to damn [*dámn*].
danneggiare, *v.* to damage [*dàmagi*], to hurt [*hart*].
danno, *s.m.* damage [*dàmagi*].
danza, *s.f.* dance [*dans*], dancing [*dànsin*].
dappertutto, *av.* everywhere [*everiuèar*].
dapprima, **dapprincipio**, *av.* at first [*at ferst*].
dare, *v.* to give [*ghiv*].
darsena, *s.f.* inner harbour [*inarhàrboar*].
data, *s.f.* date [*déit*].
datare, *v.* to date [*déit*].
dato, *s.m.* datum (*pl. -a*).
datore, *s.m.* giver: — *di lavoro* employer [*emploìar*].
dattero, *s.m.* date [*déit*].
dattilografare, *v.* to typewrite [*tàipràit*].
dattilografo, **-a**, *s.m.* e *f.* typist [*tàipist*].
dattiloscritto, *s.m.* typescript [*tàipscript*].

davanti, *av.* before [*bifòr*], in front of [*in front ov*].
davanzale, *s.m.* windowsill [*uìndosil*].
davvero, *av.* indeed [*indìid*].
dazio, *s.m.* toll; (costruzione) tollhouse [*tolhàus*].
debito, *s.m.* debt [*dèt*].
debitore, *s.m.* debtor.
debole, *ag.* weak [*uìk*].
debutto, *s.m.* debut.
decadere, *v.* to decay [*dichè^{i}*].
decaffeinato, *ag.* decaffeinated [*dicafeiné^{i}t^{i}d*].
decappottabile, *ag.* e *s.f.* convertible [*convértib-l*].
decente, *ag.* decent [*dìssent*].
decesso, *s.m.* death [*dèd^{s}*].
decidere, *v.* to decide [*dissàid*] || **decidersi**, *v.r.* to decide [*dissàid*], to make up one's mind [*mé^{i}k ap uòn màind*].
decifrare, *v.* to decipher [*disàifa^{r}*].
decina, *s.f.* half a score [*haf e scò^{ar}*], ten [*tèn*].
decisione, *s.f.* decision [*dessìsc^{io}n*].
decisivamente, *av.* decisively [*dessìsiv-li*], decidedly [*dis-sàid^{e}dli*].
deciso, *ag.* resolute.
decodificare, *v.* to decode.
decollare, *v.* to take off [*té^{i}k of*].
decollo, *s.m.* takeoff [*té^{i}kof*].
decolorazione, *s.f.* (dei capelli) bleaching [*blìic^{i}in*].
decongestionante, *ag.* decongestant.
decorare, *v.* to decorate [*décoréit*].
decorrenza, *s.f.* *con — da*, beginning from [*beghìnin f.*].
decotto, *s.m.* decoction [*decoksc^{io}n*].
decrescere, *v.* to decrease [*dicrìs*].
decreto, *s.m.* decree [*dicrìi*].
dedica, *s.f.* dedication [*dedichè^{i}sc^{io}n*].
dedicarsi, *v.r.* to devote oneself [*devó^{u}t uonsèlf*].
dedito, *ag.* given up [*ghivn ap*]; (a vizio) addicted.
dedurre, *v.* to deduct [*didàct*].
deduzione, *s.f.* deduction [*didàksc^{io}n*].

defalcare, *v.* to take off [*téik of*], to deduct [*didàct*].
deficiente, *ag.* e *s.m.* e *f.* deficient [*defìssient*].
deficienza, *s.f.* deficiency [*defìssiensi*].
definire, *v.* to define [*difàin*], to decide [*dissàid*].
definitivo, *ag.* final [*fàinal*].
definitivamente, *av.* definitively [*defìnitiv-li*].
definizione, *s.f.* definition [*definìscion*].
defraudare, *v.* to defraud [*difrôd*].
defunto, *ag.* dead [*dád*], late [*léit*] || *s.m.* deceased [*disìsd*].
degente, *s.m.* e *f.* patient [*péiscient*].
degnarsi, *v.r.* to deign, to be so kind as [*bi só kàind ás*].
degno, *ag.* worthy [*uardsi*], deserving [*disérvin*].
degradabile, *ag.* degradable [*digréidab-l*].
degradare, *v.* to degrade [*digréid*].
degustare, *v.* to taste [*téist*].
delega, *s.f.* delegation [*delighéiscion*], proxy [*pròksi*].
delegato, *s.m.* delegate [*délegheit*].
delfino, *s.m.* dolphin [*dòlfin*].
deliberare, *v.* to deliberate [*deliberéit*].
delibera, **deliberazione**, *s.f.* deliberation [*déliberéiscion*], resolution [*risoliùscion*].
delicatezza, *s.f.* delicacy [*dèlicassi*].
delicato, *ag.* delicate [*dèlicheit*]; (di colore) soft.
delinquente, *s.m.* e *f.* delinquent [*délinquent*], criminal [*crìminal*].
delirare, *v.* to rave [*réiv*], to be delirious [*bi delirioas*].
delitto, *s.m.* crime [*craim*].
delizia, *s.f.* delight [*dilàit*].
delizioso, *ag.* delightful [*dilàitful*], delicious [*delìscious*].
delta, *s.m.* delta.
deltaplano, *s.m.* hang glider [*hán glàidar*].
deludere, *v.* to disappoint.
delusione, *s.f.* disappointment [*disapòintment*].
democratico, *ag.* democratic || *s.m.* democrat [*démo-crat*].

democrazia, *s.f.* democracy [*demòcrassi*].
demolire, *v.* to demolish [*dimòlisci*].
demonio, *s.m.* devil.
demoralizzare, *v.* to demoralize [*dimoralàis*].
denaro, *s.m.* money [*màni*].
denigrare, *v.* to denigrate [*denìgreit*].
densità, *s.f.* density [*dènsiti*], thickness [*dsìkness*].
denso, *ag.* dense [*dèns*], thick [*dsìk*].
dente, *s.m.* tooth [*tuds*], *pl.* teeth [*tiids*].
dentellato, *ag.* indented.
dentice, *s.m.* (zool.) dentex.
dentiera, *s.f.* denture [*dénciuar*].
dentifricio, *s.m.* toothpaste [*tudspéist*].
dentista, *s.m.* e *f.* dentist [*déntist*].
dentro, *av.* within [*uidsìn*], inside [*insàid*] || *prep.* in, into [*ìntu*].
denuncia, *s.f.* denunciation [*denansiéscion*], declaration [*declaréiscion*].
denunciare, *v.* to denounce [*dinàuns*].
denutrito, *ag.* emaciated [*émassiéited*].
deodorante, *s.m.* deodoriser [*deodoràisar*], deodorant.
depilatore, *s.m.* hair remover [*hèar rimùvar*].
deplorabile, **deplorevole**, *ag.* deplorable [*diplòrab-l*].
deplorare, *v.* to deplore [*diplóar*].
deporre, *v.* to put down (*put dàun*]; (in tribunale) to give evidence [*ghiv évidens*].
deportato, *s.m.* deportee [*deportìi*].
deportazione, *s.f.* deportation [*deportéiscion*].
depositante, *s.m.* e *f.* depositor [*depositor*].
depositare, *v.* to deposit.
deposito, *s.m.* deposit; (magazzino) warehouse [*uéar-hàus*], depot [*dipò*].
deprimere, *v.* to depress [*diprèss*] || **depresso**, *ag.* depressed || **deprimente**, *ag.* depressive [*diprèssiv*].
depuratore, *s.m.* depurator [*depiuréitar*].
deputato, *s.m.* member of parliament [*mèmbar ov pàrlia-ment*].

deragliare, *v.* to derail [*diréil*], to run off the rails [*ran of dsi réils*].
deriva, *s.f.* drift.
derivare, *v.* to derive [*diràiv*].
deroga, *s.f.* derogation [*deroghéisc ion*].
descrivere, *v.* to describe [*discràib*] || **descrizione**, *s.f.* [description [*descrìpsc ion*].
deserto, *s.m.* desert [*dèsert*].
desiderare, *v.* to wish for [*uìsci for*], to want [*uònt*], to desidere [*disàiar*].
desiderio, *s.m.* wish [*uìsci*], desire [*disàiar*].
desideroso, *ag.* desirous [*disàiroas*], eager [*ìighar*].
desistere, *v.* to desist from.
desolazione, *s.f.* desolation [*desoléisc ion*].
destinare, *v.* to destine [*desstàin*]; (assegnare) to assign [*esàin*[, to allot.
destinatario, *s.m.* addressee [*adressìi*], receiver [*ressìvar*].
destinazione, *s.f.* destination [*destinéisc ion*].
destino, *s.m.* destiny [*dèstini*], doom [*duum*], fate [*féit*].
destra, *s.f.* (mano) right hand [*ràit hánd*]: *tenere la* —, to keep to the right [*kiip tu dsi ràit*].
destrezza, *s.f.* dexterity [*dekstèriti*], skill.
destro, *ag.* right [*ràit*]; (abile) skilful (in), clever [*clèvar*] [(at).
desumere, *v.* to infer [*infèr*], to deduce [*didiùss*].
detenere, *v.* to detain [*ditèin*].
detenuto, *s.m.* prisoner, convict.
detergente, *ag.* e *s.m.* detergent [*ditèrgent*].
deteriorare, *v.* to deteriorate [*diterioréit*].
determinare, *v.* to determinate [*diterminéit*].
detersivo, *s.m.* e *ag.* detersive [*ditèrsiv*].
detestare, *v.* to detest [*ditèst*].
detrarre, *v.* to detract [*ditràct*].
detrazione, *s.f.* detraction [*ditràcsc ion*].
dettagliato, *ag.* detailed [*diteild*].
dettaglio, *s.m.* detail [*ditéil*], particular [*partìchiular*].
dettare, *v.* to dictate [*dictéit*].
devastare, *v.* to devastate [*devastéit*].

deviare, *v.* to deviate [*deviéit*].
devitalizzare, *v.* to devitalize [*divàitalais*].
devozione, *s.f.* devotion [*devòscion*].
di, *prep.* of [*ov*].
diagramma, *s.m.* chart [*ciart*], graph [*grâf*].
dialetto, *s.m.* dialect [*dàialect*], slang [*slàngh*].
dialogo, *s.m.* dialogue [*dàialog*].
diamante, *s.m.* diamond [*dàimond*].
diametro, *s.m.* diameter [*daiàmitar*].
diario, *s.m.* (agenda) diary [*dàiari*].
diarrea, *s.f.* diarrhoea [*daiarìa*].
diavolo, *s.m.* devil [*dèvil*]: *un buon* —, a good fellow [*gùud felô*].
dibattito, *s.m.* debate [*dibéit*], discussion [*discàscion*].
dicembre, *s.m.* December [*dissèmber*].
dichiarare, *v.* to declare [*diclèar*] || **dichiarazione**, *s.f.* declaration [*declaréiscion*].
didascalia, *s.f.* caption [*càpscion*].
dieta, *s.f.* diet [*dàiet*].
dietologo, *s.m.* dietician [*daitìscian*], dietist [*dàietist*].
dietro, *av.* e *prep.* behind [*bdihàind*], after [*àftar*], afterwards [*àftaruòrds*].
difendere, *v.* to defend [*difènd*].
difensore, *s.m.* defender [*difendar*]; (avvocato) counsel for the defence [*càunsel for dse difèns*].
difesa, *s.f.* defence [*difèns*].
difetto, *s.m.* fault [*fôlt*], flaw [*flóu*], defect [*difèct*].
differente, *ag.* different [*dìfrent*].
differenza, *s.f.* difference [*dìfrens*].
differire, *v.* to differ [*difèr*], to put off, to postpone [*postpòun*].
difficile, *ag.* difficult [*dìficalt*], hard [*hàrd*].
difficoltà, *s.f.* difficulty [*dìficalti*].
diffidenza, *s.f.* mistrust [*mistràst*].
diffondere, *v.* to diffuse [*difiùs*].
diga, *s.f.* dam [*dàm*], dike [*daik*]; (frangiflutti) breakwater [*bréikuotar*].
digerire, *v.* to digest [*daigèst*].

digestione, *s.f.* digestion [*daigèstion*].
digestivo, *ag.* e *s.m.* digestive [*digiestiv*].
digiunare, *v.* to fast.
digiuno, *s.m.* fasting [*fàstin*].
dignità, *s.f.* dignity [*dìghniti*].
dilagare, *v.* to overflow [*òvarflóu*].
dilettante, *s.m.* e *f.* amateur [*àmaciar*].
diligente, *ag.* diligent [*dìligent*].
diluire, *v.* to dilute [*diliùt*].
diluviare, *v.* to pour [*pòar*].
diluvio, *s.m.* deluge [*deliùgi*], flood [*flad*].
dimagrire, *v.* to lose weight [*lùus uéit*], to slim.
dimensione, *s.f.* dimension [*dimènscion*], size [*sàiz*].
dimenticanza, *s.f.* oversight [*oversàit*].
dimenticare, *v.* to forget [*forghèt*].
dimettersi, *v.r.* to resign [*risàign*].
diminuire, *v.* to diminish [*dimìnisci*].
dimissioni, *s.f.pl.* resignations [*resighneiscion*].
dimostrare *v.* to prove [*pruv*]; to show [*sciόu*].
dimostrazione, *s.f.* demonstration [*demonstréiscion*].
dinamico, *ag.* dynamic [*dainámik*].
dinamite, *s.f.* dynamite [*dàinamait*].
dinamo, *s.f.* dynamo [*dàinamo*].
dinanzi, *prep.* e *av.* before [*bifòar*], formerly [*fòrmerli*].
Dio, *s.m.* God.
diocesi, *s.f.* diocese [*daiòssess*].
diottria, *s.f.* diopter [*daiòptar*].
dipendere, *v.* to depend [*dipènd*].
dipingere, *v.* to paint [*péint*].
dipinto, *s.m.* painting [*péintin*].
diploma, *s.m.* diploma.
diplomatico, *ag.* diplomatic || *s.m.* diplomat.
diplomazia, *s.f.* diplomacy [*diplòmassi*].
diradarsi, *v.r.* to clear up [*clìar ap*].
diramazione, *s.f.* branching [*bràncin*] out.

dire, *v.* to tell, to say [*séi*].
diretto, *ag.* direct, straight [*streit*], (treno) through train [*dsrùn tréin*].
direttore, *s.m.* director [*dirèctor*], manager [*mànagiar*] || **direttrice**, *s.f.* (di scuola) headmistress [*hàdmistress*].
direzione, *s.f.* direction [*dairàkscion*], way [*uéi*]; (di società) management [*mànagiment*], (l'ufficio del direttore) manager's office [*mànagiar's òfis*]; (consiglio direttivo) board of directors [*bôard ov dirèctors*].
dirigente, *s.m.* executive [*eksèchiutiv*], manager [*mànagiar*].
dirigere, *v.* to direct, to conduct [*condàct*].
dirimpetto, *av.* e *prep.* opposite [*òposit*].
diritto, *s.m.* right [*ràitl* || *ag.* straight [*strèit*].
dirottare, *v.* (aerei) to hijack [*hàigieck*] || **dirottamento**, *s.m.* hijacking [*haigièkin*] || **dirottatore**, *s.m.* hijacker [*hàigiekar*].
dirupo, *s.m.* ravin [*ràvin*].
disabitato, *ag.* uninhabited [*aninhàbited*].
disagio, *s.m.* discomfort [*discòmfort*].
disapprovare, *v.* to disapprove [*disaprùv*].
disarmare, *v.* to disarm.
disastro, *s.m.* disaster [*disàstar*].
disattenzione, *s.f.* inattention [*inatènscion*], heedlessness [*hìdlessness*].
discarica, *s.f.* dump [*dàmp*].
discendere, *v.* to descend [*dissènd*], to go down [*gou dàun*].
discesa, *s.f.* slope [*slôp*].
disciplina, *s.f.* discipline [*dìsiplin*].
disciplinare, *v.* to regulate [*reghiuléit*].
disco, *s.m.* disk; (di grammofono) record [*rècord*].
discoteca, *s.f.* disco.
discolpa, *s.f.* justification [*giastifichéiscion*].
discolpare, *v.* to justify [*giastifài*], to clear [*clìar*].
disconoscere, *v.* not to recognise [*not tu récogh-nàis*], to disown [*disòun*].
discorrere, *v.* to talk [*tôk*].
discorso, *s.m.* speech [*spìici*].

discreto, *ag.* discrete [*discrìit*]; (abbastanza buono) fairly good [*fèarli gud*].
discrezione, *s.f.* moderation [*moderéiscion*].
discriminare, *v.* to discriminate [*discrìminéii*].
discussione, *s.f.* discussion [*discàscion*].
discutere, *v.* to discuss [*discàss*].
disdetta, *s.f.* bad luck [*bàd lak*]; (a inquilino) notice to quit [*nóutiss tu quìt*].
disdire, *v.* to retract [*ritràct*], to disavow [*disavòu*]; to give notice to [*ghiv nóutiss tu*].
disegnare, *v.* to draw [*drô*].
disegno, *s.m.* drawing [*dròin*].
diserbante, *s.m.* e *ag.* weed killer [*uìid kìlar*], herbicide [*hérbisaid*].
disertore, *s.m.* deserter [*disértar*].
disfare, *v.* to undo [*andù*].
disfarsi, *v.r.* (liberarsi di) to get rid of [*ghet rid ov*]; (andare in pezzi) to come to pieces [*cam tu pìissis*], to come undone [*andòn*].
disfatta, *s.f.* defeat [*difìit*].
disgelo, *s.m.* thaw [*dsóu*].
disgiungere, *v.* to disjoin [*disgiòin*].
disgrazia, *s.f.* misfortune [*misfòrciun*].
disgraziato, *ag.* unfortunate [*anfòrciuneit*] || **disgraziatamente**, *av.* unfortunately [*anfòrciunetli*], unluckily [*anlàchili*].
disguido, *s.m.* (di lettere) misleading [*mislìdingh*].
disgustare, *v.* to disgust [*disgàst*] || **disgusto**, *s.m.* disgust [*disgàst*].
disilludere, *v.* to disappoint [*disapòint*].
disimpegnare, *v.* to redeem [*rediim*], to free [*frìi*]; || **disimpegnarsi**, *v.r.* to get out of trouble [*ghet àut ov trabl*]; to disengage oneself [*disenghéigi uonsèlf*].
disinfettante, *ag.* e *s.m.* disinfectant.
disinfettare, *v.* to disinfect.
disinteressato, *ag.* unselfish [*ansèlfisci*].
disinteressarsi, *v.r.* to be [*bi*] or to become [*bicàm*], disinterèsted.

disinteresse, *s.m.* (generosità) unselfishness [*ansèlfisc*^{i}-*niss*]; (indifferenza) indifference [*indìferens*].
disinvolto, *ag.* easy [*ìsi*].
disobbediente, *ag.* disobedient [*disobìdient*].
disobbedire, *v.* to disobey [*disobéi*].
disoccupato, *s.m.* e *ag.* unemployed [*anemplòi*^{e}*d*].
disonestà, *s.f.* dishonesty [*disònesti*].
disonesto, *ag.* dishonest [*disònest*].
disonorare, *v.* to dishonour [*disòno*^{ar}].
disordinato, *ag.* untidy [*antàidi*].
disordine, *s.m.* disorder [*disòrda*^{r}].
disorganizzazione, *s.f.* disorganization [*disorganisé*^{i}-*sc*^{io}*n*].
disotto, *av.* below [*biló*^{u}], downstairs [*dàunstea*^{r}*s*].
dispaccio, *s.m.* despatch [*dispàc*^{i}].
dispari, *ag.* odd.
dispendio, *s.m.* cost, expense [*ekspèns*].
disperare, *v.* to despair [*dispèa*^{r}], to give up all hopes [*ghiv ap oll hó*^{u}*ps*].
disperato, *ag.* desperate [*desperé*^{i}*t*].
disperatamente, *av.* hopelessly [*hò*^{u}*plessli*].
disperazione, *s.f.* despair [*dispea*^{i}*r*].
dispetto, *s.m.* spite [*spà*^{i}*t*].
dispiacere, *s.m.* grief [*grif*], affliction [*aflìksc*^{io}*n*] || *v.* to displease [*displìis*]; *mi dispiace*, I am sorry [*àm sòri*].
disponibile, *ag.* vacant [*vé*^{i}*cant*], available [*avé*^{i}*lab-l*].
disporre, *v.* to dispose [*dispò*^{u}*s*], to arrange [*aréng*^{e}].
dispositivo, *s.m.* device [*divàis*].
disposizione, *s.f.* disposition [*disposìsc*^{io}*n*].
disprezzare, *v.* to despise [*dispàis*].
disprezzo, *s.m.* contempt [*contèm*^{pt}].
disputa, *s.f.* dispute [*dispiùt*].
disputare, *v.* to dispute [*dispiùt*].
dissentire, *v.* to dissent [*dissènt*] || **dissenso**, *s.m.* dissent, disagreement [*dìsagrìim*^{e}*nt*]; (disapprovazione) disapproval [*disaprùval*].

disservizio, *s.m.* bad service [*bád sè^{r}vis*].
dissetare, *v.* to quench someone's thirst [*quènc^{i} samuàns d^{s}e^{r}st*].
dissidente, *ag.* dissenting || *s.m.* dissenter [*dissènta^{r}*].
dissidio, *s.m.* dissention [*dissènsc^{io}n*], disagreement [*disagrìiment*]; (litigio) quarrel [*quòr^{e}l*].
dissipare, *v.* to dissipate [*dìssipé^{i}t*]; to squander [*squònda^{r}*].
dissuadere, *v.* to dissuade [*dissué^{i}d*].
distaccare, *v.* to detach [*ditàc^{i}*].
distacco, *s.m.* separation [*separé^{i}sc^{io}n*].
distante, *ag.* distant [*dìstant*].
distanza, *s.f.* distance [*dìstans*] || **distare**, *v.* to be distant [*bi dìstant*].
distendere, *v.* to spread out [*sprèd àut*] || **distendersi**, *v.r.* to lay oneself down [*lèi uonsèlf dàun*].
distensivo, *ag.* relaxing.
distinguere, *v.* to distinguish [*distìnguisc^{i}*].
distinta, *s.f.* list; price-list [*pràis-l.*]: — *delle vivande*, bill of fare [*bil ov fèa^{r}*].
distintivo, *s.m.* badge [*bág^{i}*].
distinto, *ag.* distinguished [*distìnguisc^{e}d*].
distinzione, *s.f.* distinction [*distìnksc^{io}n*].
distogliere, *v.* to divert from, to dissuade [*dissuè^{i}d*].
distratto, *ag.* absent-minded [*àbsent-màinded*].
distretto, *s.m.* district [*distrìct*].
distribuire, *v.* to distribute [*distrìbiùt*].
distributore, *s.m.* distributor [*distribiùta^{r}*]; (di benzina) [pump [*pam^{p}*].
distruggere, *v.* to destroy [*distròi*].
distruzione, *s.f.* destruction [*distràksc^{io}n*].
disturbare, *v.* to disturb [*distá^{r}b*], to trouble [*trab-l*] || **disturbarsi**, *v.r.* to take the trouble [*té^{i}k d^{si} trab-l*].
disturbo, *s.m.* trouble [*trab-l*].
disuguale, *ag.* unequal [*anìquol*].
disumano, *ag.* inhuman [*inhiùman*].
ditale, *s.m.* thimble [*d^{s}ìmb-l*].
dito, *s.m.* finger [*finga^{r}*]; (del piede) toe [*tò^{u}*].

ditta, *s.f.* firm [*ferm*].
diva, *s.f.* star.
divano, *s.m.* sofa [*sòfa*], settee [*sittìi*].
divenire, diventare, *v.* to become [*bicàm*].
divergenza, *s.f.* divergence [*divèrgens*].
divergere, *v.* to diverge [*divèrgi*].
diverso, *ag.* different [*dìferent*].
diversamente, *av.* otherwise [*odsaruàis*].
diversi, *ag.* (parecchi) several [*sèveral*].
divertente, *ag.* amusing [*émiùsin*].
divertimento, *s.m.* amusement [*émiùsement*].
divertire, *v.* to amuse [*émiùs*].
dividendo, *s.m.* dividend.
dividere, *v.* to divide [*divàid*].
divieto, *s.m.* prohibition [*prohibìscion*].
divino, *ag.* divine [*divàin*].
divisa, *s.f.* uniform [*iùniform*]; (moneta) currency [*càrensi*], money [*màni*].
divisione, *s.f.* division [*divìscion*].
divo, *s.m.* star.
divorare, *v.* to devour [*divòar*].
divorziare, *v.* to divorce [*divòrs*] || **divorzio**, *s.m.* divorce [*divôrs*].
divulgare, *v.* to divulge [*divàlgi*].
dizionario, *s.m.* dictionary [*dìkscionari*].
doccia, *s.f.* shower [*sciàuar*].
documento, *s.m.* document [*dòchiument*].
dogana, *s.f.* customs [*càstoms*].
doganiere, *s.m.* customs officer [*càstoms òfissar*].
dolce, *ag.* e *s.m.* sweet [*suìt*].
dolcevita, *s.f.* (pullover) polo-necked [*polo-nèked*] pullover.
dolcificante, *s.m.* sweetener [*suìtenar*].
dolente, *ag.* (che fa male) aching [*éikin*].
dolere, *v.* to ache [*éik*].
dollaro, *s.m.* dollar [*dòlar*].
dolore, *s.m.* (fisico) pain [*péin*], ache [*éik*]; (morale) grief [*grìf*], sorrow [*sòro*].

doloroso, *ag.* painful [*pé^{i}nful*].
domanda, *s.f.* question [*quésti^{o}n*].
domandare, *v.* to ask.
domani, *av.* tomorrow [*tumòro*].
domenica, *s.f.* Sunday [*sàndi*].
domestica, *s.f.* maid [*me^{i}d*], servant [*só^{r}vant*].
domestico, *s.m.* man-servant [*mán só^{r}vant*] || *ag.* domestic.
domicilio, *s.m.* domicile [*domisàil*], residence [*rèsidens*].
donare, *v.* to give [*ghiv*].
donatore, *s.m.* donor [*dona^{r}*], giver [*ghiva^{r}*].
donde, *av.* from where [*huèa^{r}*]; whence [*uèns*].
dondolare, *v.* to swing [*suìn*], to rock.
donna, *s.f.* woman [*uùman*], *pl.* women [*uìmen*].
dono, *s.m.* gift [*ghift*].
dopo, *prep.* e *av.* after [*àfta^{r}*]; (più tardi) later [*le^{i}ta^{r}*].
dopoché, *cong.* e *av.* since [*sìns*].
dopopranzo, *av.* in the afternoon [*in d^{s}i àfta^{r}nuun*].
dopotutto, *av.* after all [*afta^{r} ôll*].
doppiare, *v.* (mar.) to double [*dab-l*]; (cine) to dub [*dab*].
doppietta, *s.f.* double-barrelled shotgun [*dab-l báreld sciòtgan*].
doppio, *av.* twice as much [*tuàis às màc^{i}*] || *ag.* double [*dabl*].
doppiopetto, *s.m.* double-breasted [*dab-l brástid*], coat [*côt*] o, jacket [*gièchet*].
dormire, *v.* to sleep [*sliip*].
dorso, *s.m.* back [*bák*].
dose, *s.f.* dose [*dò^{u}s*].
dotto, *s.m.* scholar || *ag.* learned [*lè^{r}n^{r}d*].
dottore, *s.m.* doctor [*dòcta^{u}*].
dove, *av.* where [*huèa^{r}*].
dovere, *s.m.* duty [*diùti*] || *v.* must [*mast*]; shall [*scèll*]; to be obliged [*bi oblàig^{ie}d*]; to have to [*hev tu*]; (esser debitore) to owe [*ó^{u}*].
dovunque, *av.* everywhere [*everiuèa^{r}*].
dozzina, *s.f.* dozen [*dó^{u}sen*].
dramma, *s.m.* drama; tragedy.

drammaturgo, *s.m.* playwright [*pléirait*].
dritto, *V.* **diritto**.
droga, *s.f.* drug [*drag*].
drogare, *v.* to drug [*drag*], to dope [*do^{u}p*] || **drogarsi**, *v.r.* to be a drug addict.
drogato, *s.m.* drug addict [*drag ádict*].
drogheria, *s.f.* grocer's [*grósa^{r}s*].
droghiere, *s.m.* grocer [*grósa^{r}*].
dubbio, *s.m.* doubt [*dàu^{b}t*].
dubitare, *v.* to doubt [*dàu^{b}t*].
due pezzi, *s.m.* (costume da bagno) two-piece bathing suit [*tu piss bé^{i}d^{s}in siùt*].
duna, *s.f.* dune [*diùun*].
dunque, *cong.* then [*d^{s}en*].
duomo, *s.m.* cathedral [*cad^{s}ìdral*].
duplicato, *s.m.* duplicate [*dùplike^{i}t*].
durante, *prep.* during [*diùrin*].
durare, *v.* to last.
durevole, *ag.* durable [*diùrab-l*].
durezza, *s.f.* hardness [*hà^{r}dness*].
duro, *ag.* hard [*ha^{r}d*].

E

ebbene, *av.* well [*uèl*].
ebraico, *ag.* Hebrew [*hèbriu*], Jewish [*giùisc*^{i}].
ebreo, *s.m.* Jew [*giù*] || *ag.* Jewish [*giùisc*^{i}].
eccedente, *ag.* exceeding [*ekssìdingh*].
eccedenza, *s.f.* surplus [*sàrplas*].
eccedere, *v.* to exceed [*ekssìid*].
eccellente, *ag.* excellent [*èksselent*].
eccentrico, *ag.* eccentric [*essèntric*], odd.
eccessivo, *ag.* excessive [*ekssèssiv*].
eccesso, *s.m.* excess [*ekssèss*].
eccetto, *prep.* except [*ekssèpt*], but [*bat*].
eccezionale, *ag.* exceptional [*ekssèpsc*^{i}*on*^{a}*l*].
eccezione, *s.f.* exception [*ekssèpsc*^{io}*n*].
ecclesiastico, *ag.* e *s.m.* ecclesiastic.
eclisse, **eclissi**, *s.m.* eclipse [*eclìps*].
eco, *s.f.* echo [*èco*].
ecologia, *s.f.* ecology [*ecolog*^{i}*i*].
economicamente, *av.* economically [*iconòmicali*].
economico, *ag.* (a buon mercato) cheap [*cìip*].
edera, *s.f.* ivy [*àivi*].
edicola, *s.f.* newspaper kiosk [*niuspé*^{i}*pa*^{r} *k.*], bookstall [*bùkstol*].
edificio, *s.m.* building [*bildin*].
edilizia, *s.f.* building (industry) [*bìldin* (*ìndastri*)].
editore, *s.m.* publisher [*pàblisc*^{i}*a*^{r}].
edizione, *s.f.* edition [*edìsc*^{io}*n*].
educare, *v.* to educate [*edìuché*^{i}*t*].

educazione, *s.f.* education [*ediuchéiscion*], manners [*máneaʳs*].
effervescente, *ag.* fizzy [*fìsi*].
effettivamente, *av.* actually [*ákciuali*], really [*rìali*].
effettivo, *ag.* effective [*effèctiv*].
effetto, *s.m.* effect.
effettuare, *v.* (compiere) to carry out [*càri àut*].
efficace, *ag.* efficient [*efìscient*].
efficiente, *ag.* efficient [*efìscient*].
efficienza, *s.f.* efficiency [*efìsciensi*].
egiziano, *ag.* e *s.m.* Egyptian [*igìpscian*].
egli, *pr.* he [*hi*].
egoista, *ag.* selfish [*sèlfisci*] || *s.m.* e *f.* egoist, selfish person.
eguagliare, *v.* to equalise [*iquaolàis*].
eguale, *ag.* equal [*ìquol*], alike [*alàik*].
egualmente, *av.* likewise [*làikuàis*].
elaboratore, *s.m.* computer [*compiùtar*].
elaborazione, *s.f.* (informatica) processing [*próusesin*].
elastico, *ag.* e *s.m.* elastic [*ilàstic*].
elefante, *s.m.* elephant [*èlifant*].
elegante, *ag.* elegante [*èligant*], smart [*smàrt*].
eleggere, *v.* to elect [*ilèct*].
elementare, *ag.* elementary [*elimèntari*].
elemento, *s.m.* element.
elemosina, *s.f.* alms [*ams*].
elenco, *s.m.* list.
elettorale, *ag.* electoral: *cabina* —, polling box [*pòlìn bòkcss*].
elettore, *s.m.* voter [*vóutar*].
elettrauto, *s.m.* (car) electrical repairs [(*car*) *ilèctricol ripèar*].
elettricista, *s.m.* electrician [*electrìscian*].
elettricità, *s.f.* electricity [*ilectrìsiti*].
elettrico, *ag.* electric [*ilèctric*].
elettrodomestico, *s.m.* household appliance [*háusshould aplàians*].
elettronica, *s.f.* electronics.
elevare, *v.* to elevate [*elivéit*], to raise [*réis*], to lift up [*ap*].
elezione, *s.f.* election [*ilèkscion*].

elica, *s.f.* propeller [*propìlar*].
elicottero, *s.m.* helicopter [*helicòptar*].
eliminare, *v.* to eliminate [*eliminéit*].
eliminatoria, *s.f.* (sport) preliminary heat [*preliminári hìit*].
eliporto, *s.m.* heliport.
ella, *pr.* she [*scí*].
elmetto, *s.m.* helmet.
elogiare, *v.* to praise [*préis*].
elogio, *s.m.* praise [*préis*].
emarginare, *v.* to exclude [*eksclùud*], to discriminate (against) [*discrìmineit* (*aghéinst*)].
emergenza, *s.f.* emergence [*imèrgens*], emergency [*imèrgensi*].
emergere, *v.* to emerge [*imérgi*], to rise out [*ràis àut*].
emersione, *s.f.* emersion [*imèrscion*].
emettere, *v.* to emit [*imìt*], to issue [*ìsciu*].
emigrante, *s.m.* e *f.* emigrant [*èmigrant*].
emigrare, *v.* to emigrate [*émigreit*].
emigrazione, *s.f.* emigration [*emigréiscion*].
eminente, *ag.* eminent [*èminent*].
emisfero, *s.m.* emisphere [*emisfìar*].
emissario, *s.m.* emissary [*imìssari*].
emorragia, *s.f.* hemorrhage [*hèmoràigi*].
emotivo, *ag.* emotional [*imòscional*].
emozionante, *ag.* exciting [*ekssàitin*].
emozione, *s.f.* emotion [*imòscion*].
enciclopedia, *s.f.* encyclopaedia [*ensiclopìdia*].
endovenosa, *s.f.* intravenous injection [*intravìnoas in-giekscion*].
energia, *s.f.* energy [*ènergi*].
enorme, *ag.* enormous [*inòrmoas*].
ente, *s.m.* corporation [*corporéiscion*].
entrambi, *pr.* both [*bóuds*].
entrare, *v.* to enter [*èntar*]; to go [*gou*] in, to come [*cam*] in, to walk [*uòk*] in, to step in.

entrata, *s.f.* entrance [*èntrans*]; way in [*uéi*]; (comm.) income [*ìncam*], (incassi) receipts [*risìits*].
entro, *prep.* within [*uid^{s}ìn*], in.
entroterra, *s.m.* inland [*inlánd*], hinterland.
entusiasmo, *s.m.* enthusiasm [*end^{s}ùsiasm*].
epidemia, *s.f.* epidemic disease [*disìs*].
Epifania, *s.f.* Epiphany [*epífani*], Twelfth Night [*tuèlfd^{s} nàit*].
episodio, *s.m.* episode [*èpisod*].
epoca, *s.f.* epoch [*ìpoc*].
eppure, *cong.* yet [*ièt*].
equatore, *s.m.* equator [*iqué^{i}tor*].
equilibrio, *s.m.* balance [*bàlans*].
equipaggio, *s.m.* crew [*criù*].
equitazione, *s.f.* (horse-) riding [(*hó^{r}s-*) *raidin*].
equivalente, *ag.* equivalent [*iquìvalent*].
equivoco, *s.m.* mistake [*misté^{i}k*].
equo, *ag.* fair [*fèa^{r}*].
erba, *s.f.* grass.
erbaccia, *s.f.* weed [*uìid*].
erbivendolo, *s.m.* greengrocer [*gringrósa^{r}*].
erborista, *s.m.* e *f.* herbalist.
erede, *s.m.* e *f.* heir [*èa^{r}*]; *f.* heiress [*èress*].
eredità, *s.f.* inheritance [*inheritàns*].
ereditare, *v.* to inherit [*inhèrit*].
ergastolo, *s.m.* life imprisonment [*laif imprìsonment*].
erigere, *v.* to erect [*irèct*].
eroe, *s.m.* hero [*hìro*].
eroina, *s.f.* heroine [*héro^{u}in*]; (droga) heroin.
errato, *ag.* wrong [*ròng*].
errore, *s.m.* mistake [*misté^{i}k*], error [*èro^{r}*].
esagerare, *v.* to exaggerate [*eksageréit*].
esagerazione, *s.f.* exaggeration [*eksageré^{i}sc^{io}n*].
esalazione, *s.f.* exhalation [*ekshalé^{i}sc^{io}n*].
esaltare, *v.* to exalt [*eksòlt*].
esame, *s.m.* examination [*eksaminé^{i}sc^{io}n*].

esaminare, *v.* to examine [*eksàmin*].
esasperare, *v.* to exasperate [*eksàspereit*].
esattamente, *av.* exactly [*eksáctli*].
esattezza, *s.f.* exactness [*eksáctness*].
esatto, *ag.* exact [*eksáct*].
esaurimento, *s.m.* exhaustion [*eksòstion*]: — *nervoso*, nervous breakdown [*nérvoss brècdàun*].
esaurire, *v.* to sell out [*s. aut*]; (stancare) to exhaust [*eksôst*] || **esaurirsi**, *v.r.* to get exhausted [*ghet exhôsted*], (di merce) to run out [*ran àut*].
esaurito, *ag.* (di merce, teatro) sold out [*aut*]; (di persona) run down [*ran dàun*], exhausted [*ekshôstid*].
esca, *s.f.* bait [*beit*].
esclamare, *v.* to exclaim [*eksclèim*].
escludere, *v.* to exclude [*eksclùd*].
esclusiva, *s.f.* (comm.) sole right [*sôl ràit*].
esclusivo, *ag.* exclusive [*eksclùsiv*].
escursione, *s.f.* excursion [*ekscàrscion*].
escursionista, *s.m.* e *f.* excursionist [*ekscàrscionist*], tourist [*tùrist*].
esecuzione, *s.f.* performance [*perfòrmans*].
eseguire, *v.* to execute [*èksechiut*], to perform [*perfòrm*], to carry out [*cári àut*].
esempio, *s.m.* example [*eksàmp-l*], instance [*ìnstans*].
esentare, *v.* to exempt [*eksèmpt*].
esente, *ag.* exempt [*eksèmpt*].
esercente, *s.m.* e *f.* shopkeeper [*sciòpkiipar*].
esercitare, *v.* to exercise [*eksersàis*], to practise [*práctis*].
esercito, *s.m.* army [*àrmi*].
esercizio, *s.m.* exercise [*eksersàis*].
esibire, *v.* to exhibit [*èkshibit*].
esigenza, *s.f.* demand, requirement [*riquàirement*].
esigere, *v.* to require [*riquàiar*]; (incassare) to collect [*colèct*].
esiguo, *ag.* scanty [*scánti*].
esilio, *s.m.* exile [*eksàil*], banishment [*bàniscment*].

esistenza, *s.f.* existence [*eksìstens*].
esistere, *v.* to be [*bi*], to exist.
esitare, *v.* to hesitate [*hésitéit*].
esitazione, *s.f.* hesitation [*hesitéiscion*].
esito, *s.m.* issue [*ìsciu*].
esonerare, *v.* to exonerate [*eksòneréit*].
esonero, *s.m.* exoneration [*eksoneréiscion*], exemption [*eksèmption*].
esorbitante, *ag.* exorbitant [*eksòrbitant*].
esortare, *v.* to exhort [*eksòrt*].
espandere, *v.* to expand [*ekspànd*].
espansione, *s.f.* expansion [*ekspànscion*].
espansivo, *ag.* extrovert [*èkstrovert*].
espatriare, *v.* to expatriate [*expatriéit*].
espediente, *s.m.* expedient [*ekspìdient*].
espellere, *v.* to expel [*ekspèl*].
esperienza, *s.f.* experience [*ekspìriens*].
esperto, *s.m.* expert [*èkspert*].
espiare, *v.* to expiate [*ekspiéit*].
esplicito, *ag.* explicit [*eksplìssit*], clear [*clìar*].
esplodere, *v.* to explode [*eksplóud*].
esplorare, *v.* to explore [*eksplòar*].
esploratore, *s.m.* explorer [*eksplòrar*]; (milit.) scout [*scàut*].
esplorazione, *s.f.* exploration [*eksploréiscion*], (milit.) reconnaissance [*reconessàns*].
esplosione, *s.f.* explosion [*eksplóscion*].
esplosivo, *ag.* explosive [*eksplòsiv*].
esporre, *v.* to expose [*ekspóus*] to show [*sciou*]; to explain [*ekspléin*].
esportare, *v.* to export [*ekspòrt*].
esportatore, *s.m.* exporter [*ekspòrtar*].
esportazione, *s.f.* export.
espositore, *s.m.* exhibitor [*ekshibìitoar*].
esposizione, *s.f.* exhibition [*ekshibìscion*].
espresso, *s.m.* e *ag.* express [*eksprèss*].
esprimere, *v.* to express [*eksprèss*].

essenza, *s.f.* essence [*èssens*].
essenziale, *ag.* essential [*essènscial*].
essere, *v.* to be [*bi*] || *s.m.* being [*biing*].
essi, **esse**, *pr.* they [*dsèi*].
essiccare, *v.* to dry [*dràì*].
esso, **essa**, *pr.* it.
est, *s.m.* east [*ìist*].
estate, *s.m.* summer [*sàmar*].
estendere, *v.* to extend [*ekstènd*].
esteriore, **esterno**, *ag.* e *s.m.* exterior [*ekstìrioar*], outside [*autsàid*].
estero, *ag.* foreign [*fòrein*]; *all'*—, abroad [*ebròud*].
esteso, *ag.* extended [*ekstènded*], ample [*àmp-l*]; *per* —, in full.
estetista, *s.f.* beautician [*biutìscian*].
estinguere, *v.* to extinguish [*ekstìnguisci*]; (la sete) to quench [*quènci*].
estintore, *s.m.* (fire)extinguisher [*(fàiar) ekstìnguisciar*].
estirpare, *v.* to extirpate [*ekstirpéit*].
estivo, *ag.* summer [*sàmar*] (attr.).
estorcere, *v.* to extort [*ekstòrt*].
estorsione, *s.f.* extorsion [*ekstòrscion*], blackmail [*blákméil*].
estradare, *v.* to extradite [*ekstradàit*] || **estradizione**, *s.f.* extradition [*ekstradìscion*].
estraneo, *ag.* strange [*stréingi*] || *s.m.* stranger [*strèin-gear*].
estrarre, *v.* to extract [*ekstràct*], to draw [*drô*], to pull out [*àut*].
estratto, *s.m.* extract [*ekstràct*].
estrazione, *s.f.* extraction [*ekstràkscion*].
estremamente, *av.* extremely [*ekstrìmli*].
estremista, *s.m.* e *f.* extremist.
estremità, *s.f.* extremity [*ekstrèmiti*], end.
estremo, *ag.* extreme [*ekstrìm*], last.
estroverso, *ag.* extrovert [*èkstrovert*].
estuario, *s.m.* estuary [*èstuari*].
esuberante, *ag.* exuberant [*eksùberant*].
esule, *s.m.* e *f.* exile [*eksàil*].
esultare, *v.* to exult [*eksàlt*].

età, *s.f.* age [*é*^{i}*g*^{i}].
eternità, *s.f.* eternity [*itè*^{r}*niti*].
eterno, *ag.* eternal [*itè*^{r}*nal*], everlasting [*eva*^{r}*làstin*].
etichetta, label [*léibel*]; etiquette [*etichèt*].
etto, **ettogrammo**, *s.m.* hectogramme.
europeista, *ag.* e *s.m.* e *f.* Europeanist [*iuropìanist*].
europeo, *ag.* e *s.m.* European [*iuropìan*].
eutanasia, *s.f.* euthanasia [*iud*^{s}*ané*^{i}*sia*].
evacuare, *v.* to evacuate [*evacué*^{i}*t*].
evadere, *v.* to evade [*evé*^{i}*d*] || **evasione**, *s.f.* escape [*eské*^{i}*p*]; (fiscale) evasion [*evéisc*^{io}*n*].
evangelista, *s.m.* evangelist.
evaporare, *v.* to evaporate [*evàporé*^{i}*t*].
evaso, *s.m.* runaway [*rànauei*].
evasore, *s.m.* (fiscale) tax evader [*táks evé*^{i}*da*^{r}].
evenienza, *s.f.* event [*ivènt*].
evento, *s.m.* event.
eventuale, *ag.* eventual [*ivènciual*].
evidente, *ag.* evident [*èvident*].
evidenza, *s.f.* evidence [*èvidens*].
evidenziatore, *s.m.* highlighter [*hailàita*^{r}].
evitare, *v.* to avoid [*avòid*].
evoluzione, *s.f.* evolution [*evoliùsc*^{io}*n*].
ex, *prep.* ex [*eks*], former [*fô*^{r}*ma*^{r}].
extraurbano, *ag.* suburban [*sabàrban*].

F

fabbrica, *s.f.* factory [*fáctori*].
fabbricare, *v.* to manufacture [*manufàkciar*], to make [*meik*].
fabbricante, *s.m.* manufacturer [*manufàkciarar*].
fabbricato, *s.m.* building [*bìldin*].
fabbro, *s.m.* smith [*smids*].
faccenda, *s.f.* matter [*mátar*], affair [*afèar*].
facchino, *s.m.* porter [*pòrtar*].
faccia, *s.f.* face [*féiss*].
facciata, *s.f.* front, facade [*fasàad*].
facile, *ag.* easy [*ìsi*].
facilitare, *v.* to facilitate [*fasìlitéit*], to make easy [*méik ìsi*] || **facilitazione**, *s.f.* facilitation [*fasilitéiscion*].
facoltà, *s.f.* faculty.
facoltativo, *ag.* optional [*òpscional*].
facoltoso, *ag.* wealthy [*uèldsi*].
faggio, *s.m.* beech [*bìici*]; (il legno) beechwood [*bìiciuud*].
fagiano, *s.m.* pheasant [*fèsànt*].
fagiolino, *s.m.* French bean [*frènci bíin*].
fagiolo, *s.m.* bean [*bíin*].
fagotto, *s.m.* bundle [*bànd-l*]; (mus.) bassoon [*bassùun*].
falce, *s.f.* scythe [*sìids*].
falcetto, *s.m.* sicke [*sik-l*], reaping hook [*rìipin huk*].
falciare, *v.* to mow [*móu*].
falciatrice, *s.f.* mower [*móuar*].
falco, *s.m.* hawk [*hôc*].
falegname, *s.m.* joiner [*gióinar*], carpenter [*càrpentar*].

falena, *s.f.* moth [*mòds*].
falla, *s.f.* leak [*lìik*].
fallimento, *s.m.* bankruptcy [*bánkrùptsi*].
fallire, *v.* (mancare) to fail [*féil*], to miss; (fare fallimento) to go bankrupt [*gou bánkrapt*] || **fallito**, *ag.* bankrupt [*bánkrapt*]; (fig.) unsuccessful [*ansakssèssful*] || *s.m.* (fig.) failure [*feiliuar*].
fallo, *s.m.* fault [*fôlt*], mistake [*mistéik*].
falò, *s.m.* bonfire [*bonfàiar*].
falsario, *s.m.* counterfeiter [*càuntarfitar*].
falsificare, *v.* to falsify [*faolsifài*], to forge [*forgi*].
falsificazione, *s.f.* falsification [*faolsifichéiscion*], forgery [*fòrgeri*].
falsità, *s.f.* falsehood [*fòlsehuud*].
falso, *ag.* false [*fôls*], forged [*fòrged*] || *s.m.* falsehood [*fòlsehuud*].
fama, *s.f.* fame [*féim*].
fame, *s.f.* hunger [*hàngar*]: *aver* —, to be hungry [*bi hàngri*].
famiglia, *s.f.* family [*fámili*].
familiare, *ag.* familiar || *s.m.* e *f.* relative.
famoso, *ag.* famous [*féimoas*], celebrated [*selibréited*].
fanale, *s.m.* (di via) lamp; (di veicoli) light [*làit*].
fanatico, *ag.* fanatical || *s.m.* fanatic.
fanatismo, *s.m.* fanaticism [*fanàtissism*].
fango, *s.m.* mud [*mad*].
fangoso, *ag.* muddy [*màdi*].
fannullone, *s.m.* idler [*àidlar*], loafer [*lôfar*], lazy-bones [*léisi-bóuns*].
fantascienza, *s.f.* science fiction [*sàiens-fìkscion*].
fantasia, *s.f.* fancy [*fánsi*].
fantasma, *s.m.* ghost [*góast*].
fantastico, *ag.* fantastic.
fante, *s.m.* infantry man [*ìnfantri mán*].
fanteria, *s.f.* infantry [*ìnfantri*].
fantino, *s.m.* jockey [*giòchi*].
faraona, *s.f.* (gallina) guineahen [*ghìnihen*].
fardello, *s.m.* bundle [*band-l*].
fare, *v.* to do [*du*], to make [*méik*].

farfalla, *s.f.* butterfly [*bàttarflài*].
farina, *s.f.* flour [*flàuar*].
farmacia, *s.f.* chemist's shop [*chémists sciòp*].
farmacista, *s.m.* e *f.* chemist [*chèmist*].
faro, *s.m.* lighthouse [*làithàus*]; (di auto) headlight [*hádlait*], headlamp [*hádlemp*].
farsa, *s.f.* farce [*fàrs*].
fascia, *s.f.* bandage [*bàndagi*].
fasciare, *v.* to bandage [*bàndagi*].
fasciatura, *s.f.* bandaging [*bàndagiin*]; (le fasce) bandages [*bàndagiis*].
fascino, *s.m.* charm [*ciàrm*].
fase, *s.f.* phase [*féis*]; (stadio) stage [*stéigi*].
fastidio, *s.m.* nuisance [*nùissans*].
fastidioso, *ag.* tiresome [*tàiarsam*]; annoying [*anòiin*].
fastoso, *ag.* pompous [*pòmpoas*].
fata, *s.f.* fairy [*féiri*].
fatale, *ag.* fatal [*feital*].
fatica, *s.f.* fatigue [*fatìgh*], toil [*tòil*].
faticare, *v.* to fatigue [*fatìgh*], to toil [*tòil*].
faticoso, *ag.* hard [*hard*].
fato, *s.m.* destiny [*dèstini*], fate [*féit*].
fatto, *s.m.* fact [*fáct*].
fattore, *s.m.* farmer [*farmar*]; (mat.) factor.
fattoria, *s.f.* farm [*farm*], farmhouse [*f. hàus*].
fattorino, *s.m.* errand boy [*èrand boi*]; (d'ufficio) office boy [*òfiss bòi*].
fattura, *s.f.* invoice [*invòiss*].
fatturare, *v.* to invoice [*invòiss*].
fava, *s.f.* broad bean [*broad bìin*].
favilla, *s.f.* spark [*spàrk*].
favo, *s.m.* honeycomb [*hònicomb*].
favola, *s.f.* fable [*féib-l*].
favoloso, *ag.* fabulous [*féibulas*].
favore, *s.m.* favour [*féivar*].
favoreggiare, **favorire**, *v.* to favour [*féivar*].
favorevole, *ag.* favourable [*féivourab-l*].

fazzoletto, *s.m.* handkerchief [*hándkercif*].
febbraio, *s.m.* February [*fébruari*].
febbre, *s.f.* fever [*fìvar*].
febbricitante, *ag.* feverish [*fìverisci*].
fede, *s.f.* faith [*fèds*].
fedele, *ag.* faithful [*féidsful*].
fedeltà, *s.f.* faithfulness [*féidsfulness*].
federa, *s.f.* pillowcase [*pìlochéis*].
federazione, *s.f.* federation [*federéiscion*].
fedina, *s.f.* police record [*polìss récord*].
fegato, *s.m.* liver [*lìvar*].
felce, *s.f.* fern.
felice, *ag.* happy [*hèpi*].
felicità, *s.f.* happiness [*hépiness*].
felpa, *s.f.* plush [*plàsci*].
feltro, *s.m.* felt.
femmina, *s.f.* female [*fiméil*].
femminista, *s.f.* e *m.* feminist.
femore, *s.m.* femur [*fímar*].
fendere, *v.* to cleave [*clìiv*].
fenditura, *s.f.* split; gap [*gáp*], crevice [*crèviss*].
fenomenale, *ag.* phenomenal [*finòmenal*].
fenomeno, *s.m.* phenomenon [*finòmenon*].
feretro, *s.m.* coffin [*còfin*], bier [*bìar*].
feria, *s.f.* holiday [*hòlidèi*].
feriale, (giorno) working day [*uàrkin dèi*], weekday [*uìkdei*].
ferire, *v.* to wound [*uùnd*] || **ferirsi**, *v.r.* to hurt oneself [*hàert uonsèlf*] || **ferita**, *s.f.* wound [*uùnd*]; injury [*ìngiuri*] || **ferito**, *ag.* wounded [*unded*], injured [*ìngiu-red*].
fermacarte, *s.m.* paperweight [*péiparuéit*].
fermaglio, *s.m.* clasp [*clásp*]; clip.
fermare, *v.*, **fermarsi**, *v.r.* to stop, to stay [*stéi*], to re-main [*riméin*].
fermata, *s.f.* stop, halt [*hôlt*].
fermento, *s.m.* ferment.
fermo, *ag.* (che non si muove) still; (saldo) steadfast [*stèdfast*].

fermoposta, *s.f.* poste restante [*póust restànt*]; (amer.) general delivery [*gièneral delìveri*].
feroce, *ag.* ferocious [*firóssiôs*].
ferragosto, *s.m.* the fifteenth of August [*ds fiftinds ov ògost*].
ferramenta, *s.m.* (negozio) hardware shop [*hardùea sciòp*]; (negoziante) ironmonger [*aironmònghar*].
ferro, *s.m.* iron [*àiron*]; (di cavallo) horseshoe [*hòr'ssciù*].
ferrovia, *s.f.* railway [*réiluéi*], railroad [*réilróud*].
ferroviere, *s.m.* railwayman [*réiluéimán*].
fertile, *ag.* fertile [*fèrtail*].
fervido, *ag.* fervent [*fèrvent*].
fervore, *s.m.* fervour [*férvoar*].
fesso, *ag.* e *s.m.* (stupido) idiot, fool [*ful*].
fessura, *s.f.* crack [*crák*].
festa, *s.f.* holiday [*hólidéi*].
festeggiare, *v.* to celebrate [*selibréit*] || **festeggiamenti**, *s.m.pl.* celebrations [*selibréiscions*].
festivo (giorno), holiday [*hòlidéi*].
fetido, *ag.* fetid [*fètid*], stinky [*stìnchi*].
fetore, *s.m.* stink.
fetta, *s.f.* slice [*slàiss*].
fiaba, *s.f.* fable [*féib-l*].
fiacco, *ag.* (debole) weak [*uìik*]; (stanco) tired [*tàiard*].
fiamma, *s.f.* flame [*fléim*].
fiammifero, *s.m.* match [*máci*].
fianco, *s.m.* side [*sàid*].
fiasco, *s.m.* fiasco; flask (fig.) failure [*feiliuar*].
fiato, *s.m.* breath [*brèds*].
fibbia, *s.f.* clasp [*clásp*], buckle [*bak-l*].
fibra, *s.f.* fibre [*fàibr*].
ficcanaso, *s.m.* e *f.* busybody [*bisibòdi*].
fico, *s.m.* fig.
fidanzamento, *s.m.* engagement [*enghéigiment*].
fidanzarsi, *v.r.* to become engaged [*tu bicàm enghéigid*].
fidanzato, *s.m.* fiancé [*fiansé*].

fidarsi, *v.r.* to trust [*trast*], to rely upon [*rilài apòn*].
fidato, fido, *ag.* faithful [*féidsful*], trustworthy [*trastuàrdsi*].
fiducia, *s.f.* trust [*trast*], reliance [*rilàians*].
fieno, *s.m.* hay [*héi*].
fiera, *s.f.* (mercato) fair [*fèar*]; (belva) wild beast [*uàild bìist*].
fiero, *ag.* proud [*pràud*].
fifa, *s.f.* funk [*fank*].
figliastro, *s.m.* stepson [*stèpsan*] || **-a**, *s.f.* stepdaughter [*stepdòtar*].
figlio, *s.m.* son [*san*] || **-a**, *s.f.* daughter [*dôtar*].
figlioccio, *s.m.* godson [*godsan*] || **-a**, *s.f.* goddaughter [*gòddòtar*].
figura, *s.f.* figure [*fighiar*].
figurina, *s.f.* coupon [*cupòn*], cord.
figurinista, *s.m.* e *f.* fashion designer [*féiscion disàinar*].
fila, *s.f.* row [*rô*].
filantropo, *s.m.* philantropist [*filàntropist*].
filare, *v.* to spin || *s.m.* (fila) row [*rô*].
filatelico, *s.m.* philatelist [*filatelist*].
filato, *s.m.* yarn.
filetto, *s.m.* fillet [*filet*], sirloin [*serlòin*].
filiale, *s.f.* (succursale) branch [*brànci*].
film, *s.m.* film, picture [*pìkciuar*]; (amer.) movie [*mùvi*].
filmare, *v.* to film; (una scena) to shoot [*sciùut*].
filo, *s.m.* thread [*dsrèd*], yarn [*iàrn*]; — *metallico*, wire [*uàiar*]; (di lama) edge.
filobus, *s.m.*, **filovia**, *s.f.* trolleybus [*tròleibas*].
filodiffusione, *s.f.* wire broadcasting [*uàiar brôdcàstin*].
filtrare, *v.* to filter [*filtar*].
filtro, *s.m.* filter [*filtar*].
finale, *ag.* final [*fàinal*] || *s.f.* (sport) final || *s.m.* conclusion [*conclùscion*].
finalista, *s.m.* e *f.* (sport) finalist [*fàinalist*].
finalmente, *av.* lastly [*làstli*], at last; eventually [*ivènciuali*].
finanza, *s.f.* finance [*finàns*]; *guardia di* —, customs officer [*càstoms òfisar*].
finché, *cong.* till, until [*antìl*], while [*huàil*]; *fintanto che*, as long as.

fine, *s.f.* end; (scopo, mira) aim [*éim*] || *ag.* fine [*fàin*], thin.
finestra, *s.f.*, **finestrino**, *s.m.* window [*ùindou*].
fingere, *v.* to feign [*féin*], to sham [*sciám*].
finimenti, *s.m.pl.* (di cavalli) harnesses [*hàrnessis*].
finire, *v.* to end, to finish [*fìnisci*] || **finito**, *ag.* finished [*fìniscid*]; (spacciato) done for [*dan fô*]; through [*dsru*].
finlandese, *ag.* e *s.m.* e *f.* Finnish.
fino, *ag.* fine [*fàin*] || *av.* (riferito a tempo) until [*antìl*], till; (riferito a distanza) as far as; *fino da*, since [*sins*], from.
finocchio, *s.m.* fennel [*fènel*].
finora, *av.* till now [*t. nàu*], up to now [*ap tu nàu*]; (per ora) so far [*so far*].
finta, *s.f.* pretence [*prìtèns*], dissimulation [*dissi-miuléiscion*].
finto, *ag.* feigned [*féined*], counterfeit [*cauntarfèit*].
fioccare, *v.* (nevicare) to snow [*snou*].
fiocco, *s.m.* bow [*bou*]; (batuffolo) flock; (di neve) flake of snow [*fléik ov snou*].
fionda, *s.f.* sling [*slin*].
fiordaliso, *s.m.* cornflower [*còrnflauar*].
fiordo, *s.m.* fiord.
fiore, *s.m.* flower [*flàuar*]; *fiori* (delle carte da gioco) clubs [*clabs*].
fioretto, *s.m.* (scherma) foil.
fiorire, *v.* to flower [*flàuar*], to blossom.
fiorista, *s.m.* e *f.* florist [*flòrist*], flower seller [*flàuar sèlar*].
firma, *s.f.* signature [*sìgh-naciuar*].
firmamento, *s.m.* firmament [*fërmament*].
firmare, *v.* to sign [*sàin*].
fisarmonica, *s.f.* accordion [*acòrdion*].
fiscale, *ag.* fiscal, tax [*táks*].
fischiare, *v.* to whistle [*uìss-l*]; (un attore) to hiss.
fischietto, **fischio**, *s.m.* whistle [*uìss-l*].
fisco, *s.m.* public treasury [*p. trèsciori*].
fisica, *s.f.* (scienza) physics [*fìsics*].
fisico, *ag.* physical [*fìsical*] || *s.m.* (scienziato) physicist [*fìsicist*]; (corpo) physique [*fisìk*].

fissare, *v.* to fix [*fiks*].
fissatore, *s.m.* (per capelli) setting lotion [*sètin ló*^{u}*sc*^{io}*n*].
fissazione, *s.f.* (idea fissa) fixed idea [*fiks*^{e}*d aidìa*].
fisso, *ag.* fixed [*fiks*^{e}*d*].
fitto, *s.m.* (affitto, pigione) rent [*rent*] || *ag.* thick [*d*^{s}*ik*].
fiume, *s.m.* river [*rìva*^{r}].
fiutare, *v.* to smell; (dei cani) to scent [*ssent*].
fiuto, *s.m.* (di cani) scent [*ssent*]; smell.
flanella, *s.f.* flannel [*flànel*].
flauto, *s.m.* flute [*flut*].
flessibile, *ag.* flexible [*flèksib-l*], pliable [*plàiab-l*].
florido, *ag.* florid.
floscio, *ag.* flabby [*flábi*].
flotta, *s.f.* fleet [*fliit*].
fluido, *s.m.* e *ag.* fluid.
fluire, *v.* to flow [*fló*^{u}].
fluoro, *s.m.* fluorine [*flùorine*].
flusso, *s.m.* flow [*fló*^{u}]; — *e riflusso*, ebb and flow.
flutto, *s.m.* wave [*ué*^{i}*v*], billow [*bìlo*^{u}].
fluttuare, *v.* to fluctuate [*flactué*^{i}*t*].
fluviale, *ag.* fluvial [*flùvial*].
foca, *s.f.* seal [*siil*].
focaccia, *s.f.* cake [*ché*^{i}*k*].
foce, *s.f.* mouth of river [*màud*^{s} *ov rìva*^{r}].
fodera, *s.f.* (astuccio) case [*ché*^{i}*s*]; (di abiti) lining [*làinin*].
foderare, *v.* to line [*làin*].
foggia, *s.f.* shape [*sc*^{i}*é*^{i}*p*]; (maniera) manner [*mána*^{r}].
foglia, *s.f.* leaf [*liif*].
foglio, *s.m.* sheet [*sciit*].
fogna, *s.f.* sewer [*siùa*^{r}].
folla, *s.f.* crowd [*cràud*].
folle, *ag.* e *s.m.* e *f.* mad [*mád*].
folletto, *s.m.* goblin [*gòblin*], elf.
follia, *s.f.* folly [*fòli*], madness [*mádness*].
folto, *ag.* thick [*d*^{s}*ik*].

fon, *s.m.* (asciugacapelli) hair dryer [*hèa^{r} draia^{r}*].
fondamentale, *ag.* fundamental [*fandamèntal*].
fondamento, *s.m.*, **fondazione**, *s.f.* foundation [*faun-dé^{i}sc^{io}n*].
fondare, *v.* to found [*fàund*], to establish [*estàblisc^{i}*].
fondere, *v.* to melt.
fondo, *s.m.* bottom [*bòt^{o}m*] || *ag.* deep [*dì^{i}p*].
fondi, *s.m.pl.* (denari) funds [*fands*]; cash [*cásc^{i}*], ready money [*ré^{i}di màni*].
fondina, *s.f.* (per pistola) holster [*hó^{u}lsta^{r}*].
fondista, *s.m.* e *f.* long-distance runner [*l.-dìstans ràna^{r}*].
fontana, *s.f.* fountain [*fàunta^{e}n*].
fonte, *s.f.* spring, fountain [*fàunta^{e}n*].
forare, *v.* to pierce [*pi^{r}s*], to drill; (biglietti) to punch [*panc^{i}*]; (pneumatici) to puncture [*pankc^{i}ua^{r}*].
forbici, *s.f.pl.* scissors [*sìsso^{ar}s*].
forbire, *v.* to wipe [*uàip*].
forca, *s.f.* gibbet [*ghìbet*].
forchetta, *s.f.* fork.
forchettone, *s.m.* carving fork [*cà^{r}vin fork*].
forcina, *s.f.* hairpin [*hèa^{r}pin*].
foresta, *s.f.* forest [*fòrest*].
forestiero, *s.m.* stranger [*stré^{i}ng^{i}a^{r}*].
forfait, *s.m.* lump sum [*lam^{p} sam*].
forfettario, *ag.* all-in [*ôl-in*].
forfora, *s.f.* dandruff [*dèndraf*].
forma, *s.f.* form [*fo^{r}m*], shape [*sc^{i}é^{i}p*].
formaggio, *s.m.* cheese [*cìis*].
formale, *ag.* formal.
formalità, *s.f.* formality [*fo^{r}máliti*].
formare, *v.* to form [*fo^{r}m*].
formato, *s.m.* size [*sàiz*].
formica, *s.f.* ant [*ánt*].
formicaio, *s.m.* anthill.
formidabile, *ag.* formidable [*fò^{r}midab-l*].

formoso, *ag.* buxom [*bàkssom*].
fornace, *s.f.* furnace [*fàrnass*]; (per calce) lime-kiln [*làim-kiln*].
fornaio, *s.m.* baker [*béikar*].
fornello, *s.m.* stove [*stòuv*].
fornire, *v.* to furnish [*farnisci*], to supply [*saplài*].
fornitore, *s.m.* supplier [*saplàiar*]; furnisher [*fàrnisciar*].
fornitura, *s.f.* supply [*saplài*].
forno, *s.m.* oven; *alto* —, blast furnace [*fàrnass*].
foro, *s.m.* hole [*houl*].
forse, *av.* perhaps [*perhàps*].
forte, *ag.* strong.
fortezza, *s.f.* fortitude [*fòrtitiùd*]; (fortificazione) fortresse [*fòrtress*], stronghold.
fortificare, *v.* to strengthen [*strènghdsen*]; to fortify [*fortifài*].
fortificazione, *s.f.* stronghold.
fortuitamente, *av.* by chance [*bai ciàns*].
fortuna, *s.f.* luck [*lak*], fortune [*fòrciun*].
fortunale, storm [*stòrm*], gale [*ghéil*].
fortunato, *ag.* lucky]*làki*], fortunate [*fòrciunéit*].
foruncolo, *s.m.* pimple [*pimp-l*].
forza, *s.f.* strength [*strenghds*].
forzare, *v.* to force [*fors*].
forzatamente, *av.* forcedly [*fórsedli*].
forzato, *s.m.* convict [*cònvict*].
forziere, *s.m.* safe [*séif*], coffer [*còfar*].
foschia, *s.f.* haze [*héiz*], mist.
fosco, *ag.* hazy [*héisi*], misty [*mìsti*]; (tetro) gloomy [*glumi*].
fossa, *s.f.* pit, (tomba) grave [*gréiv*].
fossato, *s.m.* moat [*mout*].
fossile, *s.m.* e *ag.* fossil.
fosso, *s.m.* ditch [*dici*].
fotocopia, *s.f.* photocopy [*fótoucopi*]; photostat® [*fótoustat*] || **fotocopiare**, *v.* to photocopy || **fotocopiatrice**, *s.f.* photocopier [*fótoucopiar*].
fotografare, *v.* to photograph [*fòtogràf*].

fotografia, *s.f.* photography [*fotògrafi*], photo [*fòto*^{u}]; — *istantanea*, snapshot [*snàpsc*^{i}*ot*].
fotografo, *s.m.* photographer [*fotògrafa*^{r}].
fotoreporter, *s.m.* e *f.* press photographer [*p. fotògrafa*^{r}].
fotoromanzo, *s.m.* picture story [*pìkc*^{i}*ua*^{r} *stóri*].
fra, *prep.* (tra due) between [*bituìn*]; (tra molti) among [*emòngh*].
frac, *s.m.* tailcoat [*té*^{i}*lco*^{u}*t*], tails.
fracassare, *v.* to smash [*smasc*^{i}].
fracasso, *s.m.* great noise [*grét nòis*].
fradicio, *ag.* (bagnato) soaking wet [*so*^{a}*kìn uèt*].
fragile, *ag.* fragile [*fragià*^{i}*l*], frail [*fre*^{i}*l*].
fragola, *s.f.* strawberry [*strôberi*].
fragore, V. *fracasso*.
fraintendere, *v.* to misunderstand [*misanda*^{r}*stánd*].
frammento, *s.m.* fragment [*fràghment*].
frammischiare, *v.* to intermix, to mingle [*mìngh-l*].
frana, *s.f.* landslide [*lándslaid*].
francese, *s.m.* Frenchman [*frènc*^{i}*man*]; *s.f.* Frenchwoman [*frènc*^{i}*uman*] || *ag.* French [*Frènc*^{i}].
franchezza, *s.f.* frankness [*frànkness*].
franchigia, *s.f.* exemption [*eksèmpsc*^{io}*n*]; franchise [*fran-cìs*].
franco, *s.m.* (moneta) franc || *ag.* sincere [*sinsìa*^{r}].
francobollo, *s.m.* stamp [*stámp*].
frangia, *s.f.* fringe [*fring*^{i}].
frantumare, *v.* to crush [*cràsc*^{i}], to break to pieces [*brèk to pìssis*].
frappé, *s.m.* shake [*sce*^{i}*k*].
frase, *s.f.* sentence [*sèntens*].
frassino, *s.m.* ash(tree) [*àsc*^{i}*(-trii)*].
frastuono, *s.m.* uproar [*apròa*^{r}].
frate, *s.m.* friar [*fràia*^{r}].
fratellastro, *s.m.* half brother [*haf bród*^{s}*a*^{r}] || **sorellastra**, *s.f.* half sister [*haf sìsta*^{r}].
fratello, *s.m.* brother [*brótha*^{r}].
frattanto, *av.* meanwhile [*minhuàil*].

frattempo, *s.m.* meantime [*mintàim*], meanwhile [*minuàil*]; *nel* —, in the meantime *o* meanwhile.
frattura, *s.f.* fracture [*frakc*iuar] || **fratturare**, *v.* to fracture, to break [*bréik*].
fraudolento, *ag.* fraudulent [*fròdalent*].
frazione, *s.f.* fraction [*fráksc*ion].
freccia, *s.f.* arrow [*àro*].
freddo, *ag.* e *s.m.* cold [*cóuld*].
freddoloso, *ag.* sensitive to cold.
fregare, *v.* to rub [*rab*].
fregio, *s.m.* ornament [*òrnament*], frieze [*friis*], trimming.
fremito, *s.m.* quiver [*quivar*], shudder [*shàdar*].
frenare, *v.* to brake [*bréik*] || **frenata**, *s.f.* braking [*breikin*].
frenesia, *s.f.* frenzy [*frènsi*].
frenetico, *ag.* frantic [*frántic*].
freno, *s.m.* brake [*bréik*].
frequentare, *v.* to frequent [*frìquent*].
frequentatore, *s.m.* habitué; customer [*càstomar*].
frequente, *ag.* frequent [*frìquent*].
frequenza, *s.f.* frequency [*frìquensi*].
fresco, *ag.* cool [*cùul*], fresh [*frèsc*i]; *uova fresche*, new laid eggs [*niù lèd èggs*].
fretta, *s.f.* hurry [*hàri*].
frettolosamente, **in fretta**, *av.* in a hurry [*in e hàri*].
frettoloso, *ag.* hasty [*héisti*], hurried [*hàrid*].
friggere, *v.* to fry [*fràì*].
friggitrice, *s.f.* frier [*fràiar*].
frigo, *s.m.* (fam.) fridge [*frìdgi*].
frigorifero, *s.m.* refrigerator [*refrigerèitor*].
fringuello, *s.m.* finch [*finc*i], chaffinch [*ciàfinc*i].
frittata, *s.f.* omelet.
frittella, *s.f.* fritter [*frìtar*].
fritto, *ag.* fried [*fràid*] || *s.m.*, **frittura**, *s.f.* fry [*frai*].
frizione, *s.f.* friction [*frìksc*ion], rub [*rab*]; (aut.) clutch [*clàc*i].

frizzante, *ag.* sparkling; (di aria) bracing [*bré^{i}sin*].
frodare, *v.* to fraud [*frôd*], to cheat [*c^{i}it*].
frode, *s.f.* fraud [*frôd*], cheat [*c^{i}it*].
fronte, *s.f.* forehead [*for^{e}hèd*]; (mil.) front.
frontiera, *s.f.* frontier [*frontía^{r}*].
frottola, *s.f.* lie [*lài*], fib.
frugale, *ag.* frugal [*frùgal*].
frugare, *v.* to rummage [*ràmag^{i}*].
frullare, *v.* (uova) to beat (eggs) [*bìit* (*eggs*)].
frullato, *s.m.* shake [*sce^{i}k*].
frullatore, *s.m.* liquidizer [*lìkuidaisa^{r}*], blender [*blènda^{r}*].
frullino, *s.m.* whisk [*uìsk*].
frumento, *s.m.* wheat [*uìit*], corn [*co^{r}n*].
fruscio, *s.m.* rustle [*ras-l*], rustling [*ràstlin*].
frusta, *s.f.* whip [*huìp*].
frustare, *v.* to whip [*huìp*].
frustino, *s.m.* riding-whip [*ràidin-huìp*].
frustrare, *v.* to frustrate [*frastré^{i}t*].
frutta, *s.f.*, **frutto**, *s.m.* fruit [*frut*].
frutteto, *s.m.* orchard [*ò^{r}cia^{r}d*].
fruttivendolo, *s.m.* greengrocer [*grìingrosa^{r}*].
fu, *ag.* late [*lé^{i}t*], deceased [*dissìss^{e}d*].
fucilare, *v.* to shoot [*sc^{i}ù^{u}t*].
fucilata, *s.f.* (gun)shot [(*gan*)*sc^{i}ot*].
fucile, *s.m.* gun [*gan*]; rifle [*ràifl*].
fuga, *s.f.* flight [*flàit*], elopement [*elòpment*]; (perdita) leakage [*lìicag^{i}*]; (mus.) fugue.
fuggiasco, *ag.* fugitive [*fiùgitiv*] || *s.m.* fugitive, runaway [*ranaué^{i}*].
fuggi fuggi, *s.m.* stampede [*stempìid*].
fuggire, *v.* to flee [*flìi*], to run away [*ran aué^{i}*].
fuggitivo, V. *fuggiasco*.
fulgido, *ag.* fulgid, bright [*bràit*].
fulgore, *s.m.* glare [*glèa^{r}*].
fuliggine, *s.f.* soot [*sù^{u}t*].
full, *s.m.* (poker) full house [*ful hàus*].

fulminare, *v.* to lighten [*làit^{e}n*], to fulminate [*fùlminé^{i}t*]; (fig.) to crush [*cràsc^{i}*].
fulmine, *s.m.* lightning [*làit^{e}nin*], thunderbolt [*d^{s}ànda^{r}-bolt*].
fulmineo, *ag.* swift like lightning [*suìft làik làitnin*].
fulvo, *ag.* tawny [*tòni*].
fumaiolo, *s.m.* chimneypot [*cìmn^{e}ipot*].
fumare, *v.* to smoke [*smo^{u}k*].
fumatore, *s.m.* smoker [*smó^{u}ka^{r}*].
fumetto, *s.m.* cartoon [*cartùun*]; (serie) strip; (giornale) [comic.
fumista, *s.m.* stove repairer [*stó^{u}v ripèara^{r}*].
fumo, *s.m.* smoke [*smó^{u}k*] || **fumoso**, *ag.* smoky [*smó^{u}ki*].
funambolo, *s.m.* tightrope walker [*tàitro^{u}p uó^{l}ka^{r}*].
fune, *s.f.* rope [*ró^{u}p*].
funerale, *s.m.* funeral [*fiùneral*].
fungo, *s.m.* mushroom [*màsc^{i}ru^{u}m*].
funicolare, *s.f.* funicolar railway [*fiunìchiular réilué^{i}*].
funivia, *s.f.* cableway [*ché^{i}b-luei*].
funzionale, *ag.* functional [*fànksc^{io}nal*].
funzionare, *v.* to work [*uà^{r}k*], to operate [*òpere^{i}t*].
funzionario, *s.m.* officer [*òfissa^{r}*].
funzione, *s.m.* function [*fànksc^{io}n*].
fuochista, *s.m.* stoker [*stó^{u}ka^{r}*].
fuoco, *s.m.* fire [*fàia^{r}*].
fuorché, *cong.* save [*sé^{i}v*], except [*eksèpt*].
fuori, *av.* e *prep.* out [*àut*], outside [*áutsàid*].
fuoribordo, *s.m.* outboard motorboat [*àutbo^{ar}d mòto^{r}-bo^{u}t*].
fuoriclasse, *s.m.* e *f.* first-rater [*fà^{r}st ré^{i}ta^{r}*] || *ag.* first-rate.
fuorigioco, *s.m.* offside [*òfsaid*].
fuorilegge, *s.m.* outlaw [*àutlô*].
fuoriserie, *s.f.* special-bodied car [*spèsial-bodid câ^{r}*].
fuoristrada, *s.f.* off-road vehicle [*of-ro^{u}d vehic-l*].
furbo, *ag.* cunning [*cànin*], sly [*slài*], artful [*àrtful*].
furente, *ag.* furious [*fiùrio^{a}s*].

furetto, *s.m.* ferret [*fèr*^{e}*t*].
furfante, *s.m.* rogue [*ró*^{u}*gh*].
furgone, *s.m.* waggon [*uég*^{o}*n*], lorry [*lòri*], truck [*tràk*].
furia, *s.f.* (rabbia) fury [*fiùri*], rage [*ré*^{i}*g*^{i}], (fretta) haste [*hé*^{i}*st*].
furore, *s.m.* rage [*ré*^{i}*g*^{i}], passion [*pàsc*^{io}*n*], wrath [*râd*^{s}].
furto, *s.m.* theft [*d*^{s}*èft*].
fustagno, *s.m.* fustian [*fàstian*].
fusto, *s.m.* (di piante) stem, stalk [*stôk*], trunk [*trank*]; (botte) cask, barrel [*bâr*^{e}*l*].
futile, *ag.* trifling [*tràiflin*].
futuro, *s.m.* future [*fiùcia*^{r}].

G

gabbia, *s.f.* cage [*ché*^{i}*gi*].
gabbiano, *s.m.* (sea) gull [(*si*^{i}) *gal*].
gabinetto, *s.m.* lavatory [*làvatori*], closet [*cló*^{u}*s*^{e}*t*]; toilet [*tòilet*].
gaffe, *s.f.* blunder [*blanda*^{r}].
gaio, *ag.* gay [*ghé*^{i}], merry [*mé*^{r}*i*].
galantuomo, *s.m.* man of honour [*mán ov òno*^{r}].
galateo, *s.m.* good manners [*gu*^{u}*d mána*^{r}*s*].
galeotto, *s.m.* convict.
galera, *s.f.* prison, jail [*g*^{i}*é*^{i}*l*].
galleggiante, *ag.* floating [*fló*^{a}*tin*] || *s.m.* buoy [*boi*].
galleggiare, *v.* to float [*fló*^{a}*t*].
galleria, *s.f.* gallery [*gàleri*]; tunnel [*tànel*].
gallese, *ag.* Welsh [*uèlsc*] || *s.m.* Welshman [*uèlsc*^{i}*men*]; *s.f.* Welshwoman [*uèlsc*^{i}*uman*].
gallina, *s.f.* hen.
gallo, *s.m.* cock.
galoppare, *v.* to gallop [*gàlop*].
galoppatoio, *s.m.* riding track [*ràidin trák*].
galoppo, *s.m.* gallop [*gàlop*].
galoscia, *s.f.* overshoe [*óva*^{r}*sciù*].
gamba, *s.f.* leg [*legh*].
gamberetto, *s.m.* shrimp [*sc*^{i}*-rimps*].
gambero, *s.m.* crawfish [*crôfisc*^{i}].
gancio, *s.m.* hook [*hu*^{u}*k*].
gara, *s.f.* competition [*competìsc*^{io}*n*], match [*mátc*^{i}].
garante, *s.m.* e *f.* surety [*sciùr*^{e}*ti*].

garantire, *v.* to guarantee [*garantìi*].
garanzia, *s.f.* guaranty [*gàranti*].
garbo, *s.m.* good manners [*gud mánars*]; (grazia) grace [*greis*].
gargarismo, *s.m.* gargle [*garg-l*].
garofano, *s.m.* carnation [*carnéiscion*], pink; (spezia) clove [*clouv*].
garza, *s.f.* gauze [*goz*].
garzone, *s.m.* shop-boy [*sciòp-boi*], errand-boy [*èrand-boi*].
gas, *s.m.* gas.
gasolio, *s.m.* gas oil, diesel oil.
gattino, *s.m.* kitten.
gatto, *s.m.* cat [*cát*].
gavitello, *s.m.* buoy [*bòi*].
gazza, *s.f.* magpie [*magpài*].
gazzella, *s.f.* gazelle [*gazèl*].
gazzetta, *s.f.* gazette [*gazèt*].
gelare, *v.* to freeze [*friis*].
gelatina, *s.f.* gelatin, jelly [*gèli*].
gelato, *s.m.* (di crema) ice-cream [*àis-criim*] || *ag.* frozen [*fròzen*].
gelo, *s.m.* frost.
gelone, *s.m.* chilblain [*cilbléin*].
gelosia, *s.f.* jealousy [*giàlousi*]; (persiana) blind [*blàind*].
geloso, *ag.* jealous [*géloas*].
gelso, *s.m.* mulberry tree [*màlberi trii*].
gelsomino, *s.m.* jasmine [*giàsmin*], jassamine [*giàssamin*].
gemello, *s.m.* twin [*tuìn*]; *bottoni —i*, studs [*stads*].
gemere, *v.* to groan [*gróan*], to moan [*móan*].
gemito, *s.m.* groan [*gróan*], moan [*móan*].
gemma, *s.f.* gem; (botanica) bud [*bad*].
gendarme, *s.m.* constable [*cònstab-l*].
generale, *s.m.* e *ag.* general [*gèneral*].
generare, *v.* to generate [*génereit*].
generazione, *s.f.* generation [*genereiscion*].
genere, *s.m.* kind [*càind*], article [*àrtic-l*]; (gramm.) gender [*gendar*].
genericamente, *av.* generically [*genéricali*].

genero, *s.m.* son-in-law [*san-in-lô*].
generosità, *s.f.* generosity [*generósiti*].
generoso, *ag.* generous [*gènero*^{a}*s*].
gengiva, *s.f.* gum [*gam*].
geniale, *ag.* genial [*gìnial*].
genio, *s.m.* genius [*gìnias*].
genitori, *s.m.pl.* parents [*pärents*].
gennaio, *s.m.* January [*giánuari*].
gente, *s.f.* people [*pi*^{i}*p-l*] (*pl.*).
gentile, *ag.* king [*càind*].
gentilezza, *s.f.* kindness [*càindness*].
gentiluomo, *s.m.* gentleman [*gèntl*^{e}*man*].
genuino, *ag.* genuine [*gènuin*].
genziana, *s.f.* gentian [*gènzian*].
geografia, *s.f.* geography [*geògrafi*].
geologia, *s.f.* geology [*geòlogi*].
geometra, *s.m.* land-surveyor [*lánd-sa*^{r}*vé*^{i}*ia*^{r}].
geometria, *s.f.* geometry [*geòmetri*].
geranio, *s.m.* geranium [*giré*^{i}*nium*].
gergo, *s.m.* slang [*slángh*].
germe, *s.m.* germ [*ge*^{r}*m*].
germogliare, *v.* to bud [*bad*].
germoglio, *s.m.* bud [*bad*], sprout [*spràut*].
gesso, *s.m.* chalk [*c*^{i}*òk*].
gestione, *s.f.* management [*mànag*^{i}*ment*].
gesto, *s.m.* gesture [*gèst*^{i}*u*^{ar}].
gestore, *s.m.* manager [*mànag*^{i}*a*^{r}].
Gesù, *s.m.* Jesus [*gìs*^{a}*s*]; — *Cristo*, J. Christ [*g. cràist*].
gettare, *v.* to throw [*d*^{s}*ró*^{u}], to fling || **gettarsi**, *v.r.* to throw oneself [*d*^{s}*ró*^{u} *uonsèlf*]; to rush [*rasc*^{i}].
getto, *s.m.* jet [*giet*], spout [*spaut*].
gettone, *s.m.* mark, card, counter [*càunta*^{r}].
ghiacciaio, *s.m.* glacier [*glasìa*^{r}].
ghiaccio, *s.m.* ice [*àis*].
ghiacciolo, *s.m.* icicle [*àisc-l*]; (gelato) ice-lolly [*ais-loli*].

ghiaia, *s.f.* gravel [*gréiv-l*].
ghianda, *s.f.* acorn [*éicorn*].
ghiotto, *ag.* greedy [*grìdi*].
ghiottone, *s.m.* glutton [*glaton*].
ghiottoneria, *s.f.* gluttony [*glàtoni*]; daintiness [*déintiness*].
ghirlanda, *s.f.* garland, wreath of flowers [*rìids ov flàuars*].
ghiro, *s.m.* dormouse [*dormàus*].
ghisa, *s.f.* cast iron [*cast àiron*].
già, *av.* already [*olrédi*].
giacca, *s.f.* jacket [*giáchet*].
giacché, *cong.* as, since [*sins*].
giacere, *v.* to lie [*lài*], to lie down [*dàun*].
giacimento, *s.m.* deposit; — *di petrolio*, oilfield [*òilfiild*].
giacinto, *s.m.* hyacinth [*hàiasinds*], jacinth [*giàsinds*].
giallo, *ag.* yellow [*ièlo*] || *s.m.* (colore) yellow; (libro poliziesco) thriller [*dsrìlar*].
giammai, *av.* never [*nèvar*].
giapponese, *ag.* e *s.m.* e *f.* Japanese [*giapanìs*].
giardinetta®, *s.f.* (auto) station wagon [*stéiscion uègon*].
giardiniere, *s.m.* gardener [*gàrdnar*].
giardino, *s.m.* garden [*gàrden*].
giarrettiera, *s.f.* garter [*gàrtar*].
gigante, *s.m.* giant [*giàiant*].
gigantesco, *ag.* gigantic [*giaigàntic*].
giglio, *s.m.* lily [*lìli*].
gilè, *s.m.* waistcoat [*uéistcôt*].
ginecologo, *s.m.* gynaecologist [*ginecòlogist*].
ginepro, *s.m.* juniper [*giànipar*].
ginestra, *s.f.* broom [*brum*].
gingillo, *s.m.* nick-nack.
ginnasio, *s.m.* secondary school [*secondári scùul*].
ginnastica, *s.f.* gymnastics [*gimnèstics*].
ginocchio, *s.m.* knee [*nìi*].
giocare, *v.* to play [*pléi*]; — *d'azzardo*, to gamble [*ghèmbl*].
giocata, *s.f.* (partita) game [*ghéim*]; (puntata) stake [*steik*].

giocatore, *s.m.* player [*plé^{i}a^{r}*]; gambler [*ghèmbla^{r}*].
giocattolo, *s.m.* toy [*tòi*].
gioco, *s.m.* play [*plé*]; game [*ghé^{i}m*].
giocoliere, *s.m.* juggler [*giàgla^{r}*].
giocondo, *ag.* merry [*méri*].
giogo, *s.m.* yoke [*iò^{u}k*].
gioia, *s.f.* joy [*giòi*].
gioielleria, *s.f.* jewellery [*giùelri*]; (negozio) jeweller's shop [*giùele^{r}s sciòp*].
gioielliere, *s.m.* jeweller [*giùela^{r}*].
gioiello, *s.m.* jewel [*giù^{e}l*].
gioire, *v.* to rejoice [*rigiòiss*].
giornalaio, *s.m.* news vendor [*niùs vèndo^{r}*].
giornale, *s.m.* newspaper [*niùspé^{i}pa^{r}*].
giornalista, *s.m.* journalist [*gi^{our}nalist*].
giornalmente, *av.* daily [*dé^{i}li*].
giornata, *s.f.* day [*dé^{i}*].
giorno, *s.m.* day [*dé^{i}*]; *di —*, by day [*bai d.*].
giovane, *s.m.* youngman [*iànghmàn*]; *s.f.* youngwoman [*iànghuman*] || *ag.* young [*iàngh*].
giovare, *v.* to be of use to [*bi ov iùs tu*]; to avail [*avéil*].
giovedì, *s.m.* Thursday [*d^{s}à^{r}sdé^{i}*].
gioventù, *s.f.* youth [*iùd^{s}*].
giovinezza, *s.f.* youth [*iùd^{s}*].
giraffa, *s.f.* giraffe [*giràf*].
giradischi, *s.m.* record player [*r. plèia^{r}*].
girare, *v.* to turn [*ta^{r}n*], to turn round [*ràund*], to spin; to go round [*go^{u} ràund*]; (cambiali, assegni ecc.) to endorse [*endò^{r}s*]; (un film) to shoot [*sciùut*].
girasole, *s.m.* heliotrope [*heliotròp*], sunflower [*sanflàua^{r}*].
girata, *s.f.* turn [*tarn*], turning [*tàrnin*]; (di cambiali, assegni ecc.) endorsement [*endò^{r}sment*].
girello, *s.m.* (baby-) walker [(*bé^{i}bi-*) *uòka^{r}*].
giretto, *s.m.* (passeggiatina) little stroll [*lit-l strol*].
girevole, *ag.* revolving.
giro, *s.m.* turn [*ta^{r}n*]; tour [*tu^{r}*].

girone, *s.m.* (d'andata) first series [*fárst sèris*]; (di ritorno) second series [*s. sèris*].
gironzolare, *v.* to stroll, to wander [*uóndar*].
girotondo, *s.m.*: *facciamo il* —, let's play "ring-a-ring-o 'roses".
girovagare, *v.* to roam [*ròum*], to ramble about [*ramb-l ebàut*].
gita, *s.f.* trip.
giù, *av.* down [*dàun*], below [*bilóu*]; (dabbasso) downstairs [*daunstèars*].
giubbotto, *s.m.* jacket [*giàchet*].
giubileo, *s.m.* jubilee [*giubilìi*].
giudicare, *v.* to judge [*giàdgi*].
giudice, *s.m.* judge [*giàdgi*].
giudizio, *s.m.* judgment [*giàdgiment*].
giugno, *s.m.* June [*giùn*].
giumenta, *s.f.* mare [*mèar*].
giunchiglia, *s.f.* jonquil [*giònquil*].
giunco, *s.m.* reed [*rìid*], rush [*rasci*].
giungere, *v.* to arrive [*aràiv*], to reach [*rìici*]; to attain [*atéin*].
giungla, *s.f.* jungle [*giàng-l*].
giuntura, **giunzione**, *s.f.* joint [*gioìnt*].
giuramento, *s.m.* oath [*ouds*].
giurare, *v.* to swear [*suèar*].
giurato, *s.m.* jiuryman [*giùriman*] || *ag.* sworn [*suòrn*].
giurì, *s.m.*, **giuria**, *s.f.* jury [*giùri*].
giurisdizione, *s.f.* jurisdition [*giurisdìscion*].
giustificazione, *s.f.* justification [*giastifichéiscion*], excuse [*ekskiùs*].
giustizia, *s.f.* justice [*giàstiss*].
giustiziare, *v.* to execute [*èksechiùt*].
giusto, *ag.* just [*giàst*] || *av.* justly [*giàstli*] || *s.m.* right [*ràit*] || **giustamente**, *av.* justly [*giàstli*], rightly [*ràitli*].
glaciale, *ag.* glacial [*glàsial*], icy [*àissi*].
gladiolo, *s.m.* gladiolus [*gladiòlas*].
gli, *art.* the [*dsi*] || *pr.* to him.
glicerina, *s.f.* glycerine [*ghlìsserin*].

glicine, *s.f.* wistaria [*uistéaria*].
globale, *ag.* in a mass [*in e mass*]; *somma* —, lump sum [*lamp sam*].
globo, *s.m.* globe [*glóub*].
gloria, *s.f.* glory [*glòri*].
glorioso, *ag.* glorious [*glòrioas*].
glucosio, *s.m.* glucose [*glucós*].
gnomo, *s.m.* gnome [*g-noum*].
gobba, *s.f.* hunch [*hànci*], hump [*hamp*].
gobbo, *s.m.* hunchback [*hàncibák*].
goccia, *s.f.*, **goccio**, *s.m.* drop.
gocciolare, *v.* to drip, to trickle [*trik-l*].
godere, *v.* to enjoy [*engiòi*].
godet, *s.m.* flare [*flèar*]; *gonna a* —, flared skirt [*flèard skart*].
godimento, *s.m.* enjoyment [*engiòiment*].
goffo, *ag.* awkward [*òguord*].
gola, *s.f.* throat [*dsróut*]; (golosità) gluttony [*glátoni*]; greediness [*griidiness*].
goletta, *s.f.* (nave) schooner [*scùnar*].
golf, *s.m.* jumper [*giàmpar*]; (con bottoni) cardigan [*càrdigan*].
golfo, *s.m.* gulf [*galf*].
goloso, *ag.* greedy [*griidi*].
gomena, *s.f.* cable [*chéibl*], rope [*róup*].
gomito, *s.m.* elbow [*èlbou*].
gomitolo, *s.m.* clew [*chliù*].
gomma, *s.f.* rubber [*ràbar*]; (per incollare) glue [*glu*]; gum [*gam*]; — *da masticare*, chewing gum [*ciùingh gam*].
gommoso, *ag.* gummy [*gàmi*].
gondola, *s.f.* gondola.
gondoliere, *s.m.* gondolier [*gondoliar*].
gonfiare, *v.* to swell [*suèl*]; to inflate [*infléit*] || **gonfiarsi**, *v.r.* to swell [*suèl*].
gonfio, *ag.* swollen [*suòllen*]; inflated [*infléited*].
gonfiore, *s.m.* swelling [*suèllin*].
gongolare, *v.* to exult [*eksalt*].
gonna, *s.f.* skirt [*skart*].

gorgheggio, *s.m.* trill.
gorgo, *s.m.* whirlpool [*hue^{r}pùul*].
gorgogliare, *v.* to gurgle [*garg-l*].
gorilla, *s.m.* gorilla [*go^{u}rila*]; (guardia del corpo) bodyguard [*bòdiga^{r}d*].
gotico, *ag.* gothic [*gód^{s}ic*].
gotta, *s.f.* gout [*gàut*].
governante, *s.f.* governess [*gòverness*]; (di casa) housekeeper [*hauskiipa^{r}*] || *s.m.* ruler [*rùula^{r}*] || *ag.* governing [*govè^{r}nin*].
governare, *v.* to govern [*gòve^{r}n*].
governatore, *s.m.* governor [*gòverno^{r}*].
governo, *s.m.* government [*gòve^{r}ment*].
gradatamente, *av.* gradually [*gràdiuali*].
gradevole, *ag.* agreeble [*agrìab-l*].
gradinata, *s.f.* flight of steps [*flàit ov steps*].
gradino, *s.m.* (di scala) step.
gradire, *v.* to recive with pleasure [*resìiv uìd^{s} plèsciu^{a}r*], to like [*làik*]; to appreciate [*aprissiéit*].
grado, *s.m.* degree [*digrìi*], rank; *di buon* —, with pleasure [*uìd^{s} plèsciu^{a}r*].
graduale, *ag.* gradual.
gradualmente, *V.* **gradatamente**.
graduatoria, *s.f.* classification [*clasifichéisc^{io}n*]; (a un concorso) (pass-)list.
graffa, *s.f.* (per carte) clip.
graffiare, *v.* to scratch [*scrátc^{i}*] || **graffio**, *s.m.* scratch [*scrátc^{i}*].
grafico, *s.m.* graphic artist; (diagramma) graph [*gràf*].
grafologo, *s.m.* graphologist [*grafòlog^{i}ist*].
gramigna, *s.f.* couch [*càuc^{i}*].
grammatica, *s.f.* grammar [*gràma^{r}*].
grammo, *s.m.* gram, gramme [*gram*].
grammofono®, *s.m.* record player [*r. plèia^{r}*].
grana, *s.f.* grain [*gréin*].
granaio, *s.m.* barn [*bà^{r}n*].
granata, *s.f.* (artiglieria) shell [*scèl*]; (scopa) broom [*brum*].
granchio, *s.m.* crab.

grande, **gran**, *ag.* great [*grét*], large [*la*^{r}*g*^{i}], big [*bigh*], (alto) tall [*tôl*].
grandezza, *s.f.* greatness [*grètness*]; (misura) measure [*mé*^{a}*sciu*^{ar}], size [*sàiz*].
grandinare, *v.* to hail [*hé*^{i}*l*].
grandinata, *s.f.* hailstorm [*hé*^{i}*lsto*^{r}*m*].
grandine, *s.f.* hail [*hé*^{i}*l*]; *chicco di* —, hailstone [*hé*^{i}*lsto*^{u}*n*].
granello, *s.m.* grain [*gré*^{i}*n*].
granita, *s.f.* crushed-ice drink [*cràsc*^{i}*d-ais d.*].
granito, *s.m.* (pietra) granite [*grànit*].
grano, *s.m.* grain [*gré*^{i}*n*]; (frumento) wheat [*huìt*], corn [*co*^{r}*n*].
granturco, *s.m.* Indian corn [*ìndian co*^{r}*n*], maize [*mé*^{i}*z*].
granuloso, *ag.* granulous [*grànulo*^{a}*s*].
grappa, *s.f.* brandy [*brándi*].
grappolo d'uva, *s.m.* bunch of grapes [*bánc*^{i} *ov gre*^{i}*ps*].
grasso, *s.m.* e *ag.* fat [*fát*]; (da lubrificare) grease [*grì*^{i}*s*].
grassoccio, *ag.* plump [*plam*^{p}].
graticcio, *s.m.* wire netting [*uàia*^{r} *nèttingh*], mesh [*mèsc*^{i}].
graticola, *s.f.* gridiron [*gridàir*^{o}*n*].
gratifica, *s.f.* bonus [*bono*^{a}*s*].
gratificazione, *s.f.* gratification [*gratifiché*^{i}*sc*^{io}*n*].
gratis, *av.* gratis, free [*frii*].
gratitudine, *s.f.* gratefulness [*gré*^{i}*tfulness*], thankfulness [*d*^{s}*ánkfulness*].
grato, *ag.* grateful [*gré*^{i}*tful*].
grattacielo, *s.m.* skyscraper [*scàiscré*^{i}*pa*^{r}].
grattare, *v.* to scrape [*scré*^{i}*p*], to scratch [*scrátc*^{i}].
grattugia, *s.f.* grater [*gré*^{i}*ta*^{r}].
grattugiare, *v.* to grate [*gré*^{i}*t*].
gratuito, *ag.* free [*frii*] || **gratuitamente**, *av.* free [*frii*], gratis; (senza motivo) gratuitously [*gratiùito*^{a}*sli*].
grave, *ag.* serious [*sìrio*^{a}*s*], heavy [*hèvi*].
gravidanza, *s.f.* pregnancy [*prèg-nansi*].
gravità, *s.f.* gravity, seriousness [*sìrio*^{a}*sness*].
gravoso, *ag.* heavy [*hèvi*].
grazia, *s.f.* grace [*gré*^{i}*ss*], gracefulness [*gré*^{i}*ssfulness*].
grazie, *inter.* thanks [*d*^{s}*ánks*], thankyou [*d*^{s}*ánk iù*].

grazioso, *ag.* pretty [*prìtti*].
greco, *s.m.* e *ag.* Greek [*grìik*]; (vento) North-East wind [*nordsist uìnd*].
gregge, *s.m.* flock.
greggio, **grezzo**, *ag.* raw [*rô*].
grembiule, *s.m.* apron [*épron*].
grembo, *s.m.* lap.
gremito, *ag.* crowded [*cràuded*].
gretto, *ag.* mean [*min*], stingy [*stìngi*].
gridare, *v.* to scream [*scrìim*], to shout [*sciàut*].
grido, *s.m.* scream [*scrìim*], shout [*sciàut*].
grigio, *ag.* grey, gray [*grèi*].
grigioverde, *ag.* grey-green [*grèi-grìin*].
griglia, *s.f.* grill; (di forno) grate [*gréit*] || **grigliare**, *v.* to grill.
grilletto, *s.m.* trigger [*trìgar*].
grillo, *s.m.* (insetto) cricket [*crìket*].
grinza, *s.f.* crease [*criis*].
grissino, *s.m.* bread-stick [*brìd-stik*].
gronda, **grondaia**, *s.f.* gutter [*gàtar*].
grondare, *v.* to drip.
groppa, *s.f.* rump [*ramp*], back [*bák*].
grossezza, *s.f.* size [*sàiz*].
grossista, *s.m.* e *f.* wholesaler [*hulséilar*].
grosso, *ag.* big, thick [*dsik*].
grossolano, *ag.* coarse [*cors*], rough [*raf*].
grotta, *s.f.* grotto, grot.
grottesco, *ag.* grotesque [*grotèsk*].
groviera, *s.m.* Gruyère [*gruièr*].
groviglio, *s.m.* mess, twisting [*tuìstin*], medley [*médli*].
gru, *s.f.* crane [*créin*].
gruccia, *s.f.* crutch [*cràtci*].
grumo, *s.m.* clot.
gruppo, *s.m.* group [*grup*].
guadagnare, *v.* (per sorte) to gain [*ghéin*]; to win [*uín*]; (col lavoro) to earn [*ern*].

guadagno, *s.m.* (per sorte) gain [*ghéin*]; (col lavoro) earnings *pl.* [*èrnin*].
guadare, *v.* to ford.
guado, *s.m.* ford.
guaio, *s.m.* difficulty [*dìficulti*], trouble [*tràbl*].
guancia, *s.f.* cheek [*ciìk*].
guanciale, *s.m.* pillow [*pìlou*].
guanto, *s.m.* glove [*glàv*].
guardaboschi, *s.m.* forester [*fòrestar*].
guardacaccia, *s.m.* gamekeeper [*ghéimkiìpar*].
guardalinee, *s.m.* linesman [*làinsman*].
guardare, *v.* to look at [*luuk át*] || **guardarsi**, *v.r.* (stare attento) to beware [*biuèar*].
guardaroba, *s.m.* wardrobe [*uòrdroub*]; (in locale pubblico) cloakroom [*clôkruum*].
guardarobiera, *s.f.* cloakroom attendant [*clôkruum a.*].
guardia, *s.m.* guard [*gard*], policeman [*polìsmán*].
guardiano, *s.m.* keeper [*kiìpar*]; (di armenti) herdsman [*hérdsman*]; (di pecore) shepherd [*scèp-herd*].
guardina, *s.f.* lockup [*lòkap*].
guardiola, *s.f.* porter's lodge [*pôrtars lògi*].
guardrail, *s.m.* crash barrier [*crásci bàriar*].
guarigione, *s.f.* recovery [*ricàveri*].
guarire, *v.* to recover [*ricàvar*], to get over [*ghet óvar*].
guarnigione, *s.f.* garrison [*gàrison*].
guarnire, *v.* to trim, to furnish [*fàornisci*].
guarnitura, **guarnizione**, *s.f.* trimmings [*trìmins*]; (mecc.) packing [*pàkin*].
guastafeste, *s.m.* e *f.* spoilsport [*spoilspôrt*].
guastare, *v.* to spoil [*spòil*] || **guasto**, *s.m.* damage [*damegi*] || *ag.* spoilt; (danneggiato) damaged [*dàmagid*].
guerra, *s.f.* war [*uòar*].
guerriero, *s.m.* warrior [*uòrioar*].
guerriglia, *s.f.* guerilla [*gherila*].
gufo, *s.m.* owl [*àul*].
guglia, *s.f.* spire [*spàiar*].

guida, *s.f.* guide [*gàid*]; (libro) guidebook [*gàidbuk*].
guidare, *v.* to guide [*gàid*], to lead [*lí^{i}d*]; (vetture) to drive [*dràiv*].
guidatore, *s.m.* guide [*gàid*], leader [*lìda^{r}*]; (di vetture) driver [*dràiva^{r}*].
guinzaglio, *s.m.* leash [*lì^{i}sc^{i}*].
guizzare, *v.* to glide [*glàid*].
guscio, *s.m.* shell [*scel*].
gustare, *v.* to relish [*rélisc^{i}*]; to taste [*té^{i}st*].
gusto, *s.m.* taste [*té^{i}st*], relish [*rélisc^{i}*].
gustoso, *ag.* tasty [*té^{i}sti*], agreeable [*agrì^{i}ab-l*].

I

iarda, *s.f.* yard [*ià^{r}d*].
idea, *s.f.* idea [*aidìa*].
ideale, *ag.* ideal [*aidìal*].
ideare, *v.* to conceive [*consìv*].
identità, *s.f.* identity [*aidèntiti*].
idioma, *s.m.* idiom [*ìdiam*].
idiota, *s.m.* e *f.* idiot [*ìdiot*].
idolo, *s.m.* idol [*àid^{o}l*].
idoneità, *s.f.* fitness [*fìtness*], aptitude [*àptitiud*].
idoneo, *ag.* fit, proper [*pròpa^r*], suitable [*siùtab-l*].
idrante, *s.m.* hydrant [*hàidrant*], fire-plug [*faia^r-plag*].
idratante, *ag.* (cosmesi) moisturizing [*mòisturaisin*].
idraulico, *s.m.* plumber [*pláma^r*].
idroelettrico, *ag.* hydroelectric [*haidroelèctric*].
idrofobia, *s.f.* hydrophobia [*haidrofòbia*].
idrofobo, *ag.* (cane) mad dog.
idrogeno, *s.m.* hydrogen [*hàidrogen*].
idroplano, *s.m.* hydroplane [*hàidroplé^{i}n*], seaplane [*si^i-plé^{i}n*].
idrorepellente, *ag.* water-repellent [*uóta^r r.*].
idrotermale, *ag.* hydrothermal [*hàidrod^{s}ermal*].
idrovolante, V. *idroplano.*
iena, *s.f.* hyena [*haièna*].
ieri, *s.m.* yesterday [*ièsta^{r}dé^i*]: — *l'altro*, the day before yesterday [*d^{se} dé^i bifòa^r ièstar^{r}dé^i*].
igiene, *s.f.* hygiene [*haigì^{i}n*].
igienico, *ag.* hygienic [*haigì^{i}nic*].

ignaro, *ag.* unaware [*anauèa^{r}*].
ignobile, *ag.* base [*bé^{i}s*].
ignorante, *ag.* ignorant [*ìgh-norant*].
ignoranza, *s.f.* ignorance [*ìgh-noranss*].
ignoto, *ag.* unknown [*an'noun*].
il, *art.det.m.sing.* the.
illecito, *ag.* illicit [*ilìsit*].
illegale, *ag.* illegal [*ilìgal*].
illeggibile, *ag.* illegible [*ilégib-l*].
illegittimo, *ag.* illegitimate [*ilìgìtimé^{i}t*].
illeso, *ag.* unhurt [*anhà^{r}t*].
illimitato, *ag.* unlimited [*anlìmited*].
illogico, *ag.* illogical.
illudere, *v.* to deceive [*dessíiv*] || **illuso**, *ag.* deceived [*des-sìv^{e}d*].
illuminare, *v.* to light (up) [*lait* (*ap*)], to illuminate [*illiu-miné^{i}t*]; (fig.) to enlighten [*enlàit^{e}n*] || **illuminato**, *ag.* lit up; (fig.) enlightened [*enlàit^{e}n^{e}d*].
illuminazione, *s.f.* lighting [*làitin*], illumination [*illiumi-né^{i}sc^{io}n*].
illusione, *s.f.* illusion [*illiùsi^{o}n*].
illustrare, *v.* to illustrate [*illastré^{i}t*] || **illustrato**, *ag.* illustrated [*illastré^{i}ted*] || **illustrazione**, *s.f.* illustration [*illastré^{i}sc^{io}n*].
illustre, *ag.* illustrious [*illàstrio^{a}s*].
imballaggio, *s.m.* packing [*pàkin*].
imballare, *v.* to pack [*pák*].
imbarazzare, *v.* to embarrass [*embàrass*].
imbarazzo, *s.m.* embarrassment [*embàrassment*], encumbrance [*encámbrans*].
imbarcadero, *s.m.* pier [*pìa^{r}*].
imbarcare, *v.* to embark, to ship [*scìp*].
imbarcazione, *s.f.* boat [*bó^{u}t*].
imbarco, *s.m.* embarkation [*embarké^{i}sc^{io}n*], shipment [*scìpment*].
imbastire, *v.* to tack.
imbattersi, *v.r.* to meet with [*mì^{i}t uìd^{s}*], to run into [*ran ìntu*].
imbavagliare, *v.* to gag [*gagh*].

imbevuto, *ag.* imbued, soaked [*sôk^{e}d*].
imbiancare, *v.* to whiten [*huàit^{e}n*], to bleach [*blì^{i}c^{i}*]; (pareti) to whitewash [*uàituòsc^{i}*].
imbocco, *s.m.* entrance [*èntráns*]; (di vie) junction [*giànksc^{io}n*].
imboscata, *s.f.* ambush [*àmbusc^{i}*].
imbottigliare, *v.* to bottle [*bot-l*].
imbottire, *v.* to stuff [*staf*]; to pad [*päd*].
imbottita, *s.f.* quilt [*kuìlt*].
imbottitura, *s.f.* stuffing [*stàfin*]; padding [*páddin*].
imbrattare, *v.* to soil, to dirty [*dè^{r}ti*].
imbrogliare, *v.* to cheat [*cì^{i}t*].
imbroglio, *s.m.* (frode) cheat [*cì^{i}t*].
imbroglione, *s.m.* cheater [*cì^{i}ta^{r}*].
imbronciato, *ag.* sulky [*sàlki*].
imbrunire, *v.* to darken [*da^{r}k^{e}n*]; to get dark [*ghet da^{r}k*].
imbucare, *v.* (lettere) to post [*pó^{u}st*].
imburrare, *v.* to butter [*batta^{r}*].
imbuto, *s.m.* funnel [*fànel*].
imitare, *v.* to imitate [*ìmitè^{i}t*] || **imitazione**, *s.f.* imitation [*imitè^{i}sc^{io}n*].
immagazzinare, *v.* to store [*sto^{ar}*].
immaginare, *v.* to imagine [*imàgin*] || **immaginarsi**, *v.r.* to fancy [*fànsi*].
immaginazione, *s.f.* imagination [*imaginésc^{io}n*], fancy [*fànsi*].
immagine, *s.f.* image [*ìmag^{i}*].
immancabilmente, *av.* without fail [*uid^{s}aut fè^{i}l*].
immangiabile, *ag.* uneatable [*anì^{i}tab-l*].
immediato, *ag.* immediate [*imìdi^{e}t*].
immenso, *ag.* immense [*immèns*].
immergere, *v.* to immerge [*immè^{r}g^{i}*], to immerse [*immè^{r}s*] || **immergersi**, *v.r.* to plunge [*plang^{i}*].
immersione, *s.f.* immersion [*immè^{r}sc^{io}n*].
immigrante, *ag.* e *s.m.* e *f.* immigrant [*ìmigrant*].
immigrare, *v.* to immigrate [*ìmigrè^{i}t*] || **immigrazione**, *s.f.* immigration [*imigrè^{i}sc^{io}n*].
imminente, *ag.* imminent [*ìminent*], impending [*impèndin*].

immobile, *ag.* immovable [*immò*^{u}*vab-l*]; motionless [*mòsc*^{io}*nless*] || *s.m.* real estate [*rìal esté*^{i}*t*].
immobiliare, *ag.* proprietà —, real estate [*rìal esté*^{i}*t*]; società —, building society [*bìldin sossàieti*].
immobilizzare, *v.* to immobilize [*immobilàis*^{i}].
immondezzaio, *s.m.* garbage heap [*gâbig*^{i} *hìip*].
immondizia, *s.f.* dirt [*de*^{r}*t*], rubbish [*ràbisc*^{i}].
immorale, *ag.* immoral [*immòral*].
immortale, *ag.* immortal [*immòrtal*].
immune, *ag.* immune, esempt, free [*frìi*], unaffected [*anafècted*].
impacchettare, *v.* to parcel up [*pà*^{r}*sel ap*].
impacciato, *ag.* embarassed [*embàrass*^{e}*d*]; (goffo) clumsy [*clamsi*].
impadronirsi, *v.r.* to take pessession of [*te*^{i}*k possèsc*^{io}*n ov*].
impagabile, *ag.* priceless [*pràissless*].
impalcatura, *s.f.* scaffolding [*schèfoldin*].
impallidire, *v.* to turn pale [*ta*^{r}*n pé*^{i}*l*].
impaperarsi, *v.r.* to make a slip [*me*^{i}*k e slip*].
imparare, *v.* to learn [*le*^{r}*n*]: — *a memoria*, to learn by heart [*bai ha*^{r}*t*].
impareggiabile, *ag.* unrivalred [*anràivalred*].
imparzialità, *s.f.* impartiality [*impa*^{r}*sciàliti*].
impassibile, *ag.* impassive.
impaurire, *v.* to frighten [*fràit*^{e}*n*].
impavido, *ag.* fearless [*fia*^{r}*less*].
impaziente, *ag.* impatient [*impéscient*].
impazzire, *v.* to go mad [*go*^{u} *mád*].
impeccabile, *ag.* faultless [*fôltles*].
impedimento, *s.m.* hindrance [*hìndranss*].
impedire, *v.* to prevent [*privènt*], to hinder [*hìnda*^{r}].
impegnare, *v.* (oggetti) to pawn [*pôn*]; (fissare) to engage [*enghé*^{i}*g*^{i}] || **impegnarsi**, *v.r.* to bind oneself [*baind uonsèlf*] || **impegnato**, *ag.* (dato in garanzia) pawned [*pôn*^{e}*d*]; (occupato) engaged [*enghé*^{i}*g*^{e}*d*].
impegno, *s.m.* engagement [*enghé*^{i}*g*^{i}*ment*].

impellente, *ag.* impellent [*impèllent*], urgent [*àrgent*].
impenetrabile, *ag.* impenetrable [*impènetrab-l*].
imperatore, *s.m.* emperor [*èmpero*^{r}] || **imperatrice**, *s.f.* empress [*èmpress*].
imperdonabile, *ag.* unpardonable [*anpàrdonab-l*].
imperfetto, *ag.* imperfect || **imperfezione**, *s.f.* imperfection [*imperfécsc*^{io}*n*]; fault [*fôt*]; blemish [*blèmisc*^{i}].
imperiale, *ag.* imperial [*impìrial*].
impermeabile, *ag.* waterproof [*uòta*^{r}*pru*^{u}*f*] || *s.m.* raincoat [*réinco*^{a}*t*], mackintosh [*màkintosc*^{i}].
impero, *s.m.* empire [*empàia*^{r}].
impertinente, *ag.* cheeky [*c*^{i}*ìki*].
impetuoso, *ag.* violent [*vàiolent*].
impiantare, *v.* to plant, to establish [*estàblisc*^{i}].
impianto, *s.m.* plant.
impiastro, *s.m.* plaster [*plàsta*^{r}].
impiccare, *v.* to hang [*hèngh*] || **impiccarsi**, *v.r.* to hang oneself [*h. uonsèlf*].
impicciarsi, *v.r.* to meddle [*mèdl*], to interfere [*interfìa*^{r}].
impiegare, *v.* to employ [*emploi*]; (denari) to invest; (tempo) to spend. [*emploìi*].
impiegato, *ag.* employed [*emploi*^{e}*d*] || *s.m.* employee
impiego, *s.m.* job [*g*^{i}*òb*], employment [*emplòiment*], situation [*situásc*^{io}*n*]; (uso) use [*iùs*].
impigliarsi, *v.* to get entangled [*ghèt entàngl-d*].
impigrire, *v.*, **impigrirsi**, *v.r.* to grow lazy [*grò*^{u} *lési*].
implicato, *ag.* involved [*invàlv*^{e}*d*], implicated [*implichè*^{i}*ted*].
implicito, *ag.* implicit [*implìsit*].
implorare, *v.* to implore [*implò*^{ar}].
impolverarsi, *v.r.* to get covered with dust [*ghet càv*^{er}*d uìd*^{s} *dast*].
imponente, *ag.* imposing [*impósin*].
imporre, *v.* to impose [*impó*^{u}*s*].
importante, *ag.* important [*impòrtant*].
importanza, *s.f.* importance [*impò*^{r}*tanss*].
importare, *v.* to import; (avere importanza) to matter.

importatore, *s.m.* importer [*impòrtar*].
importazione, *s.f.* import, importation [*imporetéiscion*].
importo, *s.m.* amount [*amàunt*].
importunare, *v.* to bother [*bodsar*].
importuno, *s.m.* bore [*bor*].
imposizione, *s.f.* imposition [*imposìscion*].
impossessarsi, *v.r.* to take possession of [*téik posésciоn ov*], to get hold of [*ghet hóuld ov*].
impossibile, *ag.* impossible [*impòssib-l*].
impossibilità, *s.f.* impossibility [*impossibìliti*].
imposta, *s.f.* tax; (di finestra) shutter [*sciàttar*].
impostare, *v.* to post, to mail [*méil*].
impostore, *s.m.* liar [*làiar*].
impoverire, *v.* to impoverish [*impòverisci*].
imprecisione, *s.f.* imprecision [*impresìsion*].
imprenditore, *s.m.* contractor [*contràctoar*], undertaker [*andertéikar*].
impresa, *s.f.* undertaking [*andertéikingh*].
impresario, *s.m.* (teatr.) impresario.
impressionante, *ag.* frightening [*fraitenin*].
imprestare, *v.* to lend, to loan [*lóun*].
imprimere, *v.* to impress [*imprèss*].
improbabile, *ag.* improbable [*impròbab-l*].
impronta, *s.f.* mark, print: *impronte digitali*, fingerprints [*fìngarprints*].
improvviso, *ag.* sudden [*sàden*].
improvvisata, *s.f.* surprise [*surpràis*].
imprudente, *ag.* imprudent [*imprùdent*].
imprudenza, *s.f.* imprudence [*imprùdens*].
impugnatura, *s.f.* handle [*hánd-l*].
impulsivo, *ag.* impulsive [*impàlsiv*].
impulso, *s.m.* impulse [*ìmpals*].
impunito, *ag.* unpunished [*anpàniscid*].
impurità, *s.f.* impurity [*impiùriti*].
imputridire, *v.* to rot.
in, *prep.* in; at [*àt*]; into [*intu*].

inabile, *ag.* unable [*anéib-l*].
inabissarsi, *v.r.* to sink.
inabitabile, *ag.* uninhabitable [*aninhàbitab-l*].
inaccessibile, *ag.* inaccessible [*inaksèssib-l*].
inaccettabile, *ag.* unacceptable [*anaksèptab-l*].
inacidirsi, *v.r.* to turn sour [*tarn sauar*].
inadatto, *ag.* unfit [*anfìt*].
inadeguato, *ag.* inadequate [*inàdekueit*].
inadempienza, *s.f.* non - performance [*perfòrmanss*].
inalare, *v.* to inhale [*inhéil*] || **inalatore**, *s.m.* inhaler [*inhéilar*] || **inalazione**, *s.f.* inhalation [*inhéleiscion*].
inalterabile, *ag.* unalterable [*anòlterab-l*].
inamidare, *v.* to starch [*starci*] || **inamidato**, *ag.* starched [*starcied*].
inaspettato, *ag.* unexpected [*anekspècted*].
inasprire, *v.* to irritate [*iritéit*], to aggravate [*àgravéit*].
inattendibile, *ag.* unreliable [*anrelàiab-l*].
inatteso, *ag.* unexpected [*anekspècted*].
inattivo, *ag.* inactive [*inàctiv*], îdle [*àid-l*].
inaugurare, *v.* inaugurate [*inauguréit*]; (un monumento) to unveil [*anvèil*].
inaugurazione, *s.f.* inauguration [*inauguréiscion*]; (di monumento) unveiling [*anvéilin*].
incagliare, *v.* (navi) to run a ship aground [*ran e scip egràund*] || **incagliarsi**, *v.r.* (di nave) to strand [*stránd*] || **incagliato**, *ag.* (di nave) stranded [*stránded*].
incamminarsi, *v.r.* to set out [*àut*], to start.
incantare, *v.* to charm [*ciarm*] || **incantato**, *ag.* enchanted [*enciànted*], spell-bound [*spell-bàund*].
incantevole, *ag.* charming [*ciàrmin*].
incanto, *s.m.* spell; (asta) auction [*ôkscion*]: *vendere all'—*, to sell by auction [*sell bai ôkscion*].
incapace, *ag.* incapable [*inchéipab-l*].
incaricare, *v.* to entrust with [*entràst uìds*].
incarico, *s.m.* charge [*ciargi*], trust [*trast*].

incartare, *v.* to wrap up in paper [*rap ap in pè^{i}pa^{r}*].
incassare, *v.* (denari) to cash [*casc^{i}*], to collect [*colèct*] || **incasso**, *s.m.* takings (*pl.*) [*tè^{i}kins*].
incatenare, *v.* to chain [*ce^{i}n*].
incatramare, *v.* to tar.
incendiarsi, *v.r.* to take [*téik*], to catch fire [*càtc^{i} fàiar*].
incendio, *s.m.* fire [*fàia^{r}*].
inceneritore, *s.m.* incinerator [*insinerè^{i}ta^{r}*].
incenso, *s.m.* incense [*insèns*].
incensurato, *ag.* with a clean record [*uid^{s} a cliin rèco^{r}d*].
incepparsi, *v.r.* to jam [*g^{i}ám*].
incerata, *s.f.* oilskin.
incertezza, *s.f.* uncertainty [*anse^{r}té^{i}nti*].
incerto, *ag.* uncertain [*ansè^{r}te^{i}n*].
incessante, *ag.* incessant [*insèssant*].
inchiesta, *s.f.* inquiry [*inquàia^{r}i*].
inchinarsi, *v.r.* to bend; (umiliarsi) to stoop [*stuup*]; (per saluto) to bow [*bàu*].
inchino, *s.m.* (di uomo) bow [*bàu*]; (di donna) curtsey [*ca^{r}tsi*].
inchiodare, *v.* to nail [*ne^{i}l*].
inchiostro, *s.m.* ink.
inciampare, *v.* to stumble [*stamb-l*].
inciampo, *s.m.* obstacle [*òbstac-l*].
incidentalmente, *avv.* incidentally [*insidèntali*].
incidente, *s.m.* incident [*ìncident*].
incinta, *ag.* pregnant [*prèghnant*].
incisione, *s.f.* incision [*insìsi^{o}n*]; (stampa) engraving [*engrèvingh*].
incitare, *v.* to incite [*insàit*].
inciviltà, *s.f.* incivility [*insivìliti*].
inclinare, *v.* to incline [*inclàin*].
includere, *v.* to include [*inclùd*] || **incluso**, *ag.* included [*inclùd^{e}d*]; inclusive [*inclùsiv*].
incollare, *v.* to stick; to glue || **incollarsi**, *v.r.* to stick.
incolpare, *v.* to accuse [*akiùs*].
incolto, *ag.* uncultivated [*ancaltivè^{i}ted*].

incolume, *ag.* unhurt [*anhàrt*].
incominciare, *v.* to begin [*beghìn*].
incomparabile, *ag.* peerless [*pii*^{ar}*less*]; incomparable [*incòmparab-l*].
incompatibile, *ag.* inconsistent [*inconsìstent*].
incompetenza, *s.f.* incompetency [*incompìtensi*].
incompiuto, *ag.* unfinished [*anfinisc*^{e}*d*].
incompleto, *ag.* incomplete [*incomplìt*].
incomprensibile, *ag.* incomprehensible [*incomprihèn-sib-l*].
incomprensione, *s.f.* misunderstanding [*misande*^{r}*stán-din*].
incompreso, *ag.* not understood [*not ànde*^{r}*stud*]; (compreso male) misunderstood [*misànde*^{r}*stud*].
inconcepibile, *ag.* inconceivable [*inconsìveb-l*].
inconcludente, *ag.* inconclusive [*inconclùsiv*].
inconfondibile, *ag.* unmistakable [*anmiste*^{i}*k*^{e}*b-l*].
inconscio, *ag.* e *s.m.* unconscious [*ancònsci*^{o}*as*].
inconsueto, *ag.* unusual [*aniùsual*].
incontentabile, *ag.* unsatisfiable [*ansatisfàiab-l*].
incontestabile, *ag.* incontestable [*incontéstab-l*].
incontrare, *v.* to meet [*miit*].
incontro, *s.m.* meeting [*mìitin*].
inconveniente, *s.m.* inconvenience [*inconvìnienss*].
incoraggiare, *v.* to encourage [*encàrag*^{i}].
incoronare, *v.* to crown [*cràun*].
incorrere, *v.* to incur [*incà*^{r}].
incosciente, *ag.* unconscious [*ancònsci*^{a}*s*].
incredibile, *ag.* incredible [*incrèdib-l*].
incremento, *s.m.* increment [*ìncrement*].
incresparsi, *v.r.* to ripple [*ripl*].
incriminare, *v.* to incriminate [*incrìmine*^{i}*t*].
incrinatura, *s.f.* crack [*cráck*].
incrociatore, *s.m.* cruiser [*crùisa*^{r}].
incrocio, *s.m.* crossing [*cròssin*].
incubatrice, *s.f.* incubator [*inchiubè*^{i}*to*^{ar}].

incubo, *s.m.* nightmare [*naitmèar*].
incudine, *s.f.* anvil [*ànvil*].
incurabile, *ag.* incurable [*inchiùrab-l*].
incuria, *s.f.* carelessness [*chèarlessness*].
incursione, *s.f.* raid [*rèid*].
incustodito, *ag.* unguarded [*angàrded*].
indaffarato, *ag.* busy [*bisi*].
indagare, *v.* to investigate into [*invéstigheit intu*].
indagine, *s.f.* investigation [*investighéiscion*]; inquiry [*inquàiri*].
indebitamente, *av.* unduly [*andiùli*].
indebitarsi, *v.r.* to run into debts [*ran intu dets*].
indebolire, *v.*, **indebolirsi**, *v.r.* to weaken [*uìken*].
indecente, *ag.* indecent [*indissent*].
indecifrabile, *ag.* undecipherable [*andessìferab-l*].
indecisione, *s.f.* indecision [*indessìscion*].
indeciso, *ag.* undecided [*andissàided*].
indefinito, *ag.* indefinite [*indèfinit*].
indegno, *ag.* unworthy [*anuàrdsi*], underserving [*andisörvin*].
indenne, *ag.* unharmed, uninjured [*anìngiured*].
indennità, *s.f.* indemnity [*indèmniti*], compensation [*compenséiscion*].
indennizzare, *v.* to indemnify [*indemnifài*] || **indennizzo**, [*s.m.* indemnity.
indicare, *v.* to indicate [*ìndicheit*], to point out [*pòint àut*].
indice, *s.m.* index; (di libro) contents; (dito) forefinger [*foarfinghar*].
indicizzare, *v.* to index, to index-link.
indietro, *av.* back, backwards [*bákuords*]; *marcia* —, reverse [*revèrs*].
indifeso, *ag.* (inerme) defenciless [*defènsless*].
indifferente, *ag.* indifferent [*indìferent*].
indigeno, *s.* e *ag.* native [*nétiv*].
indigente, *ag.* indigent [*ìndigent*], needy [*nìidi*].
indigestione, *s.f.* indigestion [*indigèstion*].
indigesto, *ag.* heavy [*hèvi*].

indipendente, *ag.* independent [*indepèndent*].
indiretto, *ag.* indirect.
indirizzare, *v.* to address [*adrèss*].
indirizzo, *s.m.* address [*adrèss*].
indisciplinato, *ag.* unruly [*anrùli*].
indiscreto, *ag.* indiscreet [*indiscrìit*].
indiscrezione, *s.f.* indiscretion [*indiscrèsc*^{io}*n*].
indiscutibile, *ag.* unquestionable [*anquèstioneb-l*].
indispensabile, *ag.* indispensable [*indispènsab-l*].
indisposizione, *s.f.* indisposition [*indisposìsc*^{io}*n*].
indisposto, *ag.* unwell [*anuèl*].
indivia, *s.f.* endive [*èndiv*].
individuale, *ag.* individual [*individual*].
individuo, *s.m.* fellow [*fèlo*^{u}].
indizio, *s.m.* sign [*sàign*], mark.
indole, *s.f.* nature [*né*^{i}*ci*^{u}*a*^{r}], disposition [*disposísc*^{io}*n*].
indolenza, *s.f.* indolence [*ìndolens*].
indolenzito, *ag.* benumbed [*binàmb*^{e}*d*].
indossare, *v.* (abiti) to put on, to wear [*uèar*^{r}].
indossatrice, *s.f.* model.
indovinare, *v.* to guess [*ghess*].
indovinello, *s.m.* puzzle [*paz-l*], riddle.
indubbiamente, *av.* doubtless [*dàut-less*].
indugiare, *v.* to delay [*dilèi*], to hesitate [*hésite*^{i}*t*].
indugio, *s.m.* delay [*dilèi*].
indulgente, *ag.* indulgent [*indàlgent*].
indumenti, *s.m.pl.* clothes [*clôd*^{s}*s*].
indurire, *v.* to harden [*hà*^{r}*d*^{e}*n*].
indurre, *v.* to induce [*indiùss*].
industria, *s.f.* industry [*ìndustri*].
industriale, *s.m.* manufacturer [*manufàciura*^{r}] || *ag.* industrial [*indàstrial*].
ineguale, *ag.* unequal [*anìquol*].
inerente, *ag.* inherent [*inhìrent*].
inerme, *ag.* unarmed [*anà*^{r}*m*^{e}*d*].
inerte, *ag.* inert.

inesperienza, *s.f.* inexperience [*inekspìrienss*].
inesperto, *ag.* inexperienced [*inekspìriensed*].
inetto, *ag.* inept, unfit [*anfìt*].
inevitabile, *ag.* unavoidable [*anavòidab-l*].
inezia, *s.f.* trifle [*tràif-l*].
infame, *ag.* infamous [*infémoas*].
infangarsi, *v.r.* to get muddy [*ghet màdi*].
infantile, *ag.* (di, per bambini) children's [*ciildrens*]; (puerile) childish [*ciàildisc*].
infanzia, *s.f.* childhood [*ciàildhud*].
infatti, *av.* in fact, indeed [*indìid*].
infelice, *ag.* unhappy [*anhépi*].
inferiore, *s.m.* e *ag.* inferior [*infìrioar*].
infermiera, *s.f.* nurse [*nars*].
infermiere, *s.m.* (male) nurse [(*méil*) *nars*].
infermo, *ag.* e *s.m.* invalid.
inferno, *s.m.* hell.
inferriata, *s.f.* railing [*réilin*], iron grate [*àiron gréit*].
infestare, *v.* to infest [*infèst*].
infettare, *v.* to infect [*infèct*].
infezione, *s.f.* infection [*infèkscion*].
infiammabile, *ag.* inflammable [*infléimab-l*].
infiammazione, *s.f.* inflammation [*inflaméiscion*].
infilare, *v.* to thread [*dsrèd*].
infiltrazione, *s.f.* infiltration [*infiltréiscion*].
infimo, *ag.* lowest [*lóuest*].
infinito, *ag.* boundless [*bàundless*], endless [*èndless*].
infisso, *s.m.* frame [*frèim*].
inflazione, *s.f.* inflation [*infléscion*].
inflessibile, *ag.* (severo) stern, striet.
infliggere, *v.* to inflict [*inflìct*].
influenza, *s.f.* influence [*ìnfluens*]; (malattia) flu.
infondato, *ag.* groundless [*gràund-less*].
informare, *v.* to inform [*infòrm*] || **informarsi**, *v.r.* to inquire [*inquàiar*].

informatica, *s.f.* data processing [*data prosèssin*].
informazione, *s.f.* information [*informéiscion*]; *ufficio —i*, inquire-office [*inquàiar òffis*].
infortunio, *s.m.* accident [*àksident*].
infrangibile, *ag.* unbreakable [*anbrèakab-l*].
infrazione, *s.f.* infringement [*infrìngiment*], infraction.
infuriato, *ag.* furious [*fiùrioas*].
ingannare, *v.* to deceive [*desìiv*], to cheat [*cìit*] || **ingannarsi**, *v.r.* to be mistaken [*bi mistéiken*].
inganno, *s.m.* fraud [*frôd*], cheat [*cìit*].
ingegnere, *s.m.* engineer [*enginìar*].
ingegno, *s.m.* talent [*tàolent*].
ingente, *ag.* enormous [*inòrmoas*], huge [*hiùgi*].
ingenuo, *ag.* ingenuous [*ingénoas*].
ingessare, *v.* to plaster [*plàstar*].
ingessatura, *s.f.* plastering; (il gesso) plaster [*plastar*].
inghiottire, *v.* to swallow [*suòlo*].
inginocchiarsi, *v.r.* to kneel down [*niil dàun*].
ingiuria, *s.f.* insult [*insalt*].
ingiuriare, *v.* to outrage [*òtragi*].
ingiustizia, *s.f.* injustice [*ingiàstiss*].
ingiusto, *ag.* unfair [*anféar*].
inglese, *ag.* English || *s.m.* Englishman [*ìngliscìman*]; *s.f.* Englishwoman [*ingliscìuùman*].
ingoiare, *v.* to swallow [*suólo*].
ingombrare, *v.* to encumber [*encàmbar*].
ingombro, *s.m.* encumbrance [*encàmbrans*].
ingorgo, *s.m.* obstruction [*obstràkscion*].
ingranaggio, *s.m.* gear [*ghìar*].
ingrandimento, *s.m.* enlargement [*enlàrgiment*]: *lente di —*, magnifying lens [*magh-nifàin lens*].
ingrandire, *v.* to enlarge [*enlàgi*].
ingrassare, *v.* to fatten [*fáten*]; to get fat [*ghet fèt*]; (lubrificare) to grease [*grìis*].

ingratitudine, *s.f.* ungratefulness [*angréitfulness*].
ingrato, *ag.* ungrateful [*angréitful*].
ingrediente, *s.m.* ingredient [*ingrìdient*].
ingresso, *s.m.* entrance [*èntrans*].
ingrossarsi, *v.r.* to swell [*suèl*].
ingrosso (all'), *av.* wholesale [*hulséil*]; *negoziante* —, wholesaler [*hulséilar*].
ingualcibile, *ag.* crease-resistant [*crìis-r.*].
inguaribile, *ag.* incurable [*inchiùrab-l*].
iniettare, *v.* to inject [*ingièct*].
iniezione, *s.f.* injection [*ingièksción*].
inimicizia, *s.f.* hostility.
ininterrotto, *ag.* continuous [*continoas*], unbroken [*anbrókn*].
iniziale, *ag.* initial [*inìscial*].
iniziare, *v.* to begin [*beghìn*].
inizio, *s.m.* beginning [*beghìnin*].
innaffiare, *v.* to water [*uótar*].
innaffiatoio, *s.m.* watering can [*uóterin cán*].
innamorarsi, *v.r.* to fall in love [*fól in làv*].
innamorato, *ag.* in love [*lav*] || *s.m.* boyfriend [*bòifrend*] || **innamorata**, *s.f.* girlfriend [*ghérlfrend*].
innato, *ag.* natural [*néiciuaral*].
innegabile, *ag.* undeniable [*andenàiab-l*].
innervosire, *v.* to get on sameone's nerves [*ghet on sàmeuans nérves*] || **innervosirsi**, *v.r.* to get irritated [*ghet irritéited*].
innesto, *s.m.* graft.
innocente, *ag.* innocent; not guilty [*ghìlti*].
innocenza, *s.f.* innocence [*ìnossens*].
innocuo, *ag.* innocuous [*inòcuoas*], harmless.
inoffensivo, *ag.* inoffensive [*inofènsiv*].
inoltrare, *v.* to forward [*foruòrd*].
inoltrarsi, *v.r.* to advance [*advàns*].
inoltre, *av.* besides [*bisàids*].
inoltro, *s.m.* forwarding [*foruòrdin*].
inondare, *v.* to flood [*flad*] || **inondazione**, *s.f.* flood [*flad*].

inopportuno, *ag.* inopportune; (fuori luogo) inappropriate [*inàpproprie^{i}t*].
inospitale, *ag.* inhospitable [*inhòspitab-l*].
inquieto, *ag.* restless.
inquilino, *s.m.* lodger [*lòdg^{i}a^{r}*].
inquinamento, *s.m.* pollution [*pollùsc^{io}n*].
insalata, *s.f.* salad [*sàlad*]; *condire l'—*, to dress the salad.
insalatiera, *s.f.* saladbowl [*sàladbo^{u}l*].
insalubre, *ag.* unwholesome [*anhò^{u}lsam*].
insaputa (all'), without the knowledge of [*uìd^{s}àut d^{si} nò^{u}ledg^{i} ov*].
insegna, *s.f.* sign-board [*saign-boa^{r}d*].
insegnante, *s.m.* e *f.* teacher [*tìc^{i}a^{r}*].
insegnare, *v.* to teach [*tì^{i}c^{i}*].
inseguimento, *s.m.* pursuit [*pa^{r}siùt*].
inseguire, *v.* to pursue [*pa^{r}siù*], to run after [*ran àfta^{r}*].
insensato, *ag.* foolish [*fù^{u}lisc^{i}*].
insensibile, *ag.* insensible; (di persona) unfeeling [*anfì^{i}lin*].
inseparabile, *ag.* inseparable [*insèparab-l*].
inserire, *v.* to insert [*insèrt*].
inservibile, *ag.* unserviceable [*ansè^{r}vis^{e}ab-l*].
inserviente, *s.m.* e *f.* servant [*se^{r}vant*], attendant [*atèndant*].
inserzione, *s.f.* (in giornali) advertisement [*advèrtissment*].
inserzionista, *s.m.* e *f.* advertiser [*adve^{r}tàisa^{r}*].
insetticida, *s.m.* insecticide [*inséctissìd*].
insetto, *s.m.* insect [*insèct*].
insidia, *s.f.* snare [*snèa^{r}*].
insieme, *av.* together [*tughèd^{s}a^{r}*].
insignificante, *ag.* insignificant [*insigh-nìficant*].
insipido, *ag.* tasteless [*tè^{i}stless*].
insistere, *v.* to insist.
insoddisfatto, *ag.* dissatisfied [*dissatisfaid*], discounten-[ted.
insofferente, *ag.* intolerant.

insolazione, *s.f.* sun-stroke [*sun-strouk*].
insolente, *ag.* insolent, pert.
insolito, *ag.* unusual [*aniùsciual*]. [*unpéid*].
insoluto, *ag.* unsolved [*ansàlved*]; (non pagato) unpaid
insolvenza, *s.f.* insolvency [*insòlvensi*].
insomma, *av.* altogether [*oltughèdsar*], afterall [*àftarol*].
insonne, *ag.* sleepless [*slìiples*].
insonnia, *s.f.* sleeplessness [*slìiplesnis*].
insopportabile, *ag.* unbearable [*anbèarab-l*].
insorgere, *v.* to rise [*ràis*], to revolt [*rivòlt*].
insospettabile, *ag.* above suspicion [*ebàv saspìscion*].
insperato, *ag.* unhoped-for [*anhóped-for*].
instabile, *ag.* unsettled [*ansètled*].
installare, *v.* to set up [*set ap*].
instancabile, *ag.* untirable [*antáiarab-l*].
insuccesso, *s.m.* failure [*féiliuar*].
insufficiente, *ag.* insufficient [*insufìscient*].
insultare, *v.* to insult [*insàlt*].
insulto, *s.m.* insult [*ìnsalt*], abuse [*abiùss*].
insuperabile, *ag.* unsurpassable, unbeatable [*anbìtab-l*].
insurrezione, *s.f.* revolt.
intagliare, *v.* to carve [*carv*].
intanto, *av.* meanwhile [*mìnhuàiail*].
intascare, *v.* to pocket [*pòket*].
intatto, *ag.* untouched [*antàced*].
integrale, *ag.* integral [*intìgral*].
integro, *ag.* upright [*apràit*]. [brow [*hàibrau*].
intellettuale, *ag.* e *s.m.* e *f.* intellectual; (spreg.) high-
intelligente, *ag.* intelligent. [*andarstàndin*].
intelligenza, *s.f.* intelligence [*intèligens*], understanding
intempestivo, *ag.* untimely [*antàimeli*].
intendere, *v.* to understand [*andarstànd*] || **intendersi**, *v.r.* (essere esperto) to be expert in; (andare d'accordo) to get along; (mettersi d'accordo) to come to an agreement [*càm tu en agrìiment*].

intenso, *ag.* intense [*intèns*].
intenzione, *s.f.* intention [*inténscion*].
interagire, *v.* to interact.
intercessione, *s.f.* intercession [*intersèscion*].
intercettare, *v.* to intercept.
interessante, *ag.* interesting [*interèstin*].
interesse, *s.m.* interest [*ìnterest*].
interessare, *v.* to interest; (riguardare) to concern [*consérn*] || **interessarsi**, *v.r.* to take an interest in [*téik en ìnterest in*]; (curarsi) to care [*chèar*].
interfono, *s.m.* intercom.
interiore, *s.m.* e *ag.* interior [*intìrioar*].
internazionale, *ag.* international [*internásciònal*].
interno, *s.m.* interior [*intirioar*] || *ag.* internal, inward [*ìnuord*] || **internamente**, *av.* inside [*insàid*].
intero, *ag.* entire [*entàiar*], whole [*houl*].
interprete, *s.m.* e *f.* interpreter [*intèrpretar*].
interrogare, *v.* to question [*question*].
interrogatorio, *s.m.* (*dir.*) examination [*examinéiscion*].
interrompere, *v.* to interrupt [*interàpt*].
interruttore, *s.m.* (elettr.) switcher [*suìcer*].
intervallo, *s.m.* interval [*intervaol*].
intervenire, *v.* to intervene [*intearvin*].
intervento, *s.m.* intervention [*intearvènscion*].
intervista, *s.f.* interview [*intarviù*].
intesa, *s.f.* agreement [*agriiment*].
intestatario, *s.m.* holder [*hóuldar*].
intestato, *ag.* headed [*hádid*]; (*dir.*) intestate [*intesteit*].
intestazione, *s.f.* heading [*hèdin*].
intestino, *s.m.* intestine [*intestain*].
intimità, *s.f.* intimacy [*ìntimassi*].
intimo, *ag.* intimate [*ìntíméit*], close [*clous*].
intirizzito, *ag.* chilled [*cìlled*].
intitolare, *v.* to entitle [*entàit-l*].
intollerabile, *ag.* intolerable [*intòlerab-l*].

intonaco, *s.m.* plaster [*plàsta*^{r}].
intoppo, *s.m.* obstacle [*òbstak-l*], hindrance [*hìndrans*].
intorno, *prep.* about [*ebàut*], around [*eràund*].
intossicazione, *s.f.* poisoning [*pòissonin*].
intralciare, *v.* to obstruct [*obstràct*].
intraprendente, *ag.* enterprising [*enta*^{r}*pràisin*].
intraprendere, *v.* to undertake [*andertè*^{i}*k*].
intrepido, *ag.* intrepid, brave [*brè*^{i}*v*].
intricato, *ag.* intricate [*ìntrichè*^{i}*t*].
intrigante, *s.m.* e *f.* e *ag.* intriguer [*intrìga*^{r}].
intrigo, *s.m.* plot.
introdurre, *v.* to put in, to introduce [*introdiùss*] || **introduzione**, *s.f.* introduction [*introdàksc*^{io}*n*].
introito, *s.m.* profit; takings (*pl.*) [*tè*^{i}*kings*].
introvabile, *ag.* not to be found [*not tu bi faund*].
introverso, *s.m.* introvert.
intrusione, *s.f.* intrusion [*intrùsc*^{io}*n*].
intruso, *s.m.* intruder [*intrùda*^{r}].
intuito, *s.m.*, **intuizione**, *s.f.* intuition [*intuìsc*^{io}*n*], insight [*ìnsàit*].
inumidire, *v.* to moisten [*mòist*^{e}*n*].
inutile, *ag.* useless [*iùsless*].
invadere, *v.* to invade [*invè*^{i}*d*] || **invasione**, *s.f.* invasion [*invè*^{i}*sc*^{io}*n*].
invalido, *ag.* e *s.m.* invalid [*ìnvalid*].
invano, *av.* in vain [*in vèin*].
invecchiare, *v.* (di persone) to grow old [*gro*^{u} *old*]; (di cose) to age [*è*^{i}*g*^{i}].
invece, *av.* instead of [*instèd ov*].
inventare, *v.* to invent [*invènt*] || **invenzione**, *s.f.* invention [*invènsc*^{io}*n*].
invernale, *ag.* wintry [*uìntri*].
inverno, *s.m.* winter [*uìnta*^{r}].
investigare, *v.* to investigate [*investighè*^{i}*t*] || **investigatore**, *s.m.* detective [*ditèktiv*].
investimento, *s.m.* collision [*colìsc*^{io}*n*]; (di soldi) investment [*invèstment*].
investire, *v.* to collide [*colàid*]; (soldi) to invest.
inviare, *v.* to send [*send*].

inviato, *s.m.* (giornalista) correspondent.
invidia, *s.f.* envy [*ènvi*]. || **invidiare**, *v.* to envy [*ènvi*].
invidioso, *ag.* envious [*ènvioas*].
invio, *s.m.* forwarding [*forуòrdin*], shipment [*scìpment*].
invisibile, *ag.* invisible [*invìsib-l*].
invitare, *v.* to invite [*invàit*], to ask (somebody to).
invitato, *s.m.* guest [*ghest*].
invito, *s.m.* invitation [*invitéiscion*].
involontario, *ag.* involuntary.
inzupparsi, *v.* to get drenched [*ghet drènced*].
iodio, *s.m.* iodine [*aiodàin, aiodin*].
ipocrita, *s.m.* e *f.* hypocrite [*hìpocrit*].
ipodermico, *ag.* hypodermic [*hipodèrmic*].
ipoteca, *s.f.* mortgage [*mòrtghigi*].
ipotecare, *v.* to mortgage [*mòrtghigi*].
ipotesi, *s.f.* hypothesis [*hipòdsisis*].
ippica, *s.f.* horse riding [*hors ràidin*].
ippocastano, *s.m.* horse chestnut (tree) [*hòrs cèstnat* (*trii*)].
ippodromo, *s.m.* hippodrome [*hìpodrom*].
ippopotamo, *s.m.* hippopotamus [*hipopòtamas*].
ira, *s.f.* anger [*èngha*r], wrath [*rads*].
iracheno, *ag.* e *s.m.* Iraqi [*iràchi*].
iraniano, *ag.* e *s.m.* Iranian [*irènian*].
irascibile, *ag.* hot-tempered [*hot-tempred*].
irato, *ag.* angry [*èngri*].
irlandese, *ag.* Irish [*àirisci*] || *s.m.* Irishman [*àirisciman*] || *s.f.* Irishwoman [*àirisciuùmen*].
ironia, *s.f.* irony [*àironi*] || **ironico**, *ag.* ironic [*airònic*].
irragionevole, *ag.* unreasonable [*anrìsonab-l*].
irreale, *ag.* unreal [*anrìal*].
irregolare, *ag.* irregular [*irèghiular*].
irremovibile, *ag.* irremovable [*iremùvab-l*].
irreperibile, *ag.* not to be found [*bi fàund*].
irreprensibile, *ag.* blameless [*bléimles*].
irrequieto, *ag.* restless [*rèstless*].

irresponsabile, *ag.* irresponsible [*irespònsib-l*].
irrestringibile, *ag.* unshrinkable [*ansc*i*rincab-l*].
irriconoscibile, *ag.* unrecognisable [*anrecoghnàis*a*b-l*].
irrigare, *v.* to irrigate [*irighé*i*t*].
irritare, *v.* to irritate [*irité*i*t*].
irruzione, *s.f.* irruption [*irràpsc*io*n*].
iscrizione, *s.f.* inscription [*inscrìptsc*io*n*].
islamico, *ag.* Islamic.
isola, *s.f.* island [*àilánd*].
isolante, *s.m.* insulator [*insulé*i*to*r] || *ag.* insulating [*insulè*i*tin*].
isolato, *ag.* isolated [*aisolé*i*t*e*d*] || *s.m.* block (of houses).
ispettore, *s.m.* inspector [*inspèctor*].
israeliano, *ag.* e *s.m.* Israeli [*isré*i*li*].
israelita, *ag.* e *s.m.* e *f.* Israelite [*ìsriela*i*t*].
istantanea, *s.f.* (fotografia) snapshot [*snàpsc*i*ot*].
istantaneo, *ag.* instantaneous [*instante*i*no*a*s*]: *caffè* —, [instant coffee [*i. còfi*].
istante, *s.m.* instant [*ìnstant*].
istanza, *s.f.* petition [*petìsc*io*n*].
isterico, *ag.* hysteric [*histèrik*].
istigare, *v.* to instigate [*instighé*i*t*].
istintivo, *ag.* instinctive [*instìnctiv*].
istinto, *s.m.* instinct.
istituto, *s.m.* institute [*ìnstitiut*].
istitutore, *s.m.* tutor [*tiùto*ar] || **istitutrice**, *s.f.* governess [*gòv*er*ness*].
istmo, *s.m.* isthmus [*ìstmas*].
istruire, *v.* to instruct [*instràct*] || **istruito**, *ag.* learned [*lè*r*n*e*d*].
istruttivo, *ag.* instructive [*instràctiv*].
istruttore, *s.m.* instructor [*instràcto*ar].
istruttoria, *s.f.* judicial inquiry [*giudìsc*i*al inquàia*r*i*].
istruzione, *s.f.* (cultura) education [*ediùchéisc*io*n*]; *istruzioni* (norme) directions [*dirékse*io*ns*].
italiano, *ag.* e *s.m.* Italian.
itinerario, *s.m.* itinerary [*aitìnerari*].
iugoslavo, *ag.* e *s.m.* Yugoslav, Jugoslav.
ivi, *av.* there [*d*s*e*ar].

L

laboratorio, *s.m.* laboratory [*labòratori*].
labbro, *s.m.* lip.
laburista, *ag.* e *s.m.* e *f.* labourist.
lacca, *s.f.* lacquer [*láka*^{r}]; (per capelli) hair spray [*héa*^{r} *sprei*].
lacerare, *v.* to tear to pieces [*tia*^{r} *tu pissis*].
lacerazione, *s.f.* rent.
lacero, *ag.* torn [*t*^{or}*n*], in rags.
lacrima, *s.f.* tear [*tìa*^{r}].
lacrimare, *v.* to water [*uóta*^{r}].
lacuna, *s.f.* gap.
ladro, *s.m.* thief [*d*^{s}*i*^{i}*f*].
laggiù, *av.* down there [*dàun d*^{s}*ea*^{r}].
lagnarsi, *v.* to complain [*compléin*].
lagnanza, *s.f.* complaint [*complé*^{i}*nt*].
lago, *s.m.* lake [*lé*^{i}*k*].
laguna, *s.f.* lagoon [*lagùn*].
laico, *ag.* lay [*lei*].
lamentarsi, *v.r.* to lament [*lamènt*], to complain [*com-pléin*].
lamentela, *s.f.* complaint [*complé*^{i}*nt*].
lamento, *s.m.* lament; (gemito) moaning [*mo*^{u}*nin*].
lametta, *s.f.* (per rasoio) razor blade [*ré*^{i}*so*^{r} *blé*^{i}*d*].
lampada, *s.f.* lamp [*lám*^{p}].
lampadario, *s.m.* chandelier [*c*^{i}*andelìa*^{r}].
lampadina, *s.f.* bulb [*bal*^{b}].
lampeggiare, *v.* to lighten [*làit*^{e}*n*]; (di luce) to flash, to blink.

lampeggiatore, *s.m.* flushing indicator [*flàscin indichéitar*].
lampione, *s.m.* street-lamp [*strìit-lámp*].
lampo, *s.m.* flash of lightning [*flasci ov làitnin*].
lampone, *s.m.* raspberry [*ràspberi*].
lana, *s.f.* wool [*ùul*].
lancetta, *s.f.* hand [*hánd*].
lancia, *s.f.* lance [*lans*].
lanciamissili, **lanciarazzi**, *s.m.* rocket-launcher [*roketlóncia r*].
lanciare, *v.* to fling [*flin*], to launch [*lonci*].
lanciasiluri, *s.m.* torpedo-tube.
lancio, *s.m.* launching [*lóncìin*]; throw [*dsrou*].
languire, *v.* to languish [*lànguisci*].
lanoso, *ag.* wooly [*uùlli*].
lanterna, *s.f.* lantern [*lànte rn*].
lapide, *s.f.* gravestone [*gréivstoun*].
lapsus, *s.m.* slip.
lardo, *s.m.* lard [*làrd*].
larghezza, *s.f.* width [*uìd-ds*]; breadth [*brèd-ds*].
largo, *ag.* broad [*bròd*]; wide [*uàid*].
largamente, *av.* largely [*làrgeli*].
larice, *s.m.* larch [*làrci*].
larva, *s.f.* larva.
lasciapassare, *s.m.* pass.
lasciare, *v.* to leave [*lìiv*], to let; (per testamento) to bequeath [*biquèds*].
lasciarsi, *v.r.* to part.
lascito, *s.m.* legacy [*lègasi*].
lassativo, *ag.* e *s.m.* laxative [*làksativ*].
lassù, *av.* there above [*dsèar ebàv*].
lastra, *s.f.* slab; (metallica) plate [*pléit*].
lastricato, *s.m.* pavement [*péivment*].
latino, *ag.* e *s.m.* Latin [*lètin*].
latitante, *ag.* absconding.
latitudine, *s.f.* latitude [*làtitiud*].
lato, *s.m.* side [*sàid*].

latore, *s.m.* bearer [*bè*^{ar}*a*^{r}].
latrare, *v.* to bark [*ba*^{r}*k*], to yelp [*ièlp*].
latrato, *s.m.* bark [*ba*^{r}*k*].
latrina, *s.f.* lavatory [*làvatori*].
latta, *s.f.* tin [*tin*].
lattina, *s.f.* can [*kén*], tin.
lattaio, *s.m.* milkman [*mìlkmán*], dairyman [*dé*^{i}*rimán*].
latte, *s.m.* milk: — *a lunga conservazione*, long-life [*long-laif*] milk; — *magro*, *intero*, skim, whole [*ho*^{u}*l*] milk.
latteria, *s.f.* dairy [*dé*^{i}*ri*].
lattuga, *s.f.* lettuce [*létis*].
laurea, *s.f.* doctor's degree [*digrìi*].
laureato, *ag.* graduated [*gradué*^{i}*t*^{e}*d*].
lauro, *s.m.* laurel [*lôr*^{e}*l*].
lavabile, *ag.* washable [*uòsc*^{i}*ab-l*].
lavabo, *s.m.* washstand [*uòsc*^{i}*stand*].
lavaggio, *s.m.* washing [*uòsc*^{i}*in*]: — *a secco*, dry washing [*drai uòsc*^{i}*in*].
lavagna, *s.f.* blackboard [*blákbòa*^{r}*d*].
lavanda, *s.f.* lavander [*làvenda*^{r}].
lavapiatti, **lavastoviglie**, *s.f.* dishwasher [*dìsc*^{i}*uòsc*^{i}*a*^{r}].
lavare, *v.*, **lavarsi**, *v.r.* to wash [*uòsc*^{i}].
lavello, *s.m.* sink.
lavorante, *s.m.* e *f.* worker [*uà*^{r}*ka*^{r}], *m.* workman [*uò*^{r}*kman*], *f.* workwoman [*uà*^{r}*kuùman*].
lavorare, *v.* to work [*uà*^{r}*k*]; (trattare) to process [*prósess*]; to manufacture [*manufèkc*^{iu}*a*^{r}].
lavorativo, *ag.* working [*uà*^{r}*kin*].
lavorazione, *s.f.* working [*uà*^{r}*kin*]; processing [*prosèsin*]; manufacture [*maniufèkc*^{iu}*a*^{r}].
lavoro, *s.m.* work [*uà*^{r}*k*].
leale, *ag.* loyal [*lòial*].
lecca lecca, *s.m.* lollipop.
leccare, *v.* to lick.
leccornia, *s.f.* daintiness [*dé*^{i}*ntiness*], titbit.

lecito, *ag.* licit [*lìsit*].
lega, *s.f.* league [*lìigu*]; (di metalli) alloy [*alòi*].
legaccio, *s.m.* (di scarpe) lace [*lèiss*].
legale, *ag.* legal [*lìgal*] || *s.* lawyer [*lôiar*].
legalizzare, *v.* to legalise [*ligalàis*] || **legalizzazione**, *s.f.* legalisation [*ligaliséiscion*].
legare, *v.* to tie [*tài*]; to bind [*bàind*].
legatura, *s.f.* (di libri) binding [*bàindin*].
legge, *s.f.* law [*lô*].
leggenda, *s.f.* legend.
leggere, *v.* to read [*riid*].
leggerezza, *s.f.* lightness [*làitness*].
leggero, *ag.* light [*làit*].
legittimo, *ag.* legitimate [*legìtiméit*].
legna, *s.f.* wood [*uùd*].
legname, *s.m.* timber [*timbar*].
legno, *s.m.* wood [*uùd*].
legumi, *s.m.pl.* vegetables [*vègetabls*].
lente, *s.f.* lens.
lentezza, *s.f.* slowness [*slóuness*].
lenticchia, *s.f.* lentil [*lèntil*].
lentiggine, *s.f.* freckle [*frèkl*].
lentigginoso, *ag.* freckled [*frèkled*].
lento, *ag.* slow [*slóu*].
lenza, *s.f.* fishing-rod [*fiscin-róad*].
lenzuolo, *s.m.* sheet [*sciit*].
leone, *s.m.* lion [*làion*] || **leonessa**, *s.f.* lioness [*làioness*].
leopardo, *s.m.* leopard [*lèpard*].
lepre, *s.f.* hare [*hèar*].
lesso, *s.m.* boiled meat [*bòiled miìt*].
letamaio, *s.m.* dunghill [*dan-hil*].
letame, *s.m.* dung [*dàn*], manure [*maniùr*].
letargo, *s.m.* lethargy [*lèdsargi*].
lettera, *s.m.* letter [*lètar*], — *raccomandata*, registered letter [*règisterd l.*].

letterato, *ag.* learned [*le^{r}n^{e}d*] || *s.* scholar [*scòla^{r}*].
letteratura, *s.f.* literature [*lìteraciu^{ar}*].
lettiga, *s.f.* litter [*lìta^{r}*].
letto, *s.m.* bed, — *a una piazza*, single b. [*sìng-l b.*]; — *matrimoniale*, double b. [*dab-l b.*].
lettore, *s.m.* reader [*rì^{i}da^{r}*].
lettura, *s.f.* reading [*rìidin*].
leucemia, *s.f.* leukaemia [*liukìmi^{a}*].
leva, *s.f.* lever [*lìva^{r}*]; (militare) levy [*lèvi*].
levante, *s.m.* east [*ì^{i}st*]; (vento) east wind [*i. uìnd*].
levare, *v.* to take away [*té^{i}k aué^{i}*].
levarsi, *v.* to rise [*ràis*], to get up [*ghet ap*].
levatrice, *s.f.* midwife [*miduàif*].
levigato, *ag.* smooth [*smùud^{s}*].
levriere, *s.m.* greyhound [*greihàund*].
lezione, *s.f.* lesson [*lèss^{o}n*].
là, **lì**, *av.* there [*d^{s}èa^{r}*].
libbra, *s.f.* pound [*pàund*].
libeccio, *s.m.* south-west wind [*sàud^{s} uèst uìnd*].
libellula, *s.f.* dragonfly [*dràgo^{u}nflài*].
liberale, *ag.* e *s.m.* liberal [*lìberal*].
liberare, *v.* to free [*frì^{i}*].
libero, *ag.* free [*frì^{i}*].
libertà, *s.f.* liberty [*lìberti*], freedom [*frì^{i}d^{o}m*].
libico, *ag.* Libyan.
libraio, *s.m.* bookseller [*bu^{u}ksèla^{r}*].
libreria, *s.f.* bookseller's shop [*bu^{u}ksèla^{r}s sc^{i}òp*]; (mobile) bookcase [*bu^{u}kché^{i}s*].
libro, *s.m.* book [*bu^{u}k*].
licenza, *s.f.* licence [*làisens*]; (militare) furlough [*fa^{r}lo^{u}*].
licenziare, *v.* to dismiss, to sack [*sák*] || **licenziamento**, [*s.m.* dismissal.
lido, *s.m.* beach [*bì^{i}c^{i}*].
lieto, *ag.* merry [*méri*], gay [*ghé^{i}*].
lieve, *ag.* light [*làit*], trifling [*traiflin*].
lievito, *s.m.* yeast [*ì^{i}st*].

lima, *s.f.* file [*fàil*].
limitare, *v.* to limit [*limit*].
limite, *s.m.* limit.
limonata, *s.f.* lemonade [*lèmonéid*].
limone, *s.m.* lemon [*lèmon*].
limpido, *ag.* limpid [*lìmpid*].
linea, *s.f.* line [*làin*].
lineamenti, *s.m.pl.* features [*ficiuars*].
lineetta, *s.f.* dash [*dèsci*]; (tra due parole) hyphen [*hàifen*].
lingua, *s.f.* tongue [*tongh*]; (idioma) language [*lánguigi*].
linguaggio, *s.m.* language [*lánguigi*].
lino, *s.m.* flax [*flax*].
liofilizzato, *ag.* freeze-dried [*frììs-dràid*].
liquefare, *v.* to melt.
liquidare, *v.* to liquidate [*lìquideit*]; (società) to wind up [*uàind ap*]; (pagare conti) to settle [*setl*].
liquidazione, *s.f.* (di fine lavoro) severance-pay [*sèverans pei*].
liquido, *ag.* e *s.m.* liquid.
liquore, *s.m.* liqueur [*licar*].
lira, *s.f.* (moneta) lira.
liscio, *ag.* smooth [*smuuds*].
liso, *ag.* threadbare [*dsrèdbear*], worn-out [*uórn-aut*].
lista, *s.f.* list.
listino, *s.m.* list: — *dei prezzi*, price list [*pràis l.*].
lite, *s.f.*, **litigio**, *s.m.* dispute [*dispiùt*], quarrel [*quòrrel*].
litigare, *v.* to quarrel [*quòrrel*].
litro, *s.m.* litre [*litar*].
livello, *s.m.* level: *passaggio a* —, level crossing [*lèvel cròssin*].
livido, *ag.* livid || *s.m.* bruise [*brùus*].
livrea, *s.f.* livery [*lìveri*].
locale, *ag.* local [*lócal*] || *s.m.* room [*ruum*], (*pl.*) premises [*prèmisis*].
locanda, *s.f.* inn.
locandina, *s.f.* playbill [*pléibil*].
locomotiva, *s.f.* locomotive [*locomótiv*], engine [*èngin*].

lodare, *v.* to praise [*préis*].
lode, *s.f.* praise [*préis*].
loggione, *s.m.* upper gallery [*àpar gàleri*].
logorare, *v.* to wear out [*uèar àut*].
logorio, *s.m.* wear and tear [*uèar and tiar*].
logoro, *ag.* worn-out [*uòrn àut*].
lombata, *s.f.* sirloin [*serlòin*], rumpsteak [*ràmpstek*].
longitudine, *s.f.* longitude [*lòngitud*].
lontano, *ag.* distant [*dìstant*], far || *av.* off, far away [*auéi*].
lordo, *ag.* dirty [*derti*]; *peso* —, gross weight [*uéit*].
lotta, *s.f.* struggle [*strag-l*]; (sport) wrestling [*rèstlin*].
lottare, *v.* to struggle [*strag-l*]; (sport) to wrestle [*rèstl*].
lotteria, *s.f.* lottery [*lòteri*].
lottizzare, *v.* to lot.
lotto, *s.m.* (gioco) state lottery [*stéit lòteri*];(porzione) lot.
lozione, *s.f.* lotion [*lóuscion*].
lubrificante, *s.m.* lubricant.
lucchetto, *s.m.* padlock.
luccicare, *v.* to glitter [*ghlitar*].
luccio, *s.m.* pike [*pàik*].
lucciola, *s.f.* firefly [*fàiarflài*].
luce, *s.f.* light [*làit*].
lucente, *ag.* shining [*sciàinin*], bright [*bràit*].
lucentezza, *s.f.* brightness [*bràitness*].
lucertola, *s.f.* lizard [*lìsard*].
lucidare, *v.* to polish [*pòlisci*].
lucidatrice, *s.f.* floor polisher [*flôar polisciar*].
lucido, *ag.* bright [*bràit*] || *s.m.* polish [*pòlisci*].
lucignolo, *s.m.* wick [*uìk*].
lucrativo, **lucroso**, *ag.* lucrative [*lùcrativ*].
luglio, *s.m.* July [*giulài*].
lugubre, *ag.* gloomy [*glùmi*], lugubrious [*lugàbrioas*].
lumaca, *s.f.* snail [*snèil*].
lume, *s.m.* light [*làit*].
luminaria, *s.f.* illumination [*illiuminéiscion*].

luna, *s.f.* moon [*mu^{u}n*]; *chiaro di —*, moonlight [*mu^{u}n-làit*]; *— di miele*, honeymoon [*hònimu^{u}n*].
lunapark, *s.m.* funfair [*fanfèa^{r}*].
lunedì, *s.m.* Monday [*màndi*].
lunghezza, *s.f.* length [*lengd^{s}*].
lungo, *ag.* long || *prep.* along.
lungolago, *s.m.* lake-front [*le^{i}k-frant*].
lungomare, *s.m.* sea-front [*sii-frant*].
lungamente, *av.* a long time [*e long tàim*].
luogo, *s.m.* place [*plé^{i}ss*].
luogotenente, *s.m.* lieutenant [*leftènant*].
lupo, *s.m.* wolf [*uùf*].
lurido, *ag.* foul [*fàul*].
lusingare, *v.* to flatter [*flàta^{r}*].
lusinghiero, *ag.* flattering [*flàterin*].
lussazione, *s.f.* dislocation [*dislochéisc^{io}n*].
lusso, *s.m.* luxury [*làksciari*].
lussuoso, *ag.* luxury (attr.) [*láksciari*].
lustrare, *v.* to polish [*pòlisc^{i}*].
lustrascarpe, *s.m.* shoeblack [*sciublèk*]; (*amer.*) shoe-shine [*sciù-scià^{i}n*].
lutto, *s.m.* mourning [*mó^{ur}nin*].

M

ma, *cong.* but [*bat*].
maccheroni, *s.m.pl.* macaroni.
macchia, *s.f.* spot, stain [*sté*^{i}*n*].
macchiare, *v.* to spot, to stain [*sté*^{i}*n*].
macchina, *s.f.* machine [*mascìn*], engine [*èngin*]; (auto) car [*ca*^{r}].
macchinario, *s.m.* machinery [*mascìneri*].
macchinista, *s.m.* e *f.* engine driver [*èngin dràiva*^{r}].
macellaio, *s.m.* butcher [*bùtc*^{i}*a*^{r}].
macelleria, *s.f.* bucher's shop [*bùtc*^{i}*a*^{r}*s sc*^{i}*òp*].
macello, *s.m.* slaughterhouse [*slòta*^{r}*hàus*].
macerie, *s.f.pl.* ruins [*rùins*].
macigno, *s.m.* big stone [*stò*^{u}*n*], rock.
macina, *s.f.* millstone [*stò*^{u}*n*].
macinacaffè, *s.f.* coffee mill [*còffi m.*], coffee-grinder [*gràinda*^{r}].
macinapepe, *s.m.* pepper mill [*pèpa*^{r} *m.*], pepper grinder [*p. gràinda*^{r}].
macinare, *v.* to grind [*gràind*].
macinino, *s.m.* grinder [*gràinda*^{r}], mill: — *da caffè*, coffee [*còffi*] mill; (vecchia automobile) crock.
macrobiotica, *s.f.* macrobiotics.
madonna, *s.f.* our Lady [*àua*^{r} *lédi*]; (pitt.) Madonna.
madre, *s.f.* mother [*mòd*^{s}*a*^{r}].
madrelingua, *s.f.* mother tongue [*mòd*^{s}*a*^{r} *tangh*].
madrepatria, *s.f.* mother country [*mòd*^{s}*a*^{r} *cantri*], native land [*nètiv lènd*].
madreperla, *s.f.* mother-of-pearl [*mòd*^{s}*a*^{r} *ov pe*^{r}*l*].

madrina, *s.f.* godmother [*godmòd*^{s}*a*^{r}].
maestà, *s.f.* majesty [*màgesti*].
maestoso, *ag.* majestic [*magèstic*].
maestra, *s.f.* schoolmistress [*scu*^{u}*lmìstress*].
maestrale, *s.m.* (vento) north-west wind [*nord*^{s} *uèst uìnd*].
maestranze, *s.f.pl.* workers [*ua*^{r}*ka*^{r}*s*].
maestria, *s.f.* skill, cleverness [*clève*^{r}*ness*].
maestro, *s.m.* schoolmaster [*scù*^{u}*l màsta*^{r}]; — *di sci*, ski instructor [*s. instràcta*^{r}].
maga, *s.f.* sorceress [*sò*^{r}*seress*].
magazziniere, *s.m.* store keeper [*sto*^{ar}*kiipa*^{r}], warehouse keeper [*uea*^{r}*hàus k.*].
magazzino, *s.m.* warehouse [*uea*^{r}*hàus*], storehouse [*sto*^{ar}-*hàus*].
maggio, *s.m.* May [*mé*^{i}].
maggioranza, *s.f.* majority [*magiòriti*].
maggiordomo, *s.m.* butler [*bàtla*^{r}].
maggiore, *s.m.* (grado militare) major [*mégio*^{r}] || *ag.* greater [*gréta*^{r}]; (più vecchio) (fra due) elder; (fra molti) eldest.
maggiorenne, *ag.* of age [*ov ég*^{i}].
magia, *s.f.* magic.
magico, *ag.* magic(al).
magistrato, *s.m.* magistrate [*màgistré*^{i}*t*].
maglia, *s.f.* (punto) stitch [*stic*^{i}]; — *dritta, rovescia*, plain, purl stitch [*plein, pó*^{r}*l s.*]; *lavorare a* —, to knit [*nìt*]; (indumento) vest.
magliaia, *s.f.* knitter [*nìtta*^{r}].
maglieria, *s.f.* hosiery [*hòsieri*].
maglietta, *s.f.* jumper [*giampa*^{r}]; (intima) vest.
maglificio, *s.m.* knitwear factory [*nituèa*^{r} *factori*].
maglione, *s.m.* pullover, sweater [*suèta*^{r}].
magnetismo, *s.m.* magnetism [*màgh-netism*].
magnetofono®, *s.m.* tape recorder [*téip recó*^{r}*da*^{r}].
magnifico, *ag.* magnificent [*magh-nìfissent*].

magnolia, *s.f.* magnolia [*magh-nòlia*].
mago, *s.m.* magician [*magìssian*], sorcerer [*sòrsa^{r}a^{r}*].
magro, *ag.* lean [*lì^{i}n*], thin [*d^{s}in*]; *mangiar di* —, to abstain from meat [*abstèin from miit*].
mai, *av.* never [*nèva^{r}*], ever [*èva^{r}*].
maiale, *s.m.* pig; *carne di* —, pork.
maiolica, *s.f.* majolica [*magiolica*].
maionese, *s.f.* mayonnaise [*maionès*].
mais, *s.m.* maize [*me^{i}s*], Indian corn [*I. cò^{r}n*].
maiuscola (lettera) *ag.* e *s.f.* capital letter [*càpital lètta^{r}*].
malafede, *s.f.* bad faith [*bèd fèd^{s}*].
malanno, *s.m.* misfortune [*misfòrciun*]; (malattia) illness [*ìlness*].
malato, *ag.* ill, sick || *s.m.* patient [*pé^{i}scient*].
malattia, *s.f.* illness [*ilnèss*], disease [*disìs*], sickness.
malaugurio, *s.m.* illomen.
malavoglia, *s.f.* badwill [*bèduìl*].
maldicenza, *s.f.* slander [*slàndar*].
male, *s.m.* mischief [*miss-cìif*], harm [*ha^{r}m*], pain [*pé^{i}n*], evil, ill || *av.* ill, badly [*badlì*].
maledetto, *ag.* cursed [*ca^{r}s^{e}d*].
maledire, *v.* to curse [*ca^{r}s*].
maledizione, *s.f.* malediction [*maledìksc^{io}n*].
maleducato, *ag.* ill-bred.
malessere, *s.m.* indisposition [*ìndisposìsc^{io}n*].
malgoverno, *s.m.* misgovernment [*misgàv^{r}nment*].
malgrado, *prep.* in spite of [*in spàit ov*].
malinconia, *s.f.* melancholy [*melàncoli*].
malincuore (a), unwillingly [*anuìllingli*].
malinteso, *s.m.* misunderstanding [*misanda^{r}stándin*].
malizioso, *ag.* malicious [*malìsci^{o}as*].
malore, *s.m.* faintness.
malsano, *ag.* unhealthy [*anhèld^{s}i*].
maltempo, *s.m.* bad weather [*bèd uèd^{s}a^{r}*].
maltrattare, *v.* to ill-use [*iùs*], to ill-treat [*trì^{i}t*] || **maltrattamento**, *s.m.* ill-treatment [*ill-trììtm^{e}nt*].

malumore, *s.m.* bad mood [*bád mùud*]; *essere di* —, to have the blues [*hev d*^{s}*i blus*].
malva, *s.f.* mallow [*mèlo*^{u}].
malvagio, *ag.* wicked [*uìked*] || **malvagità**, *s.f.* wickedness [*uìk*^{e}*dness*].
malvestito, *ag.* shabby [*sciébi*]; (senza gusto) badly dressed [*bàdli drès*^{e}*d*].
malvisto, *ag.* unpopular [*anpòpiula*^{r}].
malvolentieri, *av.* unwillingly [*anuìlingli*].
mamma, *s.f.* mama, mum [*mam*].
mancanza, *s.f.* want [*uònt*], lack [*lác*].
mancare, *v.* to lack [*làc*], to be lacking; (non esserci) not to be; (sentire la mancanza) to miss.
mancia, *s.f.* tip.
mancino, *ag.* left handed [*hánd*^{e}*d*].
mandarancio, *s.m.* clementine [*clémenta*^{i}*n*].
mandare, *v.* to send.
mandarino, *s.m.* (frutta) tangerine [*tàngerin*].
mandato, *s.m.* (*dir.*) warrant [*uórant*].
mandibola, *s.f.* jaw [*giô*].
mandolino, *s.m.* mandolin(e).
mandorla, *s.f.* almond [*àmond*].
maneggiare, *v.* to handle [*hánd-l*].
mangiare, *v.* to eat [*i*^{i}*t*].
maneggio, *s.m.* riding track [*ràidin t*^{r}*àc*].
manette, *s.f.pl.* hand cuffs [*hándcafs*].
manganello, *s.m.* cudgel [*càg*^{i}*-l*].
mangiadischi®, *s.m.* portable record player [*pórtab-l rèco*^{r}*d plè*^{i}*a*^{r}].
mangianastri®, *s.m.* cassette player [*casèt plè*^{i}*a*^{r}].
mania, *s.f.* mania [*mània*].
manica, *s.f.* sleeve [*slìiv*].
manico, *s.m.* handle [*hánd-l*].
manicomio, *s.m.* (lunatic)asylum [(*lùnatic*)*asàilam*].
maniera, *s.f.* manner [*màna*^{r}], way [*ué*^{i}].
manifestante, *s.m.* e *f.* demonstrator.

manifestino, *s.m.* leaflet [*lìflet*].
manifesto, *s.m.* poster [*pósta*^{r}].
maniglia, *s.f.* handle [*hánd-l*].
mano, *s.f.* hand [*hánd*].
manodopera, *s.f.* labour [*lé*^{i}*ba*^{r}], manpower [*mienpáua*^{r}].
manoscritto, *s.m.* manuscript [*mànuscript*].
manovella, *s.f.* handle [*hánd-l*].
manovra, *s.f.* manoeuvre [*manôvr*].
mansarda, *s.f.* penthouse [*pentauss*].
mantella, *s.f.*, **mantello**, *s.m.* cloak [*cló*^{u}*k*].
mantenere, *v.* to maintain [*mantè*^{i}*n*], to keep [*kiip*].
manto, *s.m.* mantle [*mant-l*]; (di cavalli) coat [*co*^{u}*t*].
manuale, *s.m.* (libro) handbook [*hánd buuk*] manual.
manubrio, *s.m.* (di bicicletta) handlebar [*hánd-lba*^{r}].
manufatto, *s.m.* manufactured article [*maniufèkc*^{i}*ua*^{re}*d-àrtic-l*].
manutenzione, *s.f.* upkeep [*apkìip*].
manzo, *s.m.* (vivo) ox, *pl.* oxen; (carne) beef [*biif*]; — *bollito*, boiled beef [*boild bìif*]; *bistecca di* —, beefsteak [*bìifstek*].
mappa, *s.f.* map [*máp*].
marca, *s.f.* brand [*bránd*]; (scontrino) token, (amer.) check [*cèk*]; — *da bollo*, revenue stamp [*rèviniu stámp*].
marcare, *v.* to mark [*ma*^{r}*k*].
marchio, *s.m.* brand [*bránd*]; — *di fabbrica*, trademark [*tre*^{i}*dmark*].
marcia, *s.f.* march [*màrc*^{i}].
marciapiede, *s.m.* pavement [*pé*^{i}*vment*], sidewalk [*sàiduôk*].
marciare, *v.* to march [*ma*^{r}*c*^{i}].
marcio, *ag.* rotten [*rot*^{e}*n*].
marcire, *v.* to rot.
marco, *s.m.* (moneta) mark.
mare, *s.m.* sea [*sii*].
marea, *s.f.* tide [*tàid*].
maresciallo, *s.m.* marshal [*mà*^{r}*scial*].
margarina, *s.f.* margarine [*mà*^{r}*garin*].
margherita, *s.f.* daisy [*dé*^{i}*si*].
margine, *s.m.* margin [*mà*^{r}*gin*].

marina, *s.f.* navy [*névi*].
marinaio, *s.m.* sailor [*sé*^{i}*lo*^{r}].
marino, *ag.* marine [*marìn*].
marionetta, *s.f.* marionette [*marionèt*].
marito, *s.m.* husband [*hàsband*].
marittimo, *ag.* maritime [*màritim*].
marmellata, *s.f.* jam [*gièm*]; marmalade [*mà*^{r}*mlé*^{i}*d*].
marmitta, *s.f.* pot; (per auto) silencer [*silènsa*^{r}], muffler [*màfla*^{r}].
marmo, *s.m.* marble [*mà*^{r}*b-l*].
marmotta, *s.f.* marmot [*mà*^{r}*mot*].
martedì, *s.m.* Tuesday [*ciùsde*^{i}].
martello, *s.m.* hammer [*hàm*^{ar}].
martire, *s.m.* martyr [*mà*^{r}*tir*].
martora, *s.f.* marten [*mà*^{r}*ten*].
marzo, *s.m.* March [*ma*^{r}*c*^{i}].
mascella, *s.f.* jaw [*giò*].
maschera, *s.f.* mask.
maschile, *ag.* male [*mé*^{i}*l*].
maschio, *s.m.* male [*mé*^{i}*l*].
massa, *s.f.* mass [*máss*].
massacro, *s.m.* massacre [*màssaca*^{r}].
massaggiatore, *s.m.* masseur [*masé*^{ar}] || **massaggiatrice**, *s.f.* masseuse [*masôs*].
massaggio, *s.m.* massage [*màssag*^{i}].
massaia, *s.f.* housewife [*hàusuàif*].
massiccio, *ag.* massive [*màssiv*].
massimo, *s.m.* maximum.
masso, *s.m.* block.
mastello, *s.m.* tub [*tab*].
masticare, *v.* to masticate [*mastiché*^{i}*t*], to chew [*ciù*].
mastino, *s.m.* mastiff [*màstif*].
matassa, *s.f.* skein [*skèin*].
matematica, *s.f.* mathematics [*mad*^{s}*imátics*].
materassino, *s.m.* (inflatable) rubber mattress [(*inflé*^{i}*tab-l*) *ràba*^{r} *màtress*].

materasso, *s.m.* mattress [*màtress*].
materia, *s.f.* matter [*máta*^{r}]; (d'insegnamento) subject [*sàbgect*].
materiale, *ag.* e *s.m.* material.
matita, *s.f.* pencil [*pènsil*].
matricola, *s.f.* (all'università) freshman [*fresc*^{i}*mán*].
matrigna, *s.f.* stepmother [*stepmòd*^{s}*a*^{r}].
matrimonio, *s.m.* marriage [*màriag*^{i}], wedding [*uèdin*].
matterello, *s.m.* rolling pin.
mattina, *s.f.* morning [*mo*^{r}*nin*].
mattiniero, *ag.* early riser [*ö*^{r}*li ràisa*^{r}].
matto, *ag.* mad || *s.m.* madman [*mádmán*].
mattone, *s.m.* brick.
mattonella, *s.f.* tile [*tail*].
maturo, *ag.* ripe [*ràip*]; (fig.) mature [*maciùa*^{r}].
mazza, *s.f.* club [*clab*].
mazzo, *s.m.* bunch [*bànc*^{i}].
meccanica, *s.f.* mechanics [*mecànics*].
meccanico, *ag.* mechanical || *s.m.* mechanic.
medaglia, *s.f.* medal [*mìdal*].
medesimo, *ag.* e *s.m.* same [*sé*^{i}*m*].
media, *s.f.* average [*àv*^{e}*re*^{i}*g*].
mediante, *prep.* through [*d*^{s}*ru*], by means of [*bai miins ov*].
mediatore, *s.m.* broker [*bròka*^{r}] || **mediazione**, *s.f.* brokerage [*brókere*^{i}*g*^{i}].
medicare, *v.* to medicate [*mediché*^{i}*t*] || **medicazione**, *s.f.* medication [*medichéisc*^{io}*n*].
medicina, *s.f.* medicine [*médisin*].
medico, *s.m.* doctor.
mediocre, *s.m.* second-rate [*s. re*^{i}*t*], poor [*pùa*^{r}].
meditare, *v.* to meditate [*medité*^{i}*t*].
mediterraneo, *ag.* mediterranean [*mediterénian*].
medusa, *s.f.* jellyfish [*g*^{i}*èlifisc*^{i}].
megafono, *s.m.* megaphone [*megafôn*].
meglio, *ag.* e *s.m.* better [*bèta*^{r}].

mela, *s.f.* apple [*àp-l*].
melacotogna, *s.f.* quince [*quìnz*].
melagrana, *s.f.* pomegranate [*pomgrenèit*].
melanconia, *s.f.* melancholy [*mèlancoli*].
melanzana, *s.f.* aubergine [*òbargin*].
melma, *s.f.* mire [*màiar*].
melo, *s.m.* apple-tree [*áp-l trìi*].
melodia, *s.f.* melody [*mèlodi*].
melone, *s.m.* melon.
membro, *s.m.* member || **membra**, *s.f.pl.* limbs [*lims*].
memoria, *s.f.* memory [*mèmori*]; *imparare a* —, to learn by heart [*lern bai hart*].
memorizzare, *v.* to memorize [*mémorais*].
mendicare, *v.* to beg.
mendicante, *s.m.* e *f.* beggar [*bègar*].
meno, *av.* less.
mensa, *s.f.* mess.
mensile, *ag.* monthly [*màndsli*].
menta, *s.f.* mint.
mente, *s.f.* mind [*màind*].
mentire, *v.* to lie [*lai*].
mento, *s.m.* chin [*cin*].
mentre, *av.* while [*huàil*].
meraviglia, *s.f.* wonder [*uàndar*] || **meraviglioso**, *ag.* wonderful.
meravigliarsi, *v.* to wonder [*uàndar*].
mercante, *s.m.* merchant [*mèrciant*].
mercantile, *ag.* mercantile [*mercantàil*].
mercanzia, *s.f.* merchandise [*merciandàis*].
mercato, *s.m.* market [*màrchet*].
merce, *s.f.* goods [*gùuds*].
merceria, *s.f.* haberdashery [*haberdàsceri*].
mercoledì, *s.m.* Wednesday [*uèdnesdei*].
merenda, *s.f.* snack.
meridiana, *s.f.* sundial [*sandàial*].
meridiano, *s.m.* meridian [*merìdian*].

meridionale, *ag.* southern [*sàd^{s}a^{r}n*].
meringa, *s.f.* meringue [*merìngh^{u}*].
meritare, *v.* to deserve [*dise^{r}v*]. || **merito**, *s.m.* merit [*mèrit*].
merletto, *s.m.* lace [*lé^{i}ss*].
merlo, *s.m.* blackbird [*blákbe^{r}d*].
merluzzo, *s.m.* cod.
mescolare, *v.* to mix.
mese, *s.m.* month [*mand^{s}*].
messa, *s.f.* mass; — *cantata*, high m. [*hài m.*].
messaggio, *s.m.* message [*mèssag^{i}*].
messe, *s.f.* harvest, crop.
messicano, *ag.* e *s.m.* Mexican [*mèksican*].
mestiere, *s.m.* trade [*tré^{i}d*].
mestolo, *s.m.* ladle [*lé^{i}d-l*].
méta, *s.f.* goal [*go^{a}l*].
metà, *s.f.* half [*haf*].
metallo, *s.m.* metal [*mèta^{u}l*].
metano, *s.m.* methane [*mèd^{s}é^{i}n*].
meteorologico, *ag.* meteorological, weather [*uèd^{s}a^{r}*], *bollettino* —, weather report.
metodo, *s.m.* method [*mèd^{s}od*].
metro, *s.m.* metre [*mìta^{r}*]: — *quadro*, *cubo*, square, cubic metre [*skuèa^{r}*, *chiùbic m.*].
metronotte, *s.m.* night watchman [*na^{i}t uòc^{i}man*].
metropolitana, *s.f.* underground [*andergràund*], tube [*tiùb*]; (amer.) subway [*sabuéi*].
metropolitano, *ag.* metropolitan [*metropòlitan*].
mettere, *v.* to put || **mettersi**, *v.r.* to put on.
mezzanotte, *s.f.* midnight [*midnàit*].
mezzo, *s.m.* middle [*mìd-l*]; half [*haf*]; means [*mìins*].
mezzogiorno, *s.m.* midday [*mid-dé^{i}*], noon [*nuun*]; (sud), south [*sàud^{s}*].
microfono, *s.m.* microphone [*màicrofo^{u}n*], mike [*màik*].
microonda, *s.f.* microwave [*màicroue^{i}v*], *forno a microonde*, microwave oven.

microscopio, *s.m.* microscope [*màicroscop*].
miele, *s.m.* honey [*hòne*^{i}].
mietere, *v.* to reap [*riip*].
mietitura, *s.f.* harvest [*hà*^{r}*v*^{e}*st*].
migliaio, *s.m.* thousand [*d*^{s}*àusand*].
miglio, *s.m.* (misura) mile [*màil*].
migliorare, *v.* to improve [*imprùv*], to get better [*ghet bèta*^{r}].
migliore, *ag.* better [*bèta*^{r}]; *il* —, the best.
miglioria, *s.f.* improvement [*imprùvment*].
mignolo, *s.m.* little finger [*lit-l fingha*^{r}].
miliardo, *s.m.* a thousand millions [*a d*^{s}*àusand m.*], milliard; (amer.) billion.
milione, *s.m.* million.
militare, *s.m.* military man [*mìlitari màn*] || *ag.* military.
mille, *s.m.* thousand [*d*^{s}*àusand*].
milza, *s.f.* spleen [*splìin*].
mina, *s.f.* mine [*ma*^{i}*n*].
minaccia, *s.f.* threat [*d*^{s}*rèt*].
minacciare, *v.* to threaten [*d*^{s}*rèt*^{e}*n*].
minatore, *s.m.* miner [*màina*^{r}].
minerale, *s.m.* mineral [*mìneral*], ore [*òa*^{r}] || *ag.* mineral.
minestra, *s.f.* soup [*sup*].
minestrone, *s.m.* soup with rice, greens and vegetables [*sup uìd*^{s} *ràis, griins ánd vèget*^{a}*bls*].
miniera, *s.f.* mine [*màin*].
minigonna, *s.f.* miniskirt.
minimo, *ag.* smallest [*smòlest*] || *s.m.* minimum.
ministero, *s.m.* ministry [*mìnistri*].
ministro, *s.m.* minister [*mìnista*^{r}].
minoranza, *s.f.* minority [*minòriti*].
minore, *ag.* less, smaller; *il minore*, the smallest [*smòlest*] || *s.m.* minor [*màino*^{r}].
minorenne, *ag.* under age [*ànda*^{r} *é*^{i}*gi*].
minuto, *s.m.* minute [*mìnit*].
miope, *ag.* e *s.m.* e *f.* shortsighted [*sciò*^{r}*tsàited*].

mira, *s.f.* aim [*é^{i}m*].
miracolo, *s.m.* miracle [*mìrac-l*].
mirare, *v.* to aim at [*é^{i}m át*].
mirtillo, *s.m.* bilberry [*bìlberi*].
miscela, *s.f.*, **miscuglio**, *s.m.* mixture [*mìxciu^{ar}*].
mischiare, *v.* to mix.
miseria, *s.f.* misery [*mìseri*]; (dolore) distress [*distrèss*].
misericordia, *s.f.* mercy [*mèrsi*].
misero, *ag.* miserable [*mìser^{a}b-l*].
missile, *s.m.* missile [*mìsa^{i}l*].
missionario, *s.m.* missionary [*mìsc^{io}n^{a}ri*].
mistero, *s.m.* mystery [*mìsteri*].
misto, *ag.* mixed [*mixt*].
misura, *s.f.* measure [*mèsc^{i}u^{ar}*].
misurare, *v.* to measure [*mèsc^{i}u^{ar}*].
mite, *ag.* mild [*màild*].
mitragliare, *v.* to machinegun [*mascìngan*].
mitragliatrice, *s.f.* machinegun [*mascìngan*].
mittente, *s.m.* e *f.* sender [*sènda^{r}*].
mobile, *s.m.* piece of furniture [*piss ov fàrniciu^{ar}*].
mobilio, *s.m.* furniture [*fàrniciu^{ar}*].
moda, *s.f.* fashion [*fásc^{io}n*].
modalità, *s.f.* modality [*modàliti*].
modello, *s.m.* model [*mó^{u}del*].
moderare, *v.* to moderate [*mòderé^{i}t*].
moderato, *ag.* moderate [*mòderé^{i}t*].
modernizzare, *v.* to modernize [*mode^{r}nàis*].
moderno, *ag.* modern [*móde^{r}n*].
modesto, *ag.* modest [*módest*].
modificare, *v.* to modifiy [*modifài*].
modifica, *s.f.* alteration [*olteré^{i}sc^{io}n*].
modista, *s.f.* milliner [*mìlina^{r}*].
modo, *s.m.* way [*ué^{i}*], manner [*màna^{r}*].
modulo, *s.m.* form [*fo^{r}m*].
mogano, *s.m.* mahogany [*mahògani*].

moglie, *s.f.* wife [*uàif*].
molare, *v.* to grind [*gràind*].
mole, *s.f.* mass [*máss*]; (dimensione) size [*saìs*].
molestare, *v.* to molest, to annoy [*anòi*].
molla, *s.f.* spring [*sprìngh*].
molle, *ag.* soft || *s.f.pl.* tongs [*tonghs*], — *per zucchero*, sugar [*sciùga*^{r}] tongs.
molletta, *s.f.* (per bucato) clothes peg [*clòd*^{s}*s pegh*]; (per capelli) hairpin [*hea*^{r}*pin*]; (per lo zucchero) sugar tongs [*sciùga*^{r} *tonghs*].
mollica, *s.f.* crumb [*cram*^{b}].
molo, *s.m.* pier [*pìa*^{r}], wharf [*uò*^{r}*f*].
moltiplicare, *v.* to multiply [*maltiplài*] || **moltiplicazione**, *s.f.* multiplication [*maltipliché*^{i}*sc*^{io}*n*].
molto, *ag.* a lot of; (solo sing.) much; (solo pl.) many || *av.* very; (con compar.) much.
momentaneo, *ag.* temporary.
momento, *s.m.* moment [*mòment*].
monaco, *s.m.* monk || **monaca**, *s.f.* nun [*nan*].
monastero, *s.m.* monastery [*mònasteri*].
mondo, *s.m.* world [*uò*^{r}*ld*].
mondovisione, *s.f.* world vision [*uò*^{r}*ld visc*^{io}*n*].
monello, *s.m.* urchin [*àrcin*]; (scherz.) little rascal [*lit-l r.*].
moneta, *s.f.* coin [*cóin*]; currency [*càrensi*].
monolocale, *s.m.* one-room flat [*uan-ruum flát*]; (amer.) studio apartment.
montaggio, *s.m.* assemblage [*asèmblig*^{i}]; (di film) editing.
montagna, *s.f.* mountain [*màunte*^{i}*n*].
montanaro, *s.m.* mountaineer [*mauntanìa*^{r}].
montare, *v.* to mount [*màunt*]; to get on.
monte, *s.m.* mountain [*màunte*^{i}*n*]; (seguito dal nome) mount [*màunt*].
montepremi, *s.m.* prize money [*pràiss màni*].
montone, *s.m.* ram.
monumento, *s.m.* monument [*mòniument*].

moquette, *s.f.* wall-to-wall carpet [*uol tu uol cà^{r}pet*].
morale, *ag.* moral [*mòral*] || *s.f.* morals || *s.m.* spirit: *essere giù di* —, to feel blue [*fiil bliu*]; *essere su di* —, to be in good mood [*bi in gùud mùud*].
morbido, *ag.* soft.
morbillo, *s.m.* measles (pl.) [*misls*].
morboso, *ag.* morbid [*mòrbid*].
mordere, *v.* to bite [*bàit*].
morire, *v.* to die [*dài*].
mormorare, *v.* to wisper [*uìspa^{r}*].
mormorio, *s.m.* murmur; (bisbiglio) whispering [*uìspe-rin*].
morso, *s.m.* bite [*bàit*].
mortale, *ag.* deadly [*dèdli*] || **mortalità**, *s.f.* mortality [*mortàliti*].
morte, *s.f.* death [*dèd^{s}*].
morto, *ag.* dead [*dèd*].
mosaico, *s.m.* mosaic.
mosca, *s.f.* fly [*flài*].
moscato, *s.m.* muscatel.
mosso, *ag.* (di mare) rough [*raf*]; (foto) blurred [*blô^{re}d*].
mostarda, *s.f.* mustard [*màsta^{r}d*].
mostra, *s.f.* show [*sció^{u}*].
mostrare, *v.* to show [*sció^{u}*].
mostro, *s.m.* monster [*mònsta^{r}*].
mostruoso, *ag.* monstruous [*mònstrio^{a}s*].
motivo, *s.m.* motive [*mòtiv*], reason [*ríson*].
moto, *s.m.* (movimento) motion [*mòsc^{io}n*].
moto, **motocicletta**, *s.f.* motorcycle [*mòto^{r}sàicl*].
motociclista, *s.m.* motorcyclist [*moto^{r}sàiclist*].
motociclo, *s.m.* motorbike [*mòto^{r}ba^{i}k*].
motonave, *s.f.* motorship [*moto^{r}scìp*].
motore, *s.m.* motor [*mòto^{r}*].
motorino, *s.m.* moped [*mó^{u}p^{e}d*]; — *d'avviamento* (di auto) starter [*stà^{r}ta^{r}*].
motoscafo, *s.m.* motorboat [*móto^{r}bò^{u}t*].
movente, *s.m.* motive [*mòtiv*].
movimento, *s.m.* movement [*mùvment*].

mozzicone, *s.m.* butt [*bat*].
mucca, *s.f.* cow [*càu*].
mucchio, *s.m.* heap [*hiip*].
muffa, *s.f.* mould.
mughetto, *s.m.* lily of the valley [*lìli ov d*^{se} *vàlei*].
mulino, *s.m.* mill.
mulo, *s.m.* mule [*miùl*].
multa, *s.f.* fine [*fàin*] || **multare**, *v.* to fine [*fàin*].
multinazionale, *s.f.* multinational [*maltiné*^{i}*sc*^{io}*nal*].
multiproprietà, *s.f.* (freehold) time-share [(*frihó*^{u}*ld*) *ta*^{i}*m scèa*^{r}].
mummia, *s.f.* mummy [*màmi*].
mungere, *v.* to milk.
municipio, *s.m.* townhall [*tàunhol*].
munire, *v.* to provide [*provàid*], to supply with [*sapplài uíd*^{s}].
munizione, *s.f.* ammunition [*amiunìsc*^{io}*n*].
muovere, *v.*, **muoversi**, *v.r.* to move [*muv*].
mura, *s.f.pl.* walls [*uòls*].
muratore, *s.m.* bricklayer [*brìkleia*^{r}]; mason [*mé*^{i}*s*^{o}*n*].
muro, *s.m.* wall [*uòl*].
muschio, *s.m.* moss.
muscolo, *s.m.* muscle [*mass-l*].
museo, *s.m.* museum [*miusìam*].
museruola, *s.f.* muzzle [*maz-l*].
musica, *s.f.* music [*miùsic*].
musicassetta, *s.f.* musi-cassette [*miùsi-casèt*].
musicista, *s.m.* e *f.* musician [*miusìscian*].
muso, *s.m.* muzzle [*maz-l*]; (faccia) face [*fé*^{i}*ss*].
mutande, *s.f.pl.* panties [*pènties*].
mutandine, *s.f.pl.* briefs [*brifs*]; panties [*pèntis*].
mutare, *v.* to change [*cé*^{i}*ngi*].
muto, *ag.* dumb [*dam*], mute [*miùt*].
mutua, *s.f.* health insurance [*hèld*^{s} *insc*^{i}*ùrans*].
mutuo, *s.m.* loan [*ló*^{u}*n*].

N

nafta, *s.f.* Diesel oil.
naftalina, *s.f.* (antitarme) mothballs [*mòd^{s}bols*].
naia, *s.f.* military service.
nanna, *s.f.* bye-bye [*bai-bai*], *andare a —*, to go to bye-bye.
nano, *s.m.* dwarf [*duò^{r}f*].
narciso, *s.m.* daffodil [*dàfodil*].
narcotico, *s.m.* narcotic.
narice, *s.f.* nostril [*nòstril*].
narrare, *v.* to tell, to relate [*rilé^{i}t*].
narrativa, *s.f.* fiction [*ficsc^{io}n*].
nascere, *v.* to be born [*bi bo^{r}n*] || **nascita**, *s.f.* birth [*be^{r}d^{s}*].
nascondere, *v.* to hide [*hàid*], to conceal [*consìl*].
nascondiglio, *s.m.* hiding-place [*hàidingh plé^{i}ss*].
nasello, *s.m.* (pesce) whiting [*huàitin*].
naso, *s.m.* nose [*nò^{u}s*].
nastro, *s.m.* ribbon; (per registrazioni) tape [*te^{i}p*].
Natale, *s.m.* Christmas [*crìstmas*].
nato, *ag.* born.
natura, *s.f.* nature [*né^{i}ci^{u}a^{r}*].
naturale, *ag.* natural [*né^{i}c^{iu}a^{r}al*].
naufragare, *v.* to be shipwrecked [*scìprek^{e}d*].
naufragio, *s.m.* shipwreck [*scìprek*].
naufrago, *s.m.* shipwrecked person [*scip-rèk^{e}d pé^{r}s^{o}n*].
nausea, *s.f.* nàusea, disgust [*disgàst*], sickness [*sìknes*].
navale, *ag.* naval [*né^{i}val*].
navata, *s.f.* (di chiesa) aisle [*é^{i}sl*].

nave, *s.f.* ship [*scip*].

navetta, *s.f.* (spaziale) shuttle [*sciàt-l*].

navicella, *s.f.* (spaziale) capsule.

navigabile, *ag.* navigable [*nàvig*^{a}*b-l*].

navigare, *v.* to navigate [*navighé*^{i}*t*].

nazionale, *ag.* national [*né*^{i}*sc*^{io}*nal*]; *prodotto* —, home product [*hó*^{u}*m prodàct*].

nazionalità, *s.f.* nationality [*néscionàliti*].

nazione, *s.f.* nation [*né*^{i}*sc*^{io}*n*].

né... né, *cong.* neither... nor [*nàid*^{s}*ar... nor*].

nebbia, *s.f.* fog.

nebbioso, *ag.* foggy [*fòghi*].

necessario, *s.m.* e *ag.* necessary [*nèssessari*].

necrologio, *s.m.* obituary [*obìci*^{u}*a*^{r}*i*].

negare, *v.* to deny [*dinài*].

negativa, *s.f.* negative.

negligente, *ag.* nègligent.

negoziante, *s.m.*, merchant [*mè*^{r}*ciant*]; — *al minuto*, retailer [*rite*^{i}*la*^{r}]; — *all'ingrosso*, whohesaler [*hulsé*^{i}*la*^{r}].

negozio, *s.m.* shop [*sc*^{i}*òp*].

negro, *s.m.* negro [*nìgro*] || **negra**, *s.f.* negress [*nìgress*].

nemico, *s.m.* enemy [*ènemi*].

neppure, *av.* not even [*ìv*^{i}*n*].

nero, *ag.* e *s.m.* black [*bläk*].

nervo, *s.m.* nerve [*ne*^{r}*v*].

nervoso, *ag.* nervous [*nè*^{r}*vo*^{a}*s*].

nespola, *s.f.* medlar [*mèdla*^{r}].

nessuno, *ag.* none [*no*^{u}*n*], no one [*no*^{u} *uàn*], nobody [*nòbodi*].

netto, *ag.* (pulito), neat [*niit*]; *peso* —, net weight [*uèit*]; *prezzo* —, net price [*pràiss*].

netturbino, *s.m.* street sweeper [*strìit suìpa*^{r}].

neutrale, *ag.* neutral [*niùtral*].

neve, *s.f.* snow [*snó*^{u}] || **nevicare**, *v.* to snow [*snó*^{u}].

nevischio, *s.m.* sleet [*sliit*].

nevoso, *ag.* snowy [*snó*^{ui}].

nevralgia, *s.f.* neuralgia [*niuràlgia*].
nevrastenico, *ag.* neurasthenic [*niurasd^{s}énic*].
nevrotico, *ag.* e *s.m.* neurotic.
nichel, *s.m.* nickel.
nido, *s.m.* nest.
niente, *pr.* nothing [*nàd^{s}in*].
ninnananna, *s.f.* lullaby [*làllabai*].
nipote, *s.m.* nephew [*nèviu*]; (di nonni) grandson [*gransan*] || *s.f.* niece [*niss*]; (di nonni) granddaughter [*grándôta^{r}*].
nitido, *ag.* clear [*clia^{r}*].
nobile, *ag.* noble [*no^{u}b-l*].
nocciola, *s.f.* hazel nut [*hé^{i}ze^{l} nat*].
nocciolo, *s.m.* stone [*stó^{u}n*].
noce, *s.f.* walnut [*uòlnat*]; — *moscata*, nutmeg.
nocivo, *ag.* harmful [*hà^{r}mful*].
nodo, *s.m.* knot [*not*].
noi, *pron.* we [*ui*].
noia, *s.f.* boredom [*bó^{ar}dom*].
noioso, *ag.* boring [*bó^{ar}in*], tiresome [*tàia^{r}sam*] || *s.* bore [*bo^{ar}*].
noleggiare, *v.* to hire [*hàia^{r}*].
nolo, *s.m.* hire [*haia^{r}*]; (di navi) freight [*frèit*].
nome, *s.m.* name [*né^{i}m*].
nomina, *s.f.* appointment.
nonna, *s.f.* grandmother [*granmòd^{s}a^{r}*].
nonno, *s.m.* grandfather [*granfàd^{s}a^{r}*].
nonostante, *prep.* notwithstanding [*notuid^{s}stándin*].
nord, *s.m.* north [*no^{r}d^{s}*].
norma, *s.f.* rule [*rul*].
normale, *ag.* normal [*nò^{r}mal*].
norvegese, *ag.* e *s.m.* e *f.* Norwegian [*no^{r}uìgian*].
nostalgia, *s.f.* nostalgia [*nostàlgia*], homesickness [*ho^{u}msikness*].
nostro, *ag.* our [*àua^{r}*].
nota, *s.f.* note [*nó^{u}t*].
notaio, *s.m.* notary.
notare, *v.* to note [*nó^{u}t*], to notice [*nótiss*].

notevole, *ag.* notable [*nòtab-l*], remarkable [*rimàrkab-l*].
notizia, *s.f.* news [*niùss*].
notiziario, *s.m.* news [*niùs*].
noto, *ag.* well-known [*uèl-nòun*].
notte, *s.f.* night [*nàit*].
novella, *s.f.* novel [*nòvel*], tale [*tèil*].
novembre, *s.m.* November [*novèmbar*].
novità, *s.f.* novelty [*nòvelti*].
nozze, *s.f.pl.* wedding [*uèdin*].
nube, *V.* **nuvola**.
nubifragio, *s.m.* downpour [*dàunpoar*].
nubile, *ag.* e *s.* unmarried [*anmàried*], single [*sìnghl*].
nuca, *s.f.* nape (of the neck) [*nèip* (*ov dse nek*)].
nucleare, *ag.* nuclear [*niùclear*].
nudo, *ag.* bare [*bèar*], naked [*nèiked*].
nulla, *pr.* nothing [*nàdsin*].
nullaosta, *s.m.* permit.
nullo, *ag.* null [*nal*], void [*vóid*].
numerare, *v.* to number [*nàmbar*].
numero, *s.m.* number [*nàmbar*]; — *pari*, equal n. [*ìquol*]; — *dispari*, odd n.
numeroso, *ag.* numerous [*niùmeroas*].
nuocere, *v.* to hurt [*hart*].
nuora, *s.f.* daughter-in-law [*dôtar-in-lô*].
nuotare, *v.* to swim [*suìm*].
nuotatore, *s.m.* swimmer [*suìmar*].
nuoto, *s.m.* swimming [*suìmin*].
nuovamente, *av.* again [*aghèin*].
nuovo, *ag.* new [*niù*] || *av. di* —, again [*aghèin*].
nutriente, *ag.* nourishing [*nàriscin*].
nutrimento, *s.m.* nourishment [*nàriscìment*].
nutrire, *v.* to nourish [*nàrisci*], to feed [*fiid*].
nuvola, *s.f.* cloud [*cláud*].
nuvoloso, *ag.* cloudy [*cláudi*].

O

oasi, *s.f.* oasis.
obbedire, *v.* to obey [*obèi*] || **obbediente**, *ag.* obedient [*obìdient*] || **obbedienza**, *s.f.* obedience [*obìdienss*].
obbligare, *v.* to oblige [*oblàig*^{i}], to compel, to force [*fó*^{r}*s*].
obbligatorio, *ag.* compulsory [*compàlsori*].
obelisco, *s.m.* obelisk [*òbelisk*].
obiettare, *v.* to object [*obgèct*].
obiettivo, *s.m.* objective [*obgèctiv*]; (fotogr.) lens.
obitorio, *s.m.* morgue [*môg*].
oblio, *s.m.* oblivion [*oblìvi*^{o}*n*].
obliquo, *ag.* slanting [*slàntin*], oblique [*oblìqu*].
oca, *s.f.* goose [*guus*] (*pl.* geese) [*ghiis*].
occasione, *s.f.* occasion [*oché*^{i}*sc*^{io}*n*], opportunity [*oportiùniti*].
occhiali, *s.m.pl.* spectacles [*spèctac-ls*]; glasses [*glàsis*].
occhialino, *s.m.* lorgnette.
occhiata, *s.f.* glance [*glanss*], look [*luuk*].
occhiello, *s.m.* buttonhole [*bàt*^{o}*nhó*^{u}*l*].
occhio, *s.m.* eye [*ài*].
occidentale, *ag.* western [*uèsta*^{r}*n*], occidental [*oksidèntal*].
occidente, *s.m.* west [*uèst*], occident [*òksident*].
occorrente, *ag.* necessary [*nèssessari*].
occorrere, *v.* (accadere) to occur [*ocàr*^{r}], to happen [*hapn*]; (esser necessario) to be needed [*niided*] to be necessary [*bi nèssessari*].
occultare, *v.* to conceal [*consì*^{a}*l*].

occupare, *v.* to occupy [*òchiupai*]; (far lavorare) to employ.
occupato, *ag.* occupied [*òchiupaid*]; (impegnato) engaged [*enghé*^{i}*-g*^{i}*d*]; (in faccende) busy [*bisi*].
occupazione, *s.f.* occupation [*ochiupé*^{i}*sc*^{io}*n*]; (impiego) job [*giòb*].
oceano, *s.m.* ocean [*òsc*^{i}*an*].
oculista, *s.m.* e *f.* oculist [*òchiulist*].
odiare, *v.* to hate [*he*^{i}*t*].
odio, *s.m.* hate [*hé*^{i}*t*].
odioso, *ag.* hateful [*hé*^{i}*tful*].
odorare, *v.* to smell.
odorato, *s.m.* smelling [*smèllin*].
odore, *s.m.* smell.
offendere, *v.* to offend [*ofènd*] || **offendersi**, *v.r.* to be offended.
offerta, *s.f.* offer [*òfa*^{r}].
offesa, *s.f.* offense [*ofèns*].
officina, *s.f.* workshop [*uà*^{r}*ksciòp*].
offrire, *v.* to offer [*òfa*^{r}].
oggetto, *s.m.* object [*òbgect*].
oggi, *s.m.* today [*tudé*^{i}].
ogni, *ag.* every [*éveri*], each [*ic*^{i}].
ognuno, *pr.* everyone [*èv*^{e}*riuòn*], everybody [*èv*^{e}*ribòdi*]; each one [*ic*^{i} *uòn*].
olandese, *ag.* e *s.* Dutch [*dàc*^{i}].
oleodotto, *s.m.* pipeline [*pà*^{i}*pla*^{i}*n*].
oliare, *v.* to oil.
oliera, *s.f.* cruet [*crùet*].
olio, *s.m.* oil [*òil*].
oliva, *s.f.* olive [*òliv*].
olivo, *s.m.* olive (tree) [*òliv* (*trii*)].
olmo, *s.m.* elm.
oltraggio, *s.m.* outrage [*òtrag*^{i}].
oltre, *av.* (di luogo) further, farther [*fard*^{s}*a*^{r}]; (di tempo) longer [*lo*^{n}*-gha*^{r}] || *prep.* beyond [*biiònd*].
oltrepassare, *v.* to get ahead of [*tu ghet ahèd ov*], to trespass [*trèspass*].

omaggio, *s.m.* homage [*hòmag*^{i}].
ombra, *s.f.* (sagoma proiettata) shadow [*sciàdo*]; (ambiente ombreggiato) shade [*scé*^{i}*d*].
ombrello, *s.m.* umbrella [*ambrèla*].
ombroso, **ombreggiato**, *ag.* shady [*sce*^{i}*di*].
omettere, *v.* to omit [*omìt*].
omicida, *s.m.* murderer [*màrd*^{e}*ra*^{r}].
omicidio, *s.m.* murder [*màrda*^{r}].
omissione, *s.f.* omission [*omìsc*^{io}*n*].
omogeneizzato, *s.m.* (homogenized) baby food [(*homogenàis*^{e}*d*) *bé*^{i}*bi fùud*].
oncia, *s.f.* ounce [*àuns*].
onda, *s.f.* wave [*ué*^{i}*v*].
ondata, *s.f.* wave [*ué*^{i}*v*].
onestà, *s.f.* honesty [*ònesti*].
onesto, *ag.* honest [*ònest*].
onomastico, *s.m.* name day [*né*^{i}*m dé*^{i}]; saint's day [*sènts d.*].
onorare, *v.* to honour [*ònor*].
onorario, *ag.* honorary [*ònorari*] || *s.m.* fee [*fii*].
onore, *s.m.* honour, (Amer.) honor [*ònor*].
opaco, *ag.* opaque [*opàq*].
opera, *s.f.* work [*uà*^{r}*k*]; (musica) opera.
operaio, *s.m.* workman [*uà*^{r}*kman*] || **operaia**, *s.f.* workwoman [*uà*^{r}*kuman*].
operazione, *s.f.* operation [*operé*^{i}*sc*^{io}*n*].
operetta, *s.f.* musical comedy [*miùsical còmedi*].
opinione, *s.f.* opinion [*opìni*^{o}*n*].
opporre, *v.* to oppose [*opó*^{u}*s*].
opportunità, *s.f.* opportunity, chance [*c*^{i}*àns*].
opportuno, *ag.* timely [*tàim*^{e}*li*].
opposto, *ag.* opposite [*òpo*^{s}*it*].
oppressione, *s.f.* oppression [*oprèsc*^{io}*n*].
opprimente, *ag.* oppressive [*oprèssiv*].
opprimere, *v.* to oppress [*oprès*].
opuscolo, *s.m.* pamphlet [*pàmflet*].
opzione, *s.f.* option [*òpsc*^{io}*n*].

ora, *s.f.* hour [*àur*]; *mezz'*—, half an hour [*haf an h.*] || *av.* now [*nàu*], at present [*prèsent*]; *di buon'ora*, early [*èrli*].
orario, *s.m.* timetable [*tàimtéib-l*].
orchestra, *s.f.* orchestra.
orchidea, *s.f.* orchid.
ordinare, *v.* to order [*òrdar*].
ordinario, *ag.* ordinary [*òrdinari*], usual [*iùsciual*].
ordinazione, *s.f.* order [*òrdar*].
ordine, *s.m.* order [*òrdar*].
orecchino, *s.m.* earring [*ìarrin*]; (pendente) eardrop [*ìar-drop*].
orecchio, *s.m.* ear [*ìar*].
orefice, *s.m.* goldsmith [*gòuldsmids*].
orfano, *s.m.* orphan [*òrfan*].
organismo, *s.m.* organism [*òrganism*].
organizzare, *v.* to organise [*organàis*].
organizzazione, *s.f.* organisation [*organiséiscion*].
organo, *s.m.* organ.
orgasmo, *s.m.* orgasm [*òrgasm*].
orgoglio, *s.m.* pride [*pràid*], haughtiness [*hòtiness*].
orgoglioso, *ag.* proud [*pràud*], haughty [*hòti*].
orientale, *ag.* oriental [*orièntal*], eastern [*ìstarn*].
orientamento, *s.m.* orientation [*orientéiscion*].
oriente, *s.m.* orient [*òrient*], east [*iist*].
originale, *ag.* e *s.m.* original [*orìginal*].
origine, *s.f.* origin [*òrigin*], source [*sors*].
orizzontale, *ag.* horizontal [*horizòntal*].
orizzonte, *s.m.* horizon [*horàizon*].
orlo, *s.m.* hem, border [*bòrdar*].
orma, *s.f.* trace [*tréiss*]; footprint [*fùutprint*].
ormeggiare, *v.* to moor [*muuar*].
ormeggio, *s.m.* mooring [*mùurin*].
ornamento, *s.m.* ornament [*òrnament*].
ornare, *v.* to adorn.
oro, *s.m.* gold [*gòuld*].
orologiaio, *s.m.* watchmaker [*uòcimeikar*].

orologio, *s.m.* watch [*uòc*^{i}]; (da torre, da tavolo) clock.
oroscopo, *s.m.* horoscope.
orrendo, **orribile**, *ag.* horrible [*hòrrib-l*].
orrido, *ag.* horrid, shocking [*sciòkin*].
orrore, *s.m.* horror [*hòrror*].
orso, *s.m.* bear [*bèa*^{r}]; — *bianco*, polar b.
orsacchiotto, *s.m.* (per bambini) teddy bear [*t. bèa*^{r}].
ortaggi, *s.m.pl.* greens [*griins*].
ortensia, *s.f.* hydrangea [*haid*^{r}*angea*].
ortica, *s.f.* nettle [*net-l*].
orticaria, *s.f.* nettle rash [*nèt-l rásc*^{i}].
orto, *s.m.* kitchen garden [*kìtc*^{e}*n gà*^{r}*d*^{e}*n*].
ortografia, *s.f.* spelling [*spèllin*], orthography.
ortolano, *s.m.* greengrocer [*grìingrosa*^{r}].
orzo, *s.m.* barley [*bà*^{r}*le*^{i}].
osare, *v.* to dare [*dèa*^{r}].
oscillare, *v.* to swing [*suìng*].
oscuramento, *s.m.* blackout [*blákàut*].
oscurare, *v.* to darken [*dà*^{r}*k*^{e}*n*].
oscurità, *s.f.* darkness [*dà*^{r}*kness*].
oscuro, *ag.* dark [*da*^{r}*k*].
ospedale, *s.m.* hospital [*hòspital*].
ospitale, *ag.* hospitable || **ospitalità**, *s.f.* hospitality.
ospitare, *v.* to give hospitality [*ghiv h.*], to put up.
ospite, *s.m.* e *f.* guest [*ghèst*].
ospizio, *s.m.* hospice [*hòspiss*].
osservare, *v.* to observe [*obsé*^{r}*v*].
osservatore, *s.m.* observer [*obsè*^{r}*v*^{e}*a*^{r}].
osservatorio, *s.m.* observatory [*obsé*^{r}*vatori*].
osservazione, *s.f.* observation [*obse*^{r}*vé*^{i}*sc*^{io}*n*].
ossigeno, *s.m.* oxygen [*òksigen*].
osso, *s.m.* bone [*bó*^{u}*n*].
ostacolare, *v.* to hinder [*hìnda*^{r}].
ostacolo, *s.m.* obstacle [*òbstac-l*], hindrance [*hìndrans*].
oste, *s.m.* innkeeper [*inkìipa*^{r}].

osteria, *s.f.* inn, tavern [*tàvern*].
ostetrico, *s.m.* obstetrician.
ostia, *s.f.* (eccles.) host.
ostile, *ag.* hostile [*hostàil*].
ostinarsi, *v.* to persist, to insist || **ostinato**, *ag.* obstinate [*òbstinéit*].
ostrica, *s.f.* oyster [*òistar*].
ostruire, *v.* to obstruct [*obstràct*].
ostruzione, *s.f.* obstruction [*obstràkscion*].
ottenere, *v.* to obtain [*obtéin*].
ottico, *ag.* optic, optical || *s.m.* optician [*optìscian*].
ottimista, *ag.* e *s.m.* e *f.* optimist.
ottimo, *ag.* best, excellent [*èksselent*].
ottimamente, *av.* perfectly well [*pèrfectli uèl*].
ottobre, *s.m.* October [*òctoubar*].
ottone, *s.m.* brass.
otturare, *v.* to obturate [*òbtiuréit*], to stop up [*ap*]; (un dente) to fill || **otturazione**, *s.f.* stopping, filling.
ovale, *ag.* oval [*òuval*].
ovatta, *s.f.* cotton wool [*còton uul*].
ovest, *s.m.* west [*uèst*].
ovini, *s.m.pl.* sheep [*sciip*].
ovunque, *av.* everywhere [*èvriuéar*].
ozio, *s.m.* leisure [*lésciuar*], idleness [*àidlness*].
ozioso, *ag.* idle [*àid-l*].

P

pacchetto, *s.m.* packet [*pàket*].
pacco, *s.m.* parcel [*pàrsel*].
pace, *s.f.* peace [*piiss*].
pacifico, *ag.* peaceful [*pìissful*].
padella, *s.f.* frying pan [*fràin pan*].
padiglione, *s.m.* pavilon [*pavìli*^{o}*n*].
padre, *s.m.* father [*fàd*^{s}*a*^{r}].
padrino, *s.m.* godfather [*gódfàd*^{s}*a*^{r}]; (di duello) second [*sècond*].
padrona, *s.f.* mistress [*mìstress*]; (di albergo ecc.) landlady [*lánd-lédi*].
padrone, *s.m.* master [*màsta*^{r}]; (di albergo ecc.) land-[lord]. [*lándlo*^{r}*d*].
paesaggio, *s.m.* landscape [*lándschè*^{i}*p*].
paesano, *s.m.* paesant [*pásant*], countryman [*càntriman*]; *f.* countrywoman [*c. uùman*].
paese, *s.m.* country [*càntri*].
paga, *s.f.* pay [*pé*^{i}], wages [*ué*^{g}*is*].
pagabile, *ag.* payable [*pèiab-l*].
pagamento, *s.m.* payment [*pé*^{i}*ment*].
pagano, *ag.* e *s.m.* pagan [*pègan*].
pagare, *v.* to pay [*pé*^{i}] || **pagato**, *ag.* e *p.p.* paid [*péid*]; *non* —, unpaid [*anpéid*].
pagella, *s.f.* (school) report [(*scùul*) *repó*^{r}*t*].
pagherò, *s.m.* promisory note [*pròmisori no*^{u}*t*].
pagina, *s.f.* page [*pé*^{i}*g*^{i}].
paglia, *s.f.* straw [*strò*]; *tetto di* —, thatched roof [*d*^{s}*àtc*^{e}*d ruuf*].

pagliaccio, *s.m.* clown [*clàun*].
pagnotta, *s.f.* loaf of bread [*ló^{u}f ov brèd*].
paio, *s.m.* pair [*péa^{r}*]; couple [*càp-l*]; (di selvaggina) brace [*bré^{i}ss*].
paillettes, *s.f.pl.* sequins [*sèkuins*].
palafitta, *s.f.* (preistorica) pile dwelling [*pail duèlin*]; (edil. moderna) pile work [*pàil wo^{r}k*].
palato, *s.m.* palate [*pálit*].
palazzo, *s.m.* palace [*pàlass*].
palco, *s.m.* (di teatro) box.
palcoscenico, *s.m.* stage [*stè^{i}g^{i}*].
palese, *ag.* evident [*évident*].
palestra, *s.f.* gymnasium [*gimné^{i}si^{o}m*].
paletta, *s.f.* (dei bambini) spade [*spé^{i}d*]; (del vigile) stick.
palla, *s.f.* ball [*bôl*].
pallacanestro, *s.f.* basketball [*bàsketbôl*].
pallanuoto, *s.f.* water polo [*uóta^{r} po^{u}lo*].
pallido, *ag.* pale [*pe^{i}l*].
pallino, *s.m.* (bocce) jack [*g^{i}ek*]; (biliardo) spot (fig., mania) mania [*mé^{i}nia*]; (da caccia) pellet.
pallone, *s.m.* ball [*bôl*]; (aerostato) balloon [*balùn*].
pallottola, *s.f.* bullet [*bùllet*].
palma, *s.f.* (della mano) palm [*pam*]; (albero) palm.
palmo, *s.m.* palm [*pâ^{l}m*]; (misura) span [*spèn*].
palo, *s.m.* pole [*pó^{u}l*].
palombaro, *s.m.* diver [*dàiva^{r}*].
palpebra, *s.f.* eyelid [*ailìd*].
paltò, *s.m.* overcoat [*òva^{r}co^{a}t*].
palude, *s.f.* marsh [*mà^{r}sc^{i}*].
paludoso, *ag.* marshy [*mà^{r}sc^{i}*].
panca, *s.f.* bench [*bènc^{i}*].
pancetta, *s.f.* bacon [*bé^{i}con*].
panchina, *s.f.* bench [*bènc^{i}*].
pancia, *s.f.* stomach [*stòmak*], belly [*bèli*].
panciotto, *s.m.* waistcoat [*ué^{i}stco^{u}t*].
pane, *s.m.* bread [*brèd*].

panetteria, *s.f.* baker's shop [*bé^{i}ca^{r}s sciòp*].
panettiere, *s.m.* baker [*bé^{i}ca^{r}*].
panfilo, *s.m.* yacht [*iòt*].
pangrattato, *s.m.* breadcrumbs (pl.) [*brèdcram^{b}s*].
panico, *s.m.* panic [*pànik*].
panificio, *V.* **panetteria**.
panino, *s.m.* roll.
panna, *s.f.* cream [*críim*]; — *montata*, whipped cream [*uíp-d críim*].
panno, *s.m.* cloth [*clod^{s}*] || **panni** (vestiario), *s.m.pl.* clothes [*cló^{u}s*].
pannocchia, *s.f.* cob.
pannolino, *s.m.* (per bambini) napkin [*nèpkin*]; (per adulti) sanitary towel [*sanitè^{i}ri tàu^{e}l*].
panorama, *s.m.* panorama.
pantaloni, *s.m.pl.* trousers [*tràusa^{r}s*].
pantera, *s.f.* panther [*pànd^{s}a^{r}*].
pantofola, *s.f.* slipper [*slìpa^{r}*].
papa, *s.m.* pope [*po^{u}p*].
papà, *s.m.* dad [*dèd*], daddy [*dèdi*].
papavero, *s.m.* poppy [pópi].
papera, *s.f.* (animale) duckling [*dàclin*]; (errore parlando) slip.
papero, *s.m.* duckling [*dàclin*].
pappa, *s.f.* pap [*páp*].
pappagallo, *s.m.* parrot [*pàrot*].
paprica, *s.f.* red pepper [*r. pèpa^{r}*].
para, *s.f.* para rubber [*p. ràba^{r}*].
parabrezza, *s.m.* (autom.) windscreen [*uìndscriin*].
paracadute, *s.m.* parachute [*pàrasciut*].
paracadutista, *s.m.* parachutist [*parasciùtist*].
paracarro, *s.m.* kerbstone [*k. stô^{u}n*].
paradiso, *s.m.* paradise [*paradàis*].
paradosso, *s.m.* paradox [*pàradox*].
parafango, *s.m.* mudguard [*màdga^{r}d*].
parafulmine, *s.m.* lightning conductor [*làitnin condàcto^{r}*].
paragonare, *v.* to compare [*compèa^{r}*].
paragone, *s.m.* comparison [*compàris^{o}n*].

paragrafo, *s.m.* paragraph.
paralisi, *s.f.* paralysis.
paralitico, *ag.* e *s.m.* paralitic.
parallelo, *s.m.* e *ag.* parallel [*pàralel*].
paralume, *s.m.* lampshade [*làmpscé^{i}d*].
paranco, *s.m.* tackle [*tac-l*].
parapetto, *s.m.* parapet [*pàrapet*].
parare, *v.* (ornare) to deck, to decorate [*decoré^{i}t*]; (evitare) to parry [*pèri*], — *un goal*, to make a save [*mé^{i}k e sé^{i}v*].
parata, *s.f.* parade [*paré^{i}d*].
paraurti, *s.m.* (autom. e ferrovie), bumper [*bàmpa^{r}*].
paravento, *s.m.* screen [*scrìin*].
parcella, *s.f.* bill.
parcheggiare, *v.* to park.
parcheggio, *s.m.* parking [*pa^{r}kin*].
parchimetro, *s.m.* parking meter [*pa^{r}kin mìta^{r}*].
parco, *s.m.* park [*pà^{r}k*].
parecchi, *ag.* e *pron.* several [*sèv^{e}ral*].
pareggio, *s.m.* (sport) draw [*drô*].
parente, *s.m.* relation [*rilè^{i}sc^{io}n*], relative [*rèlativ*].
parentesi, *s.f.* bracket [*brèket*].
parere, *s.m.* opinion [*opìni^{o}n*], mind [*màind*] || *v.* to appear [*apìa^{r}*], to seem [*sìim*].
parete, *s.f.* wall [*uòl*].
pari, *ag.* equal [*èquol*], par.
parimenti, *av.* likewise [*laikuàis*].
parità, *s.f.* parity [*pàriti*].
parlamento, *s.m.* parliament [*pàrl^{e}ment*].
parlare, *v.* to speak [*spìik*]; to talk [*tôk*].
parmigiano, *s.m.* Parmesan cheese [*p. cìis*].
parola, *s.f.* word [*uà^{r}d*].
parolaccia, *s.f.* bad word [*bád uà^{r}d*].
parrocchia, *s.f.* parish [*pàrisc^{i}*].
parroco, *s.m.* parson [*pà^{r}s^{o}n*].
parrucca, *s.f.* wig [*uìgh*].

parrucchiere, *s.m.* hairdresser [*hèa*^{r} *drèssa*^{r}]; (per uomo) barber [*bà*^{r}*ba*^{r}].
parte, *s.f.* part; (teatro) role [*ròl*].
partecipare, *v.* (annunciare) to announce [*anàuns*]; (prendere parte) to partake [*partè*^{i}*k*].
parteggiare, *v.* to side (with) [*sàid uid*^{s}], to take sides (with) [*te*^{i}*k sàids uid*^{s}].
partenza, *s.f.* departure [*dipà*^{r}*ciu*^{ar}]. [*ditè*^{i}*l*].
particolare, *ag.* particular [*partìchiula*^{r}] || *s.m.* detail
particolarità, *s.f.* peculiarity [*pechiuliàriti*].
partigiano, *s.m.* partisan [*pà*^{r}*tisan*].
partire, *v.* to leave [*liiv*].
partita, *s.f.* game [*ghé*^{i}*m*]; match [*má*^{t}*c*^{i}].
partito, *s.m.* party [*pà*^{r}*ti*].
parto, *s.m.* childbirth [*ciàildbe*^{r}*d*^{s}], delivery.
partorire, *v.* to give birth [*ghiv be*^{r}*d*^{s}].
parziale, *ag.* partial [*pàrscial*].
pascolare, *v.* to graze [*gré*^{i}*s*].
pascolo, *s.m.* pasture [*pàsc*^{iu}*a*^{r}].
Pasqua, *s.f.* Easter [*ìsta*^{r}].
passaggio, *s.m.* passage [*pàssag*^{i}].
passamontagna, *s.m.* balaclava [*belaclâv*^{a}].
passante, *s.m.* e *f.* passerby [*pàssa*^{r}*bai*]. [p.
passaporto, *s.m.* passport [*pàsspo*^{r}*t*]; — *collettivo*, group
passare, *v.* to pass; (trascorrere il tempo) to spend.
passatempo, *s.m.* pastime [*passtáim*].
passato, *ag.* passed [*pàss*^{e}*d*], past || *s.m.* the past.
passeggero, *s.m.* passenger [*pàsseng*^{i}*a*^{r}] || *ag.* passing
passeggiare, *v.* to walk [*uòk*]. [*pàssin*].
passeggiata, *s.f.* walk [*uòk*], promenade [*promenàd*]; *fare una* —, to take a walk [*té*^{i}*k e uòk*].
passeggino, *s.m.* pushchair [*pusc*^{i}*cèa*]; (amer.) stroller [*st*^{r}*óla*^{r}]. [*góu fo*^{r} *e uòk*].
passeggio, *s.m.* walk [*uòk*]; *andare a* —, to go for a walk
passerella, *s.f.* gangway [*gànguè*^{i}].

passero, **passerotto**, *s.m.* sparrow [*spàro*].
passibile, *ag.* liable [*làiab-l*].
passione, *s.f.* passion [*pàscion*].
passività, *s.f.*, **passivo**, *s.m.* (di conti) liabilities [*laiabìlities*].
passo, *s.m.* step; (di montagne) pass.
pasta, *s.f.* (per fare il pane ecc.) dough [*dou*]; (pasticcino, dolciume) pastry [*péistri*].
pasticceria, *s.f.* (negozio) pastry-cook's shop [*péstri cuuks sciòp*], confectionery [*confècscionri*].
pasticciere, *s.m.* confectioner [*confècscionær*].
pasticcino, *s.m.* pastry [*péistri*].
pasticcio, *s.m.* (di cucina) pie [*pài*]; (confusione) mess, meddley [*mèdlei*].
pastiglia, *s.f.* lozenge [*lòsengi*].
pasto, *s.m.* meal [*miil*].
pastore, *s.m.* shepherd [*scèp-herd*].
patata, *s.f.* potato [*potéito*].
patente, *s.f.* driving licence [*dràivin làisenss*].
patetico, *ag.* pathetic [*padsètic*].
patire, *v.* to suffer [*sàfar*].
patria, *s.f.* country [*càntri*], fatherland [*fàdsarlánd*].
patrigno, *s.m.* stepfather [*stepfàdsar*].
patrocinio, *s.m.* defence [*difènss*]; — *gratuito*, legal aid [*l. eìd*].
patrono, *s.m.* patron; (*dir.*) counsel for the defence [*caunsel for dse difènss*].
patteggiare, *v.* to borgain [*bàrghein*].
pattinaggio, *s.m.* skating [*schéitin*]; — *a rotelle*, roller skating [*rolar schéitin*].
pattinare, *v.* to skate [*schéit*].
pattinatore, *s.m.* skater [*schéitar*].
pattini, *s.m.pl.* skates [*schéits*]: — *a rotelle*, rollerskates [*ròlar schéits*].
patto, *s.m.* pact, agreement [*agrìiment*].
pattuglia, *s.f.* patrol [*péitrol*].
pattuire, *v.* to agree [*agrìi*].
pattumiera, *s.f.* dustbin; (amer.) garbage can [*gârbigicán*].

paura, *s.f.* fear [*fia*^{r}]; *aver* —, to be afraid [*bi afréid*].
pauroso, *ag.* fearful [*fia*^{r}*ful*].
pausa, *s.f.* pause [*pòs*], stop.
pavimento, *s.m.* floor [flôa^{r}].
pavone, *s.m.* peacock [*pìicok*].
paziente, *ag.* e *s.* patient [*pe*^{i}*scient*].
pazienza, *s.f.* patience [*pé*^{i}*scienss*].
pazzia, *s.f.* madness [*mádness*].
pazzo, *s.m.* mad [*mád*], lunatic [*lùnatik*].
peccare, *v.* to sin.
peccato, *s.m.* sin; *che peccato!* (interiez.) what a pity! [*uòt e pìti*].
peccatore, *s.m.* sinner [*sìna*^{r}].
pece, *s.f.* pitch [*pìc*^{i}], tar [*ta*^{r}].
pecora, *s.f.* sheep [*sciip*].
pedaggio, *s.m.* toll.
pedalare, *v.* to pedal.
pedale, *s.m.* pedal [*pèdal*].
pediatra, *s.m.* e *f.* paediatrician [*pediatrìscian*].
pedicure, *s.m.* chiropodist [*kìropodist*].
pedina, *s.f.* (scacchi) pawn [*pôn*]; (a dama) piece [*piss*].
pedinare, *v.* to shadow [*sciàdo*].
pedonale, *ag.* pedestrian: *passaggio* —, pedestrian crossing [*p. cròssin*].
pedone, *s.m.* pedestrian.
peggio, **peggiore**, *ag.* e *av.* worse [*ue*^{r}*s*]; *tanto* —, so much the worse [*so mac*^{i} *d*^{si} *ue*^{r}*s*].
peggiorare, *v.* to get worse [*ghet ue*^{r}*s*] || *v.* to make worse [*mé*^{i}*k ue*^{r}*s*] || **peggioramento**, *s.m.* worsening [*ué*^{r}*senin*].
pegno, *s.m.* pledge [*plèdg*^{i}]; token [*to*^{u}*k*^{e}*n*].
pelare, *v.* to fleece [*fliis*].
pelle, *s.f.* skin, hide [*hàid*].
pellegrinaggio, *s.m.* pilgrimage [*pilgrimé*^{i}*g*^{i}].
pellerossa, *s.m.* e *f.* redskin.
pellicceria, *s.f.* (negozio) furrier's shop [*fària*^{r}*s sciòp*].
pelliccia, *s.f.* fur [*fa*^{r}].

pellicciaio, *s.m.* furrier [*fària*^{r}].
pellicola, *s.f.* film.
pelo, s.m. hair [*hèa*^{r}].
pena, *s.f.* pain [*pé*^{i}*n*].
pendere, *v.* to hang up [*han ap*].
pendente, *ag.* pending [*péndin*]; *torre* —, leaning tower [*linin tàua*^{r}] || *s.m.* pendant.
pendio, *s.m.* declivity [*declìviti*].
pendola, *s.f.* pendulum clock [*p. clok*].
pendolo, *s.m.* pendulum.
penetrare, *v.* to penetrate [*pènetré*^{i}*t*].
penicillina, *s.f.* penicillin [*penìsilin*].
penisola, *s.f.* peninsula [*penìnsiula*].
penitenza, *s.f.* penitence [*pènitens*].
penitenziario, *s.m.* prison, gaol [*gièil*].
penna, *s.f.* feather [*fèd*^{s}*a*^{r}]; (per scrivere) pen; — *stilografica*, fountain pen [*fautain p.*]; — *a sfera*, ball-point [*bol-p.*].
pennarello, *s.m.* felt-tip pen, fibre-tip pen [*fiba*^{r}*-t. p.*].
pennello, *s.m.* brush [*brasc*^{i}].
pennino, *s.m.* nib.
penoso, *ag.* painful [*pè*^{i}*nful*].
pensare, *v.* to think [*d*^{s}*ink*].
pensiero, *s.m.* thought [*d*^{s}*ôt*].
pensionante, *s.m.* e *f.* boarder [*bò*^{r}*da*^{r}]; paying guest [*péiin ghest*].
pensione, *s.f.* pension [*pènsc*^{io}*n*], boarding-house [*bò*^{r}*din hàus*].
Pentecoste, *s.f.* Whitsun [*uìtsan*].
pentirsi, *v.r.* to repent [*ripènt*].
pentito, *ag.* reformed || *s.m.* roformed terrorist.
pentola, *s.f.* pot.
penultimo, *ag.* last but one [*last bat uòn*].
pepe, *s.m.* pepper [*pèpa*^{r}].
peperoncino, *s.m.* chilli [*cilli*].
peperone, *s.m.* pepper [*pèpa*^{r}].

pera, *s.f.* pear [*pèa*^{r}].
perbene, *ag.* respectable [*rispèctab-l*].
percentuale, *s.f.* percentage [*pe*^{r}*sèntagi*].
perché, *av.* why? [*uài?*]; because [*bicòs*].
perciò, *av.* therefore [*d*^{s}*èa*^{r}*fo*^{ar}].
percorso, *s.m.* run [*ran*]; way [*uè*^{i}].
perdere, *v.* to lose [*luus*]; — *il treno*, to miss the train [*trèin*] || **perdersi**, *v.r.* to lose one's way [*luus uòns uè*^{i}] || **perduto**, *ag.* e *p.p.* lost.
perdita, *s.f.* loss.
perdonare, *v.* to forgive [*fo*^{r}*ghìv*], to pardon [*pà*^{r}*d*^{o}*n*].
perdono, *s.m.* forgiveness [*fo*^{r}*ghivness*], pardon [*pà*^{r}*d*^{o}*n*].
perfetto, *ag.* perfect [*pè*^{r}*fect*].
perfezionare, *v.* to perfect [*pè*^{r}*fect*].
perfezione, *s.f.* perfection [*pe*^{r}*fèksc*^{io}*n*].
perfino, *av.* even [*ìven*].
pericolo, *s.m.* danger [*dé*^{i}*ng*^{i}*a*^{r}].
pericoloso, *ag.* dangerous [*déng*^{i}*aro*^{au}*s*].
periferia, *s.f.* (di città) *outskirts* [*autské*^{r}*ts*].
periodico, *s.m.* (giornale) magazine [*màgazin*].
periodo, *s.m.* period [*pìriod*].
perire, *v.* to perish [*pèrisc*^{i}].
perito, *s.m.* expert [*èxpe*^{r}*t*].
perla, *s.f.* pearl [*pe*^{r}*l*].
permanente, *ag.* permanent [*pèrmanent*] || *s.f.* permanent wave [*p. ue*^{i}*v*]; (fam.) perm.
permanenza, *s.f.* sejourn [*segiù*^{ar}*n*], stay [*sté*^{i}].
permesso, *s.m.* permission [*pé*^{r}*mìsc*^{io}*n*], licence, license [*làissens*].
permettere, *v.* to permit [*pé*^{r}*mìt*], to allow [*alàu*]; *non posso permettermelo*, I can't afford it.
pernice, *s.f.* partridge [*pà*^{r}*tridg*^{i}].
perno, *s.m.* pivot.
pernottare, *v.* to pass the night [*pass d*^{si} *nait*], to stay for the night [*sté*^{i} *fo*^{r} *d*^{si} *nàit*].

però, *cong.* but [*bat*].
perpendicolare, *ag.* e *s.f.* perpendicular [*perpendichiula*^{r}].
perpetua, *s.f.* (priest's) housekeeper [*hauskìipa*^{r}].
perpetuo, *ag.* perpetual.
perplesso, *ag.* perplexed.
perquisire, *v.* to search [*sé*^{r}*c*^{i}] || **perquisizione**, *s.f.* perquisition [*pe*^{r}*quisìsc*^{i}*ón*].
perseguitare, *v.* to persecute [*pe*^{r}*sechiùt*] || **persecuzione**, *s.f.* persecution [*pe*^{r}*sechiùsc*^{ion}].
perseveranza, *s.f.* perseverance [*pe*^{r}*sivì*^{ar}*ans*].
perseverare, *v.* to persevere [*pe*^{r}*sivìa*^{r}].
persiana, *s.f.* blind [*blàind*].
persistere, *v.* to persist [*pe*^{r}*sìst*].
perso, *ag.* lost.
persona, *s.f.* person [*pô*^{r}*s*^{o}*n*].
personaggio, *s.m.* character; (ruolo) role.
personale, *ag.* personal [*pô*^{r}*sonal*] || *s.m.* staff.
persuadere, *v.* to persuade [*pe*^{r}*sué*^{i}*d*].
pertinente, *ag.* pertaining [*pe*^{r}*te*^{i}*nin*].
pertosse, *s.f.* whooping cough [*ùupin cof*].
perturbazione, *s.f.* (meteorologia) disturbance [*distó*^{r}*banss*].
perverso, *ag.* perverse.
pervinca, *s.f.* periwincle [*periuìnk-l*].
pesa, *s.f.* balance [*bàlans*].
pesante, *ag.* heavy [*hèvi*].
pesare, *v.* to weigh [*uèi*].
pesca, *s.f.* (prendere pesci) fishing [*fìscin*]; (con la lenza) angling [*ànghlin*]; (frutto del pesco) peach [*piic*^{i}].
pescare, *v.* to fish [*fìsc*^{i}], to angle [*àngh-l*].
pescatore, *s.m.* fisher [*fìscer*], angler [*àngler*].
pesce, *s.m.* fish [*fìsc*^{i}].
pescecane, *s.m.* shark [*scià*^{r}*k*].
peschereccio, *s.m.* fishing boat [*fìscin bó*^{u}*t*].
pescivendolo, *s.m.*, **pescivendola**, *s.f.* fishmonger [*fìsc*^{i}*mòngh*^{ar}].

peso, *s.m.* weight [*uéit*]; — *lordo*, gross weight; — *netto*, [net weight.
pessimista, *ag.* e *s.m.* e *f.* pessimist.
pessimo, *ag.* most bad [*mo^{u}st bád*].
pestare, *v.* to crush [*cràsc^{i}*]; (calpestare) to tread [*trèd*] on; (picchiare) to beat [*bìit*], to hit.
peste, *s.f.* plague [*pleigh*].
pesticida, *s.m.* pesticide [*pestisìd*].
petardo, *s.m.* cracker [*crèka^{r}*].
petizione, *s.f.* petition [*petìsc^{io}n*].
petroliera, *s.f.* tanker [*tánka^{r}*].
petrolio, *s.m.* parafin oil, petroleum [*pitròliam*].
pettegolo, *ag.* e *s.* gossip [*gòssip*].
pettinare, *v.* to comb [*côm*].
pettinatrice, *s.f.* hairdresser [*héa^{r}drèssa^{r}*].
pettinatura, *s.f.* hairdo [*hèa^{r}du*], hair style [*hèa^{r} sta^{i}l*].
pettine, *s.m.* comb [*côm*].
pettirosso, *s.m.* robin [*ròbin*], redbreast [*rèdbrest*].
petto, *s.m.* chest [*cest*], breast [*brest*], bosom [*bòs^{o}m*].
pezzetto, *s.m.* morsel [*mòrsel*], bit.
pezzo, *s.m.* piece [*piss*].
piacere, *v.* to like [*làik*], to be fond of || *s.m.* pleasure [*plèsciu^{ar}*].
piacevole, *ag.* pleasant [*plèsant*], pleasing [*plìsin*]; (gradevole) agreable [*agrìab-l*] || **piacevolmente** (con piacere), *av.* pleasingly [*plìsingli*], with pleasure [*uìd^{s} plèsciu^{ar}*].
piaga, *s.f.* sore [*sòa^{r}*], wound [*ùund*].
pianerottolo, *s.m.* landing [*lándin*].
pianeta, *s.m.* planet [*plànet*].
piangere, *v.* to weep [*uìp*], to cry [*cràì*].
pianificare, *v.* to plan [*plán*].
pianista, *s.m.* e *f.* pianist [*piànist*].
piano, *av.* softly [*sòftli*], slowly [*slòuli*] || *ag.* level [*lèvel*], even [*ìv^{e}n*] || *s.m.* plane [*plé^{i}n*], plan; (di casa) story [*stòri*], floor [*flô^{r}*].
pianoforte, *s.m.* piano.

pianta, *s.f.* plant; (del piede) sole [*soul*]; (arch.) plan [*plan*].
piantare, *v.* to plant.
pianterreno, **pianoterra**, *s.m.* groundfloor [*gràundflôr*].
pianto, *s.m.* weeping [*uìpin*].
pianura, *s.f.* plain [*pléin*]; flat country [*flát càntri*].
piastrella, *s.f.* tile [*tail*].
piattaforma, *s.f.* platform [*plètform*].
piatto, *s.m.* plate [*pléit*]; (da portata) dish || *ag.* flat [*flát*].
piazza, *s.f.*, **piazzale**, *s.m.* square [*squèar*].
piazzista, *s.m.* salesman [*séilsmen*].
piazzola, *s.f.* (di strada) lay-by [*lei-bai*].
piccante, *ag.* (di cibo) spicy [*spaìsi*].
picche, *s.f.pl.* (carte) spades [*spéids*].
picchetto, *s.m.* picket.
picchiare, *v.* to beat [*biit*], to hit.
piccione, *s.m.* pigeon [*pìgion*]; — *viaggiatore*, carrier pigeon [*càriar p.*].
piccolo, *ag.* little [*lit-l*]; small [*smôl*].
piccone, *s.m.* pick.
piccozza, *s.f.* ice axe [*àis èks*].
pidocchio, *s.m.* louse [*làus*], *pl.* lice [*làiss*].
piede, *s.m.* foot [*fuut*], *pl.* feet [*fiit*]: *a piedi*, on foot; *in piedi*, standing; *in punta di piedi*, on tip toe [*on tip tou*].
piedistallo, *s.m.* pedestal [*pèdestal*].
piega, *s.f.* fold [*fóuld*].
piegare, *v.* to fold [*fóuld*] || **piegarsi**, *v.r.* to bend.
pieghettare, *v.* to plait [*pléit*].
pieghevole, *ag.* flexible; folding [*fóuldin*] || *s.m.* folder [*fóuldar*].
pieno, *ag.* full.
pietà, *s.f.* pity [*piti*].
pietanza, *s.f.* dish [*disci*].
pietra, *s.f.* stone [*stóun*].
pigiama, *s.m.* pyjamas [*pigiàmas*].
pigiare, *v.* to press.
pigione, *s.f.* rent [*rent*].

pigliare, *v.* to take [*té^{i}k*].
pignolo, *ag.* fussy [*fassi*].
pigrizia, *s.f.* laziness [*lé^{i}síness*].
pigro, *ag.* lazy [*lé^{i}si*].
pila, *s.f.* pile [*pàil*]; (elettrica) electric battery [*ilectric bàteri*].
pilastro, *s.m.* column, pillar.
pillola, *s.f.* pill.
pilota, *s.m.* pilot [*pàilot*].
pinacoteca, *s.f.* picture gallery [*pikciù^{ar} gàleri*].
pineta, *s.f.* pinewood [*pàinuùd*], pinegrove [*pàingrò^{u}v*].
ping-pong, *s.m.* table tennis [*té^{i}b-l t.*].
pinguino, *s.m.* penguin.
pinna, *s.f.* fin; (per nuotare) flipper [*flipa^{r}*].
pino, *s.m.* pine (tree) [*pàin* (*trii*)].
pinolo, *s.m.* pine seed [*pàin sìid*].
pinta, *s.f.* pint [*pàint*].
pinza, *s.f.* pliers [*plàia^{r}s*].
pinzatrice, *s.f.* stapler [*sté^{i}pla^{r}*].
pinzette, *s.f.* tweezers [*tuìsa^{r}s*].
pioggia, *s.f.* rain [*ré^{i}n*], shower [*sciàua^{r}*]; — *dirotta*, downpour [*daunpòa^{r}*].
piolo, *s.m.* peg: *scala a pioli*, ladder [*lèda^{r}*].
piombo, *s.m.* lead [*lèd*]: *a* —, perpendicular.
pioniere, *s.m.* pioneer [*pionia^{r}*].
pioppo, *s.m.* poplar [*pòpla^{r}*].
piovere, *v.* to rain [*ré^{i}n*].
piovigginare, *v.* to drizzle [*driz-l*].
piovoso, *ag.* rainy [*ré^{i}ni*].
pipa, *s.f.* pipe [*pàip*].
pipistrello, *s.m.* bat [*bát*].
piramide, *s.f.* pyramid [*pìramid*].
pirata, *s.m.* pirate [*pàirat*].
piroscafo, *s.m.* steamer [*stìima^{r}*], steamboat [*stìimbo^{u}t*].
piscina, *s.f.* swimming pool [*suìmin pùul*].
pisello, *s.m.* pea [*pii*].

pisolino, *s.m.* nap [*nàp*].
pista, *s.f.* track; racing-track [*réisin tràck*].
pistola, *s.f.* pistol [*pìstol*].
pistone, *s.m.* piston [*pìston*].
pittore, *s.m.* painter [*péintar*].
pittoresco, *ag.* picturesque [*pìkciuresqu*].
pittura, *s.f.* painting [*péintin*].
pitturare, *v.* to paint [*péint*].
più, *av.* more [*mòar*] || *pron.* many [*méni*]; *sempre* —, [more and more.
piuma, *s.f.* feather [*fèdsar*].
piumino, *s.m.* (da letto) eiderdown [*àidadaun*]; (da cipria) powder puff [*pàudar paf*]; (giaccone) quilted jacket [*chìlted giàchet*].
piuttosto, *av.* rather [*ràdsar*], sooner than [*sùunar dsán*].
pizza, *s.f.* (cibo) pizza; (bobina) reel [*rìil*].
pizzicotto, *s.m.* pinch [*pìnci*].
pizzo, *s.m.* lace [*léiss*].
plagio, *s.m.* plagiarism [*plàgiarism*].
planare, *v.* to glide [*glàid*].
plastica, *s.f.* plastic.
plastico, *ag.* plastic.
platano, *s.m.* platan.
platea, *s.f.* pit.
platino, *s.m.* platinum.
plenilunio, *s.m.* full moon [*ful muun*].
plico, *s.m.* bundle [*band-l*].
plotone, *s.m.* platoon [*platùun*].
plurale, *ag.* plural [*plùral*].
plutonio, *s.m.* plutonium.
pneumatico, *ag.* pneumatic || *s.m.* tyre [*tàiarr*].
poco, *ag.* e *av.* little [*lit-l*]; *fra poco*, shortly [*sciòrtli*].
pochino, *av.* very little [*veri lit-l*].
podere, *s.m.* land property [*lánd pròperrti*], estate [*estéit*].
podista, *s.m.* e *f.* walker and runner [*uókar end rànar*].
poesia, *s.f.* poetry [*pòetri*]; poem [*pòem*].

poeta, *s.m.* poet [*pòet*].
poggiatesta, *s.m.* headrest [*hèdrest*].
poi, *av.* then [*d*^{s}*en*].
poiché, *cong.* since [*sìns*].
pois, *s.m.* polka dot: *abito a* —, polka-dot dress.
polacco, *ag.* e *s.m.* Polish.
polare, *ag.* polar [*pò*^{u}*la*^{r}].
polemica, *s.f.* polemic, controversy.
polemico, *ag.* polemic.
politica, *s.f.* politics [*pò*^{u}*litics*].
polizia, *s.f.* police [*polìss*].
poliziesco, *ag.* police: *romanzo* —, detective story, thriller [*d*^{s}*rìla*^{r}]; *film* —, thriller.
poliziotto, *s.m.* policeman [*polìssmán*], constable [*cònstab-l*].
polizza, *s.f.* policy [*pòlissi*].
pollaio, *s.m.* poultry pen [*pòltri p.*].
pollame, *s.m.* poultry [*póltri*].
pollice, *s.m.* thumb [*d*^{s}*am*].
pollo, *s.m.* chicken [*cìk*^{e}*n*].
polmone, *s.m.* lung [*langh*].
polmonite, *s.f.* pneumonia [*pneumònia*].
polo, *s.m.* pole [*pó*^{u}*l*].
polpa, *s.f.* pulp [*palp*], flesh [*flèsc*^{i}].
polpaccio, *s.m.* calf [*caf*].
polpastrello, *s.m.* fingertip [*fingha*^{r}*tip*].
polpetta, *s.f.* meat ball [*miit bôl*].
polsino, *s.m.* cuff [*caf*], wristband [*ristbènd*].
polso, *s.m.* wrist [*rist*], pulse [*pals*].
poltrona, *s.f.* easy chair [*isicèa*^{r}]: — *a rotelle*, wheelchair [*uiilcea*^{r}]; — *letto*, chair bed [*cèa*^{r} *bed*]; (a teatro) stall [*stôl*].
poltroncina, *s.f.* (a teatro) pit-stall [*p.-stôl*].
poltrone, *s.m.* lazy fellow [*lé*^{i}*si félo*].
polvere, *s.f.* (naturale) dust [*dast*]; (artificiale) powder [*pàuda*^{r}].

polveroso, *ag.* dusty [*dàsti*].
pomata, *s.f.* pomade [*pèméid*].
pomeriggio, *s.m.* afternoon [*àftarnuun*].
pomodoro, *s.m.* tomato [*tomàto*].
pompa, *s.f.* (sontuosità) pomp; (per liquidi) pump [*pamp*]; (per camere d'aria) enflator [*enfléitoar*].
pompare, *v.* (liquidi) to pump [*pamp*]; (aria) to enflate [*enfléit*].
pompelmo, *s.m.* grapefruit [*gréipfrut*].
pompiere, *s.m.* fireman [*fàiarmán*] || **pompieri**, *s.m.pl.* fire brigade [*fàiar brighéid*].
ponderare, *v.* to ponder on; to weigh [*uéi*].
ponente, *s.m.* west [*uèst*]; (vento) west wind [*uèst uìnd*].
ponte, *s.m.* bridge [*brìdgi*].
pontefice, *s.m.* pontiff.
ponteggio, *s.m.* scaffolding [*scafoldin*].
pontile, *s.m.* wharf [*uórf*], pier [*pàiar*].
popolare, *ag.* popular [*pòpiular*] || *v.* to populate [*pòpiuleit*].
popolarità, *s.f.* popularity.
popolazione, *s.f.* population [*popiuléiscion*].
popolo, *s.m.* people [*piip-l*].
poppa, *s.f.* (naut.) stern; *a* —, aft, abaft.
poppatoio, *s.m.* (feeding) bottle [*fiidin bòt-l*].
porcellana, *s.f.* percelain [*pòsslein*], china [*ciàina*].
porcile, *s.m.* pigsty [*pìgstai*].
porco, *s.m.* (animale) pig; (la carne) pork.
porcospino, *s.m.* porcupine [*porcupàin*].
porfido, *s.m.* porphyry [*pòrfiri*].
porgere, *v.* to handle [*hànd-l*].
porpora, *s.f.* purple [*parp-l*].
porro, *s.m.* wart [*uòrt*]; (ortaglia) leek [*liik*].
porta, *s.f.* door [*doar*].
portabagagli, *s.m.* (per ciclo) luggage rack [*làgagi rèk*]; (per auto) boot [*buut*], (sul tetto) roof rack [*ruuf rèk*]; (facchino) porter [*pórtar*].

portabandiera, *s.m.* e *f.* flag-bearer [*flag bèarar*].
portabile, *ag.* portable [*pòrtab-l*].
portacarte, *s.m.* paper holder [*pèipar houldar*].
portacenere, *s.m.* ashtray [*àscitréi*].
portachiavi, *s.m.* key-holder [*ki-hóuldar*].
portaerei, *s.f.* (nave) carrier [*càriar*].
portafoglio, *s.m.* wallet [*uòlet*].
portalampade, *s.m.* bulb holder [*balb hóuldar*], bulb socket [*balb sòket*].
portalettere, *s.m.* postman [*pòustmán*].
portamonete, *s.m.* purse [*pars*].
portaombrelli, *s.m.* umbrella stand [*ambrèla stand*].
portapacchi, *s.m.* carrier [*chèriar*].
portapenne, *s.m.* penholder [*penhóuldar*].
portare, *v.* (verso chi parla) to bring [*brin*]; (lontano da chi parla) to take [*téik*]; (cose pesanti) to carry [*càri*]; (indossare) to wear [*uéar*].
portariviste, *s.m.* magazine rack [*megasin rák*].
portasigarette, *s.m.* cigarette case [*sigarèt cheis*].
portata, *s.f.* (cibo) course [*cours*]; (di arma) range [*réingi*]; (capacità) reach [*riici*]; (importanza) importance [*impórtans*].
portatore, *s.m.* bearer [*bearar*].
portauovo, *s.m.* eggcup [*ègcap*].
portico, *s.m.* porch [*porci*].
portiere, *s.m.* porter [*pórtar*], caretaker [*chéarteicar*]; (sport) goalkeeper [*goalkìipar*].
portinaio, *s.m.*, **portinaia**, *s.f.* caretaker [*cheartéikar*], porter [*pórtar*].
porto, *s.m.* port, harbour [*hàrboar*].
portoghese, *ag.* e *s.* Portuguese [*portiughìs*].
portone, *s.m.* front door [*f. dòar*[.
porzione, *s.f.* portion [*pòrscion*].
posa, *s.f.* pose [*pous*], posture [*pòstiuar*]; (fotogr.) exposure [*expòsciar*].

posare, *v.* to lay down [*lèi dàun*]; (fotogr.) to pose [*po*^{u}*s*].
posata, *s.f.* (da tavola) service set [*só*^{r}*viss set*].
posdomani, *s.m.* the day after tomorrow [*d*^{si} *dé*^{i} *àfta*^{r} *tumòro*^{u}].
positiva, *s.f.* (fotogr.) positive [*pòsitiv*].
positivo, *ag.* positive [*pòsitiv*].
posizione, *s.f.* position [*posìsc*^{io}*n*].
posporre, *v.* to postpone [*postpò*^{u}*n*], to put off.
possedere, *v.* to possess [*possèss*] ‖ **possesso**, *s.m.* possession [*possèsc*^{io}*n*] ‖ **possessore**, *s.m.* possessor [*possèsso*^{ar}].
possibile, *s.m.* possible [*pòssib-l*].
posta, *s.f.* post [*po*^{u}*st*], mail [*méil*]: *fermo in* —, poste restante [*po*^{u}*st réstont*]; (di scommesse) stake [*stéik*].
postale, *ag.* postal: *ufficio* —, post office.
posteggiare, *v.* to park.
posteggiatore, *v.* parking attendant [*pa*^{r}*kin a.*].
posteggio, *s.m.* parking [*pa*^{r}*kin*].
posteriore, *ag.* posterior [*postìrio*^{ar}].
postino, *V.* **portalettere**.
posto, *s.m.* place [*plé*^{i}*ss*]; (impiego) job [*giòb*]; (spazio) room [*ruum*].
potabile, *ag.* drinkable [*drìnkab-l*].
potare, *v.* to prune [*prun*].
potente, *ag.* powerful [*pàue*^{r}*ful*].
potenza, *s.f.* power [*pàua*^{r}].
potere, *v.* to be able [*bi é*^{i}*b-l*]; can [*chèn*], may [*mé*^{i}].
povero, *ag.* poor [*pùa*^{r}].
povertà, *s.f.* poverty [*pòve*^{r}*ti*].
pozzanghera, *s.f.* puddle [*pàd-l*].
pozzo, *s.m.* well [*uèl*].
pranzare, *v.* to dine [*dàin*].
pranzo, *s.m.* dinner [*dìna*^{r}]: *stanza da* —, dining room [*dàinin ruum*].
pratica, *s.f.* practice [*pràctiss*].
praticabile, *ag.* practicable [*pràcticab-l*].
praticare, *v.* to practise [*pràctis*].
pratico, *ag.* practical [*pràctical*]; expert.

prato, *s.m.* meadow [*mèdo*]; lawn [*lôn*].
preavviso, *s.m.* forewarning [*foruòrnin*].
precauzione, *s.f.* precaution [*pricòscion*].
precedente, *ag.* preceding [*prisìdin*] || *s.m.* precedent [*prisìdent*].
precedenza, *s.f.* precedence [*prisìdens*].
precedere, *v.* to precede [*presìd*].
precipitare, *v.* to fall [*fól*]; (di aereo) to crash [*crèsci*].
precipitarsi, *v.r.* to rush forward [*ràsci foruòrd*].
precipizio, *s.m.* precipice [*prèssipiss*].
precisare, *v.* to specify [*spésifai*].
precisione, *s.f.* precision [*prissìscion*].
preciso, *ag.* precise [*prissàis*], exact [*eksàct*].
precotto, *ag.* precooked [*pricùked*] || *s.m.* precooked food [*p. fùud*].
precursore, *s.m.* forerunner [*foarànnar*].
preda, *s.f.* prey [*préi*]. || **predare**, *v.* to rob.
predetto, *ag.* aforesaid [*afoarsèi*].
predica, *s.f.* sermon [*sermon*] || **predicare**, *v.* to preach [*priici*] || **predicatore**, *s.m.* preacher [*prìiciar*].
prediletto, *ag.* favourite [*féivourit*], dearest [*díarest*].
predire, *v.* to predict, to foretell [*fortèl*].
predisposizione, *s.f.* bent, inclination [*inclinéiscion*].
predominante, *ag.* predominant [*pridòminant*].
predone, *s.m.* plunderer [*plànderar*].
prefabbricato, *ag.* prefabricated [*prifabricheited*] || *s.m.* prefab [*prifèb*].
preferenza, *s.f.* preference [*prèferens*].
preferibile, *ag.* preferable [*prèferab-l*].
preferire, *v.* to prefer [*priféar*].
prefestivo, *ag.* preholiday [*prihòlidei*].
pregare, *v.* to pray [*préi*].
preghiera, *s.f.* prayer [*préiar*], request [*riquest*].
pregiato, *ag.* appreciated [*aprìssiét-d*]; esteemed [*estíimded*].

pregio, *s.m.* value [*vèliu*]; (merito) merit.
pregiudicare, *v.* prejudice [*prègiudiss*].
pregiudicato, *s.m.* previous offender [*prìvioas ofèndar*].
pregiudizio, *s.m.* prejudice [*prègiudiss*].
prego, *inter.* please [*plìis*]; (in risposta a grazie) not at all [*not et ol*], don't mention it [*dóunt mènscion it*].
preistorico, *ag.* prehistoric [*prihistòric*].
prelato, *s.m.* prelate [*preléit*].
prelevare, *v.* to deduct [*dicàct*], to take away [*téik auéi*].
pre-maman, *ag.* maternity: *abito,—*, maternity dress.
premeditare, *v.* to premeditate [*priméditeit*].
premere, *v.* to press.
premessa, *s.f.* introduction [*introdàkscion*].
premiare, *v.* to award [*auòrd*].
premio, *s.m.* prize [*pràis*].
premunirsi, *v.r.* to provide against [*provàid aghéinst*].
premura, *s.f.* urgency [*àrgensi*]; eagerness [*ígherness*], zeal [*síil*].
prendere, *v.* to take [*téik*].
prenome, *s.m.* Christian name [*C. néim*].
prenotare, *v.* to book [*buuk*] || **prenotazione**, *s.f.* booking [*bùukin*].
preoccuparsi, *v.r.* to be anxious [*bi ànksciou s*]; to worry (about) [*uóerri (abàut)*].
preoccupazione, *s.f.* worry [*uóerri*], care [*chèa*].
preparare, *v.* to prepare [*pripèar*] || **prepararsi**, *v.r.* to get ready [*ghet rèdi*]. [*rèdi*].
preparato, *s.m.* preparation [*priparéiscion*] || *ag.* ready
preparazione, *s.f.* preparation [*priparéiscion*].
prepotente, *ag.* insolent [*ìnsolent*].
presa, *s.f.* hold [*hóuld*]; grasp; (di corrente) plug [*plagh*], socket; (pizzico) pinch [*pinci*]; (sport) grip.
presagio, *s.m.* presage [*prìsagi*], foreboding [*forbodin*].
presbite, *ag.* long-sighted [*long-sàited*].
prescrivere, *v.* to prescribe [*priscràib*].

presentare, *v.* to present [*prisènt*]; (una persona ad altra) to introduce [*introdiùss*] || **presentazione**, *s.f.* presentation [*prisentée*^{i}*sci*^{o}*n*]; (di persone) introduction [*introdàksci*^{o}*n*].
presente, *ag.* present [*prèsent*].
presentimento, *s.m.* presentment [*prisèntment*].
presenza, *s.f.* presence [*prèsens*].
presenziare, *v.* to be present [*bi prèsent*].
presepe, *s.m.* crib.
preservare, *v.* to preserve [*prise*^{r}*v*].
presidente, *s.m.* president; (di una assemblea) chairman [*cèa*^{r}*mán*].
presidiare, *v.* to garrison [*gàris*^{o}*n*].
presidio, *s.m.* garrison [*gàris*^{o}*n*].
presiedere, *v.* to preside [*prisàid*].
pressante, *ag.* pressing [*prèssin*].
presso, *av.* e *prep.* near; (negli indirizzi) c/o.
prestabilito, *ag.* fixed in advance [*fiks*^{e}*d in advànss*].
prestanome, *s.m.* man of straw [*mán ov strô*], dummy [*dàmi*].
prestare, *v.* to lend.
prestigiatore, *s.m.* conjurer [*còngiara*^{r}].
prestigio, *s.m.* prestige [*prestìisg*^{i}].
prestinaio, V. *panettiere*.
prestito, *s.m.* loan [*ló*^{u}*n*].
presto, *ag.* quick [*quìk*] || *av.* quickly [*quìkli*].
presumere, *v.* to presume [*prisiùm*].
presumibile, *ag.* presumable [*prisiùmab-l*].
presuntuoso, *ag.* self-conceited [*self-concìit*^{e}*d*].
presupporre, *v.* presuppose [*prisopòse*].
prete, *s.m.* priest [*priist*].
pretendere, *v.* to pretend [*pritènd*] || **pretesa**, *s.f.* pretension [*pritènsci*^{o}*n*].
pretesto, *s.m.* pretext [*prìtekst*].
pretore, *s.m.* justice of the peace [*giàstiss ov d*^{se} *piiss*].
prevalere, *v.* to prevail [*privé*^{i}*l*].
prevedere, *v.* to foresee [*foa*^{r}*sìi*].
prevenire, *v.* to prevent [*privènt*].

preventivo, *s.m.* estimate [*éstime*^{i}*t*] || *ag.* preventive.
prevenzione, *s.f.* prevention [*privènsc*^{io}*n*].
previdente, *ag.* provident [*pròvident*].
previsione, *s.f.* forecast, prevision [*previs*^{io}*n*].
prezioso, *ag.* precious [*prèscio*^{u}*s*].
prezzemolo, *s.m.* parsley [*pà*^{r}*sle*^{i}].
prezzo, *s.m.* price [*pràis*].
prigione, *s.f.* prison [*pris*^{o}*n*].
prigionia, *s.f.* imprisonment.
prigioniero, *s.m.* prisoner [*prisona*^{r}].
prima, *prep.* before [*bifòa*^{r}] || *av.* (una volta) once [*uànss*], formerly [*fo*^{r}*ma*^{r}*li*].
primatista, *s.m.* e *f.* record-holder [*réco*^{r}*d hó*^{u}*lda*^{r}].
primavera, *s.f.* spring [*sprin*].
primo, *ag.* first [*fe*^{r}*st*].
primogenito, *s.m.* first-born son [*fe*^{r}*st bo*^{r}*n san*].
primula, *s.f.* primrose.
principale, *s.* e *ag.* chief [*ciif*].
principe, *s.m.* prince [*prins*]: — *ereditario*, crown p. [*cràun p.*] || **principessa**, *s.f.* princess [*prinsèss*].
principiante, *s.m.* e *f.* beginner [*beghìna*^{r}].
principio, *s.m.* beginning [*beghìnin*].
privare, *v.* to deprive [*dipràiv*].
privato, *ag.* private [*pràive*^{i}*t*].
privilegio, *s.m.* privilege [*prìvilèg*^{i}].
privo, *ag.* lacking (in) [*lèkin*].
probabile, *ag.* probable [*pròbab-l*].
probabilità, *s.f.* probability.
problema, *s.m.* problem [*pròblem*].
probo, *ag.* honest [*ònest*], upright [*öpràit*].
proboscide, *s.f.* trunk [*trànk*].
procedere, *v.* to proceed [*prosìid*].
procedura, *s.f.* procedure [*prosèdiua*^{r}].
processare, *v.* to try [*trai*]; to bring to trial [*brin tu traial*], to prosecute [*prosechiùt*].

processione, *s.f.* procession [*prossèsc*^{ion}].
processo, *s.m.* process; (dir.) trial [*tràial*].
procura, *s.f.* power of attorney [*pàua*^{r} *ov atò*^{r}*ne*^{i}].
procurare, *v.* to procure [*prochiù*^{ar}].
procuratore, *s.m.* attorney [*atò*^{r}*ni*].
prodigio, *s.m.* wonder [*uànda*^{r}], miracle.
prodigioso, *ag.* prodigious [*prodigio*^{us}].
prodigo, *ag.* prodigal.
prodotto, *s.m.* product [*prodàct*]: *—i nazionali*, home products [*hò*^{u}*m p.*].
produrre, *v.* to produce [*prodiùss*].
produttivo, *ag.* productive [*prodàctiv*].
produttore, *s.m.* producer [*prodiussa*^{r}].
produzione, *s.f.* production [*prodàksc*^{ion}].
profanare, *v.* to profane [*proféi*$^{}$*n*].
professare, *v.* to profess [*profèss*].
professionista, *s.m.* e *f.* professional: *libero —*, independent p.
professore, *s.m.* professor [*profèsso*^{r}] || **professoressa**, [*s.f.* mistress.
profeta, *s.m.* prophet [*pròfet*].
profezia, *s.f.* prophecy [*pròfesi*].
proficuo, *ag.* profitable [*pròfitab-l*].
profilo, *s.m.* profile [*profàil*].
profitto, *s.m.* profit [*pròfit*].
profondità, *s.f.* depth [*dèpd*^{s}].
profondo, *ag.* deep [*dìip*].
profugo, *s.m.* refugee [*refugìi*].
profumeria, *s.f.* perfumery [*pe*^{r}*fiùmeri*].
profumo, *s.m.* perfume [*pe*^{r}*fiùm*].
profusione, *s.f.* profusion [*profiùsc*^{ion}].
progettare, *v.* to project [*progèct*], to plan [*plán*].
progetto, *s.m.* plan [*plán*], project [*prògekt*].
prognosi, *s.f.* prognosis; *pl.* prognoses [*pròghnosis*].
programma, *s.m.* programme, program [*prògram*].
progredire, *v.* to progress [*prògress*].
progresso, *s.m.* progress [*prògress*].

proibire, *v.* to prohibit [*prohìbit*], to forbid [*forbìd*] || **proibito**, *ag.* forbidden [*forbìden*], prohibited [*prohìbited*] || **proibizione**, *s.f.* prohibition [*prohibìscion*].
proiettare, *v.* to project [*progèkt*].
proiettile, *s.m.* projectile [*prògektil*].
proiettore, *s.m.* (fotogr.) projector [*progèktor*]; search-light [*serci làit*].
proiezione, *s.f.* projection [*progèkscion*].
prole, *s.f.* issue [*ìsciu*], offspring [*òfsprin*].
proletario, *ag.* proletarian [*proletérian*] || *s.m.* proletary [*pròletari*].
pro-loco, *s.f.* local tourist office [*l. tóurist òfiss*].
prolungare, *v.* to prolong.
promemoria, *s.m.* memorial, pro memoria.
promessa, *s.f.* promise [*pròmis*].
promettere, *v.* to promise [*pròmis*].
promuovere, *v.* to promote [*promòut*].
pronostico, *s.m.* forecast [*fôrcast*], prediction [*predìkscion*].
pronto, *ag.* ready [*rèdi*].
prontamente, *av.* promptly [*pròmptli*].
pronunzia, *s.f.* pronunciation [*pronansiéiscion*].
pronunziare, *v.* to pronounce [*pronàuns*].
propaganda, *s.f.* propaganda. [*sprèd*].
propagare, *v.* to propagate [*propaghéit*], to spread
propenso, *ag.* inclined [*incláined*].
proporre, *v.* to propose [*propóus*].
proporzionale, *ag.* proportional [*propòrscional*].
proporzione, *s.f.* proportion [*propòrscion*].
proposito, *s.m.* purpose [*parpous*].
proposta, *s.f.* proposal [*propóusal*].
proprietà, *s.f.* property [*pròperti*]; estate [*estéit*].
proprietario, *s.m.* proprietor [*propràietor*], owner [*ôunar*].
proprio, *ag.* proper || *av.* indeed [*indìid*].
prora, *s.f.* prow [*prau*], bow [*bau*], head [*hèd*]: *a* —, at

the bow; *albero di* —, foremast [*fôrmast*]; *vento di* —, head wind [*h. uind*].
proroga, *s.f.* delay [*dilèi*].
prorogabile, *ag.* (rinviabile) adjournable [*adgiòarnab-l*]; (prolungabile) extendable [*ekstèndab-l*].
prorogare, *v.* to put off; to postpone [*postpóun*].
prosa, *s.f.* prose [*próus*].
prosatore, *s.m.* prose writer [*próus ràitar*].
prosciogliere, *v.* (dir.) to acquit.
prosciugare, *v.* to dry [*dràì*], to drain [*dréin*].
prosciutto, *s.m.* ham [*hám*].
proseguire, *v.* to continue [*contìniu*] || **prosecuzione**, *s.f.* **proseguimento**, *s.m.* continuation [*continuéiscion*].
prosperare, *v.* to prosper [*pròspar*] || **prosperità**, *s.f.* prosperity [*prospèriti*] || **prospero**, *ag.* prosperous [*pròsperous*].
prospettiva, *s.f.* perspective [*perspèktiv*].
prossimamente, *av.* shortly [*sciòrtli*].
prossimità, *s.f.* vicinity [*vissìniti*].
prossimo, *ag.* next, near [*nìar*] || *s.m.* fellow creatures [*fèlo crìciars*].
protagonista, *s.m.* e *f.* leading character [*lìidin càraktar*].
proteggere, *v.* to protect.
protesta, *s.f.* protest.
protestante, *ag.* e *s.* Protestant.
protestare, *v.* to protest.
protesto, *s.m.* (comm.) protest.
protezione, *s.f.* protection [*protèkscion*].
protrarre, *v.* to protract.
prova, *s.f.* proof [*prùuf*]; (esperimento) trial [*tràial*], test; (teatro) rehearsal [*rihersal*].
provare, *v.* (verificare) to test; (dimostrare) to prove [*pruv*].
provarsi, *v.r.* to try [*tràì*], to endeavour [*endèvor*].
provenienza, *s.f.* provenience [*provìniens*], source [*sòrs*], provenance [*pròvenans*].

provenire, *v.* to proceed [*prossìid*], to derive [*diràiv*], to come [*cam*].
proverbio, *s.m.* proverb [*pròve^{r}b*].
provetta, *s.f.* test-tube [*t. tiub*]: *figlio della* —, test-tube baby [*t.-t. bé^{i}bi*].
provincia, *s.f.* province [*pròvins*].
provocare, *v.* to provoke [*provó^{u}k*] || **provocazione**, *s.f.* provocation [*provoché^{i}sc^{io}n*].
provvedere, *v.* to provide to [*provàid*].
provvedimento, *s.m.* measure [*mèsciua^{r}*].
provvigione, *s.f.* commission [*comìsc^{io}n*].
provvisorio, *ag.* provisional, for the time being [*fo^{r} d^{s}i tàim bìin*].
provvista, *s.f.* provision [*provìsc^{io}n*], stock.
prua, *V.* **prora**.
prudente, *ag.* prudent [*prùdent*].
prudenza, *s.f.* prudence [*prùdens*].
prudere, *v.* to itch [*ic^{i}*] || **prurito**, *s.m.* itch [*ic^{i}*].
prugna, *s.f.* plum [*plam*]: — *verde*, greengage [*griinghè^{i}g^{i}*].
psichiatra, *s.m.* e *f.* psychiatrist [*saikàiatrist*].
psicofarmaco, *s.m.* psychotrope drug [*sàikotro^{u}p drag*].
psicologo, *s.m.* psychologist [*saikòlogist*].
psicopatico, *ag.* psychopatic [*sàikopatik*] || *s.m.* psychopath [*sàikopad^{s}*].
pubblicare, *v.* to publish [*pàblisc^{i}*], to issue [*ìsciu*].
pubblicazione, *s.f.* publication [*pablike^{i}sc^{io}n*].
pubblicità, *s.f.* advertising [*adve^{r}tàisin*].
pubblico, *ag.* e *s.m.* public [*pàblik*].
puerile, *ag.* childish [*ciàldisc^{i}*].
pugilato, *s.m.* boxing [*bòksin*].
pugile, *s.m.* boxer [*bòksa^{r}*].
pugnalare, *v.* to stab.
pugnale, *s.m.* dagger [*dàga^{r}*].
pugno, *s.m.* fist; (quantità) handful.
pulce, *s.m.* flea [*flìi*].
pulcino, *s.m.* chick [*cìk*].

puledro, *s.m.* colt.
pulire, *v.* to clean [*clìin*] || **pulito**, *ag.* clean [*clìin*].
pulizia, *s.f.* cleanliness [*clènliness*].
pullman, *s.m.* coach [*co*^{u}*c*^{i}].
pulmino, *s.m.* van [*ván*].
pulsante, *s.m.* push button [*pusc*^{i} *bàtton*], buzzer [*bàsa*^{r}].
pungere, *v.* to prick.
punire, *v.* to punish [*pànisc*^{i}] || **punizione**, *s.f.* punishment [*pànisc*^{i}*ment*].
punta, *s.f.* point [*pòint*], tip: *in — di piedi*, on tiptoe [*tipto*^{u}].
puntata, *s.f.* (al gioco) bet, stake [*sté*^{i}*k*]; (di scritt., TV ecc.) serial.
punteggiatura, *s.f.* punctuation [*panktiué*^{i}*sc*^{io}*n*].
punteggio, *s.m.* score [*scô*^{r}].
puntino, *s.m.* dot.
punto, *s.m.* point; (segno di punteggiatura) full stop: — *interrogativo*, question mark [*quèst*^{io}*n ma*^{r}*k*].
puntuale, *ag.* punctual [*pànciual*].
puntualità, *s.f.* puntuality [*panciuàliti*].
puntura, *s.f.* prik.
pupilla, *s.f.* pupil [*piùpil*], eyeball [*àibol*].
purché, *cong.* provided that [*provàid*^{e}*d d*^{s}*èt*].
pure, *av.* yet, still, however [*hauèva*^{r}]; (anche) also [*òlso*], even [*ìven*].
purga, *s.f.*, **purgante**, *s.m.* purgative [*pàrgativ*].
purificare, *v.* to purify [*piurifài*].
puro, *ag.* pure [*piùa*^{r}]; mere [*mìa*^{r}] || **puramente**, *av.* merely [*mir*^{e}*li*].
purosangue, *s.m.* thoroughbred [*d*^{s}*àrebred*].
putrefarsi, *v.r.* to rot.
puzza, *s.f.* stench [*stènc*^{i}] || **puzzare**, *v.* to stink [*stink*].

Q

qua, *av.* here [*hìa*^{r}].
quaderno, *s.m.* exercise-book [*éksersais-bu*^{u}*k*], copybook [*còpibu*^{u}*k*].
quadrante, *s.m.* dial [*dàial*].
quadrato, *s.m.* square [*squèa*^{r}].
quadrettato, *ag.* (di tessuto) check [*ciék*], chequered [*c*^{i}*èquer*^{e}*d*].
quadri, *s.m.pl.* (carte da gioco) diamonds [*dàiamonds*].
quadro, *ag.* square [*squèa*^{r}] || *s.m.* picture [*pìkciu*^{ar}].
quadrifoglio, *s.m.* four-leaved clover [*fo*^{u}*r liv*^{e}*d clova*^{r}].
quaglia, *s.f.* quail [*chè*^{i}*l*].
qualche, *pr.* e *ag.* some [*sam*], any [*éni*].
qualcheduno, **qualcuno**, *pr.* somebody [*sambòdi*], someone [*samuòn*], anybody [*enibòdi*], anyone [*eniuòn*].
qualcosa, *pr.* something [*sàmd*^{s}*in*], anything [*ènid*^{s}*in*].
quale, *pr.* who [*hu*], whom [*hum*], which [*huìc*^{i}], that [*d*^{s}*at*].
qualifica, *s.f.* qualification [*quolifikè*^{i}*sc*^{io}*n*], title [*ta*^{i}*t-l*].
qualità, *s.f.* quality [*quòliti*].
qualora, *av.* in case that [*in chè*^{i}*s d*^{s}*át*], should [*sciùd*].
qualsiasi, **qualunque**, *ag.* whoever [*huèva*^{r}], whomsoever [*humsoèva*^{r}], whatever [*uotèva*^{r}].
quando, *av.* when [*uèn*].
quantità, *s.f.* quantity [*quòntiti*].
quanto, *ag.* how much [*hàu mac*^{i}]: — *tempo?* how long?
quanto a, *loc.prep.* as for.
quantunque, *cong.* though [*d*^{s}*ó*^{u}].
quaresima, *s.f.* lent.
quarta, *s.f.* (auto) fourth gear [*fo*^{ur}*d*^{s} *ghìa*^{r}].

quartiere, *s.m.* (di città) neighbourhood [*neibó*^{r}*hud*]; district; (militare) quarters (pl.) [*quó*^{r}*ta*^{r}*s*].
quasi, *av.* almost [*òlmost*], nearly [*nìa*^{r}*li*].
quel, **quello**, **quella**, *pr.* that [*d*^{s}*át*]; *pl.* those [*d*^{s}*o*^{u}*s*].
quercia, *s.f.* oak [*ó*^{u}*k*].
querela, *s.f.* lawsuit [*lôsiut*].
questione, *s.f.* question [*quést*^{io}*n*].
questo, **questa**, *pr.* this [*d*^{s}*iss*]; *pl.* these [*d*^{s}*is*^{i}].
questura, *s.f.* police-office [*polìss-òfiss*].
qui, **qua**, *av.* here [*hia*^{r}].
quietanza, *s.f.* acquittance [*aquìtans*].
quiete, *s.f.* quiet [*quàiet*].
quieto, *ag.* quiet [*quàiet*].
quindi, *av.* then [*d*^{s}*en*].
quintale, *s.m.* quintal.
quota, *s.f.* quota, portion [*po*^{r}*sc*^{io}*n*]; (altezza) altitude [*altitiùd*].
quotidiano, *ag.* daily [*dé*^{i}*li*].

R

rabarbaro, *s.m.* rhubarb [*ràbar^{r}b*].
rabbia, *s.f.* rage [*ré^{i}g^{i}*].
rabbrividire, *v.* to shiver [*scìva^{r}*], to shudder [*sc^{i}àda^{r}*].
racchetta, *s.f.* racket [*ràket*].
raccogliere, *v.* to pick up [*ap*], to collect [*colèct*], to gather [*gad^{s}a^{r}*].
raccolta, *s.f.* collection [*colèksc^{io}n*].
raccolto, *s.m.* harvest [*hà^{r}vest*], crop.
raccomandare, *v.* to recommend || **raccomandarsi**, *v.r.* to recommend oneself [*r. uansèlf*], to appeal to [*appìil tu*] || **raccomandazione**, *s.f.* recommendation [*recommendé^{i}sc^{io}n*]: *lettera di* —, letter of introduction.
raccomandata, *s.f.* (lettera) registred letter [*règist^{e}r^{e}d lètta^{r}*].
raccontare, *v.* to tell.
racconto, *s.m.* tale [*té^{i}l*].
raccordo, *s.m.* connection [*connèksc^{io}n*]; (di autostrada) [link.
raddoppiare, *v.* to redouble [*ridáb-l*].
raddrizzare, *v.* to straighten [*stré^{i}ten*].
radersi, *v.r.* to shave [*sce^{i}v*]; *farsi radere*, to get shaved [*ghet scé^{i}vd*].
radiatore, *s.m.* radiator [*radiè^{i}to^{r}*].
radicchio, *s.m.* chicory [*cìcori*].
radice, *s.f.* root [*ruut*].
radio, *s.f.* (apparecchio ricevente) radio(set) [*ré^{i}dio-(set)*]: *trasmettere per* —, to broadcast [*brôdcast*] || *s.m.* (min.) radium [*rèdium*].
radioamatore, *s.m.* radio amateur [*ré^{i}dio ámoto^{r}*].
radiocomandato, *ag.* radio-controlled.

radiocronaca, *s.f.* commentary [*commentèri*]: — *in diretta*, live broadcast [*la*^{i}*v brôdcast*].
radiocronista, *s.m.* (radio) commentator [*ré*^{i}*dio commenté*^{i}*to*^{r}].
radiografia, *s.f.* radiography [*ré*^{i}*diògrafi*]; (l'immagine) radiograph [*ré*^{i}*diograf*].
radiologo, *s.m.* radiologist.
radioricevente, *s.f.*, **radioricevitore**, *s.m.* receiving set [*resivin set*].
radiotrasmittente, *s.f.*, **radiotrasmettitore**, *s.m.* radio [transmitter.
radiotrasmettere, *v.* to broadcast [*brôdcost*].
radunare, *v.* to gather [*ghèd*^{s}*a*^{r}] || **raduno**, *s.m.* gathering [*ghéd*^{s}*erin*].
raffermo, *ag.* stale [*sté*^{i}*l*].
raffica, *s.f.* volley.
raffineria, *s.f.* refinery [*rifàineri*].
rafforzare, *v.* to reinforce [*reinfòrs*].
raffreddare, *v.* to cool [*cuul*].
raffreddarsi, *v.r.* to get cold [*ghet co*^{u}*ld*].
raffreddore, *s.m.* cold: *prendere un* —, to catch a cold [*cátc*^{i} *e có*^{u}*ld*].
raffronto, *s.m.* comparison [*compàris*^{o}*n*].
ragazzo, *s.m.* boy || **ragazza**, *s.f.* girl [*ghe*^{r}*l*].
raggio, *s.m.* (di luce) beam [*bi*^{i}*m*]; (artificiale), ray [*réi*]; *raggi X*, X rays; (di ruota) spoke [*spo*^{u}*k*].
raggiungere, *v.* to rejoin [*rigiòin*], to overtake [*ova*^{r}*té*^{i}*k*]; to attain [*até*^{i}*n*].
ragguardevole, *ag.* remarkable [*rimà*^{r}*kab-l*].
ragionare, *v.* to reason [*rìs*^{o}*n*] || **ragionamento**, *s.m.* reasoning [*rìsonin*].
ragione, *s.f.* reason [*ris*^{o}*n*]: *aver* —, to be right [*bi ràit*].
ragionevole, *ag.* reasonable [*rìs*^{o}*nab-l*].
ragioniere, *s.m.* bookkeeper [*buukkìipa*^{r}].
raglio, *s.m.* bray [*bré*^{i}].
ragnatela, *s.f.* cobweb [*còbueb*].
ragno, *s.m.* spider [*spàida*^{r}].

rallegrarsi, *v.r.* to rejoice [*rigiòis*]; (congratularsi) to congratulate [*congratiulé^{i}t*].
rallentamento, *s.m.* relenting [*rilèntin*], slackening [*slákenin*].
rallentare, *v.* to slow down [*slo^{u}dàun*], to slacken [*slá-k^{e}n*].
rame, *s.m.* copper [*còpa^{r}*].
ramino, *s.m.* (gioco di carte) rummy [*ràmmi*].
rammendare, *v.* to darn [*da^{r}n*].
ramo, *s.m.* branch [*branc^{i}*].
ramoscello, *s.m.* twig [*tuígh*].
rampicante, *ag.* climbing [*clàimin*]; clinging [*clìnghin*].
rana, *s.f.* frog.
rancido, *ag.* rancid [*rànsid*].
rancore, *s.m.* grudge [*g^{r}à^{d}g^{i}*].
rannuvolarsi, *v.r.* to get cloudy [*ghet clàudi*].
ranuncolo, *s.m.* buttercup [*bàta^{r}cap*].
rapa, *s.f.* turnip [*tà^{r}nip*].
rapacità, *s.f.* rapacity [*rapàsiti*].
rapido, *ag.* rapid, swift [*suìft*]: *treno* —, very fast train.
rapina, *s.f.* robbery [*ròberi*] || **rapinare**, *v.* to rob.
rapire, *v.* to abduct [*abdàkt*]; (spec. bambini) to kidnap [*kidnáp*] || **rapimento**, *s.m.* abduction [*abdàksc^{io}n*]; kidnapping || **rapitore**, *s.m.* abductor; kidnapper.
rapporto, *s.m.* report [*rèpo^{r}t*].
rappresaglia, *s.f.* retaliation [*ritalié^{i}sc^{io}n*].
rappresentante, *s.m.* e *f.* agent [*é^{i}gent*].
rappresentanza, *s.f.* agency [*é^{i}gensi*].
rappresentare, *v.* to represent [*reprisènt*] || **rappresentazione**, *s.f.* representation [*reprisenté^{i}sc^{io}n*], performance [*pö^{r}fò^{r}mans*].
raro, *ag.* rare [*rèa^{r}*].
raramente, *av.* rarely [*rè^{re}li*], seldom [*sèld^{o}m*].
rasare, *v.* (prato) to mow [*mo^{u}*]; (barba) to shave [*she^{i}v*].
raschiare, *v.* to scrape [*scré^{i}p*].
raso, *s.m.* satin [*sàtin*].
rasentare, *v.* to nearly touch [*nìa^{r}li tac^{i}*], to shave [*she^{i}v*]; [to border [*bó^{r}da^{r}*].

rasoio, *s.m.* razor [*rèisor*]: — *di sicurezza*, safety razor [*séifeti r.*].
rassegna, *s.f.* review [*reviù*].
rassegnare, *v.* to resign [*risàin*], to give up [*ghiv ap*].
rassegnazione, *s.f.* resignation [*resigh-néiscion*].
rasserenarsi, *v.r.* to clear up [*clìar ap*].
rassettare, *v.* to set in order.
rassicurare, *v.* to reassure [*riasciùar*].
rastrellare, *v.* to rake off [*réik of*].
rastrello, *s.m.* rake [*reik*].
rata, *s.f.* instalment [*instòlment*].
rateale, *ag.* by instalments [*bài instòlments*].
rattoppo, *s.m.* patch [*pàtci*].
rattristare, *v.* to sadden [*sèdn*].
rauco, *ag.* hoarse [*hors*].
ravanello, *s.m.* radish [*ràdisci*].
ravvedimento, *s.m.* repentance [*ripèntans*].
ravvivare, *v.* to revive [*revàiv*].
razione, *s.f.* ration [*réiscion*].
razza, *s.f.* race [*réiss*].
razzista, *ag.* e *s.m.* e *f.* racist [*réisist*], racialist [*réiscia-list*].
razzo, *s.m.* rocket [*ròket*].
re, *s.m.* king.
reale, *ag.* royal [*ròial*]; (vero) real [*rìal*].
realizzare, *v.* to realize [*rialàis*].
realtà, *s.f.* reality [*rièliti*].
reato, *s.m.* crime [*cràim*].
reattore, *s.m.* reactor [*rièktor*]; (aereo) jet [*gièt*].
reazione, *s.f.* reaction [*riàksc ion*].
recapitare, *v.* to deliver [*delìvar*].
recapito, *s.m.* address [*adrèss*].
recare, *v.* to bring, to take [*téik*] || **recarsi**, *v.r.* to betake oneself [*bitéik uonsèlf*].
recensione, *s.f.* review [*reviù*].
recente, *ag.* recent [*rìssent*].
recinto, *s.m.* enclosure [*enclòsciuar*].

recipiente, *s.m.* vessel [*vèssel*].
reciproco, *ag.* mutual [*miùciual*].
recita, *s.f.* performance [*perfoʳmans*].
recitare, *v.* (declamare) to recite [*risàit*]; (teatr.) to act [*èkt*], to play [*pléi*] || **recitazione**, *s.f.* acting [*èktin*].
reclamare, *v.* to complain [*compléin*], to claim [*cléim*].
reclamo, *s.m.* complaint [*compléint*], claim [*cleim*].
recluta, *s.f.* recruit [*rikrùut*].
reddito, *s.m.* income [*ìncam*].
redigere, *v.* to draw up [*drô ap*].
redimibile, *ag.* redeemable [*redìimab-l*].
redini, *s.f.pl.* reins [*rèins*].
reduce, *s.m.* veteran [*vèteran*].
referto, *s.m.* report.
referenza, *s.f.* reference [*rèferens*].
refezione, *s.f.* meal [*miil*].
refrattario, *ag.* refractory [*rifráctori*] fire proof [*faiaʳ pruuf*].
refrigerante, *ag.* refrigerant [*rifrìgerant*].
regalare, *v.* to present with [*prisènt uìds*]; to give [*ghiv*].
regalo, *s.m.* present [*prèsent*], gift [*ghift*].
reggere, *v.* (governare) to govern [*gòveʳn*]; (sopportare) to bear [*bèaʳ*].
reggersi, *v.r.* to stand up [*stánd ap*].
reggia, *s.f.* royal palace [*r. pèlass*].
reggimento, *s.m.* regiment [*règiment*].
reggipetto, **reggiseno**, *s.m.* brassière; (fam.) bra.
regia, *s.f.* (di film) direction [*dairèkscion*]; (di teatro) production [*prodàkscion*], (amer.) direction.
regina, *s.f.* queen [*quìn*].
regionale, *ag.* regional [*rìgional*].
regione, *s.f.* region [*rìgion*].
regista, *s.m.* e *f.* director [*dirèktaʳ*].
registrare, *v.* to register [*règistaʳ*]; (incidere) to record || **registrazione**, *s.f.* registration [*registréiscion*], entry [*èntri*]; (sonora) recording.

registro, *s.m.* register [*régistar*].
regnare, *v.* to reign [*rèin*].
regno, *s.m.* kingdom [*kìngdom*], reign.
regola, *s.f.* rule [*ruul*].
regolamento, *s.m.* rules [*ruuls*] *pl.*
regolare, *ag.* regular [*righiular*].
regolare, *v.* to regulate [*règhiuléit*].
regolarità, *s.f.* regularity [*reghiulèriti*].
regolarsi *v.r.* (comportarsi) to behave [*bihéiv*].
relativo, *ag.* relative [*rèlativ*].
relazione, *s.f.* relation [*rilescion*], report [*repòrt*].
religione, *s.f.* religion [*relìgion*].
reliquia, *s.f.* relic [*rèlic*].
remare, *v.* to row [*róu*].
remo, *s.m.* oar [*òar*].
remoto, *ag.* remote [*remòut*].
rendere, *v.* to give back [*ghiv bàk*].
rendiconto, *s.m.* report [*repòrt*].
rendita, *s.f.* income [*ìncam*].
rene, *s.m.* kidney [*kìdni*].
renna, *s.f.* reindeer [*rèindiar*].
reo, *s.m.* culprit [*càlp-rit*].
reparto, *s.m.* division [*divìscion*], department [*depàrtment*].
repentino, *ag.* sudden [*saden*].
replica, *s.f.* reply; (di trasmissione) replay [*ripléi*].
reprimere, *v.* to repress [*riprèss*].
repubblica, *s.f.* republic [*ripàblic*].
repulsione, *s.f.* repulsion [*ripàlscion*].
reputazione, *s.f.* reputation [*repiutéiscion*].
requisito, *s.m.* qualification [*quolifichéiscion*].
resa, *s.f.* surrender [*sarèndar*].
residence, *s.f.* service flats [*sèrvis flèts*], (amer.) apartment hotel.
residente, *ag.* e *s.m.* e *f.* residing [*risàidin*], resident [*résident*].
residenza, *s.f.* residence [*rèsidens*].
residuo, *s.m.* remaining [*riméinin*] || *s.m.* residual product.

resina, *s.f.* resin, rosin.
resistente, *ag.* resistant [*resìstant*], durable [*diùrab-l*].
resistere, *v.* to resist.
respingere, *v.* to push back [*pùsci bák*], to repel [*ripèl*].
respirare, *v.* to breathe [*brìids*] || **respirazione**, *s.f.* breathing [*brìidsin*] || **respiratore**, *s.m.* (per subacquei) aqualung [*aqualangh*]; (tubo) schnorkel [*scinòrkel*].
respiro, *s.m.* breath [*brèds*].
responsabile, *ag.* responsibile [*respònsib-l*].
responsabilità, *s.f.* responsibility [*responsibìliti*].
ressa, *s.f.* throng [*dsrong*], crowd [*cràud*].
restare, *v.* to stay [*stéi*], to stop, to remain [*riméin*]; to be left [*bi left*].
restaurare, *v.* to restore [*ristòar*] || **restauro**, *s.m.* restoration [*restoreiscion*].
restituire, *v.* to give back [*ghiv bék*], to return [*ritàrn*].
resto, *s.m.* remainder [*riméindar*], remnant [*rèmnant*]; (di soldi) change [*céngi*].
restringere, *v.* to restrict [*ristrìkt*].
restringersi, *v.* to shrink [*scirink*].
restrizione, *s.f.* restriction [*restrikscion*].
retata, *s.f.* police raid [*polìs reid*].
rete, *s.f.* net.
retina, *s.f.* (per capelli) hair-net.
reticolato, *s.m.* network [*nètuark*], mesh [*mesci*].
retribuire, *v.* to retribute [*rètribiut*] || **retribuzione**, *s.f.* retribution [*retribiùscion*].
retrobottega, *s.m.* back-shop [*báksciòp*].
retrocedere, *v.* to move backwards [*muv bákuòrds*].
retrodatare, *v.* to backdate [*bèkdeit*].
retromarcia, *s.f.* reverse [*rivôrs*].
retroterra, *s.m.* hinterland [*hintarlánd*].
retta, *s.f.* straight line [*stréit làin*].
rettificare, *v.* to rectify [*rectifài*] || **rettifica**, *s.f.* correction [*corrèkscion*].

rettile, *s.m.* reptile [*reptàil*].
rettilineo, *ag.* e *s.m.* straight [*stréit*].
rettitudine, *s.f.* uprightness [*apràitness*].
retto, *ag.* upright [*apràit*]; right [*ràit*].
reumatismo, *s.m.* rheumatism [*rùmatism*].
reverendo, *ag.* e *s.m.* reverend [*rèverend*].
revisione, *s.f.* revision [*revìsion*]; (di conti) audit [*ôdit*].
revisore, *s.m.* reviser [*revàisar*].
revoca, *s.f.* revocation [*revochéiscion*].
revocare, *v.* to revoke [*revògk*].
riassumere, *v.* to recapitulate [*ricapitiuléit*].
riassunto, *s.m.* summary [*sòmari*].
ribaltare, *v.*, **ribaltarsi**, *v.r.* to capsize [*capsàiz*].
ribassare, *v.* to lower [*lòuar*] || **ribasso**, *s.m.* (sconto) reduction [*ridàkscion*]; (crollo) fall [*fôl*], drop.
ribellarsi, *v.r.* to revolt [*revòlt*].
ribellione, *s.f.* rebellion [*rebèlion*].
ribes, *s.m.* redcurrant [*redcarrant*]; (nero) blackcurrant [*blèkcarrant*].
ribrezzo, *s.m.* horror [*hòror*], repulsion [*ripàlscion*].
ributtante, *ag.* repulsive [*ripàlsiv*], shocking [*sciòckin*].
ricaduta, *s.f.* relapse [*rilàps*].
ricamare, *v.* to embroider [*embròidar*].
ricambiare, *v.* to return. [part.
ricambio, *s.m.* (pezzo di), spare piece [*spèar piss*], spare
ricamo, *s.m.* embroidery [*embròideri*].
ricattare, *v.* to blackmail [*blèkmeil*] || **ricattatore**, *s.m.* blackmailer [*blèkméilar*] || **ricatto**, *s.m.* blackmail [*blèkmeil*], extortion [*ekstórscion*].
ricavare, *v.* to get [*ghet*]; (dedurre) to deduce [*dediùss*].
ricavo, *s.m.* profit [*pròfit*].
ricchezza, *s.f.* wealth [*uèalds*], richness [*rìciness*].
ricco, *ag.* rich [*rici*], wealthy [*uèaldsi*].
ricerca, *s.f.* search [*sôrci*], research [*risôrci*].
ricercare, *v.* to search [*sôrci*], to research [*risôrci*].

ricercato, *ag.* in demand; (sofisticato) affected; (dalla polizia) wanted [*uóntid*].
ricercatore, *s.m.* (scientifico) researcher [*rissô*^{r}*c*^{i}*a*^{r}].
ricetta, *s.f.* recipe [*ressip*]; (medica) prescription [*pre-scripsc*^{io}*n*].
ricevere, *v.* to receive [*ressìv*].
ricevimento, *s.m.* reception [*ressèpsc*^{i}*ón*].
ricevitore, *s.m.* receiver [*rissìva*^{r}].
ricevuta, *s.f.* receipt [*rissìt*].
richiamare, *v.* to recall [*ricòl*].
richiedente, *s.m.* e *f.* applicant [*àplicant*], petitioner [*petìsc*^{io}*na*^{r}].
richiedere, *v.* (domandare) to request [*riquèst*], to ask.
riciclare, *v.* to recycle [*risàic-l*].
ricino (olio di), *s.m.* castor-oil [*càstor òil*].
ricompensa, *s.f.* reward [*riuò*^{r}*d*].
ricompensare, *v.* to reward [*riuò*^{r}*d*].
riconciliare, *v.* to reconcile [*reconsàil*].
riconoscente, *ag.* grateful [*gré*^{i}*tful*].
riconoscenza, *s.f.* gratefulness [*gré*^{i}*tfulness*].
riconoscere, *v.* to recognize [*règogh-nàis*].
ricordare, *v.* to remind [*rimàind*] || **ricordarsi**, *v.r.* to remember [*rimèmba*^{r}].
ricordo, *s.m.* remembrance [*rimèmbrans*]; souvenir.
ricorso, *s.m.* claim [*clé*^{i}*m*].
ricostruire, *v.* to rebuild [*ribild*], to reconstruct [*ricon-stràct*] || **ricostruzione**, *s.f.* reconstruction [*ricon-stràksc*^{io}*n*].
ricotta, *s.f.* curd [*ca*^{r}*d*].
ricoverare, *v.* to shelter [*scèlta*^{r}] || **ricoverarsi**, *v.r.* to take shelter [*té*^{i}*k scèlta*^{r}] || **ricovero**, *s.m.* shelter [*scèlta*^{r}].
ricreazione, *s.f.* recreation [*ricriè*^{i}*sc*^{io}*n*].
ricredersi, *v.r.* to change one's mind [*c*^{i}*éng*^{i} *uans ma*^{i}*nd*].
ricuperare, *v.* to recover [*ricàva*^{r}], to get back [*ghet bák*].
ridere, *v.* to laugh [*laf*].
ridicolo, *ag.* ridiculous [*ridìchiulo*^{ua}*s*].
ridire, *v.* (trovare da) to find fault with [*fàind folt uìd*^{s}].
ridotto, *s.m.* (teatro) lounge [*làung*^{i}].

ridurre, *v.* to reduce [*ridiùss*].
riduttore, *s.m.* adapter [*adapta*^{r}].
riempire, *v.* to fill up [*fil ap*].
rientrare, *v.* to re-enter [*riènta*^{r}].
riepilogare, *v.* to recapitulate [*ricapitiulé*^{i}*t*].
rifare, *v.* to remake [*rimé*^{i}*k*].
riferimento, *s.m.* reference [*referèns*].
riferire, *v.* to refer [*rifór*].
rifiutare, *v.* to refuse [*rifiùs*], to decline [*diclàin*] || **rifiuto**, *s.m.* refusal [*rifiùscial*], denial [*dinàial*].
riflessione, *s.f.* reflection [*riflekscio*$^{}$*n*].
riflesso, *s.m.* reflex [*riflèks*].
riflettere, *v.* to reflet [*riflèkct*]; (pensare) to think over [*d*^{s}*ink o*^{u}*va*^{r}].
rifocillarsi, *v.r.* to eat something [*iit sàmd*^{s}*in*].
rifondere, *v.* (danni) to refund [*rifànd*].
riforma, *s.f.* reform [*refò*^{r}*m*].
rifornire, *v.* to supply with [*saplài uìd*^{s}] || **rifornimento**, *s.m.* supplying [*sapplàiin*]: *stazione di* —, (auto) filling station; (amer.) gas station [*filin, ghès sté*^{i}*sc*^{io}*n*].
rifugiarsi, *v.r.* to take refuge [*tu te*^{i}*k refiùg*^{i}].
rifugiato, *s.m.* refugee [*refiugìi*].
rifugio, *s.m.* refuge [*refiùg*^{i}], hut [*hat*].
riga, *s.f.* line [*làin*]; (larga) stripe [*straip*]; (per rigare) ruler [*rùla*^{r}].
rigato, *ag.* striped [*straip*^{e}*d*].
rigattiere, *s.m.* second-hand dealer [*second-hánd dìila*^{r}].
rigettare, *v.* (respingere) to reject [*rigièct*]; (vomitare) to vomit [*vòmit*] || **rigetto**, *s.m.* rejection [*rigèksc*^{io}*n*].
rigido, *ag.* rigid; (severo) strict.
rigore, *s.m.* rigour [*rigo*^{u}*r*]; (calcio) penalty (kick) [*pènalti* (*kik*)].
rigoroso, *ag.* rigorous [*rìgoro*^{a}*s*], severe [*sivìa*^{r}].
riguardare, *v.* (concernere) to regard, to concern [*consérn*] || **riguardarsi**, *v.r.* to take care of oneself [*te*^{i}*k chèa*^{r} *ov uansèlf*].

riguardo, *s.m.* regard [*rigàrd*].
rilasciare, *v.* ro release [*rilìis*]; (consegnare) to deliver [*delìvar*].
rilassarsi, *v.r.* to relax [*rilèks*].
rilegare, *v.* (libri) to bind [*bàind*] || **rilegato**, *ag.* (di libro) bound [*bàund*] || **rilegatura**, *s.f.* binding [*bàindin*].
rilevante, *ag.* notable [*nóutab-l*], important [*impòrtant*].
rimandare, *v.* to send back [*bák*].
rimanente, **rimanenza**, *V.* **resto**.
rimanere, *V.* **restare**.
rimarginarsi, *v.r.* to heal (up) [*hìil* (*ap*)].
rimbalzare, *v.* to bounce [*bàuns*]; (indietro) to rebound [*ribàund*].
rimborsare, *v.* to refund [*rifand*] || **rimborso**, *s.m.* refund, repayment [*ripéiment*].
rimboschimento, *s.m.* reafforestation [*riafforestéiscion*].
rimediare, *v.* to remedy [*rèmedi*] || **rimedio**, *s.m.* remedy [*rèmedi*].
rimessa, *s.f.* (invio) remittance [*remitans*]; (per vetture) garage.
rimessaggio, *s.m.* (di barche, roulotte) laying-up [*léiin-ap*].
rimettere, *v.* to remit [*remìt*]; to replace [*ripléiss*] || **rimettersi**, *v.r.* to recover [*ricàvar*].
rimodernare, *v.* to modernize [*modernàis*].
rimonta, *s.f.* (sport) catching up [*chèciin ap*].
rimorchiare, *v.* to tug [*tag*], to tow [*tou*] || **rimorchiatore**, *s.m.* (nave) tow-boat [*tóubóut*] || **rimorchio**, *s.m.* trailer [*tréilar*].
rimorso, *s.m.* remorse.
rimozione, *s.f.* removal: — *forzata* (di auto) towing away [*tóuin euèi*].
rimpatriare, *v.* to repatriate [*ripatriéit*].
rimpiangere, *v.* to regret [*rigrèt*].
rimproverare, *v.* to reprimand [*rèprimand*]; to reproach [*riprùci*] || **rimprovero**, *s.m.* reproach [*riprùci*].
rimunerare, *v.* to remunerate [*rimiùneréit*].
rimuovere, *v.* to remove [*rimùv*].

rinascere, *v.* to revive [*rivàiv*] || **rinascita**, *s.f.* revival [*rivàiv*^{o}*l*].
rincaro, *s.m.* rise in price [*ràis in pràis*].
rincasare, *v.* to return home [*rità*^{r}*n ho*^{u}*m*].
rincorrere, *v.* to run after [*ran àfta*^{r}].
rincrescere, *v.* to be sorry [*bi sò*^{r}*i*] || *mi rincresce*, I regret [*ài rigret*]; I am sorry [*ài èm sòri*] || **rincrescimento**, *s.m.* regret [*rigrèt*].
rinforzare, *v.* to strengthen [*strèngd*^{s}*en*], to reinforce [*reinfò*^{r}*s*].
rinfrescare, *v.* to cool [*cùul*]; to refresh [*rìfrèsc*^{i}].
rinfresco, *s.m.* refreshment [*rifrèsc*^{i}*ment*].
rinfusa (alla), *ag.* confusedly [*confiùsedli*], pell-mell [*pel-mel*].
ringhiera, *s.f.* railing [*ré*^{i}*lin*].
ringraziare, *v.* to thank [*d*^{s}*enk*].
rinnovare, *v.* to renew [*riniù*] || **rinnovamento**, **rinnovo**, *s.m.* renewal [*riniùal*].
rinoceronte, *s.m.* rhinoceros [*rainòsseros*].
rinomato, *ag.* renowned [*rinàund*].
rintocco, *s.m.* toll.
rintracciare, *v.* to trace out [*tré*^{i}*ss àut*].
rinunciare, *v.* to renounce [*rinà*^{u}*ns*], to give up || **rinuncia**, *s.f.* renunciation [*rinansié*^{i}*sc*^{io}*n*].
rinviare, *v.* to send back [*bák*]; to adjourn [*adgià*^{r}*n*] || **rinvio**, *s.m.* (ad altra data) adjournment [*adgià*^{r}*nment*].
riparare, *v.* to repair [*ripèa*^{r}] || **riparazione**, *s.f.* repair [*ripèa*^{r}].
riparare, *v.* to take shelter [*te*^{i}*k scèlta*^{r}] || **riparo**, *s.m.* shelter [*scèlta*^{r}].
ripartire, *v.* (suddividere) to allot [*allòt*].
ripetere, *v.* to repeat [*ripìit*], to say again [*séi aghé*^{i}*n*].
ripido, *ag.* steep [*stìip*].
ripiego, *s.m.* expedient [*expìdient*].
ripieno, *ag.* stuffed [*stàf*^{e}*d*].

riposare, *v.* to rest || **riposo**, *s.m.* rest.
ripresa, *s.f.* resumption [*risàmpscion*]; (di film) shot [*sciòt*]; (di auto) acceleration [*asseleréiscion*].
riprodurre, *v.* to reproduce [*riprodiùss*] || **riproduzione**, *s.f.* reproduction [*riprodàkscion*].
ripromettersi, *v.r.* to propose, to intend.
risaia, *s.f.* rice field [*ràis fild*].
risalita, *s.f.* climb [*clàim*]: *impianti di* —, mechanical ascent [*m. assènt*].
risarcire, *v.* to compensate [*compenséit*].
risata, *s.f.* burst of laughter [*barst ov làftar*].
riscaldamento, *s.m.* heating [*hìitin*].
riscaldare, *v.* to heat [*hìit*], to warm [*uòrm*].
riscatto, *s.m.* ransom [*rènsom*].
rischiare, *v.* to risk || **rischio**, *s.m.* risk || **rischioso**, *ag.* [risky.
risciacquare, *v.* to rinse [*rìns*].
riscossa, *s.f.* rescue [*reschiù*].
riscuotere, *v.* to cash [*càsci*].
risentimento, *s.m.* resentment.
riserva, *s.f.* reserve [*risèrv*].
riservare, *v.* to reserve [*risèrv*].
risiedere, *v.* to reside [*risàid*].
riso, *s.m.* (risata) laugh [*laf*]; (cibo) rice [*ràis*].
risoluto, *ag.* resolute [*resoliùt*].
risoluzione, *s.f.* resolution [*risoliùscion*].
risolvere, *v.* to resolve [*resòlv*].
risolversi, *v.r.* to decide [*dissàid*].
risorsa, *s.f.* resource [*resòurs*], expedient [*expìdient*].
risparmiare, *v.* to save [*séiv*], to spare [*spèar*] || **risparmio**, *s.m.* saving [*séivin*].
rispettabile, *ag.* respectable [*respèctab-l*].
rispettare, *v.* to respect [*respèct*].
rispettivamente, *av.* respectively [*respèctiv-li*] || **rispetto**, *s.m.* respect.
rispettoso, *ag.* respectful [*respèctful*].

risplendere, *v.* to glitter [*glìta*^{r}], to shine [*sciàin*].
rispondere, *v.* to reply [*riplài*], to answer [*àns*^{u}*a*^{r}].
risposta, *s.f.* reply [*riplài*], answer [*àns*^{u}*a*^{r}].
rissa, *s.f.* riot [*ràiot*].
ristabilirsi, *v.r.* (in salute) to recover [*ricàva*^{r}].
ristampare, *v.* to reprint [*riprìnt*].
ristorante, *s.m.* restaurant [*rèstorant*].
ristrutturare, *v.* to restructure [*ristràkciua*^{r}]; (edifici) to furbish [*fà*^{r}*bìsc*^{i}].
risultare, *v.* to result [*risàlt*] || **risultato**, *s.m.* result [*risàlt*], outcome [*àutcam*], issue [*ìssiu*].
ritagliare, *v.* to cut out [*cat aut*] || **ritaglio**, *s.m.* cutting [*càtin*].
ritardare, *v.* to retard [*rità*^{r}*d*]; to be late [*bi lé*^{i}*t*] || **ritardo**, *s.m.* late [*lé*^{i}*t*]: *in* —, behind time [*bihàind tàim*].
ritenere, *v.* (trattenere) to retain [*rité*^{i}*n*]; (credere) to believe [*bilìiv*].
ritirare, *v.* to withdraw [*uìd*^{s}*drô*] || **ritirarsi**, *v.r.* to retire [*ritàia*^{r}]; (di stoffe) to shrink [*sc*^{i}*rìnk*].
rito, *s.m.* rite [*ràit*].
ritornare, *v.* to return [*rità*^{r}*n*] || **ritorno**, *s.m.* return [*rità*^{r}*n*].
ritornello, *s.m.* refrain [*rìfre*^{i}*n*].
ritratto, *s.m.* portrait [*pòrtret*].
riunione, *s.f.* meeting [*mì*^{i}*tin*].
riunire, *v.* to gather [*ghèd*^{s}*a*^{r}], to put together [*put tughèd*^{s}*a*^{r}] || **riunirsi**, *v.r.* to gather [*ghèd*^{s}*a*^{r}], to come together [*cam tughèd*^{s}*a*^{r}].
riuscire, *v.* to succeed [*sakssìd*] || **riuscita**, *s.f.* issue [*ìssiu*], result [*risàlt*].
riva, *s.f.* bank [*bánk*].
rivedere, *v.* (revisionare) to revise [*rivàis*].
rivelare, *v.* to reveal [*rivìil*].
rivincita, *s.f.* revenge [*rivèng*^{i}].
rivista, *s.f.* review [*riviù*]; (periodico) magazine [*mágasin*].
rivolgere, *v.* to address to || **rivolgersi**, *v.r.* (indirizzarsi [a]) to apply to [*aplài tu*].
rivolta, *s.f.* revolt.
rivoltella, *s.f.* revolver.

rivoluzione, *s.f.* revolution [*revoliùsc*^{on}].
roba, *s.f.* stuff [*staf*] || **robaccia**, *s.f.* rubbish [*ràbisc*^{i}].
robusto, *ag.* robust [*robàst*], stout [*stàut*].
roccia, *s.f.* rock || **roccioso**, *ag.* rocky [*ròchi*].
rodaggio, *s.m.* running-in [*ranin-in*].
rodere, *v.* to gnaw [*nô*^{u}].
rogito, *s.m.* deed [*dìid*].
rognone, *s.m.* kidney [*kìdni*].
rollino, *s.f.* film.
rollio, *s.m.* rolling [*rólin*].
romanziere, *s.m.* novelist.
romanzo, *s.m.* novel [*nò*^{u}*vel*].
rompere, *v.* to break [*brèk*].
rompighiaccio, *s.m.* (nave) icebreaker [*àis brèka*^{r}].
rondine, *s.f.* swallow [*suòlo*].
ronzino, *s.m.* nag [*nág*].
rosa, *s.f.* (fiore) rose [*ró*^{u}*s*]; (colore) pink.
rosolia, *s.f.* (med.) German measles *pl.* [*german mìs-l*].
rosario, *s.m.* rosary [*ròsari*].
roseo, *ag.* rosy [*ró*^{u}*si*].
rosmarino, *s.m.* rosemary [*ró*^{u}*smeri*].
rosolare, *v.* to roast brown [*rò*^{u}*st bràun*].
rospo, *s.m.* toad [*tò*^{u}*d*].
rossetto, *s.m.* lipstick [*lìpstik*].
rossiccio, *ag.* reddish [*rèdisc*^{i}].
rosso, *s.m.* e *ag.* red.
rossore, *s.m.* blush [*blasc*^{i}].
rosticceria, *s.f.* rotisserie.
rotaia, *s.f.* rail [*re*^{i}*l*].
rotocalco, *s.m.* (rivista) illustrated magazine [*i. mága-sin*].
rotolo, *s.m.* roll.
rotondo, *ag.* round [*ràund*].
rotta, *s.f.* (direzione) route [*rut*].
rottame, *s.m.* wreck [*rèk*].
rovente, *ag.* red-hot.

rovere, *s.m.* oak [*o^{u}k*].
rovesciare, *v.* to overthrow [*ova^{r}d^{s}róu*], to upset [*apsèt*]; (liquidi) to spill; (capovolgere) to capsize [*cápsàiz*].
rovescio, *s.m.* reverse side [*r. sàid*], back [*bák*]; (tennis) backhand [*bákhánd*].
rovina, *s.f.* ruin [*rùin*] || **rovinare**, *v.* to ruin.
rovo, *s.m.* bramble [*brèmb-l*].
rozzo, *ag.* coarse [*cò^{r}s*], rough [*raf*].
rubacuori, *s.m.* lady-killer [*lé^{i}di-kìla^{r}*].
rubare, *v.* to steal [*stì^{i}l*].
rubinetto, *s.m.* tap [*táp*].
rubino, *s.m.* ruby [*rùbi*].
rubrica, *s.f.* index book [*i. buk*]; (per indirizzi) address book [*a. buk*]; (di giornale) column.
rude, *ag.* rude.
ruga, *s.f.* wrinkle [*rink-l*].
ruggine, *s.f.* rust [*rast*] || **rugginoso**, *ag.* rusty [*ràsti*].
ruggito, *s.m.* roar [*rô^{ar}*].
rugiada, *s.f.* dew [*diù*] || **rugiadoso**, *ag.* dewy [*diùi*].
rugoso, *ag.* wrinkled [*rìnkl^{e}d*].
rullio, *s.m.* roll, rolling [*ròllin*].
rumore, *s.m.* noise [*nòis*] || **rumoroso**, *ag.* noisy [*nòisi*].
ruota, *s.f.* wheel [*huìl*].
ruscello, *s.m.* brook [*brùuk*].
ruspa, *s.f.* bulldozer.
russare, *v.* to snore [*snò^{ar}*].
russo, *ag.* e *s.m.* Russian [*ràscian*].
rustico, *ag.* rustic [*ràstic*].

S

sabato, *s.m.* Saturday [*sàtá^{r}di*].
sabbia, *s.f.* sand [*sánd*] || **sabbioso**, *ag.* sandy [*sándi*].
sabbiatura, *s.f.* sand bath [*sánd bad^{s}*].
sabotaggio, *s.m.* sabotage [*sàbotag^{i}*].
saccarina, *s.f.* saccharine.
saccheggiare, *v.* to sack || **saccheggio**, *s.m.* sack [*sák*].
sacchetto, *s.m.* satchel [*sàtcel*].
sacco, *s.m.* sack [*sák*].
sacerdote, *s.m.* priest [*prìst*].
sacrificare, *v.* to sacrifice [*sàcrifaiss*] || **sacrificio**, *s.m.* sacrifice [*sàkrifis*].
sacro, *ag.* sacred [*se^{i}cred*], holy [*hòli*].
saggezza, *s.f.* wisdom [*uìsd^{o}m*].
saggio, *ag.* wise [*uàiss*] || *s.m.* essay [*èsse^{i}*].
sagrestano, *s.m.* sexton [*sèxt^{o}n*], sacristan.
sagrestia, *s.f.* sacristy [*sàcristi*], vestry [*véstri*].
sala, *s.f.* hall [*hôl*], room [*rùum*].
salame, *s.m.* salame.
salario, *s.m.* wages [*uègis*].
salatino, *s.m.* savoury biscuit [*sèivo^{a}ri bìsk^{i}t*].
salato, *ag.* salted [*sôlted*].
saldare, *v.* to solder [*sòlda^{r}*]; to weld [*uèld*]; (conti) to settle [*set-l*].
saldo, *ag.* firm [*fö^{r}m*] || *s.m.* balance [*bàlans*]; (svendita) sale [*seil*].
sale, *s.m.* salt [*sôlt*] || **salare**, *v.* to salt [*sôlt*].
salice, *s.m.* willow (tree) [*uìlo* (*trii*)]; — *piangente*, weeping willow [*uìpin w.*].

saliera, *s.f.* saltcellar [*sòltsèla*^{r}].
salire, *v.* to get on [*ghet on*], to go up [*go*^{u} *ap*], to mount [*màunt*]; (crescere) to rise [*ràis*].
salita, *s.f.* slope, rise [*ràis*]; ascent [*assènt*].
saliva, *s.f.* saliva [*salàiva*].
salma, *s.f.* corpse [*co*^{r}*pse*].
salmo, *s.m.* psalm [*sa*^{l}*m*].
salmone, *s.m.* salmon [*sàm*^{o}*n*].
salone, *s.m.* hall [*hôl*]; drawing room [*drô*^{u}*ing rùum*].
salotto, *s.m.* drawing room [*drô*^{u}*ing rùum*].
salpare, *v.* to weigh anchor [*uèi ànco*^{r}].
salsa, *s.f.* sauce [*sôss*].
salsiccia, *s.f.* sausage [*sôssag*^{i}].
salsiera, *s.f.* sauce boat [*sôss bò*^{u}*t*].
saltare, *v.* to jump [*giàmp*], to leap [*lìip*], to spring [*sprin*], to hop [*hôp*]; (con la corda) to skip.
salto, *s.m.* jump [*giàmp*], leap [*lìip*].
salubre, *ag.* healthful [*hèlful*], wholesome [*hù*^{o}*lsam*].
salumeria, *s.f.* delicatessen (shop).
salumiere, *s.m.* delicatessen sellar [*d. sèla*^{r}].
salutare, *v.* to greet [*grìit*]; (incontrando) to say hallo [*séi hèlo*]; (andando via) to say goodbye [*séi guudbài*] || *ag. V.* **salubre**.
salute, *s.f.* health [*hèld*^{s}].
saluto, *s.m.* greeting [*grìitin*], salutation [*saliuté*^{i}*sc*^{io}*n*].
salvadanaio, *s.m.* moneybox [*manibòks*].
salvagente, *s.m.* life buoy [*làif buòi*]; (cintura) life belt.
salvare, *v.* to save [*sé*^{i}*v*], to rescue [*reschiù*].
salvataggio, *s.m.* rescue.
salvia, *s.f.* sage [*sé*^{i}*g*^{i}].
salvietta, *s.f.* (tovagliolo) serviette [*servièt*], napkin [*nàpkin*]; (asciugamano) towel [*tà*^{u}*el*].
salvo, *ag.* safe [*se*^{i}*f*], unhurt [*anhà*^{r}*t*].
sanatorio, *s.m.* sanatorium.
sandalo, *s.m.* sandal.

sangue, *s.m.* blood [*blad*].
sanguinare, *v.* to bleed [*blìid*].
sano, *ag.* healthy [*hèldsi*], sound [*sàund*].
santità, *s.f.* holiness [*hóliness*]; *Sua* —, His Holiness.
santo, *s.m.* saint [*seint*] || *ag.* holy [*hòli*]; *Spirito* —, Holy Ghost.
santuario, *s.m.* sanctuary [*sànkciuari*].
sapere, *v.* to know [*nóu*].
sapienza, *s.f.* knowledge [*nôledgi*].
sapone, *s.m.* soap [*sóup*].
saponetta, *s.f.* toilet soap [*tòilet sóup*].
sapore, *s.m.* taste [*téist*], flavour [*fléivor*].
saporito, *ag.* tasty [*téisti*].
saracinesca, *s.f.* rolling shutter [*rolin sciàtar*].
sardina, *s.f.* sardine [*sardìn*].
sarto, *s.m.* tailor [*téilor*] || **-a**, *s.f.* dressmaker [*dressméikar*].
sartoria, *s.f.* tailor's shop [*téilors sciòp*].
sasso, *s.m.* stone [*stóun*] || **sassoso**, *ag.* stony [*stóuni*].
sassofono, *s.m.* saxophone [*saksofôn*].
satellite, *s.m.* satellite [*sátelàit*].
sazio, *ag.* replete [*replìit*], full (up).
sbadato, *ag.* careless [*chèarles*], heedless [*hìidles*].
sbadigliare, *v.* to yawn [*iòn*].
sbadiglio, *s.m.* yawning [*iònin*].
sbagliare, *v.*, **sbagliarsi**, *v.r.* to make a mistake [*méik e mistéik*].
sbaglio, *s.m.* mistake [*mistéik*].
sballottare, *v.* to toss.
sbalordire, *v.* to astound [*astàund*].
sbalorditivo, *ag.* astounding [*astàundin*].
sbandare, *v.* (di auto) to skid.
sbarazzarsi, *v.r.* to get rid (of) [*ghet rid* (*ov*)].
sbarcare, *v.* to land [*lánd*] || **sbarco**, *s.m.* landing [*lándin*].
sbarramento, *s.m.* barrage [*bàragi*].
sbarrare, *v.* to bar: — *un assegno*, to cross a cheque [*c. e cek*].

sbattere, *v.* to knok [*nok*], to bang [*bángh*]; (porte ecc.) to slam [*slám*]; (gettare) to throw [*dsróu*].
sberla, *s.f.* slap [*sláp*].
sbiadire, *v.* to fade [*féid*].
sbigottito, *ag.* bewildered [*biuìlde**r**ed*], astonished [*astònisced*].
sbirro, *s.m.* cop.
sbocciare, *v.* to blossom.
sbocco, *s.m.* outlet [*àutlet*].
sborsare, *v.* to pay out [*pei aut*], to spend.
sbottonare, *v.* to unbutton [*anbàtton*].
sbriciolare, *v.* to crumble [*kràmb-l*]; (fig.) to crash [*krásci*].
sbrinare, *v.* to defrost.
sbronzo, *ag.* tight [*tàit*], boozed [*bùused*].
sbucciare, *v.* to peel [*pìil*].
scabroso, *ag.* (ruvido) rough [*raf*] (osceno) scabrous [*skàbroas*].
scacchiera, *s.f.* chessboard [*cessbóard*].
scacciare, *v.* to drive away [*dràiv auéi*].
scacco, *s.m.* (quadro) square [*skuèar*], check [*cek*]; *pl.* (gioco) chess [*cess*]: — *matto*, checkmate [*cèkmeit*].
scadente, *ag.* (non buono) poor [*pùar*].
scadenza, *s.f.* expiration [*ekspirèiscion*].
scaffale, *s.m.* shelf [*scelf*].
scala, *s.f.* stairs [*stèars*], staircase [*stèarchéis*]; — *a piuoli*, ladder [*'làdar*]; — *a chiocciola*, winding stairs [*uàindin s.*]; — *mobile*, escalator [*eskaléitor*].
scaldabagno, *s.m.* water-eater [*uótar ìitar*]; (a gas) geyser [*ghìsar*].
scaldare, *v.* to heat [*hìit*], to warm [*uòrm*].
scaldavivande, *s.m.* chafing dish [*ciàfin disci*].
scalino, *s.m.* step.
scalo, *s.m.* landing [*lándin*].
scaloppina, *s.f.* scallop.
scaltro, *ag.* cunning [*cànin*].
scalzo, *ag.* barefoot [*béarfùut*]; barefooted [*béarfùuted*].

scambiare, *v.* to exchange [*ekscèngi*].
scampo, *s.m.* escape [*eschéip*]; (crostaceo) shrimp [*scrimp*].
scampolo, *s.m.* remnant [*rèmnant*].
scandalo, *s.m.* scandal.
scandinavo, *ag.* e *s.m.* Scandinavian [*skandinéivian*].
scansare, *v.* to shun [*sciàn*].
scapola, *s.f.* shoulder blade [*sciùldar bléid*].
scapolo, *s.m.* single man [*sing-l mán*], bachelor [*béicelor*].
scappamento, *s.m.* (di auto) exhaust [*eksôst*].
scappare, *v.* to run away [*ran euéi*], to flee [*flìi*].
scappatoia, *s.f.* loophole [*lùuphoul*], way out [*uéi aut*].
scarafaggio, *s.m.* beetle [*bìit-l*].
scarcerare, *v.* to release (from prison) [*rilìis*], to set free [*set frìi*].
scaricamento, **scarico**, *s.m.* unloading [*anloadin*].
scaricare, *v.* to unload [*anlóad*].
scarlattina, *s.f.* scarlet fever [*skàrlet fivar*].
scarpa, *s.f.* shoe [*sciù*].
scarpone, *s.m.* boot [*bùut*]: *scarponi da sci*, ski boots.
scarso, *ag.* scarce [*schérs*].
scartare, *v.* (togliere dalla carta) to unwrap [*anrèp*]; (respingere) reject [*rigièkt*]; (a carte) to discard || **scarto**, *s.m.* discard; reject.
scassinare, *v.* to force open [*forss óupen*]; (una cassaforte) to crack a safe [*krák e séif*].
scasso, *s.m.* burglary [*bàrglari*].
scatola, *s.f.* box [*boks*].
scavare, *v.* to dig [*digh*].
scavo, *s.m.* excavation [*ekscavéiscion*].
scegliere, *v.* to choose [*ciùs*], to select [*silèct*].
scelta, *s.f.* choice [*ciòis*].
scemo, *ag.* stupid, dopey [*dóupi*] || *s.m.* idiot, dope [*doup*].
scena, *s.f.* scene [*siin*].
scenario, *s.m.* scenery [*sìneri*].
scendere, *v.* to descend [*dissènd*], to come or to go down [*cam, or tu góu dáun*].

scendiletto, *s.m.* rug [*rag*].
sceneggiatore, *s.m.* scriptwriter [*sk^{r}iptràita^{r}*]; (solo di film) screenwriter [*skriinràita^{r}*] || **sceneggiatura**, *s.f.* script; (solo di film) screenplay [*skrìinple^{i}*].
scheda, *s.f.* card.
schedario, *s.m.* file [*fà^{i}l*].
scheggia, *s.f.* chip [*c^{i}p*].
scheletro, *s.m.* skeleton.
schema, *s.m.* scheme [*schiim*].
scherma, *s.f.* fencing [*fènsin*].
schermo, *s.m.* screen [*scrìin*].
schernire, *v.* to scoff (at).
scherzare, *v.* to jest [*gest*], to joke [*gió^{u}k*].
scherzo, *s.m.* jest [*gest*], joke [*gió^{u}k*].
schettini, *s.m.pl.* roller skates [*rola^{r} skè^{i}ts*].
schiaccianoci, *s.m.* nutcrackers [*natcràke^{r}s*].
schiacciapatate, *s.m.* potato masher [*potè^{i}to másc^{i}a^{r}*].
schiacciare, *v.* to crush [*crasc^{i}*].
schiaffo, *s.m.* slap [*sláp*], smack [*smák*].
schiamazzo, *s.m.* uproar [*apròa^{r}*], row [*ràu*].
schiavo, *s.m.* slave [*slè^{i}v*].
schiena, *s.f.*, **schienale**, *s.m.* back [*bák*].
schietto, *ag.* pure [*piùa^{r}*], sincere [*sinsìa^{r}*].
schifezza, *s.f.* rubbish [*ràbisc^{i}*], trash [*t^{r}ásc^{i}*].
schifo, *s.m.* disgust [*disgàst*] || **schifoso**, *ag.* disgusting [*disgàstin*], nasty [*nàsti*].
schiuma, *s.f.* (di bibite) froth [*frod^{s}*]; (del mare) foam [*fó^{u}m*]; (del sapone) lather [*làd^{s}a^{r}*].
schivare, *V.* **scansare**.
schizzare, *v.* to splash [*splèsc^{i}*]; (disegni) to sketck [*schètc^{i}*].
schizzo, *s.m.* (disegno) sketch; (di liquido) splash [*splèsc^{i}*].
sci, *s.m.* ski.
scia, *s.f.* wake [*uè^{i}k*]; (traccia) trail [*tre^{i}l*].
sciabola, *s.f.* sword [*sô^{r}d*].

sciacallo, *s.m.* jackal [*giàcol*].
sciacquare, *v.* to rinse [*rins*].
sciacquone, *s.m.* flush [*flasc*^{i}].
sciagura, *s.f.* misfortune [*misfò*^{r}*ciun*].
scialle, *s.m.* shawl [*sciòl*].
scialuppa, *s.f.* launch [*lònc*^{i}].
sciame, *s.m.* swarm [*suò*^{r}*m*].
sciare, *v.* to ski.
sciarpa, *s.f.* scarf [*sca*^{r}*f*].
sciatore, *s.m.* skier [*skìa*^{r}].
scientifico, *ag.* scientific [*saientìfic*].
scienza, *s.f.* science [*sàiens*].
scienziato, *s.m.* scientist [*sàientist*].
scimmia, *s.f.* monkey [*mònchi*], ape [*é*^{i}*p*].
scintilla, *s.f.* spark [*spà*^{r}*k*].
scintillante, *ag.* sparkling [*spà*^{r}*klin*].
sciocchezza, *s.f.* foolishness [*fùulisc*^{i}*ness*], sillyness [*sìliness*], nonsense [*nònsens*].
sciocco, *ag.* silly [*sìli*].
sciogliere, *v.* (snodare) to untie [*antài*]; (lasciar libero) to loose [*lùus*]; (fondere) to melt; (risolvere) to solve [*só*^{u}*lv*].
scioperante, *s.m.* e *f.* striker [*stràika*^{r}].
scioperare, *v.* to strike [*stràik*], to go on strike [*go*^{u} *on s.*].
sciopero, *s.m.* strike [*stràik*].
scipito, *ag.* tasteless [*té*^{i}*stless*].
scippo, *s.m.* bag-snatching [*bágh-snác*^{i}*in*].
scirocco, *s.m.* south-east wind [*sàud*^{s}*-ist uind*].
sciroppo, *s.m.* syrup [*sìrap*].
sciupare, *v.* (guastare) to spoil [*spòil*], to damage [*dàmagi*^{i}]; (sperperare) to waste [*ué*^{i}*st*]; to squander [*squònda*^{r}]; (sciupare con l'uso) to wear out [*uèa*^{r} *àut*] || **sciupato** (con l'uso), *ag.* worn out [*uò*^{r}*n àut*].
sciupio, *s.m.* waste [*ué*^{i}*st*].

scivolare, *v.* (accidentalmente) to slip; to slide [*slàid*], to glide [*glàid*].
scivoloso, *ag.* slippery [*slìperi*].
scocciatura, *v.* bother [*bòd^{s}a^{r}*].
scodella, *s.f.* soup plate]*sup plé^{i}t*]; bowl [*bó^{u}l*].
scogliera, *s.f.* cliff; reef [*rìif*].
scoglio, *s.m.* reef [*rìif*] || **scoglioso**, *ag.* reefy [*rìifi*].
scoiattolo, *s.m.* squirrel [*squìr^{e}l*].
scolapiatti, *s.m.* plate rack [*ple^{i}t rák*].
scolaro, *s.m.* school-boy [*scul boi*] || **-a**, *s.f.* school girl [*s. ge^{r}l*].
scollatura, *s.f.* nekline [*neklà^{i}n*].
scommessa, *s.f.* bet || **scommettere**, *v.* to bet.
scomodità, *s.f.* lack of comfort [*lák ov kómfo^{r}t*].
scomodo, *s.m.* inconvenience [*inconviniens*] || *ag.* inconvenient [*inconvìnient*], uncomfortable [*ancòmfortab-l*].
scomparire, *v.* to disappear [*disapìa^{r}*]; (far cattiva figura) to cut a bad figure [*cat e bád fighiu^{ar}*].
scompartimento, *s.m.* compartment [*compà^{r}tment*].
scompiglio, *s.m.* confusion [*confiùsc^{io}n*], bustle [*bas-l*].
scomponibile, *ag.* decomposable: *mobili scomponibili*, unit forniture [*iùnit fa^{r}nic^{iu}a^{r}*].
sconcio, *s.m.* indecency [*indìssensi*] || *ag.* indecent [*indìssent*].
sconfiggere, *v.* to defeat [*difìit*] || **sconfitta**, *s.f.* defeat [*difìit*].
sconforto, *s.m.* (dolore) distress [*distrèss*].
scongiurare, *v.* (supplicare) to entreat [*entrìit*].
sconosciuto, *ag.* unknown [*an-nòun*].
sconsiderato, *ag.* thoughless [*d^{s}ôtles*], rash [*rèsc^{i}*].
sconsigliabile, *ag.* unadvisable [*anadvàis^{a}b-l*].
sconsigliare, *v.* to dissuade from [*dissué^{i}d from*].
scontare, *v.* to discount [*discàunt*]; (espiare) to expiate [*èkspié^{i}t*].
scontentare, *v.* to discontent || **scontento**, *ag.* dissatisfied [*dissatisfà^{ie}d*].
sconto, *s.m.* discount [*discàunt*].
scontrino, *s.m.* tally [*tàli*], ticket [*tìchet*].

scontro, *s.m.* collision [*colìsc*^{io}*n*]; crash [*kresc*^{i}].
sconveniente, *ag.* unbecoming [*anbicàmin*].
sconvolgere, *v.* to upset [*apsèt*].
scopa, *s.f.* broom [*brùum*] || **scopare**, *v.* to sweep [*suìip*].
scoperta, *s.f.* discovery [*discàv*^{e}*ri*].
scoperto, *ag.* (non coperto) uncovered [*ancàv*^{e}*r*^{e}*d*].
scopo, *s.m.* aim [*é*^{i}*m*].
scoppiare, *v.* to burst [*ba*^{r}*st*] || **scoppio**, *s.m.* burst [*ba*^{r}*st*].
scoprire, *v.* to discover [*discàva*^{r}]; (togliere il coperchio) to uncover [*ancàva*^{r}]; to detect [*ditèct*].
scoraggiare, *v.* to discourage [*discàrag*^{i}], to dishearten [*dishàrt*^{e}*n*].
scorciatoia, *s.f.* short cut [*sciò*^{r}*t cat*].
scordarsi, *v.r.* to forget [*fo*^{r}*ghèt*].
scorgere, *v.* to perceive [*pe*^{r}*sìv*].
scorpione, *s.m.* scorpion.
scorretto, *ag.* incorrect.
scortare, *v.* to escort.
scortese, *ag.* impolite [*impolàit*].
scortesia, *s.f.* impoliteness [*impolàitness*].
scorza, *s.f.* (di pianta) bark [*bà*^{r}*k*]; (di frutta) peel [*pìil*].
scosceso, *ag.* steep [*stìip*].
scossa, *s.f.*, **scossone**, *s.m.* shake [*scé*^{i}*k*].
scostare, *v.* to push aside [*pusc*^{i} *asàid*].
scostarsi, *v.* to stand aside [*stènd asàid*].
scottare, *v.*, **scottarsi**, *v.r.* to scald [*scó*^{u}*ld*], to scorch [*scò*^{r}*c*^{i}].
scottatura, *s.f.* burn [*ba*^{r}*n*], scald [*scó*^{u}*ld*].
scozzese, *ag.* Scottish [*skotisc*^{i}], Scotch [*skòc*^{i}] || *s.m.* Scotsman [*skòtsmen*], Scot.
scritto, *s.m.* writing [*ràitin*], (lettera) letter [*lèta*^{r}].
scrittoio, *s.m.* writing desk [*ràitin desk*].
scrittore, *s.m.* writer [*ràita*^{r}].
scrittura, *s.f.* writing [*ràitin*].
scrivere, *v.* to write [*ràit*].
scrutare, *v.* to scan [*skán*].
scrutinare, *v.* to scrutinise [*scrutinàis*].

scucito, *ag.* unstitched [*anstìced*].
scuderia, *s.f.* stable [*stéib-l*].
scudiscio, *s.m.* (riding) whip [(*ràidin*) *huìp*].
scultore, *s.m.* sculptor [*scàlpcioar*] || **scultrice**, *s.f.* sculptress [*scàlptress*].
scultura, *s.f.* sculpture [*scàlpciar*].
scuola, *s.f.* school [*scùul*].
scuotere, *v.* to shake [*sceik*].
scure, *s.f.* axe [*éix*].
scuro, *ag.* dark [*dàrk*].
scusa, *s.f.* excuse [*ekskiùs*] || **scusare**, *v.* to excuse [*ekskiùs*] || **scusarsi**, *v.r.* to apologise [*apologiàis*] || **scusato**, *ag.* justified [*giastifàid*].
sdegnare, *v.* to disdain [*disdéin*] || **sdegnarsi**, *v.r.* to be offended. [*scion*].
sdegno, *s.m.* (indignazione) indignation [*indigh-néi-*
sdoganare, *v.* to clear goods through the customs [*cliar gùuds dsrùu dse càstoms*].
sdraia, *s.f.* deckchair [*dekcèar*].
sdraiarsi, *v.r.* to lie down [*lài dàun*].
sdrucciolare, *V.* **scivolare** e derivati.
se, *cong.* (dubitativo) if; (alternativo) whether [*huèdsar*].
sebbene, *cong.* although [*oldsô*], though [*dsô*].
secca, *s.f.* sandbank [*sándbánk*].
seccante, *ag.* annoying [*anòiin*]. [noy [*anòi*].
seccare, *v.* to dry [*dràì*]; (annoiare) to bore [*boar*], to an-
seccatore, *s.m.* bore [*boar*], intruder [*intrùdar*].
seccatura, *s.f.* annoyance [*anòians*], bother [*bòdsar*].
secchia, *s.f.*, **-o**, *s.m.* pail [*péil*], bucket [*báket*].
secco, *ag.* dry [*dràì*].
secolo, *s.m.* century [*sènciuri*].
secondare, *v.* to second [*secònd*].
secondario, *ag.* secondary.
secondo, *ag.* e *s.m.* secondo [*sècond*].
sedano, *s.m.* celery [*sèleri*].

sede, *s.f.* seat [*sìit*]; (commerc.) head office [*hed òffiss*]; (eccles.) see [*sii*].
sedentario, *ag.* sedentary [*sèdentairi*].
sedere, *v.*, **sedersi**, *v.r.* to sit, to seat [*siit*], to sit down [*dàun*] || *s.m.* bottom, behind [*bihaind*].
sedia, *s.f.* chair [*cèar*]: — *pieghevole*, folding c. [*foldin c.*]; — *a dondolo*, rocking c. [*ròkin c.*].
sedile, *s.m.* seat [*sìit*].
sedurre, *v.* to seduce [*sediùs*].
seduta, *s.f.* sitting [*sìtin*].
sega, *s.f.* saw [*sô*] || **segare**, *v.* to saw [*sô*].
segale, *s.f.* rye [*rài*].
segatura, *s.f.* sawdust [*sôdast*].
seggiola, *V.* **sedia**.
seggiolone, *s.m.* high chair [*hai cèar*].
seggiovia, *s.f.* chair lift [*cèarlift*].
segheria, *s.f.* sawmill [*sômil*].
seghettato, *ag.* serrated [*serréited*].
segnalare, *v.* to signal [*sìgh-nal*], to signalise [*sighnalàis*], to point out [*pòint àut*].
segnalazione, *s.f.*, **segnale**, *s.m.* signal [*sìgh-nal*].
segnalibro, *s.m.* bookmark [*buukmàrk*].
segnare, *v.* to mark [*mark*].
segno, *s.m.* sign [*sàin*]; token [*tòken*].
segretario, *s.m.*, **-a**, *s.f.* secretary [*sécretari*].
segreto, *s.m.* e *ag.* secret [*sìcret*].
seguace, *s.m.* follower [*fòloar*].
seguente, *ag.* following [*foloin*]: *il giorno* —, next day [*next dei*].
seguire, *v.* to follow [*fòlo*].
seguitare, *v.* to continue [*contìniu*].
seguito, *s.m.* continuation [*continueiscion*]; (persone che accompagnano un personaggio) retinue [*rètiniu*].
selciato, *s.m.* pavement [*péivment*].
selezionare, *v.* to select [*silèct*] || **selezione**, *s.f.* selection [*selèkscion*].

sella, *s.f.*, **sellino**, *s.m.* saddle [*sàd-l*].
selva, *s.f.* forest [*fòrest*].
selvaggina, *s.f.* game [*ghéim*], venison [*vènison*].
selvaggio, *ag.* wild [*uàild*] || *s.m.* savage [*sàveigi*].
seltz, *s.m.* soda water [*s. uótar*].
semaforo, *s.m.* traffic lights [*t. làits*].
sembrare, *v.* to seem [*sìim*], to look [*lùuk*], to look like [*lùuk làik*].
seme, *s.m.* seed [*sìid*].
semente, *s.f.* seed [*sìid*].
semestre, *s.m.* half-year [*haf-ìear*].
seminare, *v.* to sow [*sóu*].
seminatrice, *s.f.* (macchina) sowing-machine [*sóuin ma-scìn*].
seminterrato, *s.m.* basement [*béisment*].
semola, *s.f.* bran.
semplice, *ag.* simple [*sìmp-l*], plain [*pléin*].
sempre, *av.* always [*òluis*]; *per* —, for ever [*for èvar*].
sempreverde, *ag.* e *s.m.* evergreen [*evargrìin*].
senape, *s.f.* mustard [*màstard*].
senato, *s.m.* senate [*senéit*].
senatore, *s.m.* senator [*senéitor*].
senno, *s.m.* sense [*sèns*].
seno, *s.m.* breast [*brest*].
sensale, *s.m.* broker [*bróukar*].
sensato, *ag.* sensible [*sènsib-l*].
sensazione, *s.f.* sensation [*senséiscion*].
sensibilità, *s.f.* sensibility [*sensibiliti*], feeling [*fìilin*].
senso, *s.m.* sense [*senss*]; (sensazione) feeling [*fìilin*]; (significato) sense, meaning [*mìinin*].
sentenza, *s.f.* judgment [*giàdgiment*].
sentiero, *s.m.* path [*pads*].
sentimento, *s.m.* sentiment [*sèntiment*]; feeling [*fìilin*].
sentinella, *s.f.* sentry [*sèntri*].
sentire, *v.* to feel [*fìil*].
senza, *prep.* without [*uidsàut*].
separare, *v.* to separate [*sèparéit*] || **separarsi**, *v.r.* to

part (from, with) || **separazione**, *s.f.* separation [*separéiscion*].
sepolcro, *s.f.* tomb [*tum*].
sepoltura, *s.f.* (atto) burial [*bérial*]; (luogo) grave [*gréiv*].
seppellire, *v.* to bury [*béri*].
seppia, *s.f.* cuttlefish [*càt-lfìsci*].
sequestrare, *v.* to seize [*sìiz*], to sequestrate [*sequestréit*].
sera, **serata**, *s.f.* evening [*ìvinin*].
serbatoio, *s.m.* tank [*tánk*], reservoir.
serenata, *s.f.* serenade [*serenéid*].
sereno, *ag.* serene [*sirìn*], clear [*clìar*].
sergente, *s.m.* sergeant [*sèrgeant*].
serie, *s.f.* series [*sèris*].
serio, *ag.* serious [*sériоas*].
serpe, *s.f.* snake [*snéik*].
serpeggiare, *v.* to wind [*uàind*].
serpente, *s.m.* serpent [*sèrpent*], snake [*snéik*].
serra, *s.f.* greenhouse [*grìinhàus*], glasshouse [*glasshàus*]; (riscaldata) hothouse [*hòt-hàus*].
serrata, *s.f.* lockout [*lokàut*].
serratura, *s.f.* lock.
servire, *v.* to serve [*serv*]; (essere utile) to be of use [*iùs*]; (a carte) to deal [*dìil*] || **servirsi**, *v.r.* (far uso di) to make use of [*méik iùs ov*]; (di cibi) to help oneself to [*help uonsèlf tu*].
servitore, *s.m.* servant [*sèrvant*].
servizio, *s.m.* service [*sèrviss*].
servo, *V.* **servitore** || **serva**, *s.f.* maid-servant [*méid sèrvant*].
sesso, *s.m.* sex.
seta, *s.f.* silk.
setaccio, *s.m.* sieve [*sìiv*].
sete, *s.f.* thirst [*dsarst*]: *aver —*, to be thirsty [*bi dsarsti*].
seteria, *s.f.*, **setificio**, *s.m.* silk factory [*s. fèktori*].
setola, *s.f.* bristle [*brìst-l*].
setta, *s.f.* sect.
settembre, *s.m.* September [*septèmbar*].

settentrionale, *ag.* northern [*nòrdsern*].
settentrione, *s.m.* north [*nords*].
settimana, *s.f.* week [*uìk*].
settimanale, *ag.* weekly [*uìkli*] || *s.m.* weekly magazine [*uìkli mágasiin*].
settore, *s.m.* sector; (campo) field [*fìld*].
severo, *ag.* severe [*sivìar*], strict.
sezione, *s.f.* section [*sèkscion*].
sfacciato, *ag.* cheeky [*cìiki*].
sfarzoso, *ag.* gorgeous [*gòrgeoas*].
sfasciare, *v.* to smash [*smásci*], to crash [*krásci*] || **sfasciarsi**, *v.r.* to get smashed [*ghet smáscid*].
sfavorevole, *ag.* unfavourable [*anféivoarab-l*].
sfera, *s.f.* sphere [*sfiar*]: *penna a* —, ballpoint (pen) [*bôlpoint (pen)*].
sfida, *s.f.* challange [*cièllangi*] || **sfidare**, *v.* to challange.
sfiducia, *s.f.* distrust [*distràst*].
sfiduciato, *ag.* dishartened [*dishàrtened*].
sfinge, *s.f.* sphynx [*sfinks*].
sfinire, *v.* to exhaust [*ekshòst*] || **sfinito**, *ag.* exhausted [*ekshòsted*].
sfiorire, *v.* to wither [*uìdsar*], to fade [*féid*].
sfogare, *v.* to give vent to [*ghìv vent tu*].
sfoggiare, *v.* to display [*displéi*] || **sfoggio**, *s.m.* display [*displéi*], showing off [*sciòin of*].
sfoglia, *s.f.* (pasta) puff-paste [*paf-péist*].
sfondare, *v.* to break through [*bréik dsrùu*], to break down [*bréik dàun*]; (aver successo) to make it [*méik it*].
sfondo, *s.m.* background [*bákgràund*].
sformato, *ag.* shapeless [*sciéiples*].
sfornito, *ag.* unprovided [*anprovàided*].
sfortuna, *s.f.* misfortune [*misfòrciun*], bad luck [*bád lak*].
sfortunato, *ag.* unfortunate [*anfórciunéit*]; unlucky [*anlaki*].
sforzarsi, *v.r.* to endeavour [*endìvoar*].
sforzo, *s.m.* effort [*èfort*], strain [*stréin*].
sfrattare, *v.* to turn out [*tórn aut*], to evict || **sfratto**, *s.m.* eviction (*f.*) [*evìkscion*].

sfregare, *v.* to rub [*rab*].
sfruttamento, *s.m.* exploitation [*exploité*^{i}*sci*^{o}*n*].
sfruttare, *v.* to exploit [*eksplòit*].
sfuggire, *v.* to escape [*eschè*^{i}*p*]; (qualcuno) to avoid.
sfumare, *v.* to fade away [*fé*^{i}*d auéi*].
sgabello, *s.m.* stool [*stùul*].
sgarbato, *ag.* rude, unpolite [*anpolàit*].
sgelare, *v.* to thaw [*d*^{s}*ô*].
sgocciolare, *v.* to drip, to trickle [*trìk-l*].
sgolarsi, *v.r.* to shout oneself hoarse [*sc*^{i}*àut uansè*^{l}*f hô*^{r}*s*].
sgombrare, *v.* to clear away [*clìa*^{r} *auèi*], to evacuate [*evàcuè*^{i}*t*].
sgombro, *s.m.* (pesce) mackerel [*màkrel*].
sgomento, *s.m.* dismay [*disméi*].
sgonfiare, *v.*, **sgonfiarsi**, *v.r.* to deflate [*diflè*^{i}*t*].
sgorgare, *v.* to spout [*spàut*], to gush [*gàsc*^{i}].
sgradevole, *ag.* disagreeable [*disagrìiab-l*].
sgradito, *ag.* unpleasant [*amplèsant*]; (male accetto) unwelcome [*anuèlkam*].
sgretolarsi, *v.r.* to crumble [*cramb-l*].
sgridare, *v.* to scold, to chide [*c*^{i}*àid*], to rebuke [*rebiùk*] || **sgridata**, *s.f.* scolding; telling-off [*tèlin-of*].
sguardo, *s.m.* glance [*glans*], look [*luk*].
sguattero, *s.m.*, **-a**, *s.f.* dishwasher [*disc*^{i}*uòsc*^{i}*a*^{r}].
sì, *av.* yes.
sibilare, *v.* to hiss.
sicché, *av.* so that [*sò d*^{s}*át*].
siccità, *s.f.* drought [*dra*^{u}*ft*].
siccome, *av.* since [*sins*], as.
sicurezza, *s.f.* surety [*sciù*^{re}*ti*], safety [*sé*^{i}*f*^{e}*ti*].
sicuro, *ag.* sure [*sciùa*^{r}], safe [*sé*^{i}*f*].
sidro, *s.m.* cider [*sàida*^{r}].
siepe, *s.f.* fence [*fèns*], edge [*èdg*^{i}].
sigaretta, *s.f.* cigarette [*sigarèt*].
sigaro, *s.m.* cigar [*sigà*^{r}].

sigillare, *v.* to seal [*sì^{i}l*] || **sigillo**, *s.m.* seal [*sì^{i}l*].
sigla, *s.f.* initials [*iniscia^{o}ls*].
significare, *v.* to mean [*mì^{i}n*] || **significato**, *s.m.* meaning [*mì^{i}nin*].
signore, *s.m.* gentleman [*gèntl^{e}mán*], Sir [*se^{r}*], Mr. || **signora**, *s.f.* lady [*lé^{i}di*], Madam [*mádam*], Mrs. || **signorina**, *s.f.* young lady [*iò^{u}ngh lé^{i}di*], Miss.
silenzio, *s.m.* silence [*sàilens*]; be silent! [*bi sàilent*].
silenzioso, *ag.* silent [*sàilent*]; noiseless [*nòisless*].
sillaba, *s.f.* syllable [*sìllab-l*].
siluro, *s.m.* torpedo.
simbolo, *s.m.* symbol [*simbol*].
simile, *ag.* like [*làik*], alike [*elàik*] || *s.m.* equal [*ìquol*]; (prossimo) fellow-creature [*fèlo crìciu^{ar}*].
similmente, *av.* likewise [*làikuàis*].
simmetria, *s.f.* symmetry [*sìmetri*].
simpatico, *ag.* nice [*nàiss*].
sincero, *ag.* sincere [*sinsìa^{r}*], true [*tru*].
sindacalista, *s.m.* e *f.* trade unionist [*tré^{i}d iùnionist*].
sindacato, *s.m.* trade union [*tré^{i}d iùnion*].
sindaco, *s.m.* (di città) Lord mayor [*lo^{r}d méi^{oar}*].
sinfonia, *s.f.* symphony [*sìmfoni*].
singhiozzo, *s.m.* (di pianto) sob; (nervoso) hiccup [*hìcap*].
singolare, *ag.* e *s.m.* singular [*sìnghiula^{r}*].
singolo, *ag.* single [*sìngh-l*].
sinistra, *s.f.* left: *a* —, to the left.
sinistro, *ag.* left || *s.m.* accident [*àkssident*].
sino a, *pr.* (riferito a tempo) till, until [*antìl*]; (riferito a distanza) as far as [*ás fà^{r} ás*].
sintetico, *ag.* synthetic [*sind^{s}étic*].
sintomo, *s.m.* symptom [*sìmptom*].
sipario, *s.m.* curtain [*cà^{r}te^{i}n*].
siringa, *s.f.* syringe [*sirìng^{i}*].
sistema, *s.m.* system [*sìstem*].
sistemare, *v.* to arrange [*aré^{i}ng^{i}*] || **sistemarsi**, *v.r.* to settle down [*sett-l dàun*].

situare, *v.* to place [*plé^{i}ss*].
situazione, *s.f.* situation [*situé^{i}sc^{io}n*].
slacciare, *v.* to unlace [*anléis*], to untie [*antài*]; (sbottonare) to unbutton [*anbàtton*].
slavo, *ag.* e *s.m.* Slav.
sleale, *ag.* disloyal [*dislòial*].
slegare, *v.* to untie [*antài*] || **slegarsi**, *v.r.* to get loose [*ghet lùus*].
slitta, *s.f.* sledge [*slèdg^{i}*], sleigh [*slé^{i}*].
slittare, *v.* to skid. [*spré^{i}n*].
slogarsi, *v.r.* to sprain [*spré^{i}n*] || **slogatura**, *s.f.* sprain
smacchiatore, *s.m.* stain-remover [*ste^{i}n rimùuva^{r}*].
smagliatura, *s.f.* (nelle calze) ladder [*lèda^{r}*]; (amer.) run [*ran*]; (cutanea) stretch mark [*strec^{i} ma^{r}k*].
smalto, *s.m.* enamel [*ené^{i}mel*]; (per unghie) nail polish [*neil polisc^{i}*], nail varnish [*neil và^{r}nisc^{i}*].
smarrire, *v.* to lose [*luus*] || **smarrito**, *ag.* lost.
smentire, *v.* to belie [*bilài*] || **smentirsi**, *v.r.* to contradict oneself [*c. uansèlf*].
smeraldo, *s.m.* emerald [*èmerald*].
smettere, *v.* to cease [*siis*], to give over [*ghiv o^{u}va^{r}*].
smilzo, *ag.* slender [*slènda^{r}*].
smoking, *s.m.* dinner jacket [*dìna^{r} giáchet*].
smontabile, *ag.* dismountable [*dismàuntab-l*].
smontare, *v.* to dismount [*dismàunt*], to take to pieces [*té^{i}k tu píssis*].
smorfia, *s.f.* grimace [*grìmé^{i}ss*].
smorzare, *v.* to extinguish [*extìnguisc^{i}*]; to put out [*àut*]; (la sete) to quench [*quènc^{i}*].
smunto, *ag.* emaciated [*emassié^{i}ted*].
smuovere, *v.* to remove [*rimùv*].
snellire, *v.* to make slender [*mé^{i}k slènda^{r}*], to slenderize
snello, *V.* **smilzo**. [*slend^{e}ràis*].
snervante, *ag.* enervating [*ene^{r}vé^{i}tin*].
sobbalzo, *s.m.* jolt [*giòlt*], jerk [*ge^{r}k*].

sobborgo, *s.m.* suburb [*sàba^{r}b*].
sobillare, *v.* to stir up.
sobrio, *ag.* sober [*sòba^{r}*].
socchiuso, *ag.* half-closed [*haf-cló^{u}s^{e}d*], ajar [*egià^{r}*].
soccorrere, *v.* to help || **soccorso**, *s.m.* help.
socialismo, *s.m.* socialism [*sócialìsm*].
società, *s.f.* society [*sossàieti*], company [*càmpani*], partnership [*pà^{r}tna^{r}scip*].
socio, *s.m.* partner [*pà^{r}tna^{r}*], member [*mèmba^{r}*].
soddisfacente, *ag.* satisfactory [*satisfàctori*].
soddisfare, *v.* to satisfy [*satisfài*] || **soddisfazione**, *s.f.* satisfaction [*satisfàksc^{io}n*].
sofà, *s.m.* sofa [*só^{u}fa*].
sofferente, *ag.* suffering (from) [*sàfe^{r}in*].
sofferenza, *s.f.* pain [*pé^{i}n*].
soffiare, *v.* to blow [*bló^{u}*].
soffiata, *s.f.* (delazione) tip-off.
soffice, *ag.* soft.
soffitta, *s.f.* attic [*àtik*].
soffitto, *s.m.* ceiling [*sì^{i}lin*].
soffocare, *v.* to suffocate [*sàfoché^{i}t*], to choke [*ciók*].
soffocante, *ag.* suffocating [*safoché^{i}tin*], stifling [*stìflin*].
soffrire, *v.* to suffer [*sàfe^{ar}*].
sofisticato, *ag.* sophisticated [*sofistiké^{i}ted*].
soggetto, *s.m.* subject [*sàbgiect*]; matter [*màta^{r}*].
soggiornare, *v.* to stay [*sté^{i}*].
soggiorno, *s.m.* stay [*sté^{i}*]; (stanza) living-room [*lìvin-rùum*].
soglia, *s.f.* threshold [*d^{s}résc^{i}hóld*].
sogliola, *s.f.* sole [*so^{u}l*].
sognare, *v.* to dream [*drìim*] || **sogno**, *s.m.* dream [*drìim*].
solaio, *s.m.* garret [*gàr^{e}t*].
solco, *s.m.* furrow [*fàro*].
soldato, *s.m.* soldier [*sòlgia^{r}*].
soldo, *s.m.* penny [*pèni*]; *pl.* (denaro) money [*màni*].
sole, *s.m.* sun [*san*].
soleggiato, *ag.* sunny [*sàni*].

solenne, *ag.* solemn [*sóulem*].
solere, *v.* to be used to [*bi iùsed tu*].
soletta, *s.f.* (di scarpa) insole [*insòul*]; (di calza) sole [*soul*].
solidità, *s.f.* solidity [*solìditi*].
solido, *ag.* solid [*sòlid*].
solitario, *ag.* lonely [*lànli*].
solito, *ag.* usual [*iùsciual*].
solitudine, *s.f.* loneliness [*lòunliness*], solitude [*sòlitiud*].
sollecitare, *v.* to urge [*àrgi*].
sollecito, *ag.* quick.
solleticare, *v.* to tickle [*tik-l*].
solletico, *s.m.* tickling [*tìcklin*].
sollevare, *v.* to lift, to rise [*ràis*], to raise [*réis*].
sollievo, *s.m.* relief [*relìif*].
solo, *ag.* alone [*elóun*], lonely [*lànelì*] || *av.* only [*ònli*].
solamente, **soltanto**, *av.* only [*ònli*].
soluzione, *s.f.* solution [*soliùscion*].
solvente, *s.m.* solvent; (per unghie) nail-polish remover [*neil-poliscì remùvar*].
somaro, *s.m.* donkey [*dònki*], ass.
somigliare, *v.* to resemble [*risâmb-l*].
somma, *s.f.* sum [*sam*] || **sommare**, *v.* to sum up [*sam ap*].
sommergere, *v.* to sink, to submerge [*sabmèrgi*].
sommergibile, *s.m.* submarine [*sàbmarin*].
somministrare, *v.* to supply [*saplài*].
sommità, *s.f.* summit [*sàmit*], top.
sommo, *ag.* highest [*hàiest*], topmost [*tòpmouost*].
sommossa, *s.f.* revolt [*revòlt*].
sonda, *s.f.* drill; (spaziale) space probe [*spéis proub*].
sondaggio, *s.m.* sounding [*sàundin*]; (d'opinione) poll; (trivellamento) drilling [*drìlin*].
sondare, *v.* to sound [*sàund*].
sonnecchiare, *v.* to doze [*dóuz*].
sonnellino, *s.m.* doze [*douz*].
sonnifero, *s.m.* sleeping draught [*slìipin draft*], sleeping pill [*slìipin p.*].

sonno, *s.m.* sleep [*slìip*]: *aver* —, to be sleepy [*bi slìipi*].
sonnolenza, *s.f.* sleepiness [*slìipiness*].
sonoro, *s.m.* sound [*saund*].
sopportare, *v.* to support [*sapò^{r}t*], to endure [*endiùa^{r}*], to bear [*bèa^{r}*].
sopprimere, *v.* to suppress [*saprès*].
sopra, *prep.* on, upon [*apòn*]; above [*ebàv*], over [*ò^{u}va^{r}*].
soprabito, *s.m.* overcoat [*ó^{u}va^{r}co^{u}t*].
sopracciglio, *s.m.* eyebrow [*aibràu*].
sopraffare, *v.* to overwhelm [*ó^{u}va^{r}huèlm*].
sopraffazione, *s.f.* overwhelming [*ó^{u}va^{r}huèlmin*], imposition [*imposìsc^{io}n*].
sopraffino, *ag.* first-rate [*fó^{r}st-ré^{i}t*], first-class [*fó^{r}st-clas*].
sopraggiungere, *v.* to occur [*ocà^{r}*].
sopraluogo, *s.m.* on-the-spot investigation [*on-d^{s}e-spot investighé^{i}sc^{io}n*].
soprannaturale, *ag.* supernatural [*sìupa^{r}nàciural*].
soprannome, *s.m.* nickname [*nikné^{i}m*].
soprano, *s.m.* soprano.
soprascarpa, *s.f.* overshoe [*ó^{u}va^{r}sciù*].
soprattassa, *s.f.* surcharge [*sà^{r}c^{i}a^{r}g^{i}*].
soprattutto, *av.* above all [*ebàv ol*].
sopravvenire, *v.* to happen [*hàp^{e}n*].
sopravvento, *s.m.* advantage [*advàntag^{i}*].
sopravvivere, *v.* to survive [*sa^{r}vàiv*].
sopruso, *s.m.* abuse of power [*abiùss ov pàua^{r}*].
sorbire, *v.* to sip.
sorcio, *s.m.* mause [*màus*], *pl.* mice [*màiss*].
sordido, *ag.* (sporco) filthy [*fild^{s}i*]; (avaro) mean [*mìin*].
sordità, *s.f.* deafness [*dèfness*].
sordo, *ag.* deaf [*dèf*].
sordomuto, *s.m.* deaf and dumb [*dèf and dam*].
sorella, *s.f.* sister [*sìsta^{r}*].
sorellastra, *s.f.* step-sister [*stèp-sìsta^{r}*].
sorgente, *s.f.* spring [*sprin*], source [*sò^{r}s*].
sorgere, *v.* to rise [*ràis*].

sorpassare, *v.* to surpass [*sa^{r}pàss*] || **sorpasso**, *s.m.* overtaking [*o^{u}va^{r}-té^{i}kin*].
sorprendere, *v.* to surprise [*sa^{r}pràis*].
sorprendente, *ag.* surprising [*sa^{r}pràisin*].
sorpresa, *s.f.* surprise [*sa^{r}pràis*].
sorridere, *v.* to smile [*smàil*] || **sorridente**, *ag.* smiling [*smàilin*].
sorseggiare, *v.* to sip.
sorso, *s.m.* sip.
sorta, *s.f.* sort, kind [*kàind*].
sorte, *s.f.* lot, chance [*ciàns*].
sorteggiare, *v.* to draw by lots [*drô bài lots*].
sorvegliante, *s.m.* e *f.* overseer [*o^{u}va^{r}sìa^{r}*]; watchman [*uòtc^{i}mán*], *s.f.* watchwoman [*uòtc^{i}uman*].
sorvegliare, *v.* oversee [*ò^{u}va^{r}sìi*], to watch [*uòtc^{i}*].
sorvolare, *v.* to fly over [*flài o^{u}và^{r}*].
sosia, *s.m.* e *f.* double [*dab-l*].
sospendere, *v.* to suspend.
sospettare, *v.* to suspect || **sospetto**, *s.m.* suspicion [*saspìsc^{i}ón*].
sospettoso, *ag.* suspicious [*saspìsc^{ia}s*].
sospingere, *v.* to push [*pùsc^{i}*].
sospirare, *v.* to sigh [*sài*].
sospiro, *s.m.* sigh [*sài*].
sossopra, *V.* **sottosopra**.
sosta, *s.f.* stop, halt.
sostanza, *s.f.* substance [*sàbstans*].
sostanziale, *ag.* substantial [*sabstànsc^{i}al*].
sostare, *v.* to stop, to halt.
sostegno, *s.m.* prop, support.
sostenere, *v.* to prop, to support.
sostituire, *v.* to substitute [*sàbstitiut*].
sottana, *s.f.* skirt [*ska^{r}t*].
sotterfugio, *s.m.* subterfuge [*sabta^{r}fiùg^{i}*], trick.
sotterraneo, *ag.* e *s.m.* underground [*anda^{r}gràund*].
sotterrare, *v.* to bury [*béri*].
sottile, *ag.* thin [*d^{s}in*].

sottinteso, *ag.* understood [*anda^{r}stùud*].
sotto, *prep.* e *av.* under [*ànda^{r}*]; below [*biló^{u}*], beneath [*binìd^{s}*], underneath [*anda^{r}nìd^{s}*].
sottobicchiere, *s.m.* saucer [*sôsa^{r}*]; (centrino) drip mat [*d. mát*].
sottobraccio, *av.* arm in arm [*a^{r}m in a^{r}m*].
sottocosto, *av.* below cost [*biló^{u} cost*].
sottolineare, *v.* to underline [*anda^{r}làin*].
sottomarino, *s.m.* e *ag.* submarine [*sàbmarin*].
sottomettere, *v.* to submit [*sabmìt*], to subdue [*sabdiù*].
sottopassaggio, *s.m.* subway [*sabuéi*].
sottoporre, *V.* **sottomettere**.
sottoprodotto, *s.m.* by-product [*bai-pròdakt*].
sottoscritto, *s.m.* undersigned [*anda^{r}sàin^{e}d*].
sottoscrivere, *v.* to subscribe [*sabscràib*], to sign [*sàin*].
sottoscrizione, *s.f.* subscription [*sabscrìpsc^{io}n*].
sottosopra, *av.* upside down [*apsàid dàun*]; (in disordine) topsy-turvy [*topsi-tà^{r}vi*].
sottostante, *ag.* below [*biló^{u}*].
sottostare, *v.* (sottomettersi) to submit [*sabmìt*].
sottoterra, *av.* underground [*anda^{r}gràund*].
sottoveste, *s.f.* slip; (a vita) half-slip [*hàf-slip*].
sottrarre, *v.* to subtract [*sabtràct*] || **sottrazione**, *s.f.* subtraction [*sabtraksc^{io}n*].
sottufficiale, *s.m.* non commissioned officer [*non comisc^{io}n^{e}d òffisa^{r}*].
sovente, *av.* often [*òf^{e}n*].
sovrabbondanza, *s.f.* plentifulness [*plèntifulness*].
sovraffollato, *ag.* overcrowded [*o^{u}va^{r}kràud^{e}d*].
sovrano, *s.m.* sovereign [*sòv^{e}réin*].
sovrapprezzo, *s.m.* surcharge [*sà^{r}c^{i}à^{r}g^{i}*].
sovrastare, *v.* to overlook [*ó^{u}va^{r}lùuk*]; to excel [*ekssèl*].
sovrintendere, *v.* to superintend [*sapa^{r}intènd*], to supervise [*sapa^{r}vàis*], to survey [*sa^{r}véi*].
sovvertire, *v.* to subvert [*sabvè^{r}t*].
spaccare, *v.* to cleave [*clìiv*], to split || **spaccatura**, *s.f.* split, crack.

spacciato, *ag.* done for [*dan fô*^{r}].
spacciatore, *s.m.* (di droga) pusher [*pùscia*^{r}].
spada, *s.f.* sword [*suô*^{r}*d*].
spagnolo, *ag.* Spanish [*spènisc*^{i}] || *s.m.* Spaniard [*spània*^{r}*d*].
spago, *s.m.* string [*strìn*].
spalancare, *v.* to open wide [*ó*^{u}*p*^{e}*n uàid*] || **spalancato**, *ag.* wide open [*uàid ó*^{u}*p*^{e}*n*].
spalla, *s.f.* shoulder [*sciùlda*^{r}].
spalliera, *s.f.* back [*bák*].
spalmare, **spandere**, *v.* to spread [*sprèd*].
sparare, *v.* to fire [*fàia*^{r}], to shoot [*sc*^{i}*ùut*].
sparecchiare, *v.* to clear away [*clia*^{r} *auéi*].
sparatoria, *s.f.* shooting [*sc*^{i}*ùutin*].
spareggio, *s.m.* deciding game [*disà*^{i}*din ghe*^{i}*m*], deciding match [*disà*^{i}*din mác*^{i}].
spargere, *V.* **spandere**.
sparire, *v.* to vanish [*vànisc*^{i}] || **sparizione**, *s.f.* disappearance [*disapìarans*].
sparpagliare, *v.* to scatter [*scàta*^{r}].
sparso, *ag.* scattered [*scàte*^{re}*d*].
spartire, *v.* to divide [*divàid*].
sparo, *s.m.* shot [*sc*^{i}*òt*].
spavaldo, *ag.* bold.
spaventapasseri, *s.m.* scarecrow [*schèa*^{r}*cro*^{u}].
spaventare, *v.* to frighten [*fràit*^{e}*n*].
spaventoso, *ag.* frightful [*fràitful*].
spavento, *s.m.* fright [*fràit*].
spaziale, *ag.* space [*spéiss*].
spazio, *s.m.* space [*spéiss*], room [*rùum*].
spazioso, *ag.* spacious [*spésci*^{oa}*s*], roomy [*rùumi*].
spazzacamino, *s.m.* chimney-sweeper [*cìmni-suìpa*^{r}].
spazzaneve, *s.m.* snow-plough [*snó*^{u} *plàu*].
spazzare, *v.* to sweep [*suìp*].
spazzatura, *s.f.* rubbish [*ràbisc*^{i}], garbage [*gà*^{r}*bag*^{i}].
spazzino, *s.m.* road sweeper [*ró*^{u}*d suìpa*^{r}].
spazzola, *s.f.* brush [*bràsc*^{i}] || **spazzolare**, *v.* to brush.

specchio, *s.m.* mirror [*mìro*^{r}].
speciale, *ag.* particular [*partìchiula*^{r}], special [*spéscial*].
specialista, *s.m.* e *f.* specialist [*spéscialist*].
specialità, *s.f.* speciality [*spesciàliti*].
specialmente, *av.* especially [*espèsciali*].
specie, *s.f.* kind [*kàind*] || *av.* especially [*espèsciali*].
specificare, *v.* to specify [*spessifài*].
spedire, *v.* to send || **spedizione**, *s.f.* (militare, scientifica ecc.) expedition [*ekspedisc*^{io}*n*]; (inoltro) forwarding [*foruò*^{r}*din*], shipment [*scìpment*].
spedizioniere, *s.m.* forwarding agent [*foruò*^{r}*din égent*].
spegnere, *v.* to extinguish [*ekstìnguisc*^{i}], to put out [*àut*].
spendere, *v.* to spend.
spensierato, *ag.* thoughtless [*d*^{s}*ôt-less*].
spento, *ag.* extinguished [*ekstìnguisc*^{e}*d*]; (morto) dead [*dèd*].
speranza, *s.f.* hope [*hó*^{u}*p*] || **sperare**, *v.* to hope [*hó*^{u}*p*].
sperimentare, *v.* to experiment [*ekspériment*].
sperone, *s.m.* spur [*spa*^{r}].
sperperare, *v.* to waste [*ué*^{i}*st*].
spesa, *s.f.* expense [*ekspèns*].
spesso, *av.* often || *ag.* thick [*d*^{s}*ìk*].
spessore, *s.m.* thickness [*d*^{s}*ìkness*].
spettacolo, *s.m.* performance [*pe*^{r}*fô*^{r}*mans*], show [*sho*^{u}].
spettatore, *s.m.* spectator [*specté*^{i}*to*^{ar}]; (testimone) witness [*uìtnes*].
spezie, *s.f.pl.* spices [*spàissis*].
spezzare, *v.*, **spezzarsi**, *v.r.* to break [*brèk*].
spezzatino, *s.m.* stewed meat [*stiùed mìit*].
spia, *s.f.* spy [*spài*].
spiacente, *ag.* sorry [*sòri*]; unpleasant [*anplèsant*].
spiaggia, *s.f.* beach [*bìici*], shore [*sciòa*^{r}].
spianare, *v.* to level [*lèvel*].
spiare, *v.* to spy [*spài*].
spicchio, *s.m.* (di agrumi) segment; (di altra frutta) slice [*slàis*]; (di aglio) clove [*klo*^{u}*v*].
spiedo, *s.m.* spit.

spiegare, *v.* to explain [*eksplé*^{i}*n*] || **spiegazione**, *s.f.* explaination [*eksple*^{i}*nè*^{i}*sc*^{io}*n*].
spiegazzare, *v.* to crumple [*cramp-l*].
spiga, *s.f.* ear of corn [*ia*^{r} *ov co*^{r}*n*].
spigolo, *s.m.* corner [*cò*^{r}*na*^{r}].
spilla, *s.f.*, **spillo**, *s.m.* pin; (gioiello) brooch [*bró*^{a}*c*^{i}]: — *di sicurezza*, safety-pin [*sé*^{i}*feti-pin*].
spilorcio, *ag.* stingy [*stìngi*].
spina, *s.f.* thorn [*d*^{s}*o*^{r}*n*].
spinacio, *s.m.* spinach [*spìnac*^{i}].
spingere, *v.* to push [*pùsc*^{i}] || **spinta**, *s.f.* push [*pùsc*^{i}].
spirito, *s.m.* spirit; (spettro) ghost [*gó*^{u}*st*]; (arguzia) wit [*uìt*]; *presenza di* —, presence of mind [*prèsens ov màind*]; *lo Spirito Santo*, the Holy Ghost [*d*^{s}*i hòli go*^{u}*st*].
spiritoso, *ag.* (arguto) witty [*uìti*].
splendere, *v.* to shine [*sciàin*].
splendido, *ag.* splendid.
spogliarello, *s.m.* striptease [*striptìis*].
spogliarsi, *v.r.* to undress [*andrèss*].
spogliatoio, *s.m.* dressing room [*drèssin rùum*].
spolverare, *v.* to dust [*dast*].
sponda, *s.f.* bank [*bánk*], edge [*èdg*^{i}].
spontaneo, *ag.* spontaneous [*sponténe*^{oa}*s*].
sporcare, *v.* to dirty [*dà*^{r}*ti*], to soil [*sòil*] || **sporcarsi**, *v.r.* to get dirty [*ghet dè*^{r}*ti*].
sporcizia, *s.f.* dirtiness [*dèrtiness*].
sporco, *ag.* dirty [*dà*^{r}*ti*].
sporgente, *ag.* jutting out [*giàtin aut*].
sporgersi, *v.r.* to lean out [*lìin àut*].
sport, *s.m.* sport.
sportello, *s.m.* counter [*kàunta*^{r}], window [*uìndo*^{u}].
sposarsi, *v.r.* to get married [*ghet màri*^{e}*d*].
sposo, *s.m.* bridegroom [*bràidgrùum*]; (marito) husband [*hàsband*] || **-a**, *s.f.* bride [*bràid*]; (moglie) wife [*uàif*].
spostare, *v.* to displace [*displé*^{i}*ss*], to move [*muuv*].

sprecare, *v.* to waste [*uéist*] || **spreco**, *s.m.* waste [*uéist*].
spremere, *v.* to squeeze [*squìis*], to squash [*squòsci*].
sprofondare, *v.* to sink.
sproporzione, *s.f.* disproportion [*dispropòrscion*].
sproposito, *s.m.* blunder [*blandar*], mistake [*mistéik*].
spruzzare, *v.* to sprinkle [*sprinkl*], to splash [*splàsci*] || **spruzzatore**, *s.m.* sprinkler; (vaporizzatore), spray.
spruzzo, *s.m.* sprinkling [*sprìnklin*], splash [*splàsci*].
spugna, *s.f.* sponge [*spòngi*].
spumante, *ag.* e *s.m.* (vino) sparkling (wine) [*spàrklingh* [*(uàin)*].
spuntare, *v.* (di piante) to sprout [*spràut*]; (apparire) to appear [*appìar*]; (elenco ecc.) to check off [*cek of*].
spuntino, *s.m.* snack.
sputare *v.* to spit || **sputo**, *s.m.* spit.
squadra, *s.f.* team [*tìim*].
squalifica, *s.f.* disqualification [*disquolifichéiscion*] || **squalificare**, *v.* to disqualify [*disqualifài*].
squallido, *ag.* bleak [*bliik*], gloomy [*glùumi*].
squalo, *s.m.* shark [*sciàrk*].
squama, *s.f.* scale [*schéil*].
squarciare, *v.* to rip.
squisito, *ag.* excellent [*èksselent*].
sradicare, *v.* to uproot [*aprùut*].
stabile, *ag.* stable [*stéib-l*], steady [*stèdi*] || *s.m.* building [*bìldin*], house [*hàus*].
stabilimento, *s.m.* factory [*fàctori*].
stabilire, *v.* to establish [*estàblisci*].
stabilirsi, *v.r.* to settle down [*sètt-l dàun*].
staccare, *v.* to detach [*ditàci*].
stadio, *s.m.* stadium [*stéidiam*].
staffa, *s.f.* stirrup [*stìrap*].
stagione, *s.f.* season [*sìson*].
stagno, *s.m.* (metallo) tin; (acquitrino) pond, marsh [*màrsci*].
stagnola, *s.f.* tin-foil [*tinfòil*].
stalattite, *s.f.* stalattite [*stalactàit*].

stalla, *s.f.* stable [*sté^{i}b-l*].
stampa, *s.f.* press; print || **stampare**, *v.* to print.
stancare, *v.* to tire [*tàia^{r}*] || **stancarsi**, *v.r.* to get tired [*ghet tàia^{r}d*].
stanco, *ag.* tired [*tàia^{r}d*].
standista, *s.m.* e *f.* (espositore) stand-holder [*stánd-hó^{u}l-da^{r}*]; (addetto) stand attendant.
stanotte, *av.* tonight [*tunàit*].
stanza, *s.f.* room [*rùum*].
stappare, *v.* to uncork [*ancò^{r}k*].
stare, *v.* to stay [*stéi*], to stop.
starna, *s.f.* gray partridge [*gré^{i} pà^{r}tridg^{i}*].
starnutire, *v.* to sneeze [*snìiz*].
starnuto, *s.m.* sneeze [*snìiz*].
stasera, *av.* this evening [*d^{s}is ìv^{e}nin*], tonight [*tunàit*].
statista, *s.m.* statesman [*sté^{i}tsmen*].
stato, *s.m.* state [*sté^{i}t*].
statua, *s.f.* statue [*stàciu*].
statura, *s.f.* height [*hàit*].
stazione, *s.f.* (ferroviaria) railway (*o* railroad) station [*réiluéi* (or *réilró^{u}d*) *stè^{i}sc^{io}n*].
stella, *s.f.* star [*stàr*].
stendere, *v.* to stretch out [*strètc^{i} àut*].
stenografia, *s.f.* shorthand [*sciòrthánd*].
steppa, *s.f.* heath [*hìid^{s}*].
sterlina, *s.f.* pound (sterling) [*pàund* (*stè^{r}lin*)].
sterminare, *v.* to exterminate [*eksterminé^{i}t*].
sterminato, *ag.* (senza fine) endless [*èndless*].
sterzare, *v.* to steer [*stìa^{r}*] || **sterzo**, *s.m.* steering weel [*stìa^{r}in uìil*].
stesso, *ag.* same [*sé^{i}m*].
stilografica, *s.f.* fountain pen [*fàunta^{e}n pen*].
stima, *s.f.* esteem [*estìm*]; (valutazione) estimation [*esti-mé^{i}sc^{io}n*], value [*vàliu*].
stimare, *v.* to esteem [*estìm*], to value [*vàliu*].
stipendio, *s.m.* salary [*sàlari*].
stirare, *v.* to iron [*ài^{ro}n*].

stiratrice, *s.f.* ironess [*aironess*].
stitichezza, *s.f.* constipation [*konstipéiscion*].
stiva, *s.f.* (di nave) hold.
stivale, *s.m.* boot [*bùut*].
stoffa, *s.f.* material [*matìrial*], fabric.
stomaco, *s.m.* stomach [*stòmak*].
stonato, *ag.* out of tune [*àut ov tiùn*]; (di persona) to-nedeaf [*tóundef*].
stordire, *v.* to stun [*stan*].
storia, *s.f.* history [*hìstori*]; (racconto) tale [*téil*].
storione, *s.m.* sturgeon [*stàrgion*].
storta, *s.f.* sprain [*spréin*].
storto, *ag.* crooked [*cruked*].
stracciare, *v.* to tear [*tìar*].
straccio, *s.m.* rag [*rágh*].
stracotto, *s.m.* stew [*stiù*] || *ag.* (troppo cotto) overdone [*ouvardàn*].
strada, *s.f.* road [*róud*]; (di città) street: — *maestra*, main-road [*mein-róud*], hig-r. [*hai-r.*].
strage, *s.f.* slaughter [*slôtar*]; (grande quantità) a lot (of), pots (of).
strangolare, *v.* to strangle [*strèng-l*].
straniero, *ag.* foreign [*fòrein*] || *s.m.* foreigner [*fòrenar*].
strano, *ag.* strange [*stréingi*].
straordinario, *ag.* extraordinary [*ekstraòrdinari*].
strappare, *v.* to tear [*tìar*] || **strappo**, *s.m.* tear [*tìar*].
straripare, *v.* to overflow [*óuvarflou*].
strato, *s.m.* layer [*lèiar*].
stravagante, *ag.* strange [*stréingi*], eccentric [*ekssèntrik*].
stravecchio, *ag.* very old [*vèri ould*].
strega, *s.f.* witch [*uìci*] || **stregare**, *v.* to bewitch [*biuìci*].
strenna, *s.f.* gift [*ghift*].
stretta, *s.f.* grasp, hold [*hóuld*], grip.
stretto, *ag.* narrow [*nàro*] || *s.m.* (geogr.) straits [*strèits*].
strillare, *v.* to scream [*scrìim*] || **strillo**, *s.m.* scream [*scrìim*].
stringa, *s.f.* lace [*léiss*], string.
stringere, *v.* to tighten [*tàiten*].

striscia, *s.f.* strip, stripe [*stràip*].
strisciare, *v.* to creep [*crìip*], to crawl [*crôl*].
stritolare, *v.* to crush [*crasc*^{i}].
strofinaccio, *s.m.* cloth [*klòd*^{s}].
strozzare, *V.* **strangolare**.
strozzino, *s.m.* usurer [*iùsciua*^{r}*a*^{r}], shark [*sc*^{i}*à*^{r}*k*].
strumento, *s.m.* instrument [*ìnstrument*].
strutto, *s.m.* lard [*la*^{r}*d*].
struzzo, *s.m.* ostrich [*òstric*^{i}].
studente, *s.m.* e *f.* student [*stiùdent*].
studiare, *v.* to study [*stàdi*].
studio, *s.m.* study [*stádi*]; office [*òfiss*], studio.
stufa, *s.f.* stove [*stó*^{u}*v*].
stufato, *s.m.* stewed meat [*stiù*^{e}*d mìit*], stew [*stiù*].
stufo, *ag.* bored [*bo*^{re}*d*], annoyed [*anòi*^{e}*d*], fed up.
stuoia, *s.f.* mat.
stupendo, *ag.* wonderful [*uònda*^{r}*ful*].
stupidaggine, *s.f.* nonsense [*nònsens*].
stupido, *ag.* silly [*sìli*].
stupire, *v.* to astonish [*astònisc*^{i}].
stupore, *s.m.* amazement [*amé*^{i}*s*^{e}*ment*], astonishment [*astònisc*^{i}*m*^{e}*nt*].
stuzzicare, *v.* to tease [*tìis*], to irritate [*irité*^{i}*t*].
stuzzicadenti, *s.m.* toothpick [*tùd*^{s}*pik*].
su, *V.* **sopra**.
subaffittare, *v.* to sublet [*sablet*], to sublease [*sablìs*].
subire, *v.* to bear [*bèa*^{r}], to undergo [*anda*^{r}*gò*^{u}].
subito, *ag.* sudden [*sàd*^{e}*n*] || *av.* suddenly [*sàdenli*], at once [*ät uòns*].
succedere, *v.* to happen [*hàp*^{e}*n*], to occurr [*ocà*^{r}]; to succeed [*sakssìid*], to follow [*fòlo*].
successione, *s.f.* succession [*sakssèsc*^{io}*n*]; inheritance [*inhèritans*].
successivamente, *av.* subsequently [*sàbsiquentli*].
successivo, *ag.* successive [*sakssèssiv*], next.
successo, *s.m.* success [*sakssèss*].

successore, *s.m.* successor [*saksèsso*^{r}].
succhiare, *v.* to suck [*sak*]. [*fàia*^{r}].
succhiotto, *s.m.* dummy [*dàmi*]; (amer.) pacifier [*pasi-*
succo, *s.m.* (di frutta) juice [*giùiss*].
succursale, *s.f.* branch [*brànc*^{i}].
sud, *s.m.* south [*sàud*^{s}]. [*ag.* sweaty [*suèti*].
sudare, *v.* to perspire [*pe*^{r}*spàia*^{r}], to sweat [*suet*] || **sudato**,
suddetto, *ag.* above said [*abàv sed*].
suddito, *s.m.* subject [*sàbgiect*].
suddividere, *v.* subdivide [*sabdivàid*].
sudicio, *ag.* dirty [*da*^{r}*ti*].
sudiciume, *s.m.* dirt [*da*^{r}*t*].
sudore, *s.m.* perspiration [*pe*^{r}*spiré*^{i}*sc*^{io}*n*], sweat [*suèt*].
sufficiente, *ag.* sufficient [*safìscient*].
suggellare, *v.* to seal [*sì*^{i}*l*] || **suggello**, *s.m.* seal [*sì*^{i}*l*].
suggerimento, *s.m.* advice [*advàiss*], suggestion [*sa-gèst*^{io}*n*].
suggerire, *v.* to suggest [*sagèst*] (ricordar le parole) to prompt [*prompt*].
suggeritore, *s.m.* (teatro) prompter [*pròmta*^{r}].
sughero, *s.m.* cork [*co*^{r}*k*].
sugo, *s.m.* (succo) juice [*giùiss*]; (sugo di carne) gravy [*grèvi*]; (di pomodoro) tomato sauce [*t. sôss*].
sultano, *s.m.* sultan [*sàltan*].
suocera, *s.f.* mother-in-law [*màd*^{s}*a*^{r}*inlô*] || **-o**, *s.m.* father-in-law [*fàd*^{sr}*inlô*].
suola, *s.f.* sole [*sóu*$^{}$*l*] || **suolare**, *v.* to sole [*só*^{u}*l*].
suolo, *s.m.* ground [*gràund*], floor [*flò*^{ar}].
suonare, *v.* to play [*pléi*]; (di campane) to ring [*rin*].
suora, *s.f.* nun [*nan*].
suono, *s.m.* sound [*sàund*]. [*càm*].
superare, *v.* to surmount [*sa*^{r}*màunt*], to overcome [*ó*^{u}*va*^{r}-
superbia, *s.f.* haughtiness [*hôtiness*], pride [*pràid*].
superbo, *ag.* hughty [*hôti*], proud [*pràud*].
superficiale, *ag.* superficial [*sape*^{ar}*fiscial*].

superficie, *s.f.* surface [*sàrféiss*].
superfluo, *ag.* unnecessary [*annèsesseri*].
superiore, *ag.* e *s.m.* superior [*sapìrioar*].
superstite, *s.m.* e *f.* survivor [*sarvàivoar*].
superstizione, *s.f.* superstition [*saprstìscion*].
supplementare, *ag.* supplementary [*saplemèntari*], supplemental [*saplemèntal*].
supplemento, *s.m.* supplement [*sàplement*].
supplente, *s.m.* e *f.* substitute [*sàbstitiut*]; (di scuola) supply (teacher) [*saplài* (*tìciar*)].
supplicare, *v.* to beg, to implore.
supplire, *v.* to substitute [*sàbstitiut*].
supporre, *v.* to suppose [*sapóuse*].
supporto, *s.m.* support [*sapórt*].
supposizione, *s.f.* supposition [*saposìscion*].
supposta, *s.f.* suppository [*sapóusitori*].
supremo, *ag.* supreme [*saprìm*].
surgelare, *v.* to deep-freeze [*dìip-frìiz*] || **surgelati**, *s.m.pl.* frozen food [*fróusen fùud*].
suscitare, *v.* to rouse [*ràus*].
susina, *s.f.* plum [*plam*].
sussurrare, *v.* to wisper [*uìspar*] || **sussurro**, *s.m.* wisper [*uìspar*].
svagarsi, *v.r.* to distract one's mind [*to d. uàns màind*]; (divertirsi) to enjoy oneself [*engiòi uansèlf*].
svago, *s.m.* diversion [*divèrscion*].
svaligiare, *v.* to housebreak [*hàusbreik*].
svalutare, *v.* to undervalue [*andarvàliu*] || **svalutazione**, *s.f.* undervaluation [*andarvaliuéiscion*].
svanire, *v.* to vanish [*vànisci*].
svantaggio, *s.m.* disadvantage [*disadvàntagi*].
svedese, *ag.* Swedish [*suìdisci*] || *s.m.* e *f.* Swede [*suìd*].
sveglia, *s.f.* (orologio) alarm-clock; (militare) reveille [*reveil*].
svegliarsi, *v.r.* to awake [*auéik*], to wake up [*uéik ap*].
svelare, *v.* to unveil [*anvéil*]; (rivelare) to reveal [*rivìil*].

svelto, *ag.* quick.
svenire, *v.* to faint [*fé^{i}nt*] || **svenimento**, *s.m.* faint [*fé^{i}nt*].
sventare, *v.* to bafle [*baf-^{l}*], to frustrate [*frastré^{i}t*].
sventura, *s.f.* misfortune [*misfò^{r}ciun*].
svernare, *v.* to winter [*uinta^{r}*].
svestirsi, *v.r.* to undress [*andrèss*].
svezzare, *v.* to wean [*uìin*].
svignarsela, *v.r.* to slip away [*s. euèi*].
sviluppare, *v.* to develop [*divèlop*].
svincolare, *v.* to disengage [*disingàg^{i}*], to clear [*clìa^{r}*].
svista, *s.f.* oversight [*o^{u}va^{r}sàit*].
svitare, *v.* to unscrew [*anscriù*].
svizzero, *ag.* e *s.m.* Swiss [*suìss*].
svolta, *s.f.* turn [*ta^{r}n*], turning [*tà^{r}nin*].
svuotare, *v.* to empty [*èmti*].

T

tabaccaio, *s.m.* tobacconist [*tobàconist*].
tabacco, *s.m.* tobacco.
tacchino, *s.m.* turkey [*tàrki*].
tacco, *s.m.* heel [*hìil*].
tabella, *s.f.* table [*téib-l*]; (diagramma) chart [*ciart*].
tabellone, *s.m.* notice board [*nòtis bòrd*]; (stradale) billboard [*bìlbord*].
tacere, *v.* to be silent [*bi sàilent*].
taglia, *s.f.* (ricompensa) reward [*riuòrd*]; (misura) size [*sàis*].
tagliando, *s.m.* coupon [*kupòn*].
tagliare, *v.* to cut [*cat*] || **taglio**, *s.m.* cut [*cat*]; cutting [*kàtin*].
tagliatelle, *s.f.pl.* noodles [*nùud-ls*].
tailleur, *s.m.* costume [*kòstium*].
talco, *s.m.* talcum powder [*t. pàudar*].
tale, *ag.* such [*sàci*].
talento, *s.m.* talent [*tàlent*].
tallone, *s.m.* heel [*hìil*].
talora, **talvolta**, *av.* sometimes [*samtàims*].
talpa, *s.f.* mole [*móul*].
tamarindo, *s.m.* tamarind [*tàmarind*].
tamburo, *s.m.* drum [*dram*].
tamponare, *v.* (di auto) to bump [*bamp*] || **tamponamento**, *s.m.* collision [*kolìscion*].
tangenziale, *s.f.* ringroad [*rinrôd*]; (amer.) beltway [*bèltuei*].

tanto, *av.* e *ag.* so much [*só màci*].
tappa, *s.f.* halt, stop, stopover [*stopòuvar*]; stage [*stéigi*].
tappeto, *s.m.* carpet [*càrpet*].
tappezzare, *v.* (coprire) to cover [*còvar*]; (con carta) to paper [*péipar*] || **tappezzeria**, *s.f.* wallpaper [*uòlpeipar*].
tappo, *s.m.* cork [*cork*].
tara, *s.f.* tare [*tar*].
tardare, *v.* to be late [*bi léit*].
tardi, *av.* late [*léit*].
targa, *s.f.* plate [*pléit*]: — *automobilistica*, numberplate [*nàmbarpleit*]; (amer.) license plate [*làisens pleit*] || **targare**, *v.* to register: *auto targata...*, a car with a numberplate...
tariffa, *s.f.* tariff [*tàrif*].
tarma, *s.f.* moth [*mòds*] || **tarmarsi**, *v.r.* to get moth-eaten [*ghet mòds-iten*].
tarmicida, *s.m.* moth-killer [*mòds-kilar*].
tartaruga, *s.f.* (di terra) tortoise [*tòrtois*]; (di mare) turtle [*tart-l*]: *guscio di* —, tortoise shell [*t. scèl*].
tartufo, *s.m.* truffle [*traf-l*].
tasca, *s.f.* pocket [*pòket*].
tassa, *s.f.* tax [*taks*].
tassametro, *s.m.* taximeter [*taksimìtar*].
tassazione, *s.f.* taxation [*taksséiscion*].
tassì, *s.m.* taxi [*tàksi*].
tastiera, *s.f.* keyboard [*chìbòrd*].
tasto, *s.m.* key [*chi*].
taverna, *s.f.* tavern [*tàvern*], inn.
tavola, *s.f.*, **-o**, *s.m.* table [*téib-l*].
tazza, *s.f.* cup [*cap*].
tè, *s.m.* tea [*tìi*].
teatro, *s.m.* theatre [*dsìatar*].
tecnico, *ag.* technical [*tècnical*] || *s.m.* technician [*tecnìscian*].
tedesco, *ag.* e *s.m.* German.
tegame, *s.m.* pan.
teglia, *s.f.* baking pan [*béikin pan*].

tegola, *s.f.* tile [*tàil*].
teiera, *s.f.* teapot [*tìipot*].
tela, *s.f.* linen [*lìnen*]: — *cerata*, oil cloth [*òil clods*].
telaio, *s.m.* (per tessitura) loom [*lùum*]; frame [*fréim*].
telecamera, *s.f.* television camera [*televìscion c.*].
telecomando, *s.m.* remote control [*remóute contròl*].
teleferica, *s.f.* cableway [*chéib-l uéi*].
telefonare, *v.* to telephone [*tèlefon*], to phone [*fón*], to ring up [*rin ap*] || **telefonata**, *s.f.* (telephone) call [(*tèlefon*) *col*]: — *interurbana*, trunk call || **telefono** *s.m.* telephone [*tèlefon*].
telegrafare, *v.* to telegraph [*tèlegraf*], to wire [*uàiar*], to cable [*chéib-l*] || **telegrafo**, *s.m.* telegraph [*télegraf*].
telegramma, *s.m.* telegram [*télegram*], wire [*uàiar*], cable [*chéib-l*].
telematica, *s.f.* telecoms.
teleobiettivo, *s.m.* telephoto [*telephòtou*], lens.
teleromanzo, *s.m.* serialized novel [*serialàised nóuvel*].
teleschermo, *s.m.* telescreen [*telescrìin*].
telescopio, *s.m.* telescope [*tèlescop*].
televisione, *s.f.* television [*televìscion*].
televisore, *s.m.* television set [*televìscion s.*]; (fam.) telly box [*tèli bòks*].
tema, *s.m.* (argomento) theme [*dsìim*]; (scolastico) composition [*composìscion*], essay [*èssei*].
temere, *v.* to fear [*fìar*].
temperare, *v.* (una matita) to sharpen [*shàrpen*].
temperatura, *s.f.* temperature [*tèmperaciuar*].
temperino, *s.m.* penknife [*pen-nàif*].
tempesta, *s.f.* tempest [*tèmpest*], storm [*storm*].
tempestoso, *ag.* stormy [*stòrmi*].
tempio, *s.m.* temple [*tèmp-l*].
tempo, *s.m.* time [*tàim*]; (atmosferico) weather [*uèdsar*].
temporale, *s.m.* storm [*storm*].
temporaneo, *ag.* for the time being [*for dsi tàim bìing*].
temporeggiare, *v.* to temporise [*temporàis*].

tenda, *s.f.* tent.
tendenza, *s.f.* tendency [*tèndensi*], trend.
tendere, *v.* to trend, to tend, to be inclined for [*bi inclàin^{ed} fo^{r}*].
tenebroso, *ag.* gloomy [*glùumi*], dark [*da^{r}k*].
tendina, *s.f.* blind [*blàind*], curtain [*càrtein*].
tendine, *s.m.* tendon, sinew [*sìniu*].
tenebre, *s.f.pl.* darkness [*da^{r}knis*] (sing.).
tenente, *s.m.* lieutenant [*liutènant*].
teneramente, *av.* tenderly [*tènde^{r}li*].
tenere *v.* to hold [*ho^{u}ld*], to have [*hev*], to keep [*kìip*].
tenero, *ag.* tender [*tènda^{r}*], soft.
tenore, *s.m.* tenor [*tèno^{r}*].
tensione, *s.f.* tension [*tènsc^{io}n*], stress.
tentare, *v.* to try [*tràì*], to endeavour [*endì^{i}vou^{ar}*].
tentativo, *s.m.* attempt.
tentazione, *s.f.* temptation [*temté^{i}sc^{io}n*].
tenuta, *s.f.* (azienda agricola) estate [*esté^{i}t*], farm [*fa^{r}m*].
teoria, *s.f.* theory [*d^{s}ìori*].
teppista, *s.m.* hooligan [*hùligan*].
terapia, *s.f.* therapy [*d^{s}èrapi*].
tergicristallo, *s.m.* windscreen wiper [*uìndscrin uàipa^{r}*].
termale, *ag.* thermal [*d^{s}e^{r}mal*].
terme, *s.f.pl.* thermal baths [*d^{s}é^{r}mal bad^{s}s*], spa.
terminare, *v.* to finish [*fìnisc^{i}*], to end.
termine, *s.m.* end.
termometro, *s.m.* thermometer [*d^{s}ermòmita^{r}*].
termos, *s.m.* thermos [*d^{s}è^{r}mos*].
termosifone, *s.m.* central heating installation [*sèntral hìitin insta^{o}llé^{i}sc^{io}n*].
terra, *s.f.* earth [*e^{ar}d^{s}*].
terracotta, *s.f.* terracotta.
terraglia, *s.f.* earthenware [*èrd^{s}enuèa^{r}*].
terrazza, *s.f.*, **terrazzo**, *s.m.* terrace [*tèrass*].
terremoto, *s.m.* earthquake [*è^{ar}d^{s}qué^{i}k*].
terreno, *s.m.* ground [*gràund*], earth [*è^{ar}d^{s}*], soil [*sòil*].

terribile, *ag.* terrible [*tèrib-l*].
territoriale, *ag.* territorial [*teritòrial*].
territorio, *s.m.* territory.
terrore, *s.m.* terror [*tèro*^{r}].
terrorista, *s.m.* e *f.* terrorist.
terrorizzare, *v.* to terrify [*terifài*].
terso, *ag.* neat [*nìit*].
terzino, *s.m.* fullback [*fulbák*].
tesa, *s.f.* (di cappello) brim.
teschio, *s.m.* skull [*scal*].
tesi, *s.f.* thesis [*d*^{s}*ìsis*].
tesoro, *s.m.* treasure [*trèscio*^{ar}].
tessera, *s.f.* card [*ca*^{r}*d*].
tessile, *ag.* textile [*tekstàil*].
tessuto, *s.m.* texture [*tekstsciu*^{ar}], cloth [*clòd*^{s}].
testa, *s.f.* head [*hèd*].
testamento, *s.m.* testament [*tèstament*], will [*uìl*].
testardo, *ag.* stubborn [*stàbo*^{r}*n*].
teste, **testimonio**, *s.m.* witness [*uìtness*].
tetto, *s.m.* roof [*rùuf*].
tettoia, *s.f.* shed [*sced*].
tiepido, *ag.* lukewarm [*lukuò*^{r}*m*], tepid [*típid*].
tifo, *s.m.* typhus [*tàifas*]; *fare il — per...*, to be a fan of [*bi a fán ov*].
tiglio, *s.m.* lime [*laim*].
tigre, *s.f.* tiger [*tàigha*^{r}].
timbrare, *v.* to stamp || **timbro**, *s.m.* stamp.
timidezza, *s.f.* shyness [*sciàiness*].
timido, *ag.* shy [*sciài*].
timone, *s.m.* helm, rudder [*ràda*^{r}].
timore, *s.m.* fear [*fìa*^{r}].
tinca, *s.f.* tench [*tènc*^{i}].
tingere, *v.* to dye [*dài*].
tino, *s.m.*, **tinozza**, *s.f.* vat, tub [*tab*].
tintarella, *s.f.* suntan [*sàntan*].
tintoria, *s.f.* dry cleaner's [*drai clìina*^{r}*s*].

tipo, *s.m.* type [*tàip*].
tiranno, *s.m.* tyrant [*tàirant*].
tirare, *v.* to pull; (sparare) to shoot [*sciùut*].
tirchio, *ag.* stingy [*stinghi*].
titolo, *s.m.* title [*tàit-l*].
toccare, *v.* to touch [*tac*^{i}]; (mar.) to call at [*col át*].
togliere, *v.* to take away [*té*^{i}*k aué*^{i}].
tollerabile, *ag.* tolerable [*tòlerab-l*].
tomba, *s.f.* grave [*gré*^{i}*v*], tomb [*tuum*].
tondo, *ag.* round [*raund*].
tonnellata, *s.f.* ton.
tonno, *s.m.* tunney [*tàni*].
tono, *s.m.* tone [*tó*^{u}*n*].
topazio, *s.m.* topaz [*tò*^{u}*paz*].
topo, *s.m.* rat, mouse [*màus*], *pl.* mice [*màiss*].
toppa, *s.f.* patch [*pác*^{i}]; (della serratura) keyhole [*kìiho*^{u}*l*].
torcere, *v.* to twist [*tuìst*].
torcia, *s.f.* torch [*tò*^{r}*c*^{i}].
torcicollo, *s.m.* stiff neck.
tordo, *s.m.* thrush [*d*^{s}*ràsc*^{i}].
tormenta, *s.f.* snowstorm [*snó*^{u}*-sto*^{r}*m*].
tormentare, *v.* to torment || **tormento**, *s.m.* torment, torture [*tò*^{r}*ciu*^{ar}].
tornare, *v.* to return [*rità*^{r}*n*], to turn back [*ta*^{r}*n bák*].
toro, *s.m.* bull.
torpediniera, *s.f.* torpedo boat [*torpìdo bo*^{u}*t*].
torpido, *ag.* torpid.
torpore, *s.m.* torpor, drowsiness [*dra*^{u}*siness*].
torre, *s.f.* tower [*tàua*^{r}].
torrente, *s.m.* stream [*strìim*].
torrido, *ag.* torrid.
torrone, *s.m.* nougat [*niùga*].
torta, *s.f.* cake [*ché*^{i}*k*].
torto, *s.m.* wrong [*rongh*]; *aver* —, to be w. [*bi rongh*].
tortora, turledove [*tà*^{r}*tldav*].

tortuoso, *ag.* winding [*uàindin*].
tortura, *s.f.* torture [*to*^{r}*ciu*^{ar}].
tosare, *v.* to shear [*scìa*^{r}].
tosse, *s.f.* cough [*cof*] || **tossire**, *v.* to cough [*cof*].
tostare, *v.* to toast [*tó*^{u}*st*].
totale, *s.m.* total [*tò*^{u}*tal*].
tovaglia, *s.f.* tablecloth [*téib-lclod*^{s}].
tovagliolo, *s.m.* napkin, serviette [*se*^{r}*vièt*].
tra, *prep.* (fra due) between [*bituìn*]; (fra molti) among [*emòn*].
traccia, *s.f.* trace [*tré*^{i}*ss*].
tradimento, *s.m.* treason [*tris*^{o}*n*].
tradire, *v.* to betray [*bitré*^{i}] || **traditore**, *s.m.* traitor [*tré*^{i}*to*^{r}].
tradizione, *s.f.* tradition [*tradìsci*^{io}*n*].
tradurre, *v.* to translate [*translé*^{i}*t*] || **traduttore**, *s.m.* translator [*translé*^{i}*tor*] || **traduzione**, *s.f.* translation [*translé*^{i}*sc*^{io}*n*].
traffico, *s.m.* traffic.
tragedia, *s.f.* tragedy [*tràgedi*].
traghettare, *v.* to ferry || **traghetto**, *s.m.* crossing over [*cròssin ó*^{u}*va*^{r}].
tragitto, *s.m.* passage [*pàssag*^{i}].
traguardo, *s.m.* finishing line [*fìniscin lain*]; (meta) goal.
tram, *s.m.* tram.
trama, *s.f.* (di romanzo e sim.) plot.
tramare, *v.* to plot.
trambusto, *s.m.* fuss [*fass*].
tramontana, *s.f.* north wind [*no*^{r}*d*^{s} *uìnd*].
tramontare, *v.* to set down [*dàun*].
tramonto, *s.m.* sunset [*sansèt*].
tranello, *s.m.* snare [*snèa*^{r}].
tranne, *av.* except [*ekssèpt*], save [*sé*^{i}*v*].
tranquillo, *ag.* quiet [*quàiet*], calm [*cam*].
transatlantico, *ag.* transatlantic || *s.m.* (piroscafo) liner [*làina*^{r}].
transitare, *v.* to pass.
transito, *s.m.* transit.
tranviere, *s.m.* tramdriver [*tràmdraiva*^{r}].
trapano, *s.m.* drill.

trapianto, *s.m.* (di organi) transplantation [*transplanté*^{i}*sc*^{io}*n*].
trappola, *s.f.* trap.
trapunta, *s.f.* quilt [*kilt*].
trarre, *v.* to draw [*dro*^{u}].
trasalire, *v.* to startle [*start-l*].
trasbordare, *v.* to tranship [*transcìp*]; (di treno) to transfer [*transfè*^{ar}].
trascinare, *v.* to drag [*drágh*].
trascorrere, *v.* (tempo) to spend, to pass.
trascurare, *v.* to neglect [*niglect*].
trascurato, *ag.* careless [*chèa*^{r}*less*].
trasferire, *v.* to remove [*rimùv*], to transfer [*transfè*^{ar}] || **trasferirsi**, *v.r.* to move [*muv*].
trasformare, *v.*, **trasformarsi**, *v.r.* to transform.
trasfusione, *s.f.* transfusion [*transfúsc*^{io}*n*].
trasgredire, *v.* to transgress || **trasgressore**, *s.m.* transgressor.
traslocare, *v.* to remove [*rimùv*], to move [*muv*] || **trasloco**, *s.m.* removal [*remùval*]: *far* —, to move [*mùuv*].
trasmettere, *v.* to transmit, to pass on; (per radio) to broadcast [*brôdcàst*].
trasmissione, *s.f.* transmission [*transmìsc*^{io}*n*]; (radio) broadcast [*brôdcast*]; (televisiva) telecast; (mecc.) drive [*draiv*].
trasparente, *ag.* transparent [*trànsparent*].
trasportare, *v.* to transport, to convey [*convèi*] || **trasporto**, *s.m.* transport, conveyance [*convèians*].
tratta, *s.f.* (cambiale) draft.
trattamento, *s.m.* treatment [*trìitm*^{e}*nt*].
trattare, *v.* to treat [*trìit*], to deal with [*dìil uìd*^{s}].
trattato, *s.m.* treaty [*tri*^{i}*ti*].
tratteggio, *s.m.* hatch [*hèc*^{i}].
trattenere, *v.* to detain [*dité*^{i}*n*]; to entertain [*ente*^{r}*té*^{i}*n*].
trattenersi, *v.r.* (frenarsi) to refrain [*rifré*^{i}*n*].
trattenimento, *s.m.* entertainment [*ente*^{ar}*té*^{i}*nment*].

trattino, *s.m.* hyphen [*haifen*[; dash [*dèsc*^{i}].
tratto, *s.m.* (linea) line [*làin*]; (di spazio, di tempo) stretch [*strèc*^{i}]; (caratteristica) feature [*ficia*^{r}].
trattore, *s.m.* tractor.
trattoria, *s.f.* restaurant [*rèstorant*].
trave, *s.f.* beam [*bìim*].
traversata, *s.f.* voyage [*vòiag*^{i}], passage [*pàssag*^{i}], cros-sing [*cròssin*].
travestirsi, *v.r.* to disguise oneself [*disgàis uansèlf*].
travolgere, *v.* to run over [*ran ó*^{u}*va*^{r}].
trazione, *s.f.* (di auto) drive [*draiv*].
trebbiatrice, *s.f.* thrashing-machine [*d*^{s}*ràscin-mascìn*].
treccia, *s.f.* plait [*plé*^{i}*t*], braid [*bré*^{i}*d*].
tregua, *s.f.* truce [*truss*].
tremare, *v.* to tremble [*tremb-l*].
tremendo, *ag.* awful [*ôful*].
treno, *s.m.* train [*tré*^{i}*n*].
triangolo, *s.m.* triangle [*tràieng-l*].
tribuna, *s.f.* tribune [*trìbiun*]; gallery [*galeri*] (sport) stand.
tribunale, *s.m.* tribunal [*traibiùnal*], court of justice [*co*^{r}*t ov giàstiss*].
trifoglio, *s.m.* shamrock [*sciàmrok*].
triglia, *s.f.* mullet [*màlet*].
trimestrale, *ag.* quarterly [*quò*^{r}*ta*^{r}*li*].
trimestre, *s.m.* quarter [*quò*^{r}*ta*^{r}]; (scolastico) term.
trincea, *s.f.* trench [*trènc*^{i}].
trinciapollo, *s.m.* poultry-shears [*pó*^{u}*ltri-scia*^{r}*s*].
trionfo, *s.m.* triumph [*tràiumf*].
trippa, *s.f.* tripe [*tràip*].
triste, *ag.* sad [*sád*].
tritare, *v.* to hash up [*hasc*^{i} *ap*], to mince [*mins*].
tromba, *s.f.* bugle [*biùg-l*], trumpet [*tràmp*^{e}*t*].
troncare, *v.* to curtail [*cartéil*], to cut short [*cat sciò*^{r}*t*].
tronco, *s.m.* trunk [*trank*].
trono, *s.m.* throne [*s*^{s}*ro*^{u}*n*].
tropicale, *ag.* tropical [*tròpical*].

tropico, *s.m.* tropic.
troppo, *ag.* too [*tùu*] || *av.* too much [*tùu màc*^{i}], *pl.* too [many [*tùu mèni*].
trota, *s.f.* trout [*tràut*].
trottare, *v.* to trot || **trotto**, *s.m.* trot.
trovare, *v.* to find [*fàind*].
trovata, *s.f.* device [*divàiss*].
truccarsi, *v.r.* to make up [*mè*^{i}*k ap*].
trucco, *s.m.* make up [*mè*^{i}*k ap*].
truffa, *s.f.* fraud [*frôd*] || **truffare**, *v.* to fraud [*frôd*].
tuberosa, *s.f.* tuberose [*tiùbero*^{u}*s*].
tubo, *s.m.* tube [*tiùb*], pipe [*pàip*], (di tela per acqua) ho-[se [*hò*^{u}*s*].
tuffarsi, *v.* to dive [*dàiv*].
tuffo, *s.m.* plunge [*plang*^{i}], dive [*dàiv*].
tugurio, *s.m.* hovel [*hòv*^{e}*l*], slum [*slam*].
tulipano, *s.m.* tulip [*tiùlip*].
tumore, *s.m.* tumour [*tiùmo*^{ar}].
tuonare, *v.* to thunder [*d*^{s}*ànda*^{r}] || **tuono**, *s.m.* thunder [*d*^{s}*ànda*^{r}].
tuorlo, *s.m.* yolk [*iò*^{u}*k*].
turacciolo, *V.* **tappo**.
turare, *v.* to stop, to plug [*plag*].
turbare, *v.* to trouble [*trab-l*], to disturb [*distà*^{r}*b*], to worry [*uòri*] || **turbato**, *ag.* worried [*uòri*^{e}*d*].
turbine, *s.m.* whirlwind [*ua*^{r}*luìnd*].
turchese, *s.m.* turquoise [*ta*^{r}*quòis*].
turchino, *s.m.* e *ag.* blue [*blu*].
turco, *ag.* Turkish [*tàrkisc*^{i}] || *s.m.* Turk [*ta*^{r}*k*].
turismo, *s.m.* tourism [*turism*].
turista, *s.m.* e *f.* tourist.
turno, *s.m.* turn [*ta*^{r}*n*].
tuta, *s.f.* overall [*óuva*^{r}*òl*]; (da sport) tracksuit [*trèksiut*].
tutore, *s.m.* guardian [*gà*^{r}*dian*].
tuttavia, *av.* however [*hauèva*^{r}], anyhow [*eniuhàu*].
tutto, *s.m.* whole [*h*^{o}*ul*], all [*ol*] || *ag.* all, whole, entire [*entàia*^{r}], every [*év*^{e}*ri*].
tuttora, *av.* still, always [*òlu*^{e}*s*].

U

ubbidiente, *ag.* obedient [*obìdient*].

ubbidire, *v.* to obey [*obèi*].

ubicazione, *s.f.* location [*loché*^{i}*sc*^{io}*n*].

ubriacarsi, *v.r.* to get drunk [*ghet drank*].

ubriaco, *ag.* e *s.m.* drunk [*drank*].

ubriacone, *s.m.* drunkard [*drànka*^{r}*d*].

uccello, *s.m.* bird [*be*^{r}*d*].

uccidere, *v.* to kill || **uccisione**, *s.f.* killing [*kilin*].

udienza, *s.f.* audience [*òdiens*], interview [*interviù*].

udire, *v.* to hear [*hìa*^{r}].

udito, *s.m.* hearing [*hìarin*].

uditorio, *s.m.* audience [*òdiens*].

ufficiale, *s.m.* officer [*òffisa*^{r}] || *ag.* official [*ofiscial*].

ufficio, *s.m.* office [*òfiss*].

ugello, *s.m.* nozzle [*nós-l*].

uguale, *ag.* equal [*ìquol*].

uguaglianza, *s.f.* equality [*ìquòliti*].

ulcera, *s.f.* ulcer [*àlsa*^{r}].

ulteriore, *ag.* further [*fá*^{r}*d*^{s}*a*^{r}].

ultimare, *v.* to finish [*fìnisc*^{i}].

ultimo, *ag.* last, latest [*lè*^{i}*test*], farthest [*fà*^{r}*d*^{s}*est*].

ultimamente, *av.* lately [*lé*^{i}*t*^{e}*li*], recently [*rìssentli*].

ultrasinistra, *s.f.* the extreme left [*d*^{s}*i ekstrìm l.*].

ultrasuono, *s.m.* ultrasound [*ultrasàund*].

ultravioletto, *ag.* e *s.m.* ultraviolet (ray) [*ultravàiolet* (*rei*)].

umanità, *s.f.* mankind [*mánkàind*].

umano, *ag.* human [*hiùman*].
umidità, *s.f.* dampness [*dàmpness*].
umido, *ag.* damp, wet [*uet*], moist [*mòist*] || *s.m.* dampness; *carne in* —, stewed meat [*stiùed mìit*], stew [*stiù*].
umile, *ag.* humble [*hamb-l*].
umiliare, *v.* to humiliate [*humiliéit*] || **umiliazione**, *s.f.* humiliation [*humiliéiscion*].
umiltà, *s.f.* humility.
umore, *s.m.* humour [*hiùmor*].
umoristico, *ag.* humorous [*hiùmoroas*]; (buffo) funny [*fàni*].
unanime, *ag.* unanimous [*iunànimoas*].
uncinetto, *s.m.* crochet hook [*cròscet hùuk*].
uncino, *s.m.* hook [*hùuk*].
ungere, *v.* to grease [*grìis*], to oil.
unghia, *s.f.* nail [*nèil*].
unguento, *s.m.* ointment.
unico, *ag.* only [*ònli*], sole [*sóul*].
unificare, *v.* to unify [*iùnifai*].
uniforme, *ag.* uniform || *s.f.* uniform.
unione, *s.f.* union [*iùnion*].
unire, *v.* to unite [*iunàit*], to join [*giòin*].
unità, *s.f.* unity [*iùniti*]; (informatica) unit.
universale, *ag.* universal [*iunivèrsal*].
università, *s.f.* university [*iunivèrsiti*], college [*còlegi*].
universo, *s.m.* universe [*iùnivers*].
unto, **untuoso**, *ag.* greasy [*grìsi*] || **unto**, *s.m.* grease [*grìs*].
uomo, *s.m.* man [*mán*].
uovo, *s.m.* egg [*egh*]; — *fresco*, new laid egg [*niù led egh*]; — *sodo*, hard boiled egg [*hard bòiled e.*]; — *al tegame*, fried e. [*fraid e.*]; — *alla coque*, soft boiled e.; — *in camicia*, pouched e. [*pòucied e.*].
uragano, *s.m.* hurricane [*hàrichein*].
urgente, *ag.* urgent [*àrgent*], pressing [*préssin*].
urlare, *v.* to shout [*sciàut*], to scream [*scrìim*], to yell.
urlo, *s.m.* yell [*ièl*].

urtare, *v.* to knock against [*nok aghéinst*] || **urto**, *s.m.* clash [*clàsc^{i}*].
usanza, *s.f.* custom [*càst^{o}m*], habit [*hàbit*].
usare, *v.* to use [*iùs*]; to be accustomed [*bi acàst^{o}m^{e}d*].
usato, *ag.* second-hand [*sècond-hènd*]; (logoro) worn [*uó^{r}n*].
uscio, *s.m.* door [*dòa^{r}*].
uscire, *v.* to go out [*go^{u} àut*].
uscita, *s.f.* (azione) outing [*àutin*]; (luogo) exit [*ekssìt*], way out [*uéi àut*].
usignolo, *s.m.* nightingale [*nàitinghe^{i}l*].
uso, *s.m.* use [*iùs*].
ustione, *s.f.* burn [*ba^{r}n*].
usuale, *ag.* usual [*iùsciual*].
utensile, *s.m.* utensil [*iutènsil*], tool [*tùul*].
utente, *s.m.* e *f.* user [*iùsa^{r}*]; consumer [*consiùma^{r}*].
utile, *ag.* useful [*iùs^{e}ful*].
utilizzare, *v.* to utilise [*iutilàis*].
uva, *s.f.* grapes [*gré^{i}ps*]; — *passa*, raisin [*ré^{i}sin*]; — *spina*, goosberry [*gùusberi*]; *grappolo d'*—, bunch of grapes [*banc^{i} ov g.*].
uvetta, *s.f.* raisins *pl.* [*ré^{i}sins*].

V

vacanza, *s.f.* vacation [*vachéiscion*], holiday [*hòlidéi*].
vacca, *s.f.* cow [*càu*].
vaccinazione, *s.f.* vaccination [*vasinéiscion*].
vaccino, *s.m.* vaccine [*vèksiin*].
vacillare, *v.* to stagger [*stàghar*].
vagabondare, **vagare**, *v.* to rove [*róuv*], to roam [*róum*], to ramble [*ràmb-l*], to wander [*uòndar*].
vagabondo, *ag.* e *s.m.* vagabond, vagrant, tramp *s.* [*trèmp*].
vaglia, *s.m.* (postale) postal money order [*pòstal màni òrdar*], postal order.
vagone, *s.m.* waggon [*uégon*]; — *ferroviario*, (railway) carriage [(*réiluéi*) *càriagi*], coach [*côci*].
vaiolo, *s.m.* smallpox [*smolpòx*].
valanga, *s.f.* avalanche [*àvalansci*].
valere, *v.* to be worth [*bi uèrds*].
valico, *s.m.* pass.
validità, *s.f.* validity [*valìditi*].
valido, *ag.* valid [*vàlid*].
valigia, *s.f.* suitcase [*siùtchéis*], luggage [*làgagi*].
vallata, **valle**, *s.f.* valley [*vàlei*].
valore, *s.m.* worth [*uoerds*]; (coraggio) valour [*vàlor*]; (prezzo) value [*vàliu*].
valoroso, *ag.* brave [*bréiv*], gallant [*gàlant*].
valuta, *s.f.* currency [*càrensi*], money [*màni*].
valutare, *v.* to value [*vàliu*], to estimate [*éstiméit*].
valutazione, *s.f.* valuation [*valiuéiscion*].

valvola, *s.f.* valve [*vàlv*]: — *di sicurezza*, safety v. [*séifeti v.*].
valzer, *s.m.* waltz [*uòlz*].
vanga, *s.f.* spade [*spéid*] || **vangare**, *v.* to dig [*digh*].
vangelo, gospel [*gòspel*].
vaniglia, *s.f.* vanilla [*vanìla*].
vanitoso, *ag.* vain [*véin*], conceited [*consited*].
vano, *s.m.* (spazio) room [*rùum*] || *ag.* vain [*véin*], useless [*iùssless*].
vantaggio, *s.m.* advantage [*advàntagi*].
vantaggioso, *ag.* advantageous [*advantéigeoas*].
vantarsi, *v.* to boast of [*bóust ov*].
vapore, *s.m.* steam [*stíim*]; (piroscafo) steamship [*s. scìp*], steamboat [*s. bóat*].
vaporizzatore, *s.m.* vaporizer [*vapouràisar*].
varare, *v.* to launch [*lònci*].
varcare, *v.* to cross over [*óuvar*].
varco, *s.m.* pass, gap.
variabile, *ag.* changeable [*cèngiab-l*].
variare, *v.* to vary [*véiri*], to alter [*òltar*], to change [*céingi*].
varicella, *s.f.* chicken pot [*ciken p.*].
varietà, *s.f.* variety [*varàieti*].
vario, *ag.* variuous [*vérioas*].
varo, *s.m.* launch [*lònci*], launching [*lòncin*].
vasca, *s.f.* bath [*báds*], tank [*tánk*], pool [*puul*].
vaso, *s.m.* vase [*vàs*]; (da fiori) pot.
vassoio, *s.m.* tray [*tréi*].
vasto, *ag.* wide [*uàid*], vast.
vecchio, *ag.* old.
vedere, *v.* to see [*síi*].
vedova, *s.f.* widow [*uìdo*] || **-o**, *s.m.* widower [*uìdoar*].
veduta, *s.f.* view [*viù*], sight [*sàit*].
vegetariano, *s.m.* e *ag.* vegetarian [*vegetérian*].
vegetazione, *s.f.* vegetation [*vegetéiscion*].
vela, *s.f.* sail [*séil*].
veleno, *s.m.* poison [*pòison*].

velenoso, *ag.* poisonous [*pòisonoas*].
velina, *s.f.* (carta) tissue paper [*tìsciu peipar*].
velivolo, *s.m.* plane [*pléin*].
velluto, *s.m.* velvet [*vèlvet*].
velo, *s.m.* veil [*véil*].
veloce, *ag.* swift [*suìft*].
velocità, *s.f.* speed [*spìid*].
vena, *s.f.* vein [*véin*].
vendemmia, *s.f.* vintage [*vìntagi*].
vendere, *v.* to sell; — *al minuto*, to sell by retail [*bài ritéil*], — *all'ingrosso*, to sell wholesale [*hul seil*].
vendetta, *s.f.* vengeance [*véngeans*], revenge [*rivèngi*].
vendicare, *v.* to revenge [*rivèngi*] || **vendicarsi**, *v.r.* to revenge oneself [*rivèngi uansèlf*].
vendita, *s.f.* sale [*séil*].
venditore, *s.m.* seller [*sélar*]; salesman [*sèlsman*].
venerdì, *s.m.* Friday [*fràidei*].
venire, *v.* to come [*cam*].
ventaglio, *s.m.* fan.
ventilatore, *s.m.* ventilator [*ventiléitar*], fan.
ventilazione, *s.f.* ventilation [*ventiléiscion*].
ventina, *s.f.* score [*scòar*].
vento, *s.m.* wind [*uìnd*].
ventoso, *ag.* windy [*uìndi*].
venturo, *ag.* next [*nekst*].
vera, *s.f.* wedding ring [*uèdin r.*].
veramente, *av.* truly [*trùli*].
veranda, *s.f.* veranda.
verde, *ag.* green [*grìin*].
verdetto, *s.m.* verdiet.
verdura, *s.f.* greens [*grìins*], vegetables [*vègetab-ls*].
vergine, *s.f.* virgin, maid [*méid*].
vergogna, *s.f.* shame [*scéim*]; *aver* —, to be ashamed [*bi ascéimd*].
vergognarsi, *v.r.* to be ashamed [*bi ascéimd*]; (essere timido) to be shy [*bi sciài*].

verifica, *s.f.* verification [*verifichéiscion*], inspection [*inspékscion*].
verificare, to verify [*verifài*]; (conti) to audit [*òdit*].
verità, *s.f.* truth [*truds*].
verme, *s.m.* worm [*uàrm*].
vernice, *s.f.* varnish [*vàrnisci*] || **verniciare**, *v.* to varnish [*vàrnisci*].
vero, *s.m.* truth [*truds*] || *ag.* true [*tru*].
versante, *s.m.* slope [*slóup*].
versare, *v.* (liquidi) to pour out [*pòar àut*]; (pagare) to pay [*péi*].
versione, *s.f.* version [*vérscion*]; (traduzione) translation [*transléiscion*].
verso, *prep.* towards [*tuuórds*] || *s.m.* (di poesia) line [*làin*]; (di animale) sound [*sàund*], cry [*cràì*], song; (direzione) way [*uèi*].
vertigini, *s.f.pl.* giddiness [*ghidiness*]: *avere le —*, to be giddy [*bi ghìdi*].
vertiginoso, *ag.* giddy [*ghìdi*].
verza, *s.f.* savoy (cabbage) [*savòi* (*cábagi*)].
vescovo, *s.m.* bishop [*biscìop*].
vespa, *s.f.* wasp [*uòsp*].
vestaglia, *s.f.* dressing gown [*drèssin gàun*].
vestirsi, *v.* to dress.
vestito, *s.m.* (da donna) dress, (da uomo) suit [*siùt*].
veterinario, *s.m.* veterinary [*veterìnari*], vet.
vetrina, *s.f.* shop window [*scìiop uìndo*].
vetro, *s.m.* glass; (da finestra) window pane [*uìndo péin*].
vetta, *s.f.* top, summit [*sàmit*].
vettovaglie, *s.f.pl.* victuals [*vìcels*], provisions [*provìscions*].
vettura, *s.f.* carriage [*càriagi*].
via, *s.f.* street [*strìit*]; (direzione) way [*uéi*] || *av.* away [*auéi*].
viadotto, *s.m.* viaduct [*vàiadact*].
viaggiare, *v.* to travel [*tràvel*].
viaggiatore, *s.m.* traveller [*tràvelar*], passenger [*pàssengiar*].
viaggio, *s.m.* journey [*giòarnei*]; (per mare) voyage [*vòiagi*]: *— d'affari*, business trip [*bìsnis t.*] || **viaggi**, *s.m.pl.* travels [*tràvels*].

viale, *s.m.* alley [*àle*^{i}], avenue [*àveniu*].
viceversa, *av.* viceversa [*vàissversa*].
vicinanza, *s.f.* nearness [*nìa*^{r}*ness*], neighbourhood [*nèibo*^{r}*huud*].
vicino, *ag.* near [*nìa*^{r}] || *s.m.* neighbour [*nèiba*^{r}].
vicolo, *s.m.* lane [*lé*^{i}*n*].
video, *s.m.* video; (schermo) screen [*skrìin*].
videocassetta, *s.f.* videocassette.
videogioco, *s.m.* videogame [*videoghé*^{i}*m*].
videonastro, *s.m.* videotape [*videoté*^{i}*p*].
vietare, *V.* **proibire**.
vigile, *s.m.* policeman [*polìssmán*].
vigilia, *s.f.* eve [*ìv*^{i}].
vigliacco, vile, *ag.* e *s.m.* coward [*càua*^{r}*d*].
vigna, *s.f.* vineyard [*vìnia*^{r}*d*].
villa, *s.f.* villa, country house [*càntri hàus*].
villaggio, *s.m.* village [*vìlag*^{i}].
villeggiatura, holiday [*hòlide*^{i}], vacation [*vaché*^{i}*sc*^{io}*n*].
villino, *s.m.* cottage [*còtag*^{i}].
vincere, *v.* to win [*uìn*].
vincitore, *s.m.* winner [*uìna*^{r}].
vino, *s.m.* wine [*uàin*]; (spumante) sparkling w. [*spà*^{r}*lin uàin*].
viola, *s.m.* (colore) violet [*vàiolet*] || *s.f.* violet [*vàiolet*].
violare, *v.* to violate [*vàiolé*^{i}*t*], to transgrèss.
violento, *ag.* violent [*vàiolent*].
violinista, *s.m.* e *f.* violinist [*vaiòlinist*].
violino, *s.m.* violin [*vàiolin*], fiddle [*fid-l*].
violoncello, *s.m.* cello.
vipera, *s.f.* viper [*vàipa*^{r}].
virgola, *s.f.* comma.
virgolette, *s.f.pl.* inverted commas, quotation marks [*quoté*^{i}*sc*^{io}*n mà*^{r}*ks*].
virtù, *s.f.* virtue [*vèrtciu*].
vischio, *s.m.* mistletoe o misseltoe [*mìs-l-to*^{u}].
visibile, *ag.* visible [*vìsib-l*].
visione, *s.f.* vision [*vìsc*^{io}*n*].

visita, *s.f.* visit [*vìsit*], call [*col*]; *fare una* —, to pay a visit [*péi e vísit*] || **visitare**, *v.* to visit [*vìsit*].
viso, *s.m.* face [*féiss*].
visone, *s.m.* mink.
vispo, *ag.* lively [*làiveli*].
vista, *s.f.* (senso) eyesight [*aisàit*]; (veduta) sight [*sàit*], [view [*viù*].
visto, *s.m.* visa.
vistoso, *ag.* showy [*sciòui*].
vita, *s.f.* (esistenza) life [*làif*]; (parte del corpo) waist [*uéist*].
vitamina, *s.f.* vitamin.
vite, *s.f.* (botan.) vine [*vàin*]; (mecc.) screw [*scriù*].
vitello, *s.m.* calf [*caf*]: *carne di* —, veal [*vìil*].
vitto, *s.m.* food [*fùud*]; — *e alloggio*, board and lodging [*board ánd lòdgin*].
vittoria, *s.f.* victory [*vìctori*].
vivere, *v.* to live [*lìv*].
viveri, *s.m.pl.* victuals [*vìciels*].
vivo, *ag.* alive [*elàiv*].
viziare, *v.* to spoil [*spòil*].
vizio, *s.m.* vice [*vàis*].
vocabolario, *s.m.* dictionary [*dìksciònari*].
vocabolo, *s.m.* word [*uàrd*].
vocale, *s.f.* vowel [*vàual*] || *ag.* vocal [*vóucal*].
voce, *s.f.* voice [*vòiss*].
vogare, *v.* to row [*róu*].
voglia, *s.f.* (desiderio) wish [*uìsci*]: *aver — di...*, to fell like (+ ger.) [*fiil laik*].
volante, *s.m.* (steering) wheel [(*stiarin*) *uìl*].
volare, *v.* to fly [*flài*].
volentieri, *av.* willingly [*uìllingli*], with pleasure [*uìds plèsciar*].
volere, *v.* to want [*uònt*], to be willing [*bi uìllin*].
volgare, *ag.* vulgar [*vàlgar*].
volo, *s.m.* flight [*flàit*].
volontà, *s.f.* will [*uìll*].
volontario, *ag.* voluntary [*volùntari*] || *s.m.* volunteer [*voluntìar*].
volonteroso, *ag.* willing [*uìllin*].

volpe, *s.f.* fox.
volta, *s.f.* time [*tàim*]; *una* —, once [*uòns*], *due —e*, twice [*tuàiss*]; *tre —e*, three times [*d*^{s}*rii tàims*]; (arco) vault [*vòlt*].
voltare, *v.* to turn [*ta*^{r}*n*] || **voltarsi**, *v.r.* to turn back [*ta*^{r}*n bák*].
volto, *s.m.* face [*fé*^{i}*ss*].
volume, *s.m.* volume [*vòlium*].
voluminoso, *ag.* bulky [*bàlki*].
vomitare, *v.* to vomit [*vòmit*]; *aver voglia di* —, to feel sick [*fiil sik*] || **vomito**, *s.m.* vomit.
vongola, *s.f.* clam [*clèm*].
voragine, *s.f.* gulf [*gàlf*], abyss [*abìss*].
vortice, *s.m.* whirlpool [*huè*^{r}*lpuul*].
votare, *v.* to vote [*v*^{ou}*t*] || **voto**, *s.m.* (elettorale) vote [*v*^{ou}*t*]; (scolastico) marks *pl.*; (promessa) vow [*vòu*].
vulcano, *s.m.* volcano.
vuotare, *v.* to empty [*èmpti*].

Z

zafferano, *s.m.* saffron [*sàf*^{ro}*n*].
zaffiro, *s.m.* sapphire [*safàia*^{r}].
zaino, *s.m.* knapsack [*nàpsac*].
zampa, *s.f.* paw [*pô*].
zampillo, *s.m.* spurt [*spà*^{r}*t*], gush [*gàsc*^{i}].
zampogna, *s.f.* bagpipe [*bághpaip*].
zanna, *s.f.* tusk [*task*].
zanzara, *s.f.* mosquito [*moschìto*].
zappa, *s.f.* hoe [*hó*^{u}].
zattera, *s.f.* raft.
zavorra, *s.f.* ballast [*bà*^{o}*llast*].
zebra, *s.f.* zebra [*zìibra*]; (passaggio pedonale) zebra crossing [*z. cròsin*].
zecca, *s.f.* mint.
zelo, *s.m.* zeal [*zìil*].
zenit, *s.m.* zenith [*zènid*^{s}].
zenzero, *s.m.* ginger [*gìng*^{iar}].
zeppo, *ag.* crammed [*cràm*^{e}*d*].
zerbino, *s.m.* doormat [*dò*^{ar}*mat*].
zero, *s.m.* zero [*zìro*^{u}].
zia, *s.f.* aunt [*àant*] ‖ **zio**, *s.m.* uncle [*ank-l*].
zigomo, *s.m.* cheekbone [*cì*^{i}*kbo*^{u}*n*].
zinco, *s.m.* zinc.
zingaro, *s.m.*, **-a**, *s.f.* gipsy [*gìpsi*].
zitella, *s.f.* spinster [*spìnsta*^{r}].
zitto, *ag.* silent [*sàilent*].
zoccolo, *s.m.* wooden shoe [*ùud*^{e}*n sciù*].

zolfo, *s.m.* sulphur [*sàlfa*^{r}].
zolla, *s.f.* sod, turf [*ta*^{r}*f*].
zona, *s.f.* zone [*z*^{ou}*n*].
zoo, *s.m.* zoo [*zùu*].
zoologia, *s.f.* zoology [*zò*^{u}*logi*].
zoppicare, *v.* to limp.
zoppo, *ag.* lame [*lé*^{i}*m*].
zotico, *s.m.* boor [*bù*^{ar}] || *ag.* boorish [*bùurisc*^{i}].
zucca, *s.f.* pumpkin [*pàmkin*], gourd [*gùu*^{r}*d*].
zuccheriera, *s.f.* sugarbasin [*sciùga*^{r}*bé*^{i}*sin*].
zucchero, *s.m.* sugar [*sciùga*^{r}].
zucchini, *s.m.pl.* green marrows [*grìin màro*^{u}*s*].
zuffa, *s.f.* scuffle [*skàf-l*].
zufolare, *v.* to whistle [*uis-l*].
zuppa, *s.f.* soup [*sup*].
zuppiera, *s.f.* tureen [*tarìn*].

INGLESE ITALIANO

HINTS ON THE PRONUNCIATION OF THE ITALIAN WORDS

In pronouncing the Italian words, as they appear in the sound-spelling between brackets, put the accent on the vowels which are written higher than the other letters.

All sounds must be read as in English, and every combination of letters must be pronounced. Only remember that:

a followed by **h** sounds like in *bath*
followed by **ir** sounds like in *said*
followed by **y** sounds like in *say*
e followed by **ll** or **tt** sounds like in *tell*
followed by **ss** sounds like in *chess*
followed by **n** sounds like in *envy*
in any other case sound like in *be*

i always sounds like in *in*
o always sounds like in *pot*
oo always sounds like in *book*
u always sounds like in *bull*
y always sounds like in *lily*

There are a few special sounds in the Italian language that do not exist in the English language, therefore cannot be exactly imitated in spelling. They are the sounds of the Italian **r**, **gl**, and **gn**.

The **r** must always be sounded strong, like in the word *prince*, and when double, stronger still.

We have represented the sound of **gl** by the letters **ly**, and the sound of **gn** by the letters **ny**, which although they do not give the right pronunciation, will be sufficient to make oneself understood.

PRONOUNS

In Italian there are two genders: masculine and feminine, to which correspond the pronouns of third person singular:
nom.: *m.* **egli** [^{a}*ylee*] = *he*; *f.* **ella** [^{a}*yllah*] = *she*
obj.: *m.* **lui** [l^{o}*oee*], **lo** [*lo*] = *him*
obj.: *f.* **lei** [*l*^{a}*y*], **la** [*lah*] = *her*
Instead when speaking of animals or things, the pronoun for the nominative and for the objective is:
nom.: *m.* **esso** [^{e}*sso*]; *f.* **essa** [^{e}*ssah*] = it
obj.: *m.* **esso, lo** [*lo*]; *f.* **essa, la** [*lah*].

PRONOUNS of the First, Second, and Third Persons are declined as thus:

NOMINATIVE

SINGULAR			PLURAL	
I		io [^{e}*eo*]	*we*	noi [*n*^{o}*ee*]
you		tu [*too*]	*you*	voi [*v*^{o}*ee*]
he		egli [^{ay}*lee*]	*they*	loro [*l*^{o}*ro*]
she		ella [^{ay}*llah*]		
it	m.	esso [^{e}*sso*]		
	f.	essa [^{e}*ssah*]		

OBJECTIVE

me	me [*may*]	*us*	noi [*n*^{o}*ee*]
	mi [*me*]		ne [*nay*]
you	te [*tay*]	*you*	ci [*chee*]
	ti [*tee*]		voi [*v*^{o}*ee*]
him	lui [*l*^{oo}*ee*]		ve [*vay*]
	lo [*lo*]		vi [*vee*]
	gli [*lyee*]		
her	lei [*l*^{ay}*ee*]	*them*	loro [*l*^{o}*ro*]
	la [*lah*]		li [*lee*]
	le [*l*^{a}*y*]		

POSSESSIVE ADJECTIVES and PRONOUNS, with regards to gender, in Italian do not refer to the possessor, but to the possessed person or thing.

	SINGULAR		PLURAL	
	MASCULINE	FEMININE	MASCULINE	FEMININE
my *mine*	mio [*m*^{ee}*o*]	mia [*m*^{ee}*ah*]	miei [*me-*^{ay}*-ee*]	mie [*m*^{ee}*ay*]
your *yours*	tuo [*t*^{oo}*-o*]	tua [*t*^{oo}*ah*]	tuoi [*too-*^{o}*-ee*]	tue [*t*^{oo}*-ay*]
his *her* *hers* *its*	suo [*s*^{oo}*-o*]	sua [*s*^{oo}*ah*]	suoi [*soo-*^{o}*-ee*]	sue [*s*^{oo}*-ay*]
our *ours*	nostro [*n*^{o}*sstro*]	nostra [*n*^{o}*sstrah*]	nostri [*n*^{o}*sstree*]	nostre [*n*^{o}*sstray*]
your *yours*	vostro [*v*^{o}*sstro*]	vostra [*v*^{o}*sstrah*]	vostri [*v*^{o}*sstree*]	vostre [*v*^{o}*sstre*]
their *theirs*	loro [*l*^{o}*ro*]	loro	loro	loro

VERBS

TO HAVE = AVERE [*ah-v*[ay]*-ray*]

Having, avendo [*ah-v*[e]*n-do*], p.p. *had*, avuto [*ah-v*[oo]*-to*].

PRESENT

SINGULAR		PLURAL	
I have	ho [*o*]	*we have*	abbiamo [*ah-bbee* [a]*h-mo*]
you have	hai [[a]*h-ee*]	*you have*	avete [*ah-v*[ay]*-tay*]
he has	ha [*ah*]	*they have*	hanno [[a]*hnno*]
she has	ha [*ah*]		
it has	ha [*ah*]		

PAST

I had	ebbi [[ay]*bbee*]; avevo [*ahv*[ay]*vo*]	*we had*	ebbimo [[ay]*bbeemo*]; avevamo [*ahvayv*[a]*hmo*]
you had	avesti [*ahv*[e]*sstee*]; avevi [*ahv*[ay]*vee*]	*you had*	aveste [*ahv*[e]*sstay*]; avevate [*ahvayv*[a]*htay*]
he had	ebbe [[ay]*bbay*]; aveva [*ah*[ay]*vah*]	*they had*	ebbero [[ay]*bbayro*]; avevano [*ahv*[ay]*vahno*]
she had	ebbe; aveva		
it had	ebbe; aveva		

FUTURE

I shall (will) have	avrò [*ahvr^{o}*]	*we shall (w.) have*	avremo [*ahvr^{ay}mo*]
you will (shall) have	avrai [*ahvr^{a}hee*]	*you will (s.) have*	avrete [*ahvr^{ay}tay*]
he will (shall) have	avrà [*ahvr^{a}h*]	*they will (s.) have*	avranno [*ahvr^{a}hnno*]
she will (shall) have	avrà		
it will (shall) have	avrà		

IMPERATIVE

2nd. pers. sing. *have*	abbi [^{a}*hbbee*]
3rd. pers. sing. *let him (her, it) have*	abbia [^{a}*hbbee-ah*]
1st. pers. plur. *let us have*	abbiamo [*ahbee-^{a}hmo*]
2nd. pers. plur. *have*	abbiate [*ahbbee-^{a}htay*]
3rd. pers. plur. *let them have*	abbiano [^{a}*hbbee-ahno*]

CONDITIONAL

I should (would) have	avrei [*ahvr^{ay}-ee*]
you would (should) have	avresti [*ahvr^{e}sstee*]
he would (should) have	avrebbe [*ahvr^{ay}bbay*]
she would (should) have	avrebbe
it would (should) have	avrebbe
we should (would) have	avremmo [*ahvr^{ay}mmo*]
you would (should) have	avreste [*ahvr^{e}sstay*]
they would (should) have	avrebbero [*ahvr^{ay}bbayro*]

ESSERE [^{e}*ssayray*] = *TO BE*

Being, essendo [*ess*^{ay}*ndo*], p.p. *been*, stato [*st*^{a}*hto*].

PRESENT

SINGULAR		PLURAL	
I am	sono [*s*^{o}*no*]	*we are*	siamo [*see-*^{a}*h-mo*]
you are	sei [*s*^{ay}*e*]	*you are*	siete [*see-*^{ay}*tay*]
he is	è [*ay*]	*they are*	sono [*s*^{o}*no*]
she is	è [*ay*]		
it is	è [*ay*]		

PAST

I was	fui [*f*^{oo}*-ee*]; ero [^{ay}*ro*]	*we were*	fummo [*f*^{oo}*mmo*]; eravamo [*ayrahv*^{a}*hmo*]
you were	fosti [*f*^{o}*sstee*]; eri [^{ay}*ree*]	*you were*	foste [*f*^{o}*sstay*]; eravate [*ayrahv*^{a}*htay*]
he was	fu [*foo*]; era [^{ay}*rah*]	*they were*	furono [*f*^{oo}*rono*]; erano [^{ay}*rahno*]
she was	fu; era		
it was	fu; era		

FUTURE

I shall (will) be	sarò [*sahr*^{o}]	*we shall (w.) be*	saremo [*sahr*^{ay}*mo*]
you will (shall) be	sarai [*sahr*^{a}*hee*]	*you will (s.) be*	sarete [*sahr*^{ay}*tay*]
he will (shall) be	sarà [*sahr*^{a}*h*]	*they will (s.) be*	saranno [*sahr*^{a}*hnno*]
she will (shall) be	sarà		
it will (shall) be	sarà		

IMPERATIVE

2nd.	pers.	sing.	*be*	sii [*see*]
3rd.	pers.	sing.	*let him (her, it) be*	sia [*s*^{ee}*-ah*]
1st.	pers.	plur.	*let us be*	siamo [*s*^{ee}*-ahmo*]
2nd.	pers.	plur.	*be*	siate [*see-*^{a}*htay*]
3rd.	pers.	plur.	*let them be*	siano [*s*^{ee}*-ahno*]

CONDITIONAL

I should (would) be	sarei [*sahr*^{ay}*-ee*]
you would (should) be	saresti [*sahr*^{e}*sstee*]
he (she, it) would (should) be	sarebbe [*sahr*^{ay}*bbay*]
we should (would) be	saremmo [*sahr*^{ay}*mmo*]
you would (should) be	sareste [*sahr*^{e}*sstay*]
they would (should) be	sarebbero [*sahr*^{ay}*bbayro*]

Practically in Italian there are three standard conjugation of verbs, according to their termination, viz.:

1st. Conjugation: verbs ending in «are»
2nd. Conjugation: verbs ending in «ere»
3rd. Conjugation: verbs ending in «ire»

We give a model of each.

1st. CONJUGATION «are» PARLARE [*pahrl^{a}hray*] = *TO SPEAK*

Ger.: *speaking*, parlando [*pahrl^{a}hndo*]; p.p. *spoken*, parlato [*pahrl^{a}hto*].

Indefinite Form:

PRESENT

I speak	parlo [*p^{a}hrlo*]
you speak	parli [*p^{a}hrlee*]
he (she, it) speaks	parla [*p^{a}hrlah*]
we speak	parliamo [*pahrlee^{a}hmo*]
you speak	parlate [*pahrl^{a}htay*]
they speak	parlano [*p^{a}hrlano*]

PAST

I spoke	parlai [*pahrl*^{a}*h-ee*]; parlavo [*pahrl*^{a}*hvo*]
you spoke	parlasti [*pahrl*^{a}*hsstee*]; parlavi [*pahrl*^{a}*hvee*]
he (she) spoke	parlò [*pahrl*^{o}]; parlava [*pahrl*^{a}*hvah*]
we spoke	parlammo [*pahrl*^{a}*hmmo*]; parlavamo [*pahrlav*^{a}*hmo*]
you spoke	parlaste [*pahrl*^{a}*hsstay*]; parlavate [*pahrlahv*^{a}*htay*]
they spoke	parlarono [*pahrl*^{a}*hrono*]; parlavano [*pahrl*^{a}*hvahno*]

FUTURE

I shall (will) speak	parlerò [*pahrlayr*^{o}]
you will (shall) speak	parlerai [*pahrlayr*^{a}*h-ee*]
he (she) will (shall) speak	parlerà [*pahrlayr*^{a}*h*]
we shall (will) speak	parleremo [*pahrlayr*^{ay}*mo*]
you will (shall) speak	parlerete [*pahrlayr*^{ay}*tay*]
they will (shall) speak	parleranno [*pahrlayr*^{a}*hnno*]

Perfect, Complete, Finished Form:

PRESENT

I have spoken	ho parlato [*o pahrl*^{a}*hto*]
you have spoken	hai parlato [*ai pahrl*^{a}*hto*]
he (she, it) has spoken	ha parlato [*ha pahrl*^{a}*hto*]
we have spoken	abbiamo parlato [*àhbbe-*^{a}*hmo pahrl*^{a}*hto*]
you have spoken	avete parlato [*ahv*^{ay}*tay pahrl*^{a}*hto*]
they have spoken	hanno parlato [^{a}*hnno pahrl*^{a}*hto*]

PAST

I had spoken	avevo parlato [*ahv*^{ay}*vo pahrl*^{a}*hto*]
you had spoken	avevi parlato [*ahv*^{ay}*vee pahrl*^{a}*hto*]
he (she) had spoken	aveva parlato [*ahv*^{ay}*vah pahrl*^{a}*hto*]
we had spoken	avevamo parlato [*ahvayv*^{a}*hmo pahrl*^{a}*hto*]
you had spoken	avevate parlato [*ahvayva*^{a}*htay pahrl*^{a}*hto*]
they had spoken	avevano parlato [*ahv*^{ay}*vahno pahrl*^{a}*hto*]

FUTURE

I shall have spoken	avrò parlato [*ahvr*^{o} *pahrl*^{a}*hto*]
you will have spoken	avrai parlato [*ahvr*^{a}*h-ee pahrl*^{a}*hto*]
he (she) will have spoken	avrà parlato [*ahvr*^{a}*h pahrl*^{a}*hto*]
we shall have spoken	avremo parlato [*ahvr*^{ay}*mo pahrl*^{a}*hto*]
you will have spoken	avrete parlato [*ahvr*^{ay}*tay pahrl*^{a}*hto*]
they will have spoken	avranno parlato [*ahvr*^{a}*hnno pahrl*^{a}*hto*]

Continuous, Progressive, Incomplete Form:

PRESENT

I am speaking	sto parlando [*sto pahrl^{a}hndo*]
you are speaking	stai parlando [*st^{a}h-ee pahrl^{a}hndo*]
he (she) is speaking	sta parlando [*stah pahrl^{a}hndo*]
we are speaking	stiamo parlando [*stee-^{a}hmo pahrl^{a}hndo*]
you are speaking	state parlando [*st^{a}htay pahrl^{a}hndo*]
they are speaking	stanno parlando [*st^{a}hnno pahrl^{a}hndo*]

PAST

I was speaking	stavo parlando [*st^{a}hvo pahrl^{a}hndo*]
you were speaking	stavi parlando [*st^{a}hvee pahrl^{a}hndo*]
he (she) was speaking	stava parlando [*st^{a}hvah pahrl^{a}hndo*]
we were speaking	stavamo parlando [*stahv^{a}hmo pahrl^{a}hndo*]
you were speaking	stavate parlando [*stahv^{a}htay pahrl^{a}hndo*]
they were speaking	stavano parlando [*st^{a}hvahno pahrl^{a}hndo*]

FUTURE

I shall be speaking	starò parlando [*stahr^{o} pahrl^{a}hndo*]
you will be speaking	starai parlando [*stahr^{a}h-ee pahrl^{a}hndo*]
he (she) will be speaking	starà parlando [*stahr^{a}h pahrl^{a}hndo*]
we shall be speaking	staremo parlando [*stahr^{ay}mo pahrl^{a}hndo*]
you will be speaking	starete parlando [*stahr^{ay}tay pahrl^{a}hndo*]
they will be speaking	staranno parlando [*stahr^{a}hnno pahrl^{a}hndo*]

2nd. CONJUGATION «ere»

CREDERE [*kr^{ay}dayray*] = *TO BELIEVE* or *TO THINK*

Ger.: *believing* or *thinking*, credendo [*krayd^{e}ndo*]; p.p.: *believed* or *thought*, creduto [*krayd^{oo}to*].

Indefinite Form: PRESENT

I believe	credo [*kr^{ay}do*]
you believe	credi [*kr^{ay}dee*]
he (she) believes	crede [*kr^{ay}day*]
we believe	crediamo [*kraydee-^{a}hmo*]
you believe	credete [*krayd^{ay}tay*]
they believe	credono [*kr^{ay}dono*]

PAST

I believed	credetti [*krayd^{e}ttee*];	credevo [*krayd^{e}vo*]
you believed	credesti [*krayd^{e}sstee*];	credevi [*krayd^{e}vee*]
he (she) believed	credette [*krayd^{e}ttay*];	credeva [*krayd^{e}vah*]
we believed	credemmo [*krayd^{ay}mmo*];	credevamo [*krayd^{e}vahmo*]
you believed	credeste [*krayd^{e}sstay*];	credevate [*krayd^{e}vahtay*]
they believed	credettero [*krayd^{e}ttayro*];	credevano [*krayd^{e}vahno*]

FUTURE

I shall (will) believe	crederò [*kraydayr^{o}*]
you will (shall) believe	crederai [*kraydayr^{a}h-ee*]
he (she) will believe	crederà [*kraydayr^{a}h*]
we shall believe	crederemo [*kraydayr^{ay}mo*]
you will believe	crederete [*kraydayr^{ay}tay*]
they will believe	crederanno [*kraydayr^{a}hnno*]

Perfect, Complete, Finished Form:

PRESENT

I have believed	ho creduto [*o krayd^{oo}to*]
you have believed	hai creduto [^{a}*hee krayd^{oo}to*]
he (she) has believed	ha creduto [*ah krayd^{oo}to*]
we have believed	abbiamo creduto [*ahbee-^{a}hmo krayd^{oo}to*]
you have believed	avete creduto [*ahv^{ay}tay krayd^{oo}to*]
they have believed	hanno creduto [^{a}*hnno krayd^{oo}to*]

PAST

I had believed	avevo creduto [*ahv^{ay}vo krayd^{oo}to*]
you had believed	avevi creduto [*ahv^{ay}vee krayd^{oo}to*]
he (she) had believed	aveva creduto [*ahv^{ay}vah krayd^{oo}to*]
we had believed	avevamo creduto [*ahvayv^{a}hmo krayd^{oo}to*]
we had believed	avevate creduto [*ahvayv^{a}htay krayd^{oo}to*]
they had believed	avevano creduto [*ahv^{ay}vahno krayd^{oo}to*]

FUTURE

I shall have believed	avrò creduto [*ahvr^{o} krayd^{oo}to*]
you will have believed	avrai creduto [*ahvr^{a}hee krayd^{oo}to*]
he (she) will have bel.	avrà creduto [*ahvr^{a}h krayd^{oo}to*]
we shall have believed	avremo creduto [*ahvr^{ay}mo krayd^{oo}to*]
you will have believed	avrete creduto [*ahvr^{ay}tay krayd^{oo}to*]
they will have believed	avranno creduto [*ahvr^{a}hnno krayd^{oo}to*]

Continuous, Progressive, Incomplete Form:

PRESENT

I am thinking	sto pensando [*sto pens^{a}hndo*]
you are thinking	stai pensando [*st^{a}h-ee pens^{a}hndo*]
he (she) is thinking	sta pensando [*stah pens^{a}hndo*]
we are thinking	stiamo pensando [*stee-^{a}hmo pens^{a}hndo*]
you are thinking	state pensando [*st^{a}htay pens^{a}hndo*]
they are thinking	stanno pensando [*st^{a}hnno pens^{a}hndo*]

PAST

I was thinking	stavo pensando [*st^{a}hvo pens^{a}hndo*]
you were thinking	stavi pensando [*st^{a}hvee pens^{a}hndo*]
he (she) was thinking	stava pensando [*st^{a}hvah pens^{a}hndo*]
we were thinking	stavamo pensando [*stahv^{a}hmo pens^{a}hndo*]
you were thinking	stavate pensando [*stahv^{a}htay pens^{a}hndo*]
they were thinking	stavano pesando [*st^{a}hvahno pens^{a}hndo*]

FUTURE

I shall be thinking	starò pensando [*stahr^{o} pens^{a}hndo*]
you will be thinking	starai pensando [*stahr^{a}hee pens^{a}hndo*]
he (she) will be thinking	starà pensando [*stahr^{a}h pens^{a}hndo*]
we shall be thinking	staremo pensando [*stahr^{ay}mo pens^{a}hndo*]
you will be thinking	starete pensando [*stahr^{ay}te pens^{a}hndo*]
they will be thinking	staranno pesando [*stahr^{a}hnno pens^{a}hndo*]

3rd. CONJUGATION «ire» PULIRE [*pool^{ee}ray*] - *TO CLEAN*

Ger.: *cleaning* = pulendo [*pool^{e}ndo*]; p.p.: *cleaned* = pulito [*pool^{ee}to*].

Indefinite Form:

PRESENT

I clean	pulisco [*pool^{i}ssko*]
you clean	pulisci [*pool^{ee}shee*]
he (she) cleans	pulisce [*pool^{ee}shay*]
we clean	puliamo [*poolee-^{a}hmo*]
you clean	pulite [*pool^{ee}tay*]
they clean	puliscono [*pool^{i}sskono*]

PAST

I cleaned	pulii [*pool^{ee}-ee*];	pulivo [*pooleevo*]
you cleaned	pulisti [*pool^{i}sstee*];	pulivi [*pooleevee*]
he (she) cleaned	pulì [*pool^{ee}*];	puliva [*pooleevah*]
we cleaned	pulimmo [*pool^{ee}mmo*];	pulivamo [*pooleevahmo*]
you cleaned	puliste [*pool^{i}sstay*];	pulivate [*pooleevahtay*]
they cleaned	pulirono [*pool^{ee}rono*];	pulivano [*pooleevahno*]

FUTURE

I shall (will) clean	pulirò [*pooleerò*]
you will (shall) clean	pulirai [*pooleer^{a}hee*]
he (she) will (shall) clean	pulirà [*pooleer^{a}h*]
we shall (will) clean	puliremo [*pooleer^{ay}mo*]
you will (shall) clean	pulirete [*pooleer^{ay}tay*]
they will (shall) clean	puliranno [*pooleer^{a}hnno*]

Perfect, Complete, Finished Form:

PRESENT

I have cleaned	ho pulito [*o pool*^{ee}*to*]
you have cleaned	hai pulito [^{a}*h-ee pool*^{ee}*to*]
he (she) has cleaned	ha pulito [*ah pool*^{ee}*to*]
we have cleaned	abbiamo pulito [*ahbbee*^{a}*h-mo pool*^{ee}*to*]
you have cleaned	avete pulito [*ahv*^{ay}*tay pool*^{ee}*to*]
they have cleaned	hanno pulito [^{a}*hnno pool*^{ee}*to*]

PAST

I had cleaned	avevo pulito [*ahv*^{ay}*vo pool*^{ee}*to*]
you had cleaned	avevi pulito [*ahv*^{ay}*vee pool*^{ee}*to*]
he (she) had cleaned	aveva pulito [*ahv*^{ay}*vah pool*^{ee}*to*]
we had cleaned	avevamo pulito [*ahvayv*^{a}*hmo pool*^{ee}*to*]
you had cleaned	avevate pulito [*ahvayv*^{a}*htay pool*^{ee}*to*]
they had cleaned	avevano pulito [*ahv*^{ay}*vahno pool*^{ee}*to*]

FUTURE

I shall have cleaned	avrò pulito [*ahvr*^{o} *pool*^{ee}*to*]
you will have cleaned	avrai pulito [*ahvr*^{a}*hee pool*^{ee}*to*]
he (she) will have cleaned	avrà pulito [*ahvr*^{a}*h pool*^{ee}*to*]
we shall have cleaned	avremo pulito [*ahvr*^{ay}*mo pool*^{ee}*to*]
you will have cleaned	avrete pulito [*ahvr*^{ay}*tay pool*^{ee}*to*]
they will have cleaned	avranno pulito [*ahvr*^{a}*hnno pool*^{ee}*to*]

Continuous, Progressive, Incomplete Form:

PRESENT

I am cleaning	sto pulendo [*sto pool^{e}ndo*]
you are cleaning	stai pulendo [*st^{a}h-ee pool^{e}ndo*]
he (she) is cleaning	sta pulendo [*st^{a}h pool^{e}ndo*]
we are cleaning	stiamo pulendo [*stee-^{a}hmo pool^{e}ndo*]
you are cleaning	state pulendo [*st^{a}htay pool^{e}ndo*]
they are cleaning	stanno pulendo [*st^{a}hnno pool^{e}ndo*]

PAST

I was cleaning	stavo pulendo [*st^{a}hvo pool^{e}ndo*]
you were cleaning	stavi pulendo [*st^{a}hvee pool^{e}ndo*]
he (she) was cleaning	stava pulendo [*st^{a}hvah pool^{e}ndo*]
we were cleaning	stavamo pulendo [*stahv^{a}hmo pool^{e}ndo*]
you were cleaning	stavate pulendo [*stahv^{a}htay pool^{e}ndo*]
they were cleaning	stavano pulendo [*st^{a}hvahno pool^{e}ndo*]

FUTURE

I shall be cleaning	starò pulendo [*stahr^{o} pool^{e}ndo*]
you will be cleaning	starai pulendo [*stahr^{a}hee pool^{e}ndo*]
he (she) will be cleaning	starà pulendo [*stahr^{a}h pool^{e}ndo*]
we shall be cleaning	staremo pulendo [*stahr^{ay}mo pool^{e}ndo*]
you will be cleaning	starete pulendo [*stahr^{ay}tay pool^{e}ndo*]
they will be cleaning	staranno pulendo [*stahr^{a}hnno pool^{e}ndo*]

The most common Italian Irregular Verbs

To light = **Accendere** [*ahtch^{e}ndayray*]:
I lit, accesi [*ahtch^{ay}see*]; *he l.*, accese [*ahtch^{ay}say*]; *we l.*, accendemmo [*ahtchend^{ay}mmo*]; *you l.*, accendeste [*ahtchend^{e}sstay*]; *they l.*, accesero [*ahtch^{ay}sayro*]. p.p. *lit*, acceso [*ahtch^{ay}so*].

To go = **Andare** [*and^{a}hray*]:
I go, vado [*v^{a}hdo*]; *he goes*, va [*vah*]; *we go*, andiamo [*andee-^{a}mo*]; *you go*, andate [*and^{a}htay*]; *they go*, vanno [*v^{a}hnno*]. *I went*, andai [*and^{a}hee*]; *he w.*, andò [*and^{o}*]; *we w.*, andammo [*and^{a}hmmo*]; *you w.*, andaste [*and^{a}sstay*]; *they w.*, andarono [*and^{a}hrono*]. *I was going*, andavo [*and^{a}hvo*]. *Let us go*, andiamo [*andi^{a}hmo*], *go*! va! [*vah*]; andate! [*and^{a}htay*]. p.p. *gone*, andato [*and^{a}hto*]; *going*, andando [*and^{a}ndo*].

To open = **Aprire** [*ahpr^{ee}ray*]:
I opened, aprii *or* aprivo [*ahpr^{ee}e* or *ahpr^{ee}vo*]; *he o.*, aprì [*ahpr^{ee}*]; *we o.*, aprimmo [*ahpr^{ee}mmo*]; *you o.*, apriste [*ahpr^{ee}sstay*]; *they o.*, aprirono [*ahpr^{ee}rono*]; *ópening*, aprendo [*ahpr^{e}ndo*]. p.p. *opened*, aperto [*ahp^{ai}rto*].

To close = **Chiudere** [*kee-^{oo}dayray*]:
I closed, chiusi [*kee-^{oo}see*]; *he c.*, chiuse [*kee-^{oo}say*]; *we c.*, chiudemmo [*kee-ood^{ay}mmo*]; *you c.*, chiudeste [*kee-ood^{e}sstay*]; *they c.*, chiusero [*kee-^{oo}sayro*]. p.p. *closed*, chiuso [*kee-^{oo}so*].

To know = **Conoscere** [*kon^{o}shayray*]:
I knew, conobbi [*kon^{o}bbee*]; *he k.*, conobbe [*kon^{o}bbay*]; *we k.*, conoscemmo [*konosh^{ay}mmo*]; *you k.*, conosceste [*konosh^{e}sstay*]; *they k.*, conobbero [*kon^{o}bbayro*]. p.p. *known*, conosciuto [*konoshee-^{oo}to*].

To think (*believe*) = **Credere** [*kr^{ay}dayray*]:
I thought, credetti [*krayd^{e}ttee*].

To give = **Dare** [*d^{a}hray*]:
I give, do [*do*], *he g.*, dà [*dah*], *we g.*, diamo [*dee-^{a}hmo*]; *you g.*, date [*d^{a}htay*]; *they g.*, danno [*d^{a}hn-no*]. *I gave*, detti [*d^{e}ttee*]; *he g.*, dette [*d^{e}ttay*]; *we g.*, demmo [*d^{ay}mmo*]; *you g.*, deste [*d^{e}sstay*]; *they g.*, dettero [*d^{e}ttayro*]. p.p. *given*, dato [*d^{a}hto*].

To tell - To say = **Dire** [*d^{ee}ray*]:
I say (*tell*), dico [*d^{ee}ko*]; *he says* (*tells*), dice [*d^{ee}-chay*]; *we say* (*tell*) diciamo [*deechee-^{a}hmo*]; *you say* (*tell*), dite [*d^{ee}tay*]; *they say* (*tell*), dicono [*d^{ee}kono*]. *I said* (*told*), dissi [*d^{i}ssee*]; *you s.* (*t.*), diceste [*deech^{e}ss-tay*]; *they s.* (*t.*), dissero [*d^{i}ssayro*]; imperf. dicevo [*deech^{ay}vo*] ecc. *I shall s.* (*t.*), dirò [*deer^{o}*]; *saying* (*t.*), dicendo [*deech^{e}ndo*]. p.p. *said* (*told*), detto [*d^{ay}tto*].

To sleep = **Dormire** [*dorm^{ee}ray*]:
I sleep, dormo [*d^{o}rmo*]. *I slept*, dormii [*dorm^{ee}-ee*].

To be obliged - To owe = **Dovere** [*dov^{ay}ray*]:
I am obliged (*I onwe*), devo [*d^{ay}vo*]; *he is o.*, deve [*d^{ay}vay*]; *we are o.*, dobbiamo [*dobbee-^{a}hmo*]; *you are o.*, dovete [*dov^{ay}tay*]; *they are o.*, devono [*d^{ay}vo-no*]. *I was o,* (*owed*), dovetti [*dov^{e}ttee*]; *he w. o.*, do-vette [*dov^{e}ttay*]; *we were o.*, dovemmo [*dov^{ay}mmo*]; *you w. o.*, doveste [*dov^{e}sstay*]; *they w. o.*, dovettero [*dov^{e}ttayro*]. *I shall* (*will*) *be obliged*, dovrò [*dovr^{o}*]; *he will be o.*, dovrà [*dovr^{a}h*]; *we shall be o.*, dovremo [*dovr^{ay}mo*]; *you w. b. o.*, dovrete [*dovr^{ay}tay*]; *they w. b. o.*, dovranno [*dovr^{a}hnno*]. *Being obliged*, dovendo [*dov^{e}ndo*]. p.p. *been o.*, dovuto [*dov^{oo}to*].

To do - To make = **Fare** [*f^{a}hray*]:
I do (*make*), faccio [*f^{a}htchee-o*]; *he does* (*m.*), fa [*fah*]; *we do* (*m.*), facciamo [*fahtchee-^{a}hmo*]; *you do*

(*m.*), fate [*f^{a}htay*]; *they do* (*m.*), fanno [*f^{a}hnno*]. *I did* (*made*), feci [*f^{ay}chee*]; facevo [*fahch^{ay}vo*]; *he did* (*m.*), fece [*f^{ay}chay*]; faceva [*fahch^{ay}vah*]; we did (*m.*), facemmo [*fahch^{ay}mmo*]; facevamo [*fahchayv^{a}hmo*]; *you d.* (*m.*), faceste [*fahch^{e}sstay*]; facevate [*fahchay-v^{a}htay*]; *they d.* (*m.*), fecero [*f^{ay}chayro*]; facevano [*fahch^{ay}vahno*]. *I shall do* (*m.*), farò [*fahr^{o}*]; *doing, making*, facendo [*fahch^{e}ndo*]; p.p. *done* (*made*), fatto [*f^{a}htto*].

To read = **Leggere** [*l^{ay}djayray*]:
I read, leggo [*l^{ay}ggo*]. Past. *I read*, lessi [*l^{e}ssee*]. *I have read*, ho letto [*o l^{e}tto*]; *reading*, leggendo [*lay-dj^{e}ndo*]. p.p. *read*, letto [*l^{e}tto*].

To put = **Mettere** [*m^{e}ttayray*]:
I put, metto [*m^{e}tto*]. Past. *I put*, misi [*m^{ee}see*]; *he put*, mise [*m^{ee}say*]; *we p.*, mettemmo [*mett^{ay}mmo*]; *you p.*, metteste [*mett^{e}sstay*]; *they p.*, misero [*m^{ee}say-ro*]. *I shall put*, metterò [*mettayr^{o}*]; *putting*, mettendo [*mett^{e}ndo*]. p.p. *put*, messo [*m^{e}sso*].

To leave (*on a journey*) = **Partire** [*pahrt^{ee}ray*]:
I leave, parto [*p^{a}hrto*]; *he leaves*, parte [*p^{a}hrtay*]; *we l.*, partiamo [*pahrtee-^{a}hmo*]; *you l.*, partite [*pahr-t^{ee}tay*], *they l.*, partono [*p^{a}hrtono*]; *leaving*, partendo [*pahrt^{e}ndo*]. p.p. *left*, partito [*pahrt^{ee}to*].

To lose = **Perdere** [*p^{ai}rdayray*]:
I lost, persi [*p^{ai}rsee*]; *we lost*, perdemmo [*paird^{ay}m-mo*]. p.p. *lost*, perduto [*paird^{oo}to*].

To like = **Piacere** [*pee-ahch^{ay}ray*]:
I like, mi piace [*mee pee-^{a}hchay*]; *he likes*, gli piace [*llye pee-ahchay*]; *we like*, ci piace [*chee pee-^{a}hchay*]; *you like*, vi piace [*vee pee-^{a}hchay*]; *they like*, a loro

piace [*ah lᵒro pee-ahchay*]. *I liked*, mi piacque [*mee pee-ahqway*]; *he l.*, gli piacque [*llye pee-ahqway*]; *we l.*, ci piacque [*chee p.*] etc. *I have liked*, mi è piaciuto [*mee ay pee-ahchee-ooto*]; *we have liked*, ci è p. [*chee ay p.*] etc. p.p. *liked*, piaciuto [*pee-ahchee-ooto*].

To be able = **Potere** [*potayray*]:
I can (*may*), posso [*posso*]; *he can* (*m.*), può [*poo-o*]; *we can* (*m.*), possiamo [*possee-ahmo*]; *you can* (*m.*), potete [*potaytay*]; *they can* (*m.*), possono [*possono*]. *I shall* (*will*) *be able*, potrò [*potro*]; *he will be able*, potrà [*potrah*] etc.; *being able*, potendo [*potendo*]. p.p. *been able*, potuto [*potooto*].

To take = **Prendere** [*prendayray*]:
I take, prendo [*prendo*]; *you take*, prendete [*prendaytay*]. *I took*, presi [*praysee*]; *you took*, prendeste [*prendesstay*]; *we took*, prendemmo [*prendaymmo*]; *they took*, presero [*praysayro*]. *I shall* (*will*) *take*, prenderò [*prendayro*]; *taking*, prendendo [*prendendo*]. p.p. *taken*, preso [*prayso*].

To stay - *To remain* = **Rimanere** [*reemahnayray*]:
I stay (*remain*), rimango [*reemahngo*]; *he s.*, rimane [*reemahnay*]; *we stay*, rimaniamo [*reemahnee-ahmo*]; *you stay*, rimanete [*reemahnaytay*]; *they stay*, rimangono [*reemahngono*]. *I stayed*, rimasi [*reemahsee*]; *he s.*, rimase [*reemahsay*]; *they s.*, rimasero [*reemahsayro*]. *I shall* (*will*) *stay*, rimarrò [*reemahrro*]; *he will* (*s.*) *stay*, rimarrà [*reemahrrah*] etc. *I should* (*would*) *stay*, rimarrei [*reemahrray-ee*] etc.; *staying*, rimanendo [*reemahnendo*]. p.p. *stayed*, rimasto [*reemahssto*].

To reply - *To answer* = **Rispondere** [*risspondayray*]:
I replied, risposi [*rissposee*]; *he replied*, rispose [*rissposay*]; *they replied*, risposero [*rissposayro*]. p.p. *replied*, risposto [*rissposto*].

To ascend - To mount - To come up - To step up = **Salire** [*sahl^{ee}ray*]:
I mount, salgo [*s^{a}hlgo*]; *he mounts*, sale [*s^{a}hlay*]; *we m.*, saliamo [*sahlee^{a}hmo*]; *you m.*, salite [*sahl^{ee}tay*]; *they m.*, salgono [*s^{a}hlgono*]. *I mounted*, salii [*sahl^{ee}-ee*] etc. p.p. *ascended*, salito [*sahl^{ee}to*]; *ascending*, salendo [*sahl^{e}ndo*].

To know = **Sapere** [*sahp^{ay}ray*]:
I know, so [*so*]; *he knows*, sa [*sah*]; *we know*, sappiamo [*sahppee-^{a}hmo*]; *you k.*, sapete [*sahp^{ay}tay*]; *they k.*, sanno [*s^{a}hnno*]. *I knew*, seppi [*s^{ay}ppee*]; *he k.*, seppe [*s^{ay}ppay*]; *they k.*, seppero [*s^{ay}ppayro*]. *I shall (will) know*, saprò [*sahpr^{o}*]; *you will (s.) know*, saprete [*sahpr^{ay}tay*]; *he will (s.) know*, saprà [*sahpr^{a}h*]; *knowing*, sapendo [*sahp^{e}ndo*]. p.p. *know*, saputo [*sahp^{oo}to*].

To descend - To come down = **Scendere** [*sch^{e}ndayray*]:
I descend, scendo [*sch^{e}ndo*]. *I descended*, scesi [*sch^{ay}see*]; *he d.*, scese [*sch^{ay}say*]; *they d.*, scesero [*sch^{ay}sayro*]; *descending*, scendendo [*sch^{e}ndendo*]. p.p. *descended*, sceso [*sch^{ay}so*].

To write = **Scrivere** [*skr^{ee}vayray*]:
I wrote, scrissi [*skr^{i}ssee*]; *they wrote*, scrissero [*skr^{i}ssayro*]. p.p. *written*, scritto [*skr^{ee}tto*].

To feel = **Sentire** [*sent^{ee}ray*]:
I feel, sento [*s^{e}nto*]; *you feel*, senti [*s^{e}ntee*]; *feeling*, sentendo [*saynt^{e}ndo*]. p.p. *felt*, sentito [*sent^{ee}to*].

To spend = **Spendere** [*sp^{e}ndayray*]:
I spent, spesi [*sp^{ay}see*]; *he spent*, spese [*sp^{ay}say*]; *they spent*, spesero [*sp^{ay}sayro*]; *spending*, spendendo [*spend^{e}ndo*]. p.p. *spent*, speso [*sp^{ay}so*].

To hear = **Udire** [*ood^{ee}ray*]:
I hear, odo [*odo*]; *he hears*, ode [*^{o}day*]; *we hear*,

udiamo [*oodee-^{a}hmo*]; *you hear*, udite [*ood^{ee}tay*]; *they hear*, odono [^{o}*dono*]. *I shall* (*will*) *hear*, udirò [*oodeer^{o}*] *or* udrò [*oodr^{o}*]; *hearing*, udendo [*ood^{e}n-do*]. p.p. *heard*, udito [*ood^{ee}to*].

To go out = **Uscire** [*oosch^{ee}ray*]:
I go out, esco [^{e}*ssko*]; *he goes out*, esce [^{e}*sschay*]; *we g. o.*, usciamo [*ooschee-^{a}hmo*]; *you g. o.*, uscite [*oosch^{ee}tay*]; *they g. o.*, escono [^{e}*sskono*]; *going out*, uscendo [*oosch^{e}ndo*]. p.p. *gone out*, uscito [*oo-sch^{ee}to*].

To see = **Vedere** [*vayd^{ay}ray*]:
I see, vedo [*v^{ay}do*]; *he sees*, vede [*v^{ay}day*]; *we see*, vediamo [*vaydee-^{a}hmo*]; *you see*, vedete [*vayd^{ay}tay*]; *they see*, vedono [*v^{ay}dono*]. *I saw*, vidi [*v^{ee}dee*]; *he saw*, vide [*v^{ee}day*]; *they saw*, videro [*v^{ee}dayro*]. *I shall* (*will*) *see*, vedrò [*vaydr^{o}*]; *you will* (*s.*) *see*, vedrete [*vaydr^{ay}tay*]; seeing, vedendo [*vayd^{e}ndo*]. p.p. *seen*, veduto [*vayd^{oo}to*].

To come = **Venire** [*vayn^{ee}ray*]:
I come, vengo [*v^{e}ngo*]; *he comes*, viene [*vee-^{ay}nay*]; *we c.*, veniamo [*vaynee-^{a}hmo*]; *you come*, venite [*vayn^{ee}tay*]; *they come*, vengono [*v^{e}ngono*]. *I came*, venni [*v^{ay}nnee*]; *he came*, venne [*v^{ay}nnay*]; *we c.*, venimmo [*vayn^{ee}mmo*]; *you c.*, veniste [*vayn^{i}sstay*]; *they c.*, vennero [*v^{ay}nnayro*]. *I shall* (*will*) *come*, verrò [*vayrr^{o}*]; *he will* (*s.*) *c.*, verrà [*vayrr^{a}h*]; *you w.* (*s.*) *c.*, verrete [*vayrr^{ay}tay*]; *coming*, venendo [*vayn^{e}ndo*]. p.p. *come*, venuto [*vayn^{oo}to*].

A

abbey, *n.* abbazia *f.* [*ahbbahtseah*].
abbreviate, *v.* abbreviare [*ahbbrayveahray*].
ability, *n.* abilità, *f.* [*ahbeletah*].
able, *adj.* abile [*ahbelay*].
abnormal, *adj.* anormale [*ahnormahlay*].
aboard, *adv.* a bordo [*ah bordo*].
abolish, *v.* abolire [*ahboleeray*].
abound, *v.* abbondare [*ahbbondahray*].
about, *prep.* e *adv.* intorno [*intorno*]; circa [*cheerkah*].
above, *prep.* sopra [*soprah*]; oltre [*oltray*] || *adv.* in alto [*in ahlto*].
abridgement, *n.* sunto *m.* [*soonto*]; riduzione [*redootseo-nay*].
abroad, *adv.* all'estero [*esstayro*].
absence, *n.* assenza *f.* [*ahssentsah*].
absent, *v.* assentarsi [*ahssentarse*] || *adj.* assente [*ahssen-tay*]; — **minded**, distratto [*disstrahto*].
absolute, *adj.* assoluto [*assolooto*].
abstain, *v.* astenersi [*ahsstaynairse*].
abstract, *adj.* astratto [*ahstrahtto*].
absurd, *adj.* assurdo [*ahssoohrdo*].
abundance, *n.* abbondanza *f.* [*ahbbondahntsah*].
abundant, *adj.* abbondante [*ahbbondahntay*].
abuse, *n.* abuso *m.* [*ahboozo*] || *v.* abusare [*ahboozahray*].
abyss, *n.* abisso *m.* [*ahbisso*].
academy, *n.* accademia *f.* [*ahkkahdaymeah*].
accelerate, *v.* accelerare [*ahtchaylayrahray*].

accelerator, *n.* acceleratore *m.* [*ahtchaylayrahtoray*].
accept, *v.* accettare [*ahtchettahray*].
access, *n.* accesso *m.* [*ahtchesso*].
accessory, *n.* accessorio *m.* [*ahtchessoreo*].
accident, *n.* accidente *m.* [*ahtchedentay*], sinistro *m.* [*sinisstro*].
accomodate, *v.* accomodare [*ahkkomodahray*].
accomodation, *n.* accomodamento *m.* [*ahkkomodahmento*]; alloggio *m.* [*ahlodjo*].
accompany, *v.* accompagnare [*ahkkompahnyahray*].
accomplish, *v.* compiere [*kompéayray*], realizzare [*reahlitsahray*], effettuare [*ayfettooahray*].
accomplished, *adj.* compiuto [*kompeooto*]; distinto [*distinto*].
accord, *n.* accordo *m.* [*ahkkordo*] || *v.* accordare [*ahkkordahray*].
accordance, *n.* conformità *f.* [*konformetah*].
according, *adj.* conforme [*konformay*].
accordion, *n.* fisarmonica *f.* [*fezarmonekah*].
account, *n.* conto *m.* [*konto*]; — **holder**, correntista *m.f.* [*korrayntee stah*].
accountant, *n.* contabile *m.f.* [*kontahbilay*].
accredit, *v.* accreditare [*ahkkraydetahray*].
accuracy, *n.* accuratezza *f.* [*ahkkoorahtaytsah*].
accurate, *adj.* accurato [*ahkkoorahto*].
accuse, *v.* accusare [*ahkkoosahray*].
accuser, *n.* accusatore *m.* [*ahkkoosatoray*].
accustom, *v.* abituare [*ahbetooahray*].
ace, *n.* asso *m.* [*ahsso*].
ache, *n.* dolore *m.* [*doloray*] || *v.* dolere [*dolayray*], far male [*fahr malay*].
acid, *n.* acido *m.* [*ahchedo*].
acknowledge, *v.* riconoscere [*rekonoshayray*], ammettere [*ahmmettayray*].
acorn, *n.* ghianda *f.* [*gheahndah*].
acquaint, *v.* avvertire [*ahvvairteeray*], informare [*informahray*].

acquaintance, *n.* conoscenza *f.* [*konoshentsa*], conoscente *m.f.* [*konoshentay*].
acquire, *v.* acquisire [*ahkkwiseeray*], acquistare [*ahkkwisstahray*].
acquit, *v.* (dir.) prosciogliere [*proshiolyayray*].
acropolis, *n.* acròpoli *f.* [*ahkropolee*].
across, *adv.* attraverso [*ahttrahvairso*].
acrylic, *adj.* acrilico [*ahkreeleko*].
act, *n.* legge *f.* [*ledjay*]; atto *m.* [*ahtto*] || *v.* agire [*ahjeeray*]; recitare [*raycheetahray*].
acting, *adj.* in funzione di [*in foonntseonee*] || *n.* recitazione *f.* [*raycheetahtseonay*].
action, *n.* azione *f.* [*ahtseonay*].
active, *adj.* attivo [*ahtteevo*].
actor, *n.* attore *m.* [*ahttoray*] || **actress**, *f.* attrice [*ahttreece*].
acupuncture, *n.* agopuntura *f.* [*ahgopoontoorah*].
acute, *adj.* acuto [*ahkooto*].
adapt, *v.* adattare [*ahdahttahray*].
adapter, *n.* (elettr.) riduttore *m.* [*redoottoray*].
add, *v.* aggiungere [*ahdjoonjayray*].
adder, *n.* vipera *f.* [*veepayrah*].
addicted, *adj.* dedito [*daydeto*].
addition, *n.* addizione *f.* [*ahddetseonay*].
additive, *n.* additivo *m.* [*ahdditeevo*].
address, *n.* indirizzo *m.* [*inderittso*] || *v.* indirizzare [*indirittsahray*].
addressee, *n.* destinatario *m.* [*desstenahtahreo*].
adhesive, *adj.* adesivo [*ahdayzeevo*].
adjoining, *adj.* contiguo [*konteegoo-o*].
adjourn, *v.* aggiornare [*ahjornahray*], rinviare [*reenveahray*].
adjust, *v.* aggiustare [*ahjoostahray*], adattare [*ahdahttahray*].
admirable, *adj.* ammirabile [*ahmmerahbelay*], ammirevole [*ahmmerayvolay*].
admiral, *n.* ammiraglio *m.* [*ahmmerahlyo*].
admiration, *n.* ammirazione *f.* [*ahmmerahtseonay*].
admire, *v.* ammirare [*ahmmerahray*].
admirer, *n.* ammiratore *m.* [*ahmmerahtoray*].

admission, *n.* ammissione *f.* [*ahmmisseeonay*].
admit, *v.* ammettere [*ahmmettayray*].
adopt, *v.* adottare [*ahdottahray*].
adoption, *n.* adozione *f.* [*ahdotseonay*].
adrift, *adv.* alla deriva [*ahllah dayreevah*].
adult, *adj.* & *n.* adulto *m.* [*ahdoolto*].
adulterate, *v.* adulterare [*ahdooltayrahray*].
advance, *n.* avanzamento *m.* [*ahvahntsahmento*]; anticipo *m.* [*ahntechepo*]; caparra *f.* [*kapahrrah*] || *v.* avanzare [*ahvahntsahray*].
advantage, *n.* vantaggio *m.* [*vahntahjo*].
advantageous, *adj.* vantaggioso [*vahntahjoso*].
adventure, *n.* avventura *f.* [*ahvventoorah*] || *v.* avventurarsi [*ahvventoorarsee*].
adverse, *adj.* avverso [*ahvvairso*].
adversity, *n.* avversità *f.* [*ahvvairsetah*].
advertise, *v.* mettere un annuncio, una pubblicità nei giornali [*mettayray oon ahnnoontcheo, oonah poobleche-tah nay jornahlee*].
advertisement, *n.* annuncio *m.* (nei giornali) [*ahnnoon-tcheo*], pubblicità *f.* [*pooblechetah*]; inserzione *f.* [*ensayrtseonay*].
advertiser, *n.* inserzionista *m.f.* [*ensayrtseoneesstah*].
advice, *n.* consiglio *m.* [*konseelyo*].
advisable, *adj.* consigliabile [*konseelyahbelay*].
advise, *v.* consigliare [*konseelyahray*].
aerial, *n.* antenna *f.* [*ahntennah*] (della TV).
aerodynamic, *adj.* aerodinamico [*ahayrodinahmiko*].
aeronautics, *n.* aeronautica *f.* [*ahayronahootekah*].
aeroplane, *n.* aeroplano *m.* [*ahayroplahno*].
affair, *n.* affare *m.* [*ahffahray*]; relazione *f.* amorosa [*raylahtseonay ahmorosah*].
affection, *n.* affezione *f.* [*ahffaytseonay*]; affetto *m.* [*ahf-fetto*].
affirm, *v.* affermare [*ahffairmahray*].
affliction, *n.* afflizione *f.* [*ahffletseonay*].

afford, *v.* permettere [*pairmettayray*], avere i mezzi [*ahvayray e medzee*].
aflame, *adv.* in fiamme [*in feahmmay*].
afloat, *adv.* a galla [*ah gahllah*].
aforesaid, *adj.* suddetto [*sooddaytto*].
afraid, *adj.* spaventato [*spahventahto*]; **to be —**, aver paura [*ahvair pahoorah*].
Afro-Asian, **Afro-Asiatic**, *adj* afroasiatico [*ahfroahseahteko*].
after, *adv* & *prep.* dopo [*dopo*].
afternoon, *n.* pomeriggio *m.* [*pomayreejo*].
afterwards, *adv.* dopo [*dopo*], in seguito [*in saygooeto*].
again, *adv.* ancora [*ahnkorah*], di nuovo [*de noovo*].
against, *prep.* contro [*kontro*].
age, *n.* età *f.* [*aytah*]; **of —**, maggiorenne [*mahdjorennay*].
age, *v.* invecchiare [*envaykkeahray*] (di cose).
agency, *n.* agenzia *f.* [*ahjentseeah*].
agent, *n.* agente *m.f.* [*ahjentay*].
aggravate, *v.* aggravare [*ahggrahvahray*].
aggression, *n.* aggressione *f.* [*aggressionay*].
aghast, *adj.* stupìto [*stoopeeto*], atterrìto [*attairreeto*].
agility, *n.* agilità *f.* [*ahjeleetah*].
agitate, *v.* agitare [*ahjetahray*].
ago, *adv.* fa [*fah*]; **long —**, tempo fa [*tempo fah*]; **a little while —**, poco fa [*poko fah*].
agree, *v.* essere d'accordo [*essayray dahkordo*].
agreable, *adj.* gradevole [*grahdayvolay*].
agreement, *n.* accordo *m.* [*ahkordo*], contratto [*kontrahtto*].
agricultural, *adj.* agricolo [*ahgrekolo*].
agriculture, *n.* agricoltura *f.* [*ahgrekoltoorah*].
ahead, *adv.* in testa [*in tesstah*], avanti [*ahvahnte*].
aid, *n.* aiuto *m.* [*ahyooto*], soccorso *m.* [*sokkorso*]: *first* —, pronto soccorso [*pronto s.*] || *v.* aiutare [*ahyootahray*], soccorrere [*sokkorayray*].
ail, *v.* soffrire [*soffreeray*].
ailment, *n.* indisposizione *f.* [*indissposetseonay*].

aim, *n.* mira *f.* [*meerah*], sopo *m.* [*skopo*] || *v.* mirare [*meerahray*].
air, *n.* aria *f.* [*ahreah*] || *v.* arieggiare [*ahreaydjahray*], ventilare [*ventelahray*].
airbase, *n.* base *f.* aerea [*bahsay ahairayah*].
aircraft, *n.* aereo *m.* [*ahayrayo*], velivolo *m.* [*veleevolo*].
airing, *n.* passeggiata *f.* all'aperto [*pahssedjahtah ahl ahpairto*]; areazione *f.* [*ahraiahtseonay*].
airline, *n.* aviolinea *f.* [*ahveoleenayah*].
airman, *n.* aviatore *m.* [*ahveahtoray*].
airport, *n.* aeroporto *m.* [*ahayroporto*].
air terminal, *n.* aerostazione *f.* [*ahayrosstatseonay*], ter-
airway, *n.* aviolinea *f.* [*ahveoleenayah*]. [minal.
aisle, *n.* navata *f.* [*nahvahtah*] laterale di chiesa [*lahtairahlay de keaysah*].
ajar, *adj.* socchiuso (uscio, porta) [*sokkeooso*].
alabaster, *n.* alabastro *m.* [*ahlahbahstro*].
alarm, *n.* allarme *m.* [*ahllahrmay*] || *v.* allarmare [*ahllahrmahray*]; — **clock**, sveglia *f.* [*svaylyah*]; **burglar** —, antifurto *m.* [*ahntefoorto*].
alcohol, *n.* alcol *m.* [*ahlkol*], spirito *m.* [*speereto*].
alcoholic, *adj.* alcolico [*ahlkoliko*]; alcolizzato [*ahlkolitsahto*].
ale, *n.* birra *f.* [*beerrah*].
Algerian, *adj.* & *n.* algerino [*ahljayreeno*].
alien, *n.* & *adj.* straniero *m.* [*strahneayro*].
alight, *adj.* acceso [*ahtchayso*] || *v.* scendere [*shendayray*] (da treno, carrozza ecc.).
alike, *adj.* simile [*seemelay*]. [*mentahray*].
aliment, *n.* alimento *m.* [*ahlemento*] || *v.* alimentare [*ahli-*
alive, *adj.* vivo [*veevo*], in vita [*in veetah*].
all, *adj.* tutto [*tootto*].
allergy, *n.* allergia *f.* [*ahllayrjeeah*].
alley, *n.* vialetto *m.* [*veahlaytto*]. [*forfettahreo*].
all-in, *adj.* tutto compreso [*tootto komprayso*], forfettario

allied, *n.* & *adj.* alleato *m.* [*ahllayahto*].
allot, *v.* spartire [*spahrteray*]; assegnare [*ahssaynyahray*].
all-out, *adj.* generoso [*jaynayroso*].
allow, *v.* permettere [*pairmettayray*], concedere [*konchay-dayray*].
allowance, *n.* sconto *m.* [*skonto*]; gratifica *f.* [*grathee-feekah*].
alloy, *n.* lega *f.* [*laygah*] (di metalli).
All-Saints-Day, *n.* il giorno dei Santi, Ognissanti [*Onyssahntee*].
All-Souls-Day, *n.* il giorno dei morti [*mortee*].
allusion, *n.* allusione *f.* [*ahlloosionay*].
ally, *n.* alleato *m.* [*ahllayato*] || *v.* congiungere [*konjoonja-yray*].
almighty, *adj.* & *n.* onnipotente *m.* [*onnipotayntay*].
almond, *n.* mandorla *f.* [*mahndorlah*].
almost, *adv.* quasi [*kwahze*].
alone, *adj.* solo [*solo*].
along, *adv.* & *prep.* lungo [*loongo*].
alongside, *adv.* & *prep.* a fianco di [*ah feahnko dee*].
aloof, *adv.* & *adj.* in disparte [*in dispahrtay*].
aloud, *adv.* ad alta voce [*ahd ahltah vochay*].
alpine, *adj.* alpino [*ahlpeeno*], alpestre [*ahlpaystray*].
alpinism, *n.* alpinismo *m.* [*ahlpinismo*].
alpinist, *n.* alpinista *m.f.* [*ahlpinistah*].
already, *adv.* già, di già [*de jeah*].
alright, *adv.* (amer.) va bene [*vah baynay*].
also, *adv.* anche [*ahnkay*], pure [*pooray*].
altar, *n.* altare *f.* [*ahltahray*].
alter, *v.* alterare [*ahltayrahray*].
alteration, *n.* alterazione *f.* [*ahltayratseonay*], modifica *f.* [*modifeekah*].
although, *conj.* benché [*baynkay*], sebbene [*saybbaynay*].
altitude, *n.* altitudine *f.* [*ahltetoodeenay*].
altogether, *adv.* completamente [*komplaytahmayntay*], interamente [*intayrahmayntay*].
aluminium, *n.* alluminio *m.* [*ahllomeeneo*].
always, *adv.* sempre [*sempray*].

amateur, *n.* dilettante *m.f.* [*delayttahntay*].
amaze, *v.* stupire [*stoopeeray*], sbalordire [*sbahlordeeray*].
amazement, *n.* stupore *m.* [*stooporay*].
amazing, *adj.* sorprendente [*sorprendentay*].
ambassador, *n.* ambasciatore *m.* [*ahmbasheahtoray*].
amber, *n.* ambra *f.* [*ahmbrah*].
ambiguous, *adj.* ambiguo [*ahmbeegoo-o*].
ambitious, *adj.* ambizioso [*ahmbeetseoso*].
ambulance, *n.* ambulanza *f.* [*ahmboolahndzah*].
amend, *v.* modificare [*modefekahray*]; correggere [*kor-raydjayray*].
American, *adj.* & *n.* americano [*ahmaireekahno*].
amethyst, *n.* ametista *f.* [*ahmaytisstah*].
amid, **amidst**, *prep.* fra [*frah*] (molti) || *adv.* in mezzo [*in medzo*].
among, **amongst**, *prep.* fra [*frah*] (molti).
amount, *n.* totale [*totahlay*], ammontare *m.* [*ahmmon-tahray*] || *v.* ammontare.
amphibious, *adj.* anfibio [*ahnphibio*].
amphitheatre, *n.* anfiteatro *m.* [*ahnphitayahtro*].
ample, *adj.* ampio [*ahmpeo*].
amplifer, *n.* amplificatore *m.* [*ahmplifikahtoray*].
ampoule, *n.* fiala *f.* [*feahlah*] (di medicinale).
amuse, *v.* divertire [*devairteeray*].
amusement, *n.* divertimento *m.* [*devairteemaynto*].
amusing, *adj.* divertente [*devairtentay*].
anaesthetic, *adj.* & *n.* anestetico [*ahnaystayteko*].
analgesic, *adj.* & *n.* analgesico [*ahnahljayseko*].
anatomy, *n.* anatomia *f.* [*ahnahtomeeah*].
ancestor, *n.* antenato *m.* [*ahntaynahto*].
anchor, *n.* ancora *f.* [*ahnkorah*] || *v.* ancorare [*ahnko-rahray*].
anchovy, *n.* acciuga *f.* [*achoogah*].
ancient, *adj.* antico [*ahnteko*].
anecdote, *n.* aneddoto *m.* [*ahnayddoto*].
angel, *n.* angelo *m.* [*ahnjaylo*].

anger, *n.* collera *f.* [*kollayrah*], ira *f.* [*eerah*].
angle, *n.* angolo *m.* [*ahngolo*] || *v.* pescare [*paysskahray*] (con la lenza).
angry, *adj.* adirato [*ahderahto*], in collera [*in kollayrah*].
anguish, *n.* angoscia *f.* [*ahngosheah*].
animal, *n.* animale *m.* [*ahnimahle*].
anise, aniseed, *n.* anice *f.* [*ahnechay*].
ankle, *n.* caviglia *f.* del piede [*kahveelyah dayl peayday*].
annex, *v.* annettere [*ahnnayttayray*], allegare [*ahllaygahray*].
anniversary, *n.* anniversario *m.* [*ahnnivayrsahreo*].
annotate, *v.* annotare [*ahnnotahray*].
annotation, *n.* annotazione *f.* [*ahnnotahtzeonay*].
announce, *v.* annunziare [*ahnnoontzeahray*].
annoy, *v.* disturbare [*disstoohrbahray*], seccare [*sekkahray*].
annual, *adj.* annuale [*ahnnooahlay*].
annul, *v.* annullare [*ahnnoollahray*].
another, *adj.* un altro [*oon ahltro*].
answer, *n.* risposta *f.* [*reesspostah*] || *v.* rispondere [*reesspondayray*].
ant, *n.* formica *f.* [*formeekah*].
antediluvian, *adj.* antidiluviano [*ahntidilooviahno*].
antelope, *n.* antilope *f.* [*ahnteelopay*].
anterior, *adj.* anteriore [*ahntayreoray*].
antibiotic, *n.* antibiotico *m.* [*ahntebeoteko*].
anticipate, *v.* anticipare [*ahnticheepahray*], prevenire [*prayvayneeray*].
anticlotting, *adj.* anticoagulante [*ahntecoahghoolahntay*].
antifreeze, *n.* antigelo *m.* [*ahntejaylo*].
anti-mist, *adj.* antiappannante [*ahnteahppahnnahntay*].
antique, *adj.* antico [*ahnteeko*] || *n.* oggetto *m.* [*odjetto*], antico.
antiseptic, *adj.* & *n.* antisettico *m.* [*ahntessaytteeko*].
anxiety, *n.* ansietà *f.* [*ahnseaytah*].
anxious, *adj.* ansioso [*ahnseoso*].
anybody, *pr.* alcuno [*ahlkoono*].

anyhow, *adv.* comunque [*komoonkuay*]; alla meno peggio [*ahllah mayno paydjo*].
anything, *pr.* alcuna cosa [*ahlkoonah kosah*].
anywhere, *adv.* ovunque [*ovoonkway*].
apartment, *n.* camera *f.* [*kahmayrah*]; appartamento *m.* [*ahppahrtahmaynto*].
ape, *n.* scimmia *f.* [*shimmea*] || *v.* scimmiottare [*shimmeottahray*].
apologize, *v.* scusarsi [*skoosahrsee*].
apology, *n.* scusa *f.* [*skoosah*].
appalling, *adj.* spaventoso [*spahvayntoso*], terrorizzante [*tayrroreetzahntay*].
appeal, *n.* appello *m.* [*ahppello*] || *v.* appellarsi [*ahppellahrsee*]; interessare [*intayressahray*].
appear, *v.* apparire [*ahppahreeray*], mostrarsi [*mosstrahrsee*].
appearance, *n.* apparenza *f.* [*ahppahraynzah*]; apparizione [*ahppahretseonay*].
appease, *v.* calmare [*kahlmahray*], pacificare [*pacheefekahray*].
appetite, *n.* appetito *m.* [*ahppayteeto*].
applaud, *v.* applaudire [*ahpplahoodeeray*].
applause, *n.* applauso *m.* [*ahpplahooso*].
apple, *n.* mela *f.* [*maylah*].
appliance, *n.* strumento *m.* [*stroomaynto*], apparecchio *m.* [*ahppahrekkeo*]; **domestic** —, elettrodomestico *m.* [*aylettrodomaystiko*].
applicant, *n.* richiedente [*rekeaydayntay*], postulante *m.f.* [*postoolahntay*].
application, *n.* istanza *f.* [*isstahntsah*], domanda *f.* [*domahndah*].
apply, *v.* applicare [*ahpplekahray*]; fare istanza [*fahray isstahntsah*], rivolgersi a [*revoljairsee*].
appoint, *v.* fissare [*fissahray*], nominare [*nomeenahray*], eleggere [*aylaydjayray*].
appointment, *n.* appuntamento *m.* [*ahppoontahmaynto*], [nomina *f.* [*nomenah*].
appraise, *v.* valutare [*vahlootahray*], stimare [*steemahray*].
appreciable, *adj.* apprezzabile [*ahppraytzahbeelay*].

appreciate, *v.* apprezzare [*ahppraytzahray*].
approach, *v.* avvicinarsi [*ahvveecheenahrsee*].
approval, *n.* approvazione *f.* [*ahpprovahtseonay*].
approve, *v.* approvare [*ahpprovahray*].
apricot, *n.* albicocca *f.* [*ahlbeekokkah*].
April, *n.* aprile *m.* [*ahpreelay*].
apron, *n.* grembiule *m.* [*graymbeoolay*].
apt, *adj.* atto [*ahtto*], idoneo [*edonayo*].
aptitude, *n.* attitudine *f.* [*ahtteetodenay*].
aqualung, *n.* respiratore *m.* [*rayspeerahtoray*] (per sub).
aquarium, *n.* acquario *m.* [*akwahreo*].
arc, *n.* arco *m.* [*ahrko*].
arcade, *n.* portici *m.pl.* [*portechee*], galleria *f.* [*gahllayreah*], arcata *f.* [*ahrkahtah*].
archbishop, *n.* arcivescovo *m.* [*ahrchevesskovo*].
archeology, *n.* archeologia *f.* [*ahrkayolojea*].
architect, *n.* architetto *m.* [*ahrketaytto*].
architecture, *n.* architettura *f.* [*ahrketayttoorah*].
area, *n.* area *f.* [*ahrayah*].
argue, *v.* discutere [*disskootayray*].
arise (arose, arisen), *v.* alzarsi [*ahltsarse*], sollevarsi [*sollayvahrse*], sorgere [*sorjayray*].
arm, *n.* braccio *m.* [*brahcheo*]; *pl.* armi *f.* [*ahrmee*] || *v.* armare [*ahrmahray*], armarsi [*ahrmahrse*]; **coat of arms**, stemma [*staymmah*], blasone [*blahsonay*].
armchair, *n.* poltrona *f.* [*poltronah*].
armoured, *adj.* blindato [*bleendahto*]; — **car**, autoblindo *f.* [*ahootobleendo*].
armpit, *n.* ascella *f.* [*ahshayllah*].
army, *n.* esercito *m.* [*aysaircheto*].
around, *prep.* intorno [*intorno*], all'intorno [*ahll—*].
arouse, *v.* destare [*daystahray*], svegliare [*svaylyahray*], sollevare [*sollayvahray*].
arrange, *v.* predisporre [*praydisporray*]; aggiustare [*adjoostahray*]; accordarsi [*ahkkordahrsee*].

arrangement, *n.* accordo [*ahkkordo*], aggiustamento [*adjoostahmaynto*]; componimento [*komponemaynto*], concordato [*konkordahto*]; (*mus.*) arrangiamento *m* [*ahrrahndjamento*].
arrear, *n.* arretrato *m.* [*ahrraytrahto*].
arrest, *n.* arresto *m.* [*ahrressto*] || *v.* arrestare [*ahrres-stahray*].
arrival, *n.* arrivo *m.* [*ahrreevo*].
arrive, *v.* arrivare [*ahrrevahray*].
arrogant, *adj.* arrogante [*ahrrogahtay*].
arrow, *n.* freccia *f.* [*fretchah*].
art, *n.* arte *f.* [*ahrtay*].
art director, *n.* direttore *m.* artistico [*derettoray ahrteesti-ko*].
artery, *n.* arteria *f.* [*ahrtayreah*].
artful, *adj.* furbo [*foohrbo*].
arthritis, *n.* artrite *f.* [*ahrtreetay*].
artichoke, *n.* carciofo *m.* [*kahrchofo*].
article, *n.* articolo [*ahrteekolo*], oggetto *m.*; *pl.* statuto [*stahtooto*].
articulate, *v.* articolare [*artekolahray*].
artificial, *adj.* artificiale [*artefeechahlay*].
artillery, *n.* artiglieria *f.* [*artelyayreah*].
artisan, *n.* artigiano *m.* [*artijahno*].
artist, *n.* artista *m.f.* [*artisstah*].
artistic, *adj.* artistico [*artissteko*].
artless, *adj.* ingenuo [*injaynoo-o*].
arty, *adj.* affettatamente artistico [*ahffettahtahmentay artisstiko*].
as, *adv.* come [*komay*], mentre [*mentray*], secondo [*say-kondo*], **as much as**, tanto quanto [*tanto kwanto*]; **as far as**, fino a (riferito a distanza) [*feeno ah*]; **as many as**, altrettanti [*ahltrettahntee*]; **as for me**, quanto a me [*kwanto ah may*].
asbestos, *n.* amianto *m.* [*ahmeahnto*].
ascend, *v.* ascendere [*ahshenderay*].
ascension, *n.* ascensione *f.* [*ahshenseonay*].
ascent, *n.* salita *f.* [*sahleetah*].

ascertain, *v.* accertarsi [*ahtchairtahrsee*].
ash, *n.* frassino *m.* [*frahsseno*]; cenere *f.* [*chainayray*].
ashamed, *adj.* vergognoso [*vairgonyoso*]; **to be —**, aver vergogna [*ahvayr vairgonyah*].
ashtray, *n.* portacenere [*portahchaynayray*].
aside, *adv.* a parte [*ah partay*], in disparte [*in dispartay*].
ask, *v.* domandare [*domahndahray*], chiedere [*keaydayray*]; invitare [*invitahray*].
asleep, *adj.* addormentato [*ahddormayntahto*].
asparagus, *n.* asparago *m.* [*ahsspahrago*].
aspect, *n.* aspetto *m.* [*ahsspetto*].
asperity, *n.* asperità [*ahsspperetah*], asprezza *f.* [*ahssprctza*].
asphalt, *n.* asfalto *m.* [*ahssfahlto*] || *v.* asfaltare [*ahssfahltahray*].
aspire, *v.* aspirare [*ahssperahray*].
aspirin, *n.* aspirina® *f.* [*ahspereenah*].
ass, *n.* asino *m.* [*ahzeno*].
assail, *v.* assalire [*ahssahleeray*].
assassinate, *v.* assassinare [*ahssahssenahray*].
assault, *n.* assalto *m.* [*ahssahlto*] || *v.* assaltare [*ahssahltahray*].
assemble, *v.* montare [*montahray*] (vari pezzi staccati); riunire [*reooneeray*], radunare [*rahdoonahray*]; riunirsi [*reooneersee*].
assembly, *n.* assemblea *f.* [*ahssemblayah*], assieme *m.* [*ahsseaymay*] (di varie parti).
assent, *n.* assenso [*ahssenso*], consenso *m.* [*konsenso*] || *v.* consentire [*konsenteeray*].
assert, *v.* asserire [*ahssayreeray*].
assertion, *n.* asserzione *f.* [*ahssayrtseonay*].
assets, *n.* attivo *m.* [*ahtteevo*]; attività *f.* [*ahttevetah*] (nei conti).
assiduous, *adj.* assiduo [*ahsseedoo-o*].
assign, *v.* assegnare [*ahssaynyahray*]; cedere [*chaydayray*]; trasferire [*trasfayreeray*].
assist, *v.* assistere [*ahssisstayray*]; soccorrere [*sokkorrayray*].

assistance, *n.* assistenza *f.* [*ahssistentsa*].
assistant, *n.* assistente *m.f.* [*ahssestayntay*]; aiutante *m.f.* [*aheootahntay*].
associate, *v.* associare [*ahssochahray*]; associarsi [*ahssochahrsee*] || *n.* socio [*socho*].
association, *n.* associazione *f.* [*ahssochatseonay*].
assume, *v.* supporre [*soopporray*].
assurance, *n.* assicurazione *f.* [*ahssekoorahtseone*].
assure, *v.* assicurare [*ahssekoorahray*]; rassicurare [*rahssekoorahray*].
astonish, *v.* stupire [*stoopeeray*].
astonishing, *adj.* sorprendente [*sorprendentay*].
astound, *v.* stupire [*stoopeeray*], stordire [*stordeeray*].
astray, *adj.* & *adv.* fuori strada [*fooree strahdah*].
astringent, *adj.* & *n.* astringente *m.* [*ahstrinjayntay*].
astronaut, *n.* astronauta *m.f.* [*ahstronahootah*].
astronomy, *n.* astronomia *f.* [*ahstronomeah*].
astute, *adj.* astuto [*ahstooto*].
asunder, *adv.* separato [*saypahrahto*], separatamente [*saypahrahtahmentay*].
asylum, *n.* rifugio *m.* [*refoojeo*]; casa *f.* di cura [*kahsah de koorah*]; **lunatic —**, manicomio *m.* [*mahnikomeo*].
at, *prep.* a [*ah*].
athlete, *n.* atleta *m.f.* [*ahtlaytah*].
Atlantic, *adj.* atlantico [*ahtlahnteko*].
atmosphere, *n.* atmosfera *f.* [*ahtmosfayrah*].
atom, *n.* atomo *m.* [*ahtomo*].
atrocity, *n.* atrocità *f.* [*ahtrochetah*].
attach, *v.* attaccare [*ahttahkahray*], unire [*ooneeray*].
attain, *v.* raggiungere [*rahdjoonjayray*], conseguire [*konsaygueeray*].
attempt, *n.* tentativo *m.* [*tentahteevo*]; attentato *m.* || *v.* tentare [*tentahray*].
attend, *v.* assistere [*ahssisstayray*], esser presente [*essayr presentay*]; accompagnare [*ahkkompahnyahray*]; servire [*sayrveeray*].
attendant, *n.* assistente *m.f.* [*ahssistentay*]; domestico *m.*

[*somesstiko*]; inserviente *m.* & *f.* [*insayrvee-entay*]; persona del seguito [*personah dayl saygooeto*].
attention, *n.* attenzione *f.* [*ahttentseonay*].
attentive, *adj.* attento [*ahttento*].
attest, *v.* attestare [*ahttaystahray*].
attic, *n.* solaio *m.* [*solahyo*]; attico *m.* [*ahttiko*].
attitude, *n.* attitudine *f.* [*ahttetoodenay*].
attorney, *n.* procuratore [*prokoorahtoray*]; **power of —**, procura *f.* [*prokoorah*].
attract, *v.* attrarre [*ahttrahrray*], attirare [*ahtterahray*].
attraction, *n.* attrazione *f.* [*ahttrahtseonay*].
attractive, *adj.* attraente [*ahttrahentay*].
attribution, *n.* attribuzione *f.* [*ahttribootseonay*].
audible, *adj.* udibile [*oodebeelay*].
audience, *n.* udienza *f.* [*oodee-entsah*]; uditorio *m.* [*oodetoreo*], pubblico *m.* [*pubbliko*].
audio-visual, *adj.* audiovisivo [*ahoodeoveeseevo*].
audit, *n.* revisione *f.* dei conti [*rayveseonay daye konte*].
August, *n.* agosto *m.* [*ahgosto*].
aunt, *n.* zia *f.* [*seeah*].
Australian, *adj.* & *n.* australiano [*ahoostrahleahno*].
Austrian, *adj.* & *n.* austriaco [*ahoostreahko*].
authentic, *adj.* autentico [*ahootentiko*].
authentication, *n.* autenticazione *f.* [*ahootentikatseonay*].
author, *n.* autore *m.* [*ahootoray*].
authorise, *v.* autorizzare [*ahootoridzahray*].
authority, *n.* autorità *f.* [*ahootoritah*].
authorization, *n.* autorizzazione *f.* [*ahootoritzahtseonay*].
autograph, *n.* autografo *m.* [*ahootograhfo*].
automatic, *adj.* automatico [*ahootomahtiko*].
automobile, *n.* (amer.) automobile *f.* [*ahootomobilay*].
autumn, *n.* autunno *m.* [*ahootoonno*].
available, *adj.* disponibile [*disponeebelay*], valevole [*vahlayvolay*], valido [*vahledo*], utilizzabile [*ootilizzah-belay*].
avalanche, *n.* valanga *f.* [*vahlahngah*].

avaricious, *adj.* avaro [*ahvahro*].
avenue, *n.* viale *m.* [*veahlay*] (alberato).
average, *n.* media *f.* [*medeah*] || *adj.* medio [*medeo*].
aversion, *n.* avversione *f.* [*avvayrseonay*].
avert, *v.* evitare [*ayvetahray*], impedire [*impedeeray*].
aviation, *n.* aviazione *f.* [*ahveahtzeonay*].
aviator, *n.* aviere *m.* [*ahviayray*].
avidity, *n.* avidità *f.* [*ahviditah*].
avoid, *v.* evitare [*ayvetahray*]. [*ray*].
await, *v.* aspettare [*ahsspettahray*], attendere [*ahttenday-*
awake (**awoke**, **awaked** or **awoke**), *v.* svegliare [*svaylya-*
hray], svegliarsi [*svaylyahrsee*].
awake, *adj.* sveglio [*svaylyo*], desto [*dayssto*].
aware, *adj.* informato [*informahto*], conscio [*consho*].
away, *adv.* via [*veeah*], fuori [*foo-oree*]; **to be** —, essere
[*essairay*] assente [*ahssentay*], fuori di città [*foo-oree de*
awe, *n.* terrore *m.* [*terroray*]. [*chittah*].
awful, *adj.* tremendo [*tremendo*].
awkward, *adj.* goffo [*goffo*], strano [*strahno*]; imbaraz-
zante [*imbahrahtzzahntay*]. [razza ecc.).
awning, *n.* tendone *m.* [*tendonay*] (da nave, balcone, ter-
ax, **axe**, *n.* ascia *f.* [*ahsheah*].

B

baby, *n.* bambino *m.* [*bahmbeeno*].
baby-walker, *n.* girello *m.* [*jeerello*].
bachelor, *n.* scapolo *m.* [*skahpolo*], celibe *m.* [*chaylebay*].
back, *adj.* di dietro [*de deaytro*], posteriore [*posstaireoray*] || *adv.* indietro [*indeaytro*], fa [*fah*] || *n.* dorso *m.* [*dorso*], schiena *f.* [*skeaynah*]; schienale *m.* [*skeaynahlay*]; (sport) terzino *m.* [*tairtseeno*].
backbone, *n.* spina *f.* dorsale [*speenah dorsahlay*].
backdate, *v.* retrodatare [*raytrodahtahray*].
background, *n.* sfondo *m.* [*sfondo*].
backhand, *n.* (sport) rovescio *m.* [*rovaysheo*].
backwards, *adv.* a ritroso [*ah retroso*]; indietro [*indeaytro*] || *adj.* lento [*lento*].
bacon, *n.* lardo *m.* [*lahrdo*], pancetta *f.* [*pahnchayttah*].
bad, *adj.* cattivo [*kahtteevo*] || *adv.* male [*mahlay*].
badge, *n.* distintivo *m.* [*distinteevo*].
badly, *adv.* malamente [*mahlahmentay*].
bag, *n.* sacco *m.* [*sahkko*]; borsa *f.* [*borsah*], borsetta *f.* [*borsettah*].
baggage, *n.* bagaglio *m.* [*bahgahlyo*].
bagpipe, *n.* cornamusa *f.* [*kornahmoosah*].
bag-snatching, *n.* scippo *m.* [*sheeppo*].
bait, *n.* esca *f.* [*ayskah*] || *v.* adescare [*ahdayskahray*].
bake, *v.* cuocere al forno [*koo-ochayray ahl forno*].
baker, *n.* panettiere *m.* [*pahnaytteeayray*], prestinaio *m.* [*prayssteenahyo*].
balaclava, *n.* passamontagna *m.* [*pahssahmontahnyah*].

balance, *n.* saldo [*sahldo*]; equilibrio [*ekwilibreeo*].
balcony, *n.* balcone *m.* [*bahlkonay*].
bald, *adj.* calvo [*kahlvo*].
ball, *n.* palla *f.* [*pahllah*]; ballo *m.* [*bahllo*].
balloon, *n.* pallone *m.* [*pahllonay*].
ballot, *n.* scheda *f.* [*skaydah*] (di votazione); voto *m.* [*voto*].
ballpoint pen, *n.* penna *f.* a sfera [*pennah ah sfairah*].
banana, *n.* banana *f.* [*bahnahnah*].
band, *n.* banda *f.* [*bahndah*]; benda *f.* [*bendah*].
bandage, *n.* bendaggio *m.* [*bendahdjo*], fasciatura *f.* [*fahshatoorah*].
bandit, *n.* bandito *m.* [*bahndeeto*].
bandmaster, *n.* chi dirige una banda musicale; capobanda *m.* [*kahpobahndah*].
banister, *n.* ringhiera *f.* [*ringeeayrah*].
bank, *n.* banca *f.* [*bahnkah*]; riva *f.* [*reevah*].
banker, *n.* banchiere *m.* [*bahnkeayray*].
banknote, *n.* banconota *f.* [*bahnkonotah*].
bankrupt, *adj.* fallito [*fahlleeto*]; **to go —**, fallire [*fahlleeray*].
banquet, *n.* banchetto *m.* [*bahnketto*].
baptism, *n.* battesimo *m.* [*bahttayzemo*].
baptize, *v.* battezzare [*bahttedzahray*].
bar, *n.* bar *m.* [*bar*]; sbarra *f.* [*sbahrrah*]; barra *f.* [*bahrrah*] || *prep.* tranne [*trahnnay*].
barbed wire, *n.* filo *m.* spinato [*feelo speenahto*].
barber, *n.* barbiere *m.* [*bahrbeayray*].
bare, *adj.* nudo [*noodo*]; semplice [*saympleechay*].
barely, *adv.* appena [*ahppaynah*].
bargain, *n.* affare *m.* [*ahffahray*], occasione *f.* [*okkahseonay*] || *v.* mercanteggiare [*mairkahntaytjahray*].
baritone, *n.* baritono *m.* [*bahretono*].
bark, *n.* corteccia *f.* [*kortaycha*] (di pianta) || *v.* scortecciare [*skortaychahray*]; abbaiare [*ahbbaheyahray*], latrare [*lahtrahray*].
barley, *n.* orzo *m.* [*ordzo*].
barman (*pl.* **barmen**), *n.* barista *m.f.* [*bahreestah*].
barn, *n.* granaio *m.* [*grahnaheo*].

barometer, *n.* barometro *m.* [*bahromaytro*].
baron, *n.* barone *m.* [*bahronay*].
baronet, *n.* baronetto *m.* [*bahronetto*] (titolo inglese).
barracks, *n.pl.* caserma *f.* [*kahsayrmah*].
barrage, *n.* sbarramento *m.* [*sbahrrahmento*].
barrel, *n.* barile *m.* [*bahreelai*].
barrel organ, *n.* organetto *m.* [*orgahnetto*].
barren, *adj.* sterile [*stayrelay*], arido [*ahredo*].
barrier, *n.* barriera *f.* [*bahrreayrah*].
barrister, *n.* avvocato *m.* [*ahvvokahto*].
barrow, *n.* carriola *f.* [*karreolah*].
base, *adj.* vile [*veelay*], abbietto [*ahbbeetto*] || *n.* base [*bahzay*] || *v.* basare [*bahzahray*].
basement, *n.* basamento [*bahsahmento*], seminterrato [*saymintairrahto*].
bashful, *adj.* timido [*teemedo*], vergognoso [*vairgonyoso*].
basin, *n.* catino *m.* [*kahteeno*], bacino *m.* [*bahcheeno*].
bask, *v.* scaldarsi al sole [*skahldahrsee ahl solay*].
basket, *n.* cestino *m.* [*chessteeno*], canestro *m.* [*kahnaystro*].
basketball, *n.* pallacanestro *f.* [*pahllahkahnaystro*].
bas-relief, *n.* bassorilievo *m.* [*bahssoreeleayvo*].
bat, *n.* pipistrello *m.* [*pepestrello*]; mazza *f.* [*mahtsah*] (da cricket).
bath, *n.* bagno *m.* [*bahnyo*].
bathe, *v.* bagnare [*bahnyahray*]; fare il bagno [*fahray el bahnyo*] (in mare ecc.).
bathing suit, *n.* costume *m.* [*kostoomay*] (da bagno); **two pieces —**, (costume) due pezzi [*dooay paytse*].
bathrobe, *n.* accappatoio *m.* [*ahkkahppahtoeo*].
battery, *n.* batteria *f.* [*bahttayreah*]; pila *f.* [*pelah*]; **storage —**, accumulatore *m.* [*ahkkoomoolahtoray*].
battle, *n.* battaglia *f.* [*bahttahlyah*].
battlement, *n.* muro *m.* merlato [*mooro mairlahto*].
bay, *n.* baia *f.*, golfo *m.* [*golfo*] || *adj.* baio [*baheo*] (di cavallo).
be (was, been), *v.* essere [*essayray*].
beach, *n.* spiaggia *f.* [*speahdja*], lido *m.* [*leedo*].

beak, *n.* becco *m.* [*beekko*] (di uccello).
beam, *n.* trave *f.* [*trahvay*]; raggio *m.* [*rahdjo*] (di luce).
beaming, *adj.* raggiante [*rahdjahntay*].
bean, *n.* fava *f.* [*fahvah*]; **French beans**, fagiolini *m.pl.* [*fahdjoleenee*].
bear, *n.* orso *m.* [*orso*]; **teddy** —, orsacchiotto *m.* [*orsahkkeotto*] (per bambini) || (*bore*, *born*) *v.* sopportare [*bopportahray*], reggere [*redjairay*], resistere [*resisstairay*]; produrre [*prodoorray*], fruttificare [*fruttifekahray*].
beard, *n.* barba *f.* [*bahrbah*].
bearer, *n.* portatore *m.* [*portahtoray*]; latore *m.* [*lahtoray*].
bearing, *n.* (meccan.) cuscinetto *m.* [*koosheenetto*]; **ball** —, cuscinetto a sfere [— *ah sfayray*].
beast, *n.* bestia *f.* [*bessteah*].
beat, *n.* battito *m.* [*bahtteeto*] || *v.* battere [*bahttayray*].
beautician, *n.* estetista *m.f.* [*aysstayteesstah*].
beautiful, *adj.* bello [*bello*].
beauty, *n.* bellezza [*bellaytsah*].
beaver, *n.* castoro *m.* [*kahsstoro*].
because, *conj.* perché [*pairkay*].
become (**became**, **become**), *v.* diventare [*devayntahray*], divenire [*devayneeray*].
becoming, *adj.* conveniente [*konvayne-entay*], adatto [*ahdahtto*].
bed, *n.* letto *m.* [*letto*]; **flower** —, aiola [*aheolah*].
bed-warmer, *n.* scaldaletto *m.* [*skahldahletto*].
bedding, *n.* biancheria *f.* da letto [*beahnkaireah dah letto*].
bedroom, *n.* camera *f.* da letto [*kamerah dah letto*].
bedspread, *n.* copriletto *m.* [*kopreletto*].
bedstead, *n.* letto *m.* [*letto*], lettiera *f.* [*letteayrah*].
bee, *n.* ape *f.* [*ahpay*]; — **hive**, *n.* alveare *m.* [*ahlvayahray*].
beef, *n.* manzo *m.* [*mahndzo*]; **roast** —, manzo arrosto [*ahrrossto*]; **boiled** —, manzo a lesso [*ah lesso*].
beer, *n.* birra *f.* [*berrah*].

beetroot, *n.* barbabietola *f.* [*bahrbahbeaytolah*].
beetle, *n.* scarafaggio *m.* [*skahrahfahdjo*].
befall (**befel**, **befallen**), *v.* accadere [*ahkkahdayray*].
before, *prep.* davanti [*dahvahnte*]; prima [*preemah*] || *adv.* prima, innanzi [*innahntze*] || *conj.* prima che [— *kay*].
beforehand, *adv.* anticipatamente [*ahntechepahtahmentay*].
beg, *v.* pregare [*praygahray*], chiedere [*keaydairay*], domandare [*domahndahray*]; mendicare [*mendikahray*].
beggar, *n.* mendicante *m.f.* [*mendicantay*].
begin (**began**, **begun**), *v.* cominciare [*komeencharay*].
beginning, *n.* principio *m.* [*princheepeo*], inizio *m.* [*initzeo*].
behalf, *n.* favore *m.* [*fahvoray*], pro [*pro*].
behave, *v.* comportarsi [*komportahrsee*].
behaviour, *n.* condotta *f.* [*kondottah*], comportamento *m.* [*komportahmento*].
behind, *prep.* dietro [*deaytro*].
behold (**beheld**, **beheld**), *v.* contemplare [*kontemplahray*].
being, *n.* essere *m.* [*essayray*].
Belgian, *adj.* & *n.* belga *m.f.* [*belghah*].
belief, *n.* credenza [*kraydentsah*], fede *f.* [*fayday*].
believe, *v.* credere [*kraydayray*], prestar fede [*praystahr fayday*].
bell, *n.* campana *f.* [*kahmpahnah*].
bellow, *n.* muggito *m.* [*moodjeeto*].
bellows, *n.pl.* soffietto *m.* [*soffe-etto*].
belong, *v.* appartenere [*ahppahrtaynayray*].
beloved, *adj.* amato [*ahmahto*], diletto [*deletto*], prediletto [*praydeletto*].
below, *prep.* & *adv.* sotto [*sotto*], al di sotto [*ahl de* —], giù [*jeoo*].
belt, *n.* cintura *f.* [*chintoorah*]; **life** —, cintura di salvataggio [*sahlvahtahdjo*] || *v.* cingere [*chinjayray*].
bench, *n.* panca *f.* [*pahnkah*].
bend, *n.* piega *f.* [*peaygah*], curvatura *f.* [*koorvahtoorah*], svolta *f.* [*svoltah*] || *v.* curvare [*koorvahray*], piegare [*peaygaray*].

beneath, *prep.* & *adv.* sotto [*sotto*], di sotto; giù [*jeoo*].
benediction, *n.* benedizione *f.* [*beneditseonay*].
benefactor, *n.* benefattore *m.* [*benefahttoray*].
benefice, *n.* beneficio *m.* [*beneficheo*].
beneficence, *n.* beneficenza *f.* [*benefichentsa*].
benefit, *n.* beneficio *m.* [*beneficheo*].
bent, *n.* piega *f.* [*peaygah*], curva *f.* [*kooorvah*].
benumb, *v.* intorpidire [*intorpedeeray*].
berry, *n.* bacca *f.* [*bahkkah*].
berth, *n.* cabina [*kabeenah*], cuccetta *f.* [*koochetta*]; ormeggio *m.* [*ormaydjo*] || *v.* ormeggiare [*ormaydjahray*].
beseech (**besought**, **besought**), *v.* supplicare [*supplikahray*], implorare [*implorahray*].
beside, *prep.* accanto [*ahkkahnto*], presso [*presso*].
besides, *adv.* inoltre [*inoltray*] || *prep.* oltre a; fuorché [*foo-orkay*].
besiege, *v.* assediare [*ahssaydeahray*].
best, *adj.* migliore [*melyoray*] || *adv.* meglio di tutto [*maylyo di toootto*] || *n.* il meglio *m.*
bet, *n.* scommessa *f.* [*skommessah*] || *v.* scommettere [*skommettayray*].
betroth, *v.* fidanzare [*fidahntsaray*].
betrothed, *adj.* & *n.* fidanzato *m.* [*fedahntsahto*].
better, *adj.* meglio [*maylyo*]; — **and** —, di bene [*baynay*] in meglio || *v.* migliorare [*melyorahray*].
between, *pr.* fra [*frah*], tra [*trah*] (due cose o persone).
beverage, *n.* bevanda [*bayvahndah*]; bibita *f.* [*bebetah*].
bewail, *v.* deplorare [*deplorahray*]; lamentarsi [*lahmentahrsee*].
beware, *v.* guardarsi [*gooahrdahrsee*], stare attento [*stahray ahttaynto*].
bewilderment, *n.* perplessità *f.* [*pairplesseetah*], stupore *m.* [*stooporay*].
bewitch, *v.* stregare [*straygahray*], ammaliare [*ahmmahleahray*].
beyond, *prep.* di là [*de lah*], al di là [*ahl* —] || *adv.* laggiù [*lahdjeoo*].

bib, *n.* bavaglino *m.* [*bahvahlyeeno*].
bicycle, *n.* bicicletta *f.* [*becheeklettah*].
bid, *n.* offerta *f.* [*offairtah*] || *v.* (**bid**, **bid**; *or* **bade**, **bidden**), fare un'offerta all'asta [*fahray oon offairtah ahl ahs-tah*]; comandare [*komandahray*].
big, *adj.* grande [*granday*], grosso [*grosso*].
bike, *n.* bicicletta *f.* [*becheeklettah*].
bill, *n.* conto *m.* [*konto*], nota *f.* [*notah*]; becco *m.* (d'uccello) [*bekko*]. [*tello*] (pubblicitario).
billboard, *n.* tabellone *m.* [*tahbellonay*], cartello *m.* [*cahr-*
billsticker, *n.* chi attacca manifesti [*kee ahttahkkah*
billiards, *n.pl.* bigliardo *m.* [*bilyahrdo*]. [*mahnifeste*].
billow, *n.* onda *f.* [*ondah*], maroso *m.* [*mahroso*].
bind (**bound**, **bound**), *v.* legare [*laygahray*] (libri ecc.); vincolare [*vinkolahray*].
birch, *n.* betulla *f.* [*baytoollah*].
bird, *n.* uccello *m.* [*oochello*].
birth, *n.* nascita *f.* [*nahshetah*]; — **place**, *n.* luogo *m.* di nascita [*loo-ogo de nahsheetah*].
birthday, *n.* giorno *m.* natalizio, compleanno *m.* [*jorno nahtaleetseo, komplayanno*].
biscuit, *n.* biscotto *m.* [*bisskotto*].
bishop, *n.* vescovo *m.* [*vesskovo*].
bit, *n.* pezzetto *m.* [*petzetto*].
bitch, *n.* cagna *f.* [*kahnyah*].
bite (**bit**, **bitten**), *v.* mordere [*mordayray*] || *n.* morso *m.* [*morso*], morsicatura *f.* [*morsekahtoorah*].
bitter, *n.* & *adj.* amaro *m.* [*ahmahro*].
bittersweet, *adj.* agrodolce [*ahgrodolchay*].
black, *adj.* nero [*nayro*].
blackberry, *n.* mora *f.* [*morah*].
blackbird, *n.* merlo *m.* [*mairlo*].
blackboard, *n.* lavagna *f.* [*lahvahnyah*].
blackcurrant, *n.* ribes nero *m.* [*reebes nayro*].
blackguard, *n.* mascalzone *m.* [*mahsskahltsonay*].

blacking, *n.* lucido *m.* nero da scarpe [*loocheedo nayro dah skahrpay*].
blacklead, *n.* mina *f.* [*meenah*] (per lapis).
blackmail, *n.* ricatto *m.* [*rekahtto*] || *v.* ricattare [*rekahttahray*].
blackout, *n.* oscuramento *m.* [*oskoorahmento*].
blacksmith, *n.* maniscalco *m.* [*mahnisskahlko*].
blade, *n.* lama *f.* [*lahmah*] (di strumenti taglienti); lametta *f.* [*lamettah*] (da barba). [*zemo*].
blame, *v.* biasimare [*beahzemaray*] || *n.* biasimo *m.* [*beah-*
blanket, *n.* coperta *f.* [*kopayrtah*] (da letto).
blast, *n.* raffica *f.* [*rahffeeka*]; esplosione *f.* [*essploseonay*].
blaze, *n.* fiamma *f.* [*feahmmah*] || *v.* divampare [*devahmpahray*].
bleach, *v.* candeggiare [*kandaytjahray*] || **bleach®**, *n.* candeggina *f.* [*kahndayjeenah*].
bleaching, *n.* candeggiante *m.* [*kahndaytjahntay*]; decolorazione *f.* [*dekolorahtseonay*].
bleak, *adj.* squallido [*skwahllido*].
bleat, *n.* belato *m.* [*baylahto*] || *v.* belare [*baylahray*].
bleed (bled, bled), *v.* sanguinare [*sahngooenahray*].
bleeper, *n.* cicalino *m.* [*chekahleeno*].
blemish, *v.* macchiare [*mahkkeahray*] (moralmente) || *n.* difetto *m.* [*defetto*].
blend, *v.* mescolare [*mayskolahray*] || n. miscela *f.* [*mis-*
bless, *v.* benedire [*baynaydeeray*]. [*shaylah*].
blind, *n.* tendina *f.* [*tendeenah*] || *adj.* cieco [*cheayko*] || *v.* accecare [*acheaykahray*].
bliss, blissfulness, *n.* felicità *f.* [*faylecheetah*], beatitudine *f.* [*bayahteetoodeenay*]. [*mentah*].
blizzard, *n.* burrasca *f.* [*boorrahsskah*], tormenta *f.* [*tor-*
block, *n.* blocco *m.* [*blokko*], ceppo *m.* [*chayppo*]; isolato *m.* [*esolahto*], blocco *m.* di case || *v.* bloccare [*blok-*
blood, *n.* sangue *m.* [*sahngooay*]. [*kahray*].

blood group, *n.* gruppo *m.* sanguigno [*grooppo sangooenyo*].
bloodhound, *n.* segugio *m.* [*saygoojeo*].
bloom, *n.* fioritura *f.* [*feeoretoorah*].
blossom, *n.* fiore *m.* [*feeoray*] || *v.* fiorire [*feeoreeray*].
blot, *v.* macchiare [*mahkkeahray*] || *n.* macchia *f.* [*mahkkeah*].
blotting-paper, *n.* carta assorbente *f.* [*kahrtah ahssorbayntay*].
blouse, *n.* blusa *f.* [*bloosah*]; blusotto *m.* [*bloosotto*].
blow (blew, blown), *v.* soffiare [*soffeahray*]; suonare [*soo-onahray*] (strumenti a fiato); **to — up**, scoppiare [*skoppeahray*] || *n.* colpo *m.* [*kolpo*].
blowout, *n.* scoppio *m.* [*skoppeo*] (di pneumatico).
blow-up, *n.* scoppio *m.* [*skoppeo*].
blue, *adj.* azzurro [*ahtzoorro*].
bluff, *n.* spacconata *f.* [*spahkkonahtah*] || *v.* bluffare [*blooffahray*].
blunder, *v.* sbagliare [*sbahlyahray*] || *n.* errore [*erroray*].
blush, *n.* rossore *m.* [*rossoray*] || *v.* arrossire [*ahrrosseeray*].
boar, *n.* cinghiale *m.* [*chingheahlay*].
board, *v.* stare (*o* tenere) a pensione [*stahray ah pensionay*] || *n.* tavola *f.* [*tahvolah*], asse *f.* [*ahssay*]; vitto *m.* [*veetto*]; pensione *f.*
boarder, *n.* pensionante [*pensionahntay*], dozzinante *m.f.* [*dodzeenahntay*].
boarding-house, *n.* pensione *f.* [*pensionay*].
boarding-school, *n.* collegio *m.* [*kolledjeo*], convitto *m.* [*konveetto*].
boast, *v.* vantarsi [*vahntahrsee*] || *n.* millanteria *f.* [*millahntayreah*].
boat, *n.* barca *f.* [*bahrkah*]; **motor —**, motoscafo [*motoskahfo*]; **steam —**, battello a vapore [*bahttayllo ah vahporay*].
boating, *n.* canottaggio *m.* [*kahnotahdjeo*].
boatman, *n.* barcaiolo *m.* [*bahrkaheolo*].
bobsleigh, *n.* bob.
body, *n.* corpo *m.* [*korpo*].

bodyguard, *n.* guardia *f.* del corpo [*gooahrdea dail korpo*], gorilla *m.* [*gorilla*].
body-repairer, *n.* carrozziere *m.* [*kahrrotseayray*].
boil, *v.* bollire [*bolleeray*].
bold, *adj.* audace [*ahoodahchay*]; sfacciato [*sfahcheahto*].
bolt, *n.* catenaccio [*kahtaynahcho*]; bullone *m.* [*boollonay*] || *v.* chiudere col catenaccio [*keoodayray kol* —]; imbullonare [*imboollonahray*].
bomb, *n.* bomba *f.* [*bombah*] || *v.* bombardare [*bombahrdahray*].
bond, *n.* legame *m.* [*laygahmay*]; vincolo *m.* [*vinkolo*]; titolo *m.* di credito [*teetolo de kraydeto*]; deposito *m.* doganale [*dayposeto dogahnahlay*].
bone, *n.* osso *m.* [*osso*]; lisca *f.* [*leeskah*] (di pesce).
bonfire, *n.* falò *m.* [*fahlo*].
bonnet, *n.* berretto *m.* [*bayrretto*] (da donna); cofano *m.* [*kofahno*] (di automobile).
bonus, *n.* gratifica *f.* [*grahteefikah*].
book, *n.* libro *m.* [*leebro*] || *v.* prenotare [*praynotahray*] (camere di albergo, posti in treno, teatro ecc.).
bookbinder, *n.* rilegatore *m.* [*relaygahtoray*] (di libri).
bookmaker, *n.* raccoglitore *m.* di scommesse [*rahkkolytoray de skommessay*] (alle corse).
bookseller, *n.* libraio *m.* [*leebraheo*].
bookshelf, *n.* scaffale *m.* [*skahffahlay*] (per libri).
bookshop, *n.* libreria *f.* [*leebrayraah*] (negozio).
boot, *n.* stivale *m.* [*stevahlay*]; scarpone *m.* [*skahrponay*]; bagagliaio *m.* [*bahgahlyaheo*].
border, *n.* frontiera *f.* [*fronteayrah*]; lembo [*laymbo*], orlo *m.* [*orlo*].
bore, *n.* seccatore [*saykkahtoray*], noioso *m.* [*noyoso*]; seccatura *f.* [*saykkatoorah*]; foro *m.* [*foro*] || *v.* perforare [*perforahray*].
born, *p.p.* di *to bear*: *to be born*, nascere (*nahsshayray*].
borough, *n.* borgo [*borgo*], distretto *m.* [*disstretto*].
borrow, *v.* prendere a prestito [*prendayray ah presteeto*].

boss, *n.* capo *m.* [*kahpo*], padrone *m.* [*pahdronay*].
botanist, *n.* botanico *m.* [*botahneko*].
botany, *n.* botanica *f.* [*botahnekah*].
both, *adj.* ambedue [*ahmbaydooay*] || *adv.* sia ... sia [*seah*].
bother, *n.* fastidio *m.* [*fahstedeo*], seccatura *f.* [*sekkahtoorah*]; scocciatore *m.* [*skocheahtoray*] || *v.* infastidire [*infahstedeeray*], seccare [*sekkahray*].
bottle, *n.* bottiglia *f.* [*botteelyah*]; **feeding —**, biberon *m.* [*beebayron*]; **— opener**, apribottiglie [*ahpreebotteelyay*].
bottom, *n.* fondo *m.* [*fondo*].
bough, *n.* ramo *m.* [*rahmo*].
bounce, *v.* rimbalzare [*rimbahltsahray*].
bound, *v.* limitare [*lemetahray*] || *adj.* **— for**, diretto a [*deretto ah*]; **— to**, tenuto a [*taynooto ah*].
boundary, *n.* confine *m.* [*konfeenay*].
bow, *n.* arco *m.* [*ahrko*]; archetto *m.* [*ahrketto*] (di violino); nodo *m.* (fiocco di nastri); prua *f.* [*prooah*] (di nave); inchino *m.* [*inkeeno*]; riverenza *f.* [*revayrentsah*] || *v.* inchinarsi [*inkeenahrsee*], curvarsi [*koorvahrsee*].
bowels, *n.pl.* visceri *m.pl.* [*veeshayree*], budella *f.pl.* [*boodayllah*].
bower, *n.* pergola *f.* [*pairgolah*].
bowl, *n.* scodella *f.* [*skodaylla*]; boccia *f.* [*bocheah*].
bowling, *n.* gioco *m.* delle bocce [*jeoko dayllay bocheay*].
box, *n.* scatola *f.* [*skahtolah*]; palco *m.* [*pahlko*] (in teatro); **— number**, *n.* casella *f.* postale [*kasellah postahlay*] || *v.* inscatolare [*inskahtolahray*].
boxer, *n.* pugile *m.* [*poojelay*].
boxing-day, *n.* il giorno di S. Stefano [*jeorno de sahnto Stayfahno*].
boy, *n.* ragazzo *m.* [*rahgahtzo*].
boyfriend, *n.* ragazzo *m.* [*rahgahtzo*]; innamorato *m.* [*innahmorahto*].
bra, **brassiere**, *n.* reggiseno *m.* [*rejeesayno*], reggipetto [*rejeepetto*].
brace, *n.* coppia *f.* [*koppea*], paio *m.* [*paheo*] || *v.* legare [*laygahray*]; fortificare [*fortefekahray*].

bracelet, *n.* braccialetto *m.* [*brahchealetto*].
braces, *n.pl.* bretelle *f.pl.* [*braytellay*].
bracket, *n.* mensola *f.* [*mensolah*]; parentesi *f.* [*pahrentaysee*].
brain, *n.* cervello *m.* [*chairvayllo*].
brake, *n.* freno *m.* [*frayno*] || *v.* frenare [*fraynahray*].
bramble, *n.* rovo *m.* [*rovo*].
bran, *n.* crusca *f.* [*krusskah*].
branch, *n.* ramo *m.* [*rahmo*]; succursale *f.* [*sookkoorsahlay*]; diramazione *f.* [*derahmahtseonay*].
brand, *n.* marchio *m.* [*mahrkeo*], marca *f.* [*mahrkah*] || *v.* marchiare [*mahrkeahray*].
brand-new, *adj.* nuovo fiammante [*noo-ovo feahmmahntay*].
brandy, *n.* acquavite *f.* [*ahkwooahveetay*], grappa *f.* [*grahppah*].
Brasilian, *adj.* & *n.* brasiliano *m.* [*brahseeleahno*].
brass, *n.* ottone *m.* [*ottonay*].
brave, *adj.* valoroso [*vahloroso*].
breach, *n.* breccia *f.* [*braytcheah*], infrazione *f.* [*infrahtseonay*].
bread, *n.* pane *m.* [*pahnay*].
breadcrumbs, *n.pl.* pangrattato *m.* [*pahngrahttahto*].
bread-stick, *n.* grissino *m.* [*grisseeno*].
breadth, *n.* larghezza *f.* [*lahrgaytzah*].
break (broke, broken), *v.* rompere [*rompayray*] || *n.* rottura *f.* [*rottoorah*].
breakdown, *n.* rottura [*rottoorah*], interruzione *f.* [*interrootseonay*].
breakfast, *n.* prima colazione *f.* [*preemah kolahtseonay*] || *v.* far colazione [*fahr —*].
breakwater, *n.* diga *f.* [*deega*], frangiflutti [*frahnjeeflootee*].
breast, *n.* petto *m.* [*petto*], seno *m.* [*sayno*].
breath, *n.* respiro *m.* [*rayspeero*], alito *m.* [*ahleeto*], fiato *m.* [*feahto*]; soffio *m.* [*soffeo*].
breathe, *v.* respirare [*rayspeerahray*].
breeches, *n.pl.* calzoni *m.pl.* [*kahltsonee*].

breed, *n.* razza *f.* [*rahtzah*], generazione *f.* [*jaynayrahtseonay*] || **breed** (**bred**, **bred**), *v.* generare [*janayrahray*]; allevare [*ahllayvahray*]; educare [*aydookarai*] || **well-bred**, *pp.* e *adj.* beneducato [*baynaydookahto*].
breeder, *n.* allevatore *m.* [*ahllayvahtoray*] (di animali).
breeze, *n.* brezza *f.* [*braytzah*].
brewery, *n.* birreria *f.* [*beerrayreah*].
bribe, *v.* corrompere [*korrompayray*] || *n.* bustarella *f.* [*boostahrellah*].
brick, *n.* mattone *m.* [*mahttonay*].
bricklayer, *n.* muratore *m.* [*moorahtoray*].
bride, *n.* sposa *f.* [*sposah*].
bridegroom, *n.* sposo *m.* [*sposo*] || **bridesmaid**, *n.* damigella d'onore [*dahmejellah d'onoray*].
bridge, *n.* ponte *m.* [*pontay*].
bridle, *n.* briglia *f.* [*breelyah*].
brief, *adj.* breve [*brayvay*].
briefcase, *n.* cartella *f.*, borsa *f.* diplomatica [*kahrtellah, borssah deeplomahtikah*].
briefs, *n.* mutandine *f.pl.* [*mootahndeenay*].
brigade, *n.* brigata *f.* [*breegahtah*].
bright, *adj.* brillante [*brillahntay*], risplendente [*reesplayndentay*].
brighten, *v.* far risplendere [*fahr reesplandayray*]; rasserenarsi [*rahssayraynahrsee*]; schiarirsi [*skeahreersee*] (del trempo). [*loochayntaytzah*].
brightness, *n.* splendore *m.* [*splendoray*], lucentezza *f.*
brilliant, *n.* brillante *m.* [*brillahntay*] || *adj.* brillante, lucente [*loochayntay*].
brim, *n.* orlo *m.* [*orlo*], lembo *m.* [*laymbo*], margine *m.* [*mahrjeenay*]; tesa *f.* [*taysah*] (di cappello).
brine, *n.* salamoia *f.* [*sahlahmoeah*].
bring (**brought**, **brought**), *v.* portare [*portahray*], arrecare [*ahrraykahray*]; **to — about**, causare [*kaoosahray*]; **to — down**, uccidere [*oochedairay*]; far scendere [*fahr*

shendairay]; **to — forth**, **on**, causare [*kaoosahray*]; **to — in**, fruttare [*froottahray*]; presentare [*praysayntahray*] (un progetto di legge); far entrare [*fahr ayntrahray*]; **to — out**, far uscire [*fahr oosheeray*] (sul mercato); **to — round**, persuadere [*pairsooahdairay*].

brink, *n.* lembo *m.* [*laymbo*], orlo *m.* [*orlo*].

brisk, *adj.* vivace [*veevahchay*], brioso [*breoso*].

bristle, *n.* setola *f.* [*saytolah*].

British, *adj.* britannico [*britahnneeko*].

brittle, *adj.* fragile [*frahjelay*].

broad, *adj.* largo [*lahrgo*], vasto [*vahsto*].

broadcast, **broadcasting**, *n.* radiotrasmissione *f.* [*rahdeotrahsmeesseonay*]; **wire —**, filodiffusione *f.* [*feelodiffooseonay*] || *v.* radiotrasmettere [*rahdeotrahsmettay-ray*].

brocade, *n.* broccato *m.* [*brokkahto*].

brochure, *n.* opuscolo *m.* [*opoosskolo*].

broil, *v.* arrostire sulla graticola [*ahrrosteeray soollah grahteekolah*].

broke, *adj.* squattrinato [*skooahttreenahto*].

broken, *adj.* rotto [*rotto*].

broker, *n.* sensale *m.* [*sensahlay*], mediatore *m.* [*maydeatoray*].

bronchitis, *n.* bronchite *f.* [*bronkeetay*].

bronze, *n.* bronzo *m.* [*brontso*].

brooch, *n.* fermaglio *m.* [*fairmahlyo*] (ornamento).

brood, *n.* covata *f.* [*kovahtah*]; razza *f.* [*rahtzah*], stirpe *f.* [*steerpay*] || *v.* covare [*kovahray*]; meditare [*maydetahray*].

brook, *n.* ruscello *m.* [*rooshayllo*].

broom, *n.* scopa *f.* [*skopah*].

broth, *n.* brodo *m.* [*brodo*].

brother, *n.* fratello *m.* [*frahtello*].

brother-in-law, *n.* cognato *m.* [*konyahto*].

brow, *n.* sopracciglio *m.* [*soprachee lyo*].

brown, *n.* & *adj.* bruno *m.* [*broono*].

bruise, *n.* contusione *f.* [*kontooseonay*] || *v.* provocare (o provocarsi) contusioni [*provokahray kontooseonee*].

brush, *n.* spazzola *f.* [*spahtzolah*]; pennello *m.* [*paynnello*] || *v.* spazzolare [*spahtzolahray*].
Brussels sprouts, *n.* cavoletti *m.pl.* di Bruxelles [*kahvolettee de B.*].
brutal, *adj.* brutale [*broot ahlay*].
brute, *n.* & *adj.* bruto *m.* [*brooto*].
bubble, *n.* bolla *f.* [*bollah*] || *v.* gorgogliare [*gorgoleahray*].
bucket, *n.* secchio *m.* [*saykkeo*].
buckle, *n.* fibbia *f.* [*feebeah*], fermaglio *m.* [*fairmahlyo*] || *v.* affibbiare [*ahffeebeahray*].
bud, *n.* germoglio *m.* [*jairmolyo*], gemma *f.* [*jaymmah*] || *v.* germogliare [*jairmolyahray*].
bug, *n.* cimice *m.* [*cheemeechay*].
build (**built**, **built**), *v.* costruire [*kostrooeeray*].
builder, *n.* costruttore *m.* [*kostroottoray*].
building, *n.* edificio *m.* [*aydefeecheo*], fabbricato *m.* [*fahbbreekahto*]; — **industry**, edilizia *f.* [*aydileetseah*].
bulb, *n.* bulbo *m.* [*boolbo*]; lampadina *f.* [*lahmpahdeenah*]; — **holder**, — **socket**, portalampade *m.* [*portahlahmpahday*].
bulk, *n.* massa *f.* [*mahssah*], mole *f.* [*molay*], volume *m.* [*voloomay*].
bulky, *adj.* voluminoso [*voloomeenoso*].
bull, *n.* toro *m.* [*toro*].
bullet, *n.* pallottola *f.* [*pahllottolah*] (di armi portatili).
bulletin, *n.* comunicato *m.* [*komoonekahto*].
bump, *v.* urtare [*oortahray*]; tamponare [*tahmponarhray*] || *n.* urto *m.* [*oorto*].
bumper, *n.* paraurti *m.* [*pahrahoortee*].
bun, *n.* ciambella *f.* [*cheahmbayllah*].
bunch, *n.* fascio [*fahsheo*], grappolo [*grahppolo*], mazzo *m.* [*mahtzo*].
bundle, *n.* fagotto [*fahgotto*], fardello *m.* [*fahrdello*] || *v.* affastellare [*ahffahstellahray*].
buoy, *n.* gavitello *m.* [*gaveetello*].

burden, *n.* fardello *m.* [*fahrdello*]; **beast of** —, bestia *f.* da soma [*baysteah dah somah*] || *v.* caricare [*kahrekahray*], aggravare [*ahdgrahvahray*].
bureau, *n.* ufficio *m.* [*oofeecheo*].
burglar, *n.* ladro *m.* [*lahdro*], scassinatore *m.* [*skahs-seenahtoray*].
burial, *n.* sepoltura *f.* [*saypoltoorah*], funerale *m.* [*foo-nayrahlay*].
burn (**burnt**, **burnt**), *v.* bruciare [*broocheahray*], ardere [*ahrdayray*] || *n.* scottatura *f.* [*skottahtoorah*].
burner, *n.* bruciatore *m.* [*broochatoray*].
burning, *adj.* ardente [*ahrdentay*].
burst (**burst**, **burst**), *v.* scoppiare [*skoppeahray*] || *n.* scoppio *m.* [*skoppeo*].
bury, *v.* seppellire [*sayppelleeray*].
bus, *n.* autobus *m.* [*ahootobooss*].
bush, *n.* cespuglio *m.* [*chesspoolyo*].
bushy, *adj.* cespuglioso [*chesspoolyoso*].
business, *n.* affare *m.* [*ahffahray*]; occupazione *f.* [*okkoopahtseone*], mestiere *m.* [*maysteeray*].
business consultant, *n.* commercialista *m.f.* [*kommair-chealeestah*].
bustle, *n.* trambusto *m.* [*tramboosto*].
busy, *adj.* occupato [*okkoopahto*], affaccendato [*ahffah-chendahto*].
but, *conj.* ma [*mah*], solo [*solo*], solamente [*solahmentay*], fuorché [*foo-orkay*].
butcher, *n.* macellaio *m.* [*mahtchellaheo*].
butler, *n.* maggiordomo *m.* [*mahdjordomo*].
butt, *n.* mozzicone *m.* [*motseekonay*].
butter, *n.* burro *m.* [*boorro*] || *v.* imburrare [*imboorrah-ray*].
butterfly, *n.* farfalla *f.* [*fahrfahllah*].
button, *n.* bottone *m.* [*bottonay*]; — **hole**, *n.* occhiello [*okkeayllo*] || *v.* abbottonare [*ahbbottonahray*].
buy (**bought**, **bought**), *v.* comprare [*komprahray*].
buyer, *n.* compratore *m.* [*komprahtoray*].
buzz, *n.* ronzio *m.* [*rondzeeo*] || *v.* ronzare [*rondzahray*].

buzzer, *n.* pulsante *m.* [*puls*[a]*hntay*].
by, *prep.* da [*dah*], per [*pair*].
bye-bye, ciao [*che*[a]*ho*], arrivederci [*ahrrived*[ai]*rche*].
bygone, *adj.* passato [*pahss*[a]*hto*], che non è più [*kay non ay pe*[oo]].
by-product, *n.* sottoprodotto *m.* [*sottoprod*[o]*tto*].
bystander, *n.* spettatore *m.* [*spayttaht*[o]*ray*].

C

cab, *n.* vettura *f.* pubblica [*vayttoorah poobblekah*].
cabbage, *n.* cavolo *m.* [*kahvolo*].
cabby, *n.* vetturino *m.* da piazza [*vayttooreeno dah peahtzah*].
cabin, *n.* cabina *f.* [*kahbeenah*].
cable, *n.* cavo *m.* telegrafico [*kahvo taylaygrahfeeko*]; gomena *f.* [*gomaynah*] || *v.* telegrafare [*taylaygrahfahray*].
cableway, *n.* funivia *f.* [*fooneveah*].
cabman, *V.* **cabby**.
cake, *n.* focaccia *f.* [*fokahtcheah*], dolce *m.* [*dolchay*].
calculate, *v.* calcolare [*kahlkolahray*].
calculator, *n.* calcolatore *m.* [*kahlkolahtoray*], calcolatrice *f.* [*kahlkolahtreechay*].
calendar, *n.* calendario *m.* [*kahlendahreo*].
calf (*pl.* **calves**), *n.* vitello *m.* [*veetello*]; polpaccio *m.* [*polpahtcheo*] (della gamba).
call, *n.* chiamata *f.* [*keahmahtah*]; breve visita *f.* [*brayvay veseetah*]; telefonata *f.* [*taylayfonahtah*] || *v.* chiamare [*keahmahray*]; telefonare [*taylayfonahray*]; **to — on**, visitare [*veseetahray*].
calling, *n.* chiamata *f.* [*keahmahtah*]; professione *f.* [*profaysseonay*], mestiere *m.* [*maysteayray*]; vocazione *f.* [*vokahtseonay*].
calm, *adj.* calmo [*kahlmo*] || *v.* calmare [*kahlmahray*].
camel, *n.* cammello *m.* [*kammello*].
camera, *n.* apparecchio *m.* fotografico [*ahppahraykkeo fotograhfeeko*].

camomile, *n.* camomilla *f.* [*kahmomeellah*].
camp, *n.* campo *m.* [*kahmpo*] || *v.* accampare [*ahkkahmpahray*], accamparsi [*ahkkahmpahrsee*].
can, *n.* barattolo *m.* [*bahrahttolo*]; lattina *f.* [*lahtteenah*] || *v.* presente indic. del verbo potere || *v.* inscatolare [*inskahtolahray*] (cibo).
Canadian, *adj.* & *n.* canadese *m.f.* [*kahnahdaysay*].
canal, *n.* canale *m.* [*kahnahlay*].
canary, *n.* canarino *m.* [*kahnahreeno*].
cancel, *v.* cancellare [*kahnchayllahray*], annullare [*ahnnoollahray*].
cancer, *n.* cancro *m.* [*kankro*].
candid, *adj.* candido [*kahndedo*]; — **camera**, macchina fotografica di piccolo formato.
candle, *n.* candela *f.* [*kahndaylah*].
candlestick, *n.* candeliere *m.* [*kahndayleairay*].
candy, *n.* candito *m.* [*kahndeeto*].
cane, *n.* canna *f.* [*kahnnah*].
canned meat, *n.* carne *f.* in scatola [*kahrnay in skahtolah*].
cannon, *n.* cannone *m.* [*kahnnone*]; carambola *f.* [*kahrahmbolah*] (biliardo).
canoe, *n.* piroga *f.* [*peerogah*], canoa *f.* [*kahnoah*].
canon, *n.* canonico *m.* [*kahnoniko*].
canopy, *n.* baldacchino *m.* [*bahldahkkeeno*].
canteen, *n.* mensa *f.* [*mensah*]; gavetta *f.* [*gahvettah*].
canvas, *n.* tela *f.* [*taylah*].
cap, *n.* berretto *m.* [*bayrretto*].
capable, *adj.* capace [*kahpahchay*].
capacious, *adj.* ampio [*ahmpeo*], capace [*kahpahchay*].
cape, *n.* mantella *f.* [*mahntellah*]; capo [*kahpo*], promontorio *m.* [*promontoreo*].
caper, *n.* cappero *m.* [*kahppayro*].
capital, *adj.* capitale [*kahpetahlay*], fondamentale [*fondahmentahlay*] || *n.* capitale *m.* [*kahpetahl*]; capitello *m.* [*kahpetayllo*].
Capitol, *n.* Campidoglio *m.* [*Kahmpedolyo*].

capon, *n.* cappone *m.* [*kahpp^{o}nay*].
caprice, *n.* capriccio *m.* [*kahpr^{ee}tcheo*].
capsize, *v.* capovolgere [*kahpov^{o}ljayray*], capovolgersi [*kahpov^{o}ljayrsee*].
capstan, *n.* argano *m.* [^{a}*hrgahno*].
captain, *n.* capitano *m.* [*kahpet^{a}hno*].
caption, *n.* didascalia *f.* [*didahskahl^{ee}ah*].
captivity, *n.* prigionia *f.* [*preejeon^{ee}ah*].
car, *n.* automobile *f.* [*ahootom^{o}beelay*]; **radio —**, autoradio *f.* [*ahootor^{a}hd^{ee}o*]; **— radio**, radio *f.* per auto [*r^{a}hd^{ee}o p^{ai}r ^{a}hooto*]; **special-bodied —**, fuoriserie *f.* [*foo-^{o}rees^{ai}reay*]; **— rental**, autonoleggio *m.* [*ahootonol^{e}jeeo*]; **— showroom**, autosalone *m.* [*ahootosahl^{o}-*
carabine, *n.* carabina *f.* [*kahrahb^{ee}nah*]. [*nay*].
caramel, *n.* caramella *f.* [*kahrahm^{e}llah*].
carat, *n.* carato *m.* [*kahr^{a}hto*].
caravan, *n.* carovana *f.* [*kahrov^{a}hnah*]; roulotte *f.* [*rool^{o}tt*].
carbide, *V.* **carburet**.
carbonize, *v.* carbonizzare [*kahrbonetz^{a}hray*].
carburet, **carbide**, *n.* carburo *m.* [*kahrb^{oo}ro*].
carburettor, *n.* carburatore *m.* [*kahrboorahtt^{o}ray*].
card, *n.* carta *f.* [*k^{a}hrta*] (da gioco), biglietto *m.* [*bely^{e}tto*] (da visita); scheda *f.* [*sk^{ay}dah*].
cardboard, *n.* cartone *m.* [*kahrt^{o}nay*].
cardigan, *n.* golf *m.* [*g^{o}lf*] (con bottoni).
cardinal, *n.* cardinale *m.* [*kahrden^{a}hlay*].
care, *n.* cura [*k^{oo}rah*]; attenzione *f.* [*ahttentse^{o}nay*]; **— of**, (c/o) presso [*pr^{e}sso*] (recapito di lettere) || *v.* aver
career, *n.* carriera *f.* [*kahrre^{ay}rah*]. [cura, curarsi.
careful, *adj.* accurato [*ahkkoor^{a}hto*].
carefulness, *n.* accuratezza *f.* [*akkoorahht^{ay}tzah*].
careless, *adj.* trascurato [*trahskoor^{a}hto*].
caress, *n.* carezza *f.* [*kahr^{ay}tzah*] || *v.* accarezzare [*akkahraytz^{a}hray*].
caretaker, *n.* custode *m.* *f.* [*koost^{o}day*].

cargoboat, *n.* nave da carico [*nahvay dah kahreko*].
caricature, *n.* caricatura *f.* [*kahrekatoorah*].
carnation, *n.* garofano *m.* [*gahrofahno*].
carnival, *n.* carnevale *m.* [*kahrnayvahlay*].
carp, *n.* carpa *f.* [*kahrpah*] (pesce).
carpenter, *n.* carpentiere *m.* [*kahrpaynteayray*].
carpet, *n.* tappeto *m.* [*tahppeto*]; **wall-to-wall** —, moquette *f.* [*mokett*].
carpet-beater, *n.* battipanni *m.* [*bahtteepahnnee*]; battitappeto *m.* [*bahtteetahppayto*].
carriage, *n.* carrozza *f.* [*kahrrotzah*]; trasporto *m.* [*trahssporto*], porto *m.* [*porto*] (di pacchi); portamento *m.* [*portahmento*] (di persona).
carrier, *n.* vettore *m.* [*vayttoray*]; corriere *m.* [*korreairay*]; portaerei *f.* [*portahairayee*].
carrot, *n.* carota *f.* [*kahrotah*].
carry, *v.* portare [*portahray*].
cart, *n.* carro *m.* [*kahrro*].
cartilage, *n.* cartilagine *f.* [*kartelahdjenay*].
cartoon, *n.* disegno *m.* caricaturale [*deesaynyo kahrekahtoorahlay*]; fumetto *m.* [*foometto*]; scatola *f.* di cartone [*skahtolah dee kahrtonay*].
cartridge, *n.* cartuccia *f.* [*kahrtoohceah*] (per armi da fuoco); caricatore *m.* [*kahrekahtoray*] (per pellicole fotografiche).
carve, *v.* trinciare [*treencheahray*] (carne); intagliare [*intahlyahray*].
carving, *n.* intaglio *m.* [*intahlyo*].
case, *n.* caso [*kahso*]; astuccio *m.* [*ahstoocheo*], cassa [*kahssah*], fodera *f.* [*fodayrah*]; processo *m.* [*prochesso*].
cash, *n.* cassa *f.* [*kahssa*], denaro *m.* contante [*daynahro kontahntay*] || *v.* incassare [*inkahssahray*].
cashier, *n.* cassiere *m.* [*kahsseayray*].
cask, *n.* botte *f.* [*bottay*], fusto *m.* [*foosto*].

casque, *n.* casco *m.* [*kahsko*], elmo *m.* [*aylmo*].
cassette, *n.* cassetta *f.* [*kahssettah*] (registrata): — **player**, mangianastri *m.* [*mahnjeahnahstree*], mangiacassette *m.* [*mahnjeakahssettay*].
cast (cast, cast), *v.* fondere [*fondayray*] (metalli), gettare [*jettahray*], buttare [*boottahray*] || *n.* getto *m.* [*jetto*], fusione *f.* [*fooseonay*].
casting, *n.* fusione *f.* [*fooseonay*].
cast-iron, *n.* ghisa *f.* [*gheesah*].
castle, *n.* castello *m.* [*kahsstello*].
castor-oil, *n.* olio *m.* di ricino [*olyo de reecheeno*].
casual, *adj.* casuale [*kahsooahlay*] || *n.pl.* abiti *m.pl.* pratici [*ahbetee prahtechee*].
casuality, *n.* disgrazia *f.* [*disgrahtseah*], infortunio *m.* [*infortooneo*], perdita *f.* [*pairdetay*] (di vite umane).
cat, *n.* gatto *m.* [*gahtto*].
cataclysm, *n.* cataclisma *m.* [*kahtahkleesmah*].
catacomb, *n.* catacomba *f.* [*kahtahkombah*].
catalogue, *n.* catalogo *m.* [*kahtahlogo*].
cataract, *n.* cataratta *f.* [*kahtayrahttah*].
catarrh, *n.* catarro *m.* [*kahtahrro*].
catastrophe, *n.* catastrofe *f.* [*kahtahstrofay*].
catch (caught, caught), *v.* acchiappare [*ahkkeahppahray*], afferrare [*ahffayrrahray*] || *n.* presa *f.* [*praysah*].
catching, *adj.* contagioso [*kontahjeoso*].
catching up, *n.* (sport) rimonta *f.* [*reemontah*].
category, *n.* categoria *f.* [*kahtaygoreah*].
caterpillar, *n.* bruco *m.* [*brooko*]; cingolo *m.* [*chengolo*].
cathedral, *n.* cattedrale *f.* [*kahttaydrahlay*].
catholic, *n.* & *adj.* cattolico *m.* [*kahttoleko*].
cattle, *n.* bestiame *m.* [*bessteahmay*].
cauliflower, *n.* cavolfiore *m.* [*kahvolfeoray*].
cause, *n.* causa [*kahoosah*] || *v.* causare [*kahoosahray*].
caustic, *n.* & *adj.* caustico *m.* [*kahoosteko*].
caution, *n.* avviso *m.* [*ahvveeso*], avvertimento *m.* [*ahvvairteemento*]; prudenza *f.* [*proodentsa*].

cavalcade, *n.* cavalcata *f.* [*kahvahlkahtah*].
cavalry, *n.* cavalleria *f.* [*kahvahllayreah*].
cave, *v.* scavare [*skahvahray*] || *n.* cava *f.* [*kahvah*]; antro *m.* [*ahntro*].
cavern, *n.* caverna *f.* [*kahvairnah*].
caviar, *n.* caviale *m.* [*kahveahlay*].
cavillous, *adj.* cavilloso [*kahveelloso*].
cavity, *n.* cavità *f.* [*kahveetah*].
cease, *v.* cessare [*chessahray*], desistere [*dayseesstayray*].
cedar, *n.* cedro *m.* [*chaydro*].
ciling, *n.* soffitto *m.* [*soffeetto*].
celebrate, *v.* celebrare [*chaylaybrahray*].
celebrated, *adj.* celebre [*chaylaybray*].
celebration, *n.* celebrazione *f.* [*chaylaybrahtseonay*].
celebrations, *n.pl.* festeggiamenti *m.* [*festaytjahmayntee*].
celebrity, *n.* celebrità *f.* [*chaylaybreetah*].
celery, *n.* sedano *m.* [*saydahno*].
cell, *n.* cella *f.* [*chellah*]; cellula *f.* [*chelloolah*].
cellar, *n.* cantina *f.* [*kahnteenah*].
cement, *n.* cemento *m.* [*chaymento*]; mastice *m.* [*mahs-steechay*].
cemetery, *n.* cimitero *m.* [*cheemeetayro*].
censor, *n.* censore *m.* [*chensoray*].
cent, *n.* centesimo *m.* [*chentaysemo*].
centigrade, *n.* centigrado *m.* [*chenteegrahdo*].
centime, *n.* centesimo *m.* [*chentayseemo*].
centimetre, *n.* centimetro *m.* [*chenteemaytro*].
centipede, *n.* millepiedi *m.* [*millaypeaydee*].
central, *adj.* centrale [*chentrahlay*].
centre, *n.* centro *m.* [*chentro*].
centre forward, *n.* (sport) centrattacco *m.* [*chentraht-tahkko*], centravanti *m.* [*chentrahvahntee*].
century, *n.* secolo *m.* [*saykolo*].
ceramics, *n.* ceramica *f.* [*chayrahmeekah*].
ceremonial, *n.* & *adj.* cerimoniale [*chayremoneahlay*].
ceremony, *n.* cerimonia *f.* [*chayremoneah*].
certain, *adj.* certo [*chairto*].

certificate, *n.* certificato *m.* [*chairtefeekahto*].
certify, *v.* certificare [*chairtefeekahray*].
chagrin, *v.* rattristare [*rahttreestahray*] || *n.* dolore [*doloray*], affanno [*ahffahnno*].
chain, *n.* catena [*kahtaynah*] || *v.* incatenare [*inkahtaynahray*].
chair, *n.* sedia *f.* [*saydeah*]; — **lift**, seggiovia *f.* [*saydjoveeah*].
chalice, *n.* calice *m.* [*kahleechay*] (di chiesa).
chalk, *n.* gesso *m.* [*jesso*].
challenge, *v.* sfidare [*sfeedahray*] || *n.* sfida *f.* [*sfeedah*].
chamber, *n.* camera *f.* [*kahmayrah*]; sala *f.* [*sahlah*].
chamois, *n.* camoscio *m.* [*kahmosheo*].
champion, *n.* campione *m.* [*kahmpeonay*] (sportivo).
championship, *n.* campionato *m.* [*kahmpeonahto*].
chance, *n.* caso *m.* [*kahso*], fortuna [*fortoonah*], probabilità [*probahbeeleetah*], occasione *f.* [*okkahseonay*] || *v.* accadere [*ahkkahdayray*] || **by** —, *adv.* per caso [*pair kahso*].
chandelier, *n.* lampadario [*lahmpahdahreo*] (a bracci).
change, *v.* cambiare [*kahmbeahray*] || *n.* cambio *m.* [*kahmbeo*]; moneta *f.* spicciola [*monaytah speecheolah*], resto *m.* [*ressto*].
channel, *n.* canale *m.* [*kahnahlay*].
chap, *n.* tipo *m.* [*teepo*], individuo *m.* [*indeveedoo-o*]; screpolatura *f.* [*skraypolahtoorah*] (alle mani).
chapel, *n.* cappella *f.* [*kappellah*].
chaplain, *n.* cappellano *m.* [*kahppellahno*].
chapter, *n.* capitolo *m.* [*kahpeetolo*].
character, *n.* carattere *m.* [*kahrahttayray*], reputazione *f.* [*raypootahtseonay*]; personaggio *m.* [*pairsonahdjeo*] (teatro).
charade, *n.* sciarada *f.* [*sheeahrahdah*].
charcoal, *n.* carbone *m.* dolce [*kahrbonay dolchay*] (di legna).
charge, *v.* caricare [*kahreekahray*]; far pagare [*fahr pahgahray*]; imporre [*imporray*]; accusare [*ahkkoosahray*]

|| *n.* carico *m.* [*kahreeko*]; carica [*kahreekah*]; accusa [*akkoosah*], imputazione *f.* [*impootahtseonay*].
charitable, *adj.* caritatevole [*kahreetahtayvolay*].
charity, *n.* carità *f.* [*kahreetah*].
charm, *n.* fascino [*fahsheeno*]; incanto *m.* [*inkahnto*] || *v.* affascinare [*ahffahsheenahray*].
charming, *adj.* incantevole [*inkahntayvolay*], affascinante [*ahffahsheenahntay*].
chart, *n.* diagramma *m.* [*deahgrahmmah*].
charwoman, *n.* donna *f.* di servizio a ore.
chase, *n.* caccia *f.* [*kacheah*], inseguimento *m.* [*insaygo-oemento*] || *v.* cacciare [*kahcheahray*], inseguire [*insay-gooeeray*].
chasm, *n.* abisso *m.* [*ahbisso*].
chat, *n.* ciarla *f.* [*cheeahrlah*], conversazione *f.* amichevole [*konvairsahtseonay ahmeekayvolay*] || *v.* chiacchierare [*keyahkeyayrahray*].
chatter, *v.* chiacchierare [*keyahkeyayrahray*] || *n.* chiacchiera *f.* [*keyahkeyayrah*].
chatterbox (**chatterer**), *n.* chiacchierone *m.* [*keyahkeyayronay*]; chiacchierona *f.* [*keyahkeyayronah*].
cheap, *adj.* a buon mercato [*ah boo-on mairkahto*].
cheat, *v.* ingannare [*ingahnnahray*], frodare [*frodahray*] || *n.* truffatore *m.* [*trooffahtoray*].
check, *n.* assegno [*ahssaynyo*] || *v.* riscontrare [*reskontrahray*], verificare [*vayrefeekahray*]; **to — off**, spuntare [*spoontahray*] (una lista ecc.).
cheek, *n.* guancia *f.* [*gooahncheah*].
cheekbone, *n.* zigomo *m.* [*tsegomo*].
cheeky, *adj.* sfacciato [*sfahtcheahto*].
cheer, *v.* rallegrare [*rahllaygrahray*]; applaudire [*ahpplahoodeeray*] || *n.* festa [*fesstah*], acclamazione *f.* [*ahkklahmahtseonay*], applauso *m.* [*ahpplahooso*]; **cheers!**, cin cin! [*chin chin*].
cheerful, *adj.* allegro [*ahllaygro*].
cheese, *n.* formaggio *m.* [*formahdjeo*].

chemical, *adj.* chimico [*keemeeko*].
chemist, *n.* farmacista *m.f.* [*fahrmahchisstah*]; chimico *m.* [*keemeeko*].
chemistry, *n.* chimica *f.* [*keemeekah*] (scienza).
cheque, *n.* assegno *m.* [*ahssaynyo*].
cherry, *n.* ciliegia *f.* [*cheeleayjeah*].
chess, *n.* scacchi *m.pl.* [*skahkkee*].
chest, *n.* torace *m.* [*torahchay*]; forziere *m.* [*fortseayray*].
chestnut, *n.* castagna *f.* [*kahstahnyah*].
chest-of-drawers, *n.* comò [*komo*], cassettone *m.* [*kahssettonay*].
chew, *v.* masticare [*mahsstekahray*].
chewing-gum, *n.* gomma da masticare *f.* [*gommah dah masstekahray*].
chick, *n.* pulcino *m.* [*poolcheeno*].
chicken, *n.* pollo *m.* [*pollo*].
chicken pot, *n.* varicella *f.* [*varichellah*].
chicory, *n.* cicoria *f.* [*cheekoreah*].
chief, *n.* capo *m.* [*kahpo*], principale *m.* [*princhepahle*] || *adj.* principale, primo [*preemo*].
chilblain, *n.* gelone *m.* [*jaylonay*].
child, *n.* (*pl.* **children**) bambino *m.* [*bahmbeeno*], bambina *f.* [*bahmbeenah*]; fanciullo *m.* [*fahncheoollo*], fanciulla *f.* [*—llah*].
childbirth, *n.* parto *m.* [*pahrto*].
childhood, *n.* fanciullezza *f.* [*fahncheoolaytzah*], infanzia *f.* [*infahntseah*].
childish, *adj.* fanciullesco [*fahncheoolessko*].
Chilean, *adj.* & *n.* cileno *m.* [*cheelayno*].
chill, *n.* brivido *m.* [*breevedo*] || *adj.* freddo [*frayddo*].
chime, *n.* scampanio *m.* [*skahmpahneo*] || *v.* suonare le campane a festa [*soo-onahray lay kahmpahnay ah fesstah*].
chimney, *n.* camino *m.* [*kahmeeno*].
chimney-sweeper, *n.* spazzacamino *m.* [*spahtsah-kahmeeno*].
chin, *n.* mento *m.* [*mento*].
china, *n.* porcellana *f.* [*porchayllahnah*].
Chinese, *adj.* & *n.* cinese *m.f.* [*cheenaysay*].

chink, *n.* spaccatura *f.* [*spahkkahtoorah*], fessura *f.* [*fessoorah*] || *v.* spaccare [*spahkkahray*], fendere [*fendayray*].
chip, *n.* frammento *m.* [*frahmmento*], scheggia *f.* [*skaytjeah*] || *v.* scheggiare [*skaytjeahray*].
chiropodist, *n.* pedicure *m.* [*paydekooray*].
chivalry, *n.* cavalleria *f.* [*kahvahllayreah*] (modi cortesi).
chocolate, *n.* cioccolata *f.* [*chokkolahtah*], cioccolato *m.* [*chokkolahto*].
choice, *n.* scelta *f.* [*shelltah*].
choir, *n.* coro *m.* [*koro*] (religioso).
choke, *v.* soffocare [*soffokahray*], strozzare [*strotzahray*].
choose (chose, chosen), *v.* scegliere [*shelyayray*].
chop, *n.* fetta *f.* [*fettah*], cotoletta *f.* [*kotolettah*], braciola *f.* [*brahcheolah*] || *v.* tritare [*treetahre*], tagliuzzare [*tahlyootzahray*].
chord, *n.* corda *f.* [*kordah*] (di strumento musicale).
chorus, *n.* coro *m* [*koro*] (da concerto, teatro ecc.).
christian, *n.* & *adj.* cristiano *m.* [*kreesteahno*].
Christmas, *n.* Natale *m.* [*nahtahlay*].
chronic, -al, *adj.* cronico [*kroneko*].
chubby, *adj.* paffuto [*pahffooto*].
chum, *n.* compagno *m.* [*kompahnyo*], camerata *m.* [*kahmayrahtah*].
church, *n.* chiesa *f.* [*keeaysah*].
churchyard, *n.* camposanto *m.* [*kahmposahnto*].
cider, *n.* sidro *m.* [*seedro*].
cigar, *n.* sigaro *m.* [*seegahro*].
cigarette, *n.* sigaretta *f.* [*seegarettah*].
cinecamera, *n.* cinepresa *f.* [*cheenaypraysah*].
cinema, *n.* cinema *m.* [*cheenaymah*], cinematografo *m.* [*cheenaymahtograhfo*].
cinnamon, *n.* cannella *f.* [*kahnnellah*].
circle, *v.* accerchiare [*ahchairkeahray*] || *n.* cerchio [*chairkeo*], circolo *m.* [*cheerkolo*].
circumstance, *n.* circostanza *f.* [*cheerkostahnzah*].

circus, *n.* circo *m.* [*cheerko*], piazza *f.* circolare [*peahtzah cheerkolahray*].
cistern, *n.* cisterna *f.* [*cheesstairnah*].
citadel, *n.* cittadella *f.* [*cheettahdellah*].
citizen, *n.* cittadino *m.* [*cheettahdeeno*].
citizenship, *n.* cittadinanza *f.* [*cheettahdeenahntsah*].
citron, *n.* cedro *m.* [*chaydro*].
city, *n.* città *f.* [*cheettah*].
civil, *adj.* civile [*cheeveelay*].
civilian, *n.* borghese *m.* [*borghaysay*].
civilization, *n.* civilizzazione *f.* [*cheeveeletzahtseonay*].
claim, *n.* reclamo *m.* [*rayklahmo*]; pretesa *f.* [*praytaysah*], rivendicazione *f.* [*revendekahtseonay*] || *v.* reclamare [*rayklahmahray*], pretendere [*prayt endayray*], rivendicare [*revendekahray*].
clam, *n.* vongola *f.* [*vongolah*].
clan, *n.* tribù *f.* [*treeboo*].
clandestine, *adj.* clandestino [*klahndessteeno*].
clang, *n.* cozzo *m.* d'armi [*kotzo d'ahrmee*] || *v.* far risonare [*fahr resonahray*], echeggiare [*aykaydjeahray*].
clap, *n.* colpo *m* [*kolpo*], botta *f.* [*bottah*], battimano *m.* [*bahtteemahno*] || *v.* battere [*bahttayray*], sbattere [*sbahttayray*], applaudire (con le mani) [*ahpplahoodeeray*].
claret, *n.* vino *m.* rosso [*veeno rosso*].
clash, *n.* fracasso [*frahkahsso*], cozzo *m.* [*kotzo*] || *v.* cozzare [*kotzahray*], scrosciare [*skrosheahray*].
clasp, *n.* fermaglio *m.* [*fairmahlyo*], fibbia *f.* [*feebbeah*] || *v.* affibbiare [*ahffeebeahray*].
class, *n.* classe *f.* [*klahssay*] || *v.* classificare [*klahsseefeekahray*].
classic, *adj.* classico [*klahsseeko*].
classification, *n.* classifica *f.* [*klahsseefeekah*]; graduatoria *f.* [*grahdooahtoreah*].
clatter, *n.* strepito *m.* [*straypeeto*] || *v.* strepitare [*straypeetahray*].
clause, *n.* clausola *f.* [*klahoosolah*].
claw, *n.* artiglio *m.* [*ahrteelyo*].

clay, *n.* argilla *f.* [*ahrjeellah*], creta *f.* [*kraytah*].
clean, *adj.* pulito [*pooleeto*] || *v.* pulire [*pooleeray*].
cleaner's, *n.* tintoria *f.* [*tintoreah*].
cleaning, *n.* pulitura *f.* [*pooleetoorah*].
cleanse, *v.* ripulire [*repooleeray*]; purgare [*poorgahray*].
clear, *adj.* chiaro [*keahro*], sereno [*sayrayno*] || *v.* schiarirsi [*skeahreersee*], rasserenarsi [*rahssayraynahrsee*]; sdoganare [*sdogahnahray*].
clearance, *n.* liquidazione *f.* [*likwooedahtseonay*].
clearing, *n.* (comm.) compensazione *f.* [*kompensahtseonay*].
clearness, *n.* chiarezza *f.* [*keahraytzah*].
cleave (**clove**, **cloven**), *v.* fendere [*fendayray*], spaccare [*spahkkahray*].
cleft, *n.* fessura *f.* [*fessoorah*].
clement, *adj.* clemente [*klaymentay*].
clementine, *n.* mandarancio *m.* [*mahndahrahncheo*].
clergyman, *n.* ecclesiastico *m.* [*ekklayseahsteeko*].
clerk, *n.* impiegato *m.* [*impeaygahto*]; cancelliere *m.* [*kahnchaylleayray*].
clever, *adj.* abile [*ahbeelay*]; intelligente [*intellegentay*].
clew, *n.* gomitolo *m.* [*gomeetolo*].
client, *n.* cliente *m.f.* [*klee-entay*].
cliff, *n.* scogliera *f.* [*skolyairah*]; dirupo *m.* [*deroopo*].
climate, *n.* clima *m.* [*kleemah*].
climb, *v.* scalare [*skahlahray*], arrampicarsi [*ahrrahmpekahrsee*] || *n.* salita *f.* [*sahleetah*]; arrampicata *f.* [*ahrrahmpekahtah*].
cling (**clung**, **clung**), *v.* avvinghiarsi [*ahvveengheahrsee*].
clink, *v.* far risuonare [*fahr resoo-onahray*], tintinnare [*tintinnahray*].
clip, *n.* morsetto *m.* [*morsetto*]; fermaglio *m.* [*fairmahlyo*], graffa *f.* [*grahffah*] || *v.* tosare [*tosahray*].
cloak, *n.* mantello *m.* [*mahntello*]; — **room**, *n.* guardaroba *m.* [*gooahrdahrobah*].
clock, *n.* orologio *m.* [*orolojeo*] (da muro); **alarm** —, *n.* sveglia *f.* [*svaylyah*].

cloister, *n.* chiostro *m.* [*keeostro*].
close, *adj.* serrato [*sairrahto*], stretto [*stretto*], rasente [*rahsentay*] || *adv.* vicino [*vecheeno*] || *n.* conclusione *f.* [*konklooseonay*] || *v.* chiudere [*keoodayray*], concludere [*konkloodayray*], finire [*feeneeray*].
closet, *n.* gabinetto [*gahbeenetto*], stanzino *m.* [*stahntseeno*].
closure, *n.* chiusura *f.* [*keoosoorah*], recinto *m.* [*raycheento*].
clot, *n.* grumo *m.* [*groomo*] || *v.* aggrumarsi [*ahggroomahrsee*].
cloth, *n.* tessuto [*tessooto*], panno *m.* [*pahnno*].
clothe (**clad**, **clad**), *v.* (anche regolare), vestire [*vessteeray*].
clothes, **clothing**, *n.* abiti *m.pl.* [*ahbete*], vestiario *m.* [*vessteahreo*].
cloud, *n.* nube *f.* [*noobay*], nuvola *f.* [*noovolah*].
cloudy, *adj.* nuvoloso [*noovoloso*].
clove, *n.* chiodo *m.* di garofano [*keodo de gahrofahno*] (spezia); spicchio *m.* d'aglio [*speekkeo d'ahleo*].
clover, *n.* trifoglio *m.* [*treefolyo*].
club, *n.* mazza *f.* [*mahtza*], randello *m.* [*rahndello*]; circolo *m.* [*cheerkolo*], associazione *f.* [*ahssocheatseonay*] || **clubs**, *pl.* fiori *m.* (alle carte) [*feeoree*].
clutch, *n.* stretta [*strettah*]; frizione [*freetseone*] (autom.).
coach, *n.* vettura *f.* [*vettoorah*]; pullman *m.*; allenatore *m.* [*ahllaynahtoray*].
coachman, *n.* cocchiere *m.* [*kokkeayray*].
coal, *n.* carbone *m.* [*kahrbonay*].
coarse, *adj.* ruvido [*rooveedo*].
coast, *n.* costa *f.* [*kosstah*] (marittima) || *v.* costeggiare [*kosstaydjeahray*].
coaster, *n.* nave *f.* da cabotaggio [*nahvay dah kahbotahdjeo*].
coat, *n.* giacca *f.* [*jahkkah*]; cappotto *m.* [*kahppotto*].
coat-of-arms, *n.* blasone *m.* [*blahsonay*], stemma *m.* gentilizio [*stemmah jaynteleetseo*].

coat rack, *n.* attaccapanni *m.* [*ahttahkkahpahhnnee*] (a muro).
coating, *n.* intonaco *m.* [*intonahko*], rivestimento *m.* [*revesteemento*].
cob, *n.* pannocchia *f.* [*pahnnokkeah*].
cobbler, *n.* ciabattino *m.* [*cheahbatteeno*].
cobweb, *n.* ragnatela *f.* [*rahnyahtaylah*].
cock, *n.* gallo *m.* [*gahllo*].
cockney, *n.* nativo di Londra.
cocoa, *n.* cacao *m.* [*kahkao*].
coconut, *n.* noce *f.* di cocco [*nochay de kokko*].
cod, *n.* merluzzo *m.* [*mairlootzo*].
coddle, *v.* cuocere a fuoco lento [*koo-ochayray ah foo-oko lento*]; coccolare [*kokkolahray*].
code, *n.* codice *m.* [*kodeechay*].
coffee, *n.* caffè *m.* [*kahffay*] (bevanda).
coffee house, *n.* caffè *m.* [*kahffay*] (locale).
coffee mill, *n.* macinino *m.* per caffè [*mahcheneeno pair kahffay*], macinacaffè *m.* [*mahchenahkahffay*].
coffeepot, *n.* caffettiera *f.* [*kahffaytteayrah*].
coffer, *n.* forziere *m.* [*fortseayray*].
coffin, *n.* feretro *m.* [*fairaytro*], bara *f.* [*bahrah*].
coin, *n.* moneta *f.* [*monaytah*].
coke, *n.* coca-cola *f.* [*kokah-kolah*].
colander, *n.* colapasta *m.* [*kolahpahsstah*].
cold, *adj.* & *n.* freddo [*freddo*]; raffreddore *m.* [*rahffred-doray*].
colic, *n.* colica *f.* [*koleekah*].
collar, *n.* collare [*kollahray*]; collo [*kollo*] (di indumenti), colletto *m.* [*kolletto*].
colleague, *n.* collega *m.f.* [*kollaygah*].
collect, *v.* collezionare [*kollaytseonahray*].
collection, *n.* collezione *f.* [*kollaytseonay*]; colletta *f.* [*kollettah*], riscossione *f.* [*riskosseonay*], incasso *m.* [*inkahsso*].
collector, *n.* collezionista *m.f.* [*kollaytseoneestah*].

college, *n.* collegio *m.* [*kollayjeo*]; università *f.* [*ooneeverseetah*] (istituto).
collie, *n.* cane *m.* scozzese da pastore [*kahnay skotzaysay dah pahsstoray*].
collision, *n.* collisione *f.* [*kolleseonay*]; tamponamento *m.* [*tahmponahmento*].
colonel, *n.* colonnello *m.* [*kolonnello*].
colonial, *adj.* coloniale [*koloneahlay*].
colonist, *n.* colonizzatore *m.* [*kolonitsahtoray*].
colony, *n.* colonia *f.* [*koloneah*].
colossal, *adj.* colossale [*kolossahlay*].
colour, **color**, *n.* colore *m.* [*koloray*] || *v.* colorare [*kolorahray*].
colouring, *n.* colorante *m.* [*kolorahntay*].
colt, *n.* puledro *m.* [*poolaydro*].
column, *n.* colonna *f.* [*kolonnah*]; rubrica *f.* [*roobreekah*] (di giornale).
comb, *n.* pettine *m.* [*petteenay*] || *v.* pettinare [*petteenahray*].
combination, *n.* combinazione *f.* [*kombeenatseonay*].
come (**came**, **come**), *v.* venire [*vayneeray*]; **to — across**, imbattersi in [*imbahttairsee*]; **to — after**, succedere a [*soochaydayray ah*]; **to — by**, ottenere [*ottaynayray*]; **to — into**, entrare in possesso [*ayntrahray in possesso*]; **to — off**, scendere [*shendayray*]; distaccarsi [*distahkkahrsee*]; **to — out**, uscire [*oosheeray*]; **to — up**, saltar fuori [*sahltahr foo-oree*].
comedian, *n.* commediante *m.f.* [*kommaydeahntay*]; canzonettista *m.f.* [*kahntsonayttisstah*].
comedy, *n.* commedia *f.* [*kommedea*].
comely, *adj.* avvenente [*ahvvenayntay*].
comet, *n.* cometa *f.* [*komaytah*].
comfort, *n.* conforto *m.* [*konforto*], comodità *f.* [*komodeetah*] || *v.* confortare [*konfortahray*].
comfortable, *adj.* confortevole [*konfortayvolay*], comodo [*komodo*].
comic, **-al**, *adj.* comico [*komeeko*].

comic, *n.* giornale *m.* a fumetti [*jeornahlay ah foomettee*].
coming, *n.* venuta *f.* [*vaynootah*]; arrivo *m.* [*ahrreevo*] || *adj.* prossimo [*prosseemo*].
comma, *n.* virgola *f.* [*veergolah*]; **inverted commas**, virgolette *f.pl.* [*virgolettay*]. [*komahndahray*].
command, *n.* comando *m.* [*komahndo*] || *v.* comandare
commander, *n.* comandante *m.f.* [*komahndahntay*].
commemorate, *v.* commemorare [*kommaymorahray*].
commence, *v.* cominciare [*kominchehray*].
commencement, *n.* principio *m.* [*princheepeo*].
commend, *v.* lodare [*lodahray*]; raccomandare [*rakkomahndahray*].
comment, *n.* commento *m.* [*kommento*] || *v.* commentare [*kommentahray*].
commentator, *n.* radiocronista *m.f.* [*radeokroneestah*].
commerce, *n.* commercio *m.* [*kommaircheo*] || *v.* commerciare [*kommairchahray*].
commercial, *adj.* commerciale [*kommairchehlay*].
commissary, *n.* commissario *m.* [*kommeessahreo*].
commission, *n.* commissione *f.* [*kommeesseonay*] || *v.* commissionare [*kommeesseonahray*].
commit, *v.* affidare [*ahffedahray*]; commettere [*kommet-*
committee, *n.* comitato *m.* [*komeetahto*]. [*tayray*].
commodities, *n.pl.* derrate *f.* [*dayrrahtay*], generi *m.* [*jaynayree*] di prima necessità.
common, *adj.* comune [*komoonay*]. [(dei deputati).
commons, *n.* (in Inghilterra) la Camera dei Comuni
commotion, *n.* commozione *f.* [*kommotseonay*].
communicate, *v.* comunicare [*komooneekahray*].
communication, *n.* comunicazione *f.* [*komooneekatseonay*].
communion, *n.* comunione *f.* [*komooneeonay*].
companion, *n.* compagno *m.* [*kompahnyo*].
company, *n.* compagnia *f.* [*kompahnyah*]; società *f.* commerciale [*socheaytah kommairchehlay*].

compare, *v.* confrontare [*konfrontahray*], paragonare [*pahrahgonahray*].
comparison, *n.* confronto [*konfronto*], paragone *m.* [*pahrahgonay*].
compartment, *n.* scompartimento *m.* [*skompahrteemento*].
compass, *n.* bussola *f.* [*boossolah*] || *v.* circondare [*cheerkondahray*].
compasses (a pair of), *n.* compasso *m.* [*kompahsso*].
compassion, *n.* compassione *f.* [*kompahsseonay*].
compatriot, *n.* compatriota *m.f.* [*kompahtreeotah*], connazionale *m.f.* [*konnahtseonahlay*].
compel, *v.* costringere [*kostrinjayray*].
compensation, *n.* compensazione *f.* [*kompensahtseonay*], compenso *m.* [*kompenso*].
compete, *v.* competere [*kompaytayray*].
competence, **competency**, *n.* competenza *f.* [*kompayten-tsah*].
competition, *n.* competizione *f.* [*kompayteetseonay*], gara *f.* [*gahrah*]; concorrenza *f.* [*konkorrentsa*].
competitor, *n.* competitore [*kompayteetoray*], rivale [*revahlay*]; concorrente *m.* [*konkorrentay*].
complain, *v.* lagnarsi [*lahnyahrsee*], lamentarsi [*lahmentahrsee*]; reclamare [*rayklahmahray*].
complaint, *n.* lagnanza *f.* [*lahnyahntsa*].
complaisant, *adj.* compiacente [*kompeahchentay*].
complement, *n.* complemento *m.* [*komplaymento*].
complete, *adj.* completo [*komplayto*] || *v.* completare [*komplaytahray*].
complex, *adj.* complesso [*komplesso*].
complexion, *n.* colorito *m.* [*koloreeto*]; carnagione *f.* [*kahrnahjonay*].
compliance, *n.* condiscendenza *f.* [*kondeshendentsah*], ottemperanza *f.* [*ottaympayrahntsa*].
complicate, *adj.* complicato [*kompleekahto*].
complication, *n.* complicazione *f.* [*kompleekahtseonay*].
compliment, *n.* complimento *m.* [*kompleemento*].

comply, *v.* condiscendere [*kondeshendayray*], conformarsi [*konformahrsee.*

compose, *v.* comporre [*komporray*].

composer, *n.* compositore *m.* [*komposetoray*] (di musica); pacere *m.* [*pahcheayray*].

composition, *n.* composizione *f.* [*komposeetseonay*].

composure, *n.* compostezza *f.* [*kompostetzah*], calma *f.* [*kahlmah*].

compound, *adj.* composto [*komposto*], misto [*missto*] || *n.* composto *m.* [*komposto*] || *v.* comporre [*komporray*], concordare [*konkordahray*].

comprehend, *v.* comprendere [*komprendayray*], contenere [*kontaynayray*].

comprehension, *n.* comprensione *f.* [*kompraynseonay*].

compress, *v.* comprimere [*kompreemayray*].

compression, *n.* compressione *f.* [*kompraysseonay*].

compulsory, *adj.* obbligatorio [*obbleegahtoreo*].

computer, *n.* elaboratore *m.* [*aylahborahtoray*].

comrade, *n.* camerata *m.* [*kahmayrahtah*], compagno *m.* [*kompahnyo*].

comunist, *adj.* & *n.* comunista *m.f.* [*komooneestah*].

conceal, *v.* celare [*chaylahray*], nascondere [*nahskondayray*].

conceited, *adj.* presuntuoso [*praysoontoo-oso*].

conceive, *v.* concepire [*konchaypeeray*], immaginare [*immahjenahray*].

concentrate, *v.* concentrare [*konchentrahray*].

concept, *n.* concetto *m.* [*konchetto*], opinione *f.* [*opineonay*].

concern, *n.* affare *m.* [*ahffahray*]; inquietudine *f.* [*inkwooeaytoodeenay*]; affanno *m.* [*ahffahnno*]; azienda *f.* [*ahtse-endah*] || *v.* concernere [*konchairnayray*].

concert, *n.* concerto *m.* [*konchairto*].

concession, *n.* concessione *f.* [*konchaysseonay*].

conciliate, *v.* conciliare [*koncheleeahray*].

concision, *n.* concisione *f.* [*koncheseonay*].
conclude, *v.* concludere [*konkloodayray*].
conclusion, *n.* conclusione *f.* [*konklooseonay*].
concordance, *n.* accordo *m.* [*ahkkordo*].
concrete, *adj.* concreto [*konkrayto*] || *n.* cemento *m.* armato [*chaymento ahrmahto*] || *v.* concretare [*konkray-tahray*].
concur, *v.* concorrere [*konkorrayray*].
condemn, *v.* condannare [*kondahnnahray*].
condescend, *v.* condiscendere [*kondeshendayray*].
condiment, *n.* condimento *m.* [*kondemento*].
condition, *n.* condizione *f.* [*kondetseonay*].
condolence, *n.* condoglianza *f.* [*kondolyahntsah*].
conduct, *n.* condotta *f.* [*kondottah*] || *v.* condurre [*kon-doorray*].
conductor, *n.* conduttore [*kondoottoray*]; bigliettaio *m.* [*bilyettaheo*] (di tram); direttore *m.* d'orchestra [*derettoray d'orkesstrah*]; (amer.) capotreno *m.* [*kahpotrayno*].
confectionery, *n.* confetteria *f.* [*konfettayreeah*], pasticceria *f.* [*pahsteechayreeah*].
confederation, *n.* confederazione *f.* [*konfayderahtseo-nay*].
conference, *n.* conferenza *f.* [*konfayrentsa*].
confess, *v.* confessare [*konfessahray*].
confetti, *n.pl.* coriandoli *m.* [*koreahndolee*].
confidence, *n.* fiducia *f.* [*fedoocheah*].
confidential, *adj.* confidenziale [*konfedentseahlay*].
confine, *v.* confinare [*konfenahray*], relegare [*raylay-gahray*].
confirm, *v.* confermare [*konfairmahray*].
confirmation, *n.* conferma *f.* [*konfairmah*], (eccl.) cresima *f.* [*kraysemah*].
confiscate, *v.* confiscare [*konfisskahray*].
conflagration, *n.* conflagrazione *f.* [*konflahgrahtseonay*].
conflict, *n.* conflitto *m.* [*konflitto*].
conform, *v.* conformare [*konformahray*], conformarsi [*konformahrsee*].
conformity, *n.* conformità *f.* [*konformetah*].

confound, *v.* confondere [*konf^{o}ndayray*], turbare [*toorb^{a}hray*], svergognare [*svairgony^{a}hray*].
confront, *v.* confrontare [*konfront^{a}hray*].
confuse, *v.* confondere [*konf^{o}ndayray*].
confusion, *n.* confusione *f.* [*konfoose^{o}nay*].
congeal, *v.* congelare [*konjayl^{a}hray*], congelarsi [*konjayl^{a}hrsee*].
congestion, *n.* congestione *f.* [*konjaysteeo^{o}nay*].
congratulate, *v.* congratularsi [*kongrahtool^{a}hrsee*].
congregation, *n.* congregazione *f.* [*kongraygatse^{o}nay*].
congress, *n.* congresso *m.* [*kongr^{e}sso*].
conjecture, *n.* congettura *f.* [*konjett^{oo}rah*] || *v.* congetturare [*konjettoor^{a}hray*].
conjuncture, *n.* congiuntura *f.* [*konjoont^{oo}rah*].
conjurer, *n.* prestigiatore *m.* [*presstejeaht^{o}ray*].
con-man, *n.* truffatore *m.* [*trooffaht^{o}ray*].
connect, *v.* connettere [*konn^{e}ttayray*].
connection, *n.* relazione *f.* [*raylahtse^{o}nay*].
conquest, *n.* conquista *f.* [*konkw^{i}sstah*].
conscience, *n.* coscienza *f.* [*koshe-^{e}ntsah*].
consecrate, *v.* consacrare [*konsahkr^{a}hray*].
consecutive, *adj.* consecutivo [*konsekoot^{ee}vo*].
consent, *n.* consenso *m.* [*kons^{e}nso*] || *v.* consentire [*konsent^{ee}ray*].
consequence, *n.* conseguenza *f.* [*konsegoo^{e}ntsah*]; importanza *f.* [*import^{a}hntsah*].
consequent, *adj.* conseguente [*konsaygoo^{e}ntay*].
conserve, *v.* conservare [*konserv^{a}hray*].
consider, *v.* considerare [*konsedayra^{a}hray*].
considerable, *adj.* considerevole [*konsedayr^{ay}volay*].
considerate, *adj.* ponderato [*ponder^{a}hto*], riflessivo [*reflesse^{ee}vo*], attento [*ahtt^{e}nto*].
consideration, *n.* considerazione *f.* [*konsedayrahtse^{o}nay*], compenso *m.* [*komp^{e}nso*], rimunerazione *f.* [*remoonayrahtse^{o}nay*]; riguardo *m.* [*regoo^{a}hrdo*].

consign, *v.* consegnare [*konsaynyahray*].
consist, *v.* consistere [*konsisstayray*].
consolation, *n.* consolazione *f.* [*konsolahtseonay*].
consoling, *adj.* consolante [*konsolahntay*].
consort, *n.* consorte *m.f.* [*konsortay*]; coniuge *m.f.* [*koneoojay*].
conspicuous, *adj.* cospicuo [*kospeekwo*].
constable, *n.* poliziotto *m.* [*poleetseotto*], agente *m.* [*ahjentay*], vigile *m.* [*veejelay*].
constant, *adj.* costante [*kostahntay*].
constellation, *n.* costellazione *f.* [*kostellahtseonay*].
constipation, *n.* stitichezza *f.* [*steeteeketzah*].
constitute, *v.* costituire [*kostetooeeray*].
constitution, *n.* costituzione *f.* [*kostetootseonay*].
constrain, *v.* costringere [*kostrinjayray*].
construct, *v.* costrurre [*kostroorray*], costruire [*kostrooee-ray*].
construction, *n.* interpretazione *f.* [*interpretahtseonay*], spiegazione *f.* [*speaygahtseonay*]; costruzione *f.* [*kostrootseonay*].
consul, *n.* console *m.* [*konsolay*].
consulate, *n.* consolato *m.* [*konsolahto*].
consult, *v.* consultare [*konsooltahray*].
consultation, *n.* consulto *m.* [*konsoolto*].
consume, *v.* consumare [*konsoomahray*].
consumptive, *adj.* & *n.* tisico [*teeseeko*].
contact, *n.* contatto *m.* [*kontahtto*].
contagious, *adj.* contagioso [*kontahjoso*].
contain, *v.* contenere [*kontaynayray*].
container, *n.* recipiente *m.* [*raychepe-entay*]; contenitore *m.* [*kontaynetoray*].
contemplate, *v.* contemplare [*kontemplahray*].
contempt, *n.* disprezzo *m.* [*dispraytso*] || *v.* disprezzare [*dispraytsahray*].
contend, *v.* contendere [*kontendayray*].
content, *adj.* & *n.* contento *m.* [*kontento*] || *v.* contentare [*kontentahray*].

contention, *n.* contesa *f.* [*kontaysah*].
contentment, *n.* contentezza *f.* [*kontentaytsah*].
contents, *n.pl.* contenuto *m.sing.* [*kontenooto*]; indice *m.sing.* [*indechay*] (di un libro).
contest, *v.* contestare [*kontestahray*] || *n.* competizione *f.* [*kompayteetseonay*].
continent, *n.* continente *m.* [*kontinentay*].
continental, *adj.* continentale [*kontinentahlay*].
contingency, *n.* contingenza *f.* [*kontinjentsah*].
continual, *adj.* continuo [*konteenoo-o*].
continuation, *n.* continuazione *f.* [*konteenooahtseonay*].
continue, *v.* continuare [*konteenooahray*].
contraband, *n.* contrabbando *m.* [*kontrahbahndo*].
contraceptive, *adj.* & *n.* anticoncezionale *m.* [*ahntekonchetseonahlay*], contraccettivo *m.* [*kontrahchetteevo*].
contract, *n.* contratto *m.* [*kontratto*] || *v.* contrattare [*kontrahttahray*].
contradict, *v.* contraddire [*kontrahdeeray*].
contrary, *n.* & *adj.* contrario *m.* [*kontrahreo*].
contrast, *n.* contrasto *m.* [*kontrahsto*] || *v.* contrastare [*kontrahstahray*].
contribute, *v.* contribuire [*kontrebooeeray*].
contribution, *n.* contributo *m.* [*kontrebooto*].
contrivance, *n.* invenzione *f.* [*inventseonay*], trovata *f.* [*trovahtah*].
control, *n.* controllo *m.* [*kontrollo*], freno *m.* [*frayno*] || *v.* controllare [*kontrollahray*], frenare [*fraynahray*].
controversy, *n.* controversia *f.* [*kontroverseeah*].
contusion, *n.* contusione *f.* [*kontooseonay*].
convalescent, *adj.* & *n.* convalescente *m.f.* [*konvahlayshentay*].
convenience, *n.* convenienza *f.* [*konvaynee-entsah*], comodità *f.* [*komodeetah*].
convenient, *adj.* conveniente [*konvaynee-entay*], comodo [*komodo*].

convent, *n.* convento *m.* [*konvento*].
convention, *n.* assemblea *f.* [*ahssembleah*]; congresso *m.* [*kongresso*].
converge, *v.* convergere [*konvairjayray*].
conversant, *adj.* versato [*vairsahto*], pratico [*prahteeko*].
conversation, *n.* conversazione *f.* [*konversahtseonay*].
convertible, *adj.* & *n.* decapottabile *f.* [*daykahpottahbeelay*].
convey, *v.* trasportare [*trahsportahray*].
conveyance, *n.* trasporto *m.* [*trahsporto*]; (dir.) trapasso *m.* [*trahpahsso*].
convict, *n.* detenuto *m.* [*daytaynooto*]; forzato *m.* [*fortsahto*]; galeotto *m.* [*gahlayotto*].
convince, *v.* convincere [*konvenchayray*].
convoke, *v.* convocare [*konvokahray*].
convulsion, *n.* convulsione *f.* [*konvoolseonay*].
cook, *n.* cuoco *m.* [*koo-oko*] || *v.* cuocere [*koo-ochayray*].
cookery, *n.* cucina *f.* [*koocheenah*] (arte culinaria).
cool, *n.* & *adj.* fresco [*fraysko*] || *v.* rinfrescare [*rinfrayskahray*]; **to — down**, raffreddarsi [*rahffrayddahrsee*].
co-operate, *v.* cooperare [*ko-operahray*].
cop, *n.* poliziotto *m.* [*poleetseotto*].
copartner, *n.* consocio *m.* [*konsocheo*].
cope, *v.* far fronte [*fahr frontay*].
copper, *n.* rame *m.* [*rahmay*].
copy, *n.* copia *f.* [*kopeah*] || *v.* copiare [*kopeahray*].
coral, *n.* corallo *m.* [*korahllo*].
cordial, *adj.* & *n.* cordiale *m.* [*kordeahlay*].
cork, *n.* sughero [*sooghayro*], turacciolo *m.* [*toorahcheolo*]; **—screw**, cavatappi *m.* [*kahvahtahppee*] || *v.* turare [*toorahray*].
corn, *n.* grano [*grahno*]; callo *m.* [*kahllo*].
corned-beef, *n.* manzo *m.* in scatola [*mahntso in skahtolah*].
corner, *n.* angolo *m.* [*ahngolo*].
cornflower, *n.* fiordaliso *m.* [*feordahleeso*].
corporal *n.* caporale *m.* [*kahporahlay*] || *adj.* corporale [*korporahlay*].

corpse, *n.* cadavere *m.* [*kahdahvairay*], salma *f.* [*sahl-mah*].
corpulent, *adj.* corpulento [*korpoolento*].
correct, *adj.* corretto [*korretto*] || *v.* correggere [*korred-*
correction, *n.* correzione *f.* [*korretseonay*]. [*jayray*].
correspond, *v.* corrispondere [*korrispondayray*].
correspondance, *n.* corrispondenza *f.* [*korrispondentsah*].
correspondent, *n.* & *adj.* corrispondente *m.f.* [*korrispon-*
corridor, *n.* corridoio *m.* [*korrideo*]. [*dentay*].
corrosive, *n.* & *adj.* corrosivo *m.* [*korroseevo*].
corrupt, *v.* corrompere [*korrompayray*] || *adj.* corrotto [*korrotto*].
cost (cost, cost), *v.* costare [*kostahre*] || *n.* costo *m.* [*kosto*].
costermonger, *n.* fruttivendolo *m.* ambulante [*froot-teevendolo ahmboolahntay*].
costly, *adj.* costoso [*kostoso*], dispendioso [*dispendeoso*].
costume, *n.* costume *m.* [*kostoomay*]; abito da signora [*ahbeto dah seenyorah*] (a due pezzi).
cosy, **cozy**, *adj.* raccolto [*rahkkolto*], accogliente [*ahk-kolyentay*], comodo [*komodo*].
cot, *n.* lettino *m.* [*letteeno*] (per bambini); branda *f.* [*brahndah*].
cottage, *n.* villino *m.* [*villeeno*].
cotton, *n.* cotone *m.* [*kotonay*]; **—wool**, bambagia *f.* [*bahmbahjeah*], cotone *m.* idrofilo [*kotonay edrofeelo*].
couch, *n.* divano *m.* [*divahno*]; gramigna *f.* [*grahmee-nyah*].
cough, *n.* tosse *f.* [*tossay*] || *v.* tossire [*tosseeray*].
count, *n.* conte *m.* [*kontay*]; conto *m.* [*konto*] || *v.* contare [*kontahray*], conteggiare [*kontaydjeahray*].
countdown, *n.* conto *m.* alla rovescia [*konto ahllah rovay-sheah*].
countenance, *n.* aspetto *m.* [*ahspetto*], sembianza *f.* [*say-mbeahntsa*], faccia *f.* [*fatcheah*].
counter, *adv.* contro [*kontro*]; all'opposto [*ahll'opposto*] ||

n. banco *m.* [*bahnko*] (di negozio); sportello *m.* [*sportello*]; contatore *m.* [*kontahtoray*]; gettone *m.* [*jettonay*]. [*cheahray*].
counterbalance, *v.* controbilanciare [*kontrobelahn-*
counterfeit, *adj.* contraffatto [*kontrahffahtto*] || *n.* contraffazione *f.* [*kontrahffahtseonay*] || *v.* contraffare [*kontrahffahray*].
counterfeiter, *n.* falsario *m.* [*fahlsahreo*].
counter-order, *n.* contrordine *m.* [*kontrordeenay*].
countersign, *v.* contrassegnare [*kontrahssaynyahray*]; controfirmare [*kontrofeermahray*].
countess, *n.* contessa *f.* [*kontessah*].
countless, *adj.* innumerevole [*innoomayrayvolay*].
country, *n.* paese *m.* [*pahaysay*]; campagna *f.* [*kahmpahnyah*].
countryman, *n.m.*, [*f.* **countrywoman**], contadino *m.* [*kontahdeeno*], paesano *m.* [*pahaysahno*]; compatriota [*kompahtreotah*], connazionale [*konnahtseonahlay*].
county, *n.* contea *f.* [*kontayah*].
couple, *n.* coppia *f.* [*koppeah*], paio *m.* [*paheo*] || *v.* accoppiare [*akkoppeeahray*], accoppiarsi [*akkoppeeahrsee*].
coupon, *n.* cedola *f.* [*chaydolah*].
courage, *n.* coraggio *m.* [*korahdjeo*].
course, *n.* rotta *f.* [*rottah*]; corso *m.* [*korso*]; portata *f.* [*portahtah*] (a tavola).
court, *n.* corte *f.* [*kortay*]; cortile *m.* [*korteelay*] || *v.* corteggiare [*kortaydjeahray*].
courtesy, *n.* riverenza *f.* [*revayrentsah*] (fatta da donna); cortesia *f.* [*kortayseeah*].
courtyard, *n.* corte *f.* [*kortay*], cortile *m.* [*korteelay*].
cousin, *n.* cugino *m.*, cugina *f.* [*koojeeno, -ah*].
cover, *n.* coperchio *m.* [*kopairkeo*]; coperta *f.* [*kopairtah*]; copertina *f.* [*kopairteenah*] (di libro) || *v.* coprire [*kopreeray*].
covet, *v.* bramare [*brahmahray*].

cow, *n.* vacca [*vahkkah*], mucca *f.* [*mookkah*].
coward, *n.* codardo [*kodahrdo*], vile *m.* [*veelay*].
cowboy, *n.* cowboy.
coxcomb, *n.* cresta *f.* [*krestah*] (di gallo).
coy, *adj.* modesto [*modesto*], pudico [*poodeeko*].
crab, *n.* granchio *m.* [*grahnkeo*].
crack, *n.* spaccatura *f.* [*spahkkahtoorah*] || *v.* spaccare [*spahkkahray*], spaccarsi [*spahkkahrsee*] || *adj.* scelto [*shellto*]. [*teevay*].
crackdown, *n.* misure *f.pl.* restrittive [*misooray raystrit-*
cracker, *n.* petardo *m.* [*petahrdo*]; sorpresa *f.* [*sorpraysah*].
crackup, *n.* collasso *m.* nervoso [*kollahsso nairvoso*].
cradle, *n.* culla *f.* [*koollah*].
craft, *n.* mestiere *m.* [*messteayray*].
craftsman, *n.* artigiano *m.* [*ahrtejeahno*].
crafty, *adj.* astuto [*ahstooto*].
crag, *n.* rupe *f.* [*roopay*], balza *f.* [*bahltsah*].
cram, *v.* rimpinzare [*rimpintsahray*], rimpinzarsi [*rimpintsahrsee*] || *n.* bugia *f.* [*boojeah*].
cramp, *n.* crampo *m.* [*krahmpo*].
crane, *n.* gru *f.* [*groo*].
crank, *n.* manovella *f.* [*mahnovellah*].
crash, *n.* fracasso [*frahkasso*], scroscio *m.* [*skrosheo*]; scontro *m.* [*skontro*]; — **barrier**, guardrail *m.* [*gahrdrayel*] || *v.* scrosciare [*skrosheahray*], fracassarsi [*frahkassahrsee*].
crate, *n.* cassa *f.* [*kahssah*] (da imballo).
crater, *n.* cratere *m.* [*krahtayray*].
crawfish, *n.* gambero *m.* [*gahmbayro*].
crawl, *v.* strisciare [*stresheahray*].
crazy, *adj.* pazzo [*pahtzo*].
cream, *n.* crema *f.* [*kraymah*]; panna *f.* [*pahnnah*].
crease, *n.* piega *f.* [*peaygah*] (di stoffe) || *v.* stazzonare [*stahtzonahray*], spiegazzare [*speaygahtzahray*].

create, *v.* creare [*krayahray*].
creation, *n.* creazione *f.* [*krayahtseonay*].
credit, *n.* credito *m.* [*kredito*] || *v.* accreditare [*ahkredi-tahray*].
creditor, *n.* creditore *m.* [*kreditoray*].
credulous, *adj.* credulo [*kredoolo*].
creep (**crept**, **crept**), *v.* strisciare [*streesheahray*].
crescent, *n.* mezza luna *f.* [*maytzah loonah*].
cress (**water-cress**), *n.* crescione *m.* [*kresheonay*].
crest, *n.* cresta *f.* [*kraystah*].
crevice, *n.* fenditura *f.* [*fendeetoorah*], spaccatura *f.* [*spahkkahtoorah*], crepaccio *m.* [*krepatcheo*].
crew, *n.* equipaggio *m.* [*ekwipahdjeo*].
crib, *n.* presepe *m.* [*praysaypay*].
cricket, *n.* grillo *m.* [*grillo*].
crime, *n.* delitto *m.* [*dayleetto*].
criminal, *adj.* & *n.* criminale *m.f.* [*kriminahlay*].
crimson, *adj.* cremisi [*kraymesee*].
cripple, *adj* storpio [*storpeo*].
crisp, *adj.* croccante [*krokkahntay*]; crespo [*kresspo*] (di capelli).
criticize, *v.* criticare [*kritikahray*].
crockery, *n.* terraglia *f.* [*tayrrahlyah*], vasellame *m.* [*vah-sayllahmay*].
crook, *n.* curvatura *f.* [*koorvahtoorah*], uncino [*oonchee-no*] || *v.* curvare [*koorvahray*].
crop, *n.* messe *f.* [*messay*] || *v.* mietere [*meettayray*].
cross, *n.* croce *f.* [*krochay*]; incrocio *m.* [*inkrocheo*] || *v.* incrociare [*inkrocheahray*], attraversare [*ahttrahvairsa-hray*]; ostacolare [*ostahkolahray*]; tormentare [*tor-mentahray*].
cross-examination, *n.* controinterrogatorio *m.* [*kon-trointairrogahtoreo*].
crossing, *n.* incrocio *m.* [*inkrocheo*]; traversata *f.* [*trah-vairsahtah*]; **pedestrian** —, attraversamento *m.* pedonale [*ahttrahvairsahmento paydonahlay*].
crosswise, *adv.* attraverso [*ahttrahvairso*]; di traverso [*de trahvairso*].

crow, *n.* corvo *m.* [*korvo*], cornacchia *f.* [*kornahkkeah*].
crowd, *n.* folla *f.* [*follah*] || *v.* affollare [*affollahray*].
crown, *n.* corona *f.* [*koronah*] || *v.* incoronare [*inkoronahray*].
crucifix, *n.* crocifisso *m.* [*krochefisso*].
cruel, *adj.* crudele [*kroodaylay*].
cruet, *n.* oliera *f.* [*oleayrah*].
cruise, *n.* crociera *f.* [*krocheayrah*] || *v.* incrociare [*inkrocheahray*].
cruiser, *n.* (nave) incrociatore *m.* [*inkrocheahtoray*].
crumb, *n.* mollica *f.* [*mollecka*], briciola *f.* [*breecheolah*].
crumble, *v.* sbriciolare [*sbrecheolahray*].
crush, *v.* frantumare [*frahntoomahray*], schiacciare [*skeahtcheahray*].
crust, *n.* crosta *f.* [*krosta*].
cry, *n.* grido *m.* [*greedo*]; pianto *m.* [*peahnto*] || *v.* gridare [*greedahray*]; piangere [*peanjayray*].
crypt, *n.* cripta *f.* [*kreeptah*].
crystal, *n.* cristallo *m.* [*kreestahllo*].
cub, *n.* piccolo *m.* [*peekkolo*] (di belva).
cube, *n.* cubo *m.* [*koobo*].
cucumber, *n.* cetriolo *m.* [*chaytreolo*].
cudgel, *n.* manganello *m.* [*mahngahnello*].
cue, *n.* stecca *f.* [*stekka*] (da biliardo).
cuff, *n.* polsino *m.* [*polseeno*]; — **links**, gemelli *m.pl.* [*jaymellee*].
cultivate, *v.* coltivare [*kolteevahray*].
culture, *n.* cultura *f.* [*kultoorah*].
cumbersome, *adj.* ingombrante [*ingombrahntay*].
cumulative, *adj.* cumulativo [*koomoolahteevo*].
cunning, *adj.* astuto [*ahsstooto*], furbo [*foorbo*].
cup, *n.* tazza *f.* [*tahtza*]; coppa *f.* [*koppah*].
cupboard, *n.* credenza *f.* [*kredentsa*] (da cucina).
cupidity, *n.* cupidigia *f.* [*koopeedejeah*].
curate, *n.* curato *m.* [*koorahto*], vicario *m.* [*vekahreo*].
curd, *n.* latte *m.* rappreso [*lahttay rahppayso*]; caglio *m.* [*kalyo*].
cure, *n.* cura [*koorah*], guarigione *f.* [*gooahrejeonay*] || *v.* curare [*koorahray*], guarire [*gooahreeray*].

curio, *n.* oggetto *m.* d'arte raro [*odjetto d'ahrtay rahro*].
curiosity, *n.* curiosità *f.* [*kooreosetah*]; oggetto antico [*odjetto antiko*], raro [*rahro*].
curious, *adj.* curioso [*kooreoso*]; strano [*strahno*].
curl, *n.* riccio *m.* [*reetcheo*], ricciolo *m.* [*reetcheolo*] || *v.* arricciare [*ahrreetcheahray*], arricciarsi [*ahrreetcheahr-*
curler, *n.* bigodino *m.* [*beegodeeno*]. [*see*].
curly, *adj.* ricciuto [*reetcheooto*].
currency, *n.* moneta *f.* in corso [*monaytah in korso*], valuta *f.* [*vahlootah*].
current, *n.* & *adj.* corrente [*korrentay*].
curtail, *v.* raccorciare [*rahkkorcheahray*].
curtain, *n.* cortina *f.* [*korteenah*]; sipario *m.* [*seepahreo*].
curve, *n.* curva *f.* [*koorvah*].
cushion, *n.* cuscino *m.* [*koosheeno*].
custard, *n.* crema *f.* [*kraymah*].
custody, *n.* custodia *f.* [*koostodeah*].
custom, *n.* costume *m.* [*kostoomay*], consuetudine *f.* [*konsooaytoodeenay*]; *pl.* dogana *f.sing.* [*dogahnah*].
customary, *adv.* abituale [*ahbetooahlay*].
customer, *n.* avventore *m.* [*ahvventoray*], cliente *m.* [*klee-entay*]. [*tahssah dogahnahlay*].
customs duty, *n.* diritto *m.* [*dereetto*], tassa *f.* doganale
custom-house, *n.* dogana *f.* [*dogahnah*].
cut (cut, cut), *v.* tagliare [*tahlyahray*]; **cut out**, ritagliare [*reetahlyahray*] || *n.* taglio *m.* [*tahlyo*].
cutlet, *n.* costoletta *f.* [*kostolettah*].
cutting, *n.* ritaglio *m.* [*reetahlyo*].
cuttle, **cuttle-fish**, *n.* seppia *f.* [*sayppea*].
cyclamen, *n.* ciclamino *m.* [*cheeklameeno*].
cycle, *n.* ciclo *m.* [*cheeklo*]; biciletta *f.* [*becheeklettah*].
cyclist, *n.* ciclista *m.* e *f.* [*cheeklistah*].
cyclone, *n.* ciclone *m.* [*cheeklonay*].
cylinder, *n.* cilindro *m.* [*cheeleendro*]; bombola *f.* [*bombo-*
cypress, *n.* cipresso *m.* [*cheepresso*]. [*lah*].

D

dad, daddy, *n.* papà [*pahpah*], babbo *m.* [*bahbbo*].
daffodil, *n.* asfodelo *m.* [*ahsfodaylo*].
dagger, *n.* pugnale *m.* [*poonyahlay*].
dahlia, *n.* dalia *f.* [*dahlea*].
daily, *adj.* giornaliero [*jeornahleayro*], quotidiano [*kwote-deahno*] || *adv.* giornalmente [*jornahlmentay*].
dainty, *adj.* delicato [*daylekahto*], squisito [*skwiseeto*] || *n.* leccornia *f.* [*laykkornea*].
dairy, *n.* latteria *f.* [*lahttayreah*].
daisy, *n.* margherita *f.* [*mahrghayreetah*].
dale, *n.* valle *f.* [v*ahllay*].
dam, *n.* diga *f.* [*deegah*].
damage, *n.* danno *m.* [*dahnno*]; guasto *m.* [*gooahsto*] || *v.* danneggiare [*dahnnaydjeahray*].
damask, *n.* damasco *m.* [*dahmasko*].
damn, *v.* dannare [*dahnnahray*].
damp, *adj.* umido [*oomedo*] || *n.* umidità *f.* [*oomedetah*].
damper, *n.* ammortizzatore *m.* [*ahmmorteetsahtoray*].
dampness, *n.* umidità *f.* [*oomedetah*].
dance, *n.* danza *f.* [*dahntsa*], ballo *m.* [*bahllo*] || *v.* ballare [*bahllahray*].
dance-hall, *n.* dancing *m.* [*dahnseeng*].
dandruff, *n.* forfora *f.* [*forforah*].
Dane, *n.* danese *m.f.* [*dahnaysay*].
danger, *n.* pericolo *m.* [*paireekolo*].
dangerous, *adj.* pericoloso [*paireekoloso*].

Danish, *adj.* danese [*dahnaysay*].
dare (durst, durst), *v.* osare [*osahray*].
daring, *adj.* audace [*ahoodahchay*].
dark, *adj.* & *n.* oscuro [*oskooro*], buio [*booeo*].
darkness, *n.* oscurità *f.* [*oskooretah*], buio *m.* [*booeo*].
darling, *adj.* caro [*kahro*].
darn, *v.* rammendare [*rahmmendahray*].
darning, *n.* rammendo *m.* [*rahmmendo*].
dash, *n.* cozzo *m.* [*kotzo*], urto *m.* [*oorto*]; lineetta *f.* [*leenay-ettah*]; tratto *m.* [*trahtto*] || *v.* lanciare [*lahncheahray*]; lanciarsi [*lahncheahrsee*].
dashboard, *n.* cruscotto *m.* [*krooskotto*].
data processing, *n.* elaborazione *f.* dati [*aylahborahtseonay dahtee*]; informatica [*informahteekah*].
date, *n.* data *f.* [*dahtah*]; dattero *m.* [*dahttayro*] || *v.* datare [*dahtahray*].
datum, *n.* dato *m.* [*dahto*].
daughter, *n.* figlia *f.* [*feelyah*].
dawn, *n.* alba *f.* [*ahlbah*] || *v.* albeggiare [*ahlbed-jeahray*].
day, *n.* giorno *m.* [*jorno*], giornata *f.* [*jornahtah*].
dazzle, *v.* abbagliare [*ahbbalyahray*].
deacon, *n.* diacono *m.* [*deahkono*].
dead, *adj.* morto [*morto*].
deadly, *adj.* mortale [*mortahlay*].
deaf, *adj.* sordo [*sordo*].
deafen, *v.* assordare [*ahssordahray*].
deafness, *n.* sordità *f.* [*sordetah*].
deal, *n.* quantità *f.* [*kwahntetah*]; affare *m.* [*ahffahray*], accordo *m.* [*ahkkordo*].
deal (dealt, dealt), *v.* dare [*dahray*], distribuire [*distrebooeeray*]; negoziare [*naygotseahray*]; dare le carte [*dahray lay kahrtay*] (al gioco).
deater, *n.* negoziante *m.* [*negotseahntay*].
dean, *n.* decano *m.* [*daykahno*], preside *m.* [*prayseday*].
dear, *adj.* caro [*kahro*], amato [*ahmahto*]; costoso [*kostoso*].
death, *n.* morte *f.* [*mortay*], decesso *m.* [*daychesso*].

debate, *v.* dibattere [*debahttayray*] || *n.* dibattito *m.* [*deebahttito*].
debility, *n.* debolezza *f.* [*dayboletzah*].
debit, *n.* debito *m.* [*daybeto*] || *v.* addebitare [*ahddaybe-tahray*].
debt, *n.* debito *m.* [*daybeto*].
debtor, *n.* debitore *m.* [*daybetoray*].
decaffeinated, *adj.* decaffeinato [*daykahffayinahto*], decaffeinizzato [*daykaffayineetsahto*].
decanter, *n.* caraffa *f.* [*kahrahffah*].
decay, *n.* decadenza *f.* [*daykahdentsa*]; carie *f.* [*kahreay*] (dentaria) || *v.* decadere [*daykahdayray*]; cariarsi [*kahreahrsee*].
decease, *n.* decesso *m.* [*daychesso*], morte *f.* [*mortay*] || *v.* decedere [*daychaydayray*], morire [*moreeray*].
deceased, *adj.* & *n.* defunto *m.* [*dayfoonto*].
deceit, *n.* inganno *m.* [*ingahnno*], frode *f.* [*froday*].
deceitful, *adj.* ingannevole [*ingahnnayvolay*].
deceive, *v.* ingannare [*ingahnnahray*], frodare [*frodah-ray*].
December, *n.* dicembre *m.* [*deechaymbray*].
decency, *n.* decenza *f.* [*daychentsah*].
decent, *adj.* decente [*daychentay*].
deception, *n.* inganno *m.* [*ingahnno*].
decide, *v.* decidere [*daycheedayray*].
decipher, *v.* decifrare [*daychefrahray*].
decision, *n.* decisione *f.* [*daycheseonay*].
deck, *n.* coperta *f.* [*kopairtah*], ponte *m.* [*pontay*] (di nave) || *v.* coprire [*kopreeray*].
deck chair, *n.* sedia *f.* a sdraio [*saydeah ah sdraheo*].
declaration, *n.* dichiarazione *f.* [*dekeahrahtseonay*].
declare, *v.* dichiarare [*dekeahrahray*].
decline, *n.* declino *m.* [*daykleeno*] || *v.* declinare [*day-kleenahray*].
decoction, *n.* decotto *m.* [*daykotto*].
decode, *v.* decodificare [*daykodeefeekahray*].

decongestant, *adj.* decongestionante [*daykonjessteonahntay*].

decorate, *v.* decorare [*daykorahray*].

decoration, *n.* decorazione *f.* [*daykorahtseonay*].

decrease, *v.* diminuire [*demeenooeeray*], decrescere [*daykrayshayray*] || *n.* diminuzione *f.* [*demenootseonay*].

decrepit, *adj.* decrepito [*daykraypeto*].

dedicate, *v.* dedicare [*daydekahray*].

deduce, **deduct**, *v.* dedurre [*daydoorray*].

deed, *n.* azione *f.* [*ahtseonay*], atto *m.* [*ahtto*], fatto *m.* [*fahtto*].

deem, *v.* ritenere [*retaynayray*], reputare [*raypootahray*], pensare [*pensahray*].

deep, *adj.* & *adv.* profondo [*profondo*].

deep-freeze, *v.* surgelare [*soorjaylahray*].

deepness, *n.* profondità *f.* [*profondetah*].

deer, *n.* cervo *m.* [*chairvo*].

default, *n.* difetto *m.* [*defetto*], mancanza *f.* [*mahnkahntsa*].

defeat, *n.* sconfitta *f.* [*skonfeettah*] || *v.* sconfiggere [*skonfidjayray*].

defect, *n.* difetto *m.* [*defetto*].

defective, *adj.* difettivo [*defetteevo*].

defence, *n.* difesa *f.* [*defaysah*].

defenceless, *adj.* indifeso [*indeefayso*].

defend, *v.* difendere [*defendayray*].

defensive, *adj.* difensivo [*defenseevo*] || *n.* difensiva *f.*

defer, *v.* differire [*diffayreeray*].

deference, *n.* deferenza *f.* [*dayfayrentsah*].

deficiency, *n.* deficienza *f.* [*dayfechentsah*].

deficient, *adj.* deficiente [*dayfeche-entay*].

define, *v.* definire [*dayfeneeray*].

definite, *adj.* definitivo [*dayfeneteevo*].

defraud, *v.* defraudare [*dayfrahoodahray*].

defray, *v.* pagare [*pahgahray*].

degradable, *adj.* degradabile [*daygrahdahbeelay*].

degree, *n.* grado *m.* [*grahdo*], rango *m.* [*rahngo*]; laurea *f.* [*lahoorayah*].

deign, *v.* degnarsi [*daynyahrsee*].

deject, *v.* deprimere [*daypreemayray*].
delay, *n* ritardo *m.* [*retahrdo*], indugio *m.* [*indoojeo*] || *v.* differire [*deffayreeray*], indugiare [*indoojeahray*].
delegate, *v.* delegare [*daylaygahray*] || *n.* delegato *m.* [*daylaygahto*].
deliberate, *v.* deliberare [*daylebayrahray*] || *adj.* intenzionale [*intentseonahlay*], ponderato [*pondayrahto*].
deliberation, *n.* deliberazione *f.* [*daylebayrahtseonay*].
delicacy, *n.* delicatezza *f.* [*daylekahtaytzah*], ghiottoneria *f.* [*gheottonayreeah*].
delicate, *adj.* delicato [*daylekahto*].
delicatessen (shop), *n.* salumeria *f.* [*sahloomayreah*].
delicious, *adj.* delizioso [*dayletseoso*].
delight, *n.* delizia *f.* [*dayleetseah*] || *v.* deliziare [*dayleetseahray*].
delightful, *adj.* delizioso [*dayleetseoso*].
deliver, *v.* consegnare [*konsaynyahray*], salvare da [*sahlvahray dah*]; partorire [*pahrtoreeray*].
delivery, *n.* consegna *f.* [*konsaynyah*], distribuzione *f.* [*distreebootseonay*], parto *m.* [*pahrto*].
demand, *n.* domanda *f.* [*domahndah*] || *v.* domandare [*domahndahray*]; esigere [*aysejairay*].
demeanour, *n.* condotta *f.* [*kondottah*], contegno *m.* [*kontaynyo*].
democratic, *adj.* democratico [*daymokrahteko*].
demolish, *v.* demolire [*daymoleeray*].
demolition, *n.* demolizione *f.* [*daymoleetseonay*].
demonstrate, *v.* dimostrare [*demosstrahray*].
demonstration, *n.* dimostrazione *f.* [*demosstrahtseonay*].
den, *n.* tana, *f.* [*tahnah*].
denial, *n.* diniego *m.* [*deneaygo*].
denigrate, *v.* denigrare [*dayneegrahray*].
denote, *v.* denotare [*daynotahray*].
denounce, *v.* denunciare [*daynooncheahray*].
dense, *adj.* denso [*denso*].

density, *n.* densità *f.* [*densetah*].
dentifrice, *n.* dentifricio *m.* [*dentefreecheo*].
dentist, *n.* dentista *m.f.* [*dentisstah*].
deny, *v.* negare [*naygahray*].
depart, *v.* partire [*pahrteeray*].
department, *n.* dipartimento *m.* [*departeemento*], reparto [*m.* [*rayparto*].
departure, *n.* partenza [*pahrtentsah*].
depend, *v.* dipendere [*deependayray*]; **—(up)on**, contare su [*kontahray soo*].
depict, *v.* descrivere [*desskreevayray*], rappresentare con parole [*rahppraysentahray kon pahrolay*].
deplorable, *adj.* deplorevole [*dayplorayvolay*].
deportee, *n.* deportato *m.* [*dayportahto*].
deposit, *n.* deposito *m.* [*dayposeeto*] || *v.* depositare [*dayposeetahray*].
depreciate, *v.* svalutare [*svahlootahray*], deprezzare [*daypraytzahray*].
depress, *v.* deprimere [*daypreemayray*].
depression, *n.* depressione *f.* [*daypresseonay*].
deprive, *v.* privare [*prevahray*].
depth, *n.* profondità *f.* [*profondetah*].
depurator, *n.* depuratore *m.* [*daypoorahtoray*].
derive, *v.* derivare [*dayrevahray*].
descend, *v.* discendere [*deshendayray*].
descent, *n.* discesa *f.* [*deshaysah*].
describe, *v.* descrivere [*dayskrevayray*].
description, *n.* descrizione *f.* [*desskretseonay*].
desert, *n.* deserto *m.* [*deserto*].
deserter, *n.* disertore *m.* [*deesairtoray*].
deserve, *v.* meritare [*meritahray*].
design, *v.* disegnare [*desaynyahray*], proporsi [*proporsee*]; progettare [*projettahray*] || *n.* disegno *m.* [*desaynyo*], intenzione *f.* [*intentseonay*], progetto *m.* [*projetto*].
desirable, *adj.* desiderabile [*daysedayrahbelay*].
desire, *n.* desiderio *m.* [*daysedayreo*].
desist, *v.* desistere [*daysisstayray*].

desk, *n.* scrittoio *m.* [*skrettoeo*]; cattedra *f.* [*kahttaydrah*].
desolate, *adj.* desolato [*daysolahto*].
despair, *n.* disperazione *f.* [*disspayrahtseonay*] || *v.* disperare [*disspayrahray*].
despatch, *v.* spedire [*spaydeeray*] || *n.* invio *m.* [*inveo*].
despise, *v.* disprezzare [*dissprayt zahray*].
despite, *prep.* malgrado [*mahlgrahdo*].
destination, *n.* destinazione *f.* [*dessteenahtseonay*].
destiny, *n.* destino *m.* [*dessteeno*].
destroy, *v.* distruggere [*disstroodjayray*].
destroyer, *n.* distruttore *m.* [*distroottoray*]; (nav.) cacciatorpediniere *m.* [*katcheatorpaydeneayray*].
destruction, *n.* distruzione *f.* [*disstrootseonay*].
detach, *v.* staccare [*stahkahray*].
detail, *n.* dettaglio *m.* [*dayttahlyo*] || *v.* dettagliare [*dayttahlyahray*].
detain, *v.* detenere [*daytaynayray*].
detective, *n.* agente *m.* di polizia [*ahjentay de poletseah*]; investigatore *m.* [*invaysteegahtoray*]; — **story**, romanzo *m.* poliziesco [*romahntso poletseaysko*].
detergent, *adj.* & *n.* detersivo *m.* [*daytersee vo*].
deteriorate, *v.* deteriorare [*daytaireorahray*].
determinate, *adj.* determinato [*daytairminahto*].
determine, *v.* determinare [*daytairminahray*].
detest, *v.* detestare [*daytesstahray*].
detriment, *n.* detrimento *m.* [*daytremento*].
develop, *v.* sviluppare [*svelooppahray*].
development, *n.* sviluppo *m.* [*sveloooppo*].
deviate, *v.* deviare [*dayveahray*].
deviation, *n.* deviazione *f.* [*dayveatseonay*].
device, *n.* invenzione *f.* [*inventseonay*], trovata *f.* [*trovahtah*], congegno *m.* [*konjaynyo*]; dispositivo *m.* [*despo-seteevo*].
devil, *n.* diavolo *m.* [*deahvolo*].
devise, *v.* inventare [*inventahray*]; lasciare [*lahshearay*] (per testamento).

devitalize, *v.* devitalizzare [*dayvetahletzahray*].
devote, *v.* dedicare [*dedeekahray*], dedicarsi [*dedeekahrsee*].
devotion, *n.* devozione *f.* [*devotseonay*].
devour, *v.* divorare [*deevorahray*].
dew, *n.* rugiada *f.* [*roojeahdah*].
dexterity, *n.* destrezza *f.* [*desstraytzah*].
diadem, *n.* diadema *m.* [*deadaymah*].
diagnosis, *n.* diagnosi *f.* [*deahnyosee*].
diagonal, *n.* & *adj.* diagonale *f.* [*deahgonahlay*].
diagram, *n.* diagramma *m.* [*deagrahmmah*].
dial, *n.* quadrante *m.* [*kwahdrahntay*]; **sun —**, meridiana *f.* [*mairedeahnah*].
dialect, *n.* dialetto *m.* [*dealetto*].
dialogue, *n.* dialogo *m.* [*dealogo*].
dialysis, *n.* (med.) dialisi *f.* [*dealeese*].
diameter, *n.* diametro *m.* [*deahmaytro*].
diamond, *n.* diamante *m.* [*deahmahntay*] || **diamonds**, *pl.* quadri *m.* (alle carte) [*kwahdree*].
diaper, *n.* (amer.) pannolino *m.* [*pahnnoleeno*] (per neonati).
diarrhoea, *n.* diarrea *f.* [*deahrrayah*].
diary, *n.* diario *m.* [*deahreo*], agenda *f.* [*ahjendah*].
dice, *pl.* di **die**, dado *m.* [*dahdo*].
dictate, *v.* dettare [*dettahray*].
dictation, *n.* dettato *m.* [*dettahto*].
dictionary, *n.* dizionario *m.* [*detseonahreo*].
die, *n.* dado [*pl.* dice] *m.* [*dahdo*]; punzone *m.* [*poontsonay*] || *v.* morire [*moreeray*].
diet, *n.* dieta *f.* [*deaytah*].
dietician, **dietist**, *n.* dietologo *m.* [*deaytologo*].
differ, *v.* differire [*diffaireeray*], essere differente [*ayssayray diffairentay*].
difference, *n.* differenza *f.* [*diffairentsah*].
different, *adj.* differente [*diffairentay*].
difficult, *adj.* difficile [*diffeechelay*].
difficulty, *n.* difficoltà *f.* [*diffeekoltah*].

diffident, *adj.* diffidente [*diffeedentay*].
diffuse *v.* diffondere [*diffondayray*] || *adj.* diffuso [*dif-fooso*] || **diffusion**, *n.* diffusione *f.* [*diffooseonay*].
dig (dug, dig), *v.* vangare [*vahngahray*], scavare [*skah-vahray*].
digest, *v.* digerire [*dejairreeray*].
digestible, *adj.* digeribile [*dejaireebelay*].
digestion, *n.* digestione *f.* [*dejessteonay*].
digestive, *adj.* & *n.* digestivo *m.* [*dejessteevo*].
digging, *n.* scavo *m.* [*skahvo*].
dignity, *n.* dignità *f.* [*denytah*].
dike, *n.* diga *f.* [*deegah*], argine *m.* [*ahrjenay*].
dilatation, *n.* dilatazione *f.* [*delahtahtseonay*].
diligent, *adj.* diligente [*dilijentay*].
dim, *v.* oscurare [*oskoorahray*], offuscare [*offooskahray*] || *adj.* offuscato [*offooskahto*].
dimension, *n.* dimensione *f.* [*dimenseonay*].
diminish, *v.* diminuire [*diminooeeray*].
dine, *v.* pranzare [*prahntsahray*].
dining car, *n.* vagone *m.* ristorante [*vahgonay reesto-rahntay*].
dining room, *n.* stanza *f.* da pranzo [*stahntsah dah prahntso*].
dinner, *n.* pranzo *m.* [*prahntso*].
dinner jacket, smoking *m.*
dip, *n.* immersione *f.* [*immerseonay*] || *v.* immergere [*immerjayray*].
diplomat, *n.* diplomatico *m.* [*deplomahtiko*].
diplomatic, *adj.* diplomatico [*deplomahtiko*].
direct, *adj.* diretto [*deretto*] || *v.* dirigere [*derejairay*]; in-dirizzare [*indereetzahray*].
direction, *n.* direzione *f.* [*deretseonay*]; regia *f.* [*rayjeah*] || **directions**, *n.pl.* istruzioni *f.* [*istrootseonee*].
director, *n.* direttore *m.* [*derettoray*]; regista *m.f.* [*ray-jeestah*].
directory, *n.* guida *f.* [*gooedah*] (telefonica ecc.).
dirt, **dirtness**, *n.* sudiciume [*soodecheoomay*], sporcizia [*sporcheetseah*].
dirty, *adj.* sporco [*sporko*], sudicio [*soodecheo*].

disagree, *v.* dissentire [*dissenteeray*].
disagreable, *adj.* sgradevole [*sgradayvolay*].
disappear, *v.* sparire [*spahreeray*].
disappoint, *v.* deludere [*dayloodayray*].
disappointment, *n.* delusione *f.* [*daylooseonay*].
disapprove, *v.* disapprovare [*desahpprovahray*].
disaster, *n.* disastro *m.* [*desahstro*].
discard, *v.* scartare [*skahrtahray*] || *n.* scarto *m.* [*skahrto*].
discern, *v.* discernere [*deshairnayray*].
discharge, *n.* scarica *f.* [*skahreka*]; sgravio *m.* [*sgrahveo*]; assoluzione *f.* [*ahssolootseonay*] || *v.* scaricare [*skahrekahray*]; alleggerire [*ahllaydjaireeray*]; assolvere [*ahssolvayray*].
discipline, *n.* disciplina *f.* [*desheepleenah*].
disclose, *v.* scoprire [*skopreeray*], rivelare [*revaylahray*].
disco, *n.* discoteca *f.* [*disskotaykah*].
discomfort, *n.* sconforto *m.* [*skonforto*].
discount, *n.* sconto *m.* [*skonto*] || *v.* scontare [*skontahray*].
discover, *v.* scoprire [*skopreeray*].
discovery, *n.* scoperta *f.* [*skopairtah*].
discredit, *v.* screditare [*skrayditahray*].
discrete, *adj.* discreto [*disskrayto*].
discriminate, *v.* emarginare [*aymahrjeenahray*].
discuss, *v.* discutere [*disskootayray*].
discussion, *n.* discussione *f.* [*disskoosseonay*].
disdain, *n.* disprezzo *m.* [*dissprayizo*] || *v.* disprezzare [*dissprayizahray*].
disdainful, *adj.* sdegnoso [*sdaynyoso*], sprezzante [*spraytzahntay*].
disease, *n.* malattia *f.* [*mahlatteah*].
disengage, *v.* disimpegnare [*desimpaynyahray*]; sbloccare [*sblokkahray*].
disgrace, *n.* onta *f.* [*ontah*], vergogna *f.* [*vairgonyah*] || *v.* disonorare [*disonorahray*].
disguise, *n.* travestimento *m.* [*travesteemento*] || *v.* travestire [*travesteeray*].

disgust, *n.* disgusto *m.* [*dissgoosto*] || *v.* disgustare [*dis-sgoostahray*].
dish, *n.* piatto *m.* di portata [*peahtto de portahtah*]; portata, pietanza *f.* [*peatahntsah*] || *v.* servire il cibo [*sairveeray il cheeebo*] (mettere il cibo nel piatto di portata).
dishearten, *v.* scoraggiare [*skorahdjeahray*].
dishonest, *adj.* disonesto [*desonessto*].
dishonour, *n.* disonore *m.* [*desonoray*] || *v.* disonorare [*desonorahray*].
dishwasher, *n.* lavapiatti *m.f.* [*lavahpeattee*], lavastoviglie *f.* [*lavahsstoveelyay*].
disinfect, *v.* disinfettare [*disinfettahray*].
disinfectant, *n.* disinfettante *m.* [*disinfettahntay*].
disk, *n.* disco *m.* [*deessko*].
dislike, *n.* avversione *f.* [*ahvverseonay*], antipatia *f.* [*antipateah*] || *v.* non gradire [*non gradeeray*], non amare [*non ahmahray*].
dismal, *adj.* lugubre [*loogoobray*], triste [*treestay*].
dismay, *n.* terrore *m.* [*terroray*], spavento *m.* [*spahvento*] || *v.* costernare [*kostairnahray*].
dismiss, *v.* licenziare [*lechentseahray*].
dismissal, *n.* licenziamento *m.* [*lechentseamento*].
dismount, *v.* smontare [*smontahray*].
disobey, *v.* disobbedire [*disobbaydeeray*].
disorder, *n.* disordine *m.* [*disordeenay*] || *v.* mettere in disordine [*mettayray in disordeenay*].
disorganization, *n.* disorganizzazione [*disorganetzah-tseonay*].
dispensary, *n.* dispensario *m.* [*dispensahreo*].
dispense, *v.* dispensare [*dispensahray*], distribuire [*distre-booeeray*]. [*ahootomahtiko*].
dispenser, *n.* distributore *m.* automatico [*distrebootoray*
disperse, *v.* disperdere [*dispairdayray*].
displace, *v.* spostare [*spostahray*].
display, *n.* mostra *f.* [*mostrah*]; sfoggio *m.* [*sfodjeo*]; spie-

gamento *m.* [*speaygahmento*] (di truppe) || *v.* far mostra [*fahr mostrah*]; stendere [*stendayray*], sfoggiare [*sfodjeahray*].
displease, *v.* dispiacere [*dispeahchairay*].
dispose, *v.* disporre [*disporray*].
disposition, *n.* disposizione *f.* [*dispositseonay*].
dispute, *n.* disputa *f.* [*disspootah*] || *v.* disputare [*disspootahray*].
disregard, *v.* sprezzare [*spraytzahray*], non curarsi [*non koorahrsee*].
dissatisfy, *v.* scontentare [*skontentahray*].
dissent, *n.* dissenso *m.* [*dissenso*] || *v.* dissentire [*dissenteeray*].
dissenter, *n.* dissidente *m.f.* [*dissidentay*].
dissimilar, *adj.* dissimile [*disseemelay*].
dissipate, *v.* dissipare [*disseepahray*].
dissuade, *v.* dissuadere [*dissooahdayray*].
distance, *n.* distanza *f.* [*disstahntsa*] || *v.* distanziare [*disstahntseahray*].
distant, *adj.* distante [*disstahntay*].
distinction, *n.* distinzione *f.* [*disstintseonay*].
distinguish, *v.* distinguere [*disstingooayray*].
distint, *adj.* distinto [*disstinto*].
distortion, *n.* distorsione *f.* [*disstorseonay*].
distract, *v.* distrarre [*distrahrray*]; far impazzire [*fahr impahtzeeray*].
distress, *n.* angustia *f.* [*ahngoosteah*], pericolo *m.* [*paireekolo*]; — **call**, S.O.S. || *v.* affliggere [*ahfleedjayray*].
distribute, *v.* distribuire [*disstrebooeeray*].
distribution, *n.* distribuzione *f.* [*distreebootseonay*].
district, *n.* distretto *m.* [*disstretto*]; quartiere *m.* [*kuahrteairay*].
distrust, *n.* diffidenza *f.* [*diffidentsah*] || *v.* diffidare [*diffidahray*].
disturb, *v.* disturbare [*disstoorbahray*].
disturbance, *n.* disturbo *m.* [*disstoorbo*].
ditch, *n.* fosso *m.* [*fosso*], fossa *f.* [*fossah*].
dive, *n.* tuffo *m.* [*tooffo*] || *v.* tuffarsi [*tooffahrsee*].

diver, *n.* palombaro *m.* [*pahlombahro*]; tuffatore *m.* [*tooffahtoray*].
diversion, *n.* svago *m.* [*svahgo*], diversione *f.* [*devairseonay*].
diversity, *n.* diversità *f.* [*devairsetah*].
divert, *v.* stornare [*stornahray*], sviare [*sveahray*]; divertire [*devairteeray*]; distrarre [*distrahrray*].
divide, *v.* dividere [*deveedayray*].
dividend, *n.* dividendo *m.* [*divideendo*].
divine, *n.* ecclesiastico [*ekkleziahstiko*] || *adj.* divino [*diveeno*].
divingboard, *n.* trampolino *m.* [*trahmpoleeno*].
division, *n.* divisione *f.* [*diviseonay*].
divorce, *n.* divorzio *m.* [*divortseo*] || *v.* divorziare [*divortseahray*].
dizzy, *adj.* stordito [*stordeeto*]; vertiginoso [*vertejenoso*].
do (**did**, **done**), *v.* fare [*fahray*].
doctor, *n.* dottore *m.* [*dottoray*] || *v.* medicare [*medikahray*].
document, *n.* documento *m.* [*dokoomento*].
dog, *n.* cane *m.* [*kahnay*] || *v.* pedinare [*pedinahray*], seguire [*saygooeeray*].
doll, *n.* bambola *f.* [*bahmbolah*].
dollar, *n.* dollaro *m.* [*dollahro*].
dolphin, *n.* delfino *m.* [*dellfeeno*].
dome, *n.* cupola *f.* [*koopolah*].
domestic, *adj.* & *n.* domestico *m.* [*domesstiko*].
dominion, *n.* dominio *m.* [*domineo*].
donkey, *n.* somaro *m.* [*somahro*], asino *m.* [*ahzeeno*].
donor, *n.* donatore *m.* [*donahtoray*].
doom, *n.* destino *m.* [*desteeno*] || *v.* condannare [*kondahnnahray*].
door, *n.* porta *f.* [*portah*], uscio *m.* [*oosheo*].
doorbell, *n.* campanello *m.* [*kahmpahnello*] (della porta).
doorkeeper, *n.* portinaio *m.* [*porteenaheo*].
dope, *v.* drogare [*drogahray*] || *n.* droga *f.* [*drogah*]; stupido *m.* [*stoopedo*].
dose, *n.* dose *f.* [*dosay*] || *v.* dosare [*dosahray*].
dot, *n.* punto *m.* [*poonto*], puntino *m.* [*poonteeno*].

double, *adj.* & *adv.* doppio [*doppeo*] || *n.* controfigura *f.* [*controfegoorah*]; sosia *m.f.* [*soseah*] || *v.* raddoppiare [*rahddoppeahray*]; doppiare [*doppeahray*].
double-breasted, *adj.* doppiopetto [*doppeopetto*].
doubt, *n.* dubbio *m.* [*doobbeo*] || *v.* dubitare [*doobetah-ray*].
doubtless, *adv.* senza dubbio [*sentsah doobbeo*].
dough, *n.* pasta *f.* [*pahstah*] (di pane).
doughnut, *n.* frittella *f.* di pasta (specie di Krapfen).
dove, *n.* colomba *f.* [*kolombah*].
dower, *n.* dote *f.* [*dotay*].
down, *adv.* in basso [*in bahsso*].
downstairs, *adv.* giù [*jeoo*] (dalle scale), dabbasso [*dahbbasso*], al pian terreno [*ahl piahn tairrayno*].
doze, *n.* sonnellino *m.* [*sonnaylleeno*] || *v.* sonnecchiare [*sonnaykkeahray*].
dozen, *n.* dozzina *f.* [*dotzeenah*].
draft, *n.* tratta *f.* [*trahttah*]; schizzo *m.* [*skeetzo*]; disegno *m.* [*dezaynyo*]; corrente d'aria *f.* [*korrentay d'ahrea*].
drafts, **draughts**, *n.pl.* dama *f.sing.* [*dahmah*] (gioco).
draftsman, **draughtsman**, *n.* disegnatore *m.* [*dezaynyah-toray*].
drag, *v.* trascinare [*trahshenahray*].
drain, *n.* condotto *m.* [*kondotto*], fogna *f.* [*fonyah*] || *v.* prosciugare [*prosheoogahray*].
drama, *n.* dramma *m.* [*drahmmah*].
draper, *n.* negoziante *m.f.* di stoffe [*naygotseahntay de stoffay*].
drapery, *n.* negozio *m.* di stoffe [*naygotseo de stoffay*].
draught, *n.* corrente *f.* d'aria [*korrentay d'ahriah*]; disegno *m.* [*dezaynyo*]; sorso *m.* [*sorso*].
draw, *n.* pareggio *m.* [*pahraydjeo*].
draw (**drew**, **drawn**), *v.* tirare [*terahray*]; attirare [*ahtte-rahray*]; trascinare [*trashenahray*]; spiccar tratta [*speekkahr trahttah*]; disegnare [*dezaynyahray*]; estrarre [*aystrahrray*] (minerali ecc.).
drawer, *n.* cassetto [*kassetto*].

drawers, *n.* mutande *f.pl.* [*mootahnday*] (da uomo).
drawing, *n.* disegno *m.* [*dezaynyo*]; estrazione *f.* [*esstrahtseonay*].
drawing room, *n.* salotto *m.* [*sahlotto*].
dread, *n.* spavento *m.* [*spahvento*] || *v.* temere [*taymairay*].
dreadful, *adj.* spaventoso [*spahventoso*].
dream, *n.* sogno *m.* [*sonyo*] || *v.* (**dreamt** or **dreamed**), sognare [*sonyahray*].
dreary, *adj.* triste [*treestay*], desolato [*desolahto*].
dregs, *n.* feccia *f.* [*faycheah*]; sedimento *m.* [*sedimento*].
drench, *v.* bagnare [*banyahray*], inzuppare [*intsoopppahray*].
dress, *n.* abito *m.* da donna [*ahbeto dah donnah*] || *v.* vestire [*vesteeray*], vestirsi [*vesteersee*]; condire [*kondeeray*]; acconciarsi [*ahkkoncheahrsee*] (i capelli); medicare [*maydeekahray*].
dressing gown, *n.* vestaglia *f.* [*vestahlya*].
dressing room, *n.* spogliatoio *m.* [*spolyahtoeo*].
dressing table, *n.* tavolino *m.* da toletta [*tahvoleeno dah toahlettah*].
dressmaker, *n.* sarta *f.* [*sahrtah*].
drill, *n.* trapano *m.* [*trahpahno*].
drink, *n.* bevanda *f.* [*bayvahndah*], bibita *f.* [*beebeetah*] || *v.* (**drank**, **drunk**), bere [*bayray*], bevere [*bayvayray*].
drip, *v.* sgocciolare [*sgocheolahray*].
dripping, *n.* grasso *m.* d'arrosto [*grahsso de ahrrosto*]; sgocciolamento *m.* [*sgocheolahmento*].
drive (**drove**, **driven**), *v.* guidare (un veicolo) [*gooedahray* (*oon vayekolo*)]; condurre [*kondoorray*]; sospingere [*sospeenjayray*].
drive, *n.* scarrozzata *f.* [*skahrrotzahtah*], giro *m.* in auto [*geero en ahooto*]; (mecc.) trazione [*trahtseonay*].
driveway, *n.* passo *m.* carraio [*pahsso kahrraheo*].
driver, *n.* guidatore *m.* [*gooedahtoray*].
driving licence, *n.* patente *f.* [*patentay*].
driving school, *n.* scuola *f.* guida [*skoo-olah gooeedah*]; autoscuola *f.* [*ahootoskoo-olah*].

drizzle, *v.* piovigginare [*peoveedjenahray*].
drop, *n.* goccia *f.* [*gocheah*] || *v.* gocciolare [*gocheolahray*], cadere [*kahdayray*], lasciar cadere [*lahsheahr* —].
dropper, *n.* contagocce *m.* [*kontahgochay*].
drought, *n.* siccità *f.* [*sitchetah*].
drown, *n.* annegare [*ahnnaygahray*], annegarsi [*ahnnay-gahrsee*].
drowsy, *adj.* sonnolento [*sonnolento*].
drug, *n.* droga *f.* [*drogah*]; — **addict**, drogato *m.* [*drogahto*].
druggist, *n.* farmacista *m.f.* [*fahrmahcheestah*]; droghiere [*m.* [*drogheayray*].
drum, *n.* tamburo *m.* [*tahmbooro*].
drunk, *adj.* ubriaco [*oobreahko*].
drunkard, *n.* ubriacone *m.* [*oobreahkonay*].
dry, *adj.* secco [*sekko*] || *v.* seccare [*sekkahray*].
dub, *v.* doppiare [*doppeahray*] (film).
dubious, *adj.* dubbio [*doobbeo*].
duck, *n.* anitra *f.* [*ahnetrah*].
duckling, *n.* papero *m.* [*pahpairo*], papera *f.* [*pahpairah*].
due, *adj.* dovuto [*dovooto*].
duffel coat, *n.* montgomery (cappotto).
duke, *n.* duca *m.* [*dookah*].
duly, *adv.* debitamente [*debitahmentay*].
dull, *adj.* cupo [*koopo*], fosco [*fosko*]; tetro [*taytro*]; ottuso [*ottooso*]; tardo [*tahrdo*].
dummy, *n.* succhiotto *m.* [*sookkeotto*] (per bambini).
dump, *n.* discarica *f.* [*diskahreekah*].
dune, *n.* duna *f.* [*doonah*].
dupe, *v.* ingannare [*ingahnnahray*].
dunghill, *n.* letamaio *m.* [*letahmaheo*].
duplicate, *adj.* & *n.* duplicato *m.* [*dooplikahto*] || *v.* duplicare [*dooplikahray*].
durable, *adj.* durevole [*doorayvolay*].
duration, *n.* durata *f.* [*doorahtah*].
during, *prep.* durante [*doorahntay*].
dusk, *n.* crepuscolo *m.* [*kraypooskolo*].
dust, *n.* polvere *f.* [*polvayray*] || *v.* spolverare [*spolvay-rahray*].

dustbin, *n.* pattumiera *f.* [*pattoomeairah*].
dusty, *adj.* polveroso [*polvayroso*].
Dutch, *adj.* olandese [*olahndaysay*].
duty, *n.* dovere [*dovairay*]; dazio *m.* [*dahtseo*].
dwarf, *n.* nano *m.* [*nahno*].
dwell, *v.* abitare [*ahbetahray*], dimorare [*demorahray*].
dye, *n.* tinta *f.* [*tintah*] || *v.* tingere [*tinjayray*], tingersi [*tinjayrsee*].
dynamic, *adj.* dinamico [*dinahmiko*].
dynamite, *n.* dinamite *f.* [*dinahmeetay*].

E

each, *pr.* & *adj*, ciascuno [*cheahskoono*], ciascheduno [*cheaskaydoono*] || — **other**, l'un l'altro [*l'oon l'ahltro*].
eager, *adj.* desideroso [*daysedairoso*].
eagle, *n.* aquila *f.* [*ahkwelah*].
ear, *n.* orecchio *m.* [*oraykkeo*].
eardrop, *n.* orecchino *m.* a pendente [*oraykkeeno ah pendentay*].
earl, *n.* conte *m.* [*kontay*] (inglese).
early, *adj.* mattiniero [*mahtteeneairo*] || *adv.* per tempo [*pair tempo*], di buon'ora [*de boo-onorah*], presto [*presto*].
earn, *v.* guadagnare [*gooahdahnyahray*].
earnest, *adj.* serio [*saireo*], ardente [*ahrdentay*] || *n.* caparra *f.* [*kapahrrah*].
earnings, *n.pl.* guadagni *m.* [*gooahdahny*].
earphones, *n.pl.* auricolari *m.* [*ahoorekolahree*].
earring, *n.* orecchino *m.* [*oraykkeeno*].
earth, *n.* terra *f.* [*tairrah*].
earthen, *adj.* di terra [*de tairrah*].
earthenware, *n.* terraglia *f.* [*tairrahlyah*], stoviglie *f.pl.* [*stoveelyay*].
earthquake, *n.* terremoto *m.* [*tairraymoto*].
ease, *n.* agio *m.* [*ahjeo*], comodo *m.* [*komodo*]; riposo *m.* [*reeposo*] || *v.* calmare [*kahlmahray*]; alleggerire [*ahllaydjayreeray*], sollevare [*sollayvahray*].
east, *n.* est [*ayst*], levante *m.* [*layvahntay*] || *adj.* orientale [*orientahlay*].
Easter, *n.* Pasqua *f.* [*pahskwah*].
eastern, *adj.* orientale [*orientahlay*].

eastward(s), *adv.* verso levante [*vairso layvahntay*].
easy, *adj.* facile [*fahchelay*].
eat (ate, eaten), *v.* mangiare [*mahnjahray*].
eatable, *adj.* commestibile [*kommaysteebelay*].
ebony, *n.* ebano *m.* [*aybahno*].
echo, *n.* eco *f.* [*ayko*].
eclipse, *n.* eclissi *f.* [*aykleesse*].
ecology, *n.* ecologia *f.* [*aykologeeah*].
economic, *adj.* economico [*aykonomiko*].
economise, *v.* economizzare [*aykonomeetzahray*].
economy, *n.* economia *f.* [*aykonomeeah*].
edge, *n.* bordo [*bordo*], orlo *m.* [*orlo*].
edible, *adj.* commestibile [*kommaysssteebelay*].
edifice, *n.* edificio *m.* [*aydefeecheo*].
edify, *v.* edificare [*aydefeekahray*].
edition, *n.* edizione *f.* [*ayditseonay*].
editor, *n.* redattore *m.* [*raydahttoray*]; — **-in-chief**, caporedattore *m.* [*kahporaydahttoray*].
educate, *v.* istruire [*istrooeeray*], educare [*aydookahray*].
education, *n.* istruzione [*istrootseonay*], educazione *f.* [*aydookatseonay*].
eel, *n.* anguilla *f.* [*angooeellah*].
effect, *n.* effetto *m.* [*ayffetto*].
effective, *adj.* effettivo [*ayffetteevo*].
efficient, *adj.* efficiente [*ayfficheayntay*].
effort, *n.* sforzo *m.* [*sfortso*].
egg, *n.* uovo [*oo-ovo*].
eggcup, *n.* portauovo *m.* [*portahoo-ovo*].
egoist, *n.* egoista *m.f.* [*aygoeestah*].
Egyptian, *n.* & *adj.* egiziano *m.* [*ayjetseahno*].
eiderdown, *n.* piumino [*peoomeeno*] (da letto).
elaborate, *adj.* elaborato [*aylahborahto*] || *v.* elaborare [*aylahborahray*].
elastic, *adj.* & *n.* elastico [*aylasteeko*].
elbow, *n.* gomito *m.* [*gometo*].

elder, *adj.* maggiore (di età) [*mahdjeoray*] (rispetto ad altra persona) || **—ly**, *adj.* attempato [*ahttempahto*].
elect, *v.* eleggere [*aylaydjayray*].
election, *n.* elezione *f.* [*aylaytseonay*].
electoral, *adj.* elettorale [*aylettorahlay*].
electric, **-al**, *adj.* elettrico [*aylettriko*]; *electrical repairs*, elettrauto *m.* [*aylettrahooto*].
electrician, *n.* elettricista *m.* [*aylettricheesstah*].
electricity, *n.* elettricità *f.* [*aylettricheetah*].
electronics, *n.* elettronica, *f.* [*aylettronikah*].
elegance, *n.* eleganza *f.* [*aylaygahntsa*].
elegant, *adj.* elegante [*aylaygahntay*].
element, *n.* elemento *m.* [*aylaymento*].
elementary, *adj.* elementare [*aylaymentahray*].
elephant, *n.* elefante *m.* [*aylayfahntay*].
elevate, *v.* elevare [*aylayvahray*].
elevator, *n.* elevatore *m.* [*aylayvahtoray*]; (in America) ascensore *m.* [*ahshensoray*].
eliminate, *v.* eliminare [*ayliminahray*].
elk, *n.* alce *m.* [*ahlchay*].
elm, *n.* olmo *m.* [*olmo*]. [*pahray*].
elope, *v.* fuggire da [*foodjeray dah*], scappare da [*skahp-*
elopement, *n.* fuga *f.* da [*foogah dah*].
else, *adj.* & *pr.* altro [*ahltro*] || **—where**, *adv.* altrove [*ahl-*
elude, *v.* eludere [*aylodayray*]. [*trovay*].
embankment, *n.* argine *m.* [*ahrjenay*].
embark, *v.* imbarcare [*imbahrkahray*], imbarcarsi [*im-bahrkahrsee*].
embarrass, *v.* imbarazzare [*imbahrahtzahray*].
embarrassment, *n.* imbarazzo *m.* [*imbahrahtzo*].
embassy, *n.* ambasciata *f.* [*ahmbahshe ahtah*].
embers, *n.pl.* brace *f.* [*brahchay*].
embitter, *v.* amareggiare [*ahmahraydjeahray*].
emblem, *n.* emblema *m.* [*emblemah*].
embrace, *n.* abbraccio *m.* [*ahbbrahtcheo*] || *v.* abbraccia-

re [*ahbbratcheahray*], abbracciarsi [*ahbbratcheahrsee*].
embroidery, *n.* ricamo *m.* [*rekahmo*].
emerald, *n.* smeraldo *m.* [*smairahldo*].
emerge, *v.* emergere [*aymairjayray*].
emergency, *n.* emergenza *f.* [*aymairjentsah*].
emery, *n.* smeriglio *m.* [*smaireelyo*].
emigrant, *n.* & *adj.* emigrante *m.f.* [*aymigrantay*].
emigrate, *v.* emigrare [*aymigrahray*].
emigration, *n.* emigrazione *f.* [*aymigratseonay*].
eminent, *adj.* eminente [*ayminentay*].
emission, *n.* emissione *f.* [*aymisseonay*].
emit, *v.* emettere [*aymettairay*].
emotion, *n.* emozione *f.* [*aymotseonay*].
emotional, *adj.* emotivo [*aymoteevo*].
emperor, *n.* imperatore *m.* [*impairahtoray*].
empire, *n.* impero *m.* [*impairo*].
employ, *v.* impiegare [*impeaygahray*].
employee, *n.* impiegato *m.* [*impeaygahto*].
employer, *n.* datore *m.* di lavoro [*dahtoray dee lahvoro*].
employment, *n.* impiego *m.* [*impeaygo*].
empty, *adj.* vuoto [*voo-oto*].
emulsion, *n.* emulsione *f.* [*aymoolseonay*].
enable, *v.* abilitare [*ahbeletahray*] (mettere in grado di).
enamel, *n.* smalto [*smahlto*] || *v.* smaltare [*smahltahray*].
encamp, *v.* accamparsi [*ahkkahmpahrsee*].
encircle, *v.* circondare [*cheerkondahray*], attorniare [*ahttorneahray*].
enclose, *v.* includere [*inkloodairay*], accludere [*ahkkloodairay*].
enclosure, *n.* allegato *m.* [*ahllaygahto*].
encourage, *v.* incoraggiare [*inkorahdjeahray*].
encumbrance, *n.* ingombro *m.* [*ingombro*].
encyclopaedia, *n.* enciclopedia *f.* [*encheklopaydeah*].
end, *n.* fine *f.* [*feenay*], termine *m.* [*tairmeenay*] || *v.* finire [*feneeray*].

endanger, *v.* mettere a repentaglio [*mettairay ah raypentahlyo*], esporre a pericolo [*essporray ah paireekolo*].
endeavour, *n.* tentativo *m.* [*tentahteevo*], sforzo *m.* [*sfortso*] || *v.* sforzarsi [*sfortsahrsee*].
endive, *n.* indivia *f.* [*indeveah*].
endless, *adj.* senza fine [*sentsah feenay*].
endure, *v.* sopportare [*sopportahray*].
enemy, *n.* nemico *m.* [*naymeeko*].
energetic, *adj.* energico [*aynairjeko*].
energy, *n.* energia *f.* [*aynairjeah*].
engage, *v.* ingaggiare [*ingahdjahray*], assumere [*ahssoomairay*], impiegare [*impeaygahray*] (persone).
engaged, *adj.* occupato [*okkoopahto*]; impegnato [*impaynyahto*]; fidanzato [*fedantsahto*].
engagement, *n.* fidanzamento *m.* [*fedantsamento*]; impegno *m.* [*impaynyo*]; appuntamento *m.* [*ahppoontah-*
engine, *n.* motore *m.* [*motoray*]. [*mento*].
engineer, *n.* macchinista *m.* [*mahkkinistah*]; meccanico *m.* [*maykkaniko*]; ingegnere *m.* [*injaynyairay*].
English, *adj.* inglese [*inglaysay*].
Englishman, *n.m.*, **Englishwoman** *f.* inglese *m.f.*
engraving, *n.* incisione *f.* [*inchesehonay*].
enjoy, *v.* godere [*godairay*], divertirsi [*devairteersee*].
enlarge, *v.* ingrandire [*ingrandeeray*].
enlighten, *v.* illuminare [*illoomenahray*], rendere edotto [*rendairay aydotto*]. [*lahray*].
enlist, *v.* iscrivere [*iskreevairay*]; arruolare [*ahrroo-o-*
enliven, *v.* vivificare [*vevefeekahray*], allietare [*ahlleaytahray*].
enormous, *adj.* enorme [*aynormay*].
enough, *n.* il necessario *m.* [*eel naychessahreo*] || *adv.* abbastanza [*ahbbasstantsah*].
enrich, *v.* arricchire [*ahrrekkeeray*].
entangle, *v.* intralciare [*intrahlcheahray*], impacciare [*impahtcheahray*].

enter, *v.* entrare [*entrahray*].
enterprise, *n.* impresa *f.* [*impraysah*] || *v.* intraprendere [*intrahprendairay*].
entertain, *v.* intrattenere [*intrahttaynairay*].
entertainment, *n.* trattenimento *m.* [*trahttaynemento*], festa *f.* [*fesstah*], spettacolo *m.* [*spettahkolo*].
enthusiasm, *n.* entusiasmo *m.* [*entoosiasmo*].
entice, *v.* allettare [*ahllettahray*], adescare [*ahdesskaray*].
entire, *adj.* & *n.* intero *m.* [*intairo*].
entitle, *v.* intitolare [*inteetolahray*].
entrance, *n.* ingresso *m.* [*ingresso*], entrata *f.* [*entrahtah*].
entreat, *v.* supplicare [*sooplekahray*].
entrust, *v.* affidare [*ahffeedahray*].
envelop, *v.* avvolgere [*ahvvoljairay*].
envelope, *n.* busta *f.* [*boostah*].
envious, *adj.* invidioso [*inveedeoso*].
envy, *n.* invidia *f.* [*inveedeah*].
epidemy, *n.* epidemia *f.* [*aypeedaymeah*].
episode, *n.* episodio *m.* [*aypeesodeo*].
epoch, *n.* epoca *f.* [*aypokah*].
equal, *n.* & *adj.* uguale [*oogooahlay*] || *v.* uguagliare [*oogooahlyahray*].
equality, *n.* uguaglianza *f.* [*oogooahleantsah*].
equator, *n.* equatore *m.* [*aykwahtoray*].
equilibrate, *v.* equilibrare [*aykwelebrahray*].
equinox, *n.* equinozio *m.* [*aykwenotseo*].
equip, *v.* equipaggiare [*aykwepahdjeahray*].
equipment, *n.* equipaggiamento *m.* [*aykwepahdjeahmento*].
equity, *n.* equità *f.* [*aykwetah*].
equivalent, *n.* & *adj.* equivalente [*aykwevahlentay*].
erase, *v.* cancellare [*kanchellahray*].
erasure, *n.* cancellatura *f.* [*kanchellahtoorah*].
erect, *adj.* eretto [*ayraytto*], dritto [*dritto*] || *v.* erigere [*ayreedjayray*].

ermine, *n.* ermellino *m.* [*airmelleeno*].
erosion, *n.* erosione *f.* [*ayroseonay*].
err, *v.* errare [*ayrrahray*], sbagliare [*sbahlyahray*].
errand, *n.* messaggio *m.* [*messahdjeo*], commissione *f.* [*kommisseonay*] || — **boy**, fattorino *m.* [*fahttoreeno*].
erroneous, *adj.* erroneo [*ayrronayo*].
error, *n.* errore *m.* [*ayrroray*].
eruption, *n.* eruzione *f.* [*airootseonay*].
escalator, *n.* scala *f.* mobile [*skahlah mobeelay*].
escape, *n.* evasione [*ayvahseonay*], fuga *f.* [*foogah*] || *v.* evadere [*ayvahdayray*].
escort, *n.* scorta *f.* [*skortah*] || *v.* scortare [*skortahray*].
Eskimo, *n.* & *adj.* esquimese *m.f.* [*ayskwemaysay*].
especially, *adv.* specialmente [*specheahlmentay*].
essay, *n.* saggio *m.* [*sahdjeo*], prova *f.* [*provah*] || *v.* saggiare [*sadjeahray*], provare [*provahray*].
essence, *n.* essenza *f.* [*essentsa*].
essential, *adj.* essenziale [*essentseahlay*].
establish, *v.* stabilire [*stahbeleeray*].
estate, *n.* patrimonio *m.* [*pahtremoneo*], proprietà *f.* [*propreeaytah*].
esteem, *n.* stima *f.* [*steemah*] || *v.* stimare [*steemahray*].
estimate, *n.* preventivo *m.* [*prayventeevo*] || *v.* stimare [*steemahray*], valutare [*vahlootahray*]; preventivare [*prayventeevahray*].
etching, *n.* incisione *f.* all'acquaforte [*incheseonay ahll ahkwah fortay*].
eternal, *adj.* eterno [*aytayrno*].
eternity, *n.* eternità *f.* [*aytairnetah*].
ether, *n.* etere *m.* [*aytairay*].
Ethiop, **Ethiopian**, *n.* etiope *m.f.* [*ayteopay*].
Ethiopic, *adj.* etiopico [*ayteopeko*].
European, *adj.* & *n.* europeo *m.* [*ayooropayo*].
Europeanist, *n.* europeista *m.f.* [*ayooropayeestah*].
euthanasia, *n.* eutanasia *f.* [*ayootahnahseah*].

evangelist, *n.* evangelista *m.* [*ayvahnjayleestah*].
evaporate, *v.* evaporare [*ayvahporahray*].
evaporation, *n.* evaporazione *f.* [*ayvahporahtseonay*].
evasion, *n.* evasione *f.* [*ayvahzeonay*] (fiscale).
eve, *n.* vigilia *f.* [*vejelyah*].
even, *adj.* liscio [*leesheo*], piano [*peahno*], pari [*pahree*] || *adv.* perfino [*pairfeeno*], anche [*ahnkay*] || *v.* eguagliare [*aygooalyahray*] || **—ly**, *adv.* uniformemente [*ooneeformaymentay*].
evening, *n.* sera *f.* [*sairah*], serata *f.* [*sairahtah*].
event, *n.* evento *m.* [*ayvento*].
eventful, *adj.* avventuroso [*ahvventooroso*].
eventually, *adv.* finalmente [*feenahlmentay*].
ever, *adv.* sempre [*saympray*], mai [*mahee*].
evergreen, *adj.* & *n.* sempreverde *m.* [*saymprayvairday*].
everlasting, *adj.* eterno [*aytairno*].
every, *adj.* ogni [*ony*] || — **body**, *pron.* ognuno [*onyoono*] || — **thing**, *pron.* ogni cosa, tutto || — **where**, *adv.* [dappertutto.
evict, *v.* sfrattare [*sfrahttahray*].
eviction, *n.* sfratto *m.* [*sfrahtto*].
evidence, *n.* evidenza *f.* [*ayveedentsah*], prova *f.* [*provah*].
evident, *adj.* evidente [*ayvidentay*].
evil, *n.* male *m.* [*mahlay*] || *adv.* male, malamente [*mahlahmentay*] || *adj.* malvagio [*mahlvahjeo*].
evolution, *n.* evoluzione *f.* [*ayvolootseonay*].
exact, *adj.* esatto [*ayzahtto*] || *v.* esigere [*ayzeejairay*].
exactness, **exactitude**, *n.* esattezza *f.* [*ayzahttetzah*].
exaggerate, *v.* esagerare [*aysahjairahray*].
exaggeration, *n.* esagerazione *f.* [*ayzahjairahtseonay*].
examination, *n.* esame *m.* [*ayzahmay*]; interrogatorio *m.* [*intairrogatoreo*].
examine, *v.* esaminare [*ayzahminahray*].
example, *n.* esempio *m.* [*ayzaympeo*].
exasperate, *v.* esasperare [*ayzahspairahray*].
excavate, *v.* scavare [*skavahray*].

excavation, *n.* scavo *m.* [*skahvo*].
exceed, *v.* eccedere [*aytchaydayray*].
excel, *v.* eccellere [*aytchellayray*].
excellent, *adj.* eccellente [*aytchellentay*].
except, *v.* eccettuare [*aytchayttooahray*].
excepting, *prep.* eccettuato [*aytchayttooahto*].
exception, *n.* eccezione *f.* [*aytchaytseonay*].
exceptional, *adj.* eccezionale [*aytchaytseonahlay*].
excess, *n.* eccesso *m.* [*aytchesso*].
excessive, *adj.* eccessivo [*aytchesseevo*].
exchange, *n.* scambio *m.* [*skahmbeo*], cambio *m.* [*kahmbeo*]; centralino *m.* [*chentrahleeno*] || *v.* scambiare [*skahmbeahray*], cambiare [*kahmbeahray*].
excite, *v.* eccitare [*aytchetahray*].
exciting, *adj.* emozionante [*aymotseonahntay*].
exclaim, *v.* esclamare [*essklahmahray*].
exclamation, *n.* esclamazione *f.* [*essklahmatseonay*].
exclude, *v.* escludere [*esskloodayray*]; emarginare [*aymahrgeenahray*].
exclusion, *n.* esclusione *f.* [*essklooseonay*].
exclusively, *adv.* esclusivamente [*essklooseevahmentay*].
excursion, *n.* escursione *f.* [*esskoorseonay*].
excuse, *n.* scusa *f.* [*skoosah*] || *v.* scusare [*skoo-sahray*].
execute, *v.* eseguire [*ayzaygooeeray*].
executive, *n.* dirigente *m.f.* [*derejentay*].
exempt, *adj.* esente [*ayzentay*] || *v.* esentare [*ayzentahray*].
exercise, *n.* esercizio *m.* [*ayzaircheetseo*]; **exercise -book**, quaderno *m.* [*kuahdairno*].
exert, *v.* sforzarsi [*sfortsahrsee*].
exhaust, *n.* scappamento *m.* [*skahppahmento*] || *v.* esaurire [*ayzahooreeray*].
exhaustion, *n.* esaurimento *m.* [*ayzahooremento*]; stanchezza *f.* [*stahnketsah*].
exhibit, *v.* esibire [*ayzebeeray*].

exhibition, *n.* esposizione *f.* [*esspozetseonay*].
exhibitor, *n.* espositore *m.* [*esspozetoray*].
exist, *v.* esistere [*ayzisstayray*].
existence, *n.* esistenza *f.* [*ayzisstentsah*].
exit, *n.* uscita *f.* [*oosheetah*].
exonerate, *v.* esonerare [*ayzonayrahray*].
expatriate, *v.* espatriare [*esspahtreahray*].
expect, *v.* aspettarsi [*ahsspettahrsee*], aspettare [*ahsspettahray*].
expectation, *n.* aspettativa *f.* [*ahsspettahteevah*], speranza *f.* [*spairahntsah*].
expedient, *n.* espediente *m.* [*esspaydee-entay*].
expedition, *n.* spedizione [*spaydetseonay*]; prontezza *f.* [*prontetzah*].
expel, *v.* espellere [*esspellayray*].
expense, *n.* spesa *f.* [*spaysah*].
expensive, *adj.* dispendioso [*disspendeozo*].
experience, *n.* esperienza *f.* [*esspairee-entsa*] || *v.* sperimentare [*spairimentahray*], constatare [*konstahtahray*].
experiment, *n.* esperimento *m.* [*ayspaireemento*] || *v.* sperimentare [*spairimentahray*].
expert, *n.* & *adj.* esperto [*esspairto*].
expiate, *v.* espiare [*esspeahray*].
expire, *v.* spirare [*speerahray*], morire [*moreeray*]; scadere [*skahdayray*].
explain, *v.* spiegare [*speaygahray*].
explanation, *n.* spiegazione *f.* [*speaygahtseonay*].
explicit, *adj.* esplicito [*esspleecheto*].
explode, *v.* esplodere [*essplodayray*].
exploit, *v.* sfruttare [*sfroottahray*] (una miniera ecc.).
explorator, *n.* esploratore *m.* [*essplorahtoray*].
explore, *v.* esplorare [*essplorahray*].
explosion, *n.* esplosione *f.* [*essploseonay*].
explosive, *n.* & *adj.* esplosivo *m.* [*essploseevo*].
export, *n.* esportazione *f.* [*essportahtseonay*] || *v.* esportare [*essportahray*].
exporter, *n.* esportatore *m.* [*essportahtoray*].

expose, *v.* esporre [*essporray*].
express, *v.* esprimere [*esspreemayray*] || *adj.* espresso [*esspresso*].
expression, *n.* espressione *f.* [*esspresseonay*].
express train, *n.* treno *m.* diretto [*trayno deretto*].
exquisite, *adj.* squisito [*skweseeto*].
extend, *v.* estendere [*esstendayray*].
extension, *n.* estensione *f.* [*esstenseonay*].
exterior, *adj.* & *n.* esteriore *m.* [*esstayreoray*].
external, *adj.* & *n.* esterno *m.* [*essterno*].
extinguish, *v.* estinguere [*esstingooayray*].
extinguisher, *n.* estintore *m.* [*esstintoray*].
extra, *adj.* & *adv.* in più [*in peoo*].
extract, *n.* estratto *m.* [*esstrahtto*] || *v.* estrarre [*esstrahrray*].
extradite, *v.* estradare [*esstrahdahray*].
extraordinary, *adj.* straordinario [*straordinahreo*].
extravagance, *n.* prodigalità *f.* [*prodeegahleetah*]; stravaganza *f.* [*stravagantsa*].
extravagant, *adj.* prodigo [*prodego*]; stravagante [*strava-gantay*].
extreme, *n.* estremo *m.* [*esstraymo*], estremità *f.* [*esstray-meetah*] || *adj.* estremo [*esstraymo*].
extremist, *n.* estremista *m.f.* [*esstraymeestah*].
extricate, *v.* districare [*distrikahray*].
extrovert, *adj.* estroverso [*esstrovairso*], espansivo [*esspahnseevo*].
exult, *v.* esultare [*aysooltahray*].
eye, *n.* occhio *m.* [*okkeo*].
eyebrow, *n.* sopracciglio *m.* [*soprahcheleo*].
eyeglass, *n.* occhiale *m.* [*okkeahlay*], *pl.* occhiali [*ok-keahlee*].
eyelash, *n.* ciglia *f.pl.* [*chelyah*].
eyelet, *n.* occhiello *m.* [*okke-ello*].
eyelid, *n.* palpebra *f.* [*pahlpaybrah*].
eyewash, *n.* collirio *m.* [*kolleereo*].

F

fable, *n.* fiaba *f.* [*feahbah*].
fabric, *n.* tessuto *m.* [*tayssooto*].
facade, *n.* facciata *f.* [*fahtcheahtah*].
face, *n.* faccia *f.* [*fahtcheah*] || *v.* far fronte [*fahr frontay*].
facilitate, *v.* facilitare [*fahcheleetahray*].
facilitation, *n.* facilitazione *f.* [*fahcheleetahtseonay*].
fact, *n.* fatto *m.* [*fahtto*].
factory, *n.* fabbrica *f.* [*fahbbreka*], stabilimento *m.* [*stahbeleemento*].
faculty, *n.* facoltà *f.* [*fahkoltah*].
fade, *v.* appassire [*ahppasseeray*], sbiadire [*sbeahdeeray*]; svanire [*svahneeray*].
fail, *n.* insuccesso *m.* [*insootchesso*] || *v.* mancare [*mahnkahray*], fallire [*fahlleeray*].
failure, *n.* insuccesso [*insootchesso*]; fallimento [*fahllemento*]; fallito *m.* [*fahlleeto*].
faint, *adj.* debole [*daybolay*] || *n.* svenimento *m.* [*svayneemento*] || *v.* svenire [*svayneeray*].
fair, *n.* fiera *f.* [*feairah*], mercato *m.* || *adj.* bello [*bayllo*]; giusto [*jeoosto*], leale [*layahlay*]; biondo [*beondo*] || —**ly**, *adv.* equamente [*aykwamentay*].
faith, *n.* fede *f.* [*fayday*].
faithful, *adj.* fedele [*faydaylay*].
faithfulness, *n.* fedeltà *f.* [*faydayltah*].
fall, *n.* caduta *f.* [*kahdootah*]; (in America) autunno *m.* [*ahootoonno*].

fall (**fell**, **fallen**), *v.* cadere [*kahdayray*].
fall-out, *n.* pioggia *f.* radioattiva [*peojeah rahdeoahtteevah*].
false, *adj.* falso [*fahlso*].
falsification, *n.* falsificazione *f.* [*fahlsefekatseonay*].
falsify, *v.* falsificare [*fahlsefekahray*].
falter, *v.* esitare [*ayzeetahray*], turbarsi [*toorbahrsee*]; barcollare [*bahrkollahray*].
familiar, *adj.* familiare [*fahmeeleahray*].
family, *n.* famiglia *f.* [*fahmeelyah*].
famous, *adj.* famoso [*fahmoso*].
fan, *n.* ventaglio *m.* [*ventahlyo*], ventilatore *m.* [*ventilahtoray*]; fan, *m.f.*, tifoso *m.* [*teefoso*] || *v.* ventilare [*ventilahray*].
fancy, *n.* fantasia *f.* [*fahntahseeah*] || *adj.* di fantasia || *v.* immaginare [*immahjenahray*].
fantastic, *adj.* fantastico [*fahntahsteko*].
far, *adj.* & *adv.* lontano [*lontahno*].
farce, *n.* farsa *f.* [*fahrsah*].
fare, *n.* prezzo *m.* [*praytzo*] (della corsa); passeggero *m.* [*pahssaydjayro*]; cibo *m.* [*cheebo*], vitto *m.* [*veetto*].
farewell, *int.* addio [*ahddeeo*], buon viaggio [*boo-on veahdjeo*].
farm, *n.* podere *m.* [*podayray*], fattoria *f.* [*fahttoreea*].
farmer, *n.* fittavolo *m.* [*fittahvolo*], fattore *m.* [*fahttoray*].
farther, *adj.* & *adv.* ulteriore [*ooltayreoray*], più lontano [*peoo lontahno*].
farthest, *adj.* il più lontano [*eel peoo lontahno*].
fascinate, *v.* affascinare [*ahffahshenahray*].
fashion, *n.* moda *f.* [*modah*] || *v.* foggiare [*fodjeahray*].
fashionable, *adj.* alla moda [*allah modah*].
fast, *n.* digiuno *m.* [*dejeoono*] || *v.* digiunare [*dejeoonahray*] || *adj.* fermo [*fairmo*], aderente [*ahdayrentay*]; veloce [*vaylochay*], rapido [*rahpedo*].
fasten, *v.* legare [*laygahray*], assicurare [*ahssekoorahray*], fissare [*fissahray*].

fat, *n.* & *adj.* grasso *m.* [*gr^{a}hsso*].
fatal, *adj.* fatale [*faht^{a}hlay*].
fate, *n.* fato *m.* [*f^{a}hto*], destino *m.* [*desst^{ee}no*].
father, *n.* padre *m.* [*p^{a}hdray*].
fatigue, *n.* fatica *f.* [*faht^{ee}kah*] || *v.* faticare [*fahteek^{a}h-ray*].
fatten, *v.* ingrassare [*ingrahss^{a}hray*].
fault, *n.* fallo *m.* [*f^{a}hllo*], errore *m.* [*ayrr^{o}ray*].
faultless, *adj.* impeccabile [*impekk^{a}hbelay*].
faulty, *adj.* difettoso [*defett^{o}so*].
favour, (amer.) **favor**, *n.* favore *m.* [*fahv^{o}ray*] || *v.* favorire [*fahvor^{ee}ray*].
favourable, *adj.* favorevole [*fahvor^{ay}volay*].
fear, *n.* paura *f.* [*pah^{oo}rah*] || *v.* temere [*taym^{ay}ray*].
fearful, *adj.* pauroso [*pahoor^{o}so*].
fearless, *adj.* senza paura [*s^{e}ntsah pah^{oo}rah*], intrepido [*intr^{ay}pedo*].
feast, banchetto *m.* [*bank^{e}tto*]; festa *f.* [*f^{e}sstah*] || *v.* festeggiare [*fesstaydje^{a}hray*], banchettare [*bankett^{a}h-ray*].
feather, *n.* penna *f.* [*p^{e}nnah*] (d'uccello).
feature, *n.* caratteristica *f.* [*kahrahtter^{i}sstikah*], particolare *m.* [*pahrtekol^{a}hray*], tratto *m.* caratteristico [*tr^{a}htto kahrahtter^{i}stiko*].
February, *n.* febbraio *m.* [*febbr^{a}heo*].
federation, *n.* federazione *f.* [*faydayrahtse^{o}nay*].
fee, *n.* tassa *f.* [*t^{a}hssah*], canone *m.* [*k^{a}hnonay*]; onorario [*m.* [*onor^{a}hreo*].
feeble, *adj.* debole [*d^{ay}bolay*].
feed (**fed**, **fed**), *v.* nutrire [*nootr^{ee}ray*], alimentare [*ahliment^{a}hray*]; cibarsi [*cheeb^{a}hrsee*].
feel (**felt**, **felt**), *v.* sentire [*sent^{ee}ray*]; tastare [*tahsst^{a}hray*].
feeling, *n.* senso *m.* [*s^{e}nso*] (del tatto), tatto *m.* [*t^{a}htto*]; sentimento *m.* [*sentim^{e}nto*]; sensazione *f.* [*sensatse^{o}-nay*].
feet, *n.pl.* di foot.
feign, *v.* fingere [*f^{i}njayray*].
felicitate, *v.* felicitare [*faylichet^{a}hray*].
fell, *v.* abbattere [*ahbb^{a}httayray*].

fellow, *n.* compagno *m.* [*kompahnyo*], collega *m.f.* [*kollaygah*]; individuo *m.* [*indeveedoo-o*].
felt, *n.* feltro *m.* [*felltro*].
felt-tip pen, *n.* pennarello *m.* [*pennahrello*].
female, *adj.* & *n.* femmina *f.* [*femmenah*].
feminist, *n.* femminista *m.f.* [*femmeneestah*].
fence, *n.* steccato *m.* [*stekkahto*].
fencing, *n.* scherma *f.* [*skairmah*].
fennel, *n.* finocchio *m.* [*fenokkeo*].
fern, *n.* felce *f.* [*fellchay*].
ferret, *n.* furetto *m.* [*fooretto*].
ferry, *v.* traghettare [*trahghettahray*].
ferryboat, *n.* nave *f.* traghetto [*trahghetto*].
fertile, *adj.* fertile [*fairtelay*].
fervour, *n.* fervore *m.* [*fairvoray*].
fetch, *v.* andare a prendere [*ahndahray ah prendayray*].
fetching, *adj.* attraente [*ahttrahentay*].
fever, *n.* febbre *f.* [*faybbray*].
feverish, *adj.* febbricitante [*faybbrechetahntay*].
few, *adj.* pochi [*pokee*].
fibre, *n.* fibra *f.* [*feebrah*].
fibre-tip pen, *n.* pennarello *m.* [*pennahrello*].
fiction, *n.* finzione *f.* [*fintseonay*]; narrativa *f.* [*nahrrahteevah*].
fictitious, *adj.* fittizio [*fitteetseo*].
fiddle, *n.* violino *m.* [*veoleeno*].
field, *n.* campo *m.* [*kahmpo*].
fierce, *adj.* feroce [*fairochay*], fiero [*feayro*].
fig, *n.* fico *m.* [*feeko*].
fight, *n.* combattimento *m.* [*kombahttimento*].
fight (fought, fought), *v.* combattere [*kombahttayray*].
figure, *n.* figura *f.* [*fegoorah*]; cifra *f.* [*cheefrah*], numero *m.* [*noomayro*] || *v.* figurarsi [*fegoorahrsee*], immaginarsi [*immahjenahrsee*].
file, *n.* fila *f.* [*feelah*]; lima *f.* [*leemah*]; incartamento *m.* [*inkahrtahmento*]; schedario *m.* [*skaydahreo*].

fill, *v.* colmare [*kolmahray*], riempire [*re-empeeray*]; otturare [*ottoorahray*] (un dente).
filling station, *n.* stazione *f.* di rifornimento [*stahtseonay de rifornemento*].
film, *n.* pellicola *f.* [*pelleekolah*].
film club, *n.* cineclub *m.* [*chenaykloob*].
film library, *n.* cineteca *f.* [*chenaytaykah*].
filth, *n.* immondizia *f.* [*immondeetseah*].
filthy, *adj.* sporco [*sporko*], sudicio [*soodecheo*].
fin, *n.* pinna *f.* [*pinnah*] (di pesce).
final, *adj.* finale [*feenahlay*], decisivo [*daycheseevo*] || *n.* (sport) finale *f.*
finalist, *n.* finalista *m.f.* [*feenahleestah*].
finance, *n.* finanza *f.* [*fenahntsa*].
financial, *adj.* finanziario [*fenahntseahreo*].
finch, *n.* fringuello *m.* [*freengoo-ello*].
find (found, found), *v.* trovare [*trovahray*]; scoprire [*skopreeray*].
fine, *adj.* bello [*bayllo*] || *n.* multa *f.* [*mooltah*], ammenda *f.* [*ahmmendah*] || *v.* multare [*mooltahray*].
finger, *n.* dito *m.* [*deeto*] (della mano).
fingertip, *n.* polpastrello *m.* [*polpahstrello*].
Finnish, *adj.* finlandese [*finlahndaysay*].
fir, *n.* abete *m.* [*ahbaytay*].
fire, *n.* fuoco *m.* [*foo-oko*], incendio *m.* [*inchendeo*] || *v.* sparare [*spahrahray*].
fire brigate, *n.* pompieri *m.pl.* [*pompeayree*].
fire fly, *n.* lucciola *f.* [*lootcheolah*].
fireman, *n.* pompiere *m.* [*pompeayray*].
fireplace, *n.* caminetto *m.* [*kameenetto*].
fire-plug, *n.* idrante *m.* [*edrahntay*].
fire-proof, *adj.* incombustibile [*inkomboosteebelay*]; antincendio [*ahntinchendeo*].
fire-works, *n.pl.* fuochi d'artificio *m.* [*foo-okee d'ahrtefeecheo*].
firm, *adj.* fermo [*fairmo*] || *n.* ditta *f.* [*dittah*] (commerciale).
firmament, *n.* firmamento *m.* [*feermahmento*].
firmness, *n.* fermezza *f.* [*fairmaytzah*].

first-class, *adj.* di prima classe [*de preemah klahssay*].
first-rate, *adj.* fuoriclasse [*foo-oreeklahssay*]; sopraffino [*sopraffeeno*].
first-rater, *n.* fuoriclasse *m.f.* [*foo-oreeklahssay*].
fish, *n.* pesce *m.* [*pesshay*] || *v.* pescare [*pesskahray*].
fish-bone, *n.* lisca *f.* di pesce [*lisska de pesshay*].
fisherman, *n.* pescatore *m.* [*pesskahtoray*].
fish-hook, *n.* amo *m.* da pesca [*ahmo dah pesskah*].
fishing-rod, *n.* canna *f.* da pesca [*kahnnah dah pesskah*].
fist, *n.* pugno *m.* [*poonyo*].
fit, *n.* accesso *m.* [*ahtchesso*], attacco *m.* [*ahttahkko*], parossismo *m.* [*pahrossismo*], spavento *m.* [*spahvento*] || *adj.* atto [*ahtto*], idoneo [*edonayo*] || *v.* adattare [*ahdahttahray*]; andar bene [*ahndahr baynay*].
fix, *v.* fissare [*fissahray*].
fizzy, *adj.* frizzante [*fritsahntay*], effervescente [*ayffairvesshentay*].
flag, *n.* bandiera *f.* [*bandeayrah*].
flake, *n.* fiocco *m.* [*feokko*] (di neve), falda *f.* [*fahldah*].
flame, *n.* fiamma *f.* [*feahmmah*] || *v.* fiammeggiare [*feahmmaydjeahray*].
flamingo, *n.* fenicottero *m.* [*faynekottayro*].
flannel, *n.* flannella *f.* [*flahnellah*].
flash, *n.* splendore *m.* [*splendoray*], baleno *m.* [*bahlayno*] || *v.* risplendere [*reesplendayray*], balenare [*bahlaynahray*].
flask, *n.* fiaschetta *f.* [*feahskettah*].
flat, *adj.* piatto [*peahtto*], spianato [*speahnahto*], schiacciato [*skeahtcheahto*] || *n.* appartamento *m.* [*ahppahrtahmento*] || **one-room** —, monolocale *m.* [*monolokahlay*].
flattery, *n.* adulazione *f.* [*ahdoolahtseonay*].
flavour, **flavor**, *n.* aroma *m.* [*ahromah*], fragranza *f.* [*frahgrahntsa*] || *v.* aromatizzare [*ahromahtetzahray*].
flaw, *n.* difetto *m.* [*defetto*], imperfezione *f.* [*imperfetseonay*].

flax, *n.* lino *m.* [*leeno*].
flaxen, *adj.* di lino [*de leeno*], biondo [*beondo*].
flea, *n.* pulce *f.* [*poolchay*].
flee (fled, fled), *v.* fuggire [*foodjeeray*].
fleece, *v.* tosare [*tosahray*]; (in senso figurato) pelare [*paylahray*].
fleet, *n.* flotta *f.* [*flottah*].
flesh, *n.* carne *f.* [*kahrnay*] (viva).
flexible, *adj.* flessibile [*flesseebelay*].
flight, *n.* fuga *f.* [*foogah*]; volo *m.* [*volo*].
fling (flung, flung), *v.* gettare [*jayttahray*], scagliare [*skahlyahray*], lanciare [*lancheahray*].
flint, *n.* selce *f.* [*selchay*]; pietrina *f.* per accendisigaro [*peaytreenah pair ahtchayndeseegahro*].
flipper, *n.* pinna *f.* [*peennah*] (per nuotare).
flirt, *n.* flirt *m.*; civetta *f.* (fig.) [*chevettah*] || *v.* flirtare, civettare [*chevettahray*].
float, *v.* galleggiare [*gahllaydjeahray*].
flock, *n.* gregge *m.* [*graydjay*] || *v.* affluire [*ahffloo-eeray*].
flood, *n.* flusso *m.* [*floosso*]; inondazione *f.* [*inondahtseonay*] || *v.* inondare [*inondahray*].
floor, *n.* pavimento *m.* [*pahveemento*]; piano *m.* di casa [*peahno de kahsah*] || *v.* pavimentare [*pahveementahray*].
floor polisher, *n.* lucidatrice *f.* [*loochedatreechay*].
florist, *n.* fiorista *m.f.* [*feoreestah*].
flour, *n.* farina *f.* [*fahreena*].
flow, *n.* flusso *m.* [*floosso*], corrente *f.* [*korrentay*] || *v.* inondare [*inondahray*].
flower, *n.* fiore *m.* [*feoray*] || *v.* fiorire [*feoreeray*].
fluid, *adj.* & *n.* fluido *m.* [*flooedo*].
fluorine, *n.* fluoro *m.* [*fluoro*].
flush, *n.* sciacquone *m.* [*shiahkkooonay*].
flute, *n.* flauto *m.* [*flahooto*].
flux, *n.* flusso *m.* [*floosso*].
fly, *n.* mosca *f.* [*moskah*].
fly (flew, flown), *v.* volare [*volahray*].

flyover, *n.* cavalcavia *m.* [*kahvahlkahveah*].
foam, *n.* spuma *f.* [*spoomah*], schiuma *f.* [*skeoomah*].
foe, *n.* nemico *m.* [*naymeeko*].
fog, *n.* nebbia *f.* [*naybbeah*] || — **lights**, *pl.* fari *m.* antinebbia [*fahree antenaybbeah*].
foggy, *adj.* nebbioso [*naybbeoso*].
fold, *n.* piega *f.* [*peaygah*] || *v.* piegare [*peaygahray*].
folding, *adj.* pieghevole [*peayghayvolay*].
foliage, *n.* fogliame *m.* [*folyahmay*].
folk, *n.* gente *f.* [*jayntay*]. [*ray*].
follow, *v.* seguire [*saygooeeray*], seguitare [*saygooetah-*
follower, *n.* seguace *m.f.* [*saygooahchay*].
folly, *n.* follia *f.* [*folleah*].
fond of, *adj.* appassionato di [*ahppasseonahto de*].
fondness, *n.* affetto *m.* [*ahffetto*], tenerezza *f.* [*taynay-*
food, *n.* cibo *m.* [*cheebo*]. [*raytzah*].
fool, *adj.* & *n.* stolto *m.* [*stolto*], scemo *m.* [*shaymo*].
foolish, *adj.* stupido [*stoopedo*], sciocco [*sheokko*].
foolishness, *n.* sciocchezza *f.* [*sheokkaytzah*].
foot (pl. **feet**), *n.* piede *m.* [*peayday*].
football, *n.* calcio *m.* [*kahlcheo*] (gioco).
footballer, *n.* calciatore *m.* [*kahlcheahtoray*].
footboard, *n.* pedana *f.* [*paydahnah*].
footpath, *n.* sentiero *m.* [*senteayro*].
for, *prep.* per [*pair*] || *conj.* poiché [*poekay*].
forbear (**forbore**, **forborne**), *v.* astenersi [*asstaynairsee*], evitare [*ayvetahray*]. [re [*proebeeray*].
forbid (**forbade**, **forbidden**), vietare [*veaytahray*], proibi-
force, *n.* forza *f.* [*fortsah*] || *v.* forzare [*fortsahray*].
ford, *n.* guado *m.* [*gooahdo*] || *v.* guadare [*gooahdahray*].
forearm, *n.* avambraccio *m.* [*ahvahmbrahtcheo*].
forebode, *v.* presagire [*praysahjeeray*].
forecast, *n.* previsione *f.* [*prayveseonay*], presagio *m.* [*praysahjeo*] || *v.* predire [*praydeeray*], prevedere [*pray-vaydayray*].

forefathers, *n.pl.* antenati *m.* [*ahntenahtee*].

forefeeling, *n.* presentimento *m.* [*prayzentemento*].

forefinger, *n.* dito *m.* indice [*deeto indechay*].

forehead, *n.* fronte *m.* [*frontay*].

foreign, *adj.* straniero [*strahneayro*].

foreigner, *n.* straniero *m.* [*strahneayro*].

forelock, *n.* ciuffo *m.* [*cheooffo*]. [*ahvahntee*].

foremost, *adj.* il primo [*eel preemo*], il più avanti [*eel peoo*

forerunner, *n.* precursore *m.* [*praykoorsoray*].

foresee (**foresaw**, **foreseen**), *v.* prevedere [*prayvayday-*

foresight, *n.* previdenza *f.* [*prayvedentsah*]. [*ray*].

forest, *n.* foresta *f.* [*foresstah*].

forester, *n.* guardia *f.* forestale [*gooahrdeah forestahlay*].

foretell (**foretold**, **foretold**), *v.* predire [*praydeeray*].

forfeit, *n.* perdita *f.* [*pairdetah*], penalità *f.* [*paynaleetah*] || *v.* perdere per confisca [*pairdayray pair konfeesska*].

forge, *n.* fucina *f.* [*foocheenah*] || *v.* fucinare [*foocheenahray*]; falsificare [*fahlsefekahray*].

forged, *adj.* fucinato [*foocheenahto*]; fasificato [*fahlsefekahto*], contraffatto [*kontrahfahtto*].

forger, *n.* falsario *m.* [*fahlsahreo*]. [*kahray*].

forget (**forgot**, **forgotten**), *v.* dimenticare [*demente-*

forgetful, *adj.* immemore [*immaymoray*].

forgive (**forgave**, **forgiven**), *v.* perdonare [*pairdonahray*].

fork, *n.* forchetta *f.* [*forkettah*].

form, *n.* forma *f.* [*formah*], figura *f.* [*fegoorah*]; modulo *m.* [*modoolo*], stampato *m.* [*stahmpahto*]; banco *m.* di scuola [*bahnko de skoo-olah*]; classe *f.* scolastica [*klassay skolahstikah*] || *v.* formare [*formahray*], formarsi [*formahrsee*]. [di rito [*de reeto*].

formal, *adj.* formale [*formahlay*], ufficiale [*ooffeceahlay*],

former, *adj* quegli [*kwayly*], quello [*kayllo*] (il primo fra due persone o cose già enunciate).

formerly, *adv.* una volta [*oona voltah*], in passato [*in passahto*], tempo addietro [*taympo ahddeaytro*].

formidable, *adj.* formidabile [*formidahbeelay*].
forsake (**forsook**, **forsaken**), *v.* abbandonare [*ahbbahndonahray*].
fortify, *v.* fortificare [*fortefeekahray*].
fortnight, *adv.* quindici giorni [*kwindeche jeornee*].
fortress, *n.* fortezza *f.* [*fortaytzah*], piazzaforte *f.* [*peahtzahfortay*].
fortune, *n.* fortuna *f.* [*fortoonah*], ricchezza *f.* [*rikkaytzah*].
forward, *adv.* avanti [*ahvahnti*], innanzi [*innahntsee*] || *v.* inoltrare [*inoltrahray*], spedire [*spaydeeray*], promuovere [*promoo-ovayray*].
forwarding, *n.* spedizione *f.* [*spaydetseonay*], invio *m.* [*inveo*].
forwarding-agent, *n.* spedizioniere *m.* [*spaydetseoneayray*].
foul, *adj.* sporco [*sporko*], osceno [*oshayno*].
foundation, *n.* fondazione *f.* [*fondahtseonay*].
foundry, *n.* fonderia *f.* [*fondayreeah*].
fountain, *n.* fontana *f.* [*fontahnah*].
fountainpen, *n.* penna *f.* stilografica [*pennah stelograhfekah*].
fowl, *n.* volatile *m.* [*volahtelay*]; pollo *m.* [*pollo*], pollame *m.* [*pollahmay*].
fox, *n.* volpe *f.* [*volpay*].
fraction, *n.* frazione *f.* [*frahtseonay*].
fracture, *n.* frattura *f.* [*frahttoorah*] || *v.* fratturare [*frahttoorahray*].
fragile, *adj.* fragile [*frahjelay*].
fragility, *n.* fragilità *f.* [*frahjeletah*].
fragment, *n.* frammento *m.* [*frahmmento*].
fragrance, *n.* fragranza *f.* [*frahgrahntsa*].
frail, *adj.* debole [*daybolay*], fragile [*frahjelay*].
frame, *n.* telaio *m.* [*telaheo*], struttura *f.* [*strootoorah*], cornice *f.* [*korneechay*] || *v.* incorniciare [*inkorneecheahray*].
frank, *n.* franco *m.* [*frahnko*] (moneta) || *adj.* schietto [*skeetto*], franco [*frahnko*].
frantic, *adj.* frenetico [*fraynaytiko*], matto [*mahtto*].
fraud, *n.* frode *f.* [*froday*].
free, *adj.* libero [*lebayro*] || *v.* liberare [*lebayrahray*].

freedom, *n.* libertà *f.* [*libairtah*].
freeze (froze, frozen), *v.* gelare [*jaylahray*].
freeze-dried, *adj.* liofilizzato [*leofeeletsahto*].
freezer, *n.* congelatore *m.* [*konjaylahtoray*].
freight, *n.* nolo *m.* [*nolo*] (di navi) || *v.* noleggiare [*nolaydjeahray*] (navi).
French, *adj.* francese [*frahnchaysay*].
Frenchman, *n.m.*, **Frenchwoman** *n.f.* francese *m.f.* [*frahnchaysay*].
frequency, *n.* frequenza *f.* [*fraykwentsah*].
frequent, *adj.* frequente [*fraykwentay*] || *v.* frequentare [*fraykwentahray*].
fresco, *n.* affresco *m.* [*ahffraysko*].
fresh, *adj.* fresco [*fraysko*].
freshman, *n.* matricola *f.* [*mahtreekolah*] (all'università).
freshen, *v.* rinfrescare [*rinfrayskahray*].
fresh-water, *n.* acqua *f.* dolce [*ahkwah dolchay*], acqua potabile [— *potahbelay*].
fretful, *adj.* irrequieto [*eerraykweayto*].
fretwork, *n.* lavoro *m.* in traforo [*lahvoro in trahforo*].
friar, *n.* frate *m.* [*frahtay*].
friction, *n.* attrito *m.* [*ahttreeto*], frizione *f.* [*fretseonay*].
Friday, *n.* venerdì [*vaynairdee*].
friend, *n.* amico *m.*, amica *f.* [*ahmeeko, -ah*] || **—ly**, *adj.* amichevole [*ahmeekayvolay*].
friendship, *n.* amicizia *f.* [*ahmeecheetseah*].
fringe, *n.* frangia *f.* [*frahnjeah*]; orlo *m.* [*orlo*].
fright, *n.* spavento *m.* [*spahvento*].
frighten, *v.* spaventare [*spahventahray*].
frightful, *adj.* spaventoso [*spahventoso*].
fritter, *n.* frittella *f.* di frutta [*frittellah de froottah*].
frog, *n.* rana *f.* [*rahnah*].
frolic, *n.* scherzo *m.* [*skairtso*] || *adj.* scherzoso [*skairtsoso*] || *v.* scherzare [*skairtsahray*].
from, *prep.* da [*dah*].

front, *n.* fronte *m.* [*frontay*], facciata *f.* [*fahtcheahtah*].
frontier, *n.* frontiera *f.* [*fronteayrah*].
frost, *n.* gelo *m.* [*jaylo*], brina *f.* [*breenah*].
froth, *n.* schiuma *f.* [*skeoomah*], spuma *f.* [*spoomah*].
frozen food, *n.* surgelati *m.pl.* [*soorjaylahtee*].
frugal, *adj.* frugale [*froogahlay*].
fruit, *n.* frutto *m.* [*frootto*], frutta *f.* [*froottah*].
frustrate, *v.* frustrare [*froostrahray*].
fry, *v.* friggere [*freedjayray*].
frying pan, *n.* padella *f.* [*pahdellah*].
fuel, *n.* combustibile *m.* [*komboosteebelay*].
fugitive, *adj.* fuggiasco [*foodjeahsko*].
fulfil, *v.* adempiere [*ahdaympeayray*], eseguire [*ayzaygooeeray*].
full, *adj.* pieno [*peayno*] || **—y**, *adv.* interamente [*intayrahmentay*].
fullback, *n.* terzino *m.* [*tairtseeno*].
full house, *n.* full *m.* [*full*] (a poker).
fulness, *n.* pienezza *f.* [*peaynaytzah*].
full stop, *n.* punto *m.* [*poonto*].
fun, *n.* scherzo *m.* [*skairtso*], burla *f.* [*boorlah*].
function, *n.* funzione *f.* [*foontseonay*] || *v.* funzionare [*foontseonahray*].
functional, *adj.* funzionale [*foontseonahlay*].
fund, *n.* fondo *m.* [*fondo*].
funeral, *n.* funerale *m.* [*foonayrahlay*].
funfair, *n.* lunapark *m.* [*loonahpahrk*].
fungus, *n.* fungo *m.* velenoso [*foongo vaylaynoso*].
funk, *n.* fifa *f.* [*feefah*].
funnel, *n.* imbuto *m.* [*imbooto*]; fumaiolo *m.* di nave [*foomaheolo de nahvay*].
funny, *adj.* buffo [*booffo*], comico [*komeko*], divertente [*devairtentay*].
fur, *n.* pelliccia *f.* [*pellitcheah*].
furious, *adj.* furioso [*fooreoso*].
furnace, *n.* fornace *f.* [*fornahchay*].

furnish, *v.* fornire [*forneeray*]; arredare [*ahrraydahray*], ammobiliare [*ahmmobeleahray*].
furniture, *m.* mobilio *m.* [*mobeeleo*].
furrier, *n.* pellicciaio *m.* [*pellitcheaheo*].
furrow, *n.* solco *m.* [*solko*] || *v.* solcare [*solkahray*].
further, *adj.* ulteriore [*ooltayreoray*]; più lontano [*peoo lontahno*] || *adv.* più avanti [*ahvante*], al di là [*ahl de lah*].
furthermore, *adv.* inoltre [*inoltray*], oltre a ciò [*oltray ah cheo*].
fury, *n.* furia *f.* [*fooreah*], furore *m.* [*foororay*].
fuss, *n.* scalpore *m.* [*skalporay*], strepito *m.* [*straypeto*].
future, *n.* futuro *m.* [*footooro*].

G

gaiety, *n.* gaiezza *f.* [*gaheaytsah*].
gain, *n.* guadagno *m.* [*gooahdahnyo*] || *v.* guadagnare [*gooahdahnyahray*].
gait, *n.* portamento *m.* [*portahmento*], aspetto *m.* [*ahs-spetto*]; andatura *f.* [*ahndahtoorah*].
gale, *n.* raffica *f.* [*rahffeka*], colpo *m.* di vento [*kolpo de vento*]; fortunale *m.* [*fortoonahlay*].
gallery, *n.* galleria *f.* [*gahllayreah*].
gallon, *n.* gallone *m.* [*gahllonay*] (misura di capacità = circa litri 4 e 546 ml).
gallop, *n.* galoppo *m.* [*galoppo*] || *v.* galoppare [*gahlop-pahray*].
galoshes, *n.pl.* soprascarpe *f.* di gomma [*soprahskahrpay de gommah*].
gamble, *v.* giocare d'azzardo [*jeokahray d'ahtzahrdo*].
gambler, *n.* giocatore *m.* d'azzardo [*jeokahtoray d'aht-zahrdo*].
gambling-house, *n.* bisca *f.* [*beesskah*].
game, *n.* gioco *m.* [*jeoko*], passatempo *m.* [*pahssahtem-po*], partita *f.* [*pahrteetah*] (a carte ecc.); selvaggina *f.* [*saylvahdjeenah*].
gander, *n.* oca *f.* [*okah*] (maschio).
gang, *n.* cricca [*kreekkah*], banda *f.* [*bahndah*] (di vagabondi); squadra *f.* [*skwahdrah*] (di operai).
gangway, *n.* passaggio *m.* [*pahssahdjeo*] (fra vagoni intercomunicanti); passerella *f.* [*pahssayraysllah*] (di sbarco).
gap, *n.* breccia *f.* [*braytcheah*], apertura *f.* [*ahpairtoorah*].
garbage, *n.* immondizia *f.* [*immondeetseah*].

garbage heap, *n.* immondezzaio *m.* [*immondaytsaheo*].
garden, *n.* giardino *m.* [*jahrdeeno*].
gardener, *n.* giardiniere *m.* [*jeahrdeneayray*].
gargle, *v.* gargarizzare [*gahrgahretzahray*] || *n.* gargarismo *m.* [*gahrgahreesmo*].
garlic, *n.* aglio *m.* [*ahlyo*].
garret, *n.* soffitta *f.* [*soffeettah*], solaio *m.* [*solaheo*].
garrison, *n.* guarnigione *f.* [*gooahrnejeonay*].
garter, *n.* giarrettiera *f.* [*jeahrraytteayrah*].
gas, *n.* gas *m.* [*gahs*].
gas fitter, *n.* gassista *m.* [*gahsseestah*].
gaslighter, *n.* accendigas *m.* [*ahchendegahs*].
gas meter, *n.* contatore del gas [*kontahtoray dell gahs*].
gas oil, *n.* gasolio *m.* [*gahsoleo*].
gasoline, *n.* (amer.) benzina *f.* [*bentseenah*].
gate, *n.* portone *m.* [*portonay*], cancello *m.* [*kahnchello*].
gather, *v.* cogliere [*kolyayray*], raccogliere [*rahkkolyayray*], adunare [*ahdoonahray*].
gathering, *n.* raduno *m.* [*rahdoono*].
gaudy, *adj.* vistoso [*visstoso*].
gauze, *n.* garza *f.* [*gahrdsah*].
gay, *adj.* gaio [*gaheo*]; omosessuale [*omosessooahlay*].
gaze, *n.* sguardo *m.* fisso [*sgooahrdo fisso*] || *v.* guardare con insistenza [*gooahrdahray kon insisstentsah*]; contemplare [*kontemplahray*].
gazette, *n.* gazzetta *f.* [*gahtzettah*].
gear, *n.* ingranaggio *m.* [*ingrahnahdjeo*]; marcia *f.* [*mahrcheah*] (di auto).
geese, *pl.* di **goose**.
gem, *n.* gemma *f.* [*jaymmah*].
general, *n.* & *adj.* generale *m.* [*jaynayrahlay*].
generate, *v.* generare [*jaynayrahray*].
generosity, *n.* generosità *f.* [*jaynayrosetah*].
generous, *adj.* generoso [*jaynayroso*].
genial, *adj.* socievole [*socheayvolay*]; affabile [*ahffahbeelay*].

genius, *n.* genio *m.* [*jayneo*].
gentle, *adj.* delicato [*daylekahto*], gentile [*jaynteelay*].
gentleman, *n.* signore *m.* [*senyoray*], gentiluomo [*jaynteloo-omo*].
gently, *adv.* dolcemente [*dolchaymentay*], con delicatezza [*kon daylekataytzah*].
gentry, *n.* borghesia *f.* [*borgayseah*].
genuine, *adj.* genuino [*jaynooeeno*].
geography, *n.* geografia *f.* [*jayografea*].
geology, *n.* geologia *f.* [*jayologea*].
geometry, *n.* geometria *f.* [*jayomaytrea*].
geranium, *n.* geranio *m.* [*jayrahneo*].
germ, *n.* germe *m.* [*jayrmay*].
German, *n.* & *adj.* tedesco *m.* [*taydessko*].
get (**got**, **got** or **gotten**), *v.* ottenere [*ottaynayray*], avere [*ahvayray*]; **to — across**, attraversare [*ahttrahvairsahray*]; **to — about**, andare in giro [*ahndahray en jeero*], circolare [*cherkolahray*]; **to — along**, andare avanti [*ahndahray ahvahntee*]; aver successo [*ahvayr soochesso*]; **to — away**, allontanarsi [*ahllontahnahrsee*]; **to — back**, ritornare [*reetornahray*]; **to — behind**, rimanere indietro [*reemahnayray indeaytro*]; **to — by**, passare [*pahssahray*]; **to — down**, far scendere [*fahr shendayray*]; **to — off**, scendere [*shendayray*]; **to — in**, entrare [*entrahray*]; **to — on**, salire [*sahleeray*]; **to — out**, uscire [*oosheeray*]; **to — round**, persuadere [*pairsooahdayray*]; **to — through**, portare a termine [*portahray ah tayrmeenay*].
geyser, *n.* scaldabagno *m.* [*skahldahbahnyo*] (a gas), scalda acqua [*skahldah ahkwooah*].
ghost, *n.* spettro [*spettro*], fantasma *m.* [*fahntahsmah*] || **ghostley**, *adj.* spettrale [*spettrahlay*].
giant, *n.* gigante *m.* [*jegahntay*].
giddiness, *n.* vertigine *f.* [*vairteejenay*].
giddy, *adj.* stordito [*stordeeto*], vertiginoso [*vairtejenoso*].

gift, *n.* dono *m.* [*dono*].
gifted, *adj.* dotato [*dotahto*].
giggle, *n.* sogghigno *m.* [*sogheenyo*] || *v.* sogghignare [*sogheenyahray*].
gild (gilded, gilt), *v.* dorare [*dorahray*].
gilt, *adj.* dorato [*dorahto*].
ginger, *n.* zenzero *m.* [*zaynzayro*].
girdle, *n.* cintura *f.* [*chintoorah*], cinturino *m.* [*chintooreeno*] || *v.* cingere [*chinjayray*].
girl, *n.* ragazza *f.* [*rahgahtsah*].
girlfriend, *n.* ragazza *f.* [*rahgahtsah*], innamorata *f.* [*innahmorahtah*].
give (gave, given), *v.* dare [*dahray*]; **to — away**, dar via [*dahr veah*]; tradire [*trahderay*]; rivelare [*reevailahray*]; **to — off**, emettere [*aymettayray*]; **to — out**, distribuire [*distreebooeeray*]; annunciare [*annooncheahray*]; venire a mancare [*vayneeray ah mahnkahray*]; **to — over**, consegnare [*konsaynyahray*]; cessare [*chessahray*]; **to — up**, abbandonare [*ahbbahndonahray*]; smettere [*smettayray*]; rinunciare [*reenooncheahray*].
giver, *n.* datore *m.* [*dahtoray*], donatore *m.* [*donahtoray*].
glacier, *n.* ghiacciaio *m.* [*gheahtcheaheo*].
glad, *adj.* contento [*kontento*].
glance, *n.* sguardo *m.* [*sgooahrdo*], occhiata *f.* [*okkeahtah*].
gland, *n.* ghiandola *f.* [*glahndolah*].
glare, *n.* bagliore *m.* [*bahlyoray*] || *v.* splendere [*splendayray*]; guardare fissamente [*gooahrdahray fissahmentay*].
glass, *n.* bicchiere *m.* [*bekkeayray*], vetro *m.* [*vaytro*]; specchio *m.* [*spaykkeo*].
glasses, *n.pl.* occhiali *m.* [*okkeahlee*].
glassware, *n.* vetreria *f.* [*vaytrayrea*], cristalleria *f.* [*krestahllayreah*].
glide, *v.* scivolare [*shevolahray*], planare [*plahnahray*].
glider, *n.* aliante *m.* [*ahleahntay*]; **hang —**, deltaplano *m.* [*deltahplahno*].
glimmer, *n.* barlume *m.* [*bahrloomay*] || *v.* luccicare debolmente [*lootchekahray daybolmentay*].

glimpse, *n.* sguardo *m.* fugace [*sgooahrdo foogahchay*] || *v.* dare un'occhiata [*dahray oon okkeahtah*].
glisten, *v.* luccicare [*lootchekahray*].
globe, *n.* globo *m.* [*globo*].
gloomy, *adj.* cupo [*koopo*], triste [*treesstay*], scuro [*skoo-ro*].
glorious, *adj.* glorioso [*gloreoso*], magnifico [*mahnyfeko*].
glory, *n.* gloria *f.* [*gloreah*], magnificenza *f.* [*mahnyfe-chentsah*].
gloss, *n.* lustro *m.* [*loostro*], lucentezza *f.* [*loochentaytzah*].
glove, *n.* guanto *m.* [*gooahnto*].
glow, *n.* incandescenza *f.* [*inkahndayshentsah*], ardore *m.* [*ahrdoray*]; splendore [*splendoray*] || *v.* essere incandescente [*ayssayray inkahndayshentay*], bruciare [*bro-ocheahray*].
glue, *n.* colla *f.* [*kollah*] || *v.* incollare [*inkollahray*].
gnaw, *v.* rodere [*rodayray*], rosicchiare [*rosikkeahray*].
go (**went**, **gone**), *v.* andare [*ahndahray*]; **to — about**, andare in giro [*ahndahray en jero*]; **to — ahead**, avanzare [*ahvahntsahray*], fare progressi [*fahray progressee*]; **to — along**, procedere [*prochaydayray*]; **to — at**, assalire [*ahssahleeray*]; **to — by**, passare [*pahssahray*]; **to — down**, calare [*kahlahray*]; affondare [*ahffondahray*]; **to — for**, cercare [*chairkahray*]; andar pazzo per [*ahn-dahr pahtso payr*]; **to — in**, entrare [*ayntrahray*]; **to — off**, uscire [*oosheeray*]; partire [*pahrteeray*]; esplodere [*aysplodayray*]; spegnersi [*spaynyairsee*]; andare a male [*ahndahray ah mahlay*]; **to — on**, continuare [*konte-enooahray*]; passare [*pahssahray*] (di tempo); accendersi [*ahtchendayrsee*]; essere in programma [*essayray en prograhmmah*] (di film); *what is going on?* che cosa succede? [*kay kosah sootchayday*]; **— on!**, ma va là! [*mah vah lah*]; **to — out**, uscire [*oosheeray*]; spegnersi [*spaynyairsee*]; **to — over**, esaminare [*aysahmeena-hray*]; **to — under**, soccombere [*sokkombayray*], affondare [*ahffondahray*].

goal, *n.* meta *f.* [*maytah*], goal *m.* [*go-ol*]; **own-goal**, autorete *f.* [*ahootoraytay*].
goalkeeper, *n.* portiere *m.* [*porteayray*] (sport).
goat, *n.* capra *f.* [*kahprah*].
God, *n.* Dio *m.* [*deo*].
goggles, *n.pl.* occhiali *m.pl.* [*okkeahlee*] (da polvere, da vento).
gold, *n.* oro *m.* [*oro*].
golden, *adj.* d'oro [*d'oro*].
goldfinch, *n.* cardellino *m.* [*kahrdelleeno*].
goldsmith, *n.* orefice *m.* [*orayfechay*].
gondola, *n.* gondola *f.* [*gondolah*].
good, *adj.* buono [*boo-ono*] || *adv.* bene [*baynay*].
goodbye, *interj.* addio [*ahddeeo*]; arrivederci [*ahrrevaydairchee*].
good evening, *interj.* buonasera [*boo-onahsairah*].
good-fellow, *n.* buon diavolo *m.* [*boo-on deahvolo*].
good-for-nothing, *n.* buono *m.* a nulla [*boo-ono ah noollah*].
Good Friday, *n.* venerdì *m.* santo [*vaynairdee sahnto*].
good morning, *interj.* buongiorno [*boo-onjorno*].
goodness, *n.* bontà *f.* [*bontah*].
good night, *interj.* buonanotte [*boo-onahnottay*].
goods, *n.pl.* merce *f.* [*mairchay*], merci *pl.* [*mairchee*].
goose (*pl.* **geese**), *n.* oca *f.* [*okah*].
gooseberry, *n.* uvaspina *f.* [*oovahspeenah*].
gorgeous, *adj.* magnifico [*mahnyfeko*]; sfarzoso [*sfahrtsoso*].
gothic, *adj.* gotico [*goteko*].
gout, *n.* gotta *f.* [*gottah*].
govern, *v.* governare [*govairnahray*].
governess, *n.* istitutrice *f.* [*istetootreechay*].
government, *n.* governo *m.* [*governo*].
governor, *n.* governatore [*governahtoray*]; istitutore [*istetootoray*]; principale *m.* [*princhepahlay*].
gown, *n.* veste *f.* [*vesstay*], vestaglia *f.* [*vesstahlyah*].
grab, *v.* afferrare [*ahffayrrahray*] (con avidità).

grace, *n.* grazia *f.* [*grahtsea*] (preghiera dopo il pasto).
graceful, *adj.* grazioso [*grahtseoso*]. [*jentay*].
gracious, *adj.* benigno [*bayneenyo*], indulgente [*indool-*
grade, *n.* grado *m.* [*grahdo*], rango *m.* [*rahngo*]; pendenza *f.* [*pendentsah*]; classe [*klahssay*].
gradient, *n.* china *f.* [*keena*], rampa *f.* [*rahmpah*].
gradual, *adj.* graduale [*grahdooahlay*].
graduate, *n.* laureato *m.* [*lahoorayahto*] || *v.* graduare [*grahdooahray*]; laurearsi [*lahoorayahrsee*].
graft, *n.* innesto *m.* [*innessto*] || *v.* innestare [*innestahray*].
grain, *n.* grano *m.* [*grahno*], fibra *f.* [*feebrah*] (del legno); venatura *f.* [*vaynahtoorah*] (del marmo, avorio ecc.).
grand, *adj.* grandioso [*grandeoso*].
grandchild, *n.* pronipote *m.f.* [*pronepotay*].
grandfather, *n.* nonno *m.* [*nonno*].
grandmother, *n.* nonna *f.* [*nonnah*].
grandson, *n.* nipote *m.* [*nepotay*].
granite, *n.* granito *m.* [*grahneeto*].
grant, *n.* concessione *f.* [*konchesseonay*] || *v.* concedere [*konchaydayray*].
grapefruit, *n.* pompelmo *m.* [*pompaylmo*].
grapes, *n.* uva *f.* [*oovah*].
graph, *n.* diagramma *m.* [*deahgrahmmah*].
grasp, *n.* stretta *f.* [*strettah*]; presa *f.* [*praysah*], pugno *m.* [*poonyo*] (mano serrata) || *v.* ghermire [*gairmeeray*].
grass, *n.* erba *f.* [*airbah*].
grasshopper, *n.* cavalletta *f.* [*kahvahllettah*].
grate, *n.* inferriata *f.* [*infairreahtah*]; griglia *f.* [*greelya*] || *v.* grattuggiare [*grahttoojeahray*].
grateful, *adj.* grato [*grahto*], riconoscente [*rekonoshen-tay*] || **—ly**, *adv.* con gratitudine [*grahtetoodenay*].
gratefulness, *n.* riconoscenza *f.* [*rikonoshentsa*], gratitudine [*grahtetoodenay*].
grater, *n.* grattugia *f.* [*grattoojah*].
gratitude, *n.* gratitudine *f.* [*grahtetoodenay*].

gratuity, *n.* regalìa *f.* [*raygahleeah*], mancia *f.* [*mahncheah*].
grave, *adj.* grave [*grahvay*] || *n.* sepolcro *m.* [*saypolkro*], tomba *f.* [*tombah*].
gravel, *n.* ghiaia *f.* [*gheaheah*].
gravity, *n.* gravità *f.* [*grahvetah*].
gravy, *n.* sugo *m.* [*soogo*] (di carne).
gray, **grey**, *adj.* grigio [*greejeo*].
graze, *v.* pascolare [*pahsskolahray*]; sfiorare [*sfeorahray*].
grease, *n.* grasso [*grahsso*], unto *m.* [*oonto*] || *v.* ingrassare [*ingrahssahray*], ungere [*oondjayray*], lubrificare [*loobrefekahray*]. [*oonto*].
greasy, *adj.* sporco [*sporko*] (ricoperto di grasso), unto
great, *adj.* grande [*grahnday*], illustre [*illoostray*].
greatness, *n.* grandezza *f.* [*grahndaytza*].
Grecian, *n.* & *adj.* greco *m.* [*grayko*].
greediness, *n.* avidità *f.* [*ahvedetah*].
greedy, *adj.* avido [*ahvedo*].
green, *adj.* verde [*vairday*].
greengage, *n.* susina *f.* [*sooseenah*] (Regina Claudia).
greengrocer, *n.* erbivendolo *m.* [*airbevendolo*].
greens, *n.pl.* verdura *f.* [*vairdoorah*], ortaggi *m.pl.* [*ortahdje*].
greet, *v.* salutare [*sahlootahray*].
greeting, *n.* saluto *m.* [*sahlooto*].
grey, *V.* **gray**.
greyhound, *n.* levriere *m.* [*layvreayray*].
gridiron, *n.* griglia *f.* [*greelya*], graticola *f.* [*grahtekolah*].
grief, *n.* dolore *m.* [*doloray*], affanno *m.* [*ahffahnno*].
grievance, *n.* motivo *m.* di lagnanza [*moteevo de lahnyahntsa*].
grieve, *v.* affliggere [*ahfleedjayray*], angustiare [*ahngoosteahray*], dolersi [*dolairse*].
grill, *v.* grigliare [*greelyahray*] || *n.* griglia *f.* [*greelyah*].
grill-room, *n.* rosticceria *f.* [*rostetchayreeah*].
grimace, *n.* smorfia *f.* [*smorfeah*].

grin, *v.* sogghignare [*soggeenyahray*]; fare smorfie [*fahray smorfeay*].
grind (ground, ground), *v.* macinare [*mahchenahray*]; affilare [*affelahray*], arrotare [*ahrrotahray*].
grinder, *n.* arrotino *m.* [*ahrroteeno*]; macinino *m.* [*mahcheneeno*].
grip, *n.* stretta *f.* [*strettah*], presa *f.* [*praysah*] || *v.* stringere [*strinjayray*].
grizzled, *adj.* brizzolato [*bretsolahto*].
groan, *n.* lamento *m.* [*lahmento*], gemito *m.* [*jaymeto*] || *v.* gemere [*jaymayray*].
grocer, *n.* droghiere *m.* [*drogheayray*].
grocery, *n.* drogheria *f.* [*droghayreeah*].
grog, *n.* (bevanda) specie di ponce.
groom, *n.* sposo *m.* [*sposo*]; stalliere [*stahlleayray*], domestico *m.* [*domesssteko*].
grope, *v.* andare a tastoni [*ahndahray ah tahsstonee*].
gross, *adj.* grossolano [*grossolahno*]; lordo [*lordo*]; — **weight**, peso lordo [*payso lordo*].
ground, *n.* terreno *m.* [*tayrrayno*], suolo *m.* [*soo-olo*]; fondamento *m.* [*fondahmento*]; (pittura) sfondo *m.* [*sfondo*].
groundfloor, *n.* pianterreno *m.* [*peahntayrrayno*].
groundless, *adj.* infondato [*infondahto*].
group, *n.* gruppo *m.* [*grooppo*] || *v.* raggruppare [*raggrooppahray*].
grouse, *n.* gallo cedrone *m.* [*gahllo chaydronay*].
grove, *n.* boschetto *m.* [*bossketto*].
grow (grew, grown), *v.* crescere [*krayshayray*]; diventare [*deventahray*]; coltivare [*koltevahray*].
growl, *n.* borbottamento *m.* [*borbottahmento*], brontolio *m.* [*brontoleeo*] || *v.* brontolare [*brontolahray*], ringhiare [*ringheahray*].
growth, *n.* crescita *f.* [*krayshetah*]; progresso *m.* [*progresso*].
grudge, *n.* rancore *m.* [*rahnkoray*].
grumble, *v.* brontolare [*brontolahray*].

grunt, *n.* grugnito *m.* [*groonyeeto*] || *v.* grugnire [*groonyeeray*].
guarantee, *n.* garanzia *f.* [*gahrahntsea*] || *v.* garantire [*gahrahnteeray*].
guard, *n.* guardia *f.* [*gooahrdea*], guardiano *m.* [*gooahrdeahno*] || *v.* sorvegliare [*sorvaylyahray*], custodire [*koostodeeray*]. [*tootoray*].
guardian, *n.* guardiano *m.* [*gooahrdeahno*], tutore *m.*
guess, *n.* congettura *f.* [*konjayttoorah*] || *v.* supporre [*sooppoorray*]; indovinare [*indovenahray*].
guest, *n.* invitato *m.* [*invetahto*], ospite *m.* [*osspetay*].
guidance, *n.* condotta *f.* [*kondottah*], guida *f.* [*gooeedah*], norma *f.* [*normah*].
guide, *n.* guida *f.* [*gooeedah*] || *v.* guidare [*gooeedahray*].
guidebook, *n.* guida *f.* (libro) [*gooeedah*].
guilty, *adj.* colpevole [*kolpayvolay*].
guinea hen, *n.* gallina faraona *f.* [*gahlleena fahrahonah*].
guinea pig, *n.* porcellino *m.* d'India [*porchaylleeno d'In-* [*dia*].
guitar, *n.* chitarra *f.* [*ketahrrah*].
gulf, *n.* golfo *m.* [*golfo*]; abisso *m.* [*ahbeesso*], baratro *m.* [*bahrahtro*].
gull (sea-gull), *n.* gabbiano *m.* [*gahbbeahno*].
gum, *n.* gomma *f.* [*gommah*]; gengiva *f.* [*jaynjeevah*].
gun, *n.* fucile *m.* [*foocheelay*]; cannone *m.* [*kahnnonay*].
gunpowder, *n.* polvere *f.* [*polvayray*] (da fuoco).
gurgle, *v.* gorgogliare [*gorgolyahray*].
gush, *n.* getto *m.* [*jetto*], zampillo *m.* [*tsahmpeello*] || *v.* zampillare [*tsahmpeellahray*], sprizzare [*spretzahray*], scaturire [*skahtooreeray*].
gutter, *n.* grondaia *f.* [*grondaheah*].
gymnasium, *n.* palestra *f.* [*pahlesstrah*].
gymnastics, *n.* ginnastica *f.* [*jennahstekah*].

H

haberdasher, *n.* merciaio *m.* [*maircheaheo*].
habit, *n.* abitudine *f.* [*ahbetoodeenay*].
habitual, *adj.* abituale [*ahbetooahlay*].
haddock, *n.* merluzzo *m.* [*mairlootzo*] (fresco).
hail, *n.* grandine *f.* [*grahndenay*] || *v.* grandinare [*grahndenahray*].
hailstone, *n.* chicco *m.* di grandine [*keekko de grahndenay*].
hair, *n.* capigliatura *f.* [*kahpelyahtoorah*] || — **brush**, spazzola *f.* da capelli [*spahtzolah dah kahpayllee*] || — **pin**, forcina *f.* [*forcheenah*] (per capelli) || — **spray**, lacca *f.* [*lahkkah*] (per capelli).
hairdresser, *n.* parrucchiere *m.* [*pahrrookkeayray*] (per signora).
hairdryer, *n.* asciugacapelli *m.* [*ahsheoogahkahpellee*].
half, *n.* (*pl.* **halves**), metà *f.* [*maytah*], mezzo *m.* [*maytzo*].
halfpenny, *n.* mezzo penny *m.* [*maytzo paynnee*] (moneta).
hall, *n.* salone *m.* [*sahlonay*], aula *f.* [*ahoolah*], vestibolo *m.* [*vessteebolo*].
halt, *n.* fermata *f.* [*fairmahtah*], sosta *f.* [*sostah*] || *v.* fermare [*fairmahray*], fermarsi [*fairmahrsee*].
ham, *n.* prosciutto *m.* [*proscheootto*].
hamlet, *n.* piccola borgata *f.* [*peekkolah borgahtah*], frazione *f.* [*frahtseonay*]. [*mahrtellahray*].
hammer, *n.* martello *m.* [*mahrtello*] || *v.* martellare
hammock, *n.* amaca *f.* [*ahmahkah*].
hamster, *n.* criceto *m.* [*krechayto*].

hand, *n.* mano *f.* [*mahno*]; lancetta *f.* [*lahnchettah*] (di orologio) || *v.* porgere [*porjairay*].
handbook, *n.* manuale *m.* [*mahnooahlay*] (libro).
handcuffs, *n.pl.* manette *f.* [*mahnettay*].
handful, *n.* manciata *f.* [*mahncheahtah*].
handicraftsman, *n.* artigiano *m.* [*ahrtejeahno*].
handkerchief, *n.* fazzoletto *m.* [*fahtzoletto*].
handle, *n.* manico *m.* [*mahneko*], maniglia *f.* [*mahneelyah*] || *v.* maneggiare [*mahnaydjeahray*].
hands, *n.pl.* maestranza *f.sing.* [*mahesstrahntsah*], operai *m.pl.* [*opairahee*].
handsome, *adj.* bello [*bello*]. [*mahno*].
handwork, *n.* lavoro *m.* fatto a mano [*lahvoro fahtto ah*
handwriting, *n.* scrittura *f.* [*skrettoorah*], calligrafia *f.* [*kahlligrahfeeah*].
handy, *adj.* alla mano [*ahllah mahno*], comodo [*komodo*].
hang (hung, hung), *v.* appendere [*ahppendayray*]; impiccare [*impikkahray*].
hangings, *n.pl.* paramenti *m.* [*pahrahmentee*], tappezzeria *f.sing.* [*tappetzayreeah*]; tendine *f.pl.* [*tendeenay*].
happen, *v.* accadere [*ahkkahdayray*].
happiness, *n.* felicità *f.* [*faylechetah*].
happy, *adj.* felice [*fayleechay*]. [*tahray*].
harass, *v.* spossare [*spossahray*]; tormentare [*tormen-*
harbour, *n.* porto *m.* [*porto*] || *v.* ricoverare [*rekovayrahray*].
harbour office, *n.* capitaneria *f.* di porto [*kahpetahnayreeah de porto*]. [solido [*soledo*].
hard, *adv.* duramente [*doorahmentay*] || *adj.* duro [*dooro*],
hardly, *adv.* appena [*ahppaynah*], a stento [*ah stento*], difficilmente [*deffechelmente*].
hardness, *n.* durezza *f.* [*doorayytzah*].
hard-up, *adj.* al verde [*ahl vairday*], poverissimo [*povaireessemo*]. [*dah fairrahmentah*].
hardware, *n.* articoli *m.pl.* da ferramenta [*ahrteekolee*
hare, *n.* lepre *f.* [*laypray*].

harm, *n.* danno *m.* [*dahnno*], male *m.* [*mahlay*] || *v.* far male [*fahr* —], nuocere [*noo-ochayray*].
harmful, *adj.* dannoso [*dahnnoso*], nocivo [*nocheevo*].
harmless, *adj.* innocuo [*innokwo*].
harmony, *n.* armonia *f.* [*armoneeah*].
harp, *n.* arpa *f.* [*ahrpah*].
harsh, *adj.* aspro [*ahsspro*].
harvest, *n.* raccolto *m.* [*rahkkolto*]. [*tretahray*].
hash, *n.* carne *f.* tritata [*kahrnay tretahtah*] || *v.* tritare
haste, *n.* fretta *f.* [*frettah*] || *v.* affrettarsi [*ahffrettahrsee*].
hasten, *v.* affrettarsi [*affrettahrsee*].
hastly, *adv.* affrettatamente [*ahffrettahtahmentay*].
hasty, *adj.* frettoloso [*frettoloso*].
hat, *n.* cappello *m.* [*kappello*].
hatch, *n.* covata *f.* [*kovahtah*] || *v.* covare [*kovahray*].
hatchway, *n.* boccaporto *m.* [*bokkahporto*].
hate, *n.* odio *m.* [*odeo*].
hateful, *adj.* odioso [*odeoso*].
hatter, *n.* cappellaio *m.* [*kahppellaheo*].
haughty, *adj.* altero [*ahlteayro*], arrogante [*ahrrogahntay*].
haul, *v.* rimorchiare [*remorkeahray*], trascinare [*trahshe-nahray*].
have (**had**, **had**), *v.* avere [*ahvayray*]; dovere [*dovairay*].
havoc, *n.* devastazione *f.* [*dayvahsstahtseonay*], strage *f.* [*strahjay*], rovina *f.* [*roveenah*] || *v.* devastare [*day-vahsstahray*].
hawk, *n.* falco *m.* [*fahlko*] || *v.* fare il mercante ambulante.
hawker, *n.* venditore *m.* ambulante [*vendetoray ahm-boolahntay*].
hawthorn, *n.* biancospino *m.* [*beahnkospeeno*].
hay, *n.* fieno *m.* [*feayno*]. [*zahrdahray*].
hazard, *n.* azzardo *m.* [*ahtzahrdo*] || *v.* azzardare [*aht-*
haze, *n.* bruma *f.* [*broomah*], foschia *f.* [*foskeeah*].
hazel nut, *n.* nocciola *f.* [*notcheolah*].
hazy, *adj.* brumoso [*broomoso*], fosco [*fosko*].

he, *pr.* egli [*aylye*].
head, *n.* testa *f.* [*tesstah*], capo *m.* [*kahpo*] || *adj.* principale [*princhepahlay*].
headache, *n.* mal di capo *m.* [*mahl de kahpo*].
headlight, *n.* faro *m.* [*fahro*] (di veicolo).
headmistress, *n.* direttrice *f.* [*derettreechay*] (di scuola).
headrest, *n.* poggiatesta *m.* [*potjahtesstah*].
heal, *v.* cicatrizzare [*chekahtretzahray*].
health, *n.* salute *f.* [*sahlootay*] || — **insurance**, mutua *f.* [*mootuah*].
healthy, *adj.* sano [*sahno*], salubre [*sahloobray*].
heap, *n.* mucchio *m.* [*mookkeo*] || *v.* ammucchiare [*ahmmookkeahray*].
hear (**heard**, **heard**), *v.* udire [*oodeeray*].
hearing, *n.* udito *m.* [*oodeeto*]; udienza *f.* [*oodientsah*].
hearsay, *n.* voce *f.* [*vochay*] (che corre), diceria *f.* [*dechayreeah*].
heart, *n.* cuore *m.* [*koo-oray*].
heart-breaking, *n.* strazio *m.* [*strahtseo*], crepacuore *m.* [*kraypahkoo-oray*] || *adj.* straziante [*strahtseahntay*].
hearth, *n.* focolare *m.* [*fokolahray*].
heartily, *adv.* cordialmente [*kordeahlmentay*].
heat, *n.* calore *m.* [*kahloray*]; (sport) batteria *f.* [*bahttaireah*], prova *f.* [*provah*]; *preliminary* —, eliminatoria *f.* [*aylemenahtoreah*] || *v.* scaldare [*skahldahray*].
heater, *n.* calorifero *m.* [*kahloreefayro*].
heath, *n.* landa *f.* [*lahnda*], brughiera *f.* [*broogheeayrah*]; erica *f.* [*ayrekah*].
heather, *n.* erica *f.* [*ayrekah*].
heating, *n.* riscaldamento *m.* [*reskahldahmento*].
heaven, *n.* cielo *m.* [*cheaylo*] (paradiso).
heavenly, *adj.* celeste [*chaylesstay*].
heavy, *adj.* pesante [*paysahntay*].
heaviness, *n.* pesantezza *f.* [*paysantaytzah*].
Hebrew, *n.* ebreo *m.* [*aybrayo*].
hedge, *n.* siepe *f.* [*seaypay*].
heel, *n.* calcagno *m.* [*kahlkanyo*], tallone *m.* [*tahllonay*], tacco *m.* [*tahkko*].

height, *n.* altezza *f.* [*ahltaytzah*]; sommità *f.* [*sommetah*].
heir, *n.* [f. **heiress**] erede *m.f.* [*ayrayday*].
helicopter, *n.* elicottero *m.* [*aylekottayro*].
heliport, *n.* eliporto *m.* [*ayleporto*].
hell, *n.* inferno *m.* [*infairno*].
helm, *n.* timone *m.* [*temonay*]; elmo *m.* [*aylmo*].
helmet, *n.* elmetto *m.* [*aylmetto*] || **crash —**, casco *m.* [*kahsko*] (per motociclista).
help, *n.* aiuto *m.* [*aheooto*] || *v.* aiutare [*aheootahray*].
helpful, *adj.* utile [*ootelay*], di aiuto [*de aheooto*].
hem, *n.* orlo *m.* [*orlo*] || *v.* orlare [*orlahray*].
hemp, *n.* canapa *f.* [*kahnahpah*].
hen, *n.* gallina *f.* [*gahlleenah*].
her, *pr.* ella [*ayllah*] || *adj. poss.* suo [*soo-o*], di lei [*de laye*].
herbs, *n.pl.* odori *m.* [*odoree*].
herbalist, *n.* erborista *m.f.* [*airboreesta*].
herd, *n.* gregge *m.* [*graydjay*].
here, *adv.* qui [*kwee*], qua [*kwah*].
hereabout, *adv.* in questi paraggi [*in kwestee pahrahdje*].
hernia, *n.* ernia *f.* [*ayrneah*].
hero, *n.* eroe *m.* [*ayroay*]; protagonista *m.f.* [*protahgonistah*].
heroin, *n.* eroina *f.* [*ayroeenah*] (droga).
heroine *n.* eroina *f.* [*ayroeenah*].
heron, *n.* airone *m.* [*aheronay*].
herring, *n.* aringa *f.* [*ahreengah*].
hers, *pr. poss. f.* il suo [*eel soo-o*], la sua [*lah sooah*], i suoi [*e soo-oe*], le sue [*lay sooay*].
hesitate, *v.* esitare [*aysetahray*].
hesitation, *n.* esitazione *f.* [*aysetahtseonay*].
hew (hewed, hewn), *v.* spaccare [*spahkkahray*].
hi, *interj.* ciao [*cheaho*], salve [*sahlvay*].
hiccup, *n.* singulto *m.* [*singoolto*], singhiozzo *m.* [*singheotzo*].
hide, *n.* pelle *f.* [*payllay*], cuoio *m.* [*koo-oeo*].

hide (**hid**, **hid** or **hidden**), *v.* nascondere [*nahskondayray*].
hideous, *adj.* orrendo [*orrendo*].
high, *adj.* & *adv.* alto [*ahlto*], in alto [*in* —].
highbrow, *adj.* (spreg.) intellettuale [*intellettooahlay*].
highland, *n.* altipiano *m.* [*ahltepeahno*].
high-life, *n.* mondo *m.* elegante [*mondo aylaygahntay*], gran mondo [*grahn* —].
highlighter, *n.* evidenziatore *m.* [*ayvedentseatoray*].
highness, *n.* altezza *f.* [*ahltaytzah*] (anche come titolo).
highroad, *n.* strada maestra *f.* [*strahdah mahesstrah*].
highwayman, *n.* malandrino *m.* [*mahlandreeno*], brigante [*m.* [*brigahntay*].
hijack, *v.* dirottare [*derottahray*].
hijacker, *n.* dirottatore *m.* [*derottahtoray*].
hijacking, *n.* dirottamento *m.* [*derottahmento*].
hill, *n.* collina *f.* [*kolleenah*].
him, *pr.* lui *m.* [*looy*].
hinder, *v.* impedire [*impaydeeray*]; disturbare [*distoor-bahray*].
hindrance, *n.* ostacolo *m.* [*ostahkolo*], impedimento *m.* [*impedimento*].
hinge, *n.* cerniera *f.* [*chairneayrah*].
hint, *n.* allusione *f.* [*ahllooseonay*], accenno *m.* [*at-chaynno*] || *v.* accennare [*atchaynnahray*].
hip, *n.* anca *f.* [*ahnka*].
hippodrome, *n.* ippodromo *m.* [*eppodromo*].
hire, *n.* noleggio *m.* [*nolaydjeo*], nolo *m.* [*nolo*] || *v.* noleggiare [*nolaydjeahray*], prendere a nolo [*prendayray ah* —].
his, *adj.* & *pr. m.* suo [*soo-o*], suoi [*soo-oe*], il suo [*eel* —], [i suoi [*e* —].
hiss, *n.* sibilo *m.* [*seebelo*] || *v.* sibilare [*sebelahray*].
historic, **-al**, *adj.* storico [*storeko*].
history, *n.* storia *f.* [*storeah*].
hit, *n.* colpo *m.* [*kolpo*], botta *f.* [*bottah*].
hit (**hit**, **hit**), *v.* colpire [*kolpeeray*].
hitchhiking, *n.* autostop *m.* [*ahootostop*].
hitchhiker, *n.* autostoppista *m.f.* [*ahootostoppeestah*].

hive, *n.* alveare *m.* [*ahlvayahray*].
hoard, *n.* mucchio *m.* [*mookkeo*], gruzzolo *m.* [*grootzolo*] || *v.* accumulare [*ahkkoomoolahray*].
hoarse, *adj.* rauco [*rahooko*].
hoarseness, *n.* raucedine *f.* [*rahoochaydenay*].
hobby, *n.* passatempo *m.* preferito [*pahssataympo pray-fayreeto*].
hoist, *v.* issare [*essahray*], inalberare [*inahlbayrahray*].
hold, *n.* presa *f.* [*praysah*], appoggio *m.* [*ahppodjeo*].
hold (held, held), *v.* tenere [*taynayray*]; fermare [*fairmah-ray*]; arrestare [*ahrrestahray*]; trattenere [*trahttaynay-ray*].
hole, *n.* buco *m.* [*booko*], foro *m.* [*foro*].
holiday, *n.* giorno *m.* festivo [*jeorno festeevo*], vacanza *f.* [*vahkahntsa*].
holiness, *n.* santità *f.* [*sahntetah*].
hollow, *adj.* cavo [*kahvo*] || *n.* cavità *f.* [*kahvetah*].
holly, *n.* agrifoglio *m.* [*ahgrefolyo*].
holster, *n.* fondina *f.* [*fondeenah*].
holy, *adj.* santo [*sahnto*].
homage, *n.* omaggio *m.* [*omahdjeo*].
home, *n.* casa *f.* [*kahsah*], tetto *m.* domestico [*tetto do-messtiko*], famiglia *f.* [*fahmelyah*].
homely, *adj.* casalingo [*kahsahleengo*], alla buona [*ahllah boo-onah*].
homemade, *adj.* fatto in casa [*fahtto in kahsah*].
honest, *adj.* onesto [*onessto*] || **—ly**, *adv.* onestamente [*onesstahmentay*].
honesty, *n.* onestà *f.* [*onaysstah*].
honey, *n.* miele *m.* [*me-aylay*].
honeycomb, *n.* favo *m.* del miele [*fahvo dayl me-aylay*].
honeymoon, *n.* luna *f.* di miele [*loona de me-aylay*].
honeysuckle, *n.* caprifoglio *m.* [*kahprefolyo*].
honour, **honor**, *n.* onore *m.* [*onoray*] || *v.* onorare [*ono-rahray*].
hood, *n.* cappuccio *m.* [*kappootcheo*]; cofano *m.* [*kofah-no*] (di automobile).
hoof, *n.* zoccolo *m.* [*tsokolo*] (di animale).

hook, *n.* uncino *m.* [*oonchеeno*] || **reaping** —, falcetto *m.* [*fahlchetto*] || *v.* uncinare [*oonchenaray*].
hop, *n.* salto *m.* [*sahlto*] || *v.* saltare [*sahltahray*].
hope, *n.* speranza *f.* [*spairahntsa*] || *v.* sperare [*spairahray*].
horizon, *n.* orizzonte *m.* [*oretzontay*].
horizontal, *adj.* orizzontale [*oretzontahlay*].
horn, *n.* corno *m.* [*korno*]; clacson *m.* [*klahkson*].
horoscope, *n.* oroscopo *m.* [*oroskopo*].
horrible, *adj.* orribile [*orreebelay*].
horrid, *adj.* orrido [*orredo*].
horror, *n.* orrore *m.* [*orroray*].
horse, *n.* cavallo *m.* [*kahvahllo*].
horse-chestnut, *n.* ippocastano *m.* [*eppokahstahno*].
horseman, *n.* cavaliere *m.* [*kahvahle-ayray*].
horseradish, *n.* rafano *m.* [*rahfahno*].
horse-riding, *n.* equitazione *f.* [*aykwetahtseonay*].
horseshoe, *n.* ferro *m.* di cavallo [*fairro de kahvahllo*].
horsiery, *n.* calze *f.pl.* e maglieria *f.* intima [*kahlzay ay mahlyayreeah intemah*].
hospital, *n.* ospedale *m.* [*osspaydahlay*].
hospitality, *n.* ospitalità *f.* [*osspetahletah*].
host, *n.* ospite *m.* [*osspetay*]; (eccles.) ostia *f.* [*ossteah*]; folla *f.* [*follah*].
hostility, *n.* ostilità *f.* [*ossteletah*].
hot, *adj.* caldo [*kahldo*].
hotelkeeper, *n.* albergatore *m.* [*ahlbairgahtoray*].
hot-house, *n.* serra *f.* [*sayrrah*].
hot-tempered, *adj.* collerico [*kollairiko*], irascibile [*erahsheebelay*].
hound, *n.* cane *m.* da caccia [*kahnay dah katcheah*].
hour, *n.* ora *f.* [*orah*].
house, *n.* casa *f.* [*kahsah*].
housebreaker, *n.* scassinatore *m.* [*skahsseenahtoray*].
housekeeper, *n.* governante *f.* [*govairnantay*] (di casa).
housewife, *n.* casalinga *f.* [*kahsahleengah*], massaia *f.* [*mahssaheah*].

hovel, *n.* capanna *f.* [*kahpahnnah*], baracca *f.* [*bahrahk-kah*].
hover, *v.* volteggiare in aria [*voltaydjeahray in ahreah*].
how, *adv.* come [*komay*], in che modo [*in kay modo*].
however, *adv.* tuttavia [*toottahveah*], pure [*pooray*].
hubcup, *n.* coprimozzo *m.* [*kopreemotso*].
hue, *n.* tinta *f.* [*teentah*], intonazione *f.* [*intonahtseonay*].
hug, *n.* abbraccio *m.* [*ahbbratcheo*] || *v.* abbracciare [*ahb-bratcheahray*].
huge, *adj.* enorme [*aynormay*].
hull, *n.* scafo *m.* [*skahfo*].
hullo, *interj.* ciao [*cheaho*].
hum, *n.* ronzio *m.* [*rontseo*]; bisbiglio *m.* [*bisbelyo*] || *v.* ronzare [*rontsahray*]; bisbigliare [*bisbelyahray*]; canticchiare [*kantekkeahray*].
human, *adj.* umano [*oomahno*].
humble, *adj.* umile [*oomelay*].
humbug, *n.* millanteria [*millantayreah*], fandonia *f.* [*fan-doneah*].
humiliation, *n.* umiliazione *f.* [*oomeleatseonay*].
humorous, *adj.* umoristico [*oomorisstiko*].
humour, *n.* spirito *m.* [*spirito*].
hump, *n.* gobba *f.* [*gobbah*].
humpback, *n.* gobbo *m.* [*gobbo*].
Hungarian, *adj.* & *n.* ungherese *m.f.* [*oonghayraysay*].
hunger, *n.* fame *f.* [*fahmay*].
hungry, *adj.* affamato [*ahffahmahto* || **to be** — *v.* aver fame [*ahvayr fahmay*], aver appetito [— *ahppayteeto*].
hunt, *v.* cacciare [*katcheahray*], andare a caccia [*ahndahray ah katchea*] (specie a cavallo).
hunter, *n.* cacciatore *m.* [*kahtcheahtoray*].
hunting, *n.* caccia *f.* [*katcheah*].
hurl, *v.* scagliare con forza [*skalyahray kon fortsah*]; turbinare [*toorbenahray*].
hurricane, *n.* uragano *m.* [*ooragahno*].
hurried, *adj.* frettoloso [*frettoloso*] || **—ly**, *adv.* affrettatamente [*ahffrayttahtahmentay*].

hurry, *n.* fretta *f.* [*frayttah*]; *to be in a —*, aver fretta [*ahvayr —*] || *v.* affrettare [*ahffrayttahhray*]; affrettarsi [*ahffrayttahhrsee*].
hurt, *n.* danno *m.* [*dahhno*], ferita *f.* [*faireetah*], lesione *f.* [*layseonay*] || *v.* ferire [*faireeray*], far male [*fahr mahlay*]; offendere [*offendayray*].
husband, *n.* marito *m.* [*mahreeto*].
husk, *n.* guscio *m.* [*goosheo*] || *v.* sgusciare [*sgoosheahray*] (frutta ecc.).
hut, *n.* capanna *f.* [*kahpahnnah*], rifugio *m.* alpino [*refoojeo ahlpeeno*].
hyacinth, *n.* giacinto *m.* [*jeahcheento*].
hydraulic, *adj.* idraulico [*edrahooleko*].
hydrofoil, *n.* aliscafo *m.* [*ahleskahfo*].
hydrogen, *n.* idrogeno *m.* [*edrojayno*].
hydrophobia, *n.* idrofobia *f.* [*edrofobeah*].
hygiene, *n.* igiene *f.* [*ejeaynay*].
hygienic, *adj.* igienico [*ejeayniko*].
hymn, *n.* inno *m.* [*inno*].
hyphen, *n.* trattino *m.* [*trahtteeno*] (tra due parole).
hypocrite, *n.* ipocrita *m.f.* [*epokretah*].
hypodermic, *adj.* ipodermico [*epodermiko*].
hypothesis, *n.* ipotesi *f.* [*epotaysee*].
hysteria, *n.* isterismo *m.* [*issterismo*].

I

I, *pr.* io [*eo*].
ice, *n.* ghiaccio *m.* [*gheahtcheo*]; gelato *m.* [*jaylahto*].
ice axe, *n.* piccozza *f.* [*pekkotsah*].
icebreaker, *n.* nave *f.* rompighiaccio [*nahvay rompegheahtcheo*].
ice-cream, *n.* gelato *m.* [*jaylahto*].
ice-lolly, *n.* ghiacciolo *m.* [*gheahtcheolo*].
idea, *n.* idea *f.* [*eday-ah*]; *fixed* —, idea fissa [— *feessah*].
ideal, *adj.* & *n.* ideale *m.* [*eday-ahlay*].
identic, **-al**, *adj.* identico [*edentiko*].
identify, *v.* identificare [*edentefekaray*].
identity, *n.* identità *f.* [*edentitah*].
idiom, *n.* idioma *m.* [*ediomah*].
idle, *adj.* ozioso [*otseoso*] || *v.* oziare [*otseahray*].
idleness, *n.* ozio *m.* [*otseo*].
idler, *n.* fannullone *m.* [*fahnnullonay*].
idol, *n.* idolo *m.* [*edolo*].
if, *conj.* se [*say*], supposto che [*soopposto kay*].
ignorance, *n.* ignoranza *f.* [*inyorahntsa*].
ignore, *v.* ignorare [*inyorahray*].
ill, *adj.* cattivo [*kahtteevo*]; malato [*mahlahto*] || *adv.* male [*mahlay*].
illegal, *adj.* illegale [*illaygahlay*].
illegible, *adj.* illeggibile [*illaydjebelay*].
illegitimate, *adj.* illegittimo [*illayjettimo*].
illicit, *adj.* illecito [*illaycito*].
illimited, *adj.* illimitato [*illimitahto*].
illiterate, *adj.* analfabeta [*ahnahlfahbaytah*].

illness, *n.* malattia *f.* [*mahlahtteeah*].
ill-treatment, *n.* maltrattamento *m.* [*mahltrahttahmento*].
illude, *v.* illudere [*illoodayray*].
illumination, *n.* illuminazione *f.* [*illoominatseonay*].
illusion, *n.* illusione *f.* [*illooseonay*].
illustrate, *v.* illustrare [*illoostrahray*].
illustration, *n.* illustrazione *f.* [*illoostrahtseonay*].
image, *n.* immagine *f.* [*immahjenay*] || *v.* immaginare [*immahjenahray*].
imagination, *n.* immaginazione *f.* [*immahjenahtseonay*].
imbue, *v.* imbevere [*imbayvayray*].
imitate, *v.* imitare [*imitahray*].
imitation, *n.* imitazione *f.* [*imitahtseonay*].
immaterial, *adj.* immateriale [*immahtayreahlay*]; indifferente [*indiffayrentay*]; senza importanza [*sentsa importahntsah*].
immediate, *adj.* immediato [*immaydeahto*].
immense, *adj.* immenso [*immenso*].
immerse, *v.* immergere [*immairjayray*].
immigrant, *n.* immigrante *m.* [*immigrahntay*].
immigrate, *v.* immigrare [*immigrahray*].
imminence, *n.* imminenza *f.* [*imminentsah*].
imminent, *adj.* imminente [*imminentay*].
immobility, *n.* immobilità *f.* [*immobeletah*].
immoderate, *adj.* smodato [*smodahto*].
immoral, *adj.* immorale [*immorahlay*].
immorality, *n.* immoralità *f.* [*immorahletah*].
immortal, *adj.* immortale [*immortahlay*].
immovable, *adj.* immobile [*immobelay*] || **immovables**, *n.pl.* immobili *m.* [*immobelee*] (beni).
immunity, *n.* immunità *f.* [*immoonetah*].
impact, *n.* urto *m.* [*oorto*], cozzo *m.* [*kotzo*] || *v.* urtare [*oortahray*], cozzare [*kotzahray*].
impartial, *adj.* imparziale [*impahrtseahlay*].
impassioned, *adj.* appassionato [*ahppahsseonahto*].

impatient, *adj.* impaziente [*impahtse-entay*].
impediment, *n.* impedimento *m.* [*impaydemento*].
imperfect, *adj.* imperfetto [*impairfetto*].
imperial, *adj.* imperiale [*impayreahlay*].
impertinent, *adj.* impertinente [*impairtinentay*].
implement, *n.* strumento [*stroomento*], attrezzo *m.* [*aht-tretso*].
implicit, *adj.* implicito [*impleecito*].
imply, *v.* implicare [*implikahray*].
impolite, *adj.* scortese [*skortaysay*].
import, *n.* importazione *f.* [*importahtseonay*] || *v.* importare [*importahray*].
importance, *n.* importanza *f.* [*importahntsa*].
important, *adj.* importante [*importahntay*].
importer, *n.* importatore *m.* [*importahtoray*].
importunate, **importune**, *adj.* [*importoonay*].
impose, *v.* imporre [*imporray*]; **to — upon**, abusare di [*ahboosahray dee*].
imposing, *adj.* imponente [*imponentay*].
imposition, *n.* imposizione *f.* [*imposetseonay*].
impossible, *adj.* impossibile [*impossee belay*].
impotent, *adj.* impotente [*impotentay*].
impoverish, *v.* impoverire [*impovayreeray*].
impracticable, *adj.* impraticabile [*impratikahbelay*].
impress, *v.* imprimere [*impreemayray*].
impression, *n.* impressione *f.* [*impresseonay*].
impressive, *adj.* che colpisce [*kay kolpeshay*], che fa impressione [*kay fah impresseonay*].
imprison, *v.* imprigionare [*imprijeonahray*].
imprisonment, *n.* carcerazione *f.* [*kahrchairahtseonay*], reclusione *f.* [*raykklooseonay*]; prigionia *f.* [*prijeoneeah*] || **life —**, ergastolo *m.* [*airgahstolo*].
improbable, *adj.* improbabile [*improbahbelay*].
improper, *adj.* improprio [*impropreo*].
impropriety, *n.* improprietà *f.* [*impropreaytah*]; sconvenienza *f.* [*skonvayne-entsa*].

improve, *v.* migliorare [*melyorahray*].
improvement, *n.* miglioria *f.* [*melyoreeah*], miglioramento *m.* [*melyorahmento*].
improvident, *adj.* imprevidente [*imprayvidentay*].
imprudence, *n.* imprudenza *f.* [*improodentsah*].
impudence, *n.* impudenza *f.* [*impoodentsah*].
impulse, *n.* impulso *m.* [*impoolso*].
impunity, *n.* impunità *f.* [*impoonitah*].
impurity, *n.* impurità *f.* [*impooritah*].
in, *prep.* in [*in*].
inability, *n.* inabilità *f.* [*inahbilitah*], incapacità *f.* [*inkapahchetah*].
inaccessible, *adj.* inaccessibile [*inahtchessibelay*].
inaccuracy, *n.* inaccuratezza *f.* [*inahkkoorahtaytzah*], inesattezza *f.* [*inaysahttaytzah*].
inadequate, *adj.* inadeguato [*inahdaygooahto*].
inalterable, *adj.* inalterabile [*inahltayrahbelay*].
inattentive, *adj.* disattento [*disahttento*].
inaugurate, *v.* inaugurare [*inahoogoorahray*].
incalculable, *adj.* incalcolabile [*inkahlkolahbelay*].
incapable, *adj.* incapace [*inkahpahchay*], inabile [*inahbelay*].
incapacity, *n.* incapacità *f.* [*inkahpahchetah*].
incense, *n.* incenso *m.* [*inchenso*].
incessant, *adj.* incessante [*inchessahntay*].
inch, *n.* pollice *m.* [*polleechay*] (misura di lunghezza = 2,54 cm).
inclemency, *n.* inclemenza *f.* [*inklementsah*].
incline, *n.* pendenza *f.* [*pendentsah*] || *v.* inclinare [*inclenahray*].
include, *v.* includere [*inkloodayray*].
inclusive, *adj.* incluso [*inklooso*].
incoherence, *n.* incoerenza *f.* [*inkoayrentsah*].
income, *n.* entrata *f.* [*entrahtah*], reddito *m.* [*rayddito*].
incomer, *n.* successore *m.* [*sootchessoray*]; intruso *m.* [*introoso*].

incomparable, *adj.* incomparabile [*inkompahrahbelay*].
incompetent, *adj.* incompetente [*inkompaytentay*].
incomplete, *adj.* incompleto [*inkomplayto*].
incomprehensible, *adj.* incomprensibile [*inkomprenseebelay*].
inconsiderate, *adj.* sconsiderato [*skonsiderahto*] || **—ly**, *adv.* sconsideratamente [*skonsiderahtahmentay*].
inconsistent, *adj.* inconsistente [*inkonsistentay*].
inconstant, *adj.* incostante [*inkostahntay*].
inconvenience, *n.* sconvenienza *f.* [*skonvaynientsah*].
incorrect, *adj.* scorretto [*skorretto*].
increase, *n.* accrescimento *m.* [*ahkkrayshemento*] || *v.* accrescere [*ahkkrayshayray*].
incredible, *adj.* incredibile [*inkredeebelay*].
incredulous, *adj.* incredulo [*inkredoolo*].
increment, *n.* incremento *m.* [*inkremento*].
incriminate, *v.* incriminare [*inkriminahray*].
incur, *v.* incorrere [*inkorrayray*].
incurable, *adj.* incurabile [*inkoorahbelay*].
incursion, *n.* incursione *f.* [*inkoorseonay*].
indebted, *adj.* indebitato [*indebitahto*].
indecent, *adj.* indecente [*indaychentay*].
indecision, *n.* indecisione *f.* [*indaycheseonay*].
indeed, *adv.* infatti [*infahttee*], davvero [*dahvvayro*].
indelicacy, *n.* indelicatezza *f.* [*indelikahtaytzah*].
indemnity, *n.* indennità *f.* [*indennitah*].
indented, *adj.* dentellato [*dentellahto*].
independence, *n.* indipendenza *f.* [*independentsah*].
independent, *adj.* indipendente [*independentay*].
indescribable, *adj.* indescrivibile [*indayskreveebelay*].
indestructible, *adj.* indistruttibile [*indistrootteebelay*].
index, index-link, *v.* indicizzare [*indichetsahray*].
Indian, *n.* & *adj.* indiano *m.* [*indiahno*].
indian corn, *n.* granoturco *m.* [*grahnotoorko*].
indicate, *v.* indicare [*indikahray*].

indication, *n.* indicazione *f.* [*indikahtseonay*].
indifferent, *adj.* indifferente [*indiffayrentay*].
indigent, *adj.* indigente [*indijentay*].
indigestible, *adj.* indigeribile [*indejayreebelay*], indigesto [*indejessto*].
indigestion, *n.* indigestione *f.* [*indejessteonay*].
indignant, *adj.* indignato [*indenyahto*].
indirect, *adj.* indiretto [*inderetto*].
indiscreet, *adj.* indiscreto [*indiskrayto*].
indiscretion, *n.* indiscrezione *f.* [*indiskraytseonay*].
indispensable, *adj.* indispensabile [*indisspensahbelay*].
indisposition, *n.* malessere *m.* [*mahlessairay*], indisposizione *f.* [*indispositseonay*].
indistint, *adj.* indistinto [*indisstinto*].
indoors, *adj.* a casa [*ah kahsah*].
induce, *v.* indurre [*indoorray*].
indulge, *v.* abbandonarsi [*ahbbahndonahrsee*].
industrial, *adj.* industriale [*indoostreahlay*].
industrious, *adj.* industrioso [*indoostreoso*].
industry, *n.* industria *f.* [*indoostreah*].
inefficient, *adj.* inefficace [*inayffekahchay*].
inept, *adj.* inetto [*enetto*].
inert, *adj.* inerte [*inairtay*].
inestimable, *adj.* inestimabile [*inesteemahbelay*].
inevitable, *adj.* inevitabile [*inevitahbelay*].
inexact, *adj.* inesatto [*inesahtto*].
inexpensive, *adj.* non costoso [*non kostoso*].
inexperienced, *adj.* non pratico [*non prahteko*].
inexplicable, *adj.* inesplicabile [*inessplekahbelay*].
infamy, *n.* infamia *f.* [*infahmeah*].
infantry, *n.* fanteria *f.* [*fahntayreeah*] || — **man**, fante *m.* [*fahntay*].
infect, *v.* infettare [*infettahray*].
infection, *n.* infezione *f.* [*infetseonay*].
infectious, *adj.* infetto [*infetto*]; infettivo [*infetteevo*].
inferior, *adj.* inferiore [*infayreoray*].

inferiority, *n.* inferiorità *f.* [*infayreoretah*].
infiltration, *n.* infiltrazione *f.* [*infiltrahtseonay*].
infinite, *adj.* & *n.* infinito *m.* [*infeneeto*].
infirmary, *n.* infermeria *f.* [*infairmayreah*].
inflammable, *adj.* infiammabile [*infeahmmahbelay*].
inflammation, *n.* infiammazione *f.* [*infeahmmahtseonay*].
inflate, *v.* gonfiare [*gonfeahray*].
inflation, *n.* inflazione *f.* [*inflahtseonay*].
inflict, *v.* infliggere [*infledjayray*].
influence, *n.* influenza *f.* [*inflooentsa*] || *v.* influenzare [*inflooentsahray*].
inform, *v.* informare [*informahray*].
informal, *adj.* informale [*informahlay*], non ufficiale [*non ooffechehlay*].
information, *n.* informazione *f.* [*informahtseonay*].
infringe, *v.* infrangere [*infrahnjayray*], violare [*veolahray*].
infringment, *n.* infrazione [*infrahtseonay*], violazione *f.* [*veolahtseonay*].
infusion, *n.* infuso *m.* [*infooso*], infusione *f.* [*infooseonay*].
ingenious, *adj.* ingegnoso [*injaynyoso*].
ingenuity, *n.* ingegno *m.* [*injaynyo*], ingegnosità *f.* [*injaynyosetah*].
ingratitude, *n.* ingratitudine *f.* [*ingrahtitoodenay*].
ingredient, *n.* ingrediente *m.* [*ingraydientay*].
inhabit, *v.* abitare [*ahbetahray*].
inhabitant, *n.* abitante *m.* [*ahbitahntay*].
inhalation, *n.* inalazione *f.* [*inahlahtseonay*].
inhaler, *n.* inalatore *m.* [*inahlahtoray*].
inherit, *v.* ereditare [*ayraydetahray*].
inheritance, *n.* eredità *f.* [*ayraydetah*].
inhospitable, *adj.* inospitale [*inospetahlay*].
inhuman, *adj.* inumano [*inoomahno*].
iniquity, *n.* iniquità *f.* [*inikooetah*].
initial, *adj.* iniziale [*initseahlay*].

inject, *v.* iniettare [*ineayttahray*].
injection, *n.* iniezione *f.* [*ineaytseonay*].
injure, *v.* ferire [*fayreeray*], nuocere a [*noo-ochayray ah*].
injustice, *n.* ingiustizia *f.* [*injeoostitseah*].
ink, *n.* inchiostro *m.* [*inkeostro*].
inkstand, *n.* calamaio *m.* [*kahlahmaheo*].
inlaid, *adj.* intarsiato [*intahrseahto*].
inland, *n.* entroterra *f.* [*entrotairrah*].
inlay, *n.* intarsio *m.* [*intahrseo*] || *v.* intarsiare [*intahrseahray*].
inmate, *n.* abitante [*ahbetahntay*], inquilino *m.* [*inkweleeno*].
inmost, *adj.* il più interno [*eel peoo intairno*], intimo [*inteemo*].
inn, *n.* albergo *m.* [*ahlbairgo*], locanda *f.* [*lokahndah*].
innkeeper, *n.* locandiere *m.* [*lokahndeayray*], oste *m.* [*ostay*].
innocence, *n.* innocenza *f.* [*innochentsah*].
innocent, *adj.* & *n.* innocente *m.f.* [*innochentay*].
innocuous, *adj.* innocuo [*innokoo-o*].
in-patient, *n.* degente *m.* [*dayjentay*] (in ospedale).
inquire, *v.* chiedere [*keaydayray*], far ricerche [*fahr rechairkay*], indagare [*indahgahray*].
inquiry, inchiesta [*inke-esstah*], indagine *f.* [*indahjenay*].
inquisitive, *adj.* curioso [*kooreoso*].
inscribe, *v.* inscrivere [*inskreevayray*].
insect, *n.* insetto *m.* [*insetto*].
insensible, *adj.* insensibile [*insenseebelay*].
inside, *n.* interno *m.* [*intairno*] || *adv.* internamente [*intairnahmentay*].
insignificant, *adj.* insignificante [*insinyfikahntay*].
insincere, *adj.* falso [*fahlso*].
insinuate, *v.* insinuare [*insinooahray*].
insipid, *adj.* insipido [*insipedo*].
insist, *v.* insistere [*insisstayray*].
insistence, *n.* insistenza *f.* [*insistentsah*].
insole, *n.* soletta *f.* [*solettah*] (di scarpa).
insolent, *adj.* insolente [*insolentay*].

insoluble, *adj.* insolubile [*insoloobelay*].
insomnia, *n.* insonnia *f.* [*insonneah*].
inspect, *v.* ispezionare [*isspaytseonahray*].
inspection, *n.* ispezione *f.* [*isspaytseonay*].
inspector, *n.* ispettore *m.* [*isspettoray*], controllore *m.* [*kontrolloray*].
inspire, *v.* ispirare [*issperahray*].
install, *v.* installare [*instahllahray*].
instalment, *n.* rata *f.* [*rahtah*], quota *f.* [*kwotah*].
instance, *n.* esempio *m.* [*ayzempeo*].
instant, *adj.* corrente [*korrentay*] (abbrev. *inst.* nelle lettere, per le date) || **—ly**, *adv.* all'istante [*ahll'isstahntay*] || *n.* istante *m.*, momento *m.* [*momento*].
instead, of, *adv.* invece di [*invaychay de*].
instinct, *n.* istinto *m.* [*isstinto*].
institute, *n.* istituto *m.* [*isstitooto*] || *v.* istituire [*isstitooeray*].
instruct, *v.* istruire [*isstrooeray*].
instructive, *adj.* istruttivo [*isstrootteevo*].
instrument, *n.* strumento *m.* [*stroomento*]; atto *m.* [*atto*].
insufficient, *adj.* insufficiente [*insoofeche-entay*].
insulation, *n.* (electr.) isolamento *m.* [*ezolahmento*].
insult, *n.* insulto *m.* [*insoolto*], ingiuria *f.* [*injeooreah*] || *v.* insultare [*insoolltahray*], ingiuriare [*injeoorehray*].
insurance, *n.* assicurazione *f.* [*ahssekoorahtseonay*].
insure, *v.* assicurare [*ahssekoorahray*].
insurer, *n.* assicuratore *m.* [*ahssekoorahtoray*].
intact, *adj.* intatto [*intahtto*].
integral, *adj.* integrale [*intaygrahlay*].
intellect, *n.* intelletto *m.* [*intelletto*].
intellectual, *adj.* & *n.* intellettuale *m.f.* [*intellettooahlay*].
intelligence, *n.* intelligenza *f.* [*intellejentsah*].
intelligent, *adj.* intelligente [*intellejentay*].
intend, *v.* intendere [*intendayray*].
intense, *adj.* intenso [*intenso*].
intensify, *v.* intensificare [*intensifekahray*].

intensity, *n.* intensità *f.* [*intensitah*].
intent, *n.* & *adj.* intento *m.* [*intento*].
intention, *n.* intenzione *f.* [*intentseonay*].
interact, *v.* interagire [*intairahjeeray*].
intercept, *v.* intercettare [*intairchettahray*].
intercession, *n.* intercessione *f.* [*intairchesseonay*].
interchange, *v.* scambiare [*skahmbeahray*].
intercom, *n.* interfono *m.* [*intairfono*].
intercourse, *n.* relazione *f.* [*raylahtseonay*].
interdict, *v.* interdire [*intairdeeray*].
interest, *n.* interesse [*intayressay*] || *v.* interessare [*intayressahray*].
interfere, *v.* interferire [*intairfayreeray*], ingerirsi [*injayrersee*], intromettersi [*intromettairsee*].
interior, *adj.* & *n.* interno *m.* [*intairno*].
international, *adj.* internazionale [*internahtseonahlay*].
interpret, *v.* interpretare [*interpretahray*].
interpreter, *n.* interprete *m.f.* [*intairpretay*].
interrogate, *v.* interrogare [*intairrogahray*].
interrupt, *v.* interrompere [*intairrompayray*].
interruption, *n.* interruzione *f.* [*intairrootseonay*].
interval, *n.* intervallo *m.* [*intairvahllo*].
intervention, *n.* intervento *m.* [*intairvento*].
interview, *n.* intervista *f.* [*intairvisstah*], abboccamento *m.* [*ahbbokkahmento*], colloquio *m.* [*kollokweo*] || *v.* intervistare [*intairvisstahray*].
intestine, *n.* intestino *m.* [*intessteeno*] || *adj.* interno [*intairno*], intestino.
intimate, *adj.* intimo [*intemo*].
intimidate, *v.* intimidire [*intemedeeray*].
intolerable, *adj.* intollerabile [*intollayrahbelay*].
intolerant, *adj.* insofferente [*insoffairentay*].
intoxicant, *n.* bevanda *f.* alcolica [*bayvahndah ahlkoole-kah*].
intoxicate, *v.* ubriacare [*oobreahkahray*].
intractable, *adj.* intrattabile [*intrahttahbelay*].

intricate, *adj.* intricato [*intrikahto*].
intrigue, *v.* intrigare [*intregahray*] ‖ *n.* intrigo *m.* [*intreego*].
intrinsic, -al, *adj.* intrinseco [*intrinsayko*].
introduce, *v.* presentare [*prayzentahray*] (una persona); introdurre [*introdoorray*].
introduction, *n.* presentazione *f.* [*prayzentahtseonay*]; introduzione *f.* [*introdootseonay*].
intruder, *n.* seccatore *m.* [*sekkahtoray*], intruso *m.* [*introozo*].
intrusion, *n.* intrusione *f.* [*introozeonay*].
intuition, *n.* intuizione *f.* [*intooetseonay*], intuito *m.* [*intooeto*].
invade, *v.* invadere [*invahdayray*].
invalid, *adj.* & *n.* invalido *m.* [*invahledo*].
invaluable, *adj.* inestimabile [*inessteemahbelay*].
invariable, *adj.* invariabile [*invahreahbelay*].
invasion, *n.* invasione *f.* [*invahzeonay*].
invent, *v.* inventare [*inventahray*].
invention, *n.* invenzione *f.* [*inventseonay*].
inventor, *n.* inventore *m.* [*inventoray*].
inventory, *n.* inventario *m.* [*inventahreo*].
inversion, *n.* inversione *f.* [*invairzeonay*].
invert, *v.* invertire [*invairteeray*], rovesciare [*rovaysheahray*].
invest, *v.* investire [*invessteeray*].
investigate, *v.* investigare [*invesstegahray*].
investigation, *n.* investigazione *f.* [*investegatseonay*], indagine *f.* [*indajeenay*].
investment, *n.* investimento *m.* [*investemento*].
invigorating, *adj.* fortificante [*fortefekahntay*].
invisible, *adj.* invisibile [*invezeebelay*].
invitation, *n.* invito *m.* [*inveeto*].
invite, *v.* invitare [*invetahray*].
invoice, *n.* fattura *f.* [*fahttoorah*] ‖ *v.* fatturare [*fahttoorahray*].
involuntary, *adj.* involontario [*involontahreo*].
inward, *adv.* di dentro [*de dentro*], interiormente [*intayreormentay*].

Iranian, *adj.* & *n.* iraniano *m.* [*eerahneahno*].
Iraqui, *adj.* & *n.* iracheno *m.* [*eerahkeno*].
Irish, *adj.* irlandese [*eerlahndayzay*].
Irishman, *n.m.* **Irishwoman** *n.f.* irlandese *m.f.* [*eerlahndayzay*].
irksome, *adj.* noioso [*noeoso*].
iron, *n.* ferro *m.* [*fairro*] || *v.* stirare [*sterahray*].
ironer, *n.* stiratrice *f.* [*sterahtreechay*].
ironic, **-al**, *adj.* ironico [*eroneeko*].
ironmonger, *n.* negoziante *m.f.* in ferramenta [*naygotseahntay in fairrahmentah*].
ironware, *n.* ferramenta *f.pl.* [*fairrahmentah*].
irony, *n.* ironia *f.* [*eroneeah*].
irradiate, *v.* irradiare [*eerrahdeahray*].
irrecoverable, *adj.* irreperibile [*eerraypayreebelay*], irricuperabile [*irrekoopayrahbelay*].
irreducible, *adj* irriducibile [*erreedoocheebelay*].
irregular, *adj.* irregolare [*eerraygolahray*] || **—ly**, *adv.* irregolarmente [*eerraygolahrmentay*].
irremediable, *adj.* irrimediabile [*eerremaydeahbelay*].
irremovable, *adj.* irremovibile [*eerraymoveebelay*].
irreproachable, *adj.* irreprensibile [*eerrayprenseebelay*].
irresolute, *adj.* indeciso [*indaycheeso*].
irresponsible, *adj.* irresponsabile [*eerraysspons**ahbelay*].
irretrievable, *adj.* irrimediabile [*eerremaydeahbelay*], irricuperabile [*irrekoopayrahbelay*].
irrevocable, *adj.* irrevocabile [*irrayvokahbelay*].
irrigate, *v.* irrigare [*eerregahray*].
irritable, *adj.* irritabile [*eerretahbelay*].
irritating, *adj.* irritante [*irretahntay*].
irritation, *n.* irritazione *f.* [*eerretahtseonay*].
Islamic, *adj.* islamico [*eesslahmiko*].
island, *n.* isola *f.* [*eesolah*].
islander, *n.* isolano *m.* [*eesolahno*].
isle, *n.* isola [*eesolah*] (quando è seguita dal nome).
isolated, *adj.* isolato [*eesolahto*].

Israeli, *adj.* & *n.* israeliano *m.* [*eesrahayleahno*].
israelite, *n.* & *adj.* israelita *m.f.* [*eesrahayleetah*].
issue, *n.* uscita *f.* [*oosheetah*], esito *m.* [*ayseeto*], sbocco *m.* [*sbokko*]; pubblicazione *f.* [*pooblikatseonay*]; prole *f.* [*prolay*]; risultato *m.* finale [*resooltahto feenahlay*] || *v.* pubblicare [*pooblikahray*]; emanare [*aymahnahray*]; sboccare [*sbokkahray*]; scaturire [*skahtooreeray*].
isthmus, *n.* istmo *m.* [*eesstmo*].
it, *pr.* esso *m.* [*aysso*], essa *f.* [*ayssah*].
Italian, *adj.* & *n.* italiano *m.* [*itahleahno*].
itch, *n.* prurito *m.* [*prooreeto*]; scabbia *f.* [*skahhbeah*], rogna *f.* [*ronya*] || *v.* prudere [*proodayray*].
item, *n.* articolo *m.* [*ahrteekolo*]; voce *f.* [*vochay*] (di dizionario ecc.).
itinerant, *adj.* ambulante [*ahmboolahntay*].
itinerary, *n.* itinerario *m.* [*eteenayrahreo*].
ivory, *n.* avorio *m.* [*ahvoreo*].
ivy, *n.* edera *f.* [*aydayrah*].

J

jack, *n.* (mech.) cricco *m.* [*kreekko*]; (a carte) fante *m.* [*fahntay*].
jacket, *n.* giacca *f.* [*jeahkkah*].
jail, *n.* prigione *f.* [*prejeonay*].
jailer, *n.* carceriere *m.* [*kahrchayreayray*].
jam, *n.* marmellata *f.* [*mahrmellahta*]; ingorgo *m.* [*ingor-go*] (del traffico) || *v.* incepparsi [*incheppahrsee*].
January, *n.* gennaio *m.* [*jaynnaheo*].
Japanese, *n.* & *adj.* giapponese *m.f.* [*jahpponaysay*].
jar, *n.* boccale *m.* [*bokkahlay*], brocca *f.* [*brokkah*].
jasmine, *n.* gelsomino *m.* [*jaylsomeeno*].
jaundice, *n.* itterizia *f.* [*ettaireetseah*].
jaw, *n.* mascella *f.* [*mahshellah*], mandibola *f.* [*mahn-deebolah*].
jealous, *adj.* geloso [*jayloso*].
jealousy, *n.* gelosia *f.* [*jayloseah*].
jelly, *n.* gelatina *f.* [*jaylahteenah*].
jellyfish, *n.* medusa *f.* [*maydoosah*].
jerk, *n.* sobbalzo *m.* [*sobbahltso*], scossa *f.* [*skossah*] || *v.* sobbalzare [*sobbahltsahray*], scuotere [*skooótayray*].
jest, *n.* scherzo *m.* [*skairtzo*] || *v.* scherzare [*skairtzahray*].
Jesuit, *n.* gesuita *m.* [*jaysooetah*].
jet, *n.* getto *m.* d'acqua [*jetto d'ahkwah*], zampillo *m.* [*zahmpeello*]; aviogetto *m.* [*ahveojetto*], jet *m.*
Jew, *n.* ebreo *m.* [*aybrayo*].
jewel, *n.* gioiello *m.* [*jeo-e-ello*].
jeweller *n.* gioielliere *m.* [*jeo-e-elleayray*].
jewelry or **jewellery**, *n.* gioielleria [*jeo-e-ellayreeah*].

Jewish, *adj.* ebraico [*aybrahiko*].

jingle, *n.* tintinnio *m.* [*teentinneeo*] || *v.* tintinnare [*teentinnahray*].

job, *n.* lavoro *m.* [*lahvoro*], occupazione *f.* [*okkoopahtseonay*], impiego *m.* [*impeaygo*].

jobber, *n.* cottimista *m.f.* [*kotteemeesta*]; speculatore *m.* [*spaykoolahtoray*] (in Borsa).

jockey, *n.* fantino *m.* [*fahnteeno*].

join, *v.* unirsi [*ooneersee*], unire [*ooneeray*]: **to — in**, partecipare a [*pahrtaychepahray ah*].

joiner, *n.* falegname *m.* [*fahlaynyahmay*].

joint, *n.* connessura *f.* [*konnessoorah*], articolazione *f.* [*ahrtekolahtseonay*]; pezzo *m.* di carne al forno [*paytzo de kahrnay ahl forno*] || *v.* unire [*ooneeray*] || *adj.* unito [*ooneeto*].

joke, *n.* arguzia *f.* [*ahrgootsea*], scherzo *m.* [*skairtso*]; barzelletta *f.* [*bahrtsellettah*] || *v.* scherzare [*skairtsahray*].

jolly, *adj.* allegro [*ahllaygro*].

jolt, *n.* sobbalzo *m.* [*sobbahltso*] || *v.* sobbalzare [*sobbahltsahray*].

journal, *n.* giornale *m.* [*jeornahlay*].

journalist, *n.* giornalista *m.f.* [*jeornahlisstah*].

journey, *n.* viaggio *m.* [*veahdjeo*] (per terra).

jovial, *adj.* gioviale [*jeoveahlay*].

joy, *n.* gioia *f.* [*jeoeah*].

joyous, *adj.* gioioso [*jeoeoso*].

jubilee, *n.* giubileo *m.* [*jeoobelayo*].

judge, *n.* giudice *m.* [*jeoodechay*] || *v.* giudicare [*jeoodekahray*].

judgment, *n.* sentenza *f.* [*sententsah*]; giudizio *m.* [*jeoodeetseo*].

judicial, *adj.* giudiziario [*jeoodetseahreo*].

jug, *n.* boccale *m.* [*bokkahle*].

juggler, *n.* giocoliere *m.* [*jeokoleayray*].

juice, *n.* succo *m.* [*sookko*] (di frutta).

juicy, *adj.* succoso [*sookoso*].

July, *n.* luglio *m.* [*loolyo*].

jumbo, *adj.* molto grande [*molto grahnday*]; **— jet**, *n.* jumbo (aereo).

jump, *n.* salto *m.* [*sahlto*] || *v.* saltare [*sahltahray*].
jumper, *n.* maglietta *f.* [*mahlyettah*], golfino *m.* [*golfee-no*].
junction, *n.* crocicchio *m.* [*krocheekkeo*], incrocio *m.* [*inkrocheo*]; giunto *m.* [*jeoonto*], raccordo *m.* [*rahkkor-do*].
June, *n.* giugno *m.* [*jeoonyo*].
jungle, *n.* giungla *f.* [*jeoonglah*].
junior, *n.* & *adj.* iuniore *m.* [*eooneoray*].
juniper, *n.* ginepro *m.* [*jenaypro*].
jurisdiction, *n.* giurisdizione *f.* [*jeoorisditseonay*].
juror, *n.* giurato *m.* [*jeoorahto*].
jury, *n.* giuria *f.* [*jeooreeah*].
just, *adj.* giusto [*jeoosto*], esatto [*aysahtto*] || *adv.* appunto [*ahppoonto*], esattamente [*aysahttahmentay*]; appena [*ahppenah*].
just now, *adv.* or ora [*or orah*].
justice, *n.* giustizia *f.* [*jeoosteetsea*].
justification, *n.* giustificazione *f.* [*jeoostifekatseonay*]; discolpa *f.* [*diskolpah*].
justify, *v.* giustificare [*jeoostifekahray*]; discolpare [*diskolpahray*].
jut, *n.* aggetto *m.* [*ahjetto*], sporgenza *f.* [*sporjentsa*] || *v.* sporgere [*sporjayray*].
jute, *n.* iuta *f.* [*eeootah*].
juvenile, *adj.* giovanile [*jeovahneelay*].

K

kangaroo, *n.* canguro *m.* [*kahngooro*].
keel, *n.* chiglia *f.* [*keelyah*].
keen, *adj.* tagliente [*tahlyentay*]; acuto [*ahkooto*], vivo [*veevo*], perspicace [*pairspekahchay*] || **—ly**, *adv.* acutamente [*ahkootahmentay*], sottilmente [*sottelmentay*].
keenness, *n.* acutezza *f.* [*ahkootaytzah*], perspicacia *f.* [*pairspekahcheah*], sottigliezza *f.* [*sottelyaytzah*].
keep (kept, kept), *v.* tenere [*tenayray*], mantenere [*mahntaynayray*]; osservare [*ossairvahray*] (feste); **to — at**, accanirsi su [*akkahneersee soo*]; **to — away**, tenere, tenersi lontano [*t. lontahno*]; **to — back**, tenere, tenersi indietro [*t. indeaytro*]; **to — in**, restare, trattenere [*raystahray, trahttaynayray*] in casa [*en kahsah*]; **to — on**, continuare [*konteenooahray*]; **to — out**, tenere, tenersi fuori [*t. fooree*]; **to — to**, attenersi a [*ahttaynaysee ah*]; **to — up**, conservare [*konsairvahray*]; resistere [*raysestayray*]; **to — up with**, stare al passo con [*stahray ahl pahsso kon*].
keeper, *n.* custode *m.* [*koostoday*], guardiano *m.* [*gooahrdeahno*].
keepsake, *n.* ricordo *m.* [*rekordo*], pegno [*paynyo*].
keg, *n.* barilotto *m.* [*bahrelotto*].
kennel, *n.* canile *m.* [*kahneelay*].
kerbstone, *n.* orlo *m.* del marciapiede [*orlo dayl mahrcheapeayday*].
kernel, *n.* nocciolo *m.* [*notcheolo*].
ketchup, *n.* salsa *f.* piccante [*sahlsah pekkahntay*] (di pomodoro).
kettle, *n.* bollitore *m.* [*bolleetoray*].

kettle-drum, *n.* (mus.) timpano *m.* [*timpahno*].
key, *n.* chiave *f.* [*keahvay*]; tasto *m.* [*tahssto*].
keyboard, *n.* (mus.) tastiera *f.* [*tahssteayrah*].
keyholder, *n.* portachiavi *m.* [*portahkeahvee*].
keyhole, *n.* toppa *f.* [*toppah*].
kick, *n.* calcio *m.* [*kalcheo*] || *v.* tirar calci [*terahr kahlchee*].
kickup, *n.* (fam.) putiferio *m.* [*pootefaireo*].
kid, *n.* capretto *m.* [*kapretto*]; (fig.) bambino *m.* [*bahmbeeno*] || *v.* prendere in giro [*prendayray in jero*].
kidnap, *v.* rapire [*rahpeeray*] (persone).
kidnapper, *n.* rapitore *m.* [*rahpeetoray*].
kidney, *n.* rene *m.* [*raynay*]; rognone *m.* [*ronyonay*].
kill, *v.* uccidere [*ootcheedayray*].
kiln, *n.* fornace *f.* [*fornahchay*].
kilo, *n.* chilogrammo *m.* [*kilograhmmo*].
kilt, *n.* gonnellino *m.* del costume scozzese.
kin, *n.* parente *m.f.* [*pahrentay*], congiunto *m.* [*konjoonto*].
kind, *adj.* gentile [*jenteelay*] || *n.* specie *f.* [*spaycheay*], genere *m.* [*jaynayray*], sorte *f.* [*sortay*].
kindle, *v.* accendere [*ahtchendayray*], infiammare [*infeahmmahray*].
kindness, *n.* gentilezza *f.* [*jentelaytzah*].
king, *n.* re *m.* [*ray*].
kingdom, *n.* regno *m.* [*raynyo*].
kinsman, *n.m.*, *f.* **kinswoman**, parente *m.f.* [*pahrentay*], congiunto *m.* [*konjeoonto*].
kiosk, *n.* chiosco [*keosko*].
kiss, *n.* bacio *m.* [bahcheo] || *v.* baciare [*bahcheahray*].
kit, *n.* corredo *m.* [*korraydo*]; equipaggiamento *m.* [*aykwipahdjeahmento*].
kitchen, *n.* cucina *f.* [*koocheenah*].
kitchen-garden, *n.* orto *m.* [*orto*].
kite, *n.* nibbio *m.* [*neebbeo*]; aquilone *m.* [*ahkwelonay*].
kitten, *n.* gattino *m.* [*gahtteeno*].

knapsack, *n.* zaino *m.* [*tsaheno*].
knave, *n.* furfante *m.* [*foorfahntay*]; (alle carte) fante *m.*
knee, *n.* ginocchio *m.* [*jenokkeo*]. [*fahntay*].
kneel, *v.* inginocchiarsi [*injenokkeahrsee*].
knell, *n.* rintocco *m.* funebre [*rintokko foonaybray*].
knickers-bockers, *n.pl.* pantaloni *m.* alla zuava [*pahntahlonee ahlla tsooahvah*].
knick-nack, *n.* gingillo *m.* [*jenjeello*].
knife, *n.* coltello *m.* [*koltello*].
knight, *n.* cavaliere *m.* [*kahvahleayray*]; (agli scacchi) cavallo *m.* [*kahvahllo*]. [*mahlyah*].
knit (**knit**, **knit**), *v.* lavorare a maglia [*lahvorahray ah*
knitting-needle, *n.* ferro *m.* da calza [*fairro dah kahltsah*].
knob, *n.* pomolo *m.* [*pomolo*]; protuberanza *f.* [*protoobairantsah*]; (nel legno) nodo *m.* [*nodo*].
knock, *n.* colpo *m.* [*kolpo*], colpo *m.* alla porta [*kolpo allah portah*] || *v.* bussare [*boossahray*]; **to — down**, abbattere [*ahbbahttayray*].
knot, *n.* nodo *m.* [*nodo*] || *v.* annodare [*ahnnodahray*].
know (**knew**, **known**), *v.* sapere [*sahpairay*]; conoscere [*konoshayray*].
know-how, *n.* abilità *f.* [*ahbeeleetah*]. [*tay*].
knowingly, *adv.* intenzionalmente [*intayntseonahlmen-*
knowledge, *n.* conoscenza *f.* [*konoshentza*], cognizioni *f.pl.* [*konytseonay*], dottrina *f.* [*dottreena*].
known, *adj.* conosciuto [*konosheooto*], noto [*noto*].
knuckle, *v.* colpire con le nocche [*kolpeeray kon lay nokkay*].

L

label, *n.* etichetta *f.* [*aytekettah*], cartellino *m.* [*kahrtelleeno*].

laboratory, *n.* laboratorio *m.* [*lahborahtoreo*].

labour, *n.* lavoro *m.* [*lahvoro*], fatica *f.* [*fahteekah*] || *v.* lavorare [*lahvorahray*].

labourer, *n.* lavoratore *m.* [*lahvorahtoray*], operaio *m.* [*opairaheo*].

Labourist, *adj.* & *n.* laburista *m.f.* [*lahbooreestah*].

lace, *n.* merletto *m.* [*mairletto*]; stringa *f.* [*stringah*], correzione *f.* [*korraytseonay*] (di caffè) || *v.* allacciare [*ahllahtcheahray*].

lack, *n.* mancanza *f.* [*mahnkahntsa*] || *v.* mancare di [*mahnkahray de*].

lad, *n.* ragazzo *m.* [*rahgahtzo*].

ladder, *n.* scala *f.* [*skahlah*] (a piuoli); smagliatura *f.* [*smahleahtoorah*] (nelle calze).

lade (laded, laden), *v.* caricare [*kahrekahray*].

ladle, *n.* mestolo *m.* [*messtolo*].

lady, *n.* signora *f.* [*senyorah*].

lady-killer, *n.* rubacuori *m.* [*roobahkoo-oree*].

lagoon, *n.* laguna *f.* [*lahgoonah*].

lake, *n.* lago *m.* [*lahgo*] || — **-front**, *n.* lungolago *m.* [*loon-golahgo*].

lamb, *n.* agnello *m.* [*ahnyello*].

lame, *adj.* zoppo [*tsoppo*].

lament, *n.* lamento *m.* [*lahmento*] || *v.* lamentarsi [*lahmentahrsee*].

lamp, *n.* lampada *f.* [*lahmpahdah*].

lamp-post, *n.* lampione *m.* [*lahmpeonay*].

lance, *n.* lancia *f.* [*lahncheah*].
lancet, *n.* bisturi *m.* [*beestoore*].
land, *n.* terra *f.* [*tairrah*], regione *f.* [*rayjeonay*], paese *m.* [*pahaysay*] || *v.* atterrare [*ahttairrahray*], sbarcare [*sbahrkahray*].
landing, *n.* sbarco *m.* [*sbahrko*].
landlord, *n.* padrone *m.* [*pahdronay*] (di pensione ecc.) || **landlady**, *f.* padrona [*pahdronah*]; affittacamere *f.* [*ahffittahkameray*].
landowner, *n.* proprietario *m.* [*propreaytahreo*] (di terreni).
landscape, *n.* paesaggio *m.* [*pahaysahdjeo*].
landslide, *n.* frana *f.* [*frahnah*].
lane, *n.* vicolo *m.* [*vekolo*], viottolo *m.* [*veottolo*]; corsia *f.* [*korseah*] (di autostrada).
language, *n.* lingua *f.* [*lingooah*], linguaggio *m.* [*lingooahdjeo*].
languish, *v.* languire [*lahngooeeray*].
lantern, *n.* lanterna *f.* [*lahntairnah*].
lap, *n.* grembo *m.* [*graymbo*]; falda *f.* [*fahldah*], piega *f.* [*peaygah*].
lapse, *n.* lasso *m.* [*lahsso*] (di tempo).
larch, *n.* larice *m.* [*lahrechay*].
lard, *n.* strutto *m.* [*strootto*].
larder, *n.* dispensa *f.* [*dispensah*] (per conservare cibi).
large, *adj.* grande [*grahnday*], spazioso [*spahtseoso*], vasto [*vahssto*].
lark, n. allodola *f.* [*ahllodolah*]; scherzo *m.* [*skairtso*].
lash, *n.* ciglia *f.pl.* [*cheelyah*]; sferzata *f.* [*sfairtsahtah*] || *v.* sferzare [*sfairtsahray*]; legare [*laygahray*].
lass, lassie, *n.* ragazza *f.* [*rahgahtzah*].
last, *adj.* ultimo [*ooltemo*], passato [*pahssahto*], scorso [*skorso*] || *adv.* ultimamente [*ooltemahmentay*], recentemente [*raychentaymentay*] || *v.* durare [*doorahray*].
latch, *n.* chiavistello *m.* [*keahvestello*].
late, *adj.* in ritardo [*en reetahrdo*], tardivo [*tahrdeevo*]; recente [*raychentay*]; defunto [*dayfoonto*]; fu [*foo*] || *adv.* tardi [*tahrdee*] || **lately**, *adv.* poco fa [*poko fah*], recen-

temente [*raychentaymentay*], ultimamente [*ooltemahmentay*].
lateral, *adj.* laterale [*lahtayrahlay*].
lather, *m.* schiuma *f.* [*skeoomah*] (di sapone) || *v.* insaponare [*insahponahray*].
Latin, *adj.* & *n.* latino *m.* [*lahteeno*].
latitude, *n.* latitudine *f.* [*lahtetoodenay*].
latter, *adj.* l'ultimo [*l'ooltemo*] (fra due).
lattice, *n.* grata *f.* [*grahtah*], traliccio *m.* [*trahleetcheo*].
laugh, *n.* riso *m.* [*reeso*] || *v.* ridere [*reedayray*]; **to — at**, deridere [*dayreedayray*].
launch, *n.* lancio *m.* [*lantcheo*]; lancia *f.* [*lahncheah*], scialuppa *f.* [*sheahlooppah*] || *v.* varare [*vahrahray*]; lanciare [*lahncheahray*].
laundress, *n.* lavandaia *f.* [*lahvahndaheah*].
laundry, *n.* lavanderia *f.* [*lahvahndayreeah*].
lava, *n.* lava *f.* [*lahvah*].
lavatory, *n.* gabinetto *m.* [*gahbeenetto*].
lavander, *n.* lavanda *f.* [*lahvahndah*].
lavish, *v.* prodigare [*prodegahray*] || *adj.* prodigo [*prodego*].
law, *n.* legge *f.* [*laydjay*].
lawful, *adj.* legale [*laygahlay*].
lawn, *n.* prato *m.* [*prahto*] (all'inglese).
lawyer, *n.* legale *m.f.* [*laygahlay*], avvocato *m.* [*ahvvokahto*].
lay (laid, laid), *v.* porre [*porray*], deporre [*dayporray*]; stendere [*stendayray*]; coricare [*korekahray*].
lay, *adj.* & *n.* laico [*lahiko*].
lay-by, *n.* piazzola *f.* [*peahtsolah*] (di autostrada).
layer, *n.* giacimento *m.* [*jeahchemento*]; strato *m.* [*strahto*].
laying-up, *n.* rimessaggio *m.* [*rimessahdjeo*].
laziness, *n.* pigrizia *f.* [*pegreetseah*].
lazy, *adj.* pigro [*peegro*].
lazy-bones, *n.* fannullone *m.* [*fahnnoollonay*].
lead, *n.* piombo *m.* [*peombo*].
lead, leaden, *adj.* di piombo [*de peombo*].
lead (led, led), *v.* guidare [*gooedahray*], condurre [*kondo-*

orray*]; trascorrere [*trahskorrayray*], vivere [*veevairay*],
passare [*pahssahray*]. [ro *m.* [*kondotteayro*].
leader, *n.* capo *m.* [*kahpo*], guida *f.* [*gooedah*], condottie-
leading-article, *n.* articolo *m.* di fondo [*ahrteekolo de fondo*] (di giornale).
leaf, *n.* foglia *f.* [*folyah*]. [*volahnteeno*].
leaflet, *n.* manifestino *m.* [*mahnefessteeno*], volantino *m.*
league, *n.* lega *f.* [*laygah*], fazione *f.* [*fahtseonay*], unione *f.* [*ooneonay*].
leak, **leakage**, *n.* fuga *f.* [*foogah*], perdita *f.* [*pairdetah*].
leak, *v.* colare [*kolahray*], far acqua [*fahr akwooah*], per-
lean, *adj.* magro [*mahgro*]. [dere [*pairdayray*].
lean, *v.* appoggiarsi [*ahppodjeahrsee*], inclinare [*inklenahray*], pendere [*pendayray*].
leap, *n.* salto *m.* [*sahlto*], balzo *m.* [*bahltso*] || *v.* saltare [*sahltahray*], saltare oltre [— *oltray*].
leap-year, *n.* anno bisestile *m.* [*ahnno besessteelay*].
learn (**learnt**, **learnt**), *v.* imparare [*impahrahray*], appren-
learned, *adj.* dotto [*dotto*]. [dere [*ahpprendayray*].
learning, *n.* studio *m.* [*stoodeo*], dottrina *f.* [*dottreenah*].
lease, *n.* affitto *m.* [*ahffeetto*], contratto *m.* d'affitto [*kontrahtto d'*—] || *v.* dare in affitto [*dahray in* —].
leash, *n.* guinzaglio *m.* [*goointsahlyo*].
least, *adj.* minimo [*meenemo*], il meno [*eel mayno*] || **at** —, *adv.* almeno [*ahlmayno*].
leather, *n.* cuoio *m.* [*koo-oeo*] || *adj.* di cuoio.
leathern, *adj.* di cuoio [*de koo-oeo*]. [*sah*].
leave, *n.* permesso *m.* [*pairmesso*]; licenza *f.* [*leechent-*
leave (**left**, **left**), *v.* partire [*pahrteeray*]; lasciare [*lahsheahray*]. [*rentsah*].
lecture, *n.* discorso *m.* [*diskorso*], conferenza *f.* [*konfai-*
lecturer, *n.* conferenziere *m.* [*konfairentseayray*], professore *m.* universitario [*professoray ooneevairsetahreo*].
left, *adj.* sinistro [*sineestro*] || *n.* sinistra *f.*
left-handed, *adj.* mancino [*mahncheeno*].

leg, *n.* gamba *f.* [*gahmbah*].
legacy, *n.* legato *m.* [*laygahto*] (lascito testamentario).
legal, *adj.* legale [*laygahlay*].
legalisation, *n.* legalizzazione *f.* [*laygahlitzahtseonay*].
legalise, *v.* legalizzare [*laygahlitzahray*].
legitimate, *adj.* legittimo [*layjeettimo*] || *v.* legittimare [*layjeettimahray*].
leisure, *n.* tempo *m.* disponibile [*tempo disponeebelay*]; comodo *m.* [*komodo*], agio *m.* [*ahjeo*]; ozio *m.* [*otseo*].
lemon, *n.* limone *m.* [*leemonay*].
lemonade, *n.* limonata *f.* [*leemonahtah*], gazzosa *f.* [*gahtsosah*].
lend (lent, lent), *v.* prestare [*praystahray*].
length, *n.* lunghezza *f.* [*loongaytzah*].
lengthen, *v.* allungare [*ahlloongahray*].
lens, *n.* lente *f.* [*lentay*]; (fot.) obiettivo *m.* [*obbe-etteevo*].
Lent, *n.* Quaresima *f.* [*kwahraysemah*].
lentil, *n.* lenticchia *f.* [*lenteekkeah*].
leopard, *n.* leopardo *m.* [*layopahrdo*].
leotard, *n.* calzamaglia *f.* [*kahltsahmahlyah*].
leprosy, *n.* lebbra *f.* [*laybbrah*].
less, *adj.* minore [*menoray*] || *adv.* & *n.* meno *m.* [*mayno*].
lessen, *v.* diminuire [*deminooeeray*].
lesson, *n.* lezione *f.* [*laytseonay*].
lest, *conj.* per paura che [*pair pahoorah kay*].
let (let, let), *v.* lasciare [*lahsheahray*], permettere [*pairmettayray*]; affittare [*ahffittahray*]; **to — down**, abbassare [*ahbbahssahray*]; **to — in**, far entrare [*fahr entrahray*]; ingannare [*ingahnnahray*]; **to — out**, far uscire [*fahr oosheeray*]; allargare [*ahllahrgahray*].
letter, *n.* lettera *f.* [*lettayrah*]. [*lettayray*].
letterbox, *n.* cassetta *f.* delle lettere [*kahssettah dayllay*
lettuce, *n.* lattuga *f.* [*lahttoogah*].
leukaemia, *n.* leucemia *f.* [*layoochemeah*].
level, *n.* livello *m.* [*levello*] || *v.* livellare [*levellahray*].

level crossing, *n.* passaggio *m.* a livello [*pahssahdjeo ah levello*].
liability, *n.* responsabilità *f.* [*ressponsahbeletah*].
liable, *adj.* soggetto a [*sodjetto ah*], passibile [*pahsseebelay*], responsabile [*ressponsahbelay*]. [*ray*].
liar, *n.* bugiardo *m.* [*boojeahrdo*], mentitore *m.* [*menteto-*
liberal, *adj.* & *n.* liberale *m.* [*libairahlay*].
liberty, *n.* libertà *f.* [*libairtah*].
librarian, *n.* bibliotecario *m.* [*bebleotaykahreo*].
library, *n.* biblioteca *f.* [*bebleotaykah*].
Libyan, *adj.* libico [*leebiko*].
lice, *pl.* di **louse**.
licence, **license**, *n.* licenza *f.* [*leechentsa*], permesso *m.* [*pairmesso*], autorizzazione *f.* [*ahootoritzahtseonay*].
licit, *adj.* lecito [*laycheto*].
lick, *v.* leccare [*laykkahray*].
licorice, *n.* liquerizia *f.* [*lekwayritseah*].
lid, *n.* coperchio *m.* [*kopairkeo*].
lie (lay, lain), *v.* giacere [*jeachairay*], distendersi [*distendayrsee*], coricarsi [*korekahrsee*].
lie, *n.* bugia *f.* [*boojeah*] || *v.* mentire [*menteeray*].
lieutenant, *n.* (mil.) tenente *m.* [*taynentay*].
life, *n.* vita *f.* [*veetah*].
life-belt, *n.* cintura *f.* di salvataggio [*chintoorah de sahlvahtadjeo*].
life-boat, *n.* scialuppa *f.* di salvataggio [*sheahlooppah de sahlvahtahdjeo*].
life-buoy, *n.* salvagente *m.* [*sahlvahjentay*] (di marina).
lifeguard, *n.* bagnino *m.* [*bahnyeno*] (di salvataggio).
life-rent, *n.* rendita *f.* vitalizia [*rendetah vetahleetsea*].
lift, *n.* ascensore *m.* [*ahshensoray*] || *v.* sollevare [*sollayvahray*].
light, *n.* luce *f.* [*loochay*]; **dipped-lights**, anabbaglianti *m.pl.* [*ahnahbbahlyahntee*] || *adj.* leggero [*laydjayro*]; chiaro [*keahro*].

light (lit, lit), *v.* (anche reg.), accendere [*ahtchendayray*], illuminare [*illoominahray*].
lighten, *v.* alleggerire [*ahllaydjayreeray*], sollevare [*sollayvahray*]; lampeggiare [*lahmpaydjeahray*].
lighter, *n.* accendino *m.* [*ahchendeeno*].
light-house, *n.* faro *m.* [*fahro*].
lighting, *n.* illuminazione *f.* [*illoominahtseonay*].
lightness, *n.* leggerezza *f.* [*laydjayraytzah*].
lightning, *n.* lampo [*lahmpo*], fulmine *m.* [*foolmenay*].
lightning-conductor, *n.* parafulmine *m.* [*pahrahfoolmenay*].
like, *adv.* come [*komay*]; alla maniera di [*allah mahneayrah de*], probabilmente [*probahbilmentay*] || *adj.* verosimile [*vairosseemelay*], probabile [*probahbelay*] || *v.* piacere [*peahchairay*], gradire [*grahdeeray*], amare [*ahmahray*]. [*probabilmentay*].
likely, *adj.* probabile [*probahbelay*] || *adv.* probabilmente
likeness, *n.* rassomiglianza *f.* [*rahssomelyahntsah*].
likewise, *adv.* parimenti [*pahrementee*].
liking, *n.* gusto *m.* [*goosto*]; simpatia *f.* [*simpahteah*].
lilac, *n.* lillà *m.* [*lellah*].
lily, *n.* giglio *m.* [*jelyo*].
limb, *n.* arto *m.* [*ahrto*]. [*teeleo*].
lime, *n.* calce *f.* [*kahlchay*]; cedro *m.* [*chaydro*]; tiglio *m.*
limit, *n.* limite *m.* [*leemetay*] || *v.* limitare [*limitahray*].
limp, *v.* zoppicare [*tsoppekahray*].
limpid, *adj.* limpido [*limpido*].
line, *n.* linea *f.* [*leenayah*]; riga *f.* [*reegah*]; rete *f.* [*raytay*] (di comunicazione); genere *m.* [*jaynayray*] (di professione, mestiere, commercio); ruga *f.* [*roogah*]; fila *f.* [*feelah*] || *v.* foderare [*fodayrahray*].
linen, *n.* lino *m.* [*leeno*]; biancheria *f.* [*beahnkayreeah*].
liner, *n.* piroscafo *m.* [*peeroskahfo*], transatlantico *m.* [*transatlanteko*].
linesman, *n.* (sport) guardalinee *m.* [*gooahrdahleenay-ay*].

linger, *v.* esitare [*aysetahray*], indugiare [*indoojeahray*].
lining, *n.* fodera *f.* [*fodayrah*].
link, *n.* maglia *f.* di catena [*mahlyah de kahtaynah*] || *v.* collegare [*kollaygahray*].
linseed, *n.* seme *m.* di lino [*sayme de leeno*].
lion, *n.* leone *m.* [*layonay*].
lioness, *n.* leonessa *f.* [*layonessah*].
lip, *n.* labbro *m.* [*lahbbro*] || — **stick**, rossetto *m.* per labbra [*rossetto pair lahbbrah*].
liqueur, **liquor**, *n.* liquore *m.* [*likworay*].
liquid, *adj.* liquido [*likwido*].
liquidate, *v.* liquidare [*likwidahray*].
liquidizer, *n.* frullatore *m.* [*froollahtoray*].
list, *n.* lista *f.* [*leestah*]; listino *m.* [*listeeno*]; classifica *f.* [*klahsseefikah*].
listen, *v.* ascoltare [*ahsskoltahray*].
listener, *n.* ascoltatore *m.* [*ahsskoltahtoray*].
literature, *n.* letteratura *f.* [*laytterahtoorah*].
lithography, *n.* litografia *f.* [*litograhfeeah*].
litre, *n.* litro *m.* [*leetro*].
litter, *n.* rifiuti *m.pl.* [*refeootee*]; barella f. [*bahrella*].
little, *adj.* piccolo [*peekkolo*] || *adv.* poco [*poko*].
live, *v.* vivere [*veevairay*]; abitare [*ahbetahray*].
liveliness, *n.* vivacità *f.* [*veevahchetah*].
lively, *adj.* vivace [*veevahchay*].
liver, *n.* fegato *m.* [*faygahto*].
living, *n.* esistenza *f.* [*esisstentsa*], vita *f.* [*veetah*], il vivere *m.* [*eel veevairay*], vitto *m.* [*veetto*].
livingroom, *n.* tinello *m.* [*tinello*], soggiorno *m.* [*sodjeor-no*].
lizard, *n.* lucertola *f.* [*loochairtolah*].
load, *n.* carico *m.* [*kahreko*], peso *m.* [*payzo*].
load (**loaded**, **loaden**), *v.* caricare [*kahrekahray*].
loaf, *n.* pagnotta *f.* [*pahnyottah*].
loan, *n.* prestito *m.* [*pressteto*].
lobby, *n.* vestibolo *m.* [*vessteebolo*].

lobster, *n.* aragosta *f.* [*ahrahgostah*].
local, *adj.* locale [*lokahlay*].
locality, *n.* località *f.* [*lokaletah*].
lock, *n.* serratura *f.* [*sairrahtoorah*] || *v.* chiudere a chiave [*kewdayray ah keahvay*].
lock-out, *n.* serrata *f.* [*sairrahtah*] (di stabilimenti ecc.).
locomotive, *n.* locomotiva *f.* [*lokomoteevah*].
lodge, *v.* depositare [*depositahray*]; alloggiare [*ahllodjeahray*] || *n.* portineria *f.* [*porteenayreah*]; capanno *m.* [*kahpahnno*].
lodging, *n.* camera *f.* [*kahmayrah*] (d'affitto), residenza *f.* temporanea [*residentsa temporahnayah*], dimora *f.* [*demorah*].
loft, *n.* soffitta *f.* [*soffeettah*], solaio *m.* [*solaheo*].
lofty, *adj.* alto [*ahlto*], elevato [*aylayvahto*], altero [*ahltayro*].
log, *n.* ceppo *m.* [*chayppo*].
loin, *n.* lombo *m.* [*lombo*] (di manzo).
loiterer, *n.* fannullone *m.* [*fahnnoollonay*].
lollipop *n.* lecca lecca *m.* [*laykkah laykkah*].
loneliness, *n.* solitudine *f.* [*soletoodeenay*].
lonely, *adj.* solitario [*soletahreo*], solo [*solo*].
long, *adj.* lungo [*loongo*]; lento [*lento*] || *adv.* lungo tempo [*loongo tempo*] || *v.* bramare [*brahmahray*].
long-distance runner, *n.* fondista *m.f.* [*fondestah*].
longitude, *n.* longitudine *f.* [*lonjetoodeenay*].
look, *n.* sguardo *m.* [*sgooahrdo*], occhiata *f.* [*okkeahtah*]; aspetto *m.* [*ahsspetto*], apparenza *f.* [*ahppahrentsah*] || **to — at**, *v.* guardare [*gooahrdahray*]; **to — like**, rassomigliare [*rahssomelyahray*], sembrare [*saymbrahray*].
looking-glass, *n.* specchio *m.* [*spekkeo*].
loom, *n.* telaio *m.* [*telaheo*] (per tessere).
loop, *n.* nodo scorsoio *m.* [*nodo skorsoeo*], laccio *m.* [*latcheo*].
loophole, *n.* feritoia *f.* [*fairetoeah*]; scappatoia *f.* [*skahppahtoeah*].
loose, *adj.* slegato [*slaygahto*], sciolto [*shеolto*] || **to —, to**

loosen, *v.* slegare [*slaygahray*], sciogliere [*sheolyayray*].
lord, *n.* signore *m.* [*sinyoray*], padrone *m.* [*pahdronay*].
lorry, *n.* autocarro *m.* [*ahootokahrro*]; autotreno *m.* [*ahoototreno*].
lose (lost, lost), *v.* perdere [*païrdayray*].
lost, *adj.* perduto [*pairdooto*], rovinato [*rovenahto*].
loss, *n.* perdita *f.* [*païrdetah*].
lot, *n.* sorte *f.* [*sortay*], destino *m.* [*dessteeno*], fato *m.* [*fahto*] || — **of**, una quantità di [*oonah kwantetah de*].
lotion, *n.* lozione *f.* [*lotseonay*] || **setting** —, fissatore *m.* [*fissahtoray*].
lottery, *n.* lotteria *f.* [*lottayreeah*].
loud, *adj.* (di suoni) alto [*ahlto*], forte [*fortay*] || — **speaker**, *n.* altoparlante *m.* [*ahltopahrlahntay*].
loudly, *adv.* ad alta voce [*ahd ahlta vochay*].
lounge, *v.* andare a zonzo [*ahndahray ah tsontso*].
louse (*pl.* lice), *n.* pidocchio *m.* [*pedokkeo*].
love, *n.* amore *m.* [*ahmoray*] || *v.* amare [*ahmahray*].
lovely, *adj.* bello [*bayllo*], grazioso [*grahtseoso*].
lover, *n.* amante *m.f.* [*ahmahntay*].
low, *adj.* basso [*bahsso*] || *adv.* in basso.
lower, *v.* abbassare [*ahbbahssahray*], calare [*kahlahray*].
loyal, *adj.* leale [*layahlay*].
lozenge, *n.* pastiglia *f.* [*pahssteelyah*].
lubricant, *n.* & *adj.* lubrificante *m.* [*loobrifikahntay*].
lubricate, *v.* lubrificare [*loobrifikahray*].
luck, *n.* fortuna *f.* [*fortoonah*]; *bad* —, sfortuna [*sfortoonah*].
lucky, *adj.* fortunato [*fortoonahto*].
luggage, *n.* bagaglio *m.* [*bahgahlyo*].
lukewarm, *adj.* tiepido [*teaypedo*].
lullaby, *n.* ninnananna *f.* [*neennahnahnnah*].
lump, *n.* pezzo *m.* [*paytzo*], blocco [*blokko*].
lump-sugar, *n.* zucchero *m.* in pezzi, a zollette [*tsookkayro in paytzee ah tzollettay*].

lunatic, *adj.* & *n.* pazzo *m.* [*p*^{a}*htzo*], lunatico *m.* [*loon*^{a}*h-teko*] || — **asylum**, manicomio *m.* [*mahnek*^{o}*meo*].
lunch, **luncheon**, *n.* seconda colazione *f.* [*sec*^{o}*ndah ko-lahtse*^{o}*nay*]; pranzo *m.* [*pr*^{a}*hntso*].
lung, *n.* polmone *m.* [*polm*^{o}*nay*].
lure, *v.* adescare [*ahdessk*^{a}*hray*].
lurk, *v.* mettersi in agguato [*m*^{e}*ttayrsee in ahggoo*^{a}*hto*].
luxuriant, *adj.* lussureggiante [*loossooraydje*^{a}*hntay*].
luxury, *n.* lusso *m.* [*l*^{oo}*sso*].

M

macaroon, *n.* amaretto *m.* [*ahmahretto*].
machine, *n.* macchina *f.* [*mahhkkenah*].
machine gun, *n.* mitragliatrice *f.* [*metrahlyahtreechay*].
machinery, *n.* macchinario *m.* [*mahkkenahhreo*], meccanismo *m.* [*maykkahnismo*].
mackerel, *n.* sgombro *m.* [*sgombro*] (pesce).
mackintosh, *n.* impermeabile *m.* [*impairmayahbelay*].
mad, *adj.* matto [*mahtto*].
madam, *n.* signora *f.* [*sinyorah*].
mad-dog, *n.* cane *m.* idrofobo [*kahnay eedrofobo*].
magazine, *n.* rivista *f.* [*reevisstah*], giornale *m.* periodico [*jeornahlay paireodeko*]; caricatore *m.* [*kahrekahtoray*].
magic, **-al**, *adj.* magico [*mahjeko*].
magician, *n.* mago *m.* [*mahgo*].
magie, *n.* magia *f.* [*mahjeah*].
magistrate, *n.* magistrato *m.* [*mahjestrahto*].
magnesia, *n.* magnesia *f.* [*mahnyayseah*].
magnet, *n.* calamita *f.* [*kahlahmeetah*]; magnete *m.* [*mahnyaytay*].
magnificent, *adj.* magnifico [*mahnyefeko*].
magnifier, *n.* ingranditore *m.* [*ingrahndetoray*], lente *f.* [*lentay*] (d'ingrandimento).
magnify, *v.* ingrandire [*ingrahndeeray*].
magnolia, *n.* magnolia *f.* [*mahnyoleah*].
mahogany, *n.* mogano *m.* [*mogahno*].
maid, *n.* ragazza *f.* [*rahgatzah*]; vergine *f.* [*vairgenay*]; nu-

bile *f.* [*noobelay*]; cameriera *f.* [*kahmayreayrah*]; **old —**, *n.* zitella [*tsetellah*].
mail, *n.* posta *f.* [*posstah*] || *v.* spedire per posta [*spaydeeray pair —*].
mailman, *n.* (amer.) postino *m.* [*possteeno*].
maimed, *adj.* mutilato [*mootelahto*], storpio [*storpeo*].
main, *adj.* principale [*princhepahlay*]; essenziale [*essentseahlay*]; il più importante [*eel peoo importahntay*].
main-road, *n.* strada *f.* maestra [*strадah mahesstrah*].
maintain, *v.* mantenere [*mahntenayray*].
maintenance, *n.* mantenimento *m.* [*mahnteneemento*]; manutenzione *f.* [*mahnootentseonay*].
maize, *n.* granturco *m.* [*grantoorko*], mais *m.* [*mahes*].
majestic, **-al**, *adj.* maestoso [*mahesstoso*].
major, *n.* maggiore *m.* [*mahdjeoray*] || *adj.* importante [*importahntay*]; principale [*princhepahlay*].
majority, *n.* maggioranza *f.* [*madjorahntsa*].
make, *n.* struttura *f.* [*strootoorah*]; fabbricazione *f.* [*fahbbreekahtseonay*].
make (**made**, **made**), *v.* fare [*fahray*].
maker, *n.* creatore *m.* [*krayahtoray*], fabbricatore *m.* [*fahbbrekahtoray*].
make-up, *n.* trucco *m.* [*trookko*].
male, *adj.* & *n.* maschio *m.* [*mahsskeo*].
malicious, *adj.* malizioso [*mahleetseoso*].
mallow, *n.* malva *f.* [*mahlvah*].
mama, *n.* mamma *f.* [*mahmmah*].
mammal, *n.* mammifero *m.* [*mahmmeefayro*].
man (pl. **men**), *n.* uomo *m.* [*oo-omo*] || *v.* fornire di uomini, equipaggiare una nave ecc.
management, *n.* amministrazione *f.* [*ahmministrahtseonay*], gestione *f.* [*jesteonay*], direzione *f.* [*diretseonay*].
manager, *n.* direttore *m.* [*direttoray*]; dirigente *m.f.* [*direegentay*]; gerente *m.f.* [*jayrentay*], amministratore *m.* [*ahmministrahtoray*].

managing-director, *n.* consigliere *m.* delegato [*konselyayray daylaygahto*].
mandoline, *n.* mandolino *m.* [*mandoleeno*].
mane, *n.* criniera *f.* [*krineayrah*]. [*grayppeah*].
manger, *n.* mangiatoia *f.* [*mahnjeahtoeah*], greppia *f.*
manhood, *n.* virilità *f.* [*vereeletah*].
mania, *n.* mania *f.* [*mahneeah*].
manicure, *n.* manicure *m.f.* [*manikooray*].
manifest, *adj.* & *n.* manifesto *m.* [*manifessto*] || *v.* manifestare [*manifestahray*].
mankind, *n.* genere *m.* umano [*jaynayray oomahno*].
manor, *n.* proprietà *f.* terriera [*propreaytah tairreayrah*].
manner, *n.* maniera *f.* [*mahneayrah*], modo *m.* [*modo*], specie *f.* [*spaycheay*]. [*aydookahtseonay*].
manners, *n.pl.* modi *m.* [*modee*]; educazione *f.sing.*
mantel-piece, *n.* mensola *f.* di caminetto [*mensolah de kameenetto*].
mantle, *n.* mantello *m.* [*mahntello*].
manual, *adj.* & *n.* manuale *m.* [*mahnooahlay*].
manufactory, *n.* stabilimento *m.* [*stahbelemento*]; fabbrica *f.* [*fahbbreeka*].
manufacture, *v.* fabbricare [*fahbbreekahray*].
manufacturer, *n.* fabbricante *m.* [*fahbbreekahntay*], industriale *m.* [*indoostreahlay*].
manure, *n.* concime *m.* [*koncheemay*].
manuscript, *n.* manoscritto *m.* [*mahnoskreetto*].
many, *pl.* di much. [ca o topografica).
map, *n.* mappa *f.* [*mahppah*], carta *f.* [*kahrtah*] (geografi-
maple, *n.* acero *m.* [*ahchayro*].
mar, *v.* guastare [*gooahstahray*], sciupare [*sheoopahray*]; sfregiare [*sfrayjeahray*].
marauder, *n.* predone *m.* [*praydonay*].
marble, *n.* marmo *m.* [*mahrmo*].
March, *n.* marzo *m.* [*mahrtso*]. [*ahray*].
march, *n.* marcia *f.* [*mahrchea*] || *v.* marciare [*mahrche-*

marchioness, *n.* marchesa *f.* [*mahrkaysah*].
mare, *n.* cavalla *f.* [*kahvahllah*].
margarine, *n.* margarina *f.* [*mahrgahreenah*].
margin, *n.* margine *m.* [*mahrginay*].
marigold, *n.* calendola *f.* [*kalendolah*].
marine, *n.* marina *f.* [*mahreenah*] || *adj.* marino [*mahreeno*].
maritime, *adj.* marittimo [*mahrittimo*].
mark, *n.* marca *f.* [*mahrkah*], marchio *m.* [*mahrkeo*]; marco *m.* [*mahrko*]; impronta *f.* [*improntah*|| **trade —**, marchio *m.* di fabbrica [*m. de fahbbrekah*] || *v.* marcare [*mahrkahray*].
market, *n.* mercato *m.* [*mairkahto*].
marmalade, *n.* marmellata *f.* di arancio [*mahrmellahtah de ahrahncheo*].
marmot, *n.* marmotta *f.* [*mahrmottah*].
marriage, *n.* matrimonio *m.* [*mahtrimoneo*].
marrow, *n.* midollo *m.* [*medollo*]; zucchino *m.* [*tsookkeeno*].
marry, *v.* sposare [*sposahray*].
marsh, *n.* palude *f.* [*pahlooday*].
marshal, *n.* maresciallo *m.* [*mahraysheahllo*].
marsh-gas, *n.* metano *m.* [*maytahno*].
marshy, *adj.* paludoso [*pahloodoso*].
marten, *n.* martora *f.* [*mahrtorah*].
martin, *n.* rondone *m.* [*rondonay*].
martyr, *n.* martire *m.f.* [*mahrteray*].
marvel, *n.* meraviglia *f.* [*mayrahveelyah*] || *v.* meravigliarsi [*mayrahvelyahrsee*].
marvellous, *adj.* meraviglioso [*mayrahvelyoso*].
mash, *v.* schiacciare [*skeatcheahray*].
mask, *n.* maschera *f.* [*mahsskayrah*] || *v.* mascherare [*mahsskayrahray*], mascherarsi [*mahsskayrahrsee*].
mason, *n.* muratore *m.* [*moorahtoray*].
masonry, *n.* massoneria *f.* [*mahssonayreeah*]; muratura *f.* [*moorahtoorah*].
mass, *n.* massa *f.* [*mahssah*]; messa *f.* [*messah*].

massacre, *v.* massacrare [*mahssahkrahray*] || *n.* massacro *m.* [*mahssahkro*].
massive, *adj.* massiccio [*mahssetcheo*], solido [*solido*].
mass-produce, *v.* produrre in serie [*prodoorray in saireay*].
mast, *n.* albero *m.* [*ahlbayro*] (di nave).
master, *n.* padrone *m.* [*pahdronay*]; maestro *m.* [*mahesstro*]; signorino *m.* [*senyoreeno*] || *v.* dominare [*domenahray*].
masterpiece, *n.* capolavoro *m.* [*kahpolahvoro*].
mastiff, *adj.* & *n.* mastino *m.* [*mahssteeno*] (cane).
mat, *n.* stuoia *f.* [*stoo-oeah*], zerbino *m.* [*tsairbeeno*]; sottopiatto *m.* [*sottopeahtto*]; sottovaso *m.* [*sottovahso*].
match, *n.* fiammifero *m.* [*feahmmeefairo*]; gara *f.* [*gahrah*]; partita *f.* [*pahrteetah*] || *v.* gareggiare [*gahraydjeahray*]; uguagliare [*oogooahlyahray*], essere simile [*essayray seemelay*].
matchless, *adj.* incomparabile [*inkompahrahbelay*], senza pari [*sentsa pahree*].
mate, *n.* compagno *m.* [*kompahnyo*]; amico *m.* [*ahmeeko*].
material, *adj.* & *n.* materiale *m.* [*mahtayreahlay*].
mathematics, *n.* matematica *f.* [*mahtaymahtekah*].
matron, *n.* capo infermiera *f.* [*kapo infairmeayrah*]; direttrice *f.* [*direttrechay*].
matter, *n.* materia *f.* [*mahtayreah*], cosa *f.* [*kosah*], affare *m.* [*ahffahray*], pratica *f.* [*prahtekah*] || *v.* importare [*importahray*], avere importanza [*ahvayray importahntsah*].
mattress, *n.* materasso *m.* [*mahtayrahsso*].
mature, *adj.* maturo [*mahtooro*] || *v.* maturare [*matoorahray*].
May, *n.* maggio *m.* [*mahdjeo*].
may, *v.* potere [*potayray*].
mayor, *n.* sindaco *m.* [*sindahko*].
maze, *n.* labirinto *m.* [*lahberinto*]; *in a* —, in stato di confusione.
meadow, *n.* prato [*prahto*].
meal, *n.* pasto *m.* [*pahssto*].

mean, *n.* media *f.* [*maydeah*]; mezzo *m.* [*maytzo*]; **by — of**, per mezzo di [*pair maytzo de*] || *adj.* spilorcio [*spelorcheo*].
mean (meant, meant), *v.* significare [*senyfekahray*], voler dire [*volair deeray*]; proporsi [*proporsee*].
meaning, *n.* significato *m.* [*senyfekahto*], senso *m.* [*senso*].
meantime, meanwhile, *adv.* frattanto [*frahttahnto*], intanto [*intahnto*].
measles, *n.* morbillo *m.* [*morbeello*]. [*soorahray*].
measure, *n.* misura *f.* [*meesoorah*] || *v.* misurare [*mee-*
meat, *n.* carne *f.* [*kahrnay*]; — *ball*, polpetta *f.* (di carne).
mechanic, *n.* meccanico *m.* [*maykkahniko*].
mechanics, *n.* meccanica *f.* [*maykkahneekah*].
medal, *n.* medaglia *f.* [*maydahlyah*].
meddle, *v.* immischiarsi [*immisskeahrsee*], intromettersi [*intromettairsee*]. [*saykkahtoray*].
meddler, *n.* intrigante *m.f.* [*intregahntay*], seccatore *m.*
mediaeval, *adj.* medievale [*maydeoayvahlay*].
medicine, *n.* medicina *f.* [*maydecheenah*].
mediocrity, *n.* mediocrità *f.* [*maydeokretah*].
meditate, *v.* meditare [*maydetahray*].
medium, *adj.* & *n.* medio *m.* [*maydeo*].
medlar, *n.* nespola *f.* [*nesspolah*].
meek, *adj.* mansueto [*mahnsooeto*], docile [*docheelay*].
meerschaum, *n.* schiuma *f.* [*skeoomah*] (silicato).
meet (met, met), *v.* riunirsi [*reooneersee*], incontrare [*inkontrahray*], incontrarsi [*inkontrahrsee*].
meeting, *n.* incontro *m.* [*inkontro*], riunione *f.* [*reooneonay*]; assemblea *f.* [*ahssemblayah*]; comizio *m.* [*komee-*
melody, *n.* melodia *f.* [*maylodeeah*]. [*tseo*].
melon, *n.* melone *m.* [*maylonay*].
melt, *v.* fondere [*fondayray*]; liquefare [*likwayfahray*].
member, *n.* membro *m.* [*membro*]; — **of parliament**, deputato *m.* [*daypootahto*].

memorial, *n.* monumento *m.* in ricordo [*monoomento in rekordo*].
memorize, *v.* memorizzare [*memoretsahray*].
memory, *n.* memoria *f.* [*memoreah*].
men, *pl.* di **man**.
mend, *v.* riparare [*repahrahray*].
mercantile, *adj.* mercantile [*merkahnteelay*].
merchandise, *n.* merce *f.* [*mairchay*].
merchant, *n.* commerciante *m.* [*kommairchea hntay*].
merciful, *adj.* misericordioso [*mesayrekordeoso*].
mere, *adj.* puro [*pooro*], semplice [*sempleechay*].
meridional, *adj.* meridionale [*mereedeonahlay*].
merit, *n.* merito *m.* [*mereeto*] || *v.* meritare [*mereetahray*].
mermaid, *n.* sirena *f.* [*seraynah*].
merry, *adj.* allegro [*ahllaygro*].
mesh, *n.* maglia *f.* di rete [*mahlyah de raytay*].
message, *n.* messaggio *m.* [*messahdjeo*].
messenger, *n.* messaggero *m.* [*messahdjeayro*].
metal, *n.* metallo *m.* [*maytahllo*].
meteor, *n.* meteora *f.* [*maytayorah*].
meter, *n.* metro *m.* [*maytro*]; misuratore *m.* [*mesoorahto-ray*], contatore *m.* [*kontahtoray*].
metropolitan, *adj.* & *n.* metropolitano *m.* [*maytropolitah-no*].
mice, *pl.* di **mouse**.
microbe, *n.* microbo *m.* [m*eekrobo*].
microphone, *n.* microfono *m.* [*meekrofono*].
microscope, *n.* microscopio *m.* [*meekroskopeo*].
midday, *n.* mezzogiorno *m.* [*maytzojeorno*].
middle, *n.* mezzo *m.* [*maytzo*], centro *m.* [*chentro*] || *adj.* centrale [*chentrahlay*], medio [*maaydeo*].
Middle-Ages, *n.* medioevo *m.* [*maydeo ayvo*].
midnight, *n.* mezzanotte *f.* [*maydzahnottay*].
midwife, *n.* levatrice *f.* [*layvahtreechay*].
mighty, *adj.* potente [*potentay*].
mike, *n.* (fam.) microfono *m.* [*meekrofono*].

mild, *adj.* mite [*meetay*], dolce [*dolchay*].
mildew, *n.* muffa *f.* [*mooffah*].
mile, *n.* miglio *m.* [*meelyo*] (= 1609 metri).
milestone, *n.* pietra *f.* miliare [*peaytrah meelyahray*].
military, *adj.* militare [*meletahray*].
milk, *n.* latte *m.* [*lahttay*].
mill, *n.* mulino *m.* [*mooleeno*].
miller, *n.* mugnaio *m.* [*moonyaheo*].
milliner, *n.* modista *f.* [*modisstah*].
mimosa, *n.* mimosa *f.* [*meemosah*].
minaret, *n.* minareto *m.* [*meenahrayto*].
mince, *v.* tagliuzzare [*tahlyootzahray*], tritare [*treetahray*].
mince-meat, *v.* carne *f.* tritata [*kahrnay treetahtah*].
mind, *n.* mente *f.* [*mentay*], spirito *m.* [*spirito*], intelletto *m.* [*intelletto*]; parere *m.* [*pahrayray*]; intenzione *f.* [*intentseonay*] || *v.* badare [*bahdahray*], fare attenzione [*fahray ahttentseonay*], curare [*koorahray*], tener d'occhio [*taynair d'okkeo*]. [minare [*menahray*].
mine, *n.* miniera *f.* [*meneeayrah*]; mina *f.* [*meenah*] || *v.*
miner, *n.* minatore *m.* [*menahtoray*].
mineral, *adj.* & *n.* minerale *m.* [*menayrahlay*].
mineralogy, *n.* mineralogia *f.* [*menayrahlojeeah*].
mingle, *v.* mischiare [*misskeahray*]; frammischiarsi [*frahmmisskeahrsee*].
miniature, *n.* miniatura *f.* [*meneahtoorah*].
minimum, *n.* minimo *m.* [*minimo*].
miniskirt, *n.* minigonna *f.* [*meneegonnah*].
minister, *n.* ministro *m.* [*mineestro*].
ministry, *n.* ministero *m.* [*ministayro*].
mink, *n.* visone *m.* [*visonay*].
minor, *adj.* & *n.* minore *m.* [*meenoray*].
minster, *n.* monastero *m.* [*monahstayro*].
mint, *n.* menta *f.* [*mentah*]; zecca *f.* [*tsaykkah*] || *v.* coniare [*koneahray*]. [*skolo*].
minute, *n.* minuto *m.* [*minooto*] || *adj.* minuscolo [*minoo-*

miracle, *n.* miracolo *m.* [*mirahkolo*].
mirage, *n.* miraggio *m.* [*mirahdjeo*].
mire, *n.* fango *m.* [*fahngo*], melma *f.* [*maylmah*].
mirror, *n.* specchio *m.* [*spaykkeo*].
mirth, *n.* allegria *f.* [*ahllaygreeah*].
misadventure, *n.* disavventura *f.* [*disahvventoorah*].
misbehave, *v.* comportarsi male [*komportahrsee mahlay*].
misbehaviour, *n.* cattiva condotta *f.* [*kahtteevah kondottah*].
misbeliever, *n.* miscredente *m.f.* [*misskraydentay*].
miscarriage, *n.* insuccesso *m.* [*insootchesso*]; aborto *m.* [*ahborto*].
miscarried letter, *n.* lettera *f.* non recapitata [*letterah non raykahpetahtah*], smarrita [*smahrreetah*].
mischief, *n.* male *m.* [*mahlay*], danno *m.* [*dahnno*], pregiudizio *m.* [*prayjeoodeetseo*].
mischievious, *adj.* malizioso [*mahletseoso*].
misdemeanour, *n.* cattiva azione *f.* [*kahtteevah ahtseonay*].
miser, *n.* avaro *m.* [*ahvahro*]. [*toorahto*].
miserable, *adj.* misero [*meesayro*], sventurato [*sven-*
misery, *n.* miseria *f.* [*mesayreah*].
misfortune, *n.* sfortuna *f.* [*sfortoonah*], disgrazia *f.* [*dis-sgrahtseah*]. [*lay, foo-oree possto*].
misplace, *v.* collocar male, fuori posto [*kollokahr mah-*
misprint, *n.* errore *m.* di stampa [*erroray de stahmpah*].
miss, *n.* signorina *f.* [*senyoreenah*] || *v.* mancare [*mahn-kahray*], sentir la mancanza, non riuscire; perdere [*pairdayray*] (il treno ecc.).
missile, *n.* missile *m.* [*missilay*].
mission, *n.* missione *f.* [*missionay*].
missionary, *n.* missionario *m.* [*missionahreo*].
mist, *n.* bruma *f.* [*broomah*]; foschia *f.* [*fosskeeah*].
mistake, *n.* errore *m.* [*erroray*], sbaglio *m.* [*sbahlyo*].
mistake (mistook, mistaken), *v.* sbagliare [*sbahlyahray*].

mistletoe, *n.* vischio *m.* [*visskeo*].
mistrust, *n.* diffidenza *f.* [*deeffidentsah*] || *v.* diffidare [*deeffidahray*].
misty, *adj.* brumoso [*broomoso*].
misunderstand (**-stood**, **-stood**), *v.* fraintendere [*frahintendayray*], capir male [*kahpeer mahlay*].
misunderstanding, *n.* incomprensione *f.* [*inkomprenseonay*].
mitigate, *v.* mitigare [*mitigahray*].
mix, *v.* mischiare [*misskeahray*].
mixer, *n.* frullatore *m.* [*froollahtoray*].
mixture, *n.* mistura *f.* [*misstoorah*]; miscuglio *m.* [*misskoolyeo*].
moan, *n.* gemito *m.* [*jaymeeto*] || *v.* gemere [*jaymayray*].
moat, *n.* fossato *m.* [*fossahto*].
mob, *n.* plebaglia *f.* [*playbahlyah*]; tumulto *m.* [*toomoolto*].
mock, *n.* motteggio *m.* [*mottaydjeo*], beffa *f.* [*bayffah*] || *v.* beffeggiare [*bayffaydjeahray*].
mode, *n.* moda *f.* [*modah*]; modo *m.* [*modo*].
model, *n.* modello *m.* [*modello*]; modella *f.* [*modellah*], indossatrice *f.* [*indossahtreechay*] || *v.* modellare [*modellahray*].
moderate, *adj.* moderato [*moderahto*] || *v.* moderare [*moderahray*].
moderation, *n.* moderazione *f.* [*moderahtseonay*].
modern, *adj.* moderno [*moderno*].
modernize, *v.* modernizzare [*moderneetzahray*].
modest, *adj.* modesto [*modesto*].
modesty, *n.* modestia *f.* [*modesteah*].
modification, *n.* modifica *f.* [*modeefeka*].
modify, *v.* modificare [*modeefekaray*].
moist, *adj.* bagnato [*bahnyahto*], umido [*oomedo*].
moisten, **moist**, *v.* bagnare [*bahnyahray*], inumidire [*inoomideeray*].
moisturizing, *adj.* idratante [*idrahtahntay*].
mole, *n.* talpa *f.* [*tahlpah*].
molest, *v.* molestare [*molesstahray*].
moment, *n.* momento *m.* [*momento*].

monarchy, *n.* monarchia *f.* [*monarkeeah*].
monastery, *n.* monastero *m.* [*monahstayro*].
Monday, *n.* lunedì *m.* [*loonaydee*].
money, *n.* denaro *m.* [*daynahro*].
moneybox, *n.* salvadanaio *m.* [*sahlvahdahnaheo*].
monk, *n.* monaco *m.* [*monahko*].
monkey, *n.* scimmia *f.* [*shemmeah*].
monster, *n.* mostro *m.* [*mostro*].
monstruous, *adj.* mostruoso [*mostroo-oso*].
month, *n.* mese *m.* [*maysay*].
monthly, *adj.* mensile [*menseelay*] || *adv.* mensilmente [*menseelmentay*].
monument, *n.* monumento *m.* [*monoomento*].
mood, *n.* umore *m.* [*oomoray*], disposizione *f.* [*disspo-zeetseonay*].
moon, *n.* luna *f.* [*loonah*].
moonlight, *n.* chiaro *m.* di luna [*keahro de loonah*].
moor, *n.* landa *f.* [*lahndah*], brughiera *f.* [*brooghe ayrah*] || *v.* ormeggiare [*ormaydjeahray*].
moorish, *adj.* moresco [*moressko*].
money-order, *n.* vaglia [*vahlyah*], mandato *m.* di paga-mento [*mahndahto de pahgahmento*].
moped, *n.* motorino *m.* [*motoreeno*], ciclomotore *m.* [*che-klomotoray*].
moral, *adj.* & *n.* morale *f.* [*morahlay*].
morass, *n.* palude *f.* [*pahlooday*].
morbid, *adj.* morboso [*morboso*].
more, *adj.* & *adv.* più [*peoo*], di più [*de* —], ancora [*ahn-korah*].
moreover, *adv.* & *conj.* inoltre [*inoltray*], oltre a ciò [*oltray ah cheo*].
morgue, *n.* obitorio *m.* [*obeetoreo*].
morning, *n.* mattino *m.* [*mahtteeno*], mattina *f.* [*matteenah*].
morsel, *n.* pezzetto *m.* [*paytzetto*], boccone *m.* [*bokkonay*].
mortal, *adj.* mortale [*mortahlay*].
mortgage, *n.* ipoteca *f.* [*epotaykah*] || *v.* ipotecare [*eepo-taykahray*].
mosaic, *n.* mosaico *m.* [*mosahiko*].

mosque, *n.* moschea *f.* [*mosskayah*].
mosquito, *n.* zanzara *f.* [*tsahntsahrah*].
moss, *n.* muschio *m.* [*moosskeo*].
most, *n.* la maggior parte [*lah madjeor pahrtay*] || *adj.* il più [*eel peoo*] || **mostly**, *adv.* per lo più [*pair lo peoo*], generalmente [*jaynayrahlmentay*].
moth, *n.* tarma *f.* [*tahrmah*].
mother, *n.* madre *f.* [*mahdray*] || **—in-law**, suocera *f.* [*soo-ochayrah*]; — **country**, madrepatria *f.* [*mahdray-pahtreah*]; — **tongue**, madrelingua *f.* [*mahdraylin-gooah*].
mother of pearl, *n.* madreperla *f.* [*mahdraypairlah*].
moth-killer, *n.* tarmicida *m.* [*tahrmeceedah*].
moth-repellent, *adj.* & *n.* antitarmico *m.* [*ahntetahrmiko*].
motion, *n.* movimento *m.* [*moveemento*]; mozione *f.* [*motseonay*].
motive, *n.* motivo *m.* [*moteevo*].
motor, *n.* motore *m.* [*motoray*].
motorbike, *n.* motociclo *m.* [*motocheeklo*].
motorboat, *n.* motoscafo *m.* [*motoskahfo*].
motorbus, *n.* autobus *m.* [*ahootobooss*].
motorcar, *n.* automobile *f.* [*ahootomobelay*].
motorcycle, *n.* motocicletta *f.* [*motocheeklettah*], motociclo *m.* [*motocheeklo*].
motorist, *n.* automobilista *m.f.* [*ahootomobeleestah*].
motorship, *n.* motonave *f.* [*motonahvay*].
mould, *n.* stampo *m.* [*stahmpo*]; muffa *f.* [*mooffah*] || *v.* gettare [*jettahray*] (fusione).
mount, *n.* monte *m.* [*montay*] (seguito dal nome); cavallo *m.* da sella [*kahvahllo dah sellah*] || *v.* montare [*mon-tahray*], salire [*sahleeray*].
mountain, *n.* montagna *f.* [*montahnyah*].
mourn, *v.* piangere [*peahnjayray*], portare il lutto [*porta-hray eel lootto*].
mourning, *n.* lutto *m.* [*lootto*].
mouse (*pl.* **mice**), *n.* topo *m.* [*topo*].
moustache, *n.* baffi *m.pl.* [*bahffee*].

mouth, *n.* bocca *f.* [*bokkah*] || — **ful**, boccata *f.* [*bokkah-tah*]; — **piece**, bocchino *m.* [*bokkeeno*], imboccatura *f.* [*imbokkahtoorah*]; boccaglio *m.* [*bokkalyo*].
mouthorgan, *n.* armonica *f.* [*ahrmoneeka*].
move, *n.* mossa *f.* [*mossah*] || *v.* muovere [*moovairay*]; traslocare [*trahsslokahray*]; muoversi [*moo-ovairsee*].
movement, *n.* movimento *m.* [*movimento*].
movie, *n.* film *m.* [*film*] || **movies**, *pl.* cinematografo *m.sing.* [*chenemahtograhfo*]; cinema *m.* [*chenemah*].
mow, *v.* falciare [*fahlcheahray*].
Mr., *n.* Signor *m.* [*senyor*] (segue il cognome).
Mrs., *n.* Signora *f.* [*senyorah*] (segue il cognome).
much, *adv.* molto [*molto*], assai [*ahssahee*] || *adj.* molto, considerevole [*konsedayrayvolay*] || **how** —?, quanto? [*kwahnto*].
muck, *n.* letame *m.* [*laytahmay*].
mud, *n.* fango *m.* [*fahngo*].
muddy, *adj.* fangoso [*fahngoso*].
mudguard, *n.* parafango *m.* [*pahrahfahngo*].
muffler, *n.* sciarpa *f.* di lana [*sheahrpah de lahnah*] (per il collo); (aut.) silenziatore *m.* [*seelentseatoray*], marmitta *f.* [*mahrmeettah*].
mug, *n.* boccale *m.* [*bokkahlay*].
mulberry, *n.* mora *f.* [*morah*] (frutto del gelso).
mule, *n.* mulo *m.* [*moolo*].
multiplication, *n.* moltiplicazione *f.* [*molteplekahtseo-nay*].
multiply, *v.* moltiplicare [*moltiplekahray*].
multitude, *n.* moltitudine *f.* [*moltetoodenay*].
mum, *n.* mamma *f.* [*mahmmah*].
mummy, *n.* mummia *f.* [*moommeah*].
municipal, *adj.* municipale [*moonechepahlay*].
murder, *n.* assassinio *m.* [*ahssahsseeneo*] || *v.* assassinare [*ahssahssenahray*].
murderer, *n.* assassino *m.* [*ahssahsseeno*].
murmur, *n.* mormorio *m.* [*mormoreeo*] || *v.* mormorare [*mormorahray*].

muscatel, *n.* moscato *m.* [*moskahto*].
muscle, *n.* muscolo *m.* [*mooskolo*].
museum, *n.* museo *m.* [*moosayo*].
mushroom, *n.* fungo *m.* [*foongo*] (mangereccio).
music, *n.* musica *f.* [*moozeka*].
musi-cassette, *n.* musicassetta *f.* [*moozekassettah*].
musician, *n.* musicista *m.f.* [*moozecheesstah*].
mussel, *n.* cozza *f.* [*kotsah*], peocio [*payocheo*].
mussulman, *adj.* & *n.* mussulmano *m.* [*moossoolmahno*].
must, *v.* dovere [*dovayray*].
mustard, *n.* mostarda *f.* [*mosstahrdah*], senape *f.* [*saynahpay*].
musty, *adj.* ammuffito [*ahmmoofeeto*].
mute, *adj.* & *n.* muto *m.* [*mooto*].
mutilate, *v.* mutilare [*mootelahray*].
mutiny, *n.* ammutinamento *m.* [*ahmmooteenahmento*] || *v.* ammutinarsi [*ahmmooteenahrsee*].
mutter, *v.* borbottare [*borbottahray*].
mutton, *n.* carne *f.* di agnello [*kahrnay de ahnyello*] (montone).
mutual, *adj.* mutuo [*mootoo-o*], reciproco [*raycheeproko*].
muzzle, *n.* muso *m.* [*mooso*] (di bestia); bocca *f.* [*bokkah*] (di arma da fuoco).
myrtle, *n.* mortella *f.* [*mortellah*], mirto *m.* [*meerto*].
mysterious, *adj.* misterioso [*misstayreoso*].
mystery, *n.* mistero *m.* [*misstayro*].
mythologic, -al, *adj.* mitologico [*meetolojeko*].
mythology, *n.* mitologia *f.* [*meetolojeeah*].

N

nail, *n.* unghia *f.* [*oongheah*]; chiodo *m.* [*keodo*] || *v.* inchiodare [*inkeodahray*].
nail-polish, nail-varnish, *n.* smalto *m.* [*smahlto*] (per unghie); — **remover**, *n.* solvente *m.* [*solventay*] (per smalto da unghie).
naked, *adj.* nudo [*noodo*].
name, *n.* nome *m.* [*nomay*]; **Christian —**, nome di battesimo [*— de bahttayzeemo*] || *v.* nominare [*nomeenahray*].
namely, *adv.* cioè [*cheoay*], vale a dire [*vahlay ah deeray*].
nap, *n.* sonnellino *m.* [*sonnelleeno*].
naphthaline, *n.* naftalina *f.* [*nahftahleenah*].
napkin, *n.* pannolino *m.* [*pahnnoleeno*] (per neonati).
narcotic, *n.* narcotico *m.* [*nahrkoteeko*].
narrow, *adj.* stretto [*stretto*], angusto [*ahngoosto*].
nasty, *adj.* brutto [*brootto*], cattivo [*kahtteevo*].
nation, *n.* nazione *f.* [*nahtseonay*].
national, *adj.* nazionale [*nahtseonahlay*].
nationality, *n.* nazionalità *f.* [*nahtseonahletah*].
native, *adj.* nativo [*nahteevo*], indigeno [*indeejayno*].
natural, *adj.* naturale [*nahtoorahlay*].
nature, *n.* natura *f.* [*nahtoorah*].
naught, *n.* niente *m.* [*nee-entay*], zero *m.* [*zayro*].
naughty, *adj.* cattivo [*kahtteevo*] (di ragazzo).
nave, *n.* navata *f.* [*nahvahtah*] (di chiesa); mozzo *m.* [*motzo*] (di ruota).
navigable, *adj.* navigabile [*nahvegahbelay*].
navigation, *n.* navigazione *f.* [*nahvegahtseonay*].

navy, *n.* marina *f.* [*mahreenah*].
near, *adj.* prossimo [*prossemo*], vicino [*vecheeno*] || *adv.* vicino , presso [*praysso*] || *prep.* quasi [*kwahsee*], circa [*cheerkah*].
nearly, *adv.* da vicino [*dah vecheeno*], quasi [*kwahsee*].
neat, *adj.* lindo [*leendo*], in ordine [*in ordeenay*].
necessary, *adj.* & *n.* necessario *m.* [*naychessahreo*].
necessitate, *v.* necessitare [*naychessetahray*].
necessity, *n.* necessità *f.* [*naychessetah*].
neck, *n.* collo *m.* [*kollo*].
necklace, *n.* collana *f.* [*kollahnah*].
neckline, *n.* scollatura *f.* [*skollahtoorah*].
necropolis, *n.* necropoli *f.* [*naykropolee*].
need, *n.* bisogno *m.* [*besonyo*], necessità *f.* [*naychessetah*] || *v.* aver bisogno [*ahvayr* —], bisognare [*besonyahray*], occorrere [*okkorrayray*].
needful, *adj.* necessario [*naychessahreo*].
needle, *n.* ago *m.* [*ahgo*].
negative, *adj.* negativo [*naygateevo* || *n.* negativa *f.* [*nay-gahteevah*].
neglect, *n.* negligenza *f.* [*naygleejayntsa*] || *v.* trascurare [*trahsskoorahray*].
negligent, *adj.* negligente [*naygleejayntay*].
negotiate, *v.* negoziare [*naygotseahray*].
negro, *n.* negro *m.* [*naygro*].
neigh, *n.* nitrito *m.* [*netreeto*] || *v.* nitrire [*netreeray*].
neighbour, *n.* vicino *m.* [*vecheeno*].
neighbourhood, *n.* vicinato *m.* [*vecheenahto*]; dintorni *m.pl.* [*dintornee*].
neither, *pr.* né l'uno né l'altro [*nay l'oono nay l'ahltro*] || *conj.* né, neppure [*nayppooray*].
nephew, *n.* nipote *m.* [*nepotay*] (di zii).
nerve, *n.* nervo *m.* [*nairvo*].
nervous, *adj.* nervoso [*nairvoso*].
nest, *n.* nido *m.* [*needo*] || *v.* nidificare [*nedefekahray*].
net, nett, *adj.* netto [*netto*].

net, *n.* rete *f.* [*raytay*].
nettle, *n.* ortica *f.* [*orteekah*]; — **rash**, orticaria *f.* [*orteekahreah*].
network, *n.* rete *f.* [*raytay*] (di collegamento).
neuralgia, *n.* nevralgia, *f.* [*nayvrahljeah*].
neurasthenia, *n.* nevrastenia *f.* [*nayvrahstayneah*].
neurasthenic, *adj.* nevrastenico [*nayvrahsteneko*].
neutral, *adj.* neutrale [*nayootrahlay*].
neutrality, *n.* neutralità *f.* [*nayootrahletah*].
never, *adv.* mai [*mahe*], giammai [*jeahmmahe*].
nevertheless, *conj.* tuttavia [*toottahveeah*], ciò nonostante [*cheo nonostahntay*].
new, *adj.* nuovo [*noo-ovo*].
newborn, *n.* neonato *m.* [*nayonahto*].
new-laid-eggs, *n.pl.* uova fresche *f.* [*oo-ovah fresskay*].
news, *n.* notizia *f.* [*noteetseah*]; notiziario *m.* [*noteetseahreo*].
newscaster, *n.* annunciatore *m.* [*ahnnooncheahtoray*].
newspaper, *n.* giornale *m.* [*jornahlay*].
newsreader *V.* **newscaster**.
newsreel, *n.* cinegiornale *m.* [*chenayjeornahlay*].
newstand, *n.* edicola *f.* [*aydeekolah*].
newsvendor, *n.* giornalaio *m.* [*jeornahlaheo*].
next, *adj.* prossimo [*prossemo*], seguente [*saygooentay*] || *prep.* a fianco [*ah feahnko*], vicino a [*vecheeno ah*], dopo [*dopo*] || *adv.* poi [*poee*].
nice, *adj.* buono [*boo-ono*], gradevole [*grahdayvolay*] (al palato); gentile [*jenteelay*], simpatico [*simpahteko*].
nick, *n.* momento *m.* preciso [*momento praycheeso*].
nickel, *n.* nichel *m.* [*nikel*].
nicknack, *n.* gingillo *m.* [*jenjeello*].
nickname, *n.* nomignolo *m.* [*nomeenyolo*], soprannome *m.* [*soprahnnomay*] || *v.* soprannominare [*soprahnnomenahray*].
niece, *n.* nipote *f.* [*nepotay*] (di zii).
night, *n.* notte *f.* [*nottay*].
nightingale, *n.* usignolo *m.* [*oosenyolo*].

nightmare, *n.* incubo *m.* [*inkoobo*].
nimble, *adj.* agile [*ahjelay*].
ninepins, *n.pl.* birilli *m.* [*bereellee*].
nippers, *n.pl.* pinze *f.* [*pintsay*], pinzette *f.pl.* [*pintsettay*].
nobility, *n.* nobiltà *f.* [*nobiltah*].
noble, *adj.* & *n.* nobile *m.* [*nobilay*].
nobody, *pr.* nessuno [*nessoono*].
nod, *n.* cenno *m.* [*chenno*] (con la testa) || *v.* accennare [*ahtchennahray*] (col capo).
noise, *n.* rumore *m.* [*roomoray*].
noisy, *adj.* chiassoso [*keahssoso*].
nominate, *v.* nominare [*nomenahray*].
non-alcoholic, *adj.* analcolico [*ahnalkoliko*].
none, *pr.* nessuno [*nessoono*].
nonsense, *n.* sciocchezza *f.* [*sheokkaytzah*]; controsenso *m.* [*kontrosenso*].
nook, *n.* cantuccio *m.* [*kahntootcheo*].
noodles, *n.pl.* tagliatelle *f.* [*tahlyahtellay*].
noon, *n.* mezzogiorno *m.* [*maytzojeorno*].
noose, *n.* nodo *m.* scorsoio [*nodo skorsoeo*] || *v.* accalappiare [*akkahlahppeahray*].
nor, *conj.* né [*nay*].
normal, *adj.* normale [*normahlay*].
north, *n.* nord *m.* [*nord*].
northern, *adj.* settentrionale [*settentreonahlay*].
Norwegian, *adj.* & *n.* norvegese *m.f.* [*norvayjaysay*].
nose, *n.* naso *m.* [*naso*].
nosegay, *n.* mazzo *m.* di fiori [*mahtzo de feoree*].
nostril, *n.* narice *f.* [*nahreechay*].
notary, *n.* notaio *m.* [*notaheo*].
notch, *n.* tacca *f.* [*tahkkah*].
note, *n.* nota *f.* [*notah*] || *v.* notare [*notahray*], osservare [*ossairvahray*]; **to — down**, prender nota [*prendayr —*].
nothing, *adv.* niente [*nee-entay*], nulla [*noollah*].
notice, *n.* avviso *m.* [*ahvveeso*] || *v.* notare [*notahray*], rilevare [*relayvahray*].

notwithstanding, *prep.* nonostante [*nonostahntay*], malgrado [*mahlgrahdo*].
noun, *n.* nome *m.* [*nomay*] (gramm.).
nourish, *v.* nutrire [*nootreeray*].
nourishment, *n.* nutrimento *m.* [*nootremento*].
novel, *n.* romanzo *m.* [*romahntso*] || **serialized —**, *n.* teleromanzo *m.* [*teleromahntso*].
novelist, *n.* romanziere *m.* [*romahntseayray*].
novelty, *n.* novità *f.* [*novetah*].
November, *n.* novembre *m.* [*novembray*].
now, *adv.* ora [*orah*], adesso [*ahdesso*], orbene [*orbaynay*].
nowadays, *adv.* oggigiorno [*odjejeorno*].
nowhere, *adv.* in nessun luogo [*in nessoon loo-ogo*].
nuclear, *adj.* nucleare [*nookleahray*].
nude, *adj.* & *n.* nudo *m.* [*noodo*].
nuisance, *n.* cosa *f.* molesta [*kosah molesstah*], seccatura *f.* [*saykkahtoorah*]; **what a —!**, che seccatura [*kay s.*].
null, *adj.* nullo [*noollo*], non valido [*non vahlido*].
number, *n.* numero *m.* [*noomayro*] || *v.* numerare [*noomayrahray*].
numberplate, *n.* targa *f.* [*tahrgah*] (di auto).
nun, *n.* monaca *f.* [*monahkah*]; suora *f.* [*soo-orah*].
nurse, *n.* bambinaia *f.* [*bahmbenaheah*], infermiera *f.* [*infairmeayrah*] || *v.* allevare [*ahllayvahray*]; allattare [*ahllahttahray*]; curare ammalati [*koorahray ahmmahlahtee*].
nursery, *n.* camera *f.* dei bambini [*kahmayrah dayee bahmbeene*]; vivaio *m.* [*veevaheo*].
nut, *n.* noce *f.* [*nochay*], nocciola *f.* [*notcheolah*]; dado *m.* a vite [*dahdo ah veetay*].
nut-cracker, *n.* schiaccianoci *m.* [*skeatcheahnochee*].
nutmeg, *n.* noce *f.* moscata [*nochay mosskahtah*].
nutriment, *n.* nutrimento *m.* [*nootreemento*].
nutshell, *n.* guscio *m.* di noce [*goosheo de nochay*].

O

oak, *n.* quercia *f.* [*kooaircheah*].
oar, *n.* remo *m.* [*raymo*].
oasis, *n.* oasi *f.* [*oahsee*].
oat, *n.* avena *f.* [*ahvaynah*], biada *f.* [*beahdah*].
oath, *n.* giuramento *m.* [*jeoorahmento*]; **to take —**, *v.* prestar g. [*prayssttahr —*], giurare [*jeoorahray*].
oatmeal, *n.* farina *f.* d'avena [*fahreenah d'ahvaynay*].
obedience, *n.* obbedienza *f.* [*obbayde-entsah*].
obedient, *adj.* obbediente [*obbayde-entay*].
obelisk, *n.* obelisco *m.* [*obayleessko*].
obesity, *n.* obesità *f.* [*obayzetah*].
obey, *v.* obbedire [*obbaydeeray*].
obituary, *n.* necrologio *m.* [*naykrolojeo*].
object, *n.* oggetto *m.* [*odjetto*]; scopo *m.* [*skopo*] || *v.* obiettare [*obee-ettahray*].
objection, *n.* obiezione *f.* [*obeeaytseonay*].
objective, *adj.* & *n.* obiettivo *m.* [*obee-etteevo*].
obligation, *n.* obbligazione *f.* [*obbleegahtseonay*].
oblige, *v.* obbligare [*obbleegahray*]; fare un favore a [*fahray oon fahvoray ah*].
obliging, *adj.* gentile [*jenteelay*], servizievole [*sairvetseay-volay*].
oblique, *adj.* obliquo [*obleekwo*].
obliterate, *v.* cancellare [*kahnchellahray*].
oblivion, *n.* oblio *m.* [*obleeo*].
obscene, *adj.* osceno [*oshayno*].
obsequious, *adj.* ossequioso [*ossaykweoso*].

observation, *n.* osservazione *f.* [*ossairvahtseonay*].
observatory, *n.* osservatorio *m.* [*ossairvahtoreo*].
observe, *v.* osservare [*ossairvahray*].
observer, *n.* osservatore *m.* [*ossairvahtoray*].
obsolete, *adj.* antiquato [*ahnteekwahto*].
obstacle, *n.* ostacolo *m.* [*osstahkolo*].
obstetrician, *n.* ostetrico *m.* [*osstaytriko*].
obstinate, *adj.* ostinato [*ossteenahto*].
obstruct, *v.* ostruire [*osstrooeeray*].
obstruction, *n.* ostruzione *f.* [*osstrootseonay*].
obstructionism, *n.* ostruzionismo *m.* [*osstrootseonismo*].
obtain, *v.* ottenere [*ottaynayray*].
obtruder, *n.* importuno *m.* [*importoono*], intruso *m.* [*introoso*].
obvious, *adj.* ovvio [*ovveo*].
occasion, *n.* occasione *f.* [*okkahseonay*].
occupant, *n.* occupante *m.f.* [*okkoopahntay*].
occupation, *n.* occupazione *f.* [*okkoopahtseonay*].
occupy, *v.* occupare [*okkoopahray*].
occur, *v.* occorrere [*okkorrayray*], accadere [*ahkka-dayray*], aver luogo [*ahvayr loo-ogo*]; venire in mente [*vayneeray in mentay*].
occurrence, *n.* caso *m.* [*kahso*], occorrenza *f.* [*okkorren-tsah*].
ocean, *n.* oceano *m.* [*ochayahno*].
October, *n.* ottobre *m.* [*ottobray*].
oculist, *n.* oculista *m.f.* [*okoolisstah*].
odd, *adj.* dispari [*disspahree*]; spaiato [*spaheahto*]; strano [*trahno*]; bizzarro [*betzahrro*] || **odds**, *n.pl.* probabilità *f.* [*probahbeletah*].
oddity, *n.* stranezza *f.* [*strahnetzah*].
odour, *n.* odore *m.* [*odoray*].
off, *prep.* via [*veeah*], fuori [*foo-oree*].
offence, **offense**, *n.* offesa *f.* [*offayzah*]; violazione *f.* [*veolahtseonay*].
offend, *v.* offendere [*offendayray*], nuocere [*noo-ochairay*].
offender, *n.* offensore *m.* [*offensoray*]; reo *m.* [*rayo*], col-

pevole *m.* [*kolpayvolay*]; **old —**, recidivo [*raycheddeevo*].
offensive, *n.* offensiva *f.* [*offenseevah*] || *adj.* offensivo [*offenseevo*].
offer, *n.* offerta *f.* [*offairtah*] || *v.* offrire [*offreeray*].
office, *n.* ufficio *m.* [*ooffeecheo*].
officer, *n.* ufficiale *m.* [*ooffeecheahlay*]; funzionario *m.* [*foontseonahreo*].
official, *adj.* ufficiale [*ooffeecheahlay*].
offshoot, *n.* rampollo *m.* [*rahmpollo*], pollone *m.* [*pollonay*].
offside, *n.* & *adv.* fuorigioco *m.* [*foo-oreejeoko*].
offspring, *n.* prole *f.* [*prolay*].
oft, often, *adv.* spesso [*spesso*], sovente [*soventay*].
oftentimes, *adv.* spesse volte [*spessay voltay*].
oil, *n.* olio *m.* [*oleo*], petrolio *m.* [*paytroleo*] || *v.* oliare [*oleahray*].
oil-cloth, *n.* tela *f.* cerata [*telah chairahtah*].
oilfield, *n.* giacimento *m.* di petrolio [*jeahchemento de paytroleo*].
oil-mill, *n.* frantoio *m.* [*frahntoeo*], oleificio *m.* [*olayefecheo*].
oily, *adj.* oleoso [*olayoso*].
oint, *v.* ungere [*oonjayray*].
ointment, *n.* unguento *m.* [*oongooento*].
old, *adj.* vecchio [*vaykkeo*]; *to grow —*, *v.* invecchiare [*invaykkeahray*] || **— fashioned**, *adj.* all'antica [*ahl-l'ahnteekah*].
oleander, *n.* oleandro *m.* [*olay-ahndro*].
olive, *n.* oliva *f.* [*oleevah*].
omen, *n.* presagio *m.* [*praysahjeo*].
ominous, *adj.* sinistro, fatale [*sinisstro fahtahlay*].
omission, *n.* omissione *f.* [*omisseonay*].
omit, *v.* omettere [*omettayray*].
on, *prep.* su [*soo*], sopra [*soprah*].
once, *adv.* una volta [*oonah voltah*]; **at—**, *adv.* subito [*soobeto*]; **all at —**, *adv.* improvvisamente [*improvvesahmentay*].

onion, *n.* cipolla *f.* [*chepollah*].
onlooker, *n.* spettatore *m.* [*spettahtoray*].
only, *adv.* solo [*solo*], solamente [*solahmentay*] || *adj.* solo, unico [*ooneko*]. [*vahntsahto*].
onward, *adv.* avanti [*ahvahntee*] || *adj.* avanzato [*ah-*
open, *adj.* aperto [*ahpairto*] || *v.* aprire [*ahpreeray*].
opening, *n.* apertura *f.* [*apairtoorah*].
opera, *n.* opera *f.* [*opayrah*] || — **glass**, binocolo *m.* da teatro [*benokolo dah tayahtro*]; — **house**, teatro *m.* lirico [— *leereko*]. [*ray*].
operate, *v.* funzionare [*foontseonahray*], operare [*opayra-*
operation, *n.* operazione *f.* [*opayrahtseonay*].
operator, *n.* centralinista *m.f.* [*chentrahleenisstah*].
opinion, *n.* opinione *f.* [*opinionay*].
opportunity, *n.* occasione *f.* [*okkahseonay*].
oppose, *v.* opporre [*opporray*].
opposition, *n.* opposizione *f.* [*opposeetseonay*].
oppress, *v.* opprimere [*oppreemayray*].
oppression, *n.* oppressione *f.* [*appresseonay*].
oppressive, *adj.* opprimente [*oppreementay*].
optician, *n.* ottico *m.* [*otteko*].
optimist, *n.* ottimista *m.* [*ottimisstah*].
option, *n.* opzione *f.* [*optseonay*].
or, *conj.* o, oppure [*oppooray*].
orange, *n.* arancia *f.* [*ahrahncheah*].
orator, *n.* oratore *m.* [*orahtoray*].
orchard, *n.* frutteto *m.* [*froottetto*]; orto *m.* [*orto*].
orchestra, *n.* orchestra *f.* [*orkesstrah*].
orchid, *n.* orchidea *f.* [*orkiday-ah*]. [*ray*].
order, *n.* ordine *m.* [*ordeenay*] || *v.* ordinare [*ordeenah-*
orderly, *n.* (mil.) attendente *m.* [*ahttendentay*] || *adj.* ordinato [*ordeenahto*].
ordinary, *adj.* & *n.* ordinario *m.* [*ordinahreo*].
ore, *n.* minerale *m.* [*meenayrahlay*]; metallo *m.* grezzo [*maytahllo graytzo*].

organ, *n.* organo *m.* [*orgahno*].
organisation, *n.* organizzazione *f.* [*orgahnitzahtseonay*].
organize, *v.* organizzare [*orgahnitzahray*].
orgasm, *n.* orgasmo *m.* [*orgahzmo*].
orient, *adj.* & *n.* oriente *m.* [*orientay*] || *v.* orientare [*orientahray*].
oriental, *adj.* orientale [*orientahlay*].
origin, *n.* origine *f.* [*oreejenay*].
original, *adj.* & *n.* originale *m.* [*orijenahlay*].
originality, *n.* originalità *f.* [*orijenahletah*].
originate, *v.* originare [*orijenahray*].
ornament, *n.* ornamento *m.* [*ornahmento*].
orphan, *adj.* & *n.* orfano *m.* [*orfahno*].
orthodox, *adj.* ortodosso [*ortodosso*].
oscillate, *v.* oscillare [*osheellahray*].
oscillation, *n.* oscillazione *f.* [*osheellahtseonay*].
ostrich, *n.* struzzo *m.* [*strootzo*].
other, *pr.* altro [*ahltro*].
otherwise, *adv.* & *conj.* altrimenti [*ahltrementee*].
ounce, *n.* oncia *f.* [*oncheah*].
our, *poss.adj.* nostro [*nosstro*], nostra [*nosstrah*], nostri [*nosstree*], nostre [*nosstray*].
out, *adv.* & *prep.* fuori [*foo-oree*]; finito [*feeneeto*], esaurito [*ayzahooreeto*].
outbid (**bid**, **bid**), *v.* rilanciare [*relahncheahray*].
outbreak, *n.* scoppio *m.* [*skoppeo*].
outburst, *n.* esplosione *f.* [*essplozeonay*].
outcast, *n.* reprobo *m.* [*rayprobo*], reietto *m.* [*rayetto*].
outdo, *v.* superare [*soopairahray*], sorpassare [*sorpahssahray*].
outdoor(s), *adv.* & *adj.* all'aria aperta [*all'ahreah apairtah*].
outfit, *n.* equipaggiamento *m.* [*aykwepahdjahmento*], corredo *m.* [*korraydo*].
outgo, *n.* spesa *f.* [*spaysah*]. [*pahssaydjahtah*].
outing, *n.* escursione *f.* [*esskoorseonay*], passeggiata *f.*

outlet, *n.* sbocco *m.* [*sbokko*], uscita *f.* [*oosheetah*].
outline, *n.* contorno *m.* [*kontorno*], schizzo *m.* [*skeetzo*], preventivo *m.* [*prayventeevo*].
outlive, *v.* sopravvivere [*soprahvveevayray*].
outlaw, *n.* fuorilegge *m.f.* [*foo-oreelaydjay*].
output, *n.* produzione *f.* [*prodootseonay*] (di una fabbrica ecc.); emissione *f.* [*aymisseonay*].
outrage, *n.* oltraggio *m.* [*oltrahdjo*] || *v.* oltraggiare [*oltradjeahray*].
outside, *n.* esterno *m.* [*esstairno*] || *adv.* di fuori [*de* —], all'esterno [*ahll'*—] || *adj.* esteriore [*esstaireoray*].
outskirts, *n.* periferia *f.* [*pairefayreeah*] (di una città).
outstand (outstood, outstood), *v.* resistere [*rayzisstay-ray*], sostenere [*sosstaynayray*].
outstanding, *adj.* notevole [*notayvolay*], eminente [*aymi-nentay*]; non riscosso [*non risskosso*], da incassare [*dah inkahssahray*].
outstretch, *v.* distendere [*disstendayray*].
oven, *n.* forno *m.* [*forno*]; *microwave* —, forno a micro-onde [*f. ah meekroonday*].
over, *adv.* & *prep.* su [*soo*], sopra [*soprah*], al di sopra [*ahl de s*—], troppo || *adj.* superiore [*soopaireoray*].
overalls, *n.* tuta *f.* [*tootah*] (da lavoro).
overburden, *v.* sovraccaricare [*sovrahkkahrekahray*], so-pragravare [*soprahgrahvahray*].
overbusy, *adj.* molto occupato [*molto okkoopahto*], affac-cendato [*ahffahtchendahto*].
overcast, *adj.* coperto [*kopairto*], nuvoloso [*noovoloso*].
overcharge, *v.* sovraccaricare [*sovrahkkahrekahray*]; far pagare eccessivamente [*fahr pahgahray etchesseevah-mentay*] || *n.* prezzo *m.* eccessivo [*praytzo etchesseevo*].
overcoat, *n.* soprabito *m.* [*soprahbeto*]; paletò *m.* [*pahlayto*]. [*prahffahray*].
overcome (overcame, overcome), *v.* sopraffare [*so-*
overdone, *adj.* (di cibi) molto cotto [*molto kotto*].

overdue, *adj.* scaduto [*skahdooto*]; in ritardo [*in retahrdo*].

overflow (overflew, overflown), *v.* straripare [*trahrepahray*]; traboccare [*trahbokkahray*].

overhauling, *n.* ispezione *f.* generale [*issppaytseonay jaynayrahlay*], revisione *f.* generale [*rayveeseonay —*] (di macchine, motori ecc.).

overhear (overheard, overheard), *v.* udire per caso [*oodeeray pair kahso*], sentir dire [*senteer deeray*].

overlook, dominare, guardare dall'alto [*domenahray, gooahrdahray dahll'ahlto*]; tollerare [*tollayrahray*]; trascurare [*trahsskoorahray*].

overnight, *adv.* nel corso della notte [*nel korso dellah nottay*].

overpower, *v.* schiacciare [*skeahtcheahray*], sopraffare [*soprahffahray*].

overrate, *v.* sopravvalutare [*soprahvvahlootahray*], esagerare [*ayzahjayrahray*].

overripe, *adj.* troppo maturo [*troppo mahtooro*].

overseas, *adj.* oltremare [*oltraymahray*].

oversee, *v.* sorvegliare [*sorvaylyahray*], sopraintendere [*soprahintendayray*].

overset (overset, overset), *v.* rovesciare [*rovaysheahray*], capovolgere [*kahpovoljayray*], ribaltare [*rebahltahray*].

overshoes, *n.pl.* soprascarpe *f.* [*soprahskahrpay*].

oversight, *n.* svista *f.* [*svisstah*], inavvertenza *f.* [*inahvvairtentsah*]; cura *f.* [*koorah*], sorveglianza *f.* [*sorvaylyahntsah*].

overstep, *v.* eccedere [*etchaydayray*].

overtake (overtook, overtaken), *v.* raggiungere [*rahdjeoonjayray*]; sorpassare [*sorpahssahray*].

overtaking, *n.* sorpasso *m.* [*sorpahsso*].

overthrow (overthrew, overthrown), *v.* rovesciare [*rovaysheahray*].

overweight, *n.* sovrappeso *m.* [*sovrahppayso*], eccedenza *f.* di peso [*etchaydentsah de payzo*].

overwhelming, *adj.* preponderante [*praypondayrahntay*].

overwork, *v.* lavorare eccessivamente [*lahvorahray et-chesseevahmentay*].
owe, *v.* dovere [*dovayray*], essere debitore [*essayray day-betoray*].
owing to, *adj.* a causa di [*ah kahooza de*].
owl, *n.* gufo *m.* [*goofo*]; civetta *f.* [*cheevettah*].
own, *adj.* proprio [*propreo*] ‖ *v.* possedere [*possaydayray*]; ammettere [*ahmmettayray*], convenire [*konvayneeray*].
owner, *n.* proprietario *m.* [*propre-aytahreo*].
ox (*pl.* **oxen**), *n.* bue *m.* [*booay*].
oxygen, *n.* ossigeno *m.* [*osseejayno*].
oyster, *n.* ostrica *f.* [*osstreekah*].

P

pacifier, *n.* (amer.) succhiotto *m.* [*sookkeotto*] (per bambini).

pack, *n.* pacco *m.* [*pahkko*]; mazzo *m.* [*mahtzo*] (di carte da gioco); muta *f.* [*mootah*] (di cani) || *v.* imballare [*imbahllahray*], impacchettare [*impahkkettahray*]; **to — up**, fare le valigie [*fahray lay vahleejeay*].

package, *n.* imballo *m.* [*imbahllo*], collo *m.* [*kollo*].

packet, *n.* pacco *m.* [*pahkko*]; pacchetto *m.* [*pahkketto*].

packing, *n.* imballaggio *m.* [*imbahllahdjeo*].

pad, *n.* cuscinetto *m.* [*koosheenetto*], tampone *m.* [*tahmponay*] || *v.* ovattare [*ovahttahray*], imbottire [*imbotteeray*].

padlock, *n.* lucchetto *m.* [*lookketto*].

paediatrician, *n.* pediatra *m.f.* [*paydeahtrah*].

page, *n.* pagina *f.* [*pahjenah*]; paggio *m.* [*pahdjeo*].

pageant, *n.* spettacolo *m.* coreografico [*spettahkolo korayograhfeeko*], parata *f.* all'aperto [*pahrahtah ahl-l'ahpairto*].

pail, *n.* secchio *m.* [*saykkeo*].

pain, *n.* dolore *m.* [*doloray*].

painful, *adj.* doloroso [*dolorozo*].

painless, *adj.* senza dolore [*sentsah doloray*].

paint, *n.* tinta *f.* [*tintah*], colore *m.* [*koloray*] || *v.* dipingere [*depinjayray*], pitturare [*pittoorahray*].

painter, *n.* pittore *m.* [*pittoray*].

painting, *n.* dipinto *m.* [*depinto*]; pittura *f.* [*pittoorah*].

pair, *n.* paio *m.* [*paheo*].

palace, *n.* palazzo *m.* [*pahlahtzo*].
pale, *adj.* pallido [*pahlledo*].
palm, *n.* palma *f.* [*pahlmah*]; palmo *m.* [*pahlmo*].
palpitation, *n.* palpitazione *f.* [*pahlpitahtseonay*].
pamphlet, *n.* opuscolo *m.* [*opooskolo*].
pan, *n.* casseruola *f.* [*kahssayroo-olah*], padella *f.* [*pahdel-lah*].
pancake, *n.* frittella *f.* [*frittellah*].
pane, *n.* vetro *m.* di finestra [*vaytro de finesstrah*].
pang, *n.* angoscia *f.* [*ahngosheah*], spasimo *m.* [*spahze-emo*]; doglie *f.pl.* [*dolyay*].
panic, *adj.* & *n.* panico *m.* [*pahneko*].
panorama, *n.* panorama *m.* [*pahnorahmah*].
pensy, *n.* viola *f.* del pensiero [*veeolah dayl penseayro*].
pant, *v.* ansare [*ahnsahray*], palpitare [*pahlpitahray*].
panther, *n.* pantera *f.* [*pahntayrah*].
panties, *n.pl.* mutandine *f.* [*mootahndeenay*].
pantry, *n.* dispensa *f.* [*disspensah*].
pants, *n.pl.* mutande *f.* [*mootahnday*].
paper, *n.* carta *f.* [*kahrtah*].
paper-hangings, *n.pl.* carta *f.sing.* da parati [*kahrtah dah pahrahtee*].
paper holder, *n.* portacarte *m.* [*portahkahrtay*].
paper knife, *n.* tagliacarte *m.* [*tahlyahkahrtay*].
parachute, *n.* paracadute *m.* [*pahrahkahdootay*].
parachutist, *n.* paracadutista *m.f.* [*pahrahkahdootisstah*].
parade, *n.* parata *f.* [*pahrahtah*].
paradise, *n.* paradiso *m.* [*pahrahdeezo*].
paradox, *n.* paradosso *m.* [*pahrahdosso*].
paraffin, *n.* paraffina *f.* [*pahrahffeenah*].
parallel, *n.* & *adj.* parallelo *m.* [*pahrahllelo*].
paralysis, *n.* paralisi *f.* [*pahrahlesee*].
parapet, *n.* parapetto *m.* [*pahrahpetto*].
parasite, *n.* parassita *m.* [*pahrahsseetah*].
parcel, *n.* pacco *m.* [*pahkko*]; **post** —, pacco postale [— *postahlay*].
parchment, *n.* pergamena *f.* [*pairgahmenah*].

pardon, *n.* perdono *m.* [*pairdono*] || *v.* perdonare [*pairdonahray*].
parents, *n.pl.* genitori *m.* [*jaynetoree*].
parish, *n.* parrocchia *f.* [*pahrrokkeah*].
parity, *n.* parità *f.* [*pahreetah*].
park, *n.* parco *m.* [*pahrko*] || *v.* parcheggiare [*pahrkaydjeahray*].
parking, *n.* parcheggio *m.* [*pahrkaydjeo*], posteggio *m.* [*postaydjeo*] (di vetture); — **attendant**, *n.* posteggiatore *m.* [*postaydjeahtoray*]; — **meter**, *n.* parchimetro *m.* [*pahrkeemaytro*].
parliament, *n.* parlamento *m.* [*pahrlahmento*].
parlour, parlor, *n.* salone *m.* [*sahlonay*], saletta *f.* privata [*salettah preevahtah*]; salotto *m.* [*sahlotto*].
parmesan, *n.* (formaggio) parmigiano *m.* [*pahrmejeahno*].
parody, *n.* parodia *f.* [*pahrodeeah*].
parrot, *n.* pappagallo *m.* [*pahppahgahllo*].
parsley, *n.* prezzemolo *m.* [*praytzaymolo*].
parson, *n.* parroco *m.* [*pahrroko*].
part, *n.* parte *f.* [*pahrtay*], porzione *f.* [*portseonay*] || *v.* spartire [*spahrteeray*], separarsi [*saypahrahrsee*], lasciarsi [*lahsheahrsee*].
partake (partook, partaken), *v.* partecipare [*pahrtaychepahray*], prender parte [*prendair pahrtay*].
partecipate, *v.* partecipare [*pahrtaychepahray*].
partial, *adj.* parziale [*pahrtseahlay*].
particular, *adj.* speciale [*spaycheahlay*], particolare [*pahrtekolahray*] || *n.* particolare *m.*, dettaglio *m.* [*dettahlyo*].
parting, *n.* separazione *f.* [*saypahrahtseonay*].
partisan, *n.* partigiano *m.* [*pahrtejeahno*].
partition, *n.* divisione *f.* [*devezeonay*], tramezza *f.* [*trahmaytzah*].
partly, *adv.* in parte [*in pahrtay*].
partner, *n.* socio *m.* [*socheo*] (comm.); (ballo) cavaliere *m.* [*kahvahleeayray*], dama *f.* [*dahmah*]; compagno [*kompahnyo*].

partnership, *n.* società *f.* [*soche-aytah*] (comm.).
partridge, *n.* pernice *f.* [*pairneechay*].
party, *n.* partito *m.* [*pahrteeto*], fazione *f.* [*fahtseonay*]; brigata *f.* [*brigahtah*], comitiva *f.* [*kometeevah*], ricevimento *m.* [*rechayvemento*].
pass, *n.* lasciapassare *m.* [*lahsheahpahssahray*]; passo *m.* [*pahsso*] (valico di montagna) || *v.* passare [*pahssahray*].
passage, *n.* passaggio *m.* [*pahssahdjeo*]; traversata *f.* [*trahvairsahtah*].
passenger, *n.* passeggero [*pahssaydjayro*], viaggiatore *m.* [*veadjeahtoray*].
passer-by, *n.* passante *m.f.* [*pahssahntay*].
passion, *n.* passione *f.* [*pahsseonay*]; collera *f.* [*kollayrah*].
passionate, *adj.* appassionato [*ahppahsseonahto*].
passport, *n.* passaporto *m.* [*pahssahporto*].
past, *adj.* & *n.* passato *m.* [*pahssahto*], scorso [*skorso*] || *prep.* al di là [*ahl de lah*], più in là [*peoo in lah*].
paste, *n.* pasta *f.* [*pahsta*]; colla *f.* [*kolla*] || *v.* incollare [*inkollahray*].
pastille, *n.* pastiglia *f.* [*pahssteelyah*].
pastime, *n.* passatempo *m.* [*pahssahtaympo*].
pastor, *n.* (eccl.) pastore *m.* [*pahsstoray*].
pastry, *n.* pasticceria *f.* [*pahsstetchayreeah*], pasta *f.* [*pahsstah*] (dolciume).
pastry-cook, *n.* pasticcere *m.* [*pahsstetchayray*].
patch, *n.* pezza *f.* [*petzah*], rattoppo *m.* [*rahttoppo*] || *v.* rattoppare [*rahttoppahray*].
patent, *n.* brevetto *m.* [*brayvetto*], patente *f.* [*pahtentay*] || *v.* brevettare [*brayvettahray*].
patent-leather, *n.* pelle *f.* lucida [*pellay loochedah*], vernice *f.* [*vairneechay*].
path, *n.* sentiero *m.* [*sente-ayro*].
pathetic, *adj.* patetico [*pahtayteko*].

patient, *adj.* & *n.* paziente *m.f.* [*pahtsee-entay*].
patrimony, *n.* patrimonio *m.* [*pahtrimoneo*].
patriot, *n.* patriota *m.f.* [*pahtreotah*].
patrol, *n.* pattuglia *f.* [*pahttoolyah*].
patron, *n.* patrono *m.* [*pahtrono*]; cliente *m.f.* abituale [*cleeentay ahbetooahlay*].
patronize, *v.* patrocinare [*pahtrochenahray*], proteggere [*protaydjayray*]; frequentare un negozio [*fraykwentahray oon naygotseo*].
pattern, *n.* modello *m.* [*modello*]; campione *m.* [*kahmpeonay*] (di stoffa).
pauper, *n.* indigente *m.f.* [*indejentay*].
pause, *n.* pausa *f.* [*pahoosah*] || *v.* fare una pausa [*fahray oonah —*].
pave, *v.* selciare [*selcheahray*].
pavement, *n.* selciato *m.* [*selcheahto*]; marciapiede *m.* [*mahrcheahpeayday*].
pavilion, *n.* padiglione *m.* [*pahdelyonay*].
paw, *n.* zampa *f.* [*sahmpah*].
pawn, *n.* pegno *m.* [*paynyo*]; (scacchi) pedina *f.* [*paydeenah*] || *v.* impegnare [*impaynyahray*], dare in pegno [*dahray in —*].
pay (paid, paid), *v.* pagare [*pahgahray*].
pay, *n.* paga *f.* [*pahgah*].
paying guest, *n.* pensionante *m.f.* [*penseonahntay*].
payable, *adj.* pagabile [*pahgahbelay*].
payment, *n.* pagamento *m.* [*pahgahmento*].
pea, *n.* pisello *m.* [*pezello*].
peace, *n.* pace *f.* [*pahchay*].
peacefully, *adv.* pacificamente [*pahcheefekahmentay*].
peach, *n.* pesca *f.* [*pesskah*] (frutto).
peacock, *n.* pavone *m.* [*pahvonay*].
peak, *n.* picco *m.* [*peekko*], vetta *f.* [*vettah*], cima *f.* [*cheemah*].
peanuts, *n.pl.* arachidi *f.* [*ahrahkeedee*], noccioline *f.* [*notcheoleenay*].
pear, *n.* pera *f.* [*pairah*].
pearl, *n.* perla *f.* [*pairlah*].

peasant, *n.* paesano *m.* [*pahayzahno*], contadino *m.* [*kon-tahdeeno*].
pebble, *n.* ciottolo *m.* [*cheottolo*].
peck, *v.* beccare [*baykkahray*].
peculiar, *adj.* peculiare [*paykooleahray*].
peculiarity, *n.* peculiarità *f.* [*paykooleahretah*].
pedal, *n.* pedale *m.* [*paydahlay*].
peddler, *n.* venditore *m.* ambulante [*vendetoray ahm-boolahntay*].
pedestrian, *n.* pedone *m.* [*paydonay*] || *adj.* pedonale [*paydonahlay*].
pedigree, *n.* genealogia *f.* [*jenay-ahlojeeah*].
pedlar, **pedler**, *V.* **peddler**.
peel, *n.* buccia *f.* [*bootchea*] (di frutta) || *v.* sbucciare [*sbootcheahray*]; spelarsi [*spaylahrsee*] (della pelle).
peep, *v.* far capolino [*fahr kahpoleeno*].
peer, *n.* pari *m.* [*pahree*] (titolo).
peerless, *adj.* senza pari [*sentsa pahree*].
peevish, *adj.* stizzoso [*steetzoso*].
peg, *n.* piuolo *m.* [*peoo-olo*]; attaccapanni *m.* [*aht-tahkkapahnnee*]; molletta *f.* [*mollettah*] (per bucato).
pelican, *n.* pellicano *m.* [*pellikahno*].
pellet, *n.* pallino *m.* da caccia [*pahlleeno dah katchea*].
pen, *n.* penna *f.* [*pennah*] (da scrivere); recinto *m.* [*ray-chinto*] (per animali).
penal, *adj.* penale [*penahlay*].
penalty, *n.* penalità *f.* [*penahletah*]; — **kick**, rigore *m.* [*reegoray*] (calcio).
pence, *pl.* di **penny**.
pencil, *n.* matita *f.* [*mahteetah*].
pendant, *n.* ciondolo *m.* [*chendolo*], medaglione *m.* [*maydahlyonay*].
pendent, *adj.* pendente [*pendentay*].
pending, *adj.* pendente [*pendentay*], non deciso [*non day-cheeso*] || *prep.* durante [*doorahntay*].
penetrate, *v.* penetrare [*paynaytrahray*].
penguin, *n.* pinguino *m.* [*pingooeeno*].

penicillin, *n.* penicillina *f.* [*paynechilleenah*].
peninsula, *n.* penisola *f.* [*peneesolah*].
penniless, *adj.* senza un soldo [*sentsah oon soldo*].
penny (*pl.* **pennies & pence**), *n.* penny *m.*
pension, *n.* pensione *f.* [*pensseonay*].
pensioner, *n.* pensionato *m.* [*penseonahto*] (persona pensionata).
penthause, *n.* attico *m.* [*ahtteeko*]; mansarda *f.* [*mahnsahrdah*].
people, *n.* popolo *m.* [*popolo*]; gente *f.* [*jentay*], persone *f.pl.* [*pairsonay*] || *v.* popolare [*popolahray*].
pepper, *n.* pepe *m.* [*paypay*]; peperone *m.* [*paypaironay*].
perambulator, *n.* carrozzina *f.* per bambini [*kahrrotzeenah pair bahmbeenee*].
perceive, *v.* percepire [*pairchaypeeray*], vedere [*vaydayray*], scorgere [*skorjayray*].
percentage, *n.* percentuale *f.* [*pairchentooahlay*].
perch, *v.* appollaiarsi [*ahppollaheahrsee*].
perchance, *adv.* per caso [*pair kahso*].
perfect, *adj.* perfetto [*pairfetto*] || *v.* perfezionare [*pairfetzeonahray*].
perfection, *n.* perfezione *f.* [*pairfetseonay*].
perforate, *v.* perforare [*pairforahray*].
perforation, *n.* perforamento *m.* [*pairforahmento*], traforo *m.* [*trahforo*].
perforce, *adv.* per forza [*pair fortsah*].
perform, *v.* compiere [*kompeayray*], eseguire [*ayzaygooeeray*], recitare [*raycheetahray*].
performance, *n.* esecuzione *f.* [*ayzaykootseonay*]; rappresentazione *f.* [*rahppraysentahtseonay*], recita *f.* [*raycheetah*].
perfume, *n.* profumo *m.* [*profoomo*] || *v.* profumare [*profoomahray*].
perhaps, *adv.* forse [*forssay*].
peril, *n.* pericolo *m.* [*payreekolo*].
perilous, *adj.* pericoloso [*payrekoloso*].
perimeter, *n.* perimetro *m.* [*payreemaytro*].

period, *n.* periodo *m.* [*payreeodo*].
periodic, -al, *adj.* periodico [*payreodeko*].
perish, *v.* perire [*payreeray*].
periwinkle, *n.* pervinca *f.* [*pairveenkah*].
perm, *V.* **permanent wave**.
permanence, *n.* permanenza *f.* [*pairmahnentsah*].
permanent, *adj.* permanente [*pairmahnentay*]; — **wave**, *n.* permanente *f.* [*pairmahnentay*].
permission, *n.* permesso *m.* [*pairmesso*].
permit, *n.* permesso *m.* [*pairmesso*] || *v.* permettere [*pairmettayray*].
pernicious, *adj.* pernicioso [*pairnecheoso*].
perpendicular, *adj.* & *n.* perpendicolare *f.* [*pairpendeko-*
perpetual, *adj.* perpetuo [*pairpaytoo-o*]. [*lahray*].
perpetuate, *v.* perpetuare [*pairpaytooahray*].
perplex, *v.* confondere [*konfondayray*], rendere perplesso [*rendayray pairplesso*].
perquisition, *n.* perquisizione *f.* [*pairkwesitseonay*].
persecute, *n.* perseguitare [*pairsaygooetahray*].
persecution, *n.* persecuzione *f.* [*pairsaykootseonay*].
perseverance, *n.* perseveranza *f.* [*pairsayvayrahntsah*].
Persian, *adj.* & *n.* persiano *m.* [*pairsiahno*].
persist, *v.* persistere [*pairsisstayray*].
persistence, persistency, *n.* persistenza *f.* [*pairsisstentsah*].
persistent, *adj.* persistente [*pairsisstentay*].
person, *n.* persona *f.* [*pairsonah*].
personal, *adj.* personale [*pairsonahlay*].
perspective, *n.* prospettiva *f.* [*prospetteevah*].
perspiration, *n.* sudore *m.* [*soodoray*], traspirazione *f.* [*trahsspeerahtseonay*].
perspire, *v.* sudare [*soodahray*], traspirare [*trahssperahray*].
persuade, *v.* persuadere [*pairsooahdayray*].
persuasion, *n.* persuasione *f.* [*pairsoo-ahseonay*].
persuasive, *adj.* persuasivo [*pairsoo-ahseevo*].
pertain, *v.* appartenere [*ahppahrtaynayray*].

pertinent, *adj.* pertinente [*pairtinentay*].
pervade, *v.* pervadere [*pairvahdayray*].
perverse, *adj.* perverso [*pairvairso*].
pessimist, *n.* pessimista *m.f.* [*pessimisstah*].
pest, *n.* peste *f.* [*pesstay*].
pesticide, *adj.* & *n.* pesticida *m.* [*pessticheedah*].
pestilence, *n.* pestilenza *f.* [*pesstilentsah*].
pestle, *n.* pestello *m.* [*passtello*].
pet, *adj.* favorito [*fahvoreeto*], prediletto [*praydeletto*] || *n.* animale *m.* di casa [*ahnimahlay de kahsah*] || *v.* vezzeggiare [*vetzedjeahray*].
petal, *n.* petalo *m.* [*petahlo*].
petition, *n.* petizione *f.* [*peteetseonay*], istanza *f.* [*isstahntsah*], domanda *f.* [*domahndah*].
petrol, *n.* benzina *f.* [*bentseenah*].
petty-office, *n.* sottufficiale *m.* [*sottooffecheahlay*].
petulant, *adj.* petulante [*petoolahntay*].
pew, *n.* banco *m.* di chiesa [*bahnko de keaysah*].
phalanges, *n.pl.* falangi *m.* [*fahlahnje*] (del dito).
phantasm, **phantom**, *n.* fantasma *m.* [*fahntahssmah*].
pheasant, *n.* fagiano *m.* [*fahjeahno*].
phenomenon, *n.* fenomeno *m.* [*fenomeno*].
phial, *n.* fiala *f.* [*feahlah*].
philantropist, *n.* filantropo *m.* [*felahntropo*].
philatelist, *n.* filatelico *m.* [*feelahteleko*].
philologist, *n.* filologo *m.* [*felologo*].
philosopher, *n.* filosofo *m.* [*felosofo*].
philter, *n.* filtro *m.* || *v.* filtrare [*feeltrahray*].
phosphor, *n.* fosforo *m.* [*fossforo*].
phosphorescent, *adj.* fosforescente [*fossforayshentay*].
photo, **photograph**, *n.* fotografia *f.* [*fotograhfeeah*] (immagine). [*fotokopeahray*].
photocopy, *n.* fotocopia *f.* [*fotokopeah*] || *v.* fotocopiare
photographer, *n.* fotografo *m.* [*fotograhfo*]; **press —**, fotoreporter *m.f.* [*fotoreportair*].

photography, *n.* fotografia *f.* [*fotograhf^{ee}ah*] (arte).
phrase, *n.* frase *f.* [*fr^{a}hzay*].
physical, *adj.* fisico [*fez^{ee}ko*].
physicist, *n.* fisico *m.* [*f^{ee}seko*].
physics, *n.pl.* fisica *f.* [*f^{ee}zeka*] (scienza).
pianist, *n.* pianista *m.f.* [*peahn^{i}sstah*].
piano, *n.* piano *m.* [*pe^{a}hno*], pianoforte *m.* [*peahnof^{o}r-tay*].
pick, *n.* piccone *m.* [*pikk^{o}nay*].
pickaxe, *n.* piccozza *f.* [*p^{ee}k^{o}tzah*].
pickle, *n.* salamoia *f.* [*sahlahm^{o}eah*], sottaceto *m.* [*sot-toahch^{a}yto*].
pickpocket, *n.* borsaiolo *m.* [*borsaheo-^{o}lo*].
picnic, *n.* pic-nic *m.*, merenda *f.* [*mair^{e}ndah*] (all'aperto).
picture, *n.* quadro *m.* [*kw^{a}hdro*], immagine *f.* [*imm^{a}hje-nay*], illustrazione *f.* [*illoostrahtse^{o}nay*]; film *m.* || *v.* descrivere [*desskr^{ee}vayray*], rappresentare [*rahppray-sent^{a}hray*].
picturesque, *adj.* pittoresco [*pittor^{e}ssko*].
pie, *n.* pasticcio *m.* di carne [*pahsst^{ee}tcheo de k^{a}hrnay*].
piece, *n.* pezzo *m.* [*p^{a}ytzo*].
pier, *n.* molo *m.* [*m^{o}lo*].
pierce, *v.* forare [*for^{a}hray*].
piercing, *adj.* perforante [*pairfor^{a}hntay*], penetrante [*penaytr^{a}hntay*].
piety, *n.* pietà *f.* [*peayt^{a}h*].
pig, *n.* maiale *m.* [*mahe^{a}hlay*].
pigeon, *m.* piccione *m.* [*pitche^{o}nay*].
pig iron, *n.* ghisa *f.* [*g^{ee}sah*].
pigmy, *n.* pigmeo *m.* [*pigm^{a}yo*].
pile, *n.* pila *f.* [*peelah*], mucchio *m.* [*m^{oo}kkeo*] || *v.* ammucchiare [*ahmmokke^{a}hray*].
pilfer, *v.* rubacchiare [*roobakke^{a}hray*].
pilgrim, *n.* pellegrino *m.* [*pellaygr^{ee}no*].
pilgrimage, *n.* pellegrinaggio *m.* [*pellaygreen^{a}hdjeo*].
pill, *n.* pillola *f.* [*p^{i}llolah*].
pillage, *n.* saccheggio *m.* [*sahkk^{a}ydjeo*] || *v.* saccheggiare [*sahkkedj^{a}hray*].

pillar, *n.* pilastro *m.* [*peelahstro*], sostegno *m.* [*sosstay-nyo*].
pillion, *n.* sellino *m.* [*selleeno*] (posteriore).
pillow, *n.* guanciale *m.* [*gooahncheahlay*].
pillow-case, *n.* federa *f.* [*faydayrah*].
pilot, *n.* pilota *m.* [*peelotah*] || *v.* pilotare [*peelotahray*].
pimple, *n.* foruncolo *m.* [*foroonkolo*].
pin, *n.* spillo *m.* [*speello*] || *v.* appuntare [*ahppontahray*].
pinafore, *n.* grembiule *m.* [*grembeoolay*] (con maniche).
pincers, *n.pl.* tenaglia *f.* [*tenahlyah*], pinza *f.* [*pintsah*].
pinch, *n.* pizzico *m.* [*pitzeko*]; pizzicotto *m.* [*pitzekotto*] || *v.* pizzicare [*pitzekahray*].
pine, *n.* pino *m.* [*peeno*] || *v.* languire [*lahngooeeray*], struggersi [*stroodjairsee*].
pineapple, *n.* ananas [*ahnahnahss*].
pink, *n.* garofano *m.* [*gahrofahno*] || *adj.* rosa [*rosah*].
pinnacle, *n.* pinnacolo *m.* [*pinnahkolo*], comignolo *m.* [*komeenyolo*].
pint, *n.* pinta *f.* [*pintah*] (misura di capacità).
pioneer, *n.* pioniere *m.* [*peoneeayray*].
pious, *adj.* devoto [*dayvoto*], pio [*peeo*].
pipe, *n.* pipa *f.* [*peepah*]; tubo *m.* [*toobo*].
pipeline, *n.* oleodotto *m.* [*olayodotto*].
pippin, *n.* mela *f.* renetta [*maylah raynettah*].
pirate, *n.* pirata *m.* [*peerahtah*].
pirogue, *n.* piroga *f.* [*peerogah*].
pistol, *n.* pistola *f.* [*pisstolah*].
piston, *n.* pistone *m.* [*pisstonay*], stantuffo *m.* [*stahntooffo*].
pit, *n.* platea *f.* [*plahtayah*]; fosso *m.* [*fosso*], fossa *f.* [*fossah*].
pitch, *n.* pece *f.* [*paychay*], catrame *m.* [*kahtrahmay*]; sommità *f.* [*sommetah*], il più alto grado *m.* [*eel peoo ahlto grahdo*] || *v.* (naut.) beccheggiare [*baykkay-djeahray*].
pitcher, *n.* brocca *f.* [*brokkah*].
pitching, *n.* beccheggio *m.* [*baykkaydjeo*].
pitiful, *adj.* pietoso [*peaytoso*].
pit-stall, *n.* poltroncina *f.* [*poltroncheenah*] (a teatro).

pity, *n.* pietà *f.* [*peaytah*]; *what a —!*, che peccato! [*kay paykkahto*]. [*tahreo*].
placard, *n.* cartello *m.* pubblicitario [*kahrtello poobliche-*
place, *n.* luogo *m.* [*loo-ogo*], posto *m.* [*possto*] || *v.* piazzare [*peahtzahray*], collocare [*kollokahray*].
plagiarism, *n.* plagio *m.* [*plahjeo*].
plague, *n.* peste *f.* [*pesstay*].
plaid, *n.* scialle *m.* scozzese [*sheahllay skotzayzay*].
plain, *n.* piano *m.* [*peahno*], pianura *f.* [*peahnoorah*] || *adj.* semplice [*saympleechay*], liscio [*leesheo*], puro [*pooro*], schietto [*skee-etto*].
plait, *n.* treccia *f.* [*traytcheah*]; piega *f.* [*peaygah*] || *v.* intrecciare [*intraytcheahray*].
plan, *n.* piano *m.* [*peahno*], progetto *m.* [*projetto*] || *v.* progettare [*projettahray*].
plane, *n.* aeroplano *m.* [*ahayroplahno*]; superficie *f.* piana [*soopairfeecheay peahnah*]; pialla *f.* [*peahlla*].
planet, *n.* pianeta *m.* [*peahnaytah*].
plank, *n.* asse *f.* [*ahssay*], tavola *f.* [*tahvolah*], lastra *f.* [*lahsstrah*].
plant, *n.* pianta *f.* [*peahntah*]; impianto *m.* [*impeahnto*], installazione *f.* [*instahllahtseonay*] || *v.* piantare [*peahntahray*].
plantation, *n.* piantagione *f.* [*peahntahjeonay*].
plaster, *n.* gesso *m.* [*jesso*], intonaco *m.* [*intonahko*]; cerotto *m.* [*chayrotto*] || *v.* (med.) ingessare [*injessahray*].
plastering, *n.* gesso *m.* [*jesso*], ingessatura *f.* [*injessah-*
plastic, *n.* plastica *f.* [*plahsteekah*]. [*toorah*].
platane, *n.* platano *m.* [*plahtahno*].
plate, *n.* piatto *m.* [*peahtto*]; lamiera *f.* [*lahmeayrah*]; (fotogr.) lastra *f.* [*lahsstrah*]; targa *f.* [*tahrgah*] || *v.* placcare [*plahkkahray*].
plate rack, *n.* scolapiatti *m.* [*skolahpeahttee*].
platform, *n.* piattaforma *f.* [*peahttahformah*], binario *m.* [*beenahreo*].

platinum, *n.* platino *m.* [*plahteno*].
play, *n.* gioco *m.* [*joko*]; spettacolo *m.* [*spettahkolo*], recita *f.* [*raychetah*]; commedia *f.* [*kommaydeah*] || *v.* giocare [*jokahray*]; suonare [*soo-onahray*]; recitare [*raychetahray*] (far la parte di).
playbill, *n.* locandina *f.* [*lokahndeenah*].
player, *n.* giocatore *m.* [*joo-okahtoray*]; suonatore *m.* [*soo-onahtoray*]; attore *m.* [*ahttoray*].
playful, *adj.* scherzoso [*skairtsozo*].
playground, *n.* campo *m.* giochi [*kampo djeokee*].
playwrigh, *n.* commediografo *m.* [*kommaydeograhfo*], drammaturgo *m.* [*drahmmahtoorgo*]. [*chentay*].
pleasant, *adj.* piacevole [*peahchayvolay*], piacente [*peah-*
please, *v.* soddisfare [*soddissfahray*], recar piacere [*raykahr peahchayray*], rallegrare [*rahllaygrahray*]; **if you please**, per piacere [*pair peahchayray*], per favore [*pair fahvoray*].
pleased, *adj.* soddisfatto [*soddissfahtto*].
pleasure, *n.* piacere *m.* [*peachayray*], diletto *m.* [*deeletto*].
pledge, *n.* pegno *m.* [*paynyo*] || *v.* dare in pegno [*dahray in paynyo*].
plentiful, *adj.* abbondante [*ahbbondahntay*].
plenty, *n.* abbondanza *f.* [*ahbbondahntsah*]; — **of**, *adj.* molto [*molto*].
pleurisy, *n.* pleurite *f.* [*playooreetay*].
pliable, *adj.* pieghevole [*peaygayvolay*].
plod, *v.* camminare con fatica [*kahmmenahray kon fahteekah*]; sgobbare [*sgobbahray*].
plot, *n.* appezzamento *m.* [*ahppetzahmento*]; intreccio *m.* [*intraytcheo*] (di commedia ecc.), trama *f.* [*trahmah*]; complotto *m.* [*komplotto*] || *v.* complottare [*komplottahray*].
plough, *n.* aratro *m.* [*ahrahtro*] || *v.* arare [*ahrahray*].
pluck, *v.* spennare [*spennahray*] (pollame); bocciare (agli esami) [*botcheahray*] || *n.* bocciatura *f.* [*botcheahtoorah*].

plucky, *adj.* audace [*ahoodahchay*].
plug, *n.* tappo *m.* [*tahppo*]; tampone *m.* [*tahmponay*]; spina *f.* [*speenah*] (di presa per corrente elettr.); (autom.) candela *f.* [*kahndaylah*] || *v.* turare [*toorahray*]; tamponare [*tahmponahray*].
plum, *n.* susina *f.* [*soozenah*], prugna *f.* [*proonyah*].
plumber, *n.* idraulico *m.* [*edrahooleko*].
plump, *adj.* paffuto [*pahffooto*], grassoccio [*grahssocheo*].
plunder, *v.* saccheggiare [*sahkkaydjeahray*].
plunge, *n.* tuffo *m.* [*tooffo*] || *v.* tuffare [*tooffahray*], tuffarsi [*tooffahrsee*].
plural, *adj.* & *n.* plurale *m.* [*ploorahlay*].
plush, *n.* felpa *f.* [*faylpah*].
ply-wood, *n.* legno *m.* compensato [*laynyo kompensahto*].
pneumatic, *adj.* pneumatico [*pnayoomahteko*].
pneumonia, *n.* polmonite *f.* [*polmoneetay*].
poached-eggs, *n.pl.* uova *f.* in camicia [*oo-ovah in kahmeecheah*].
poacher, *n.* bracconiere *m.* [*brahkkoneayray*].
pocket, *n.* tasca *f.* [*tahsskah*].
poem, *n.* poesia *f.* [*poayzeeah*].
poet, *n.* poeta *m.* [*poaytah*].
point, *n.* punto *m.* [*poonto*]; punta *f.* [*poontah*] || *v.* mostrare [*mostrahray*], indicare [*indekahray*].
poison, *n.* veleno *m.* [*vaylayno*].
poisoning, *n.* intossicazione *f.* [*intossikahtseonay*], avvelenamento *m.* [*ahvvaylaynahmento*].
poisonous, *adj.* velenoso [*vaylaynozo*].
poker, *n.* attizzatoio *m.* [*ahttetzahtoeo*].
polar, *adj.* polare [*polahray*].
pole, *n.* polo *m.* [*polo*]; palo *m.* [*pahlo*].
police, *n.* polizia *f.* [*politseeah*] || — **record**, fedina *f.* penale [*faydeenah paynahlay*] || — **station**, commissariato *m.* [*kommissahreahto*].
policeman, *n.* vigile *m.* [*veejelay*], poliziotto *m.* [*politseotto*].

policy, *n.* polizza *f.* [*politzah*]; politica *f.* [*poleetekah*], accortezza *f.* [*ahkkortaytzah*].
Polish, *adj.* polacco [*polahkko*].
polish, *n.* lucentezza *f.* [*loochentayzah*]; cera *f.* (per mobili) [*chairah*], lucido *m.* (per scarpe) [*loocheedo*] || *v.* lucidare [*loochedahray*], lustrare [*loosstrahray*].
polite, *adj.* cortese [*kortayzay*].
politeness, *n.* cortesia *f.* [*kortayzeeah*].
politic, -al, *adj.* politico [*politeko*].
politics, *n.* politica *f.* [*poleetekah*].
polka dot, *n.* pois *m.* [*pooah*].
poll, *v.* votare [*votahray*] || *n.* sondaggio *m.* d'opinione [*sondahdjeo d'opeenyonay*].
pollute, *v.* inquinare [*inkooenahray*].
pollution, *n.* inquinamento *m.* [*inkooenahmento*].
polyp, *n.* polpo *m.* [*polpo*].
pomegranate, *n.* melagrana *f.* [*maylahgrahnah*].
pomp, *n.* fasto *m.* [*fahssto*], pompa *f.* [*pompah*].
pond, *n.* stagno *m.* [*stahnyo*], palude *f.* [*pahlooday*].
poney, *n.* cavallino *m.* [*kahvahlleeno*].
poodle, *n.* cane *m.* barbone [*kahnay bahrbonay*].
pool, *n.* pozzanghera *f.* [*potzahnghayrah*].
poor, *adj.* povero [*povayro*].
poorness, *n.* povertà *f.* [*povairtah*].
pope, *n.* papa *m.* [*pahpah*].
poplar, *n.* pioppo *m.* [*peoppo*].
poppy, *n.* papavero *m.* [*pahpahvayro*].
popular, *adj.* popolare [*popolahray*].
populate, *v.* popolare [*popolahray*].
population, *n.* popolazione *f.* [*popolahtseonay*].
porch, *n.* portico *m.* [*porteko*], porticato *m.* [*portekahto*].
pork, *n.* carne *f.* di maiale [*kahrnay de maheahlay*].
porridge, *n.* crema *f.* di fiocchi d'avena (servita con latte [e zucchero).
port, *n.* porto *m.* [*porto*].
portable, *adj.* portabile [*portahbelay*].

portal, *n.* portone *m.* [*portonay*].
portent, *n.* presagio *m.* [*prayzahjeo*].
porter, *n.* facchino *m.* [*fahkkeeno*], portiere *m.* [*porteayray*]; birra *f.* scura (inglese) [*berrah skoorah*].
portion, *n.* porzione *f.* [*portseonay*].
portly, *adj.* corpulento [*korpoolento*].
portrait, *n.* ritratto *m.* [*retrahtto*].
portray, *v.* fare ritratti.
Portuguese, *n.* & *adj.* portoghese *m.f.* [*portoghayzay*].
pose, *n.* posa *f.* [*posah*] || *v.* posare [*posahray*].
position, *n.* posizione *f.* [*positseonay*].
positive, *adj.* & *n.* positivo *m.* [*positeevo*].
possess, *v.* possedere [*possaydayray*].
possession, *n.* possesso *m.* [*possesso*].
possessor, *n.* possessore *m.* [*possessoray*].
possibility, *n.* possibilità *f.* [*possebeleetah*].
possible, *adj.* possibile [*posseebelay*].
possibly, *adv.* possibilmente [*posseebilmentay*].
post, *n.* posta *f.* [*posstah*]; palo *m.* [*pahlo*], posto *m.* [*possto*] || *v.* impostare [*imposstahray*].
postage, *n.* affrancatura *f.* [*ahffrahnkatoorah*] (di lettere [ecc.).
postal, *adj.* postale [*posstahlay*].
postcard, *n.* cartolina *f.* [*kahrtoleenah*].
poster, *n.* cartello *m.* pubblicitario [*kahrtello pooblechetahreo*]; insegna *f.* [*insaynyah*]; manifesto *m.* [*mahneefessto*].
poste restante, *n.* fermoposta *m.* [*fairmoposstah*].
postman, *n.* postino *m.* [*possteeno*], portalettere *m.f.* [*portahlettayray*].
post-office, *n.* ufficio *m.* postale [*ooffeecheo posstahlay*].
postpone, *v.* differire [*deffayreeray*], posporre [*possporray*].
pot, *n.* pentola *f.* [*pentolah*]; vaso *m.* [*vahso*].
potato, *n.* patata *f.* [*pahtahtah*].
pot-herb, *n.* erbe *f.pl.* da cucina [*ayrbay dah koocheenah*].

pottery, *n.* stoviglie *f.pl.* [*stoveelyay*], ceramica *f.* [*chairahmekah*].
poultice, *n.* cataplasma *m.* [*kahtahplahsma*].
poultry, *n.* pollame *m.* [*pollahmay*] || — **shears**, trinciapollo *m.* [*trincheahpollo*].
pound, *n.* libbra *f.* inglese [*leebbrah*]; lira sterlina *f.* [*leera sterleenah*] || *v.* pestare [*pesstahray*].
pour, *v.* versare [*vairsahray*]; piovere a dirotto [*peovayray ah derotto*].
poverty, *n.* povertà *f.* [*povairtah*].
powder, *n.* polvere *f.* [*polvayray*] (artificiale); cipria *f.* [*cheepreah*] || *v.* polverizzare [*polvayritzahray*], incipriare [*inchepreahray*].
power, *n.* potere *m.* [*potayray*], potenza *f.* [*potentsah*].
powerful, *adj.* potente [*potentay*].
powerless, *adj.* senza forza [*sentsah fortsah*], senza potere [*sentsah potayray*].
practical, *adj.* pratico [*prahteko*], funzionale [*foontzeonahlay*].
practice, *n.* pratica *f.* [*prahteka*].
practician, *n.* professionista *m.f.* [*professeonisstah*].
practise, *v.* praticare [*prahtekahray*], esercitarsi [*aysayrchetahrsee*].
praise, *n.* lode *f.* [*loday*] || *v.* lodare [*lodahray*].
praiseworthy, *adj.* degno di lode [*daynyo de loday*].
pram, abbrev. di **perambulator**.
pray, *v.* pregare [*praygahray*].
prayer, *n.* preghiera *f.* [*praygheayrah*].
preach, *v.* predicare [*praydekahray*].
preacher, *n.* predicatore *m.* [*praydekahtoray*].
precaution, *n.* precauzione *f.* [*praykahootseonay*].
precede, *v.* precedere [*praychaydayray*].
precedence, *n.* precedenza *f.* [*praychaydentsah*].
precedent, **preceding**, *adj.* precedente [*praychaydentay*].
precinct, *n.* limite *m.* [*leemetay*], recinto *m.* [*raychinto*]; (amer.) commissariato *m.* [*kommissahreahto*].

precious, *adj.* prezioso [*praytseoso*].
precipice, *n.* precipizio *m.* [*praychepeetseo*].
precipitate, *v.* precipitare [*praychepetahray*].
preclude, *v.* precludere [*praykloodayray*].
precooked, *adj.* precotto [*praykotto*].
predict, *v.* predire [*praydeeray*].
prediction, *n.* predizione *f.* [*praydetseonay*].
predispose, *v.* predisporre [*praydissporray*].
prefab, *n.* prefabbricato *m.* [*prayfahbbreekahto*].
preface, *n.* prefazione *f.* [*prayfahtseonay*].
prefect, *n.* prefetto *m.* [*prayfetto*].
prefer, *v.* preferire [*prayfayreeray*].
preferable, *adj.* preferibile [*prayfayreebelay*].
preference, *n.* preferenza *f.* [*prayferentsa*].
pregnancy, *n.* gravidanza *f.* [*grahvedantsah*].
pregnant, *adj.* incinta [*inchintah*].
prehistoric, *adj.* preistorico [*prayisstoreko*].
prejudice, *n.* pregiudizio *m.* [*prayjoodeetseo*].
prelate, *n.* prelato *m.* [*praylahto*].
preliminary, *adj.* & *n.* preliminare *m.* [*praylemenahrai*].
prelude, *n.* preludio *m.* [*prayloodeo*].
premature, *adj.* prematuro [*praymahtooro*].
premeditate, *v.* premeditare [*praymaydetahray*].
premier, *n.* primo ministro *m.* [*preemo minisstro*], capo del governo [*kahpo del govairno*].
premise, *n.* premessa *f.* [*praymessah*].
prepare, *v.* preparare [*praypahrahray*].
prepay (prepaid, prepaid), *v.* pagare in anticipo [*pahgahray in ahntechepo*].
preponderant, *adj.* preponderante [*praypondayrahntay*].
prepotent, *adj.* prepotente [*praypotentay*].
prerelease, *n.* anteprima *f.* [*ahntaypreemah*].
prescribe, *v.* prescrivere [*praysskreevayray*].
prescription, *n.* prescrizione *f.* [*praysskretseonay*], ricetta *f.* medica [*rechettah maydekah*].

presence, *n.* presenza *f.* [*prayzentsah*].
present, *n.* presente *m.* [*prayzentay*]; regalo *m.* [*raygahlo*] || *adj.* presente, attuale [*ahtto-ahlay*] || **-ly**, *adv.* fra poco [*frah poko*], subito [*soobeto*].
present, *v.* presentare [*praysentahray*].
preservation, *n.* conservazione *f.* [*konsairvahtseonay*].
preservative, *adj.* & *n.* conservante *m.* [*konsairvahntay*].
preserve, *v.* preservare [*praysairvahray*], conservare [*konsairvahray*].
preside, *v.* presiedere [*prayzeaydayray*].
president, *n.* presidente *m.* [*prayzedentay*].
press, *n.* pressa *f.* [*pressah*], torchio *m.* [*torkeo*]; stampa *f.* [*stahmpah*] || *v.* premere [*praymayray*], pressare [*pressahray*].
pression, *n.* pressione *f.* [*presseonay*].
presumable, *adj.* presumibile [*prayzoomeebelay*].
presume, *v.* presumere [*prayzoomayray*].
presumption, *n.* presunzione *f.* [*prayzoontseonay*].
presuppose, *v.* presupporre [*prayzoopporray*].
pretence, **pretense**, *n.* pretesa *f.* [*praytayzah*].
pretend, *v.* pretendere [*praytendayray*]; fingere [*finjayray*], simulare [*semoolahray*].
pretension, *n.* pretensione *f.* [*praytenseonay*], pretesa *f.* [*praytayzah*].
pretext, *n.* pretesto *m.* [*praytessto*].
pretty, *adj.* grazioso [*grahtseoso*] || *adv.* abbastanza [*ahbbahsstahntsah*].
prevail, *v.* prevalere [*prayvahlayray*].
prevalence, *n.* prevalenza *f.* [*prayvahlentsah*].
prevent, *v.* impedire [*impaydeeray*].
prevention, *n.* prevenzione *f.* [*prayventseonay*].
preview, *n.* anteprima *f.* [*ahntaypreemah*].
previous, *adj.* previo [*prayveo*], precedente [*praychaydentay*].
prevision, *n.* previsione *f.* [*prayveseonay*].
pre-war, *adj.* anteguerra [*ahntaygooairrah*].
prey, *n.* preda *f.* [*praydah*] || *v.* predare [*praydahray*].

price, *n.* prezzo *m.* [*pretso*]. [*inesstimahbelay*].
priceless, *adj.* senza prezzo [*sentsah pretso*]; inestimabile
prick, *n.* puntura *f.* [*poontoorah*]; pungiglione *m.* [*poonjeleonay*] || *v.* pungere [*poonjayray*].
prickle, *n.* spina *f.* [*speenah*], formicolio *m.* [*formeekoleo*].
prickly, *adj.* pungente [*poonjentay*].
pride, *n.* orgoglio *m.* [*orgolyo*].
priest, *n.* prete *m.* [*praytay*], sacerdote *m.* [*sahchairdotay*].
primrose, *n.* primula *f.* [*preemoolah*].
prince, *n.* principe *m.* [*princhepay*].
princess, *n.* principessa *f.* [*princhepessah*].
print, *n.* impronta *f.* [*impròntah*], traccia *f.* [*trahtchea*]; incisione *f.* [*incheseonay*], stampa *f.* [*stahmpah*] || *v.* stampare [*stahmpahray*].
printed-matters, *n.pl.* stampati *m.* [*stahmpahtee*], stampe *f.* [*stahmpay*].
printer, *n.* stampatore *m.* [*stahmpahtoray*].
printing-office, *n.* stamperia *f.* [*stahmpayreeah*].
prior, *n.* priore *m.* [*pree-oray*] || *adj.* anteriore [*ahntayreoray*], precedente [*praychaydentay*] || *adv.* anteriormente [*ahntayreormentay*].
priority, *n.* priorità *f.* [*preoretah*].
prison, *n.* prigione *f.* [*prejeonay*].
prisoner, *n.* prigioniero *m.* [*prejeoneayro*].
privacy, *n.* segretezza *f.* [*saygretetza*]; intimità *f.* [*intemetah*].
private, *n.* soldato *m.* semplice [*sol-dahto saymplechay*] || *adj.* privato, riservato [*resairvahto*].
privation, *n.* privazione *f.* [*prevahtseonay*].
privilege, *n.* privilegio *m.* [*prevelayjeo*] || *v.* privilegiare [*previlayjeahray*]. [*ray*], stimare [*stimahray*].
prize, *n.* premio *m.* [*praymeo*] || *v.* valutare [*vahlootah-*
prize money, *n.* montepremi *m.* [*montaypraymee*].
probability, *n.* probabilità *f.* [*probahbeletah*].
probable, *adj.* probabile [*probahbelay*].

probity, *n.* probità *f.* [*probetah*].
problem, *n.* problema *m.* [*problaymah*].
procedure, *n.* procedura *f.* [*prochaydoorah*].
proceed, *v.* procedere [*prochaydayray*].
proceeds, *n.pl.* ricavo *m.sing.* [*rekahvo*], utile *m.* [*ootelay*].
process, *n.* processo *m.* [*prochesso*]; procedimento *m.* [*prochaydemento*]; progresso *m.* [*progresso*].
processing, *n.* elaborazione *f.* [*aylahborahtseonay*] (di dati).
procession, *n.* processione *f.* [*prochesseonay*].
proclaim, *v.* proclamare [*proklahmaahray*].
procure, *v.* procurare [*prokoorahray*].
prodigal, *adj.* prodigo [*prodego*].
prodigious, *adj.* prodigioso [*prodejeoso*].
produce, *v.* produrre [*prodoorray*].
product, *n.* prodotto *m.* [*prodotto*].
production, *n.* produzione *f.* [*prodootseonay*].
producer, *n.* produttore *m.* [*prodoottoray*]; direttore *m.* di produzione [*derettoray de prodootseonay*].
profess, *v.* professare [*professahray*].
profession, *n.* professione *f.* [*professeonay*].
professor, *n.* professore *m.* [*professoray*].
proficiency, *n.* capacità *f.* [*kahpahchetah*], efficienza *f.* [*effeeche-entsah*].
proficient, *adj.* competente [*kompayt**entay*], valente [*vahlentay*].
profile, *n.* profilo *m.* [*profeelo*].
profit, *n.* profitto *m.* [*profitto*] || *v.* approfittare [*ahpprofittahray*].
profitable, *adj.* profittevole [*profittayvolay*].
profusion, *n.* profusione *f.* [*profoozeonay*].
program(me), *n.* programma *m.* [*prograhmmah*].
progress, *n.* progresso *m.* [*progresso*] || *v.* progredire [*prograydeeray*].
progressively, *adv.* progressivamente [*progresseevahmentay*].
prohibit, *v.* proibire [*proebeeray*].
project, *n.* progetto *m.* [*projetto*] || *v.* progettare [*projettahray*].

projector, *n.* progettista *m.f.* [*projettisstah*]; proiettore *m.* [*proe-ettoray*].
prologue, *n.* prologo *m.* [*prologo*].
prominent, *adj.* prominente [*prominentay*].
promise, *n.* promessa *f.* || *v.* promettere [*promettayray*].
promisory-note, *n.* pagherò *m.* cambiario [*pahghay-ro kahmbeahreo*].
promontory, *n.* promontorio *m.* [*promontoreo*].
promote, *v.* promuovere [*promoo-ovayray*]; favorire [*fah-voreeray*].
promotion, *n.* promozione *f.* [*promotseonay*].
prompt, *v.* suggerire [*sootjayreeray*]; istigare [*istegahray*] || *adj.* pronto [*pronto*].
promptitude, **promptness**, *n.* prontezza *f.* [*prontaytzah*].
pronounce, *v.* pronunciare [*pronoonchеahray*].
pronunciation, *n.* pronuncia *f.* [*pronooncheah*].
proof, *n.* prova *f.* [*provah*]; esperimento *m.* [*esspayremen-to*]; bozza *f.* [*botzah*].
prop, *n.* puntello *m.* [*poontello*] || *v.* puntellare [*poontel-lahray*].
propagate, *v.* propagare [*propahgahray*].
propeller, *n.* elica *f.* [*aylekah*].
propensity, *n.* propensione *f.* [*propenseonay*].
proper, *adj.* proprio [*propreo*], giusto [*joosto*], confacente [*konfahchentay*] || **—ly**, *adv.* come si deve [*komay se dayvay*], a modo [*ah modo*].
property, *n.* proprietà *f.* [*propreaytah*] (le cose possedute).
prophecy, *n.* profezia *f.* [*profaytseeah*].
proportion, *n.* proporzione *f.* [*proportseonay*].
proposal, *n.* proposta *f.* [*propostah*] (di matrimonio).
propose, *v.* proporre [*proporray*].
proposition, *n.* proposizione *f.* [*proposetseonay*]; proposta *f.* [*propossstah*].
proprietor, *n.* proprietario *m.* [*propreaytahreo*].
propriety, *n.* proprietà *f.* [*propreaytah*]; convenienza *f.* [*konvayne-entsah*], decenza *f.* [*daychentsah*].

prose, *n.* prosa *f.* [*pr^{o}sah*].
prospect, *n.* prospetto *m.* [*prossp^{e}tto*].
prosperity, *n.* prosperità *f.* [*prosspayret^{a}h*].
prosperous, *adj.* prospero [*pr^{o}sspayro*].
protect, *v.* proteggere [*prot^{ay}djayray*].
protection, *n.* protezione *f.* [*protaytse^{o}nay*].
protest, *v.* protestare [*protest^{a}hray*] || *n.* protesta *f.* [*prot^{e}stah*].
protestant, *adj.* & *n.* protestante *m.f.* [*protest^{a}hntay*].
protester, *n.* contestatore *m.* [*kontaystaht^{o}ray*].
protract, *v.* protrarre [*protr^{a}hrrai*].
proud, *adj.* fiero [*fe^{ay}ro*], orgoglioso [*orgoly^{o}so*].
prove, *v.* provare [*prov^{a}hray*], dimostrare [*demostr^{a}hray*].
proverb, *n.* proverbio *m.* [*prov^{ai}rbeo*].
provide, *v.* provvedere [*provvayd^{ay}ray*].
provided, *adj.* provvisto [*provv^{i}ssto*] || *conj.* purché [*poork^{ay}*], a condizione che [*ah kondetse^{o}nay kay*].
providence, *n.* provvidenza *f.* [*provved^{e}ntsah*].
provident, *adj.* previdente [*prayved^{e}ntay*].
provider, *n.* fornitore *m.* [*fornet^{o}ray*].
province, *n.* provincia *f.* [*prov^{i}ncheah*].
provision, *n.* provvista *f.* [*provv^{i}sstah*]; provvedimento *m.* [*provvaydem^{e}nto*]; clausola *f.* [*kl^{a}hoosolah*].
provisory, *adj.* provvisorio [*provvez^{o}reo*].
provoke, *v.* provocare [*provok^{a}hray*].
provost, *n.* rettore *m.* [*rett^{o}ray*].
prow, *n.* prua *f.* [*pr^{oo}ah*].
prowl, *v.* vagabondare [*vahgahbond^{a}hray*], andare in giro [*ahnd^{a}hray in j^{e}ro*] (con cattive intenzioni).
proximity, *n.* prossimità *f.* [*prossemet^{a}h*].
prudence, *n.* prudenza *f.* [*prood^{e}ntsah*].
prudent, *adj.* prudente [*prood^{e}ntay*].
prudential, *adj.* prudenziale [*proodentse^{a}hlay*].
prune, *n.* prugna *f.* secca [*pr^{oo}nyah s^{e}kkah*] || *v.* potare [*pot^{a}hray*].

psychiatrist, *n.* psichiatra *m.f.* [*pseekeahtrah*].
psychologist, *n.* psicologo *m.* [*pseekologo*].
public, *n.* & *adj.* pubblico *m.* [*poobleko*].
publication, *n.* pubblicazione *f.* [*pooblekatseonay*].
publichouse, *n.* osteria *f.* [*ostayreeah*].
publish, *v.* pubblicare [*poobblekahray*].
publisher, *n.* editore *m.* [*aydetoray*].
pudding, *n.* budino *m.* [*boodeeno*].
puff, *n.* soffio *m.* [*soffeo*], sbuffo *m.* [*sbooffo*] || *v.* soffiare [*soffeahray*], sbuffare [*sbooffahray*].
pull, *n.* tirata *f.* [*terahtah*], strappo *m.* [*strahppo*] || *v.* tirare [*terahray*].
pulp, *n.* polpa *f.* [*polpah*].
pulpit, *n.* pulpito *m.* [*poolpeto*].
pulse, *n.* polso *m.* [*polsso*].
pumice-stone, *n.* pietra *f.* pomice [*peaytrah pomechay*].
pump, *n.* pompa *f.* [*pompah*]; distributore *m.* [*disstreebootoray*] (di benzina) || *v.* pompare [*pompahray*].
pun, *n.* bisticcio *m.* [*bissteetcheo*], gioco *m.* di parole [*jeoko de pahrolay*].
Punch-and-Judy, *n.* burattini *m.pl.* [*boorahtteenee*].
punctual, *adj.* puntuale [*poontooahlay*] || **—ly**, *adv.*, puntualmente [*poontooahlmentay*].
punctuality, *n.* puntualità *f.* [*poontooahletah*].
punish, *v.* punire [*pooneeray*].
punishment, *n.* punizione *f.* [*pooneetseonay*].
punt, *n.* chiatta *f.* [*keahttah*], barca *f.* a fondo piatto.
puppy, *n.* cucciolo *m.* [*kootcheolo*].
pupil, *n.* allievo *m.* [*ahlleayvo*], pupillo *m.* [*poopillo*]; pupilla *f.* [*poopillah*].
purchase, *n.* acquisto *m.* [*ahkwisto*] || *v.* acquistare [*ahkwisstahray*].
pure, *adj.* puro [*pooro*].
purgative, *adj.* purgativo [*poorgahteevo*].
purge, *n.* purga *f.* [*poorgah*] || *v.* purgare [*poorgahray*].
purify, *v.* purificare [*poorefekahray*].
purity, *n.* purità *f.* [*pooretah*], purezza *f.* [*pooretzah*].

purple, *adj.* viola [*veolah*], violetto [*veoletto*].
purport, *n.* significato *m.* [*senyfekato*] || *v.* significare [*senyfekahray*], intendere [*intendayray*].
purpose, *n.* mira *f.* [*meerah*], fine *f.* [*feenay*], scopo *m.* [*skopo*]; **on —**, apposta [*ahpposstah*] || *v.* progettare [*projettahray*], proporsi [*proporsee*].
purposely, *adv.* deliberatamente [*daylebayrahtahmen-tay*].
purse, *n.* borsellino *m.* [*borselleeno*].
pursuant, *adj.* & *adv.* conforme a [*konformay ah*].
pursue, *v.* inseguire [*inssaygooeeray*]; perseguire [*pair-saygooeeray*].
pursuit, *n.* inseguimento *m.* [*inssaygooemento*]; ricerca *f.* [*rechairkah*].
purvey, *v.* provvedere [*provvaydayray*], fornire [*forneeray*].
purveyance, *n.* approvvigionamento *m.* [*ahpprovvejeo-nahmento*].
purveyor, *n.* fornitore *m.* [*fornetoray*].
push, *n.* spinta *f.* [*spintah*] || *v.* spingere [*spinjayray*].
push button, *n.* pulsante *m.* [*poolsahntay*].
pushchair, *n.* passeggino *m.* [*pahssaydjeeno*] (per bambi-ni).
puss, pussy, *n.* micio *m.* [*meecheo*], gattino *m.* [*gahtteeno*].
put (put, put), *v.* mettere [*mettayray*]; **— off**, rimandare [*remahndahray*]; dissuadere [*dissooahdayray*]; togliere [*tolyayray*] (abiti); **— on**, indossare [*indossahray*]; **to — out**, spegnere [*spaynyayray*] (luce); **— to**, costringe-re [*kostrinjayray*]; **— up with**, tollerare [*tollayrahray*], adattarsi [*ahdahttahrsee*].
putty, *n.* stucco *m.* [*stookko*] || *v.* stuccare [*stookkahray*].
puzzle, *n.* rompicapo *m.* [*rompekahpo*]; imbarazzo *m.* [*imbahrahtzo*], perplessità *f.* [*pairplesseetah*] || *v.* imba-razzare [*imbahrahtzahray*].
pyramid, *n.* piramide *f.* [*perahmeday*].

Q

quadruped, *n.* quadrupede *m.* [*kwahdroopayday*].
quail, *n.* quaglia *f.* [*kwahlyah*].
quaint, *adj.* strano [*strahno*]; bizzarro [*beetzahrro*].
quake, *n.* tremito *m.* [*traymeto*] || *v.* tremare [*traymahray*].
quality, *n.* qualità *f.* [*kwahletah*].
quantity, *n.* quantità *f.* [*kwahntetah*].
quarrel, *n.* disputa *f.* [*disspootah*], lite *f.* [*leetay*] || *v.* disputare [*disspootahray*], litigare [*litegahray*].
quarry, *n.* cava *f.* [*kahvah*].
quart, *n.* quarto *m.* [*kwahrto*] (misura di capacità).
quarter, *n.* trimestre *m.* [*treemesstray*]; quarto *m.* [*kwahrto*] (d'ora).
quarterly, *adj.* trimestrale [*treemesstrahlay*] || *adv.* trimestralmente [*treemesstrahlmentay*].
quartz, *n.* quarzo *m.* [*kwahrtso*].
quay, *n.* banchina *f.* [*bahnkeenah*], molo *m.* [*molo*].
queen, *n.* regina *f.* [*rayjeenah*].
queer, *adj.* bizzarro [*beetzahrro*], strano [*strahno*]; indisposto [*indisspossto*].
quench, *v.* spegnere [*spaynyayray*], estinguere [*esstingooayray*]; dissetare [*dissetahray*].
question, *n.* domanda *f.* [*domahndah*]; — **mark**, punto *m.* interrogativo [*poonto intairrogahteevo*] || *v.* domandare [*domahndahray*], interrogare [*intairrogahray*].
quick, *adv.* presto [*pressto*] || *adj.* svelto [*zvellto*].

quiet, *n.* quiete *f.* [*kweaytay*] || *adj.* quieto [*kweayto*].
quietness, *n.* quiete *f.* [*kweaytay*], calma *f.* [*kahlmah*].
quilt, *n.* trapunta *f.* [*trahpoontah*]; trapuntino *m.* [*trahpoonteeno*]; imbottita *f.* [*imbotteetah*].
quite, *adv.* affatto [*ahffahtto*], del tutto [*dayl tootto*].
quiver, *v.* tremare [*traymahray*].
quote, *v.* quotare [*kwotahray*], citare [*cheetahray*].

R

rabbit, *n.* coniglio *m.* [*koneelyo*].

race, *n.* razza *f.* [*rahtzah*]; corsa *f.* [*korsah*] || *v.* correre [*korrayray*] (alle corse).

racecourse, *n.* ippodromo *m.* [*ippodromo*].

racist, **racialist**, *n.* razzista *m.f.* [*rahtzeessta*].

rack, *n.* rastrelliera *f.* [*rahstrelleayrah*]; attaccapanni *m.* [*ahttahkkahpahnnee*]; portabagagli *m.* [*portahbahgahlyee*].

racket, *n.* racchetta *f.* [*rahkkettah*].

radiator, *n.* radiatore *m.* [*rahdeahtoray*], calorifero *m.* [*kahloreefayro*].

radical, *adj.* & *n.* radicale *m.* [*tahdekahlay*].

radio, *n.* radio *m.* [*rahdeo*].

radio-controlled, *adj.* radiocomandato [*raahdeokomahndahto*].

radio-receiver, **radio set**, *n.* radioricevitore *m.* [*rahdeorechayvetoray*].

radio-broadcasting, *n.* radiotrasmissione *f.* [*rahdiotrassmisseonay*].

radiologist, *n.* radiologo *m.* [*rahdeologo*].

radish, *n.* ravanello *m.* [*rahvahnello*].

raft, *n.* zattera *f.* [*sahttayrah*].

rag, *n.* straccio *m.* [*strahtcheo*], cencio *m.* [*chencheo*].

rage, *n.* collera *f.* [*kollayrah*], rabbia *f.* [*rahbbeah*].

ragged, *adj.* cencioso [*chencheoso*].

raid, *n.* scorreria *f.* [*skorrayreeah*], incursione *f.* [*inkoorseonay*].

rail, *n.* inferriata *f.* [*infairreahta*], cancellata *f.* [*kahnchellahtah*]; rotaia *f.* [*rotaheah*] (di ferrovia).

railing, *n.* ringhiera *f.* [*ringheayrah*], cancellata *f.* [*kahnchellahtah*].
raillery, *n.* beffa *f.* [*bayffah*], canzonatura *f.* [*kahntsonahtoorah*].
railroad, **railway**, *n.* ferrovia *f.* [*fairroveeah*].
rain, *n.* pioggia *f.* [*peodjeah*] || *v.* piovere [*peovayray*].
rainbow, *n.* arcobaleno *m.* [*ahrkobahlayno*].
raincoat, *n.* impermeabile *m.* [*impairmayahbelay*] (soprabito).
rainy, *adj.* piovoso [*peovoso*].
raise, *v.* alzare [*altsahray*]; suscitare [*soosheetahray*].
raisins, *n.* uvetta *f.* [*oovettah*].
rake, *n.* rastrello *m.* [*rahsstrello*].
ramble, *n.* escursione *f.* [*esskoorseonay*], gita *f.* [*jetah*] || *v.* vagare [*vahgahray*], gironzare [*jerontsahray*].
rampart, *n.* bastione *m.* [*bahssteonay*].
rancid, *adj.* rancido [*rahnchedo*].
random (at), *adv.* a caso [*ah kahso*].
range, *n.* fila *f.* [*feelah*], filare *m.* [*felahray*]; rango *m.* [*rahngo*]; ambito *m.* [*ahmbeto*]; portata *f.* [*portahtah*] (di tiro); catena *f.* [*kahtenah*] (di montagne).
range-finder, *n.* telemetro *m.* [*telemaytro*].
ransack, *v.* saccheggiare [*sahkkaydjahray*]; frugare [*froogahray*], rovistare [*rovisstahray*].
ransom, *n.* riscatto *m.* [*risskahtto*] || *v.* riscattare [*risskahttahray*].
rap, *n.* colpetto *m.* [*kolpetto*] || *v.* bussare [*boossahray*].
rapidity, *n.* rapidità *f.* [*rahpedetah*].
rare, *adj.* raro [*rahro*].
rascal, *n.* briccone *m.* [*brikkonay*].
rash, *adj.* avventato [*ahvventahto*] || *n.* eruzione *f.* cutanea [*ayrootseonay kootahnayah*].
raspberry, *n.* lampone *m.* [*lahmponay*].
rat, *n.* ratto *m.* [*rahtto*] (topo).
rate, *n.* tasso *m.* [*tahsso*], rata *f.* [*rahtah*], prezzo *m.* [*pretzo*], misura *f.* [*mizoorah*], corso *m.* [*korso*]; ritmo *m.* [*ritmo*], velocità *f.* [*vaylochetah*] || *v.* valutare [*vahlootahray*], stimare [*steemahray*].

rather, *adv.* piuttosto [*peoottosto*], alquanto [*ahlkwahnto*]; — **than**, piuttosto che [*p. kay*].
ration, *n.* razione *f.* [*rahtseonay*] || *v.* razionare [*rahtseonahray*].
rational, *adj.* razionale [*rahtseonahlay*].
rattle, *n.* crepitio *m.* [*kraypeeteo*]; sonaglio *m.* [*sonahlyo*]; rantolo *m.* [*rahntolo*].
rattlesnake, *n.* serpente *m.* a sonagli [*sairpentay ah sonahly*].
ravage, *v.* devastare [*dayvasstahray*] || *n.* devastazione *f.* [*dayvasstahtseonay*].
rave, *v.* vaneggiare [*vahnaydjeahray*], delirare [*daylerahray*].
raven, *n.* corvo *m.* [*korvo*].
ravine, *n.* burrone *m.* [*boorronay*].
raw, *adj.* crudo [*kroodo*]; acerbo [*ahchairbo*]; grezzo [*gretzo*].
ray, *n.* raggio *m.* [*radjeo*].
razor, *n.* rasoio *m.* [*rahsoeo*]; **safety** —, r. di sicurezza [— *de sekooretzah*].
reach, *v.* arrivare [*ahrrevahray*], raggiungere [*rahdjeoonjayray*] || *n.* portata *f.* [*portahtah*].
react, *v.* reagire [*rayahjeeray*].
reactor, *n.* reattore *m.* [*reahttoray*].
read (read, read), *v.* leggere [*ledjayray*].
reader, *n.* lettore *m.* [*lettoray*].
readiness, *n.* prontezza *f.* [*prontetzah*], speditezza *f.* [*spaydetetzah*].
reading, *n.* lettura *f.* [*lettoorah*]; — **room**, sala *f.* di lettura [*sahlah de l.*].
ready, *adj.* pronto [*pronto*]; — **money**, denaro *m.* contante [*denahro kontahntay*].
ready-made, *adj.* pronto [*pronto*] (per l'uso).
real, *adj.* reale [*rayahlay*], vero [*vairo*]; — **estate**, beni *m.pl.* immobili [*baynee immobelee*], proprietà *f.pl.* immobiliari [*propreaytah immobeleahree*].
reality, *n.* realtà *f.* [*reahltah*].
realize, *v.* realizzare [*ray-ahlitzahray*]; rendersi conto di [*rendairse konto de*].
reap, *v.* mietere [*me-ettayray*].

reappear, *v.* riapparire [*reahppahreeray*].
rear, *n.* tergo *m.* [*tairgo*] || *adj.* posteriore [*posstaireoray*] || *v.* allevare [*ahllayvahray*], educare [*aydookahray*]; innalzare [*innahltsahray*].
reason, *n.* ragione *f.* [*rahjeonay*] || *v.* ragionare [*rahjeona-hray*].
reasonable, *adj.* ragionevole [*rahjeonayvolay*].
reasoning, *n.* ragionamento *m.* [*rahjeonahmento*].
rebate, *n.* ribasso *m.* [*rebahsso*].
rebellion, *n.* ribellione *f.* [*rebelleonay*].
rebound, *v.* rimbalzare [*rimbahltsahray*].
rebuild (rebuilt, rebuilt), *v.* rifabbricare [*refahbbrekahray*].
rebuke, *v.* rimproverare [*rimprovayrahray*] || *n.* rimprovero *m.* [*rimprovayro*].
receipt, *n.* ricevuta *f.* [*rechayvootah*].
receive, *v.* ricevere [*rechayvayray*].
recent, *adj.* recente [*raychentay*].
reception, *n.* ricevimento *m.* [*rechayvemento*].
recipe, *n.* ricetta *f.* [*rechettah*] (medica).
reciprocate, *v.* contraccambiare [*kontrahkahmbeahray*].
reckless, *adj.* temerario [*taymayrahreo*].
reckon, *v.* calcolare [*kahlkolahray*].
reckoning, *n.* calcolo *m.* [*kahlkolo*], conteggio *m.* [*kontay-djeo*].
reclining, *adj.* inclinato [*inklenahto*].
recognize, *v.* riconoscere [*rekonoshayray*].
recommend, *v.* raccomandare [*rahkkomahndahray*].
recompense, *n.* ricompensa *f.* [*rekompensah*] || *v.* ricompensare [*rekompensahray*].
reconcile, *v.* riconciliare [*rekonchelea hray*].
record, *n.* primato *m.* [*premahto*]; disco *m.* [*dissko*] (di grammofono) || *v.* tener nota [*tenair notah*], registrare [*rayjestrahray*].
record holder, *n.* primatista *m.f.* [*premahteessta*].
record player, *n.* giradischi *m.* [*jerahdisskee*]; grammofono *m.* [*grahmmofono*].

recover, *v.* ricuperare [*rekoopairahray*]; guarire [*gooahreeray*], ristabilirsi [*restahbelersee*].
recovery, *n.* ricupero *m.* [*rekoopairo*]; guarigione *f.* [*gooahrejeonay*].
recreation, *n.* ricreazione *f.* [*rekray-ahtseonay*].
recruit, *n.* recluta *f.* [*rayklootah*].
rectangular, *adj.* rettangolare [*rettahngolahray*].
rectitude, *n.* rettitudine *f.* [*retteetoodenay*].
recurrence, *n.* ricorrenza *f.* [*rekorrentsah*].
recycle, *v.* riciclare [*recheklahray*].
red, *adj.* & *n.* rosso *m.* [*rosso*].
redcurrant, *n.* ribes *m.* [*reebayss*].
redeem, *v.* redimere [*raydeemayray*], riscattare [*risskahttahray*].
redouble, *v.* raddoppiare [*rahddoppeahray*].
redskin, *n.* pellerossa *m.f.* [*pellayrossah*].
reduce, *v.* ridurre [*redoorray*].
reduction, *n.* riduzione *f.* [*redootseonay*].
reed, *n.* canna *f.* [*kahnnah*].
reef, *n.* scogliera *f.* [*skolyayrah*].
reel, *n.* bobina *f.* [*bobeenah*].
refer, *v.* riferirsi [*refayreersee*].
reference, *n.* referenza *f.* [*rayfairentsah*]; riferimento *m.* [*refayreemento*]; *with — to*, in riferimento a.
refine, *v.* raffinare [*rahffeenahray*].
reflect, *v.* riflettere [*reflettayray*].
reflector, *n.* catarifrangente *m.* [*kahtahreefrahngentay*].
reform, *n.* riforma *f.* [*reformah*] || *v.* riformare [*reformahray*].
reflex, *adj.* & *n.* riflesso *m.* [*reflesso*].
refrain, *n.* ritornello *m.* [*retornello*].
refresh, *v.* rinfrescare [*rinfresskahray*].
refreshment, *n.* rinfresco *m.* [*rinfressko*].
refrigerator, *n.* frigorifero *m.* [*fregoreefayro*].
refuge, *n.* rifugio *m.* [*refoojeo*].
refugee, *n.* rifugiato *m.* [*refoojeahto*], profugo *m.* [*profoogo*].

refund, *v.* rimborsare [*rimborsahray*], rifondere [*refondayray*].
refusal, *n.* rifiuto *m.* [*refeooto*], diniego *m.* [*dineaygo*].
refuse, *n.* rifiuto *m.* [*refeooto*], scarto *m.* [*skahrto*] || *v.* rifiutare [*refeootahray*].
regard, *n.* riguardo *m.* [*regooahrdo*]; *kind regards*, distinti saluti [*disstintee sahlootee*] || *v.* riguardare [*regooahrdahray*].
regarding, *prep.* riguardo a [*regooahrdo ah*], quanto a [*kwahnto ah*].
regiment, *n.* reggimento *m.* [*raydjemento*].
region, *n.* regione *f.* [*rayjeonay*].
register, *n.* registro *m.* [*rayjeesstro*] || *v.* registrare [*rayjeesstrahray*].
registry office, *n.* anagrafe *f.* [*ahnahgrahfay*].
regret, *n.* rincrescimento *m.* [*rinkreshemento*] || *v.* dolersi di [*dolairsee de*].
regular, *adj.* regolare [*raygolahray*].
regulate, *v.* regolare [*raygolahray*].
rehearsal, *n.* prova *f.* [*provah*] (teatrale).
reign, *n.* regno *m.* [*raynyo*] || *v.* regnare [*raynyahray*].
reimburse, *v.* rimborsare [*reemborsahray*].
rein, *n.* redine *f.* [*raydenay*].
reindeer, *n.* renna *f.* [*rennah*].
reinforce, *v.* rinforzare [*rinfortsahray*].
reject, *v.* rigettare [*rejettahray*], respingere [*resspinjayray*].
rejection, *n.* rigetto *m.* [*reedjetto*].
rejoice, *v.* rallegrarsi [*rahllaygrahrsee*]; divertirsi [*devairteersee*].
relapse, *n.* ricaduta *f.* [*rekahdootah*] || *v.* ricadere [*rekahdayray*].
relate, *v.* raccontare [*rahkkontahray*].
relating, *adj.* relativo [*raylahteevo*], concernente [*konchairnentay*].
relation, *n.* relazione *f.* [*raylahtseonay*]; parente *m.f.* [*pahrentay*].
relative, *n.* parente *m.f.* [*pahrentay*] || *adj.* relativo.
relax, *v.* rilassare [*relahssahray*]; rilassarsi [*relahssahrsee*].

relaxing, *adj.* distensivo [*disstenseevo*], rilassante [*relahssahntay*].
release, *v.* rilasciare [*relahsheahray*]; distribuire [*distreebooeeray*] || *n.* distribuzione *f.* [*distreebootseonay*]; **press —**, *n.* comunicato *m.* stampa [*komooneekahto stahmpah*].
reliability, *n.* affidabilità *f.* [*ahffedahbeletah*].
reliable, *adj.* affidabile [*ahffedahbelay*].
reliance, *n.* fiducia *f.* [*fedoocheah*], affidamento *m.* [*ahffeedahmento*].
relief, *n.* sollievo *m.* [*solleayvo*]; rilievo *m.* [*releayvo*].
religion, *n.* religione *f.* [*raylejeonay*].
religious, *adj.* religioso [*raylejeoso*].
relish, *n.* sapore *m.* [*sahporay*]; gusto *m.* [*goossto*] || *v.* gustare [*goosstahray*].
rely, *v.* fare assegnamento [*fahray ahssaynyamento*], fidarsi di [*fedahrsee de*].
remain, *v.* rimanere [*remahnayray*].
remainder, *n.* resto *m.* [*ressto*]; avanzo *m.* [*ahvahntso*].
remake (remade, remade), *v.* rifare [*refahray*].
remark, *n.* osservazione *f.* [*ossairvahtseonay*] || *v.* notare [*notahray*].
remarkable, *adj.* notevole [*notayvolay*].
remedy, *n.* rimedio *m.* [*remaydeo*] || *v.* rimediare [*remaydeahray*].
remember, *v.* ricordarsi [*rekordahrsee*].
remind, *v.* rammentare [*rahmmentahray*].
remit, *v.* rimettere [*remettayray*].
remittance, *n.* rimessa *f.* [*remessah*] (di denaro).
remnant, *n.* avanzo *m.* [*ahvahntso*]; scampolo *m.* [*skahmpolo*].
remorse, *n.* rimorso *m.* [*remorso*].
remote, *adj.* remoto [*raymoto*] || **remote control**, *n.* telecomando *m.* [*taylaykomahndo*].
removal, *n.* trasloco *m.* [*trahsloko*].

remove, *v.* rimuovere [*remoo-ovayray*], togliere [*tolyayray*].
rend (rent, rent), *v.* lacerare [*lahchayrahray*], strappare [*strahppahray*].
renew, *v.* rinnovare [*rinnovahray*].
renewal, *n.* rinnovo *m.* [*rinnovo*].
renounce, *v.* rinunciare [*renoonchehray*].
renown, *n.* rinomanza *f.* [*renomahntsah*]; fama *f.* [*fahmah*].
renowned, *adj.* rinomato [*renomahto*].
rent, *n.* affitto *m.* [*ahffitto*]; nolo *m.* [*nolo*] || *v.* dare o prendere in affitto [*dahray o prendayray in ahffitto*].
repair, *n.* riparazione *f.* [*repahrahtseonay*] || *v.* riparare [*repahrahray*].
repeat, *v.* ripetere [*repaytayray*].
repent, *v.* pentirsi [*penteersee*].
repentance, *n.* pentimento *m.* [*pentemento*].
replace, *v.* ricollocare [*rekollokahray*]; rimpiazzare [*rimpeatzahray*].
replay, *n.* replica *f.* [*raypleekah*] || *v.* replicare [*raypleekahray*].
reply, *n.* risposta *f.* [*ressposstah*] || *v.* rispondere [*resspondayray*].
report, *n.* rapporto *m.* [*rahpporto*], relazione *f.* [*raylahtseonay*] || *v.* riferire [*refaireeray*].
reporter, *n.* cronista *m.* [*kroneesstah*].
represent, *v.* rappresentare [*rahppraysentahray*].
representative, *n.* rappresentante *m.f.* [*rahppraysentahntay*].
repress, *v.* reprimere [*raypreemayray*].
reproach, *n.* rimprovero *m.* [*reemprovayro*] || *v.* rimproverare [*reemprovayrahray*].
reproduce, *v.* riprodurre [*reprodoorray*].
reproduction, *n.* riproduzione *f.* [*reprodootseonay*].
reptile, *n.* rettile *m.* [*retteelay*].
republic, *n.* repubblica *f.* [*raypoobblekah*].
repulsion, *n.* repulsione *f.* [*raypoolseonay*].
repulsive, *adj.* ripugnante [*repoonyahntay*].
reputation, *n.* reputazione *f.* [*raypootahtseonay*].
request, *n.* richiesta *f.* [*reke-esstah*].

require, *v.* richiedere [*rekeaydayray*], abbisognare [*ahbbezonyahray*].
requisition, *n.* requisizione *f.* [*raykwesetseonay*] || *v.* requisire [*raykweseeray*].
rescue, *v.* salvare [*sahlvahray*], soccorrere [*sokkorrayray*] (pericolanti) || *n.* soccorso *m.* [*sokkorso*].
research, *n.* ricerca *f.* [*rechairkah*] || *v.* ricercare [*rechairkahray*], fare ricerche [*fahray rechairkay*].
researcher, *n.* ricercatore *m.* [*rechairkahtoray*].
resemblance, *n.* rassomiglianza *f.* [*rahssomelyahntsah*].
resemble, *v.* rassomigliare [*rahssomelyahray*].
reserve, *n.* riserva *f.* [*rezairvah*] || *v.* riservare [*rezairvahray*].
reside, *v.* risiedere [*rezeaydayray*].
residence, *n.* residenza *f.* [*rayzedentsah*].
resignations, *n.pl.* dimissioni *f.* [*dimisseonee*].
resist, *v.* resistere [*rayzeestayray*].
resolute, *adj.* risoluto [*resolooto*].
resolution, *n.* risoluzione *f.* [*reezolootseonay*].
resolve, *v.* risolvere [*rezolvayray*].
resort, *n.* stazione *f.* climatica [*stahtseonay kleemahteka*].
resound, *v.* risonare [*rezonahray*].
resource, *n.* risorsa *f.* [*rezorzah*].
respect, *n.* rispetto *m.* [*reespetto*] || *v.* rispettare [*reesspettahray*].
respectable, *adj.* rispettabile [*reesspettahbelay*].
respiration, *n.* respirazione *f.* [*resspeerahtseonay*].
responsibility, *n.* responsabilità *f.* [*ressponsahbeletah*].
responsible, *adj.* responsabile [*ressponsahbelay*].
rest, *n.* riposo *m.* [*reposo*]; resto *m.* [*ressto*] || *v.* riposare [*reposahray*].
restless, *adj.* irrequieto [*eerraykweayto*].
restraint, *n.* ritegno *m.* [*retaynyo*].
restriction, *n.* restrizione *f.* [*resstreetseonay*].
result, *n.* risultato *m.* [*rezooltahto*] || *v.* risultare [*rezooltahray*].

retail, *n.* minuto *m.* [*meenººto*], dettaglio *m.* [*dettªhlyo*] || *v.* vendere al minuto [*vᵉndayray ahl m.*], al dettaglio.
retailer, *n.* venditore *m.* al minuto [*vendetºray ahl meenººto*]. [*ray*].
retain, *v.* ritenere [*retaynªyray*], trattenere [*trahttaynªy-*
retaliation, *n.* rappresaglia *f.* [*rahpprayzªhlyah*].
retard, *n.* ritardo *m.* [*retªhrdo*] || *v.* ritardare [*retahrdªhray*].
retire, *v.* ritirarsi [*reterªhrsee*].
retrace, *v.* rintracciare [*rintrahtcheªhray*].
retribution, *n.* retribuzione *f.* [*raytrebootseºnay*].
retrieve, *v.* ricuperare [*rekoopairªhray*].
return, *n.* ritorno *m.* [*retºrno*]; **return ticket**, *n.* biglietto *m.* di andata e ritorno [*belyᵉtto de ahndªhtah ay r.*] || *v.* ritornare [*retornªhray*].
reveal, *v.* rivelare [*revaylªhray*].
revenge, *n.* vendetta *f.* [*vendᵉttah*].
reverse, *n.* rovescio *m.* [*rovªysheo*]; retromarcia *f.* [*raytromªhrcheah*], marcia *f.* indietro [*mªhrcheah indeªytro*] || *adj.* contrario [*kontrªhreo*] || *v.* capovolgere [*kahpovºljayray*].
review, *n.* rivista *f.* [*revⁱsstah*] || *v.* rivedere [*revaydªyray*], esaminare [*ayzahminªhray*]; far la recensione [*fahr lah raychenseºnay*].
revision, *n.* revisione *f.* [*rayveseºnay*].
revoke, *v.* revocare [*rayvokªhray*].
revolt, *n.* rivolta *f.* [*revºltah*] || *v.* rivoltarsi [*revoltªhrsee*].
revolution, *n.* rivoluzione *f.* [*revolootseºnay*].
reward, *n.* ricompensa *f.* [*rekompᵉnsah*]; taglia *f.* [*tªhlyah*].
rheumatism, *n.* reumatismo *m.* [*rayoomahtⁱssmo*].
rib, *n.* costola *f.* [*kºsstolah*].
ribbon, *n.* nastro *m.* [*nªhsstro*].
rice, *n.* riso *m.* [*rᵉᵉzo*] (cibo).
rich, *adj.* ricco [*rᵉᵉkko*].
riches, *n.pl.* ricchezze *f.* [*reekkᵉtzay*].
richness, *n.* ricchezza *f.* [*reekkᵉtzah*].

rid (rid, rid), *v.* sbarazzare [*sbahrahtzahray*]; **to get — of**, sbarazzarsi di [*sbahrahtzahrsee de*].
riddle, *n.* enigma *m.* [*eneegmah*], indovinello *m.* [*indovenello*].
ride, passeggiata *f.* a cavallo [*pahssaydjeahtah ah kahvahllo*], in bicicletta [*in becekleттah*].
ride (rode, ridden), *v.* cavalcare [*kahvahlkahray*].
rider, *n.* cavallerizzo *m.* [*kahvahllayritzo*]; fantino *m.* [*fahnteeno*].
ridicule, *n.* ridicolo *m.* [*redeekolo*] || *v.* mettere in ridicolo [*mettayray in r.*].
ridiculous, *adj.* ridicolo [*redeekolo*].
riding track, *n.* maneggio *m.* [*mahnaydjeo*].
rifle, *n.* fucile *m.* [*foocheelay*].
right, *n.* diritto *m.* [*deritto*]; lato *m.* destro [*lahto desstro*], destra *f.* [*desstrah*] || *adj.* giusto [*jeoossto*], equo [*aykwo*], vero [*vairo*]; destro [*desstro*] || **to be —**, aver ragione [*ahvayr rahjeonay*].
rigid, *adj.* rigido [*reejedo*].
rigorous, *adj.* rigoroso [*regoroso*].
rim, *n.* orlo *m.* [*orlo*]; cerchione *m.* [*chairkeonay*] (di ruota).
rind, *n.* scorza *f.* [*skortsah*]; cotenna *f.* [*kotennah*]; buccia *f.* [*bootcheah*]. [*m.* [*skooillo*].
ring, *n.* anello *m.* [*ahnello*]; circolo *m.* [*cheerkolo*]; squillo
ring (rang, rung), *v.* suonare [*soo-onahray*]; tintinnare [*tintinnahray*].
rinse, *v.* risciacquare [*resheahkwahray*].
riot, *n.* sommossa *f.* [*sommossah*].
ripe, *adj.* maturo [*mahtooro*].
ripen, *v.* maturare [*matoorahray*].
rise, *n.* salita *f.* [*sahleetah*], levata *f.* [*layvahtah*]; aumento *m.* [*ahoomento*].
rise (rose, risen), *v.* levarsi [*layvahrsee*], sorgere [*sorjayray*]; aver origine [*ahvair oreejenay*]; aumentare [*ahoomentahray*].

risk, *n.* rischio *m.* [*risskeo*] || *v.* rischiare [*risskeahray*].
risky, *adj.* rischioso [*risskeoso*].
river, *n.* fiume *m.* [*feoomay*].
road, *n.* strada *f.* [*sstrahdah*].
roam, *v.* vagare [*vahgahray*], gironzare [*jeerontsahray*].
roar, *n.* ruggito *m.* [*roodjeto*], boato *m.* [*boahto*], rombo *m.* [*rombo*] || *v.* ruggire [*roodjeeray*], rombare [*rombahray*].
roast, *n.* arrosto *m.* [*ahrrossto*] || *v.* arrostire [*ahrrosteeray*].
roast-beef, *n.* manzo *m.* arrosto [*mahntso ahrrossto*].
rob, *v.* rubare [*roobahray*].
robber, *n.* ladro *m.* [*lahdro*].
robbery, *n.* furto *m.* [*foorto*]. [cullare [*koollahray*].
rock, *n.* roccia *f.* [*rotcheah*] || *v.* dondolare [*dondolahray*];
rocket, *n.* missile *m.* [*missilay*].
rocket-launcher, *n.* lanciamissili *m.* [*lahncheahmissilee*]; lanciarazzi *m.* [*lahncheahrahtsee*].
rocking-chair, *n.* sedia *f.* a dondolo [*saydeah ah dondolo*].
rocky, *adj.* roccioso [*rotcheoso*].
roll, *n.* rotolo *m.* [*rotolo*]; rullio *m.* [*roolleeo*] || *v.* rotolare [*rotolahray*]; rullare [*roollahray*].
roller, *n.* bigodino *m.* [*beegodeeno*].
roller skates, *n.pl.* schettini *m.* [*skettenee*].
rolling pin, *n.* mattarello *m.* [*mahttahrello*].
Roman, *n.* & *adj.* romano *m.* [*romahno*].
roof, *n.* tetto *m.* [*tetto*]. [*torray*].
rook, *n.* cornacchia *f.* [*kornahkkea*]; (scacchi) torre *f.*
room, *n.* stanza *f.* [*sstahntsa*], spazio *m.* [*sspahtseo*].
roomy, *adj.* spazioso [*sspahtseoso*].
root, *n.* radice *f.* [*rahdeechay*].
rope, *n.* fune *f.* [*foonay*].
rose, *n.* rosa *f.* [*rozah*].
rosemary, *n.* rosmarino *m.* [*rozmahreeno*].
rotten, *adj.* marcio [*mahrcheo*]. [*mahrcheeray*].
rot, *n.* marciume *m.* [*mahrcheoomay*] || *v.* marcire

rouge, *n.* belletto *m.* [*belletto*].
rough, *adj.* ruvido [*roovedo*]; burrascoso [*boorahsskoso*]; mosso [*mosso*] (di mare); — **copy**, brutta copia *f.* [*broottah kopeah*].
round, *n.* giro *m.* [*jeero*], turno *m.* [*toorno*] || *adj.* tondo [*tondo*], rotondo [*rotondo*].
rouse, *v.* destare [*desstahray*], svegliare [*svaylyahray*]; eccitare [*etcheetahray*].
route, *n.* direzione *f.* [*deraytseonay*], rotta *f.* [*rottah*].
row, *n.* tumulto *m.* [*toomoolto*], lite *f.* [*leetay*].
row, *n.* fila *f.* [*feelah*], filare *m.* [*felahray*] || *v.* remare [*raymahray*].
royal, *adj.* reale [*rayahlay*].
rub, *v.* fregare [*fraygahray*], strofinare [*strofenahray*].
rubber, *n.* gomma *f.* [*gommah*].
rubbish, *n.* immondizie *f.pl.* [*immondeetseay*]; robaccia *f.* [*robahtcheah*].
ruby, *n.* rubino *m.* [*roobeeno*].
rudder, *n.* timone *m.* [*teemonay*].
rude, *adj.* rude [*rooday*], grossolano [*grossolahno*].
rug, *n.* tappeto *m.* [*tahppeto*].
ruin, *n.* rovina *f.* [*roveenah*] || *v.* rovinare [*roveenahray*].
rule, *n.* regola *f.* [*raygolah*], regolamento *m.* [*raygolahmento*] || *v.* governare [*govairnahray*], regolare [*raygolahray*]; rigare [*reegahray*].
rummy, *n.* ramino *m.* [*rahmeeno*].
rumour, *n.* rumore *m.* [*roomoray*]; voce *f.* [*vochay*] (pubblica) || *v.* far correr voce [*fahr korrayr v.*].
rumple, *n.* piega *f.* [*peaygah*], grinza *f.* [*greentsah*] || *v.* spiegazzare [*speaygahtzaray*].
run, *n.* corsa *f.* [*korsah*] || (**ran**, **run**), *v.* correre [*korrayray*]; — **away**, scappare [*skahppahray*].
runaway, *n.* evaso *m.* [*ayvahso*], fuggiasco *m.* [*foodjeahsko*]
running-in, *n.* rodaggio *m.* [rodahdjeo].
rural, *adj.* rurale [*roorahlay*].
rush, *n.* giunco *m.* [*joonko*]; foga *f.* [*fogah*], furia *f.* [*fooreah*] || *v.* lanciarsi [*lahncheahrsee*], precipitarsi [*praychepetahrsee*].

Russian, *adj.* & *n.* russo *m.* [*roosso*].
rust, *n.* ruggine *f.* [*roodjeenay*] || *v.* arrugginire [*ahrroodjeneeray*].
rustic, *adj.* & *n.* rustico *m.* [*roosteeko*].
rustle, *n.* fruscio *m.* [*froosheeo*] || *v.* frusciare [*froosheahray*].
rusty, *adj.* arrugginito [*ahrroodjeneeto*].
rye, *n.* segale *f.* [*saygahlay*].

S

saccharin, *n.* saccarina *f.* [*sahkkahreenah*].
sack, *n.* sacco *m.* [*sahhkko*]; saccheggio *m.* [*sahkkaydjeo*] || *v.* saccheggiare [*sahkkaydjeahray*].
sacred, *adj.* sacro [*sahhkro*].
sacrifice, *n.* sacrificio *m.* [*sahkrefeecheo*] || *v.* sacrificare [*sahkrefekahray*].
sad, *adj.* triste [*trisstay*], mesto [*messto*].
sadden, *v.* rattristare [*rahttrisstahray*].
saddle, *n.* sella *f.* [*sellah*] || *v.* sellare [*sellahray*].
safe, *n.* cassaforte *f.* [*kahssafortay*], forziere *m.* [*fortseayray*] || *adj.* sicuro [*sekooro*], salvo [*sahhlvo*] || **—ly**, *adv.* sano e salvo [*sahhno ay sahhlvo*]; senza pericolo [*ssentsah pareekolo*].
safety, *n.* sicurezza *f.* [*sekooretsah*].
safety belt, *n.* cintura *f.* di salvataggio [*chintoorah de sahlvahtadjeo*].
safety razor, *n.* rasoio *m.* di sicurezza [*rahsoeo de sekooretsah*].
saffron, *n.* zafferano *m.* [*tsahffayrahno*].
sage, *n.* salvia *f.* [*sahhlveah*]; saggio *m.* [*saahdjeo*], sapiente *m.* [*sahpe-entay*].
sail, *n.* vela *f.* [*vaylah*] || *v.* salpare [*sahlpahray*]; navigare [*nahvegahray*].
sailor, *n.* marinaio *m.* [*mahrenaheo*].
saint, *n.* santo *m.* [*sahhnto*].
salad, *n.* insalata *f.* [*insahlahtah*].
salary, *n.* stipendio *m.* [*ssteependeo*].
sale, *n.* vendita *f.* [*vendetah*]; saldo *m.* [*sahhldo*].

salesman, *n.* venditore *m.* [*vendetoray*], commesso *m.* (di negozio) [*kommesso*]; *f.* **saleswoman** *n.* commessa *f.*
salmon, *n.* salmone *m.* [*sahlmonay*].
salt, *n.* sale *m.* [*sahlay*]; — **cellar**, *n.* saliera *f.* [*sahleayrah* || *v.* salare [*sahlahray*].
same, *adj.* stesso [*stesso*], medesimo [*maydayzeemo*].
sample, *n.* campione *m.* [*kahmpeonay*]; — **post**, campione *m.* senza valore [*k. ssentsah vahloray*].
sand, *n.* sabbia *f.* [*sahbbeah*]; — **bath**, *n.* sabbiatura *f.* [*sahbbeahtoorah*].
sandal, *n.* sandalo *m.* [*sahndahlo*].
sandwich, *n.* panino *m.* imbottito [*pahneeno imbotteeto*].
sanitary, *adj.* sanitario [*sahnetahreo*], igienico [*ejeayniko*] || — **towel**, *n.* assorbente *m.* igienico [*ahssorbentay ejeayniko*].
sapphire, *n.* zaffiro *m.* [*tsahffeero*].
sardine, *n.* sardina *f.* [*sahrdeenah*].
Sardinian, *adj.* e *n.* sardo *m.* [*sahrdo*].
satchel, *n.* sacchetto *m.* [*sahketto*], cartella *f.* [*kahrtellah*].
satin, *n.* raso *m.* [*rahzo*] (stoffa).
satire, *n.* satira *f.* [*sahterah*].
satisfaction, *n.* soddisfazione *f.* [*soddissfahtseonay*].
satisfactory, *adj.* soddisfacente [*soddissfahchentay*].
satisfy, *v.* soddisfare [*soddissfahray*].
Saturday, *n.* sabato *m.* [*sahbahto*].
sauce, *n.* salsa *f.* [*sahlsah*].
saucepan, *n.* casseruola *f.* [*kahssayroo-olah*].
saucer, *n.* piattino *m.* da tazza [*peahtteeno dah tahtzah*].
saucy, *adj.* insolente [*insolentay*], impertinente [*impairtinentay*].
sausage, *n.* salsiccia *f.* [*sahlsitcheah*].
savage, *adj.* selvaggio [*selvahdjeo*].
save, *prep.* salvo [*sahlvo*], eccetto [*aytchetto*] || *v.* risparmiare [*risspahrmeahray*].
saving, *n.* risparmio *m.* [*risspahrmeo*].
savour, *n.* sapore *m.* [*sahporay*] || *v.* assaporare [*ahssahporahray*].

savoury, *adj.* saporito [*sahporeeto*], saporoso [*sahporoso*]; — **biscuit**, salatino *m.* [*sahlahteeno*].
savoy (cabbage), *n.* verza *f.* [*vairtzah*].
saw, *n.* sega *f.* [*saygah*] || *v.* segare [*sayg ahray*].
saxophone, *n.* sassofono *m.* [*sahssofono*].
say (said, said), *v.* dire [*deeray*].
scaffold, *n.* impalcatura *f.* [*impahlkatoorah*]; patibolo *m.* [*pahteebolo*].
scaffolding, *n.* impalcatura *f.* [*impahlkahtoorah*]; ponteggio *m.* [*pontaydjeo*].
scald, *n.* scottatura *f.* [*skottahtoorah*] || *v.* scaldare [*skahldahray*], riscaldare [*risskahldahray*].
scale, *n.* scala *f.* [*skahlah*] (graduata); piatto *m.* [*peahtto*] (di bilancia); scaglia *f.* [*skahlyah*], squama *f.* [*skwahmah*].
scales, *n.pl.* bilancia *f.* [*belahnchea*].
scandal, *n.* scandalo *m.* [*skahndahlo*]; maldicenza *f.* [*mahldechentsah*].
scant, scanty, *adj.* scarso [*skahrso*].
scapegoat, *n.* capro *m.* espiatorio [*kahpro esspeahtoreo*].
scar, *n.* cicatrice *f.* [*cheekahtreechay*].
scarce, *adj.* scarso [*skahrso*] || —**rly**, *adv.* appena [*ahppenah*].
scarecrow, *n.* spaventapasseri *m.* [*spahventahpahssayree*].
scarf, *n.* sciarpa *f.* [*sheahrpah*].
scarlet fever, *n.* scarlattina *f.* [*skahrlahtteenah*].
scatter, *v.* disperdere [*disspairdayray*], spargere [*spahrjayray*], sparpagliare [*spahrpalyahray*].
scene, *n.* scena *f.* [*shaynah*].
scenery, *n.* scenario *m.* [*shaynahreo*].
scent, *n.* odore *m.* [*odoray*], profumo *m.* [*profoomo*] || *v.* fiutare [*feootahray*]; profumare [*profoomahray*].
scheme, *n.* schema *m.* [*skaymah*] || *v.* progettare [*projettahray*].
schnorkel, *n.* boccaglio *m.* [*bokkahlyo*].
scholar, *n.* dotto *m.* [*dotto*]; scolaro *m.* [*skolahro*] || —**ship**, *n.* borsa *f.* di studio [*borsah de stoodeo*].
school, *n.* scuola *f.* [*skoo-olah*].

schoolbag, *n.* cartella *f.* [*kahrtellah*].
science, *n.* scienza *f.* [*shee-entsah*]; — **fiction**, *n.* fantascienza *f.* [*fahntahshee-entsah*].
scientific, *adj.* scientifico [*shee-enteefeko*].
scissors, *n.pl.* forbici *f.* [*forbeche*].
scoff, *v.* schernire [*skairneeray*], beffeggiare [*bayffaydjeahray*].
scold, *v.* sgridare [*sgreedahray*].
scorch, *v.* bruciacchiare [*broocheahkkeahray*]; bruciare [*broocheahray*] (del sole).
score, *n.* ventina *f.* [*venteenah*]; punteggio *m.* [*poontaydjeo*].
scorn, *n.* scorno *m.* [*skorno*], disprezzo *m.* [*dissprettzo*] || *v.* sdegnare [*sdaynyahray*], disprezzare [*disspretzahray*].
Scot, *n.* scozzese *m.f.* [*skotzaysay*].
Scotch, **Scottish**, *adj.* scozzese [*skotzaysay*].
Scotsman, *n.* scozzese *m.* [*skotzaysay*].
scout, *n.* esploratore *m.* [*essplorahtoray*].
scrap, *n.* pezzetto *m.* [*petzetto*], brano *m.* [*brahno*], rimasuglio *m.* [*remahzoolyo*]. [*ray*].
scrape, *v.* grattare [*grahttahray*], raschiare [*rahsskeah-*
scratch, *n.* graffio *m.* [*grahffeo*], graffiatura *f.* [*grahffeahtoorah*] || *v.* graffiare [*grahffeahray*]; grattare [*grahttahray*].
screak, *n.* cigolìo *m.* [*cheegoleeo*]; grido *m.* acuto [*greedo ahkooto*] || *v.* cigolare [*cheegolahray*], strillare [*streellahray*], stridere [*streedayray*].
scream, *v.* gridare [*greedahray*] || *n.* grido *m.* [*greedo*].
screen, *n.* schermo *m.* [*skairmo*] || *v.* riparare [*repahrahray*], coprire [*kopreeray*].
screenwriter, *n.* sceneggiatore *m.* [*shaynaydjeahtoray*].
screw, *n.* vite *f.* [*veetay*] || *v.* avvitare [*ahvvetahray*].
scribble, *v.* scribacchiare [*skreebahkkeahray*].
script, *n.* sceneggiatura *f.* [*shaynaydjeahtoorah*], copione *m.* [*kopeonay*].

scriptwriter, *n.* sceneggiatore *m.* [*shaynaydjeahtoray*].
scuffle, *n.* zuffa *f.* [*tzooffah*].
sculptor, *n.* scultore *m.* [*skooltoray*].
scythe, *n.* falce *f.* [*fahlchay*] || *v.* falciare [*falcheahray*].
sea, *n.* mare *m.* [*mahray*]; — **sickness**, mal di m. [*mahl de m.*].
sea-front, *n.* lungomare *m.* [*loongomahray*].
seal, *n.* sigillo *m.* [*sejeello*]; foca *f.* [*fokah*] || *v.* sigillare [*sejeellahray*].
sealing-wax, *n.* ceralacca *f.* [*chayrahlahkkah*].
seam, *n.* cucitura *f.* [*koochetoorah*].
search, *n.* ricerca *f.* [*rechairkah*] || *v.* fare ricerche [*fahray rechairkay*], frugare [*froogahray*].
search-light, *n.* riflettore *m.* [*reflettoray*].
season, *n.* stagione *f.* [*stahjeonay*] || *v.* stagionare [*stahjonahray*]; condire [*kondeeray*].
seat, *n.* sedile *m.* [*saydeelay*], posto *m.* a sedere [*possto ah saydayray*]; seggio *m.* [*saydjeo*]; dimora *f.* [*demorah*].
seaweed, *n.* alga *f.* [*ahlgah*].
seclude, *v.* appartare [*ahppahrtahray*], isolare [*isolahray*].
second, *v.* secondare [*saykondahray*] || *adj.* secondo [*saykondo*].
second-hand, *adj.* usato [*oosahto*], di seconda mano [*de saykondah mahno*].
secret, *n.* segreto *m.* [*saygreto*].
secretary, *n.* segretario *m.*, segretaria *f.* [*saygretah-reo-eah*].
sect, *n.* setta *f.* [*settah*].
section, *n.* sezione *f.* [*saytseonay*].
secure, *v.* mettere al sicuro [*mettayray ahl sekooro*], proteggere [*protaydjayray*], assicurare [*ahssekoorahray*].
security, *n.* titolo *m.* di credito [*teetolo de kraydeto*], obbligazione *f.* [*obblegahtseonay*]; sicurezza *f.* [*sekooretzah*], garanzia *f.* [*gahrahntseah*].
sedative, *n.* & *adj.* sedativo *m.* [*saydahteevo*], calmante *m.* [*kahlmahntay*].

sedentary, *adj.* sedentario [*saydentahreo*].
seduce, *v.* sedurre [*saydoorray*].
see, *n.* sede *f.* vescovile o papale [*sayday vesskoveelay o pahhpahlay*]; **the Holy —**, la Santa sede *f.* [*lah sahntah s.*].
see (saw, seen), *v.* vedere [*vaydayray*].
seed, *n.* seme *m.* [*saymay*], semenza *f.* [*saymentsah*].
seek (sought, sought), *v.* cercare [*chairkahray*].
seem, *v.* sembrare [*sembrahray*].
seize, *v.* afferrare [*ahffayrrahray*], ghermire [*ghairmeeray*]; sequestrare [*saykwesstrahray*].
seldom, *adv.* raramente [*rahrahmentay*].
select, *v.* scegliere [*shelyayray*].
selection, *n.* selezione *f.* [*selaytseonay*].
self (*pl.* **selves**), *pr.* stesso [*stesso*], medesimo [*mayday-seemo*].
self-conceited, *adj.* presuntuoso [*praysoontoo-oso*].
self-defence, *n.* autodifesa *f.* [*ahootodefaysah*].
selfish, *adj.* & *n.* egoista *m.f.* [*aygoisstah*].
selfishness, *n.* egoismo *m.* [*aygoissmo*].
sell (sold, sold), *v.* vendere [*vendayray*].
seller, *n.* venditore *m.* [*vendetoray*].
semolina, *n.* semolino *m.* [*saymoleeno*].
senate, *n.* senato *m.* [*saynahto*].
senator, *n.* senatore *m.* [*saynahtoray*].
send (sent, sent), *v.* mandare [*mahndahray*].
sender, *n.* mittente *m.f.* [*mettentay*].
sensation, *n.* sensazione *f.* [*sensahtseonay*].
sense, *n.* senso *m.* [*senso*]; senno *m.* [*senno*].
sensibility, *n.* sensibilità *f.* [*sensebeletah*].
sensible, *adj.* sensato [*sensahto*]; assennato [*ahssennahto*]; comodo [*komodo*].
sensitive, *adj.* sensibile [*senseebelay*], sensitivo [*senseteevo*].
sensuality, *n.* sensualità *f.* [*sensooahletah*].
sentence, *n.* frase *f.* [*frahzay*]; massima *f.* [*mahssemah*].
sentiment, *n.* sentimento *m.* [*sentemento*].

sentry, *n.* sentinella *f.* [*senteenellah*].
separate, *adj.* separato [*saypahrahto*] || *v.* separare [*saypahrahray*].
separation, *n.* separazione *f.* [*saypahrahtseonay*].
September, *n.* settembre *m.* [*settembray*].
serenade, *n.* serenata *f.* [*sayraynahtah*].
serene, *adj.* sereno [*sayrayno*].
sergeant, *n.* sergente *m.* [*sairjentay*].
serial, *n.* romanzo *m.* a puntate [*romahntso ah poontahtay*]; sceneggiato *m.* [*shaynaydjeahto*].
series, *n.* serie *f.* [*sayreay*].
serious, *adj.* serio [*sayreo*].
sermon, *n.* sermone *m.* [*sairmonay*], predica *f.* [*praydekah*].
serpent, *n.* serpente *m.* [*sairpentay*].
serrated, *adj.* seghettato [*sayghettahto*].
serum, *n.* siero *m.* [*seayro*].
servant, *n.* servo *m.*, **serva** *f.* [*sairvo -ah*].
serve, *v.* servire [*sairveeray*].
service, *n.* servizio *m.* [*sairveetseo*].
service-station, *n.* stazione *f.* di servizio [*stahtseonay de sairveetseo*]; — **attendant**, benzinaio *m.* [*bentzeenaheo*].
serviceable, *adj.* servizievole [*sairvetseayvolay*], utile [*ootelay*].
set (set, set), *v.* collocare [*kollokahray*], porre [*porray*]; aggiustare [*ahdjeoosstahray*]; ornare [*ornahray*] || *n.* serie *f.* [*sayreay*]; servizio *m.* [*sairveetseo*] (di piatti ecc.).
settle, *v.* stabilire [*stahbeleeray*]; decidere [*daycheedayray*]; saldare [*sahldahray*] (un conto); aggiustare [*adjeoostahray*] (una questione).
settlement, *n.* accomodamento *m.* [*ahkkomodamento*]; liquidazione *f.* [*lekwedahtseonay*]; colonia *f.* [*koloneah*]; saldo *m.* [*sahldo*] (di un conto).
several, *adj.* parecchi [*pahraykke*].
severance-pay, *n.* liquidazione *f.* [*lekwedahtseonay*].

sew, *v.* cucire [*koocheeray*].
sewing, *m.* cucitura *f.* [*koochetoorah*]; — **machine**, macchina *f.* per cucire [*mahkkeenah pair koocheeray*].
sexton, *n.* sagrestano *m.* [*sahgresstahno*].
shabby, *adj.* mal vestito [*mahl vessteeto*], sciatto [*sheahtto*].
shade, *n.* ombra *f.* [*ombra*]; paralume *m.* [*pahrahloomay*] || *v.* ombreggiare [*ombraydjeahray*].
shadow, *n.* ombra *f.* [*ombrah*] (di un corpo) || *v.* fare ombra [*fahray ombrah*]; pedinare [*paydenahray*].
shady, *adj.* ombreggiato [*ombraydjeahto*].
shake, *n.* scossa *f.* [*skossah*]; stretta *f.* [*strettah*] (di mano); frappè *m.* [*frahppay*]; frullato *m.* [*froollahto*].
shake (shook, shaken), *v.* scuotere [*skwotayray*]; tremare [*traymahray*].
shallow, *adj.* poco profondo [*poko profondo*].
sham, *v.* fingere [*finjayray*], simulare [*semoolahray*].
shame, *n.* vergogna *f.* [*vairgonyah*].
shamrock, *n.* trifoglio *m.* [*treefolyo*].
shape, *n.* forma *f.* [*formah*], conformazione *f.* [*konformahtseonay*] || *v.* dar forma [*dahr f.*].
shapeless, *adj.* informe [*informay*].
share, *n.* parte *f.* [*pahrtay*], porzione *f.* [*portseonay*]; azione *f.* [*ahtseonay*] (titolo) || *v.* dividere [*deveedayray*], spartire [*spahrteeray*].
shareholder, *n.* azionista *m.f.* [*ahtseonisstah*].
shark, *n.* squalo *m.* [*skwahlo*], pescecane *m.* [*payshaykahnay*]; (fam.) strozzino *m.* [*strotzeeno*].
sharp, *adj.* acuto [*ahkooto*], tagliente [*tahlyentay*]; astuto [*ahsstooto*]; acre [*ahkray*], acido [*ahchedo*].
shave (shaved, shaven o **shaved)**, *v.* farsi la barba [*fahrsee lah bahrbah*], radersi [*rahdairsee*]; radere [*rahdayray*].
shaving-brush, *n.* pennello *m.* per la barba [*pennello pair lah bahrbah*].
shawl, *n.* scialle *m.* [*sheahllay*].
shear (shore, shorn), *v.* (anche reg.) tondere [*tondayray*], tosare [*tozahray*].

shears, *n.pl.* cesoie *f.* [*chayzoeay*].
shed, *n.* tettoia *f.* [*tettoeah*].
shed (shed, shed), *v.* versare [*vairsahray*], spandere [*spahndayray*], spargere [*spahrjayray*].
sheep, *n.sing.* & *pl.* pecora *f.* [*paykorah*].
sheepish, *adj.* timido [*teemedo*], impacciato [*impahtcheahto*].
sheet, *n.* lenzuolo *m.* [*lentsoo-olo*]; foglio *m.* [*folyo*].
shelf, *n.* scaffale *m.* [*skahffahlay*].
shell, *n.* conchiglia *f.* [*konkelyah*]; (artigl.) granata *f.* [*grahnahtah*].
shellfish, *n.* crostaceo *m.* [*krosstahchayo*].
shelter, *n.* ricovero *m.* [*rekovayro*], riparo *m.* [*repahro*] || *v.* mettere al coperto [*mettayray ahl kopairto*], riparare [*repahrahray*]; ripararsi [*repahrahrsee*].
shepherd, *n.* pastore *m.* [*pahsstoray*]; **shepherdess**, pastorella *f.* [*pahsstorellah*].
shield, *n.* scudo *m.* [*skoodo*], protezione *f.* [*protaytseonay*] || *v.* proteggere [*protaydjayray*].
shift, *n.* cambio *m.* [*kambeo*], sostituzione *f.* [*sosstetootseonay*] || *v.* spostare [*sposstahray*].
shilling, *n.* scellino *m.* [*shelleeno*].
shine (shone, shone), *v.* brillare [*brillahray*], risplendere [*ressplendayray*].
ship, *n.* nave *f.* [*nahvay*] || *v.* imbarcare [*imbahrkahray*], spedire [*spaydeeray*] (per mare). [mare).
shipment, *n.* spedizione *f.* [*spaydetseonay*] (di merce per
shipowner, *n.* armatore *m.* [*ahrmahtoray*].
shipwreck, *n.* naufragio *m.* [*nahoofrahjeo*] || *v.* naufragare [*nahoofrahgahray*].
shipyard, *n.* cantiere *m.* navale [*kahnteayray nahvahlay*].
shire, *n.* contea *f.* [*kontayah*] (provincia).
shirt, *n.* camicia *f.* [*kahmeecheah*].
shiver, *n.* brivido *m.* [*breevedo*] || *v.* rabbrividire [*rahbbrevedeeray*], tremare [*traymahray*].

shock, *n.* colpo *m.* [*kolpo*], scossa *f.* [*skossah*] || *v.* urtare [*oortahray*]; disgustare [*dissgoosstahray*].

shock absorber, *n.* ammortizzatore *m.* [*ahmmorteetzahtoray*].

shocking, *adj.* sorprendente [*sorprendentay*]; urtante [*oortahntay*].

shoe, *n.* scarpa *f.* [*skahrpah*].

shoeblack, *n.* lustrascarpe *m.* [*loosstrahsskahrpay*].

shoemaker, *n.* calzolaio *m.* [*kahltsolaheo*].

shoepolish, *n.* lucido *m.* da scarpe [*loochedo dah skahrpay*].

shoe-shine, *n.* (amer.) lustrascarpe *m.* [*loosstrahsskahrpay*].

shoot (shot, shot), *v.* sparare [*spahrahray*], tirare [*teerahray*], fucilare [*foochelahray*]; germogliare [*jairmolyahray*]; girare [*djerahray*] (film ecc.), filmare [*filmahray*] || *n.* germoglio *m.* [*jairmolyo*].

shop, *n.* bottega *f.* [*bottaygah*], negozio *m.* [*naygotseo*] || *v.* far compere [*fahr kompairay*].

shopping, *n.* il fare acquisti [*fahray akwisstee*].

shore, *n.* lido *m.* [*leedo*], spiaggia *f.* [*speahdjeah*].

short, *adj.* corto [*korto*], breve [*brayvay*].

short circuit, *n.* cortocircuito *m.* [*kortocheerkooeto*].

short cut, *n.* scorciatoia *f.* [*skorcheahtoeah*].

shorten, *v.* abbreviare [*ahbbrayveeahray*], accorciare [*ahkkorcheahray*].

shorthand, *n.* stenografia *f.* [*stenograhfeeah*].

short-sighted, *adj.* & *n.* miope *m.f.* [*meeopay*].

short time, *n.* orario *m.* ridotto [*orahreo reedotto*].

shot, *n.* sparo *m.* [*spahro*], colpo *m.* [*kolpo*] (d'arma da fuoco); tiratore *m.* [*teerahtoray*]; ripresa *f.* cinematografica [*reepraysah chenaymahtograhfeekah*].

shotgun, *n.* fucile *m.* [*foochelay*] (da caccia); **double-barrelled —**, doppietta *f.* [*doppeeettah*].

shoulder, *n.* spalla *f.* [*spahllah*].

shout, *n.* grido *m.* [*greedo*] || *v.* gridare [*gredahray*].

shovel, *n.* badile *m.* [*bahdeelay*], pala *f.* [*pahlah*].

show, *n.* mostra *f.* [*mosstrah*]; spettacolo *m.* [*spettahkolo*].
show (showed, shown), *v.* mostrare [*mosstrahray*].
shower, *n.* acquazzone *m.* [*ahkwahtzeonay*], pioggia *f.* a dirotto [*peodjeah ah derotto*]; — **bath**, doccia *f.* [*dotcheah*].
showy, *adj.* appariscente [*ahppahreshentay*], vistoso [*visstozo*], chiassoso [*keahssozo*].
shriek, *n.* strillo *m.* [*streello*] || *v.* strillare [*strellahray*].
shrimp, *n.* gamberetto *m.* [*gahmbayretto*].
shrink (shrank, shrunk), *v.* restringersi [*resstrinjairsee*], ritirarsi [*reterahrsee*].
Shrove-Tuesday, *n.* martedì *m.* grasso [*mahrtaydee grahsso*].
shrub, *n.* arbusto *m.* [*ahrboossto*].
shudder, *n.* brivido *m.* [*breevedo*] || *v.* rabbrividire [*rahbbrevedeeray*].
shuffle, *v.* mettere in confusione [*mettayray in konfoozeonay*]; mescolare le carte [*maysskolahray lay kahrtay*] (da gioco).
shun, *v.* evitare [*ayveetahray*], scansare [*skahnzahray*].
shut (shut, shut), *v.* chiudere [*keoodayray*]; chiudersi [*keoodayrsee*].
shutter, *n.* imposta *f.* [*imposstah*], sportello *m.* [*sportello*]; otturatore *m.* [*ottoorahtoray*].
shuttle, *n.* navetta *f.* spaziale [*nahvettah spahtzeahlay*].
shy, *adj.* timido [*teemedo*].
Sicilian, *adj.* & *n.* siciliano *m.* [*secheleahno*].
sick, *adj.* ammalato [*ahmmahlahto*]; stufo [*stoofo*].
sickness, *n.* malattia *f.* [*mahlahtteeah*], nausea *f.* [*nahoosayah*]; **sea** —, mal *m.* di mare [*mahl de mahray*].
side, *n.* lato *m.* [*lahto*], fianco *m.* [*feeahnko*] || *adj.* laterale [*lahtayrahlay*] || *v.* parteggiare [*pahrtaydjeahray*], spalleggiare [*spahllaydjeahray*].
siege, *n.* assedio *m.* [*ahssaydeo*].
sift, *v.* setacciare [*saytahtcheahray*].

sifter, *n.* staccio *m.* [*stahtcheo*].
sigh, *n.* sospiro *m.* [*sosspeero*] || *v.* sospirare [*sossperahray*].
sight, *n.* vista *f.* [*visstah*]; veduta *f.* [*vaydootah*] || *v.* avvistare [*ahvvisstahray*].
sign, *n.* segno *m.* [*saynyo*] || *v.* firmare [*feermahray*]; — **board**, *n.* insegna *f.* [*insaynyah*]; — **post**, cartello *m.* [*kahrtello*].
signal, *n.* segnale *m.* [*saynyahlay*] || *v.* segnalare [*saynyahlahray*].
signature, *n.* firma *f.* [*feermah*].
silence, *n.* silenzio *m.* [*seelentseo*].
skyscraper, grattacielo *m.* [*grahttahcheaylo*].
silencer, *n.* marmitta *f.* [*mahrmettah*] (per auto).
silent, *adj.* silenzioso [*seelentseoso*].
silk, *n.* seta *f.* [*saytah*]; — **worm**, *n.* baco *m.* da seta [*bahko dah s.*].
silly, *n.* stupido *m.* [*stoopedo*], sciocco *m.* [*sheokko*].
silver, *n.* argento *m.* [*ahrjento*] || *v.* argentare [*ahrjentahray*].
silversmith, *n.* argentiere *m.* [*ahrjenteayray*].
similar, *adj.* simile [*seemelay*].
simmer, *v.* cuocere a fuoco lento [*koo-ochayray ah foo-oko lento*].
simple, *adj.* semplice [*semplechay*].
simplify, *v.* semplificare [*semplefekahray*].
simulate, *v.* simulare [*semoolahray*].
sin, *n.* peccato *m.* [*pekkahto*] || *v.* peccare [*pekkahray*].
since, *adv.* & *prep.* da [*dah*], da allora [*dah ahllorah*], dopo [*dopo*] || *conj.* poiché [*poekay*], giacché [*jahkkay*].
sincere, *adj.* sincero [*sinchairo*].
sing (sang, sung), *v.* cantare [*kahntahray*].
single, *adj.* singolo [*seengolo*], solo [*solo*], unico [*ooneko*]; celibe [*chaylebay*] || — **out**, *v.* scegliere [*shaylyayray*].
singular, *adj.* singolare [*singolahray*].
sink, *n.* lavandino *m.* [*lahvahndeeno*].
sink (sank, sunk), *v.* affondare [*ahffondahray*].
sinner, *n.* peccatore *m.* [*pekkahtoray*].

sip, *v.* sorseggiare [*sorssaydjeahray*].
Sir, *n.* signore *m.* [*seenyoray*]; baronetto *m.* [*bahronetto*].
sirloin, *n.* lombo *m.* di manzo [*lombo de mahntso*].
sister, *n.* sorella *f.* [*sorellah*].
sit (sat, sat o **sitten)**, *v.* sedere [*saydayray*].
sitting, *n.* seduta *f.* [*saydootah*] || *adj.* seduto [*saydooto*]; — **room**, salotto *m.* [*sahlotto*].
situation, *n.* situazione *f.* [*setooahtseonay*]; posto *m.* [*possto*], impiego *m.* [*impeaygo*].
size, *n.* grandezza *f.* [*grahndaytsah*], dimensione *f.* [*dimenseonay*], misura *f.* [*mezoorah*], taglia *f.* [*tahlyah*].
skate, *n.* pattino *m.* [*pahtteeno*] || *v.* pattinare [*pahttenahray*].
skating, *n.* pattinaggio *m.* [*pattenahdjeo*].
skein, *n.* matassa *f.* [*mahtahssah*].
skeleton, *n.* scheletro *m.* [*skaylaytro*].
sketche, *n.* schizzo *m.* [*skeetzo*] || *v.* schizzare [*skeetzahray*], abbozzare [*ahbbotzahray*].
ski, *v.* sciare [*sheahray*] || *n.pl.* sci *m.* [*shee*].
skid, *n.* slittamento *m.* [*sleettahmento*] || *v.* slittare [*sleettahray*].
skilful, *adj.* abile [*ahbelay*], esperto [*esspairto*].
skill, *n.* abilità *f.* [*ahbeletah*], maestria *f.* [*mahesstreeah*].
skin, *n.* pelle *f.* [*pellay*], cute *f.* [*kootay*] || *v.* scorticare [*skortekahray*], scuoiare [*skwoeahray*].
skinny, *adj.* scarno [*skarno*], magro [*mahgro*].
skirt, *n.* gonna *f.* [*gonnah*] || *v.* orlare [*orlahray*]; costeggiare [*kosstaydjeahray*].
skittle, *n.* birillo *m.* [*berello*].
skull, *n.* cranio *m.* [*krahneo*].
sky, *n.* cielo *m.* [*cheaylo*].
skylark, *n.* allodola *f.* [*ahllodolah*].
slack, *adj.* lento [*lento*], fiacco [*feahkko*] || —, **slacken**, *v.* allentare [*ahllentahray*].
slam, *v.* sbattere [*sbahttayray*] (una porta).

slander, *n.* calunnia *f.* [*kahloonneah*] || *v.* calunniare [*kahloonneahray*].
slang, *n.* dialetto *m.* [*dealetto*], gergo *m.* [*jairgo*].
slant, *n.* declivio *m.* [*daykleevio*] || *v.* inclinare [*inkleenahray*].
slanting, *adj.* obliquo [*obleekwo*].
slap, *n.* schiaffo *m.* [*skeahffo*].
slate, *n.* ardesia *f.* [*ahrdayzea*], lavagna *f.* [*lahvahnyah*].
slaughter, *n.* macello *m.* [*mahchello*], strage *f.* [*strahjay*] || *v.* trucidare [*troochedahray*], macellare [*mahchellahray*].
slave, *n.* schiavo *m.* [*skeahvo*].
sledge, *n.* slitta *f.* [*sleettah*].
sleep, *n.* sonno *m.* [*sonno*].
sleep (**slept**, **slept**), *v.* dormire [*dormeeray*].
sleeping-car, *n.* vagone *m.* letto [*vahgonay letto*].
sleeping pill, **sleeping draught**, *n.* sonnifero *m.* [*sonneefayro*].
sleepless, *adj.* insonne [*insonnay*].
sleet, *n.* nevischio *m.* [*nayvisskeo*].
sleeve, *n.* manica *f.* [*mahnekah*].
sleigh, *n.* slitta *f.* [*sleettah*].
slender, *adj.* smilzo [*smeeltso*], snello [*snello*].
slice, *n.* fetta *f.* [*fettah*] || *v.* affettare [*ahffettahray*].
slicer, *n.* affettatrice *f.* [*ahffettahtreechay*].
slide, *n.* sdrucciolone *m.* [*sdroocheolonay*].
slide (**slid**, **slid**), *v.* sdrucciolare [*sdrutcheolahray*].
slight, *adj.* leggero [*ledjayro*], di poco conto [*de poko konto*], piccolo [*peekkolo*] (errore ecc.).
slim, *adj.* snello [*snello*].
sling, *n.* fionda *f.* [*feondah*].
slip, *n.* sdrucciolone *m.* [*sdrootcheolonay*]; papera *f.* [*pahpairah*] (parlando); striscia *f.* [*streesheah*]; sottoveste *f.* [*sottovesstay*]; **land** —, frana *f.* [*frahnah*] || **to make a** —, *v.* impaperarsi [*impahpairahrsee*] || *v.* scivolare [*sheevolahray*].

slipper, *n.* pantofola *f.* [*pahntofolah*]; ciabatta *f.* [*cheahbahttah*].
slippery, *adj.* sdrucciolevole [*sdrootcheolayvolay*].
slope, *n.* pendio *m.* [*pendeeo*], china *f.* [*keenah*]; discesa *f.* [*dishaysah*].
slow, *adj.* lento [*lento*] || *v.* rallentare [*rahllentahray*].
slowness, *n.* lentezza *f.* [*lentedzah*].
slumber, *v.* sonnecchiare [*sonnaykkeahray*] || *n.* sonno *m.* [*sonno*].
sly, *adj.* scaltro [*skahltro*], furbo [*foorbo*].
smack, *n.* schiaffo *m.* [*skeahffo*].
small, *adj.* piccolo [*peekkolo*].
small-pox, *n.* vaiolo *m.* [*vaheolo*].
smart, *adj.* elegante [*aylaygahntay*]; vivace [*veevahchay*]; intelligente [*intellejentay*] || *v.* dolere [*dolayray*].
smash, *n.* catastrofe *f.* [*kahtahstrofay*]; fragore *m.* [*frahgoray*]; scontro *m.* [*skontro*] || *v.* fracassare [*frahkahssahray*], sfracellare [*sfrahchellahray*] || **smash it**, *n.* successo *m.* [*soochesso*] (editoriale ecc.).
smattering, *n.* conoscenza *f.* superficiale [*konoshentsah sooperfecheahlay*], infarinatura *f.* [*infahreenatoorah*].
smell, *n.* odorato *m.* [*odorahto*]; odore *m.* [*odoray*].
smell (smelt, smelt), *v.* odorare [*odorahray*], fiutare [*feootahray*].
smelling, *n.* odorato *m.* [*odorahto*].
smile, *n.* sorriso *m.* [*sorreezo*] || *v.* sorridere [*sorreedayray*].
smith, *n.* fabbro *m.* [*fahbbro*]; **black** —, maniscalco *m.* [*mahnisskahlko*].
smoke, *n.* fumo *m.* [*foomo*]; — **bomb**, bomba *f.* fumogena [*bombah foomodjaynah*]; candelotto *m.* fumogeno [*kahndaylotto foomodjayno*] || *v.* fumare [*foomahray*].
smoker, *n.* fumatore *m.*, -trice *f.* [*foomatoray, -treechay*].
smooth, *adj.* liscio [*leesheo*] || *v.* lisciare [*leesheahray*], calmare [*kahlmahray*].
smuggle, *v.* fare il contrabbando [*fahray eel kontrahbbahndo*].
smuggler, *n.* contrabbandiere *m.* [*kontrahbbahndeayray*].

snack, *n.* spuntino *m.* [*spoonteeno*].
snail, *n.* lumaca *f.* [*loomahkah*].
snake, *n.* serpente *m.* [*sairpentay*].
snapshot, *n.* (foto) istantanea *f.* [*isstahntahnay-ah*].
snare, *n.* insidia *f.* [*inseedeah*], tranello *m.* [*trahnello*].
snatch, *v.* strappare [*strahppahray*], arraffare [*ahrrahffa-hray*].
sneer, *v.* sogghignare [*sogeenyahray*].
sneeze, *n.* starnuto *m.* [*stahrnooto*] || *v.* starnutire [*stahr-nooteeray*].
snore, *v.* russare [*roossahray*].
snow, *n.* neve *f.* [*nayvay*] || *v.* nevicare [*nayveekahray*].
snow-flake, *n.* fiocco *m.* di neve [*feokko de nayvay*].
so, *adv.* così [*kosee*], in questo modo [*in kwessto modo*] || *conj.* — **that**, in modo da [*in modo dah*] || — **much**, tanto [*tahnto*].
soak, *v.* inzuppare [*intsooppahray*].
soap, *n.* sapone *m.* [*sahponay*].
sob, *n.* singhiozzo *m.* [*singheotzo*] || *v.* singhiozzare [*sin-gheotzahray*].
sober, *adj.* sobrio [*sobreo*].
soccer, *n.* calcio *m.* [*kahlcheo*] (sport).
society, *n.* società *f.* [*socheaytah*].
sock, *n.* calzino *m.* [*kahltseeno*].
soda water, *n.* acqua *f.* di seltz [*ahkwa de seltz*].
soft, *adj.* soffice [*soffeechay*]; tenue [*taynooay*]; debole [*daybolay*].
soft-drink, *n.* bibita *f.* analcolica [*beebetah ahnahlkolikah*].
soften, *v.* ammorbidire [*ahmmorbedeeray*]; mitigare [*meetegahray*].
softeness, *n.* morbidezza *f.* [*morbedetzah*]; delicatezza *f.* [*dayleekahtetzah*].
soil, *n.* suolo *m.* [*soo-olo*], terreno *m.* [*tairrayno*]; sporco *m.* [*sporko*] || *v.* macchiare [*makkheahray*], sporcare [*sporkahray*].
sojourn, *n.* soggiorno *m.* [*sodjeorno*].
sold, *adj.* venduto [*vendooto*]; — **out**, esaurito [*aysah-ooreto*].

soldier, *n.* soldato *m.* [*soldahto*].
sole, *n.* pianta *f.* [*peahntah*] (del piede); sogliola *f.* [*solyolah*]; suola *f.* [*soo-olah*]; soletta *f.* [*solettah*] || *v.* suolare [*soo-olahray*] || *adj.* solo [*solo*], unico [*ooneeko*], esclusivo [*esskloosee vo*]; — **right**, esclusiva *f.* [*esskloosee vah*].
solemn, *adj.* solenne [*solennay*].
solicit, *v.* sollecitare [*sollaycheetahray*].
solicitor, *n.* procuratore *m.* legale [*prokoorahtoray laygahlay*]; avvocato *m.* [*ahvvokahto*].
solid, *adj.* & *n.* solido *m.* [*soledo*].
solitude, *n.* solitudine *f.* [*soleetoodenay*].
solution, *n.* soluzione *f.* [*solootseonay*].
solve, *v.* risolvere [*rezolvayray*].
solveney, *n.* solvibilità *f.* [*solveebeleetah*].
some, *adj.* qualche [*kwahlkay*]; alcuni [*ahlkoonee*].
somebody, *pron.* qualcuno [*kwahlkoono*]; — **else**, qualcun altro [*kwahlkoon ahltro*].
somehow, *adv.* in qualche modo [*in kwahlkay modo*], in certo senso [*in chairto senso*].
something, *adv.* qualcosa [*kwahlkosah*].
sometimes, *adv.* qualche volta [*kwahlkay voltah*], talvolta [*tahlvoltah*].
somewhere, *adv.* in qualche luogo [*in kwahlkay loo-ogo*].
son, *n.* figlio *m.* [*feelyo*]; **grand** —, nipote *m.* [*nepotay*]; **god** —, figlioccio *m.* [*feelyotcheo*]; **step** —, figliastro *m.* [*feelyahsstro*]; **son-in-law**, genero *m.* [*jaynayro*].
song, *n.* canzone *f.* [*kahntsonay*].
soon, *adv.* presto [*pressto*]; **as** — **as**, *conj.* non appena [*non ahppenah*]; **as** — **as possible**, al più presto [*ahl peoo p.*].
sooner or later, *adv.* presto o tardi [*pressto o tahrdee*], prima o poi [*preemah o poee*].
soot, *n.* fuligine *f.* [*fooleejenay*].
sore, *n.* piaga *f.* [*peahgah*] || *adj.* dolente [*dolentay*].

sorrow, *n.* dolore *m.* [*doloray*], tristezza *f.* [*trissetzah*].
sorry, *adj.* dolente [*dolentay*], spiacente [*speachentay*].
sort, *n.* sorta *f.* [*sortah*]; specie *f.* [*spaycheay*] || *v.* assortire [*ahssorteeray*].
soul, *n.* anima *f.* [*ahneemah*].
sound, *n.* suono *m.* [*soo-ono*] || *adj.* sano [*sahno*] || *v.* suonare [*soo-onahray*], risuonare [*resoo-onahray*].
soup, *n.* minestra *f.* [*menesstrah*].
sour, *adj.* acerbo [*ahchairbo*], agro [*ahgro*].
source, *n.* sorgente *f.* [*sorjentay*], fonte *f.* [*fontay*], origine *f.* [*oreejenay*].
south, *n.* sud *m.* [*sood*] || *adj.* meridionale [*mayreedeonahlay*].
souvenir, *n.* ricordo *m.* [*rekordo*].
sow, *n.* scrofa *f.* [*skrofah*] || (**sowed**, **sown**), *v.* seminare [*semenahray*].
spa, *n.* sorgente *f.* d'acqua minerale [*sorjentay d'ahkwah minayrahlay*]; stazione *f.* termale [*stahtseonay tairmahlay*].
space, *n.* spazio *m.* [*spahtseo*].
spaceman, *n.* astronauta *m.f.* [*ahsstronahootah*].
spacebrobe, *n.* sonda *f.* spaziale [*sondah spahtseahlay*]
spaceship, *n.* astronave *f.* [*ahsstronahvay*].
spade, *n.* vanga *f.* [*vahngah*]; paletta *f.* [*pahlettah*]; *pl.* picche *f.* [*peekkay*] (alle carte).
Spanish, *adj.* & *n.* spagnolo *m.* [*spahnyoo-olo*].
spare, *v.* risparmiare [*risspahrmeahray*].
sparkle, *v.* scintillare [*shintillahray*]; spumeggiare [*spoomaydjeahray*].
sparrow, *n.* passerotto *m.* [*pahssayrotto*].
speak (**spoke**, **spoken**), *v.* parlare [*pahrlahray*].
speaker, *n.* oratore *m.* [*orahtoray*].
spear, *n.* lancia *f.* [*lahncheah*]; arpione *m.* [*ahrpeonay*].
special, *adj.* speciale [*spaycheahlay*].
specialist, *n.* specialista *m.f.* [*spaycheahleestah*].
speciality, *n.* specialità *f.* [*spaycheahletah*].
specify, *v.* specificare [*spaychefekahray*].

specimen, *n.* esemplare *m.* [*aysemplahray*], campione *m.* [*kahmpeonay*], saggio *m.* [*sahdjeo*].

speck, *n.* piccolo segno *m.* [*peekkolo saynyo*], puntino *m.* [*poonteeno*], macchietta *f.* [*mahkke-ettah*].

spectacle, *n.* spettacolo *m.* [*spettahkolo*]; *pl.* occhiali *m.* [*okkeahlee*].

speculate, *v.* speculare [*spaykoolahray*], considerare [*konsedayrahray*].

speculation, *n.* speculazione *f.* [*spaykoolahtseonay*]; meditazione *f.* [*maydetahtseonay*].

speech, *n.* discorso *m.* [*disskorso*]; favella *f.* [*fahvellah*].

speed, *n.* velocità *f.* [*velochetah*] || (**sped**, **sped**), *v.* affrettarsi [*ahffrettahrsee*], accelerare [*ahtchaylayrahray*].

speedometer, *n.* contachilometri *m.* [*kontahkeelomaytree*].

spell, *n.* incanto *m.* [*inkahnto*], malìa *f.* [*mahleeah*].

spell (**spelt**, **spelt**), *v.* (anche regol.), compitare [*kompetahray*] (pronunciare le lettere di una parola a una a una).

spelling, *n.* ortografia *f.* [*ortografeeah*].

spend (**spent**, **spent**), *v.* spendere [*spendayray*]; trascorrere [*trasskorrayray*] (del tempo).

spice, *n.* spezia *f.* [*spaytseah*].

spicy, *adj.* piccante [*pikkahntay*].

spider, *n.* ragno *m.* [*rahnyo*].

spill (**spilt**, **spilt**), *v.* (anche regol.) spandere [*spahndayray*], rovesciare [*rovaysheahray*] (liquidi), versare [*vairsahray*].

spin (**span** o **spun**, **spun**), *v.* filare [*felahray*], roteare rapidamente [*rotayahray rahpedahmentay*], far girare [*fahr jerahray*].

spinach, *n.* spinacio *m.* [*spenahcheo*].

spinkler, *n.* annaffiatrice *f.* [*ahnnahffeahtreechay*].

spinster, *n.* zitella *f.* [*zeetellah*].

spire, *n.* guglia *f.* [*goolyah*], spira *f.* [*speerah*].

spirit, *n.* spirito *m.* [*speereto*].

spit, *n.* sputo *m.* [*spooto*].

spit (**spit** o **spat**, **spit** o **spitten**), *v.* sputare [*spootahray*].

spite, *n.* dispetto *m.* [*dissp*e*tto*] || **in — of**, *conj.* nonostante [*nonossta*a*hntay*].
splash, *n.* spruzzo *m.* [*spr*oo*tzo*] || *v.* spruzzare [*sprootz*a*hray*]; sguazzare [*sgooahtz*a*hray*].
spleen, *n.* milza *f.* [*m*i*ltzah*]; malinconia *f.* [*mahlinkon*e*ah*].
splendid, *adj.* splendido [*spl*e*ndedo*].
splint, **splinter**, *n.* scheggia *f.* [*sk*ay*djeah*] (di legno).
split, *n.* fessura *f.* [*fess*oo*rah*] || (**split**, **split**), *v.* scheggiare [*skaydje*a*hray*], spaccare [*spakk*a*hray*], fendere [*f*e*ndayray*].
spoil, *v.* viziare [*veetse*a*hray*], guastare [*gooahst*a*hray*], sciupare [*sheoop*a*hray*].
spoilsport, *n.* guastafeste *m.f.* [*gooahsstahf*e*sstay*].
sponge, *n.* spugna *f.* [*sp*oo*nyah*].
spontaneous, *adj.* spontaneo [*spont*a*hneo*].
spoon, *n.* cucchiaio *m.* [*kookke*a*heo*].
spoonful, *n.* cucchiaiata *f.* [*kookkeahe*a*htah*].
sport, *n.* sport *m.*; svago *m.* [*sv*a*hgo*], divertimento *m.* [*devairtem*e*nto*].
spot, *n.* macchia *f.* [*mahkkeah*]; luogo *m.* [*loo-*o*go*], posto *m.* [*p*o*ssto*] || *v.* chiazzare [*keahtz*a*hray*].
spotless, *adj.* senza macchia [*s*e*ntsah m*a*hkkeah*], immacolato [*immahkol*a*hto*].
spout, *n.* getto *m.* [*j*e*tto*], zampillo *m.* [*tsahmp*i*llo*].
sprain, *n.* lussazione *f.* [*loossahts*eo*nay*], distorsione *f.* [*disstorse*o*nay*] || *v.* lussare [*looss*a*hray*].
spray, *n.* spruzzo *m.* [*spr*oo*tzo*] || *v.* spruzzare [*sprootz*a*hray*].
spread (**spread**, **spread**) *v.* stendere [*st*e*ndayray*]; spargere [*sp*a*hrjayray*]; propagare [*propahg*a*hray*], diffondere [*deeff*o*ndayray*].
spring, *n.* primavera *f.* [*premah-vayrah*]; molla *f.* [*m*o*l-lah*]; sorgente *f.* [*sorj*e*ntay*], fonte *f.* [*f*o*ntay*]; balzo *m.* [*b*a*hltso*].
spring (**sprang**, **sprung**), *v.* saltar fuori [*sahlt*a*hr foo-*o*ree*],

germogliare [*jairmolyahray*], aver origine [*ahvair oreejenay*], scaturire [*skahtooreeray*]. [*zahray*].
sprinkle, *n.* spruzzo *m.* [*sprootzo*] || *v.* spruzzare [*sproot-*
sprout, *n.* germoglio *m.* [*jairmolyio*] || *v.* germogliare [*jairmolyahray*]. [*hray*].
spur, *n.* sperone *m.* [*spayronay*] || *v.* speronare [*spayrona-*
spurious, *adj.* falso [*fahlso*], spurio [*spooreo*].
spy, *n.* spia *f.* [*speeah*] || *v.* spiare [*speeahray*].
squander, *v.* sprecare [*spraykahray*], scialacquare [*sheahlahkwahray*], dissipare [*dissepahray*].
square, *n.* piazza *f.* [*peahtzah*], quadrato *m.* [*kwahdrahto*] || *v.* quadrare [*kwahdrahray*], pareggiare [*pahraydjeahray*]. [*mayray*].
squash, *v.* schiacciare [*skeatcheahray*], spremere [*spray-*
squeeze, *v.* spremere [*spraymayray*], stringere [*strinjayray*].
squirrel, *n.* scoiattolo *m.* [*skoeahttolo*].
stab, *n.* pugnalata *f.* [*poonyahlahtah*] || *v.* pugnalare [*poonyahlahray*].
stable, *n.* stalla *f.* [*stahllah*], scuderia *f.* [*skoodayreeah*].
stack, *n.* mucchio *m.* [*mookkeo*].
staff, *n.* bastone *m.* [*bahsstonay*], sostegno *m.* [*sosstenyo*], asta *f.* [*ahsstah*]; personale *m.* [*pairsonahlay*]
stag, *n.* cervo *m.* [*chairvo*]. [(di una azienda).
stage, *n.* palcoscenico *m.* [*pahlkoshayneko*]; tappa *f.* [*tahppah*]; fase *f.* [*fahsay*].
stagger, *v.* barcollare [*bahrkollahray*].
stain, *n.* macchia *f.* [*mahkkeah*]; — **remover**, smacchiatore *m.* [*smahkkeahtoray*] || *v.* macchiare [*mahkkeahray*].
stainless, *adj.* senza macchia [*sentsah mahkkeah*]; — **steel**, acciaio *m.* inossidabile [*ahtcheahheo inosseedahbelay*].
staircase, *n.* scalone *m.* [*skahlonay*], scala *f.* [*skahlah*].
stairs, *n.pl.* scale *f.* [*skahlay*] (di una casa); **down** —, giù [*jeoo*] (al pian terreno); **up** —, su [*soo*] (nei piani superiori).

stake, *n.* posta *f.* [*posstah*], scommessa *f.* [*skommessah*].
stale, *adj.* stantio [*stahnteeo*], non fresco [*non fressko*].
stalk, *n.* stelo *m.* [*staylo*], gambo *m.* [*gahmbo*].
stall, *n.* poltrona *f.* [*poltronah*] (a teatro).
stammer, *v.* balbettare [*bahlbettahray*].
stamp, *n.* francobollo *m.* [*frahnkobollo*]; timbro *m.* [*timbro*] || *v.* timbrare [*timbrahray*].
stand, *n.* bancarella *f.* [*bahnkahrellah*], chiosco *m.* [*keosko*].
stand (stood, stood), *v.* stare in piedi [*stahray in peaydee*], sopportare [*sopportahray*], resistere [*rayzisstayray*].
stand-in, *n.* controfigura *f.* [*kontrofeegoorah*].
standstill, *n.* fermata *f.* [*fairmahtah*], sosta *f.* [*sosstah*]; ristagno *m.* [*risstahnyo*] (di affari).
stapler, *n.* aggraffatrice *f.* [*ahggrahffahtreechay*], pinzatrice *f.* [*pintsahtreechay*].
star, *n.* stella *f.* [*stellah*]; diva *f.* [*deevah*], divo *m.* [*deevo*].
starch, *n.* amido *m.* [*ahmedo*] || *v.* inamidare [*inahmedahray*].
stare, *v.* guardare fissamente [*gooahrdahray fissahmentay*].
starry, *adj.* stellato [*stellahto*], pieno di stelle [*peayno de stellay*].
start, *v.* iniziare [*inetseahray*], avviare [*ahvveahray*], trasalire [*trahsahleeray*]; mettersi in moto [*mettairsee in moto*], partire [*pahrteeray*].
starvation, *n.* il morire di fame [*eel moreeray de fahmay*].
starve, *v.* morire di fame [*moreeray de fahmay*].
state, *n.* stato *m.* [*stahto*], condizione *f.* [*kondetseonay*] || *v.* dichiarare [*dekeahrahray*], stabilire [*stahbeleeray*].
statement, *n.* dichiarazione *f.* [*dekeahrahtseonay*]; rendiconto *m.* [*rendekonto*].
statesman, *n.* statista *m.* [*stahtisstah*].
station, *n.* stazione *f.* [*stahtseonay*] || — **master**, capo *m.* stazione [*kahpo s.*] || — **wagon**, auto *f.* tipo familiare.
stationer, *n.* cartolaio *m.* [*kahrtolaheo*].

stationery, *n.* articoli *m.pl.* di cartoleria [*ahrteekolee de kartolayreeah*].
statue, *n.* statua *f.* [*stahtooah*].
stay, *n.* soggiorno *m.* [*sodjorno*].
stay (staid, staid), *v.* stare [*stahray*], restare [*resstahray*].
steadfast, *adj.* fermo [*fairmo*], solido [*soledo*]; risoluto [*rezolooto*].
steady, *adj.* fermo [*fairmo*], saldo [*sahldo*], costante [*kos-stahntay*].
steak, *n.* bistecca *f.* [*bisstaykkah*].
steal (stole, stolen), *v.* rubare [*roobahray*].
steam, *n.* vapore *m.* [*vahporay*].
steel, *n.* acciaio *m.* [*ahtcheaheo*]. [*do*].
steep, *adj.* erto [*airto*], scosceso [*skoshayzo*], ripido [*reepe-*
steeple, *n.* guglia *f.* [*goolyah*]; campanile *m.* [*kahmpah-*
steer, *v.* sterzare [*stairtsahray*]. [*neelay*].
steering wheel, *n.* volante *m.* [*volahntay*].
stench, *n.* cattivo odore *m.* [*kahtteevo odoray*].
stencil, *v.* ciclostilare [*cheklosteelahray*].
step, *n.* passo *m.* [*pahsso*], gradino *m.* [*grahdeeno*].
stepfather, *n.* patrigno *m.* [*pahtreenyo*].
stepmother, *n.* matrigna *f.* [*mahtreenyah*].
stern, *n.* poppa *f.* [*poppah*] (di nave) || *adj.* severo [*sayvayro*], austero [*ahoosstayro*].
stew, *n.* stufato *m.* [*stoofahto*], umido *m.* [*oomedo*] || *v.* far bollire a fuoco lento [*fahr bolleeray a foo-oko lento*].
steward, *n.* cameriere *m.* di bordo [*kahmayreayray de*
stick, *n.* bastone *m.* [*bahsstonay*]. [*bordo*].
stick (stuck, stuck), *v.* conficcare [*konfeekkahray*]; attaccare [*ahttahkkahray*]; restare attaccato [*resstahray attahkkahto*].
sticker, *n.* etichetta *f.* autoadesiva [*ayteekettah ahootoahdayseevah*]; autoadesivo *m.* [*ahootoahdayseevo*].
sticky, *adj.* vischioso [*visskeoso*], attaccaticcio [*ahttahkkateetcheo*].

stiff, *adj.* rigido [*reegedo*], stecchito [*staykkeeto*].
stiff-neck, *n.* torcicollo *m.* [*torchekollo*].
still, *adj.* tranquillo [*trahnkwillo*], calmo [*kahlmo*] || *adv.* ancora [*ahnkorah*], tuttora [*toottorah*] || — **born**, nato morto [*nahto morto*]; — **life**, natura *f.* morta [*nahto-orah mortah*].
stillness, *n.* calma *f.* [*kahlmah*], quiete *f.* [*kweaytay*].
stimulate, *v.* stimolare [*steemolahray*].
sting (stung, stung), *v.* pungere [*poonjayray*].
stipulate, *v.* stipulare [*steepoolahray*].
stir, *v.* agitare [*ahjetahray*], muovere [*moo-ovayray*].
stirrup, *n.* staffa *f.* [*stahffah*].
stitch, *n.* punto *m.* [*poonto*] (di cucitura) || *v.* cucire [*koocheeray*].
stock, *n.* merci *f.pl.* [*mairchee*] (in magazzino); capitale *m.* [*kahpetahlay*]; stirpe *f.* [*steerpay*]; tronco *m.* [*tron-ko*] (d'albero).
stocking, *n.* calza *f.* lunga [*kahltsah loongah*].
stomach, *n.* stomaco *m.* [*stomahko*].
stone, *n.* pietra *f.* [*peaytrah*]; nocciolo *m.* [*nocheolo*] (di frutta).
stool, *n.* sgabello *m.* [*sgahbello*].
stop, *n.* fermata *f.* [*fairmahtah*], sosta *f.* [*sosstah*], alt *m.* [*ahlt*] || *v.* fermare [*fairmahray*].
stopper, *n.* tappo *m.* [*tahppo*].
storage, *n.* magazzinaggio *m.* [*mahgatzeenahdjeo*].
store, *n.* magazzino *m.* [*mahgahtzeeno*], provviste *f.pl.* [*provvisstay*] || **store-house**, deposito *m.* [*dayposeeto*].
storey, *n.* piano *m.* [*peahno*] (di casa).
stork, *n.* cicogna *f.* [*chekonyah*].
storm, *n.* temporale *m.* [*temporahlay*].
stormy, *adj.* burrascoso [*boorrahsskozo*], temporalesco [*temporahlessko*].
story, *n.* storia *f.* [*storeah*]; frottola *f.* [*frottolah*]; (amer.) piano *m.* [*peahno*] (di casa) || **picture** —, fotoromanzo *m.* [*fotoromahntso*].

stout, *adj.* robusto [*robooossto*], corpulento [*korpoolento*] || *n.* birra *f.* nera forte [*beerrah nairah fortay*].
stove, *n.* stufa *f.* [*stoofah*], fornello *m.* [*fornello*].
straight, *adj.* dritto [*dritto*], diritto [*deritto*].
straighten, *v.* raddrizzare [*rahddritsahray*].
straightforward, *adj.* corretto [*korretto*], onesto [*onessto*].
straightway, *adv.* all'istante [*ahll'isstahntay*], subito [*soobeeto*].
strain, *n.* sforzo *m.* [*sfortso*] || *v.* sforzare [*sfortsahray*], sforzarsi [*sfortsahrsee*].
strainer, *n.* colino *m.* [*koleeno*].
strange, *adj.* estraneo [*esstrahnayo*]; strano [*strahno*].
stranger, *n.* estraneo *m.* [*esstrahnayo*], sconosciuto *m.* [*skonosheooto*].
straw, *n.* paglia *f.* [*pahlyah*]; cannuccia *f.* [*kahnnoocheah*] (per bibita).
strawberry, *n.* fragola *f.* [*fragolah*].
stray, *adj.* sbandato [*sbahndahto*], smarrito [*smahrreeto*] || *v.* smarrirsi [*smahrreersee*], perdersi [*pairdairsee*].
stream, *n.* corrente *f.* [*korrentay*], corso *m.* d'acqua [*korso d'ahkwah*].
streamline, *adj.* aerodinamico [*ahairodeenahmeko*].
street, *n.* via *f.* [*veeah*].
street sweeper, *n.* netturbino *m.* [*nettoorbeeno*], spazzino *m.* [*spahtzeeno*].
strength, *n.* forza *f.* [*fortsah*].
strengthen, *v.* rinforzare [*rinfortsahray*].
stressful, *adj.* stressante [*stresssahntay*].
stretch, *n.* distesa *f.* [*disstayzah*] || *v.* distendere [*disstendayray*].
stretch mark, *n.* smagliatura *f.* cutanea [*smahlyahtoorah kootahneah*].
stretcher, *n.* barella *f.* [*bahrellah*].
strict, *adj.* severo [*sayvayro*], rigoroso [*regoroso*]; puntuale [*poontooahlay*].
strike, *n.* sciopero *m.* [*sheopayro*]; colpo *m.* [*kolpo*], botta

f. [*bottah*] || (**struck**, **struck** o **stricken**), *v.* colpire [*kolpeeray*], percuotere [*pairkwotayray*], battere [*bahttayray*] (delle ore); scioperare [*sheopayrahray*].
striker, *n.* scioperante *m.f.* [*sheopayrahntay*].
striking, *adj.* sorprendente [*sorprendentay*], vistoso [*visstoso*], che colpisce [*kay kolpishay*].
string, *n.* cordicella *f.* [*kordechellah*], spago *m.* [*spahgo*]; stringa *f.* [*stringah*]; corda *f.* [*kordah*] (di strumento musicale). [fumetto *m.* [*foometto*].
strip, *n.* striscia *f.* [*streesheah*], brandello *m.* [*brahndello*];
stripe, *n.* striscia *f.* [*streeshah*], riga *f.* [*regah*], striatura *f.* [*streeahtoorah*], lista *f.* [*lisstah*] || *v.* rigare [*regahray*], listare [*lisstahray*].
striptease, *n.* spogliarello *m.* [*spolyahrello*].
strive (**strove**, **striven**), *v.* sforzarsi [*sfortsahrsee*], lottare [*lottahray*].
stroke, *n.* colpo *m.* [*kolpo*], percossa *f.* [*pairkossah*] || *v.* lisciare [*leesheahray*], accarezzare [*ahkkahretzahray*].
stroll, *n.* passeggiatina *f.* [*pahssaydjahteenah*] || *v.* andare a zonzo [*ahndahray a tsontso*], passeggiare [*pahssedjeahray*]. [bambini).
stroller, *n.* (amer.) passeggino *m.* [*pahssaydjeeno*] (per
strong, *adj.* forte [*fortay*].
struggle, *n.* lotta *f.* [*lottah*] || *v.* lottare [*lottahray*].
stubborn, *adj.* testardo [*tesstahrdo*].
student, *n.* studente *m.* [*stoodentay*].
study, *v.* studiare [*stoodeahray*] || *n.* studio *m.* [*stoodeo*].
stuff, *n.* materia *f.* [*mahtayreah*] || *v.* imbottire [*imbotteeray*]; imbalsamare [*imbahlsahmahray*]; rimpinzare [*rimpintsahray*].
stuffing, *n.* imbottitura *f.* [*imbotteetoorah*].
stumble, *v.* incespicare [*inchesspekahray*], inciampare [*incheahmpahray*].
stun, *v.* stordire [*stordeeray*]. [*sbahlordeteevo*].
stunning, *adj.* assordante [*ahssordahntay*]; sbalorditivo

sturgeon, *n.* storione *m.* [*storeonay*].
style, *n.* stile *m.* [*steelay*].
subdue, *v.* soggiogare [*sodjeogahray*], sottomettere [*sottomettayray*].
subject, *n.* soggetto *m.* [*sodjetto*]; suddito *m.* [*sooddeto*]; materia *f.* [*mahtayreah*] (d'insegnamento scolastico) || *adj.* soggetto.
submarine, *n.* & *adj.* sottomarino *m.* [*sottomahreeno*].
submission, *n.* sottomissione *f.* [*sottomisseonay*].
submit, *v.* sottomettere [*sottomettayray*], sottoporre [*sottoporray*].
subscribe, *v.* sottoscrivere [*sottosskreevayray*], abbonarsi [*ahbbonahrsee*].
subscription, *n.* sottoscrizione *f.* [*sottosskretseonay*]; abbonamento *m.* [*ahbbonahmento*] (a un giornale).
substance, *n.* sostanza *f.* [*sosstahntsah*].
substitute, *n.* sostituto *m.* [*sossteetooto*], supplente *m.* [*soopplentay*] || *v.* sostituire [*sosstetooeeray*].
subtract, *v.* sottrarre [*sottrahrray*].
suburb, *n.* sobborgo *m.* [*sobborgo*].
subway, *n.* sottopassaggio *m.* [*sottopahssahdjeo*].
succeed, *v.* succedere [*sootchaydayray*]; riuscire [*reoosheeray*].
success, *n.* successo *m.* [*sootchesso*].
successive, *adj.* successivo [*sootchesseevo*].
such, *adj.* & *pr.* tale [*tahlay*] || *adv.* così [*kosee*], talmente [*tahlmentay*].
sudden, *adj.* repentino [*raypenteeno*], subitaneo [*soobetahnayo*] || —**ly**, *adv.* d'un tratto [*d'oon trahtto*].
sue, *v.* citare in giudizio [*chetahray in joodeetseo*].
suffer, *v.* soffrire [*soffreeray*].
sufficient, *adj.* sufficiente [*sooffeeche-entay*].
sugar, *n.* zucchero *m.* [*tsookkayro*].
suggest, *v.* suggerire [*soodjayreeray*], proporre [*proporray*].
suggestion, *n.* idea *f.* [*eedayah*], suggerimento *m.* [*soodjayreemento*], consiglio *m.* [*konseelyo*].
suit, *n.* abito *m.* [*ahbeeto*] (da uomo); tailleur *m.* (da donna); processo *m.* [*prochesso*], causa *f.* [*kahoozah*] ||

v. adattare [*ahdahttahray*], convenire [*konvayneeray*].
suitable, *adj.* adatto [*ahdahtto*].
sultry, *adj.* afoso [*ahfozo*]. [*v.* sommare [*sommahray*].
sum, *n.* somma *f.* [*sommah*]; **lump** —, forfait *m.* [*forfay*] ||
summer, *n.* estate *m.* [*esstahtay*] || *adj.* estivo [*essteevo*].
summit, *n.* sommità *f.* [*sommetah*], vetta *f.* [*vettah*].
sun, *n.* sole *m.* [*solay*].
Sunday, *n.* domenica *f.* [*domayneekah*].
sundries, *n.pl.* cose *f.* varie [*kosay vahreay*], spese *f.* varie [*spaysay v.*].
sunflower, *n.* girasole *m.* [*jerahsolay*].
sunny, *adj.* soleggiato [*solaydjeato*].
sunrise, *n.* alba *f.* [*ahlbah*].
sunset, *n.* tramonto *m.* [*trahmonto*].
sunstroke, *n.* colpo *m.* di sole [*kolpo de solay*].
suntan, *n.* abbronzatura *f.* [*ahbbrontsahtoorah*], tintarella *f.* [*tintahrellah*].
sun-tanned, *adj.* abbronzato [*ahbbrontsahto*].
superficial, *adj.* superficiale [*soopairfeecheahlay*].
superfluous, *adj.* superfluo [*soopairfloo-o*].
superior, *adj.* e *n.* superiore *m.* [*soopaireoray*].
superstition, *n.* superstizione *f.* [*soopairstitseonay*].
supper, *n.* cena *f.* [*chaynah*] || *v.* cenare [*chaynahray*].
supplement, *n.* supplemento *m.* [*sooplaymento*].
supplier, *n.* fornitore *m.* [*forneetoray*].
supply, *v.* fornire [*forneeray*], provvedere [*provvaydayray*], approvvigionare [*ahpprovveedjeonahray*] || *n.* fornitura *f.* [*fornetoorah*]; *pl.* provviste *f.* [*provvisstay*].
support, *n.* sostegno *m.* [*sosstaynyo*], appoggio *m.* [*ahppodjeo*]; sostentamento *m.* [*sosstentahmento*] || *v.* sostenere [*sosstaynayray*], appoggiare [*ahppodjeahray*]; reggere [*raydjayray*].
suppose, *v.* supporre [*sooppo rray*].
supposition, *n.* supposizione *f.* [*sooppozetseonay*], ipotesi *f.* [*epotayzee*].

suppository, *n.* supposta *f.* [*sooppossstah*].
suppress, *v.* sopprimere [*soppreemayray*].
supreme, *adj.* supremo [*sooprаymo*].
surcharge, *v.* sovraccaricare [*sovrahkkahrekahray*], far pagar troppo [*fahr pahgahr troppo*] || *n.* sovrapprezzo *m.* [*sovrahppraytso*].
sure, *adj.* sicuro [*sekooro*].
surety, *n.* certezza *f.* [*chairtetzah*], sicurezza *f.* [*sekooretzah*]; cauzione *f.* [*kahootseonay*], garanzia *f.* [*gahrahntseeah*].
surface, *n.* superficie *f.* [*soopairfeecheay*].
surgeon, *n.* chirurgo *m.* [*keeroorgo*].
surname, *n.* cognome *m.* [*konyomay*].
surpass, *v.* sorpassare [*sorpahssahray*].
surplus, *n.* soprappiù *m.* [*soprahppeoo*], eccedenza *f.* [*etchaydentsah*] || *adj.* in eccesso [*in etchesso*].
surprise, *n.* sorpresa *f.* [*sorpraysah*] || *v.* sorprendere [*sorprendayray*].
surrender, *n.* resa *f.* [*raysah*] || *v.* arrendersi [*ahrrendairsee*].
surround, *v.* circondare [*cheerkondahray*].
surroundings, *n.pl.* dintorni *m.* [*dintornee*].
survivor, *n.* superstite *m.f.* [*soopairssteetay*].
suspect, *v.* sospettare [*sosspettahray*].
suspicion, *n.* sospetto *m.* [*sosspetto*].
sustain, *v.* sostenere [*sosstenayray*].
swallow, *n.* rondine *f.* [*rondeenay*] || *v.* inghiottire [*ingheotteeray*].
swamp, *n.* palude *f.* [*paloоday*].
swan, *n.* cigno *m.* [*cheenyo*].
swarm, *n.* sciame *m.* [*sheahmay*] || *v.* sciamare [*sheahmahray*].
swear (swore, sworn), *v.* giurare [*jeoorahray*]; bestemmiare [*besstemmeahray*].
sweat, *n.* sudore *m.* [*soodoray*] || *v.* sudare [*soodahray*].
sweater, *n.* maglione *m.* [*mahlyonay*]; pullover *m.*
Swede, *n.* svedese *m.f.* [*svaydayzay*].
Swedish, *adj.* svedese [*svaydayzay*].
sweep (swept, swept), *v.* scopare [*skopahray*].

sweet, *n.* dolce *m.* [*dolchay*], dolciume *m.* [*dolcheoomay*] || *adj.* dolce.
sweeten, *v.* addolcire [*ahddolcheeray*].
sweetener, *n.* dolcificante *m.* [*dolchefekahntay*].
sweetheart, *n.* innamorato *m.*, -a, *f.* [*innahmorahto, -ah*].
swell (swelled, swollen), *v.* gonfiare [*gonfeahray*]; gonfiarsi [*gonfeahrsee*], ingrossarsi [*ingrossahrsee*].
swift, *adj.* svelto [*svelto*], rapido [*rahpedo*].
swim (swam, swum), *v.* nuotare [*noo-otahray*].
swimmer, *n.* nuotatore *m.* [*noo-otahtoray*].
swimming pool, *n.* piscina *f.* [*pesheenah*].
swindle, *v.* truffare [*trooffahray*], imbrogliare [*imbrolyahray*].
swindler, *n.* truffatore *m.* [*trooffatoray*], imbroglione *m.* [*imbrolyonay*].
swine, *n.* maiale *m.* [*maheahlay*].
swing (swang o **swung, swung)**, *v.* oscillare [*oshellahray*].
Swiss *adj.* & *n.* svizzero *m.* [*sveetzayro*].
switch, *n.* (electr.) interruttore *m.* [*intairroottoray*] || *v.* **to — the light on**, accendere la luce [*atchendayray lah loochay*]; **to — the light off**, spegnere la luce [*spaynyayray l. l.*].
swoon, *n.* svenimento *m.* [*svayneemento*] || *v.* svenire [*svayneeray*].
sword, *n.* sciabola *f.* [*sheahbolah*].
syllable, *n.* sillaba *f.* [*sillahbah*].
symbol, *n.* simbolo *m.* [*seembolo*].
symphony, *n.* sinfonia *f.* [*sinfoneeah*].
symptom, *n.* sintomo *m.* [*sintomo*].
syrup, *n.* sciroppo *m.* [*sheroppo*].
system, *n.* sistema *m.* [*sisstaymah*].

T

table, *n.* tavola *f.* [*tahvolah*].
table-cloth, *n.* tovaglia *f.* [*tovahlyah*].
tablet, *n.* compressa *f.* [*kompressah*].
tack, *v.* imbastire [*imbahssteeray*] (cucito); bordeggiare [*bordaydjeahray*] (nav.).
tail, *n.* coda *f.* [*kodah*].
tailor, *n.* sarto *m.* [*sahrto*].
take (**took**, **taken**), *v.* prendere [*prendayray*]; portare [*portahray*].
takeoff, *n.* decollo *m.* [*daykollo*].
take off, *v.* decollare [*daycollahray*].
tale, *n.* racconto *m.* [*rahkkonto*], favola *f.* [*fahvolah*].
talk, *n.* conversazione *f.* [*konvairsatseonay*] || *v.* parlare [*pahrlahray*].
talkative, *adj.* loquace [*lokwahchay*].
tall, *adj.* alto [*ahlto*] (di statura).
tame, *adj.* mansueto [*mahnsooayto*], addomesticato [*ahddomesstikahto*] || *v.* domare [*domahray*].
tangerine, *n.* mandarino *m.* [*mahndahreeno*].
tank, *n.* serbatoio *m.* [*sairbahtoeo*]; carro *m.* armato [*karro ahrmahto*].
tanker, *n.* petroliera *f.* [*paytroleayrah*]; autocisterna *f.* [*ahootochestairnah*].
tank truck, *n.* autobotte *f.* [*ahootobottay*], autocisterna *f.* [*ahootochestairnah*].
tantalize, *v.* tormentare [*tormentahray*], eccitare i desideri [*etcheetahray e daysedayree*].
tap, *n.* rubinetto *m.* [*roobenetto*]; colpetto *m.* [*kolpetto*] || *v.* bussare leggermente [*boossahray laydjairmentay*].

tape, *n.* fettuccia *f.* [*fett*°°*tcheah*], nastro *m.* [*n*ª*hsstro*].
tape recorder, *n.* registratore *m.* [*rayjestraht*°*ray*].
tapestry, *n.* arazzo *m.* [*ahr*ª*tzo*].
tar, *n.* catrame *m.* [*kahtr*ª*hmay*].
tare, *n.* tara *f.* [*t*ª*hrah*].
tariff, *n.* tariffa *f.* [*tahr*ᵉᵉ*ffah*].
tarpaulin, *n.* telone *m.* impermeabile [*tayl*°*nay impair-may*ª*hbelay*].
tart, *n.* torta *f.* [*t*°*rtah*].
task, *n.* compito *m.* [*k*°*mpeto*], lavoro *m.* assegnato [*lah-v*°*ro ahssayny*ª*hto*].
taste, *n.* gusto *m.* [*g*°°*ssto*], sapore *m.* [*sahp*°*ray*] || *v.* gustare [*goost*ª*hray*], assaggiare [*ahssahdje*ª*hray*].
tasteful, *adj.* gustoso [*goost*°*zo*].
tavern, *n.* taverna *f.* [*tahv*ª*irnah*].
tax, *n.* tassa *f.* [*tahssah*] || *v.* tassare [*tahss*ª*hray* || **— evader**, *n.* evasore *m.* fiscale [*ayvahs*°*ray fesk*ª*hlay*].
tea, *n.* the *m.* [*tay*].
teach (taught, taught), *v.* insegnare [*inssayny*ª*hray*].
teacher, *n.* insegnante *m.f.* [*inssayny*ª*hntay*].
team, *n.* squadra *f.* [*skw*ª*hdrah*] (di giocatori); muta *f.* [*m*°°*tah*] (di cani).
teapot, *n.* teiera *f.* [*tay-ee-*ª*y-rah*].
tear (tore, torn), *v.* lacerare [*lahchayr*ª*hray*], stracciare [*strahtche*ª*hray*]; strappare [*strahpp*ª*hray*] || *n.* lacrima *f.* [*l*ª*hkreemah*]; strappo *m.* [*str*ª*hppo*].
tease, *v.* infastidire [*infahssted*ᵉᵉ*ray*], stuzzicare [*stootze-ek*ª*hray*].
tea-spoon, *n.* cucchiaino *m.* [*kookkeah*ᵉᵉ*no*].
technical, *adj.* tecnico [*t*ª*ykneeko*].
tedious, *adj.* tedioso [*tayde*°*so*].
teeth, *pl.* di **tooth**.
teetotaller, *adj.* astemio [*ahsst*ª*ymeo*].
telecoms, *n.* telematica *f.* [*telem*ª*htikah*].
telegram, *n.* telegramma *m.* [*telegr*ª*hmmah*].

telegraph, *v.* telegrafare [*telegrahfahray*].
telephone, *n.* telefono *m.* [*telefono*] || *v.* telefonare [*telefonahray*].
telephoto (lens), *n.* teleobiettivo *m.* [*teleobee-etteevo*].
telescope, *n.* telescopio *m.* [*telesskopeo*].
telescreen, *n.* teleschermo *m.* [*teleskayrmo*].
television, *n.* televisione *f.* [*televizeonay*]; — **set**, televisore *m.* [*televeesoray*], — **camera**, telecamera *f.* [*telekahmayrah*].
tell (told, told), *v.* dire [*deeray*].
telling-off, *n.* sgridata *f.* [*sgreedahta*].
telly box, *n.* (fam.) televisore *m.* [*televeesoray*].
temperature, *n.* temperatura *f.* [*tempayrahtoorah*].
temple, *n.* tempio *m.* [*tempeo*].
temporary *adj.* temporaneo [*temporahnayo*].
tempt, *v.* tentare [*tentahray*], allettare [*ahllettahray*].
tenant, *n.* locatario *m.* [*lokahtahreo*].
tench, *n.* tinca *f.* [*tinkah*].
tend, *v.* aver cura di [*ahvair koorah de*].
tendency, *n.* tendenza *f.* [*tendentsah*].
tender, *adj.* tenero [*tenayro*].
tenderness, *n.* tenerezza *f.* [*taynayretsah*].
tent, *n.* tenda *f.* [*tendah*].
terms, *n.pl.* condizioni *f.* [*kondetseonee*], termini *m.* [*tairmenee*].
terrace, *n.* terrazzo *m.* [*tairrahtzo*].
terrible, *adj.* terribile [*tairreebelay*].
terrify, *v.* terrificare [*tairrefekahray*].
territory, *n.* territorio *m.* [*tairreetoreo*].
terror, *n.* terrore *m.* [*tairroray*].
terrorist, *n.* terrorista *m.f.* [*tairroreestah*].
test, *n.* saggio *m.* [*sahdjeo*], prova *f.* [*provah*]; collaudo *m.* [*kollahoodo*] || *v.* provare [*provahray*]; collaudare [*kollahoodahray*].
test tube, *n.* provetta *f.* [*provettah*].
testament, *n.* testamento *m.* [*tesstahmento*].
testimony, *n.* testimonianza *f.* [*tessteemoneahntsah*].

textile, *adj.* tessile [*tesseelay*].
thank, *v.* ringraziare [*ringrahtseahray*].
thankful, *adj.* riconoscente [*rekonoshentay*], grato [*grahto*].
thanks, **thank you**, grazie [*grahtseay*] || **thanks to**, *prep.* grazie a.
that, *conj.* che [*kay*] || *pr.rel.* || *adj.* quello [*kwello*], quella [*kwellah*].
thatched-house, *n.* casetta *f.* col tetto di paglia [*kahsettah kol tetto de pahlyah*].
thaw, *v.* disgelare [*dissjaylahray*]; disgelarsi [—*ahrsee*].
the, *art.* il [*eel*], lo [*lo*], la [*lah*], i [*ee*], gli [*ly*], le [*lay*].
theatre, *n.* teatro *m.* [*tay-ahtro*].
theft, *n.* furto *m.* [*foorto*].
their, *poss.adj.* loro [*loro*].
then, *adv.* allora [*ahllorah*], poi [*poee*].
theory, *n.* teoria *f.* [*tay-oreeah*].
therapy, *n.* terapia *f.* [*tayrahpeah*].
there, *adv.* là [*lah*], vi [*vee*].
thereabout, *adv.* press'a poco [*pressah poko*], all'in circa [*ahllincheerkah*].
therefore, *adv.* & *conj.* perciò [*pairrcheo*].
thermometer, *n.* termometro *m.* [*tairmomaytro*].
thermos-flask, *n.* termos *m.* [*tairmos*].
these, *pr.dimostr.pl.* di **this**, questi [*kwesstee*], queste [*kwesstay*].
thesis, *n.* tesi *f.* [*taysee*].
they, *pr.* essi [*essee*], esse [*essay*], coloro [*koloro*].
thick, *adj.* fitto [*feetto*], denso [*denso*], spesso [*spesso*].
thief, *n.* ladro *m.* [*ladro*].
thigh, *n.* coscia *f.* [*kosheah*].
thimble, *n.* ditale *m.* [*deetahlay*].
thin, *adj.* sottile [*sotteelay*]; smilzo [*smiltso*]; magro [*mahgro*] || *v.* assottigliare [*ahssottelyahray*].
thing, *n.* cosa *f.* [*kosah*].
think (**thought**, **thought**), *v.* pensare [*pensahray*]; credere [*kraydayray*].

thirst, *n.* sete *f.* [*saytay*].
thirsty, *adj.* assetato [*ahssetahto*]; **to be —**, aver sete [*ahvair saytay*].
this, *pr.dimostr.* questo [*kwessto*], questa [*kwesstah*].
thistle, *n.* cardo *m.* [*kahrdo*].
thorn, *n.* spina *f.* [*speenah*].
thoroughfare, *n.* strada *f.* di grande traffico [*strahdah de grahnday trahffeko*].
thoroughly, *adv.* completamente [*komplaytahmentay*], del tutto [*dayl tootto*].
those, *adj.* quei [*kway-ee*], quelli [*kwelle*], quelle [*kwellay*].
though, *conj.* sebbene [*saybbaynay*], benché [*benkay*].
thought, *n.* pensiero *m.* [*penseayro*].
thoughtful, *adj.* pensieroso [*pense-ayroso*].
thread, *n.* filo *m.* [*feelo*].
threadbare, *adj.* liso [*leeso*].
threat, *n.* minaccia *f.* [*meenahtcheah*].
threaten, *v.* minacciare [*meenahtcheahray*].
threshold, *n.* soglia *f.* [*solya*] (di porta).
thriller, *n.* giallo *m.* [*jeallo*], poliziesco *m.* [*politseeaysko*] (film, libro ecc.).
thrive, *v.* prosperare [*prosspayrahray*].
throat, *n.* gola *f.* [*golah*].
through, *prep.* attraverso [*ahttrahvairso*]; per [*pair*]; per mezzo di [*pair metzo de*] || *adv.* da parte a parte [*dah pahrtay a p.*], sino alla fine [*seeno ahllah feenay*].
throw (**threw, thrown**), *v.* gettare [*jettahray*].
thrush, *n.* tordo *m.* [*tordo*].
thumb, *n.* pollice *m.* [*polleechay*] (dito).
thunder, *n.* tuono *m.* [*too-ono*] || *v.* tuonare [*too-onahray*].
thunderstorm, *n.* temporale *m.* [*temporahlay*].
Thursday, *n.* giovedì *m.* [*jeovaydee*].
thus, *adv.* così [*kosee*], in questo modo [*in kwessto modo*].
ticket, *n.* biglietto *m.* [*beelyetto*].
tickle, *v.* solleticare [*solletekahray*].
tide, *n.* marea *f.* [*mahrayah*].

tidings, *n.pl.* notizie *f.* [*noteetseay*].
tidy, *adj.* lindo [*leendo*], ordinato [*ordeenahto*] || *v.* mettere in ordine [*mettayray in ordeenay*].
tie, *n.* cravatta *f.* [*krahvahttah*]; vincolo *m.* [*veenkolo*] || *v.* legare [*laygahray*].
tiger, *n.* tigre *f.* [*teegray*].
tight, *adj.* stretto [*strettto*], attillato [*ahtteellahto*].
tights, *n.pl.* collant *m.sing.*
tighten, *v.* stringere [*streenjayray*].
tile, *n.* tegola *f.* [*taygolah*], piastrella *f.* [*peahsstrellah*].
till, *prep.* fino a [*feeno ah*] (riferito a tempo) || *conj.* finché [*finkay*].
timber, *n.* legname *m.* [*laynyahmay*].
time, *n.* tempo *m.* [*tempo*] (che passa) || *v.* cronometrare [*kronomaytrahray*].
timer, *n.* cronometro *m.* [*kronomaytro*].
timetable, *n.* orario *m.* [*orahreo*].
tin, *n.* stagno *m.* [*stahnyo*]; scatola *f.* di latta [*skahtolah de lahttah*] || **tin-foil**, stagnola *f.* [*stahnyolah*] || **— opener**, apriscatole *m.* [*ahpreesskahtolay*].
tinned meat, *n.* carne *f.* in scatola [*kahrnay in skahtolah*].
tiny, *adj.* piccino [*peetcheeno*].
tip, *n.* punta *f.* [*poontah*], estremità *f.* [*esstraymetah*]; mancia *f.* [*mahnchea*].
tipp-off, *n.* (fam.) soffiata *f.* [*soffeahtah*].
tipsy, *adj.* brillo [*breello*], un po' ubriaco [*oon po oobreeahko*].
tire, *V.* **tyre**.
tire, *v.* stancare [*stahnkahray*].
tiresome, *adj.* noioso [*noeoso*].
tissue, *n.* tessuto *m.* [*tessooto*]; **— paper**, carta *f.* velina [*kahrtah vayleenah*].
title, *n.* titolo *m.* [*teetolo*].
to, *prep.* a [*ah*].
toad, *n.* rospo *m.* [*rosspo*].
toast, *n.* pane *m.* tostato [*pahnay tosstahto*]; brindisi *m.* [*breendeezee*] || *v.* tostare [*tosstahray*], abbrustolire [*abbroostoleeray*]; brindare [*brindahray*].

tobacco, *n.* tabacco *m.* [*tahbahkko*].
tabacconist, *n.* tabaccaio *m.* [*tahbahkkaheo*].
today, *n.* oggi *m.* [*odjee*].
toe, *n.* dito *m.* del piede [*deeto dayl peayday*].
toffy, *n.* caramella *f.* [*kahrahmellah*].
together, *adv.* insieme [*inseaymay*].
toilet, *n.* toeletta *f.* [*to-aylettah*]; gabinetto *m.* [*gahbenetto*].
tolerable, *adj.* tollerabile [*tollayrahbelay*].
toll, *n.* pedaggio *m.* [*paydahdjeo*].
tollhouse, *n.* casello *m.* [*kahsello*] (di autostrada).
tomato, *n.* pomodoro *m.* [*pomodoro*].
tomb, *n.* tomba *f.* [*tombah*].
tomorrow, *n.* domani *m.* [*domahnee*].
tone, *n.* tono *m.* [*tono*].
tongs, *n.pl.* molle *f.pl.* a pinza [*mollay ah pintsah*].
tongue, *n.* lingua *f.* [*lingoo-ah*].
tonic, *adj.* e *n.* tonico *m.* [*toneeko*].
to-night, *n.* stanotte *f.* [*stahnottay*].
too, *adv.* troppo [*troppo*], anche [*ahnkay*].
tool, *n.* arnese *m.* [*ahrnayzay*].
tooth, *n.* (pl. **teeth**) dente *m.* [*dentay*].
toothache, *n.* mal *m.* di denti [*mahl de dentee*].
toothbrush, *n.* spazzolino *m.* da denti [*spahtsoleeno dah dentee*].
toothpaste, *n.* dentifricio *m.* [*dentefreecheo*].
toothpick, *n.* stuzzicadenti *m.* [*stootzeekadentee*].
top, *n.* cima *f.* [*cheemah*], vetta *f.* [*vettah*], sommità *f.* [*sommeetah*].
torment, *n.* tormento *m.* [*tormento*] || *v.* tormentare [*tor-mentahray*].
torpedo, *n.* siluro *m.* [*selooro*].
torpedo-boat, *n.* torpediniera *f.* [*torpaydenee-ayra*].
tortoise, *n.* tartaruga *f.* [*tahrtahroogah*].
torture, *v.* torturare [*tortoorahray*] || *n.* tortura *f.* [*torto-orah*].
total, *n.* totale *m.* [*totahlay*].

touch, *v.* toccare [*tokkahray*] || *n.* tocco *m.* [*tokko*]; tatto *m.* [*tahtto*].
tough, *adj.* coriaceo [*koreahcheo*]; duro [*dooro*].
tour, *n.* giro *m.* [*jeero*], escursione *f.* [*esskoorseonay*], viaggio *m.* [*veeahdjeo*].
tourist, *n.* turista *m.f.* [*toorisstah*].
tout, *n.* bagarino *m.* [*bahgahreeno*].
tow, V. **tug**.
towards, *prep.* verso [*vairso*], alla volta di [*allah voltah de*].
tow-boat, *n.* rimorchiatore *m.* [*remorkeahtoray*].
towel, *n.* asciugamano *m.* [*ahsheoogahmahno*].
tower, *n.* torre *f.* [*torray*].
town, *n.* città *f.* [*cheetah*] || **town hall**, *n.* municipio *m.* [*mooneecheepeo*].
toy, *n.* giocattolo *m.* [*jeokahttolo*].
tractor, *n.* trattore *m.* [*trahttoray*].
trade, *n.* commercio *m.* [*kommaircheo*], affari *m.pl.* [*ahffahree*] || *v.* commerciare [*kommaircheahray*].
trademark, *n.* marchio *m.* di fabbrica [*mahrkeo de fahbbreekah*].
tradesman, *n.* esercente *m.f.* [*ayzairchentay*], bottegaio *m.* [*bottaygaheo*].
trade union, *n.* sindacato *m.* [*seendahkahto*].
tradition, *n.* tradizione *f.* [*trahdetseonay*].
traffic, *n.* traffico *m.* [*trahffeeko*].
tragedy, *n.* tragedia *f.* [*trahjaydeah*].
trailer, *n.* rimorchio *m.* [*remorcheo*]; prossimamente [*prossemahmentay*] (di film).
train, *n.* treno *m.* [*trayno*]; corteo *m.* [*kortayo*], seguito *m.* [*saygooeto*] || *v.* addestrare [*ahddesstrahray*], allenare [*ahllaynahray*].
training, *n.* allenamento *m.* [*ahllaynahmento*].
tram, *n.* tram *m.* [*trahm*].
tramp, *n.* accattone *m.* [*ahkkahtonay*], vagabondo *m.* [*vahgahbondo*].
transaction, *n.* transazione *f.* [*trahnsahtseonay*].
transatlantic, *adj.* transatlantico [*trahnsahtlahnteko*].

transcribe, *v.* trascrivere [*trahsskreevayray*].
transfer, *v.* trasferire [*trahssfayreeray*].
transform, *v.* trasformare [*trahssformahray*].
transfusion, *n.* trasfusione *f.* [*trahsfooseonay*].
transgress, *v.* trasgredire [*trahssgraydeeray*].
tranship, *v.* trasbordare [*trahssbordahray*].
transit, *n.* transito *m.* [*trahnzeto*].
translate, *v.* tradurre [*trahdoorray*].
translation, *n.* traduzione *f.* [*trahdootseonay*].
transmit, *v.* trasmettere [*trahssmettayray*].
transparent, *adj.* trasparente [*trahsspahrentay*].
transplantation, *n.* trapianto *m.* [*trahpeahnto*] (di organi ecc.).
transport, *n.* trasporto *m.* [*trahssporto*] || *v.* trasportare [*trahssportahray*].
trap, *n.* trappola *f.* [*trahppolah*] || *v.* intrappolare [*intrahppolahray*].
travel, *v.* viaggiare [*veahdjeahray*] || *n.* viaggio *m.* [*veahdjeo*].
traveller, *n.* viaggiatore *m.* [*veadjeahtoray*].
tray, *n.* vassoio *m.* [*vahssoeo*].
tread (**trod**, **trodden**), *v.* calpestare [*kahlpesstahray*].
treason, *n.* tradimento *m.* [*trademento*].
treasure, *n.* tesoro *m.* [*tayzoro*].
treat, *n.* festino *m.* [*fessteeno*], banchetto *m.* [*bahnketto*] || *v.* offrire [*offreeray*] (da bere, un pasto ecc.); trattare [*trahttahray*].
treatise, *n.* trattato (libro) *m.* [*trahttahto*].
treaty, *n.* trattato *m.* [*trahttahto*] (patto, convenzione).
tree, *n.* albero *m.* [*ahlbayro*].
tremble, *v.* tremare [*traymahray*].
trench, *n.* trincea *f.* [*trinchayah*].
trend, *n.* tendenza *f.* [*tendentsah*].
trespass, *v.* violare [*veolahray*], trasgredire [*trahssgraydeeray*].
trial, *n.* prova *f.* [*provah*], tentativo *m.* [*tentahteevo*]; processo *m.* [*prochesso*].
triangle, *n.* triangolo *m.* [*treeahngolo*].

tribe, *n.* tribù *f.* [*treeboo*].
trick, *n.* tiro *m.* [*teero*], stratagemma *m.* [*strahtahjaymmah*].
trifle, *n.* inezia *f.* [*inaytseah*].
trigger, *n.* grilletto *m.* [*grilletto*].
trim, *v.* guarnire [*gooahrneeray*], acconciare [*ahkkoncheahray*].
trip, *n.* gita *f.* [*jeetah*].
tripe, *n.* trippa *f.* [*treeppah*].
triumph, *n.* trionfo *m.* [*treeonfo*] || *v.* trionfare [*treeonfahray*].
tropic, *n.* tropico *m.* [*tropeko*].
trouble, *v.* disturbare [*disstoorbahray*], incomodare [*inkomodahray*] || *n.* noia *f.* [*noeah*], disturbo *m.* [*disstoorbo*].
trousers, *n.pl.* pantaloni *m.* [*pahntahlonee*], calzoni *m.* [*kahltsonee*].
trout, *n.* trota *f.* [*trotah*].
truck, *n.* autotreno *m.* [*ahoototrayno*], autocarro *m.* [*ahooto-kahrro*]; vagone *m.* merci [*vahgonay mairchee*].
true, *adj.* vero [*vairo*], sincero [*sinchairo*].
truffle, *n.* tartufo *m.* [*tahrtoofo*].
trunk, *n.* baule *m.* [*bahoolay*]; tronco *m.* [*tronko*]; proboscide *f.* [*proboshedday*].
trust, *n.* fiducia *f.* [*feedoocheah*], confidenza *f.* [*konfeedentsah*] || *v.* fidarsi di [*feedahrsee de*], aver fiducia [*ahvair f.*].
trustworthy, *adj.* degno di fiducia [*daynyo de feedoocheah*].
try, *v.* assaggiare [*ahssadjahray*], provare [*provahray*], tentare [*tentahray*].
tube, *n.* tubo *m.* [*toobo*], condotto *m.* [*kondotto*].
tuck, *n.* piega *f.* [*peaygah*] (di abito); imbastitura *f.* [*imbasstetoorah*].
Tuesday, *n.* martedì *m.* [*mahrtaydee*].
tuft, *n.* ciocca *f.* [*chokkah*], ciuffo *m.* [*cheooffo*].
tug, *v.* rimorchiare [*remorkeahray*].
tug-boat, *n.* rimorchiatore *m.* [*remorkeahtoray*].
tulip, *n.* tulipano *m.* [*toolepahno*].

tumble, *v.* cadere [*kahdayray*], rotolare [*rotolahray*], capitombolare [*kahpetombolahray*].
tumbler, *n.* bicchiere *m.* [*bekkeayray*] (tronco conico).
tumour, *n.* tumore *m.* [*toomoray*].
tumult, *n.* tumulto *m.* [*toomoolto*].
tune, *n.* tono *m.* [*tono*], motivo *m.* [*moteevo*] || *v.* accordare [*akkordahray*].
tunnel, *n.* galleria *f.* [*gahllayreeah*].
tupsy-turvy, *adj.* capovolto [*kahpovolto*].
turbine, *n.* turbina *f.* [*toorbeenah*].
turbot, *n.* rombo *m.* [*rombo*] (pesce).
tureen, *n.* zuppiera *f.* [*tsoopeayrah*].
turf, *n.* zolla *f.* [*tsollah*], torba *f.* [*torbah*]; pista *f.* [*peesstah*] (di ippodromo).
turkey, *n.* tacchino *m.* [*tahkkeeno*].
turmoil, *n.* tumulto *m.* [*toomoolto*].
turn, *n.* curva *f.* [*koorvah*], svolta *f.* [*svoltah*]; turno *m.* [*toorno* || *v.* girare [*jerahray*], svoltare [*svoltahray*]; trasformare [*trahsformahray*], rendere [*rendayray*] || — **down**, abbassare [*ahbbahssahray*] (luce, gas ecc.); respingere [*rayspeenjayray*]; — **in**, consegnare [*konsaynyahray*]; — **off**, spegnere [*spaynyayray*] (luce, gas ecc.); chiudere [*keoodayray*] (rubinetti); — **out**, mandar via [*mahndahr veah*]; spegnere [*spaynyayray*] (luce, gas ecc.); — **over**, rovesciare [*rovaysheahray*]; rimuginare [*remoojenahray*].
turnip, *n.* rapa *f.* [*rahpah*]. [*f.* [*ahkwahrahjeah*].
turpentine, *n.* trementina *f.* [*traymenteenah*]; acquaragia
turtle, *n.* testuggine *f.* [[*tesstoodjenay*].
tutor, *n.* precettore *m.* [*praychettoray*]; tutore *m.* [*tootoray*].
twice, *adv.* due volte [*dooay voltay*].
twig, *n.* ramoscello *m.* [*rahmoshello*].
twilight, *n.* crepuscolo *m.* [*kraypoosskolo*].
twin, *n.* gemello *m.* [*jaymello*].
twinkle, *v.* tremolare [*traymolahray*] (delle stelle).

twist, *v.* intrecciare [*intretche^{a}hray*], torcere [*t^{o}rchayray*], aggrovigliare [*ahggrovely^{a}hray*].
type, *n.* tipo *m.* [*t^{ee}po*].
typewrite, *v.* dattilografare [*dahttelograhf^{a}hray*], scrivere a macchina [*scr^{ee}vayray ah m^{a}hkkeenah*].
typewriter, *n.* macchina *f.* per scrivere [*m^{a}hkkeenah pair skr^{ee}vayray*].
typist, *n.* dattilografa *f.* [*dahttel^{o}grahfah*].
tyre, *n.* copertone *m.* [*kopairt^{o}nay*] (gomma d'auto).

U

ugly, *adj.* brutto [*brootto*].
ulcer, *n.* ulcera *f.* [*oolchayrah*].
umbrella, *n.* ombrello *m.* [*ombrello*], parapioggia *m.* [*pahrahpeodjeah*].
unable, *adj.* inabile [*inahbelay*], incapace [*inkahpahchay*].
unalterable, *adj.* inalterabile [*inahltairahbelay*].
unanimity, *n.* unanimità *f.* [*oonahnemetah*].
unanswered, *adj.* senza risposta [*sentsah risspossstah*].
unavoidable, *adj.* inevitabile [*inayveetahbelay*].
unaware, *adj.* ignaro [*eenyahro*].
unbecoming, *adj.* sconveniente [*skonvaynee-entay*], indecoroso [*indaykoroso*].
unceasingly, *adv.* incessantemente [*inchessahntaymen-tay*].
uncertain, *adj.* incerto [*inchairto*].
uncle, *n.* zio *m.* [*tseeo*].
uncomfortable, *adj.* scomodo [*skomodo*].
unconscious, *adj.* inconsapevole [*inkonsahpayvolay*].
uncork, *v.* sturare [*stoorahray*].
uncover, *v.* togliere il coperchio [*toly-ayray eel kopair-keo*], scoprire [*skopreeray*].
under, *prep.* sotto [*sotto*], di sotto [*de s.*].
underclothes, **underclothing**, *n.* biancheria *f.* [*beahnka-yreah*] (intima).
underdone, *adj.* poco cotto [*poko kotto*].
undergo (**underwent**, **undergone**), *v.* subire [*soobeeray*], sopportare [*sopportahray*], sottoporsi a [*sottoporsee ah*].

underground, *adj.* sotterraneo *m.* [*sottairrahnayo*]; *n.* metropolitana *f.*
underline, *v.* sottolineare [*sottoleenayahray*]. [*s.*].
underneath, *prep.* & *adv.* sotto [*sotto*], al di sotto [*ahl de*
undersigned, *n.* sottoscritto *m.* [*sottoskreetto*].
understand (**understood**, **understood**), *v.* capire [*kahpeeray*]; comprendere [*komprendayray*].
undertake (**undertook**, **undertaken**), *v.* intraprendere [*intrahprendayray*], assumersi [*ahssoomairsee*], incaricarsi [*inkahrekahrsee*].
undertaker, *n.* imprenditore *m.* [*imprendetoray*], appaltatore *m.* [*ahppahltahtoray*].
undervalue, *v.* sottovalutare [*sottovahlootahray*].
underwear, *V.* **underclothes.** [*slaygahray*].
undo (**undid**, **undone**), *v.* disfare [*dissfahray*]; slegare
undoubtedly, *adv.* indubbiamente [*indoobbeahmentay*].
undress, *v.* spogliare [*spolyahray*], svestirsi [*svessteersee*].
undue, *adj.* indebito [*indaybeeto*]. [*jeo*].
uneasy, *adj.* inquieto [*inkwee-eto*], a disagio [*ah dezah-*
unemployed, *adj.* disoccupato [*dezokkoopahto*].
uneven, *adj.* disuguale [*dezoogooahlay*].
unexpected, *adj.* inatteso [*inahttayzo*].
unfair, *adj.* ingiusto [*injoosto*], non equo [*non aykwo*].
unfasten, *v.* slacciare [*slahtcheahray*].
unfit, *adj.* disadatto [*dezahdahtto*].
unfortunate, *adj.* sfortunato [*sfortoonahto*].
unguarded, *adj.* incustodito [*inkoosstodeeto*].
unhappy, *adj.* infelice [*infayleechay*].
unharmed, *adj.* indenne [*indennay*].
unhealthy, *adj.* malsano [*mahlsahno*].
unhoped for, *adj.* insperato [*inspairahto*].
unhurt, *adj.* illeso [*illayzo*].
uniform, *adj.* & *n.* uniforme *f.* [*ooneformay*].
uniformity, *n.* uniformità *f.* [*ooneformetah*].
unify, *v.* unificare [*oonefekahray*].

union, *n.* unione *f.* [*ooneonay*].
Union-Jack, *n.* la bandiera *f.* [*bahndeayrah*] naz. inglese.
unique, *adj.* unico [*ooneko*].
unit, *n.* unità *f.* [*ooneta h*] || — **furniture**, mobili *m.pl.* componibili [*mobelee komponeebeelee*].
unite, *v.* unire [*ooneeray*].
unity, *n.* unità *f.* [*ooneta h*].
universal, *adj.* universale [*oonevairsahlay*].
universe, *n.* universo *m.* [*oonevairso*].
university, *n.* università *f.* [*oonevairseetah*].
unkind, *adj.* sgarbato [*sgahrbahto*], scortese [*skortaysay*].
unknown, *adj.* sconosciuto [*skonosheooto*], ignoto [*eenyoto*]. [(merci ecc.).
unlade (**unladed**, **unladen**), *v.* scaricare [*skahrekahray*]
unlawful, *adj.* illegale [*illaygahlay*].
unless, *conj.* a meno che [*ah mayno kay*].
unlike, *adj.* dissimile [*disseemelay*] || *conj.* diversamente da [*devairsahmentay dah*].
unlikely, *adj.* improbabile [*improbahbelay*] || *adv.* inverosimilmente [*invairoseemeelmentay*].
unload, *v.* scaricare [*skahrekahray*].
unlock, *v.* aprire [*ahpreeray*] (una serratura).
unlucky, *adj.* sfortunato [*sfortoonahto*].
unnoticed, *adj.* non visto [*non vissto*], non rilevato [*non relayvahto*].
unpaid, *adj.* non pagato [*non pahgahto*].
unpleasant, *adj.* spiacevole [*spe-ahchayvolay*].
unquestionable, *adj.* indiscutibile [*indisskooteebelay*].
unreal, *adj.* irreale [*irrayahlay*].
unreliable, *adj.* inattendibile [*inahttendeebeelay*].
unsafe, *adj.* malsicuro [*mahlsekooro*], pericoloso [*payreekolo so*].
unscrew, *v.* svitare [*sveetahray*].
unselfish, *adj.* generoso [*jaynayroso*], disinteressato [*disintairessahto*].

unsettled, *adj.* non stabilito [*non stahbeleeto*]; incerto [*inchairto*], variabile [*vahreahbeelay*].
unsold, *adj.* invenduto [*invendooto*].
unsuccessful, *adj.* vano [*vahno*], senza successo [*sentsah sootchesso*], infruttuoso [*infroottoo-oso*].
unsuitable, *adj.* inadatto [*inahdahtto*].
untidy, *adj.* trasandato [*trahzahndahto*], in disordine [*in dezordeenay*].
until, *conj.* & *prep.* fino a [*feeno ah*] (riferito a tempo); finché [*finkay*], sino a che [*seeno ah kay*].
untouched, *adj.* intatto [*intahtto*].
untrue, *adj.* non vero [*non vairo*].
unusual, *adj.* insolito [*insoleeto*].
unwarned, *adj.* non preavvisato [*non pray-ahvveesahto*], non avvertito [*non ahvvairteeto*].
unwell, *adj.* indisposto [*indissposto*]. [*vairso*].
unwilling, *adj.* riluttante [*reelootahntay*], avverso [*ahv-*
unworthy, *adj.* indegno [*indaynyo*], immeritevole [*immayreetayvolay*].
unwrap, *v.* scartare [*skahrtahray*] (un pacco).
up, *prep.* alto [*ahlto*], in alto [*in a.*], su [*soo*] || — **to**, fino a [*feeno ah*]. [*to*].
update, **updating**, *n.* aggiornamento *m.* [*ahdjeornahmen-*
uphold (upheld, upheld), *v.* sostenere [*sosstaynayray*].
upholster, *v.* tappezzare [*tahppetzahray*].
upholstery, *n.* tappezzeria *f.* [*tahppetzayreeah*].
upkeep, *n.* manutenzione *f.* [*mahnootentseonay*].
upon, *prep.* sopra [*soprah*].
upper, *adj.* superiore [*soopaireoray*], più alto [*peoo ahlto*].
uppermost, *adj.* al primo posto [*ahl preemo possto*].
upright, *adj.* ritto [*reetto*]; integro [*intaygro*], probo [*probo*].
uproot, *v.* sradicare [*srahdekahray*].
upset (upset, upset), *v.* capovolgere [*kahpovoljayray*], rovesciare [*rovayshеahray*]; scombinare [*skombeenah-*
upside down, *adv.* sottosopra [*sottosopra*]. [*ray*].

upstairs, *adv.* su [*soo*], sopra [*soprah*], al piano superiore [*ahl peahno soopaireoray*].
urchin, *n.* monello *m.* [*monello*].
urge, *v.* sollecitare [*sollaycheetahray*].
urgent, *adj.* urgente [*oorjentay*].
use, *n.* uso [*oozo*], impiego *m.* [*impeaygo*]; utilità *f.* [*ooteeleetah*] || *v.* usare [*oozahray*].
user, *n.* utente *m.f.* [*ootentay*].
useful, *adj.* utile [*ooteelay*].
useless, *adj.* inutile [*inooteelay*].
usual, *adj.* solito [*soleeto*].
utensil, *n.* utensile *m.* [*ootenzeelay*].
utility, *n.* utilità *f.* [*ooteeleetah*].
utilize, *v.* utilizzare [*ooteeleetzahray*].
utmost, *adj.* massimo [*mahsseemo*], estremo [*esstraymo*].
utter, *v.* proferire [*profaireeray*].
utterly, *adv.* del tutto [*dayl tootto*]; estremamente [*esstraymahmentay*].

V

vacant, *adj.* vacante [*vahkahntay*].
vacation, *n.* vacanza *f.* [*vahkahntsah*].
vaccinate, *v.* vaccinare [*vahtcheenahray*].
vaccine, *n.* vaccino *m.* [*vahtcheeno*].
vacuum cleaner, *n.* aspirapolvere *m.* [*ahssperahpolvayray*].
vague, *adj.* vago [*vahgo*].
vain, *adj.* vano [*vahno*]; **in —**, *adv.* invano [*invahno*].
valid, *adj.* valido [*vahleedo*].
valley, *n.* valle *f.* [*vahllay*].
valuable, *adj.* di valore [*de vahloray*], prezioso [*praytseoso*].
value, *n.* valore *m.* [*vahloray*], prezzo *m.* [*praytzo*] || *v.* valutare [*vahlootahray*].
valve, *n.* valvola *f.* [*vahlvolah*].
van, *n.* furgone *m.* [*foorgonay*]; camioncino *m.* [*kahmeoncheeno*] || **prison —**, cellulare *m.* [*chelloolahray*].
vanilla, *n.* vaniglia *f.* [*vahneelyah*].
vanish, *v.* svanire [*svahneeray*].
vanity, *n.* vanità *f.* [*vahnetah*].
variable, *adj.* variabile [*vahreahbelay*].
variety, *n.* varietà *f.* [*vahreaytah*].
various, *adj.* vario [*vahreo*].
varnish, *n.* vernice *f.* [*vairneechay*]; smalto *m.* [*smahlto*] || *v.* verniciare [*vairneechehray*].
vary, *v.* variare [*vahreahray*].
vase, *n.* vaso *m.* [*vahzo*].
vaseline, *n.* vaselina *f.* [*vahzeleenah*].

vast, *adj.* vasto [*vahssto*].
veal, *n.* carne *f.* di vitello [*kahrnay de veetello*].
vegetables, *n.pl.* verdura *f.* [*vairdoorah*], legumi *m.pl.* [*laygoomee*].
vegetarian, *n.* vegetariano *m.* [*vayjetahreahno*].
vegetation, *n.* vegetazione *f.* [*vayjetahtseonay*].
vehicle, *n.* veicolo *m.* [*vayeekolo*] || **off-road** —, *n.* fuoristrada *m.f.* [*fooresstrahdah*].
veil, *n.* velo *m.* [*vaylo*] || *v.* velare [*vaylahray*].
vein, *n.* vena *f.* [*vaynah*].
velvet, *n.* velluto *m.* [*velloto*].
vengeance, *n.* vendetta *f.* [*vendettah*].
venison, *n.* selvaggina *f.* [*selvadjeenah*].
ventilator, *n.* ventilatore *m.* [*venteelahtoray*]; aspiratore *m.* [*ahssperahtoray*].
venture, *v.* rischiare [*risskeahray*] || *n.* speculazione *f.* [*spaykoolahtseonay*].
verdict, *n.* verdetto *m.* [*vairdetto*].
verify, *v.* verificare [*vayreefeekahray*].
very, *adv.* molto [*molto*], assai [*ahssahee*].
vessel, *n.* recipiente *m.* [*raycheepee-entay*].
veteran, *n.* reduce *m.* [*raydoochay*] (di guerra).
veterinary, **vet**, *n.* veterinario *m.* [*vetayreenahreo*].
vex, *v.* vessare [*vessahray*].
vial, *n.* fiala *f.* [*feahlah*].
viaduct, *n.* viadotto *m.* [*veeahdotto*].
vibration, *n.* vibrazione *f.* [*veebrahtseonay*].
vicar, *n.* vicario *m.* [*veekahreo*].
vice, *n.* vizio *m.* [*veetseo*]; morsa *f.* [*morsah*]; vice *m.* [*vee-chay*].
victory, *n.* vittoria *f.* [*vittorea*].
victuals, *n.pl.* viveri *m.pl.* [*veevayree*].
videogame, *n.* videogioco *m.* [*veedayojeoko*].
videotape, *n.* videonastro *m.* [*veedayonahsstro*].
view, *n.* vista *f.* [*vissta*], veduta *f.* [*vaydootah*] || *v.* ispezionare [*isspetseonahray*].

vigour, *n.* vigore *m.* [*veegoray*].
vile, *adj.* vile [*veelay*], abbietto [*ahbbee-etto*].
village, *n.* villaggio *m.* [*villahdjeo*].
villain, *n.* furfante *m.* [*foorfahntay*], ribaldo *m.* [*rebahl-do*].
vine, *n.* vite *f.* [*veetay*] (pianta).
vinegar, *n.* aceto *m.* [*ahchayto*].
vineyard, *n.* vigna *f.* [*veenyah*].
vintage, *n.* vendemmia *f.* [*vendaymmeah*].
violence, *n.* violenza *f.* [*veolentsah*].
violet, *n.* violetta *v.* [*veolettah*] || *adj.* violetto [*veoletto*].
violin, *n.* violino *m.* [*veoleeno*].
viper, *n.* vipera *f.* [*veepayrah*].
virgin, *n.* vergine *f.* [*vairjeenay*].
virtue, *n.* virtù *f.* [*veertoo*].
visa, *n.* visto *m.* [*vissto*].
visibility, *n.* visibilità *f.* [*vezeebeletah*].
visit, *n.* visita *f.* [*veezetah*] || *v.* visitare [*vezetahray*].
visitor, *n.* visitatore *m.* [*vezetahtoray*].
vital, *adj.* vitale [*veetahlay*].
voice, *n.* voce *f.* [*vochay*].
void, *adj.* vuoto [*voo-oto*], nullo [*noollo*].
volcano, *n.* vulcano *m.* [*voolkahno*].
voltage, *n.* voltaggio *m.* [*voltahdjeo*].
volume, *n.* volume *m.* [*voloomay*].
voluntary, *adj.* volontario [*volontahreo*].
volunteer, *n.* volontario *m.* [*volontahreeo*].
vomit, *n.* vomito *m.* [*vometo*].
vote, *n.* voto *m.* [*voto*] || *v.* votare [*votahray*].
voter, *n.* votante *m.* [*votahntay*]; elettore *m.* [*aylettoray*].
voyage, *n.* viaggio *m.* [*veahdjeo*] (per mare).
vulgar, *adj.* volgare [*volgahray*].
vulture, *n.* avvoltoio *m.* [*ahvvoltoeo*].

W

wade, *v.* guadare [*gooahdahray*].
wages, *n.pl.* salario *m.* [*sahlahreo*], paga *f.* [*pahgah*].
waggon, wagon, *n.* vagone *m.* [*vahgonay*], carro *m.* [*kahrro*].
wail, *n.* gemito *m.* [*jaymeeto*] || *v.* gemere [*jaymayray*].
waist, *n.* vita *f.* [*veetah*], cintura *f.* [*chintoorah*].
waistcoat, *n.* panciotto *m.* [*pahncheotto*], gilè *m.* [*jeelay*].
wait, *v.* aspettare [*ahspettahray*].
waiter, *n.* cameriere *m.* [*kahmayreayray*].
waiting-room, *n.* sala *f.* d'aspetto [*sahlah d'ahsspetto*].
waitress, *n.* cameriera *f.* [*kahmayreayrah*].
wake, *v.* svegliare [*svaylyahray*], destare [*desstahray*]; svegliarsi, destarsi.
walk, *n.* passeggiata *f.* [*pahssaydjeahtah*] || *v.* passeggiare [*pahssaydjeahray*]; **to take a —**, fare una passeggiata [*fahray oonah p.*].
wall, *n.* muro *m.* [*mooro*].
wallet, *n.* portafoglio *m.* [*portahfolyo*].
walnut, *n.* noce *f.* [*nochay*] (frutto).
waltz, *n.* valzer *m.* [*vahltsair*].
wander, *v.* vagare [*vahgahray*], girellare [*jeerellahray*].
want, *n.* mancanza *f.* [*mahnkahntsah*], difetto *m.* [*defetto*], bisogno *m.* [*bezonyo*] || *v.* abbisognare [*ahbbezonyahray*], mancare [*mahnkahray*], difettare [*defettahray*].
war, *n.* guerra *f.* [*gooairrah*].
ward, *n.* corsia *f.* [*korseah*] (d'ospedale).
wardrobe, *n.* guardaroba [*gooahrdahrobah*] *m.*, armadio *m.* [*ahrmahdeo*].

warehouse, *n.* magazzino *m.* [*mahgatzeeno*].
wariness, *n.* prudenza *f.* [*proodentsah*].
warm, *adj.* caldo [*kahldo*]; **to be —**, aver caldo [*avair k.*] || *v.* scaldare [*skahldahray*].
warn, *v.* avvisare [*ahvvezahray*], avvertire [*ahvvairteeray*].
warning, *n.* avvertimento *m.* [*ahvvairtemento*].
warrant, *v.* garantire [*gahrahnteeray*] || *n.* garanzia *f.* [*gahrahntseeah*]; mandato *m.* [*mahndahto*].
warrior, *n.* guerriero *m.* [*gooairreayro*].
warship, *n.* nave *f.* da guerra [*nahvay dah gooairrah*].
wary, *adj.* prudente [*proodentay*].
wash, *v.* lavare [*lahvahray*].
washing, *n.* bucato *m.* [*bookahto*]; lavaggio *m.* [*lahvahdjeo*]; **dry —**, lavaggio a secco [*l. ah saykko*].
wasp, *n.* vespa *f.* [*vesspah*].
waste, *n.* scarto *m.* [*skahrto*]; sciupio *m.* [*sheoopeeo*] || *v.* sciupare [*sheoopahray*].
watch, *n.* orologio *m.* [*orolojeo*]; guardia *f.* [*gooahrdeah*]; sorveglianza *f.* [*sorvaylyahntsah*] || *v.* sorvegliare [*sorvaylyahray*]; vegliare [*vaylyahray*].
watchmaker, *n.* orologiaio *m.* [*orolojeaheo*].
watchman, *n.* guardia *f.* notturna [*gooahrdeah nottoornah*].
water, *n.* acqua *f.* [*ahkwah*].
watercolour, *n.* acquarello *m.* [*ahkwahrello*].
water-eater, *n.* scaldabagno *m.* [*skahldahbahnyo*].
waterfall, *n.* cascata *f.* [*kahsskahtah*] (d'acqua).
watering can, *n.* annaffiatoio *m.* [*ahnnahffeahtoeo*].
watermelon, *n.* cocomero *m.* [*kokomayro*], anguria *f.* [*ahngooreah*].
water-mill, *n.* mulino *m.* ad acqua [*mooleeno ahd ahkwah*].
water polo, *n.* pallanuoto *f.* [*pahllahnoooto*].
waterproof, *adj.* impermeabile [*impairmayahbelay*].
water-repellent, *adj.* idrorepellente [*idroraypayllentay*].
water-works, *n.pl.* acquedotto *m.sing.* [*ahkwaydotto*].
wave, *n.* onda *f.* [*ondah*] || *v.* agitare [*ahjetahray*].

wax, *n.* cera *f.* [*chairah*].
way, *n.* via *f.* [*veeah*], cammino *m.* [*kahmmeeno*], direzione *f.* [*deeraytseonay*] da seguire; modo *m.* [*modo*].
weak, *adj.* debole [*daybolay*].
weaken, *v.* indebolire [*indayboleeray*].
weakness, *n.* debolezza *f.* [*dayboletzah*].
wealth, *n.* ricchezza *f.* [*reekketzah*].
wealthy, *adj.* ricco [*reekko*].
weapon, *n.* arma *f.* [*ahrmah*].
wear (wore, worn), *v.* indossare [*indossahray*] || **— out**, consumare [*konsoomahray*] (con l'uso).
weary, *adj.* stanco [*stahnko*], affaticato [*ahffahtekahto*] || *v.* annoiare [*ahnnoeahray*], stancare [*stahnkahray*].
weather, *n.* tempo *m.* [*tempo*] (atmosferico) || **— report**, bollettino *m.* meteorologico [*bolletteeno meteorolodjiko*].
weave (wove, woven), *v.* tessere [*tessayray*].
web, *n.* ragnatela *f.* [*rahnyahtelah*].
wedding, *n.* nozze *f.pl.* [*notzay*] || **— ring**, *n.* vera *f.* [*vayrah*].
Wednesday, *n.* mercoledì *m.* [*mairkolaydee*].
weed, *n.* erbaccia *f.* [*airbahtcheah*] || **— killer**, diserbante *m.* [*disairbahntay*].
week, *n.* settimana *f.* [*setteemahnah*].
week-day, *n.* giorno *m.* feriale [*jorno fayreahlay*].
weekend, *n.* fine *m.* settimana [*feenay setteemahnah*].
weekly, *adj.* settimanale [*seiteemahnahlay*] || *adv.* settimanalmente [*setteemahnahlmentay*].
weep (wept, wept), *v.* piangere [*peahnjayray*].
weigh, *v.* pesare [*payzahray*].
weighing-machine, *n.* bilancia *f.* [*belahncheah*].
weight, *n.* peso *m.* [*payzo*].
weighty, *adj.* pesante [*payzahntay*].
welcome, *adj.* & *n.* gradito; benvenuto *m.* [*baynvaynooto*] || *v.* dare il benvenuto [*dahray eel b.*].
welfare, *n.* benessere *m.* [*baynessayray*].
well, *n.* pozzo *m.* [*potzo*] || *adv.* bene [*baynay*]; **— being**,

benessere *m.* [*baynessayray*]; — **bred**, bene educato [*b. aydookahto*]; — **off**, agiato [*ahjeahto*].
Welsh, *adj.* gallese [*gahllaysay*].
west, *n.* ovest *m.* [*ovest*], occidente *m.* [*otcheedentay*].
western, *adj.* occidentale [*otcheedentahlay*].
westward, *adv.* verso ponente [*vairso ponentay*].
wet, *adj.* bagnato [*bahnyahto*]; — **house**, balia *f.* [*bahleah*] || *v.* bagnare [*bahnyahray*], inumidire [*inoomedeeray*].
whale, *n.* balena *f.* [*bahlaynah*].
wharf, *n.* banchina *f.* [*bahnkeenah*], molo *m.* [*molo*].
what, *int.* & *pr.* che? [*kay*], che cosa? [*kay kosah*] || *rel.pr.* ciò che [*cheo kay*], quello che [*kwello kay*] || *interr.* che? cosa?
wheat, *n.* frumento *m.* [*froomento*].
wheel, *n.* ruota *f.* [*roo-otah*].
wheelbarrow, *n.* carriola *f.* [*kahrreolah*].
when, *adv.* quando [*kwahndo*].
where, *adv.* dove [*dovay*].
whether, *conj.* se (o no) [*say*].
which, *pr.* che [*kay*], quale [*kwahlay*].
while, *adv.* mentre [*mentray*].
whip, *n.* frusta *f.* [*froostah*] || *v.* frustare [*froosstahray*].
whirl, *n.* vortice *m.* [*vorteechay*] || *v.* turbinare [*toorbeenahray*].
whirlpool, *n.* vortice *m.* [*vorteechay*].
whiskers, *n.pl.* baffi *m.* [*bahffee*] (di animali).
whisper, *n.* bisbiglio *m.* [*bissbeelyo*] || *v.* bisbigliare [*bissbeelyahray*].
whistle, *n.* fischio *m.* [*fisskeo*]; fischietto *m.* [*fisskeetto*] || *v.* fischiare [*fis-skeahray*].
white, *adj.* & *n.* bianco *m.* [*beahnko*].
who, *rel.pr.* che [*kay*], chi [*kee*], il quale [*eel kwalay*] || *interr.pr.* chi? [*kee*].
whole, *n.* tutto *m.* [*tootto*] || *adj.* intero [*intayro*], tutto.
wholesale, *n.* vendita *f.* all'ingrosso [*vendeetah ahll'ingrosso*].

wholesome, *adj.* sano [*sahno*], salubre [*sahloobray*].
why, *adv.* perché? [*pairkay*].
wicked, *adj.* malvagio [*mahlvahjeo*], cattivo [*kahtteevo*].
wide, *adj.* largo [*lahrgo*], ampio [*ahmpeo*]; — **open**, spalancato [*spahlahnkahto*].
widow, *n.* vedova *f.* [*vaydovah*].
widower, *n.* vedovo *m.* [*vaydovo*].
width, *n.* larghezza *f.* [*lahrghetzah*], altezza *f.* [*ahltetzah*] [(di stoffe).
wife, *n.* moglie *f.* [*molyay*].
wild, *adj.* selvaggio [*sellvahdjeo*], selvatico [*sellvahteeko*].
wilderness, *n.* luogo *m.* deserto [*loo-ogo dayzairto*].
wilful, *adj.* caparbio [*kahpahrbeo*].
will, *n.* volontà *f.* [*volontah*]; testamento *m.* [*tesstahmento*].
willingly, *adv.* volentieri [*volenteayree*].
willow, *n.* salice *m.* [*sahleechay*].
win (won, won), *v.* vincere [*vinchayray*].
wind, *n.* vento *m.* [*vento*] || **(wound, wound)**, *v.* caricare [*kahrekahray*] (una molla); girare [*jerahray*]; serpeggiare [*sairpaydjeahray*]. [*ah keotcheolah*].
winding-stairs, *n.pl.* scala *f.sing.* a chiocciola [*skahlah*
wind-mill, *n.* mulino *m.* a vento [*mooleeno ah vento*].
window, *n.* finestra *f.* [*feenesstrah*]; vetrina *f.* [*vetreenah*] (di negozio); sportello *m.* [*sportayllo*] (di banca ecc.).
windscreen, *n.* (auto) parabrezza *m.* [*pahrahbraytzah*] || — **wiper**, *n.* tergicristallo *m.* [*tairjeekristahllo*].
windy, *adj.* ventoso [*ventoso*].
wine, *n.* vino *m.* [*veeno*].
wing, *n.* ala *f.* [*ahlah*].
winner, *n.* vincitore *m.* [*vincheetoray*].
winter, *n.* inverno *m.* [*invairno*].
wintry, *adj.* invernale [*invairnahlay*].
wipe, *v.* asciugare [*asheoogahray*] (con un panno), pulire [*pooleeray*].
wire, *n.* filo *m.* metallico [*feelo metahlleko*]; telegramma *m.* [*telegrahmmah*] || *v.* telegrafare [*telegrahfahray*].

wisdom, *n.* saggezza *f.* [*fadj^{e}tzah*].
wise, *adj.* saggio [*s^{a}hdjo*], savio [*s^{a}hveo*], avveduto [*ahvvayd^{oo}to*].
wish, *n.* augurio *m.* [*ahoog^{oo}reo*]; desiderio *m.* [*daysed^{a}yreo*] || *v.* augurare [*ahoogoor^{a}hray*]; desiderare [*daysedayr^{a}hray*].
wistaria, *n.* glicine *m.f.* [*ly^{i}chenay*].
wit, *n.* spirito *m.* [*sp^{ee}reto*], arguzia *f.* [*ahrg^{oo}tseah*].
witch, *n.* strega *f.* [*str^{ay}gah*].
with, *prep.* con [*kon*].
withdraw (**withdrew**, **withdrawn**), *v.* ritirare [*reteer^{a}hray*]; ritirarsi [*reteer^{a}hrsee*].
wither, *v.* avvizzire [*ahvvitz^{ee}ray*], appassirsi [*ahppahs-s^{ee}rsee*].
within, *adv.* & *prep.* dentro [*d^{e}ntro*], in [*in*].
without, *adv.* & *prep.* senza [*s^{e}ntsah*].
withstand (**withstood**, **withstood**), *v.* resistere a [*rayz^{i}stayray ah*]; sopportare [*sopport^{a}hray*].
witness, *n.* testimonio *m.* [*tessteem^{o}neo*] || *v.* testimoniare [*tessteemone^{a}hray*].
witty, *adj.* spiritoso [*spereeet^{o}so*], arguto [*ahrg^{oo}to*].
wizard, *n.* stregone *m.* [*strayg^{o}nay*].
wolf, *n.* lupo *m.* [*l^{oo}po*].
woman (pl. **women**), *n.* donna *f.* [*d^{o}nnah*].
wonder, *n.* meraviglia *f.* [*mayrahv^{ee}lyah*] || *v.* meravigliarsi [*mayrahveely^{a}hrsee*]; chiedersi se [*k^{eeay}dairsee say*].
wonderful, *adj.* meraviglioso [*mayrahveely^{o}so*].
wood, *n.* legno *m.* [*l^{ay}nyo*]; bosco *m.* [*b^{o}sko*].
wooden, *adj.* di legno [*de l^{ay}nyo*].
wool *n.* lana *f.* [*l^{a}hnah*].
woollen, **woolly**, *adj.* di lana [*de l^{a}hnah*].
word, *n.* parola *f.* [*pahr^{o}lah*].
work, *n.* lavoro *m.* [*lahv^{o}ro*]; fabbrica *f.* [*f^{a}hbbrekah*]; movimento *m.* [*moveem^{e}nto*] (di una macchina) || *v.* lavorare [*lahvor^{a}hray*].

worker, *n.* lavoratore *m.* [*lahvoratoray*].
workman, *n.* operaio *m.* [*opayraheo*].
workshop, *n.* bottega *f.* [*bottaygah*] (con officina).
world, *n.* mondo *m.* [*mondo*] || — **vision**, *n.* mondovisione *f.* [*mondoveseonay*].
worm, *n.* verme *m.* [*vairmay*].
worried, *adj.* preoccupato [*prayokkoopahto*], ansioso [*ahnseoso*].
worry, *n.* preoccupazione *f.* [*prayokkoopahtseonay*], noia *f.* [*noeah*] || *v.* tormentare [*tormentahray*], contrariare [*kontrahreahray*]; essere inquieto [*essayray inkweeeto*].
worse, *adj.* & *adv.* peggiore [*paydjeoray*], peggio [*paydjeo*].
worship, *v.* adorare [*ahdorahray*] || *n.* adorazione *f.* [*ahdorahtseonay*].
worst, *adj.* il peggiore [*eel paydjeoray*] || *adv.* peggio di tutto [*paydjeo de toototto*].
worth, *n.* valore *m.* [*vahloray*], merito *m.* [*mayreeto*] || *adj.* che vale [*kay vahlay*]; meritevole di [*mayreetayvolay de*] || **to be — while**, valer la pena [*vahlair lah paynah*].
worthy, *adj.* degno [*daynyo*], meritevole [*mayreetayvolay*].
wound, *n.* ferita *f.* [*fayreetah*] || *v.* ferire [*fayreeray*].
wrap, *v.* avvolgere [*ahvvoljayray*].
wrapper, involucro *m.* [*involookro*], busta *f.* grande [*boostah grahnday*], pezzo *m.* di carta per avvolgere [*paytzo de kahrtah pair avvoljayray*].
wrath, *n.* ira *f.* [*eerah*], collera *f.* [*kollayrah*].
wreath, *n.* ghirlanda *f.* [*gheerlahnda*].
wreck, *n.* naufragio *m.* [*nahoofrahjeo*]; rottame *m.* [*rottahmay*] || *v.* naufragare [*nahoofrahgahray*].
wrecker, *n.* carro *m.* attrezzi [*kahrro ahttretzee*]; autogru *f.* [*ahootogroo*].
wrestle, *v.* lottare [*lottahray*] (sport).
wretch, *n.* disgraziato *m.* [*dissgrahtseahto*], miserabile *m.* [*meezayrahbelay*].

wring (wrung, wrung), *v.* torcere [*torchayray*], strizzare [*stritzahray*].
wrinkle, *n.* piega *f.* [*peaygah*], grinza *f.* [*grintsah*], ruga *f.* [*rooga*] || *v.* aggrinzare [*ahggrintsahray*], corrugare [*korroogahray*].
wrinkled, *adj.* rugoso [*roogoso*], raggrinzito [*rahggrin-tseeto*].
wrist, *n.* polso *m.* [*polso*].
write (wrote, written), *v.* scrivere [*skreevayray*].
writer, *n.* scrittore *m.* [*skreettoray*], scrittrice *f.* [*skreettre-etchay*].
writing, *n.* scrittura *f.* [*skreettoorah*], calligrafia *f.* [*kahl-legrahfeeah*], scritto *m.* [*skreetto*] || — **paper**, *n.* carta *f.* da lettere [*kahrtah dah lettayray*]; — **table**, *n.* scrittoio *m.* [*skreettoeo*].
wrong, *n.* torto *m.* [*torto*] || *adj.* sbagliato [*sbahlyahto*], ingiusto [*injeoossto*] || *adv.* male [*mahlay*], a torto, ingiustamente [*injeoosstahmentay*] || *v.* far torto a [*fahr t. ah*].

X

Xmas (Christmas), *n.* Natale *m.* [*nahtahlay*].

Y

yacht, *n.* panfilo *m.* [*pahnfeelo*].
yard, *n.* iarda *f.* [*eahrdah*]; cortile *m.* [*korteelay*]; cantiere *m.* [*kahnteayray*].
yarn, *n.* filo *m.* [*feelo*]; filato *m.* [*feelahto*].
yawn, *n.* sbadiglio *m.* [*sbahdeelyo*] || *v.* sbadigliare [*sbadeelyahray*].
year, *n.* anno *m.* [*ahnno*].
yearly, *adj.* annuo [*ahnnoo-o*], annuale [*ahnnooahlay*] || *adv.* annualmente [*ahnnooahlmentay*].
yeast, *n.* lievito *m.* [*leayveeto*].
yellow *adj.* & *n.* giallo *m.* [*jeahllo*].
yes, *adv.* sì [*see*].
yesterday, *n.* ieri *m.* [*eayree*].
yet, *adv.* ancora [*ahnkorah*], tuttora [*toottorah*] || *conj.* pure [*pooray*], tuttavia [*toottahveeah*].
yield, *v.* produrre [*prodoorray*]; cedere [*chaydayray*].
yolk, *n.* rosso *m.* d'uovo [*rosso d'oo-ovo*], tuorlo *m.* [*too-orlo*].

you, *pr.* voi [*v^{o}ee*], tu [*too*].
your, *adj.poss.* tuo [*t^{oo}o*], tua [*t^{oo}ah*], ecc.
young, *adj.* giovane [*je^{o}vahnay*].
youngish, *adj.* abbastanza giovane [*ahbbahst^{a}hntsah je^{o}-vahnay*].
youth, *n.* gioventù *f.* [*jeovent^{oo}*], giovinezza *f.* [*jeoveen^{e}t-zah*].

Z

zeal, *n.* zelo *m.* [*zaylo*].
zebra, *n.* zebra *f.* [*tsaybrah*].
zero, *n.* zero *m.* [*tsairo*].
zinc, *n.* zinco [*tsinko*].
zip fastener, *n.* chiusura *f.* lampo [*keoosoorah lahmpo*].
zone, *n.* zona *f.* [*zonah*].
zoo, *n.* giardino *m.* zoologico [*jeahrdeeno tso-olojeko*]; zoo *m.* [*tso-o*].
zoological, *adj.* zoologico [*tso-olojeko*].
zoology, *n.* zoologia *f.* [*tso-olojeeah*].

Finito di stampare
il 12 novembre 1987
dalla Garzanti Editore s.p.a.
Milano

94231